VERLAG KARL ALBER

Ein wesentliches Anliegen dieses Buches ist es, aufzuzeigen, dass Arendt mit ihrem Spätwerk eine profunde Konzeption des menschlichen Selbst vorlegt. Arendt beschreibt dabei ganz in phänomenologischer Manier die Konstitutionsbedingungen dieses Selbst, das als ein Umgangsverhältnis mit sich aus dem Umgang mit Anderen hervorgeht, in diesen involviert bleibt und dadurch immer auch Konsequenzen auf den Umgang mit Anderen zeitigt. Die ethische Dimension dieser Selbstkonzeption Arendts soll anhand des narrativen Denkaktes als einer speziellen Form des Selbstverhältnisses – des sogenannten narrativen Selbstverhältnisses – dargestellt werden.

Die Quintessenz der arendtschen Ethik liegt in ihrer Aussage »Kein Mensch hat das Recht zu gehorchen« beschlossen. Kein Mensch hat damit auch das Recht, Verantwortung an Andere abzugeben, da jeder Mensch sich fragen kann, womit er selbst zusammenleben könnte oder nicht und was er selbst zu seiner Geschichte machen könnte oder nicht. Niemand – so Arendt – kann einen Mörder Unschuldiger als seinen Dialogpartner für das Zusammenleben wählen wollen, ohne sich selbst zu belügen. Diese Fähigkeit, sich nach einem möglichen Zusammenleben zu fragen, über die jeder Mensch verfügt und die auch zugleich seine Menschlichkeit erhält, nennt Hannah Arendt Denken.

Der Autor:

Florian Salzberger, geboren 1981 in Bad Reichenhall, wurde nach dem Studium der Sonderpädagogik, Pädagogik und Philosophie an der Julius-Maximilians-Universität in Würzburg mit dieser Arbeit 2014 in Praktischer Philosophie an der Johannes Gutenberg-Universität Mainz promoviert. Er war als wissenschaftlicher Mitarbeiter an der Universität Würzburg in den Fachbereichen Philosophie und Sonderpädagogik tätig. Während seiner Promotionszeit war er Stipendiat der Graduiertenförderung des Cusanuswerkes. Er ist derzeit beruflich im sonderpädagogischen Bereich beschäftigt.

Florian Salzberger

»Kein Mensch hat das Recht zu gehorchen«

dia logik

Band 10

Herausgegeben von

Karl-Heinz Brodbeck
Stephan Grätzel
Bernd Schuppener

Florian Salzberger

»Kein Mensch hat das Recht zu gehorchen«

Hannah Arendts Philosophie des Umgangs im Anschluss an die Narrativitätskonzeption ihres Spätwerkes

Verlag Karl Alber Freiburg / München

Gedruckt mit Unterstützung der Stiftung Metaphysik

MIX
Papier aus verantwortungsvollen Quellen
FSC® C083411
www.fsc.org

Originalausgabe

www.verlag-alber.de

Satz: SatzWeise GmbH, Trier
Herstellung: CPI books GmbH, Leck

Printed in Germany

ISBN 978-3-495-48788-4

Diese Schrift möchte ich
in Liebe und Dankbarkeit meinen Eltern
Mariele und Franz Salzberger widmen.

Lieber Freund, siehst du denn nicht,
dass alles das, was unsere Augen schauen
nur Abglanz ist von Ungesehenem?

Lieber Freund, hörst du denn nicht,
dass alles, was unsere Ohren hören,
nur ein Widerhall ist, ein entstellter Widerhall
von triumphierenden Harmonien?

Lieber Freund, spürst du, ahnst du denn nicht,
dass es nur eins auf der Erde gibt –
das ist das, was ein Herz dem anderen
in einem wortlosen Gruß sagen kann.[1]

---

[1] Wladimir Sergejewitsch Solowjew (1892). Übersetzt von Swetlana Geier. In: Booklet zu dem Film »Die Frau mit den 5 Elefanten. Swetlana Geier – Dostojewskijs Stimme«. S. 5 (vgl. hierzu Solowjew (1977) 230 f.).

Eine Frau:

»Es war Mord. Ja, wir haben Menschen getötet. Wir haben unsere Nachbarn getötet, mit denen wir gut zusammengelebt haben. Eigentlich hatten wir keine Probleme mit diesen Leuten. Es war unsere schlechte Regierung, die uns dazu angestiftet hat. Es war Nachmittag gegen 16 Uhr, wir hörten Schreie. Gemeinsam mit unserer Nachbarin bin ich dorthin gelaufen, um nachzusehen, was los ist. Wir sahen einen Mann, der einem anderen Mann mit einer Machete ins Genick schlug. Dieser fiel verletzt zu Boden, aber der andere hat immer weiter auf ihn eingeschlagen. Wir wurden von dem Schläger und den umstehenden Männern entdeckt, weil wir vor Schreck laut aufschrien. ›Diese Frauen werden uns verraten!‹ sagten sie, drückten uns Holzknüppel in die Hand und befahlen uns den Mann so lange zu schlagen, bis er tot ist. Sie wollten, dass wir uns an den Verbrechen beteiligen, damit wir sie später nicht verraten können. Ich habe ihn nicht alleine erschlagen, aber ich habe zugeschlagen. Ich bin mit schuld. Wir alle tragen Schuld an seinem Tod. Ich habe das Auge meines Nachbarn zertrümmert, sein Ohr, seine Zähne. Ich habe seinen ganzen Körper vernichtet, deswegen sollte auch ich völlig vernichtet werden.«

Ein Mann:

»Die Kinder waren schon tot. Wir haben sie dann in die frisch ausgehobene Sickergrube hinter den Toiletten geworfen. Was mich verfolgt, ist das immer wiederkehrende Bild eines der getöteten Kinder, wie es die ganze Zeit um Gnade bettelte. Diese schreckliche Erinnerung kommt ständig hoch, und man findet keinen anderen Ausweg als darüber zu sprechen und letztlich um Vergebung zu bitten. Das Kind weinte und bat um Verzeihung. Es glaubte, dass es vielleicht einen Fehler gemacht hat und deswegen bestraft werden sollte. Das Morden war keine normale Arbeit, aber mit der Zeit wurde es zu etwas Alltäglichem, eine Arbeit, die man einfach erledigte. Uns wurde gesagt, dass wir unsere Feldarbeit nicht weiterführen dürften, bevor nicht alle tot sind. Ob wir nun wollten oder nicht, es wurde zu einer Aufgabe, die wir hinter uns bringen wollten. Wir haben gedacht, dass wir nach dem Morden wieder in unseren Alltag zurückkehren können. Wir glaubten, dass wir, nachdem wir alle getötet hatten, wieder unser Ackerland bestellen, normal leben und arbeiten würden. Aber wir hatten ja keine Ahnung … Nach all den schrecklichen Dingen, die ich getan habe, sollte ich eigentlich nie mehr nach Hause kommen dürfen. Doch mir wurde vergeben, aber Verständnis für einen Mörder? Für einen, der ganze Familien ausgelöscht hat? Nein, das kann es nicht geben. Im Grunde genommen sollte man alle Mörder hinrichten, sonst nichts. Für mich eine entsetzliche Vorstellung, aber es wäre die einzig richtige Strafe auch mich zu töten.«[2]

---

[2] Interviewausschnitte aus dem Film »Vergeben und Vergessen?«.

Inhalt

Abkürzungen 15

Einleitung 17
§1. Problemaufriss und Arbeitsmotivation 17
§2. Methodische Klärung: Hermeneutik der Rekonstruktion – rekonstruktive Hermeneutik 32
§3. Quellenlage und Forschungsstand 42

Erstes Kapitel:
Arendts geistesgeschichtliche Herkunft 53
§4. Das Selbst als ein Verhalten innerhalb eines Verhältnisses (Kierkegaard) 53
§5. Philosophie als Kommunikation – Selbsterfahrung im Miteinander (Jaspers) 64
§6. Wahrheit als Existenzvollzug – Dasein als Wahrheitsgeschehen (Heidegger) 72

Zweites Kapitel:
Narrativität in Vita activa 89
§7. Selbsterfahrung im Tätigsein – Graduelle Aktualisierung der Geburt als Existential 89
§8. Sinn und Sinnverlust 101
§9. Lebensgeschichte und Erzählung 119

Drittes Kapitel:
Denken als Umgang mit sich selbst 138
§10. Denken als Selbstverhältnis 140
a) Denken geht als Umgang mit sich selbst aus dem Umgang mit Anderen hervor 142

b) Denken bleibt als Umgang mit sich selbst in den Umgang mit Anderen eingebettet 149
c) Denken bereitet sich als Umgang mit sich selbst auf den künftigen Umgang mit Anderen vor 158
§11. Das Selbst als ein freundschaftlicher Dialog 170
§12. Denken als Fragen nach dem Sinn von Erfahrungen . . 190

Viertes Kapitel:
Die Aufbereitung einer Geschichte als Repräsentationsvorgang . 206
§13. Die spezifische Leistung der Einbildungskraft, unseres Repräsentationsvermögens 207
§14. Denken in Geschichten als exemplarisches Denken . . . 219
§15. Die Zuschauerposition 240

Fünftes Kapitel:
Narratives Denken als Konstitution des Selbst und der Persönlichkeit 252
§16. Persönliche Orientierungsfunktion im Denken 253
§17. Selbsttransparenz und Gewissen 265
§18. Handlungsantizipation 274

Sechstes Kapitel:
Die Auswirkungen des Denkens bzw. der Gedankenlosigkeit auf den Umgang mit Anderen 288
§19. Gedankenloser Umgang mit Anderen 290
a) Versuch, Verantwortung an Andere abzugeben . . . 292
b) Entgrenzung des Handelns 301
c) Reproduktion eines fremdgegebenen Beispiels 312
§20. Exkurs: Das Milgram-Experiment 322
§21. Die Auswirkungen des Denkens auf den Umgang mit Anderen 346
a) Übernahme von Verantwortung 348
b) Selbstbegrenzung des Handelns 354
c) Beispiel Sein für Andere 362

Schlussbetrachtung 384
§22. Interne und externe Kritik an Arendts Konzeption . . . 385
§23. Anwendung der Thesen auf das historische Beispiel des Genozids in Ruanda 395

Literaturverzeichnis 406

Internetquellen 412

Filme 413

Personenregister 415

Danksagung 418

Abkürzungen

BBW	Hannah Arendt / Heinrich Blücher. Briefe 1936–1968.
Ben	Walter Benjamin (1968)[1]. In: Menschen in finsteren Zeiten. S. 185–242.
BiD	Besuch in Deutschland (1950). In: Besuch in Deutschland. S. 23–65.
D	Denktagebuch 1950 bis 1973.
DuM	Über den Zusammenhang von Denken und Moral (1971). In: Zwischen Vergangenheit und Zukunft. S. 128–155.
EiJ	Eichmann in Jerusalem.
Err	Fernsehgespräch mit Roger Errera (1974). In: Ich will verstehen. S. 116–133.
EuU	Elemente und Ursprünge totaler Herrschaft.
Fest	»Eichmann war von empörender Dummheit«. Die Rundfunksendung vom 9. November 1964. In: Eichmann war von empörender Dummheit. S. 36–60.
FK	Franz Kafka (1944). In: Die verborgene Tradition. S. 88–107.
Gaus	Fernsehgespräch mit Günter Gaus (1964). In: Ich will verstehen. S. 46–72.
GuP	Geschichte und Politik in der Neuzeit (1957). In: Zwischen Vergangenheit und Zukunft. S. 80–109.
HBW	Hannah Arendt / Martin Heidegger. Briefe 1925 bis 1975.
ID	Isak Dinesen (1968). In: Menschen in finsteren Zeiten. S. 113–130.
JBW	Hannah Arendt / Karl Jaspers. Briefwechsel 1926–1969.
K	Sören Kierkegaard (1932). In: Frankfurter Zeitung 76 (1932–01–29) 75–76. S. 2.
KiE	Die Krise in der Erziehung (1958). In: Zwischen Vergangenheit und Zukunft. S. 255–276.
KJ	Karl Jaspers: Bürger der Welt (1957). In: Menschen in finsteren Zeiten. S. 99–112.
LdG	Vom Leben des Geistes.

[1] Die eingeklammerte Zahl bezieht sich auf das Jahr der Erstveröffentlichung des jeweiligen Aufsatzes, der aus einem Sammelband zitiert wurde, da dieses im Literaturverzeichnis nicht erscheint. Der Begriff »Erstveröffentlichung« ist hier unabhängig von der jeweiligen Sprache gebraucht und bezieht sich daher zumeist auf die englischsprachige Erstpublikation.

Les	Gedanken zu Lessing (1960). In: Menschen in finsteren Zeiten. S. 17–48.
LJ	Laudatio auf Karl Jaspers (1958). In: Menschen in finsteren Zeiten. S. 89–98.
MBW	Hannah Arendt / Mary McCarthy. Im Vertrauen. Briefwechsel 1949–1975.
MuG	Macht und Gewalt (1970). In: In der Gegenwart. S. 145–208.
NuG	Natur und Geschichte (1957). In: Zwischen Vergangenheit und Zukunft. S. 54–79.
OS	Organisierte Schuld (1945). In: In der Gegenwart. S. 26–37.
PE	Politische Erfahrungen im 20. Jahrhundert. Seminarnotizen 1955 und 1968. In: Dichterisch denken. S. 213–223.
PuP	Philosophie und Politik (1954/1990[2]). In: Deutsche Zeitschrift für Philosophie. 41 (1993) 2. S. 381–400.
SBW	Hannah Arendt / Gershom Scholem. Der Briefwechsel. Berlin 2010.
Son	Die Sonning-Preis-Rede. Kopenhagen 1975. In: text + kritik: Zeitschrift für Literatur. 166/167 (2005) IX. S. 3–12.
Tor	Diskussion mit Freunden und Kollegen in Toronto (1972[3]). In: Ich will verstehen. S. 73–115.
TuN	Tradition und Neuzeit (1954). In: Zwischen Vergangenheit und Zukunft. S. 23–53.
ÜdB	Über das Böse.
ÜdT	Über den Totalitarismus.
U	Das Urteilen.
VA	Vita activa.
VuP	Verstehen und Politik (1953). In: Zwischen Vergangenheit und Zukunft. S. 110–127.
ViD	Persönliche Verantwortung in der Diktatur (1964/65). In: Israel, Palästina und der Antisemitismus. S. 7–38.
WA	Ich erinnere an Wystan H. Auden (1975). In: Menschen in finsteren Zeiten. S. 324–334.
WiE	Was ist Existenzphilosophie?
WiP	Was ist Politik?
WuP	Wahrheit und Politik (1964). In: Zwischen Vergangenheit und Zukunft. S. 327–370.
ZU	Ziviler Ungehorsam (1970). In: In der Gegenwart. S. 283–321.

[2] Im Jahr 1954 hielt Hannah Arendt diesen Vortrag, der 1990 erstmals englischsprachig publiziert wurde.

[3] Die Klammer mit der Jahresangabe 1972 bezeichnet in diesem Fall das Veranstaltungsjahr der Torontokonferenz.

Einleitung

§1. Problemaufriss und Arbeitsmotivation

Anliegen dieser Arbeit ist es, Hannah Arendts Philosophie des Umgangs unter besonderer Hinblicknahme der Narrativitätskonzeption ihres Spätwerkes zu rekonstruieren.

Unter »Spätwerk« sollen die Werke verstanden werden, die nach der Veröffentlichung von »Eichmann in Jerusalem« (englische Erstveröffentlichung 1963)[1] und der daran anschließenden Kontroverse entstanden sind. Hannah Arendt wandte sich in dieser letzten Schaffensphase in besonderer Weise den sogenannten »Geistestätigkeiten« »Denken«, »Wollen« und »Urteilen« zu. Dies geschah nicht ohne Grund, galt es doch ihren heftig umstrittenen Begriff der »Banalität des Bösen«[2] systematisch philosophisch zu begründen[3]. Arendts Begriff ist ernüchternd und erschütternd zugleich: Die Grundlage für das wirklich Böse sei weder ein Dämon, noch komme es gar aus einer ungeahnten quasi transzendenten Tiefendimension. Die Dämonisierung diene – laut Arendt – lediglich als Alibi, denn es sei ja nur allzuverständlich einem Dämon zu erliegen[4]. Ungleich mehr fühlten sich betroffen, weil selbst mit in die Verantwortung genommen, durch Arendts Feststellung, dass der wirkliche Schwerstverbrecher des 20. Jahrhunderts, der Prototyp dessen, der in der Lage ist Böses in ungeahntem Ausmaß zu vollbringen, kein Dämon sei, sondern ein ganz normaler Spießbürger[5], der unhinterfragt tue, was man von ihm verlangt. Diese Banalität, die Gedankenlosigkeit als Voraussetzung des wurzellos entgrenzten Bösen, sah sie in Eichmann verkörpert[6].

[1] Vgl. EiJ.
[2] Vgl. EiJ 56; 371; LdG 13.
[3] Vgl. LdG 15.
[4] Vgl. Fest 40f.
[5] Vgl. OS 33.
[6] Vgl. EiJ 57.

Doch nicht nur die Gedankenlosigkeit als Möglichkeitsbedingung einer neuen Dimension des Bösen veranlasste ihre Auseinandersetzung mit den Geistestätigkeiten. Ihr Interesse galt vor allem der Frage, ob es etwas in den Vorgängen des »Denkens«, des »Wollens« und des »Urteilens« gäbe, was uns sozusagen »immunisiert« gegen diese Taten und im Extremfall sogar »[…] Katastrophen verhinder[n] […][7]«[8] könne. Gibt es etwas in den Tätigkeiten des Geistes, das uns gegen dieses ungeahnt Böse in irgendeiner Weise prädisponiert[9]?

Darstellungen ihrer Narrativitätskonzeption[10] hingegen beziehen sich häufig auf das vor der Eichmann-Kontroverse publizierte Werk »Vita activa«[11]. Dieses »tätige Leben« verwirklicht sich in den drei Grundtätigkeiten »Arbeiten«, »Herstellen« und »Handeln«, die jeweils Antworten auf die Grundbedingungen des menschlichen Daseins »Leben«, »Welt« und »Pluralität« bilden[12]. Das tätige Leben insgesamt ist jedoch aufgespannt zwischen den beiden grundlegenden Bedingungen des Lebens überhaupt, nämlich zwischen Geburt und Tod. War Tod und Sterblichkeit »[…] entscheidendes, Kategorien-bildendes Faktum […]«[13] eines überkommenen metaphysischen Denkens, so stellt dieses die Geburtlichkeit bzw. Natalität für ein noch zu realisierendes und zeitgemäßes politisches Denken dar. Das Faktum der Geburt ist es, welches sich als einzigartige Initiative in allen menschlichen Tätigkeitsformen realisiert[14]. Doch besonders im Handeln mit Anderen und von Anderen bekommt der Mensch Antworten auf die Frage, wer er ist. Im handelnden Miteinander aktualisieren daher Menschen das Faktum ihrer Geburt und ihrer initiativen Anfänglichkeit bzw. »Natalität« in besonderer Weise. Das, was bleibt von diesem fragilen zwischenmenschlichen Geschehen, sind die Geschichten. Geschichten und nicht naturwissenschaftlich-quantifizierte Fakten sind die Manifestationen unserer menschlichen Einzigartig-

[7] Die direkten Zitate werden – bis auf mit [sic!] vermerkte Verbesserungen von Druckfehlern – so übernommen, wie sie in der jeweils zitierten Originalversion vorgefunden werden. Das hat zur Folge, dass einige Zitate ohne Verbesserungen in der alten Rechtschreibung übernommen werden, auch wenn die Arbeit selbst durchgängig in neuer deutscher Rechtschreibung abgefasst ist.

[8] DuM 155.

[9] Vgl. LdG 15.

[10] Vgl. Grätzel (2006) 179–192.

[11] Vgl. VA.

[12] Vgl. VA 16 f.

[13] VA 18.

[14] Vgl. VA 18.

keit und damit Spiegelbild unserer unberechenbaren Unverfügbarkeit[15]. Diese Unverfügbarkeit zeigt sich auch darin, dass dem Handelnden selbst die Kontrolle über die unweigerliche Offenbarung dessen »Wer man ist« im Miteinander des menschlichen Bezugsgewebes entzogen ist. Der Handelnde ist zwar der »Held« – ohne dabei gleich heroisch sein zu müssen –, nie aber der Verfasser seiner eigenen Geschichte[16].

Dies sind – in groben Zügen nachgezeichnet – im Wesentlichen die Ausführungen Hannah Arendts in ihrem Werk »Vita activa« zu einer philosophischen Theorie der Narration. Beschränkte man sich jedoch bei einer Darstellung ihrer Narrativitätskonzeption auf die »Vita activa«, dann blieben diese Ausführungen – wie leider so oft – unvollständig. Unklar bleibt hierbei der Vorgang, der ein Ereignis zu einer Geschichte aufbereitet. Entschuldigen mag dieses Darstellungsdefizit die Tatsache, dass Hannah Arendt selbst diesen Vorgang nie in systematischer Weise ausgearbeitet hat. Dass sie ihn sehr wohl systematisch bedenkt und ihm sogar hohe Bedeutsamkeit zumisst, geht aus den unterschiedlichsten Stellen ihrer aus dem Nachlass herausgegebenen Schriften des Spätwerkes hervor. In der unter dem Titel »Über das Böse« herausgegebenen Vorlesungsnachschrift von 1965 etwa heißt es hierzu:

> »Denken als Tätigkeit kann aus jedem Ereignis entstehen; es ist da, wenn ich einen Vorfall auf der Straße beobachtet habe oder in ein Geschehen hineingezogen wurde und danach beginne, das, was geschah, zu betrachten, es mir selbst als eine Art Geschichte erzähle, es auf diese Weise für die anschließende Kommunikation mit Anderen aufbereite usw.«[17]

Folgt man diesem Zitat, so handelt es sich bei diesem Vorgang, der ein Ereignis zu einer Geschichte aufbereitet, um eine Spezialform dessen, was sie mit »Denken« bezeichnet. Diese narrative Form des Denkens kann also aus ihrem Spätwerk rekonstruiert werden und damit die Darstellung ihrer Narrativitätskonzeption komplementieren, was mit dieser Arbeit in systematischer Weise geleistet werden soll. Dies erfolgt jedoch nicht aus einem rein philosophiehistorischen Vervollständigungsstreben um seiner selbst willen, sondern es wird sich zeigen, dass der narrative Denkvorgang in eine komplexe Philosophie

---

[15] Vgl. VA 217 f.
[16] Vgl. VA 229.
[17] ÜdB 75.

des Umgangs eingebettet ist, die anhand dieses Vorgangs mitrekonstruiert werden soll.

Denken – und damit auch narratives Denken – ist bei Hannah Arendt ein dialogischer Umgang mit sich selbst. Dieses dialogische Selbstverhältnis gleicht für sie einem Gespräch zwischen Freunden über all das, was einen bewegt. In diesem Gespräch mit sich selbst erlangen Ereignisse durch die narrative Artikulation Sinn. Denken als Umgang mit sich selbst geht aus dem Umgang mit Anderen hervor. Das Selbst als ein dialogisches Selbstverhältnis verdankt sich demzufolge dem Dialog mit Anderen. Laut Arendt ist es der Intensität der Denkerfahrung geschuldet und damit einer der »metaphysischen Trugschlüsse«[18], mit Aristoteles zu behaupten, der Freund sei ein anderes Selbst[19]. Der tatsächliche Freund ist bei Arendt nicht das andere Selbst, sondern der Dialog mit Anderen bzw. der Freund bricht das Selbst als ein dialogisches auf[20], so dass sich das denkende Selbst im sprechenden Umgang mit sich dem Umgang mit Anderen verdankt weiß. In diesem denkenden Selbstgespräch wird jedoch nicht nur ein vergangenes Ereignis reflektiert, sondern zugleich ein potentiell folgender Umgang mit Anderen antizipiert und so ein künftiger Dialog mit Anderen vorbereitet. Hannah Arendts Konzeption des Selbst als ein dialogisches Selbstverhältnis, das aus einem Umgangsverhältnis mit Anderen hervorgeht, in diesen Umgang mit Anderen eingebettet bleibt und sich darin auf einen künftigen Umgang mit Anderen vorbereitet, gleicht in der Argumentationsfigur der Anlage des Selbst bei Sören Kierkegaard: »Ein solcherart abgeleitetes, gesetztes Verhältnis ist das Selbst des Menschen, ein Verhältnis, das sich zu sich selbst verhält und im Verhalten zu sich selbst zu einem Anderen verhält.«[21] Arendt übernimmt und überformt zugleich Kierkegaards Selbstauffassung als ein »Verhältnis, das sich zu sich selbst verhält«, indem sie zwei unterschiedliche Verhaltensmodi, sich zu sich selbst als einem dialogischen Selbstverhältnis zu verhalten, unterscheidet: Man kann den Umgang mit sich selbst pflegen, was Hannah Arendt mit »Denken« bezeichnet, oder ihn unterlassen, was sie »Gedankenlosigkeit« nennt. Durch die überindividuelle Aufgespanntheit dieses denkenden Umgangs mit sich selbst in den Umgang mit Anderen

---

[18] LdG 22.

[19] Vgl. Aristoteles (2001) *1166a*.

[20] Vgl. LdG 187 f.

[21] Kierkegaard (2009) 14.

kann man sich nach den Auswirkungen der beiden Umgangsmodi »Pflegen« bzw. »Unterlassen« auf den Umgang mit Anderen fragen. Die Frage nach der ethischen Dimension des Denkens bzw. der Gedankenlosigkeit wird also eine der systematischen Intentionen dieser Arbeit über die rein philosophiehistorische Rekonstruktion dieses Vorganges hinaus sein.

Eine weitere Intention dieser Forschungsarbeit ist es durch die Rekonstruktion ihrer Philosophie des Umgangs Hannah Arendts Verständnis des Selbst als ein dialogisches aufzuzeigen. Mit dieser Arbeit soll auch auf eine gewisse Nähe ihrer Philosophie zur sogenannten Dialogik aufmerksam gemacht werden: Entsprechend anderen dialogischen Philosophien sieht Hannah Arendt den Primat im unmittelbaren Umgang mit Anderen, Denken als Selbstgespräch ist für sie – Heidegger zitierend – »außer der Ordnung«[22]. Das Denken bleibt dabei jedoch immer inkarniert, sprich in eine Umgangskonstellation mit Anderen eingebettet, was für Hannah Arendt – im Gegensatz zu Kierkegaard – kein Grund zur Verzweiflung, sondern Grund zur Dankbarkeit, Freude und Erfahrung der vollen Lebendigkeit des Daseins ist. Im denkenden Umgang mit sich aktualisiert sich das Bewusstsein der Geburt des Selbst als die Erfahrung, aus Anderen hervorzugehen und in eine Mitwelt einzugehen.

Eine dritte Arbeitsmotivation über die rekonstruktive Vervollständigung hinaus ist es, gängige Darstellungen von Hannah Arendts »praktischer Philosophie«, die sich auf die »Vita activa« und die Werke in deren Umkreis reduzieren, als ergänzungsbedürftig zu erweisen. Es ist ein Trugschluss zu behaupten, Hannah Arendt hätte in der »Vita activa« die Praxis abgehandelt, um sich dann in ihrem Spätwerk, insbesondere im »Leben des Geistes«, der Theorie zuzuwenden. Hannah Arendt selbst wird nicht müde zu wiederholen, dass es sich beim »Denken«, »Wollen« und »Urteilen« um »Geistestätigkeiten« handelt[23]. In Bezug auf das »Denken« weist sie auf dessen Tätigkeitscharakter bereits am Ende der »Vita activa« hin[24]. Demzufolge gibt es bei Hannah Arendt keinen neutralen Zuschauer. Wo sollte dieser denn sein, wenn nicht in einem eigens imaginierten »Wolkenkuckucksheim«[25]? All diese Vorstellungen weist sie zurück und stellt

[22] LdG 84; Heidegger (1983) 15.
[23] Vgl. LdG 13.
[24] Vgl. VA 414 f.
[25] VA 414.

nüchtern fest: »[…] [D]ie Zuschauer gehören zur Welt […]«[26], was nun nicht heißt, dass man sich nicht auch distanzieren und von seinen Engagements zurücktreten könnte. Doch auch dieser Rückzug ist eben eine Tätigkeit, die in einer ganz bestimmten Situation stattfindet. Eine neutrale Zuschauerposition, die die leibliche Situierung des Selbst in eine Umgangskonstellation mit Anderen ausblendet, erweist sich als eine Illusion und gehört für Hannah Arendt ebenso wie das Primat des Selbst zu den aus der Intensität der Denkerfahrung resultierenden metaphysischen Trugschlüssen.

Denken als Geistestätigkeit bleibt immer in eine Umgangskonstellation mit Anderen involviert. Aus dieser Reduktion der Rezeption ihres Werkes in Fragen der Tätigkeit auf die »Vita activa« folgt der häufig geäußerte kritische Vorwurf des »Elitismus«[27]: Ihr Handlungsbegriff sei elitär, nur wenigen sei es aufgrund ihrer Bedingungen möglich, den öffentlichen Raum der Politik zu betreten und ihre Interessen im tätigen Engagement einzubringen. Des Weiteren erscheine ihr Handlungsmodell, das sich bekanntlich an der griechischen Polis orientiert, sehr exklusiv und damit reichlich »idealisiert«[28]. Die geäußerte Kritik mag für ihren Handlungsbegriff in der »Vita activa« zutreffen bzw. ob dem tatsächlich so ist, wäre eine eigene Debatte, die hier nicht geführt werden soll. Eine Rekonstruktion ihrer Philosophie des Umgangs mittels des Spätwerkes könnte diese Kritik doch stark relativieren. »Umgang« bei Hannah Arendt beschränkt sich nämlich keineswegs auf vermeintlich »elitäres« öffentlich-politisches Handeln. Denken als Umgang mit sich selbst ist keinesfalls den Wenigen und damit einer elitären Minderheit vorbehalten, sondern – laut Hannah Arendt – jedem möglich[29]. Darüber hinaus kann es sich auf alles und jeden beziehen, auch auf jede Tätigkeitsform, und selbst wenn es sich nicht auf politisches Handeln bezieht, kann diese unelitäre Denktätigkeit durchaus politisch handlungsrelevant werden:

»Wenn jeder gedankenlos mitschwimmt in dem, was alle andern tun und glauben, dann stehen die Denkenden nicht mehr im Hintergrund, denn ihre Weigerung ist nicht zu übersehen und wird damit zu einer Art Handeln. In

[26] LdG 98.
[27] Zimmermann (2004) 121.
[28] Großmann (1997) 105.
[29] Vgl. LdG 23.

solchen Notlagen erweist sich, daß die ausräumende Seite des Denkens […] mittelbar politisch ist.«[30]

Damit dürfte der »Elitismusvorwurf« doch stark in die Schranken gewiesen worden sein und der Hinweis gerechtfertigt, dass das Vorhaben einer Darstellung von Hannah Arendts »praktischer Philosophie«[31] erst mit einer ausreichenden Berücksichtigung des Spätwerkes vollständig ist.

Das Resümee Ottmanns zu Hannah Arendts politischer Philosophie ist hingegen eine Kritik, die nicht nur eingeschränkt, sondern der deutlich widersprochen werden muss. So schreibt Ottmann als Abschluss seiner Ausführungen zu Hannah Arendt als seine Gesamteinschätzung:

»Arendt hat sich aus einem politischen und moralischen Motiv auf die Suche nach der Urteilskraft begeben. Daß sie diese nicht ausreichend begründet, hat vielleicht damit zu tun, daß der Totalitarismus in ihren Augen nicht nur zum Verlust der Urteilskraft, sondern auch zum Verlust des Gemeinsinns und des gemeinsamen Ethos geführt hat. Aristoteles konnte anknüpfen an die vorherrschende Sittlichkeit. Arendt wollte nach dem Verlust der Sittlichkeit die Urteilskraft neu begründen. Dazu hätte sie entweder den aristotelischen Weg beschreiten und nach noch vorhandener Sittlichkeit suchen müssen. Oder aber sie hätte auf Bildung und Erziehung setzen müssen, durch die der Mensch wieder zu neuer Orientierung findet. Beides hat sie nicht getan.«[32]

Die letztere der beiden von Ottmann unterstellten Unterlassungen Hannah Arendts kann durch den Hinweis auf die beiden Aufsätze »Was ist Autorität?«[33] und »Die Krise in der Erziehung«[34] als Lektüreempfehlung entkräftet werden.

Nun zur nicht geleisteten Suche »nach noch vorhandener Sittlichkeit«: Versteht Ottmann hier »Sittlichkeit« als »mores«, also im Sinne positiv-gesetzter Sittlichkeitsnormen, so kann die Suche danach nicht Hannah Arendts Ziel gewesen sein. Es ist gerade dies, was Hannah Arendt am Handeln der Menschen kritisierte, nämlich die Angewohnheit sich nie selbst zu orientieren, sondern immer nur

---

30 LdG 191.
31 Vgl. Grätzel (2006) 179–192.
32 Ottmann (2010) 453.
33 Vgl. »Was ist Autorität?« (1956). In: Arendt (^{2}2000) 159–200.
34 Vgl. KiE.

nach fremdgegebenen Normen zu agieren. Die Reduktion der Moral auf rein austauschbare Normen ist es, worauf totalitäre Systeme beruhen. Sie gründen damit auf der Gedankenlosigkeit der Menschen:

»Die Moral zerbrach und wurde zu einem bloßen Kanon von ›mores‹ – von Manieren, Sitten, Konventionen, die man beliebig ändern kann – nicht bei den Kriminellen, sondern bei den gewöhnlichen Leuten, die sich, solange moralische Normen gesellschaftlich anerkannt waren, niemals hatten träumen lassen, daß sie an dem, was sie zu glauben gelehrt worden waren, hätten zweifeln können.«[35]

So sind es auch nicht die gesellschaftlich am Rande Stehenden, sondern durchaus die Mitglieder der ehrenwerten Gesellschaft, die am ehesten bereit sind zu kollaborieren, indem sie einfach ihr bisheriges Moralkorsett umstülpen:

»Wir brauchen kaum Erfahrung, um zu sehen, daß die engstirnigen Moralisten, die ständig hohe moralische Prinzipien und festgelegte Normen anrufen, gewöhnlich die ersten sind, die sich an jedwede ihnen angebotene Norm halten, und daß die gute Gesellschaft [...] mehr dazu neigt, sehr unverantwortlich, ja verbrecherisch zu werden als die meisten Bohemiens oder Beatniks.«[36]

»Je beharrlicher die Menschen an dem alten Kodex festhielten, desto eifriger werden sie sich dem neuen anpassen; die Leichtigkeit, mit der solche Kehrtwendungen unter bestimmten Umständen stattfinden, läßt ohne weiteres die Vermutung aufkommen, daß zu der Zeit, da sie passieren, alles im Schlaf liegt. Unser Jahrhundert hat einige einschlägige Erfahrungen geboten: Wie leicht war es doch für die totalitären Herrscher, grundlegende Gebote der westlichen Moral umzukehren – das ›Du sollst nicht töten‹ im Falle von Hitlers Deutschland, das ›Du sollst nicht falsch Zeugnis reden wider deinen Nächsten‹ im Falle von Stalins Rußland!«[37]

Hannah Arendt kann daher ein sittliches Leben auch nicht in der reinen Umpolung von Nazikollaborateuren zu konsumfreudig-passiven Wirtschaftswunderbürgern erkennen. Im Gegenteil, es handelt sich dabei um das gleiche Phänomen der Umkehrung moralischer Konventionen:

»Und die Folge – die Umkehrung der Umkehrung, die Tatsache, daß sich die Deutschen nach dem Zusammenbruch des Dritten Reiches so überraschend

---

[35] ÜdB 16f.
[36] ÜdB 91.
[37] DuM 145.

leicht, ja geradezu automatisch ›umerziehen‹ ließen – kann uns auch nicht trösten. Es war im Grunde die gleiche Erscheinung.«[38]

Die Suche »nach noch vorhandener Sittlichkeit« (Ottmann) im Sinne von moralischen Konventionen konnte Hannah Arendt also keinesfalls intendieren. Die Gefahren eines solchen Sittlichkeitsverständnisses waren ihr hinreichend bekannt. Ihre Ausführungen hierzu bleiben aber nicht bloß im rein Kritisch-Deskriptiven stecken. Sie weiß scheinbar noch um eine andere Möglichkeit der Sittlichkeit, wenn sie schreibt: »Doch wird über Angelegenheiten von Recht und Unrecht nicht entschieden wie über Tischmanieren, als wenn nichts weiter auf dem Spiel stünde als akzeptiertes Verhalten.«[39] In Bezug auf die analoge Fragestellung der differenzierenden Entscheidungskompetenz zwischen »Richtig« und »Falsch« lautet ihre Antwort:

»Der erstaunlichste Aspekt dieses Geschäfts ist, daß der Gemeinsinn, das Vermögen des Urteilens und des Unterscheidens zwischen Richtig und Falsch, auf dem Geschmackssinn beruhen sollte.«[40] »Diese Reflexion affiziert mich, als wäre sie eine Empfindung, und gerade eben eine des Geschmacks, des unterscheidenden, wählenden Sinnes.«[41]

Wenn also Ottmann bei der angemahnten fehlenden Suche »nach noch vorhandener Sittlichkeit« hingegen »Sittlichkeit« als eine von zeitbedingten, gesetzten Normen unabhängige Orientierungsmöglichkeit meint, so muss auch diese Kritik zurückgewiesen werden, denn einen derartigen »Wegweiser«[42] hat Hannah Arendt tatsächlich im Geschmackssinn gefunden und freigelegt. Das narrative Denken, die Angewohnheit erlebte Ereignisse zu Geschichten aufzubereiten, spielt hierfür eine entscheidende Rolle. Dazu sind Menschen aufgrund ihres Repräsentationsvermögens in der Lage, oder – in Kants Terminologie – mittels ihrer produktiven Einbildungskraft. Diese ist wesentliches Moment unseres inneren Sinnes und damit unserer Empfindung. Menschen, die gewohnt sind ihre Ereignisse in einem Dialog mit sich selbst narrativ aufzubereiten, tun dies mit ihrer produktiven Einbildungskraft, die immer empfindungsmäßig konnotiert ist. Sie werden eine Art Set von Orientierungsmöglichkeiten z. B. in

[38] LdG 177.
[39] ÜdB 145 f.
[40] U 86.
[41] U 96.
[42] ÜdB 147.

Bezug auf die Frage, was »Recht« ist, in Form von erlebten Geschichten repräsentieren können, von welchen jede einzelne mit der Konnotation »passt eher zu mir« oder »passt weniger zu mir« versehen ist. Jemand, der sich nicht davon abhalten lässt derart zu denken, wird immer ein Orientierungsprinzip unabhängig legal gesetzter und jeweils geltender Normen parat haben, das »[…] in der Tat Katastrophen verhindern [kann], mindestens für das Selbst.«[43] Die wirklichen Probleme bis hin zu tatsächlich menschheitlichen Katastrophen können erst dadurch entstehen, dass man dieser eigenen Empfindung zuwiderhandelt, indem man diese durch Gedankenlosigkeit abblendet und sich stattdessen einfach fremdgegebenen Ordnungen oder Befehlen unhinterfragt unterwirft bzw. diesen Folge leistet.

Vor diesem Hintergrund besteht Hannah Arendts Bedeutung für eine philosophische Theorie der Narration vor allem darin, die ethische Dimension des narrativen Denkens voll erfasst zu haben. Im Gegensatz zu Wilhelm Schapp und Paul Ricoeur hat sie als einzige das mit dem narrativen Denken einhergehende Verantwortungsbewusstsein in seinem ganzen Umfang begrifflich bestimmt, das ein wesentliches Bestimmungsstück dieser ethischen Dimension ausmacht. In Schapps wohl bekanntestem Werk »In Geschichten verstrickt« taucht der Begriff »Verantwortung« nicht einmal auf[44]. Doch auch bei Ricoeur bleibt der Verantwortungsbegriff unterbestimmt. Bei ihm tritt das Problem der Verantwortung im Zusammenhang mit den großen kulturellen Erzählungen, der Historie und der Fiktion, und deren Anwälten, den Historikern und den Schriftstellern auf. Sie sind in besonderem Maße dafür verantwortlich ein adäquates und innovatives Zeiterleben und Zeitverstehen durch ihre Narrationen zu ermöglichen, denn »[…] die Zeit wird in dem Maße zur menschlichen, wie sie narrativ artikuliert wird […]«[45]. Um die These der wechselseitigen Angewiesenheit von Zeit und Erzählung zu belegen[46] und die damit in Verbindung stehende und für unsere Fragestellung wichtige Einsicht zu begründen, dass die Zeit eine adäquate Narration braucht, um menschlich zu werden, führt Ricoeur seine Theorie der dreifachen Mimesis ein[47]. Dabei erkennt er durchaus – wie Hannah

---

43 LdG 192.

44 Vgl. Schapp (^{4}2004).

45 Ricoeur (^{2}2007) [1988] 13.

46 Vgl. Ricoeur (^{2}2007) [1988]; vgl. Ricoeur (^{2}2007) [1989]; vgl. Ricoeur (^{2}2007) [1991].

47 Vgl. Ricoeur (^{2}2007) [1988] 87–135.

Arendt – die konstitutive Leistung der kantschen produktiven Einbildungskraft[48] bei der sogenannten Konfiguration einer Erzählung. Erzählungen gehen als Konfigurationen aus dem geschichtlich-präfigurierten Erleben hervor, um dieses wiederum neu zu beschreiben und zu gestalten bzw. zu refigurieren. Bei dieser Gestaltungsaufgabe ist der Historiker als Anwalt der Vergangenheit und Gegenwart mit Schuld und Verantwortung konfrontiert: Er darf dem »Recht der Toten« auf Erinnerung nichts schuldig bleiben[49] und hat für eine verantwortliche Darstellung der Historie Sorge zu tragen, um den Gegenwärtigen ein aufgeklärtes, aber auch freies Leben in und mit ihrer Tradition zu ermöglichen[50]. Weder ein Zuviel noch ein Zuwenig an Erinnerung ist angebracht, weder für das adäquate Gedenken der Toten noch für das Leben der Gegenwärtigen[51]. Doch auch der Schriftsteller, als Anwalt eher zwischen Gegenwart und Zukunft vermittelnd, sieht sich »[...] subtilere[n] Zwänge[n] [...]«[52] ausgesetzt. Nicht nur dem Historiker, sondern auch ihm kommt in der Vermittlungsleistung seiner Narrationen eine bedeutende Verantwortungsaufgabe zu, muss er sich doch klarmachen, dass die möglichen künftigen Welten, die er entwirft, seine »[...] imaginative[n] Variationen [...]«[53] darauf angelegt sind, in die Welt der Leser einzugehen und daher immer auch wirkliche werden können (Stichwort »Wertherеffekt«). Der Erzählung selbst gegenüber ist der Autor Kohärenz schuldig, so dass sich die Fiktionserzählung an der Historie bedient, um sie als »Quasi-Vergangenheit«[54] zu entwerfen. Aber auch die Historie hat ein notwendig fiktionales Moment in ihrer Repräsentationsaufgabe, muss sie doch die in der Vergangenheit beschlossen liegenden »[...] nicht verwirklichten Potentialitäten [...]«[55] freilegen, und des Weiteren der Vergangenheit durch die Fiktion die Sinne für die Gegenwart zurückgeben: »[...] Augen um zu bezeugen, ebenso wie um zu weinen.«[56] Diese gegenseitigen Anleihen der Fiktion bei der

48 Vgl. Ricoeur (²2007) [1988] 109 ff.; 121.
49 Vgl. Ricoeur (2004) 142.
50 Vgl. »Die erzählte Zeit« (1984). In: Ricoeur (2005) 195; 198.
51 Vgl. »Erinnerung und Vergessen« (1999). In: Ricoeur (2005) 301; 312.
52 »Die erzählte Zeit« (1984). In: Ricoeur (2005) 203; 206.
53 »Die erzählte Zeit« (1984). In: Ricoeur (2005) 202.
54 »Die erzählte Zeit« (1984). In: Ricoeur (2005) 206.
55 »Die erzählte Zeit« (1984). In: Ricoeur (2005) 206.
56 »Die erzählte Zeit« (1984). In: Ricoeur (2005) 204.

Historie und der Historie bei der Fiktion handelt Ricoeur unter dem Begriff der »überkreuzten Referenz«[57] ab.

All diesen sehr differenzierten und subtilen Analysen zur Verantwortung bezüglich der Vermittlungsaufgabe zwischen Zeit und Erzählung fehlt jedoch ein entscheidendes Moment: Es fehlt das Kriterium. Denn woher weiß der Historiker, ob er seiner Verantwortung gerecht wird? Woran kann er ein »Zuviel« von einem »Zuwenig« – oder vice versa – unterscheiden und bemessen? Welche Darstellungen imaginativer Textwelten, die zu potentiellen Welten und damit zu Wirklichkeiten der Leser werden können, sind moralisch geboten, welche verboten? Das Fehlen dieses Kriteriums lässt Ricoeurs Verantwortungsbegriff unverbindlich werden: Es fehlt die Unterscheidungsmöglichkeit dafür, was weitergegeben werden soll oder nicht, was weitergelebt werden soll oder nicht, was zur Geschichte von Anderen für Andere werden soll oder nicht. Von diesem Kriterium hängt also sehr viel ab und dieses Desiderat in der ricoeurschen Konzeption belässt die Verantwortung damit terminologisch unterbestimmt, wenn nicht sogar widersprüchlich, denn erübrigt sich eine unverbindliche Verantwortung nicht letztlich selbst?

Hannah Arendt kommt das Verdienst zu, an dieses wichtige Unterscheidungskriterium wieder aufmerksam gemacht zu haben, da dieses offenbar mit den Katastrophen des 20. Jahrhunderts in Vergessenheit zu geraten schien. Dies gelingt ihr, ohne metaphysische oder religiös-geoffenbarte Wahrheiten vorauszusetzen. Diese Leistung begründet ihre eigenständige Position innerhalb einer philosophischen Theorie der Narration neben Wilhelm Schapp und Paul Ricoeur. Denn die Angewohnheit, in einem dialogischen Selbstverhältnis Ereignisse zu Geschichten aufzubereiten, trägt entscheidend dazu bei, sich dieses Orientierungskriteriums bewusst zu werden. Jemand, der narrativ denkt, weiß aus dieser Denkerfahrung heraus, dass alles, was er selbst tut, unweigerlich und lebenslänglich zu seiner eigenen Geschichte wird. Er wird es daher gewohnt sein, sein Handeln zunächst vor sich selbst zu rechtfertigen und zu verantworten, unabhängig von legal gesetzten Normen oder Konventionen. Dies tut er aus dem Wissen heraus, dass es Handlungen gibt, mit denen er selbst nicht zusammenleben könnte, die ihm einen Wiedereintritt in ein dialogisches Selbstverhältnis verweigerten, was einem Verlust der Sinn- und da-

---

[57] »Die erzählte Zeit« (1984). In: Ricoeur (2005) 204; vgl. Ricoeur (^{2}2007) [1991] 294–311.

mit Tiefendimension seines Daseins gleichkäme. »Die [hierin liegende] Gefahr [der Weigerung zu denken und sich zu erinnern – F. S.] jedoch ist sehr groß, nicht nur für mich selbst, dessen Rede die höchste Aktualisierung des menschlichen Sprachvermögens eingebüßt hat und deshalb bedeutungslos wird […].«[58] Der Verlust dieser Dimension bringt also einen Verlust der Sprach- und Differenzierungsfähigkeit mit sich und so eine Abhängigkeit von hohlen, zeitbedingt-wechselnden Phrasen des Mainstreams. Demzufolge ist

»[d]ie Furcht, sich selbst zu verlieren, […] berechtigt; denn sie ist die Furcht, nicht mehr in der Lage zu sein, mit sich selbst zu reden. Und nicht nur Kummer und Leid, sondern auch Freude und Glück und all die anderen Gefühle würden unerträglich sein, wenn sie stumm, unartikuliert zu bleiben hätten.«[59]

So ist es die Angst vor Selbstverachtung, die einen Menschen, der es gewohnt ist, in einen denkenden Umgang mit sich zu treten, davor bewahrt, einfach alles weiterzugeben bzw. zu seiner Geschichte zu machen. Damit hat Hannah Arendt als eine der wenigen Gegenwartsautoren – neben Philippa Foot aus der angelsächsisch-analytischen Tradition[60] – auf die Möglichkeit der Selbstverachtung bzw. des Selbstverlusts des Menschen hingewiesen, was zu einem entscheidenden Kriterium werden kann, da es dies für künftiges Handeln unbedingt zu vermeiden gilt:

»Aufgrund dessen, was wir bisher gehört haben, scheint moralisches Verhalten […] vor allem vom Umgang des Menschen im Gespräch mit sich selbst abzuhängen. […] [E]r darf sich nicht selbst in eine Lage bringen, in der er sich verachten müßte.«[61]

Die Missachtung der eigenen Empfindung kann zur Selbstverachtung, also bis zum Verlust des Selbst als dem Verlust der eigenen Sinndimension und Empfindungsfähigkeit führen. Daher ist Kriterium dafür, was weitergegeben werden soll oder nicht, das, was man zu seiner Geschichte machen kann, was man selbst inkarnieren kann, ohne dafür seine Sinndimension einzubüßen. Und – so würde man gern mit Hannah Arendt Paul Ricoeur fragen – kann man nicht an der Vielzahl der seichten und undifferenzierten fiktionalen und his-

[58] ÜdB 76.
[59] ÜdB 78.
[60] Vgl. »Tugend und Glück« (1994). In: Foot (1997) 214–225.
[61] ÜdB 34f.

torischen Darstellungen unserer Zeit erkennen, in welch hohem Maß der Verlust dieser Sinndimension bereits fortgeschritten ist? Sicherlich, die Grenzen für den Verlust der Selbstachtung und Sinndimension sind von Mensch zu Mensch verschieden. Aber dennoch ist dies ein Kriterium, auf dessen hohe ethische Relevanz man mit Hannah Arendt unbedingt wieder hinweisen muss, denn es ist eine Unterscheidungsmöglichkeit, die tatsächlich Katastrophen – wie etwa die Kettenreaktion im Völkermord Ruandas[62] – verhindern könnte. Denn wer könnte behaupten in der Lage zu sein, mit einem Mörder unschuldiger Menschen zusammenzuleben[63], ohne sich dabei selbst zu belügen? Der Versuch, mit einer derartigen Tat auf dem Rücken wieder in ein dialogisches Selbstverhältnis einzutreten, würde den, der dies behauptet, anhand einer heftigen Abwehrreaktion – wie Shakespears Richard III.[64] – widerlegen. Allein mit sich würde er erkennen, dass er mit einem Mörder Unschuldiger zusammenleben muss, den der Andere als Gesprächspartner im Dialog mit sich immer fliehen und meiden möchte, was einem Verlust der Denkfähigkeit und damit der Fähigkeit, Ereignisse sinnhaft zu artikulieren, gleichkäme.

Derartige Taten werden nur jemandem möglich sein, der es unterlässt, in einen denkenden Umgang mit sich einzutreten, da die Unterlassung des Denkens als eines dialogischen Selbstverhältnisses die Einsicht in das, was man selbst zu seiner Geschichte macht, aussetzt und so der Abblendung des eigenen Verantwortungsbewusstseins gleicht. Aus dieser Abblendung resultiert die Bereitschaft und Fähigkeit alles zu tun, denn man muss scheinbar nichts vor sich selbst rechtfertigen und verantworten. Die Unterlassung des Denkens kann viele in die grauenerregende Lage versetzen, vor nichts mehr zurückzuschrecken bzw. Halt zu machen, vor allem dann, wenn ihnen glaubhaft gemacht werden kann, dass sie selbst nichts zu verantworten haben, sondern lediglich externen Geboten Folge leisten und man ihnen so – durch welche Autorität auch immer – die Verantwortung für ihr eigenes Handeln abnehme. Die Experimente von Stanley Milgram belegen dies in drastischer Art und Weise[65]. So hat Goyas »Traum der Vernunft«, welcher Ungeheuer gebiert, im 20. Jahrhundert mit normalen Spießbürgern als Verbrechern wie Adolf Eich-

---

62 Vgl. hierzu § 23 dieser Arbeit.
63 Vgl. ÜdB 52.
64 Vgl. LdG 188; vgl. Shakespeare (o. J.).
65 Vgl. Milgram (1963) 371–378; vgl. Milgram ([16]2009).

mann ein neues Gesicht bekommen. Seine Aussagen bestätigen den mit der Gedankenlosigkeit einhergehenden Glauben, Eigenverantwortung an Andere abtreten und sich mit Berufung auf reine Befehlsbefolgung für sein Handeln rechtfertigen zu können: »Von dem rechtlichen Sektor aus gesehen blieb mir nichts anderes übrig als Befehlsempfänger die Befehle, die ich bekam, auszuführen.«[66] Oder in Arendts Zusammenfassung, Eichmann paraphrasierend: »›Man hat uns doch versprochen, dass wir nicht zur Verantwortung gezogen werden. Und nun bleibt alles an uns hängen, nicht? Und die Großen, nicht? Die natürlich – wie immer – haben sich der Verantwortung entzogen.‹«[67] Doch es ist – laut Arendt – ein Irrglaube zu meinen, dass die mit der Gedankenlosigkeit verbundene Abblendung des Verantwortungsbewusstseins die reale Abgabe von Verantwortung für eigenes Handeln ermögliche. Jeder Mensch hat die Möglichkeit zu entscheiden, ob er etwas zu seiner Geschichte machen will oder nicht. Keiner kann und darf sich auf Befehlsgehorsam herausreden und mit der Abgabemöglichkeit von Verantwortung rechnen. Jeder Mensch trägt selbst die volle Verantwortung für sein Tun bzw. für das, was er zu seiner Geschichte macht, selbst dann »[w]enn jemand ein Gewehr auf dich richtet und sagt: bring Deinen Freund um oder ich töte Dich […]«[68] Jeder Mensch müsste wissen, dass es in manchen Situationen besser ist selbst zu sterben als mit diesen Taten auf dem Buckel weiterzuleben wie ein Toter. Dies ist nun keine Märtyrerphilosophie wie Hannah Arendt beteuert[69], sondern die Tatsache, dass sich Menschen zu diesen Taten auch heutzutage noch hinreißen lassen – die humanitäre Katastrophe in Ruanda 1994 sei uns ein mahnendes Beispiel hierfür –, ist Ausdruck des zunehmenden Verlusts der Sinndimension des Menschen. Und gerade weil jeder gesunde Mensch die Einsicht darin haben müsste, dass ein Leben ohne diese Dimension nicht mehr lebenswert wäre, kann auch jedem Menschen damit die volle Verantwortung für seine Geschichte abverlangt werden.

Die wesentliche Grundintention dieser Arbeit wird es sein, mit Hannah Arendt wieder die eigentlich selbstverständliche Erinnerung daran wachzurufen, dass Menschen für ihr Handeln selbst verantwortlich sind, unabhängig von jeglicher legalen Ordnung und Kon-

[66] http://www.60xdeutschland.de/1961-jahresschau [2012–03–10].
[67] Fest 46.
[68] ViD 9.
[69] Vgl. ÜdB 53; 154.

vention und unabhängig davon, ob sie ihre Verantwortungsdimension durch Unterlassung des denkenden Dialogs abblenden. Niemand kann seine Verantwortung an Andere abgeben, indem er darauf hinweist er habe nur Befehlen Gehorsam geleistet oder Gesetze befolgt. Der Umgang mit Anderen muss zuallererst vor sich selbst als seiner eigenen Geschichte gerechtfertigt werden. Die Fähigkeit hierzu, genannt Denken, hat jeder. In diesem Sinne könnte Hannah Arendts verkürztes[70] Zitat »Kein Mensch hat […] das Recht zu gehorchen«[71] als ethische Quintessenz ihres Spätwerkes angesehen werden.

§2. Methodische Klärung: Hermeneutik der Rekonstruktion – rekonstruktive Hermeneutik

Dieses Kapitel möchte sich die Klärung der Methodik dieser Arbeit zur Aufgabe machen.

Unter »Methodik« bzw. der »Arbeitsmethode« soll jedoch keinesfalls eine Art technisches Anwendungsinstrumentarium[72] verstanden werden. Ein derartiges Methodenverständnis setzte einen neutralen Betrachter und einen von ihm abgetrennten Forschungsgegenstand voraus, auf den dann mit einem passenden instrumentellen Verfahren, eben einer »Methode«, zugegriffen werden kann. Ein Grundanliegen der Spätphilosophie Hannah Arendts und damit dieser Arbeit ist es jedoch, den Glauben an eine neutrale Zuschauerposition als eine Illusion zu erweisen. Aus der Konsequenz dieser Philosophie und der daran sich anschließenden Fragestellung muss eine methodische Klärung dieser Arbeit die notwendige und unhintergehbare Situiertheit in den Umgang mit Anderen hervorheben. Zieht man hierfür die aus dem Griechischen übertragene, ursprüngliche Bedeutung des Worts »Methode« heran, was laut Danner so viel wie das »[…] Entlanggehen eines Weges […]«[73] meint, so betrifft die methodische Klärung das Vorgehen der Arbeit. Methodik meint hier

[70] Das Zitat ist dem Interview mit Joachim Fest entnommen. In voller Länge lautet es: »Kein Mensch hat bei Kant das Recht zu gehorchen.« Es ist Arendts vehementer Widerspruch gegen die – in ihrem Wortlaut – »unverschämte« Berufung Eichmanns auf Kant. Vgl. hierzu Fest 44; vgl. EiJ 231 ff.

[71] Fest 44.

[72] Vgl. Danner (^{7}2006) 68.

[73] Danner (^{7}2006) 14.

Selbstklärung bezüglich des eigenen wissenschaftlichen Tuns und vor allem Selbsttransparenz in Bezug auf die eigene Arbeitssituation.

Die wesentliche Intention dieser Arbeit ist es, Hannah Arendts Philosophie des Umgangs anhand des narrativen Denkvorganges aus ihrem Spätwerk zu rekonstruieren. Eine Klärung des Vorgehens bzw. des wissenschaftlichen Tuns betrifft also insbesondere eine Klärung dessen, was unter »Rekonstruktion« im Hinblick auf diese Arbeit verstanden werden soll. Müsste man nun der Methodenfrage und damit der Aufgabe des Kapitels einen Titel geben – und terminologische Klärung ist immer eine Form von Distanzierung und damit ein erster Schritt zur angestrebten Selbsttransparenz – wäre hierfür wohl der Begriff »Hermeneutik der Rekonstruktion« angebracht. »Rekonstruktion« als Terminus für das Vorgehen der Arbeit erscheint besonders daher ein adäquater Begriff zu sein, da dieses Wort die Zusammenschau von etwas, das nicht als geschlossenes Ganzes, sondern eher fragmentarisch vorliegt, bezeichnet. Es wurde bereits erwähnt, dass der Vorgang, mittels dem jemand ein Ereignis zu einer Geschichte aufbereitet, bei Hannah Arendt nie in systematischer Weise ausgeführt wurde. Dennoch belegen unterschiedliche Stellen die Bedeutsamkeit dieses Vorgangs im Hinblick auf ihre philosophische Konzeption des Umgangs im Spätwerk. Unter »Rekonstruktion« soll aber hier keinesfalls ein Ersatz für ein nie von Hannah Arendt verfasstes Werk verstanden werden. Des Weiteren besteht ein sinnvolles rekonstruktives Vorgehen auch nicht in einer möglichst philologisch-vollständigen Zusammenstellung aller Zitate Hannah Arendts zur in Frage stehenden Thematik. Derartige »rekonstruktive« Bemühungen könnten sinnentstellend oder sogar verfälschend sein. Dennoch soll der Rekonstruktionsterminus für die Bezeichnung der Vorgehensweise dieser Arbeit beibehalten werden.

Ein Vorgang, der dem hier angefragten Rekonstruktionsverständnis sehr nahe kommt, findet sich in der Geistesgeschichte bei Augustin im Rahmen seiner Zeitreflexionen im Buch XI der Confessiones[74]. Es handelt sich um die Aporie zwischen den drei Zeiten Vergangenheit, Gegenwart und Zukunft und der einen Gegenwart. Vergangenheit ist nicht mehr und daher unwiederbringlich vergangen. Zukunft ist noch nicht, und wenn sie ist, ist sie Gegenwart. Also gibt es scheinbar weder Zukunft, noch Vergangenheit, sondern nur Gegenwart. Wenn aber nur Gegenwart wäre, gäbe es keine Zeit. Dies

---

[74] Vgl. Augustinus (2000).

widerspricht aber unserem Erleben, das ja verläuft und daher eine Rede von einem Vorher und Nachher, von Vergangenheit und Zukunft sinnvoll erscheinen lässt. Augustin antwortet auf diese Aporie mit seiner Lehre von der dreifachen Gegenwart der Zeit. Vergangenheit ist nicht mehr, doch ist sie als Erinnerung Gegenwart der Vergangenheit. Gegenwart ist als Anschauung gegenwärtig. Zukunft ist noch nicht, doch ist sie als Erwartung Gegenwart der Zukunft[75]. In der Gegenwart gibt es Zeichen, anhand derer sich die Zukunft vorhersagen lässt. Diese Vorhersage impliziert eine geistige Vorstellung der Zukunft, eine Vergegenwärtigung des Künftigen und in diesem Sinne ist die Zukunft Gegenwart der Zukunft. Augustin illustriert dies am Beispiel des Morgenrots. Dies ist ein Zeichen in der Gegenwart, das eine Vorhersage der Zukunft, nämlich den baldigen Sonnenaufgang, erlaubt. Wichtig ist es nun aber laut Augustin den Unterschied zu beachten, der zwischen dem erwarteten, in der geistigen Vorstellung vergegenwärtigten Sonnenaufgang und dem tatsächlichen Sonnenaufgang besteht. Gegenwärtig ist nur das Zeichen und die mit ihm einhergehende Vorstellung eines Zukünftigen, nie die Zukunft selbst. Wäre sie gegenwärtig, wäre sie ja nicht mehr Zukunft, sondern bereits Gegenwart. »Zukunft« ist immer nur als eine an Zeichen vergegenwärtigte Erwartung da[76]. Analog läuft Augustins Argumentation zur Vergangenheit. Hier gibt es – entsprechend den Zeichen – Spuren in der Gegenwart, die auf die Vergangenheit schließen lassen. Die Vergangenheit selbst, etwa ein Kindheitsereignis, ist unwiederbringlich vergangen. Doch »[d]iese Sachen haben beim Vorübergehen im Geist durch die Sinne Spuren in das Gedächtnis eingeprägt.«[77] Anhand dieser Gedächtnisspuren kann das Ereignis der Kindheit repräsentiert werden und ist so, etwa als Erzählung des Ereignisses, in der Gegenwart präsent und damit Gegenwart der Vergangenheit. Auch hier ist die Vergegenwärtigung des vergangenen Ereignisses streng zu unterscheiden von dem in der Vergangenheit liegenden Ereignis selbst:

»Wenn man Wahres erzählt, holt man Vergangenes aus dem Gedächtnis hervor. Das sind aber nicht die Sachen selbst, die vorübergegangen sind, sondern Worte, die man aus Bildern der Sachen aufgenommen hat.«[78]

---

[75] Vgl. Augustinus (2000) § 26.
[76] Vgl. Augustinus (2000) § 24.
[77] Augustinus (2000) § 23.
[78] Augustinus (2000) § 23.

Trotz des Unterschieds – so könnte man nun über Augustin hinausgehend argumentieren – besteht doch ein spezieller Bezug zwischen dem vergangenen Ereignis und der Erzählung darüber. Die Repräsentation des Ereignisses, etwa als erzählte Geschichte, gibt den Sinn dieses Ereignisses wieder und steht daher in einem ausgezeichneten Bezug zu diesem Ereignis selbst. Die Erzählung als Repräsentation zielt auf Vergegenwärtigung des in der Vergangenheit beschlossenen Sinns. Ebenso zielt das rekonstruktive Vorgehen dieser Arbeit auf die Vergegenwärtigung des Sinnes der in den Spuren beschlossen liegenden Sachen, im gleichzeitigen Wissen darum, dass die Sachen selbst nicht rekonstruiert werden können. Es geht also in dieser Arbeit um den Sinn des narrativen Denkvorganges, der in eine Philosophie des Umgangs eingebettet ist. »Rekonstruktion« meint nun, dass der Sinn dieses Vorganges anhand der »Spuren« – das sind vor allem Hannah Arendts schriftlich hinterlassene Quellen aus dem Spätwerk – in die heutige Zeit übersetzt werden soll.

Denn der Sinn von Sachen ist – so paradox dies auch klingen mag – übersetzungsbedürftig, um gewahrt werden zu können. Sinn ist nichts Festes, sondern ein situationsbedingtes und damit veränderliches Sinngeschehen[79]. »Spuren« – in diesem Fall Hannah Arendts schriftliche Zeugnisse – entstehen in einem bestimmten Kontext, und indem sie auf diesen Kontext verweisen, ergeben sie auch Sinn. In Bezug auf die hier zu untersuchenden Quellen ist dies vor allem der von Hannah Arendt miterlebte existentielle Opportunismus, nicht nur während der NS-Herrschaft, sondern auch im Nachkriegsdeutschland und in den USA, und natürlich der damit zusammenhängende »Eichmannkontext«, der sie zu einer philosophischen Antwort auf die in der öffentlichen Diskussion geäußerte Kritik motivierte:

> »[…] [I]n Kantischer Sprache: Nachdem mir aufgefallen war, daß ich mich nolens volens ›in den Besitz eines Begriffs gesetzt‹ hatte (Banalität des Bösen), kam ich nicht um die quaestio iuris herum, ›mit welchem Recht man denselben besitze und ihn brauche‹[80].«[81]

In diesem Kontext entstanden also die heute als Hannah Arendts schriftliches Spätwerk vorliegenden Quellen. Dieser ursprüngliche Kontext ist heute jedoch in der Weise nicht mehr gegeben, so dass

[79] Vgl. Danner (^{7}2006) 94.
[80] Vgl. Kant (1928) Nr. 5636.
[81] LdG 15.

die vorliegenden Zeugnisse einer Übersetzung in die heutige Zeit und in gegenwärtige Kontexte bedürfen, um wieder beredt zu werden. Daher orientiert sich das Vorgehen dieser Arbeit als rekonstruktive Sinnaktualisierung weder an Schleiermacher, der Sinnverstehen als umgekehrten Produktionsakt auffasst und reproduktiv auf das der Rede zugrundeliegende Denken des Autors zurück will[82]. Noch orientiert es sich an Dilthey, der zwar Schleiermachers psychologisches Interesse am Autor zugunsten des Interpreten hinter sich lassen möchte, aber doch mit seinem Verstehenskonzept, das mit der »persönlichen Genialität«[83] des Hermeneuten rechnet und das auf »Nacherleben« und »Hineinversetzen« in die »Lebensäußerungen«[84] Anderer ausgerichtet ist, in der gleichen Spur verbleibt wie dieser[85]. Hier soll eher in Anlehnung an Gadamer nach dem heutigen Sinn der Spuren gefragt werden, denn diese sprechen in die Gegenwart hinein und verlangen nach Vermittlung[86]. Wenn auch der Sinn der Spuren nichts Festes ist, so ist er doch auch nicht beliebig. Trotz der Veränderlichkeit und Unfixierbarkeit des Sinnes ist eine »willkürliche Umdeutung«[87] illegitim. Um also zu vermeiden, dass man Hannah Arendts schriftlichen Spuren aus heutiger Perspektive alles Mögliche andichtet, braucht es laut Gadamer für die notwendige Vermittlung zwischen Vergangenheit und Gegenwart ein Bewusstsein für die eigene hermeneutische Situation. Die Erhellung dieser Situation ist im Wesentlichen im wirkungsgeschichtlichen Bewusstsein[88] und dem damit verbundenen Bewusstsein für den zu überbrückenden Zeitenabstand[89] gegeben. Dies heißt, bezogen auf die Klärung der eigenen hermeneutischen Situation, dass dem ursprünglichen, aber vergangenen Kontext der schriftlichen Quellen Hannah Arendts analoge gegenwärtige Kontexte in der Darstellung mitaufgeblendet werden müssen, um die Texte wieder sprechen zu lassen. Gadamer bezeichnet

[82] Schleiermacher (⁸2004) 76: »Die Zusammengehörigkeit der Hermeneutik und Rhetorik besteht darin, daß jeder Akt des Verstehens die Umkehrung eines Aktes des Redens ist, indem in das Bewußtsein kommen muß, welches Denken der Rede zum Grunde gelegen.«.

[83] Dilthey (⁷2006) 267.

[84] Dilthey (⁷2006) 264.

[85] Vgl. Danner (⁷2006) 80; 93.

[86] Vgl. Gadamer (⁶1990) 334; 346.

[87] Gadamer (⁶1990) 333.

[88] Vgl. Gadamer (⁶1990) 305 ff.

[89] Vgl. Gadamer (⁶1990) 316.

diese Aufgabe als »Applikation«[90]: Um den Sinn des von Hannah Arendt Intendierten zu bewahren und auf angemessene Weise in die Gegenwart zu übersetzen, zu »applizieren«, bedarf es einer hinreichenden Kenntnisnahme der ursprünglichen Verweisungszusammenhänge der vorliegenden Quellen. Wenn etwa die Manipulierbarkeit von »Normalmenschen« zu Mitgliedern totalitärer Regime in der Weise wie zu Hannah Arendts Lebzeiten nicht mehr präsent ist, so heißt dies noch lange nicht, dass das Thema dieses existentiellen Opportunismus passee ist. Eine notwendige rekonstruktive Sinnaktualisierung, die sich gegen den Vorwurf des willkürlichen Hineindeutens absichern möchte, wird daher in wirkungsgeschichtlichem Bewusstsein den ursprünglichen Hintergründen analoge und nicht beliebige Kontexte heranziehen. Die Plausibilisierung des von Hannah Arendt Gemeinten ließe sich etwa auf die heutige mediale Meinungsmanipulation oder das größtenteils unreflektierte Konsumverhalten übertragen. Opportunismus und Massenmanipulation läuft heute viel subtiler ab als zu Arendts Zeiten, wo politische Gegner und Lehren, von denen es sich zu distanzieren galt, viel klarer benennbar waren, als dies heute der Fall ist. Diese zunehmende Subtilität gibt Hannah Arendts Verdikt eines Redens in Klischees[91], was heute auch als ein gedankenloses Mitschwimmen im Mainstream übersetzt werden könnte, erhöhte Brisanz und ihren Thesen besondere Bedeutsamkeit für die Gegenwart. Am Ruandakonflikt, dieser in kettenreaktionsartigen Massentötungen ausartenden Krisensituation der jüngeren Gegenwart, soll verdeutlicht werden[92], was es mit Hannah Arendt heißt, gewohnt zu sein, eigenes Handeln zunächst vor sich zu rechtfertigen. Besonders vor diesem Hintergrund hat Arendts Denken eine erhöhte Relevanz in unserer Gegenwart, da Menschen, die dies gewohnt sind zu tun, in dieser Situation vermutlich die einzigen wären, die eine derartige Kettenreaktion und damit eine humanitäre Katastrophe verhindern könnten.

Ein weiterer Schritt methodischer Selbstklärung, die sich darum bemüht eine willkürliche Interpretation der arendtschen Schriften zu vermeiden, ist die Prüfung der eigenen wissenschaftlichen Fragestellung und der hierfür herangezogenen Terminologie auf die Angemessenheit hinsichtlich des Anliegens Hannah Arendts. Diese Arbeit

---

[90] Gadamer (^{6}1990) 345 f.

[91] Vgl. Tor 82.

[92] Vgl. hierzu §23 dieser Arbeit.

möchte den Vorgang, der ein Ereignis zu einer Geschichte aufbereitet, in Hannah Arendts Begrifflichkeit als Denkvorgang beschreiben und auslegen. Diese Interpretation ist klärungsbedürftig, aber sie ist in Anbetracht dessen legitim und in Hannah Arendts Sinne, da sie selbst diesen Vorgang zweimal bei unterschiedlichen Gelegenheiten[93], die darüber hinaus zeitlich sieben Jahre auseinanderliegen, als eine Art zu denken bezeichnet:

»Denken als Tätigkeit kann aus jedem Ereignis entstehen; es ist da, wenn ich einen Vorfall auf der Straße beobachtet habe oder in ein Geschehen hineingezogen wurde und danach beginne, das, was geschah, zu betrachten, es mir selbst als eine Geschichte erzähle, es auf diese Weise für die anschließende Kommunikation mit Anderen aufbereite usw.«[94] »Jeder, der eine Geschichte über das, was er vor einer halben Stunde auf der Straße erlebt hat, erzählt, muß diese Geschichte in eine Form bringen. Und dieses Die-Geschichte-in-eine-Form-Bringen ist eine Art von Denken.«[95]

Es ist daher zulässig alle begrifflichen Bestimmungen Hannah Arendts zur »Denktätigkeit« auch dem narrativen Vorgang zuzuschreiben, etwa Denken als Dialog mit sich selbst, der aus einem Dialog mit Anderen hervorgeht und sich zugleich auf einen künftigen Dialog mit Anderen vorbereitet, indem man sich in diesem Dialog nach dem Sinn von Ereignissen fragt etc. Hierfür den Terminus »Umgang«, im speziellen »Umgang mit sich selbst« und »Umgang mit Anderen«, zu verwenden, ist auch mit Hannah Arendt konform, da sie selbst diese Begrifflichkeit in Bezug auf diese Thematik verwendet: »Sokrates entdeckte, daß man Umgang mit sich selbst haben kann, so gut wie mit anderen, und daß beide Arten von Umgang irgendwie miteinander zusammenhängen.«[96] Wenn Denken als Umgang mit sich selbst – wie mit Hannah Arendt zu zeigen sein wird – aus dem Umgang mit Anderen hervorgeht, um wiederum in veränderter Weise in den Umgang mit Anderen einzugehen, erscheint es auch in Hannah Arendts Sinne zu sein, sich zu fragen, welche

---

[93] Zum einen handelt es sich hierbei um die 1965 an der New School für Social Research in New York gehaltene Vorlesung mit dem Titel »Some Questions of Moral Philosophy« (vgl. Arendt (2003) 49–146; auf Deutsch vgl. hierzu ÜdB) und zum anderen um eine Diskussion mit Freunden und Kollegen im Jahre 1972 anlässlich einer Konferenz zum Thema »The Work of Hannah Arendt« in Toronto, an der Hannah Arendt selbst teilnahm (vgl. Tor 74 f.).

[94] ÜdB 75.

[95] Tor 74 f.

[96] LdG 187.

Bedeutung die Pflege bzw. die Unterlassung des Denkens als Umgang mit sich selbst in Bezug auf den Umgang mit Anderen hat. Da das Denken in dieser Konzeption derart in eine Umgangskonstellation mit Anderen aufgespannt ist, drängt sich die Frage nach der ethischen Dimension des Denkens bzw. der Gedankenlosigkeit auf. Der ethischen Dimension geht Hannah Arendt selbst im Speziellen in Bezug auf die dem Denken inhärente Prädisposition gegen das Böse nach[97]. Der Terminus »Ethik« soll hier aber auch das Moment der Selbstgestaltung und Identitätskonstitution miteinschließen[98], was sie selbst als dem Denken konstitutiv zuschreibt.

All diese Fragestellungen und Begriffe erscheinen – bis auf Einen – ganz konform mit Arendts Selbstverständnis zu sein. Dieser eine »Nonkonformist« ist der Begriff »Philosophie«. Es ist im Zusammenhang mit Hannah Arendt rechtfertigungsbedürftig von einer »Philosophie des Umgangs« zu sprechen, wollte sie sich selbst doch nie als Philosophin verstanden wissen[99]. Darauf könnte man als Interpret etwas oberflächlich antworten, dass es einige Gestalten in der Geschichte der Philosophie gibt, die sich selbst nie als Philosophen bezeichnet hätten, aber nun von Anderen als solche aufgefasst werden. Eine tiefergehende Antwort berücksichtigt Hannah Arendts eigene Motive, die Bezeichnung »Philosophin« abzulehnen. Dies begründet sie zum einen biographisch mit der Erfahrung der nahezu problemlosen Gleichschaltung der Intellektuellen während des Dritten Reiches. Diese Gleichschaltung beobachtete sie in besonderem Maße im intellektuellen Milieu, in anderen Kreisen wäre dies nicht in der Weise die Regel gewesen. Die Fähigkeit der Intellektuellen, sich »[…] zu jeder Sache etwas einfallen [zu] lassen […]«[100], sogar zu Hitler[101], motivierte ihre Ablehnung und veranlasste sie zu der Aussage: »Ich rühre nie wieder irgendeine intellektuelle Geschichte an. Ich will mit dieser Gesellschaft nichts zu tun haben.«[102] Diese biographische Ablehnung korrespondiert zum anderen mit einer systematischen Ablehnung der Philosophie, die – mit Ausnahme der kantschen Philosophie[103] – immer nur den Menschen in den Blick nimmt und nie die

[97] Vgl. LdG 15.
[98] Vgl. hierzu das fünfte Kapitel dieser Arbeit.
[99] Vgl. Gaus 46 f.
[100] Gaus 58.
[101] Vgl. Gaus 59.
[102] Gaus 58.
[103] Vgl. Gaus 47.

Menschen in ihrer Pluralität und Unterschiedlichkeit[104]. Die Möglichkeitsbedingung der von ihr miterlebten Gleichschaltungsbereitschaft vieler Intellektueller liegt – laut Arendt – auch in einem philosophisch-systematischen Desiderat begründet. Diesem Desiderat möchte sie damit begegnen, dass sie den Ausdruck »politische Philosophie« meidet[105], um stattdessen Politik »[…] mit, gewissermaßen, von der Philosophie ungetrübten Augen […]«[106] zu sehen. Die Ausarbeitung dieses die menschliche Pluralität miteinbegreifenden »politische[n] Denken[s]«[107] war ihr Lebenswerk und diese Leistung stellt auch ihre einzigartige Bedeutung für die Philosophiegeschichte dar. Denn eine wesentliche Aufgabe der Philosophie ist die systematische Explikation von Denkerfahrungen, und durch ihre Ausarbeitung dieses politischen Denkens hat sie das philosophische Verständnis des Denkens bzw. unseren gängigen Begriff des Denkens verändert, erweitert und damit entscheidend mitgeprägt. Ihre Konzeption des politischen Denkens hat zweifellos das vormalige Philosophieverständnis ausdifferenziert und vor diesem Hintergrund tut man Hannah Arendt keinen allzu großen Zwang an, wenn man in Bezug auf ihr Werk von einer »Philosophie« des Umgangs spricht.

Eine um Vollständigkeit bemühte Klärung der Vorgehensweise impliziert auch die Frage nach dem Gang der Arbeit und damit einer sinnvollen Gliederung der einzelnen Gedankenschritte. Wenn man hierfür Schopenhauers Einsicht heranziehen wollte, dass für die Geburt eines Menschen der »Liebesroman«[108] der Eltern entscheidender ist als die biologische Verschmelzung von Zellen[109], Menschen mit ihrer Art zu denken also aus Geschichten hervorgehen, so erscheint es im Hinblick auf die Gliederung angebracht zu sein, zunächst Hannah Arendts geistesgeschichtliche Herkunft zu betrachten. Überhaupt soll die Gliederung so angelegt sein, dass sich die Genese des arendtschen Gedankenganges entfaltet, und so vom Leser mitgegangen werden kann. Darüber hinaus soll mit der Gliederung der Verlauf des narrativen Denkvorganges selbst – vom »Umgang mit Anderen« zum »Umgang mit sich selbst« wiederum hin zu einem veränderten »Umgang mit Anderen« – nachgezeichnet werden. Diese beiden hier

---

104 Vgl. D 15.
105 Vgl. Gaus 47.
106 Gaus 47.
107 VA 18.
108 Schopenhauer (1988) 621.
109 Vgl. Schopenhauer (1988) 621 ff.

angeführten Gesichtspunkte für eine sinnvolle Anordnung der Gliederung lassen sich gut miteinander verbinden, da die Genealogie des arendtschen Gedankens mit der Denkbewegung des darzustellenden narrativen Denkvorganges in wesentlichen Schritten übereinstimmt. Nach der Darstellung prägender philosophisch-geistesgeschichtlicher Positionen (Kierkegaard, Jaspers, Heidegger) – sozusagen als »Vorgeschichte« im ersten Kapitel –, möchte die Gliederung im zweiten Kapitel mit Arendts Narrativitätskonzeption in ihrem Werk »Vita activa«, welches ja die Bedeutsamkeit des »Miteinander Handelns« hervorhebt, den Primat des Umgangs mit Anderen betonen. Erst der dialogische Umgang mit Anderen motiviert einen dialogischen Umgang mit mir selbst als ein narratives Selbstverhältnis, worauf das dritte Kapitel der Arbeit mit Hannah Arendts Spätwerk abzielen wird. Das vierte Kapitel wird diesen dialogischen Umgang mit sich selbst als einen Repräsentationsvorgang auslegen und hierfür vor allem die aus Hannah Arendts Nachlass herausgegebenen Schriften zum »Urteilen« heranziehen[110]. Kapitel fünf und sechs thematisieren die ethische Dimension des narrativen Denkvorganges, im fünften Kapitel als Identitätskonstitution vor allem in Bezug auf das Selbst und im sechsten Kapitel in Bezug auf den Umgang mit Anderen. Dieses letzte Kapitel möchte sich in besonderer Weise nach den Auswirkungen des Denkens bzw. der Gedankenlosigkeit auf den Umgang mit Anderen fragen. Damit ist auch die Nachzeichnung des Denkvorganges mit einem veränderten Wiedereingehen in den Umgang mit Anderen abgeschlossen.

Eine methodische Selbstklärung ist jedoch erst abgeschlossen mit einer weitestmöglichen Selbsttransparenz in Bezug auf die eigene hermeneutische Situation als Interpret. Diese eigene Situiertheit in eine Umgangskonstellation umfasst im Wesentlichen drei Momente: Sie beinhaltet den Umgang mit Anderen, der hier überwiegend aus einem Umgang mit den schriftlichen Zeugnissen Hannah Arendts besteht. Die Klärung, um welche Quellen es sich dabei im Einzelnen handelt, erfolgt im nächsten Abschnitt. Diese Quellen sollen unter Hinblicknahme der erläuterten Fragestellung in einem dialogischen Umgang mit mir selbst für Andere aufbereitet und hierzu vor allem schriftlich umgesetzt werden. Diese rekonstruktive Umsetzung von Hannah Arendts Quellen – dieser »Spuren« in Augustins Begrifflichkeit – zielt auf eine Sinnaktualisierung ab. Insofern also gilt, dass

[110] Die wesentlichen Quellen hierzu: vgl. U; vgl. ÜdB; vgl. D.

»Hermeneutik ein Aktualisierungsvorgang eines ursprünglicheren Sinnes [ist] […]«[111], könnte man das methodische Vorgehen dieser Arbeit auch als eine »rekonstruktive Hermeneutik« bezeichnen, der es in besonderer Weise um eine Übersetzung des ursprünglichen Sinnes in die Gegenwart geht.

Dies setzt jedoch beim Hermeneuten das Vorhandensein seiner Sinndimension voraus. Denn was inhaltlich für das Denken, im Speziellen für das narrative Denken, gilt, gilt hier im Besonderen für mich als Hermeneut in Bezug auf die Abfassung dieser Arbeit. Dieser Vorgang lässt sich nicht als von mir selbst abgetrennt betrachten. Um diese sinnrekonstruktive Hermeneutik leisten zu können, muss ich in der Lage sein, in einen sinnstiftend-dialogischen Umgang mit mir selbst einzutreten. Somit setzt das Schreiben von Wahrem das Wahr-Sein im Sinne von Wahrhaftigkeit voraus. Dies bemisst sich vor allem an der Sinnhaftigkeit meiner schriftlichen Umsetzung. Die Beurteilung dieser Sinnhaftigkeit liegt nicht in meiner Hand und macht eine Veröffentlichung dieser Thesen notwendig. Diese Unmöglichkeit einer vollkommenen methodischen Selbstklärung[112] gründet letztlich in der eigenen existentiellen Situation: Selbsterkenntnis allein aus sich heraus ist zum Scheitern verurteilt. Das Selbst muss es wagen sich an Andere weiterzugeben, um etwas über sich zu erfahren. Die Anderen sind und bleiben die Quelle, welcher sich das Selbst verdankt.

§ 3. Quellenlage und Forschungsstand

Die für diese Arbeit relevanten Quellen setzen sich zusammen aus Primärwerken, die zum Teil von Hannah Arendt selbst zu Lebzeiten publiziert und zum Teil von Anderen aus dem Nachlass herausgegeben wurden. Aus den zahlreichen Sekundärquellen zu Hannah Arendt sollen exemplarische Werke zur in Frage stehenden Thematik ausgewählt werden, um so den Stand der Forschung aufzuzeigen.

Die Hauptquellen zur Rekonstruktion des narrativen Denkvorganges sind vor allem Primärquellen aus dem Spätwerk, das heißt Werke, die nach dem Eichmann-Prozess entstanden. Mit der Einteilung der Werke in Schriften, die vor dem Eichmann-Prozess, und

111 Grätzel (2005b) 9.
112 Vgl. Gadamer (1990) 307.

Schriften, die danach verfasst wurden, soll keinesfalls eine Inkohärenz bzw. Spannung zwischen Früh- und Spätwerk im arendtschen Denken unterstellt werden, wie dies etwa der Arendt-Herausgeber Ronald Beiner tut[113]. Im Gegenteil, das, was inhaltlich im Frühwerk schon angelegt ist, wird dann – veranlasst durch den Eichmann-Prozess und die Kontroversen um ihr Buch »Eichmann in Jerusalem«[114] – im Spätwerk weiter ausdifferenziert. Mit dem Terminus »Spätwerk« wird also kein Kohärenzbruch, sondern eine Schwerpunktverlagerung in der thematischen Auseinandersetzung vom Umgang mit Anderen hin zu den sogenannten Geistestätigkeiten bzw. zum Umgang mit sich selbst zum Ausdruck gebracht. Viele dieser für die Geistestätigkeiten einschlägigen Quellen erschienen erst posthum, manche erst sehr lange nach Hannah Arendts Tod (etwa das »Denktagebuch« auf Deutsch im Jahr 2002[115] oder die Vorlesung »Über das Böse« im Jahr 2006[116]) und häufig in fragmentarischer Weise. Dies begründet auch die problematische Rezeption Hannah Arendts, die sich zumindest in der Philosophie auf das Werk »Vita activa«[117] konzentriert und oft auch reduziert. Doch erst eine hinreichende Berücksichtigung des Spätwerkes ergibt ein vollständiges Bild von Hannah Arendts Konzeption, was wiederum ein wichtiges Werk wie »Vita activa« in verändertem Lichte erscheinen lassen würde und – wie bereits angedeutet – so manche Kritik daran relativieren könnte. Diese Arbeit versteht sich als ein Beitrag in diese Richtung.

Neben dem Werk »Eichmann in Jerusalem«[118] (1964)[119] selbst, zählen zu den Hauptquellen der Primärwerke Hannah Arendts in Bezug auf diese Arbeit folgende Publikationen: »Vom Leben des Geistes« (1979)[120], »Das Urteilen. Texte zu Kants Politischer Philosophie« (1985)[121], »Über das Böse. Eine Vorlesung zu Fragen der Ethik« (2006)[122], »Denktagebuch« (2002)[123], der Aufsatz »Persönliche Ver-

113 Vgl. Beiner (1985) 176.
114 Vgl. EiJ.
115 Vgl. D.
116 Vgl. ÜdB.
117 Vgl. VA.
118 Vgl. EiJ.
119 Die in Klammern angegebenen Jahreszahlen beziehen sich, wenn nicht explizit anders vermerkt, auf die Angabe der deutschsprachigen Erstveröffentlichung.
120 Vgl. LdG.
121 Vgl. U.
122 Vgl. ÜdB.
123 Vgl. D.

antwortung in der Diktatur« (1991)[124] und die unter dem Titel »Politische Erfahrungen im 20. Jahrhundert. Seminarnotizen 1955 und 1968«[125] in dem Band »Dichterisch denken« (2007) herausgegebenen Seminarvorbereitungen, worunter sich auch wichtige Bemerkungen zum narrativen Denkvorgang befinden. Diese wurden aus dem Arendt-Nachlass zusammengestellt, der sich in der Library of Congress in New York befindet und online publiziert ist[126]. Zudem ist der ebenso von Wolfgang Heuer übersetzte und herausgegebene Vortrag »Philosophie und Politik«[127], den Arendt im Jahr 1954 hielt und der in deutscher Sprache erst 1993 erschien, ein Dokument, das in besonderer Weise die Kohärenz des arendtschen Denkens belegen kann, da dieser Vortrag vor dem Eichmannprozess ausgearbeitet wurde, aber bereits Themen des Spätwerkes – ähnlich wie im Denktagebuch – behandelt, und zwar in Übereinstimmung mit den Thesen des Spätwerkes. Weitere posthum erschienene Primärquellen sind das im Oktober 1973 stattgefundene »Fernsehgespräch mit Roger Errera«[128] und die »Diskussion mit Freunden und Kollegen in Toronto« im November 1972[129], beides veröffentlicht in dem Band »Ich will verstehen« (1996)[130], und das Rundfunkinterview mit Joachim Fest, ausgestrahlt vom Südwestdeutschen Rundfunk am 9.11.1964, »Eichmann war von empörender Dummheit« (2011)[131]. Hinzu kommt das zu Lebzeiten publizierte Fernsehinterview mit Günter Gaus (1964)[132]

---

124 Vgl. ViD.

125 Vgl. PE.

126 http://www.memory.loc.gov/ammem/arendthtml/arendthome.html [2012-04-13].

127 Vgl. PuP..

128 Vgl. Err. Online abrufbar unter: http://www.youtube.com/watch?v=MC4xrhxNJC0 [2012-04-13]
http://www.youtube.com/watch?v=AB4qHQIy1GM [2012-04-13]
http://www.youtube.com/watch?v=vKkfsr4lKTE [2012-04-13].

129 Vgl. Tor.

130 Vgl. Arendt ([2]2006).

131 Vgl. Fest.

132 Vgl. Gaus. »Günter Gaus. Die klassischen Interviews. Set B: Politik & Kultur 1963–1969«. Herausgegeben von Manfred Bissinger. SWR rbb ZDF.
Online abrufbar unter: http://www.youtube.com/watch?v=Ts4IQ2gQ4TQ [2012-04-13]
http://www.youtube.com/watch?v=1xSbvnMMjZE&feature=endscreen&NR=1 [2012-04-13]
http://www.youtube.com/watch?NR=1&feature=endscreen&v=Qn3deYMRllk [2012-04-13]

und die von Hannah Arendt selbst herausgegebenen Aufsätze »Wahrheit und Politik« (1964)[133], »Über den Zusammenhang von Denken und Moral« (1971)[134], beide in »Zwischen Vergangenheit und Zukunft« (1994)[135], »Ziviler Ungehorsam« (im Original 1970, deutsch erstmals 1986)[136], aktuell zugänglich in dem Band »In der Gegenwart« (2000)[137] und die in dem Werk »Menschen in finsteren Zeiten« (1968/dt.1989)[138] versammelten Schriften insbesondere zu Lessing (1960)[139] und Tania Blixen (1968/dt.1989)[140]. Relevante Quellen aus dem Frühwerk sind die Aufsätze »Organisierte Schuld« (1944/dt.1946)[141], »Verstehen und Politik« (1953/dt.1994)[142] und das vor der Eichmann Kontroverse konzipierte, aber unabgeschlossen und zu Lebzeiten unveröffentlicht bleibende Projekt einer Einführung in die Politik, das aus dem Nachlass mit dem Titel »Was ist Politik?« (1993)[143] herausgegeben wurde. Unter anderem mit diesen Quellen aus dem Frühwerk soll die Kohärenz des arendtschen Denkens belegt und die frühe Anlage dessen, was im Spätwerk in vertiefter Weise entfaltet wird, aufgezeigt werden.

Ein weiteres hilfreiches Arbeitsmittel in Bezug auf die Primärquellen ist die chronologische Bibliographie der Werke Hannah Arendts vom Jahr 1929 bis zum Jahr 2005 in dem Band »Ich will verstehen«[144]. Publikationen nach 2005 können auf der Internetplattform »HannahArendt.net. Zeitschrift für politisches Denken. Journal for Political Thinking«[145] eingesehen werden, welche darüber hinaus wichtige Informationen, Links und Sekundärwerke zu Hannah Arendt bereitstellt. Eine relevante Internetquelle ist auch die Home-

---

http://www.youtube.com/watch?NR=1&feature=endscreen&v=Lqj_LdNQKNE [2012–04–13]
http://www.youtube.com/watch?NR=1&feature=endscreen&v=AJoqXcwS72I [2012–04–13].

133 Vgl. WuP.
134 Vgl. DuM.
135 Vgl. Arendt (^{2}2000).
136 Vgl. ZU.
137 Vgl. Arendt (2000).
138 Vgl. Arendt (1989).
139 Vgl. Les.
140 Vgl. ID.
141 Vgl. OS.
142 Vgl. VuP.
143 Vgl. WiP.
144 Vgl. Arendt (^{2}2006) 257–341.
145 http://www.hannaharendt.net [2012–04–13].

page des Hannah Arendt-Zentrums der Universität Oldenburg[146]. Hier gibt es neben einer Vielzahl aktueller Hinweise wichtige Links wie zur Library of Congress und dem dort online publizierten »Hannah Arendt Papers« oder zum Bard College, der Wirkungsstätte Heinrich Blüchers, des Ehemannes von Hannah Arendt, deren Homepage unter anderem Einsicht gibt in die Marginalien Hannah Arendts[147], z.B. zu wichtigen Werken wie Heideggers »Sein und Zeit«. Daneben ist das »Hannah-Arendt-Institut für Totalitarismusforschung e.V. an der TU Dresden«[148] maßgeblich mitverantwortlich für die Herausgabe des Arendt-Nachlasses und sich daran anschließender Forschungsfragestellungen. Dieses Institut gab beispielsweise den Band »Über den Totalitarismus« (1998)[149] heraus, der auch für diese Arbeit bedeutsame Zeugnisse aus Arendts Nachlass zusammenstellt.

Einen thematisch gegliederten Überblick zu Sekundärquellen in Bezug auf Hannah Arendts Oeuvre bietet der ihr gewidmete Band der Zeitschrift »Text + Kritik«[150]. Aktuellere Publikationen finden sich auf der Homepage »HannahArendt.net«[151]. Eine Sichtung dieser Literatur zeigt, dass trotz der zahlreichen Veröffentlichungen zu Hannah Arendt die »Geistestätigkeiten« wenig Beachtung finden. Auch Hannah Arendts Theorie der Geschichte als Narration ist eher eine Randthematik in der Sekundärliteratur. Eine systematische Einbettung des narrativen Denkvorganges in die arendtschen Tätigkeiten des Geistes steht bislang aus. Im Mittelpunkt der Darstellungen zur Narration steht oft der Geschichtenerzähler, nicht aber der vorgängige geistige Akt der Aufbereitung einer Geschichte. Eine Rezeption der ethischen Dimension im Spätwerk Arendts und vor allem im »Denken in Geschichten« fehlt nahezu völlig, was auch im späten Erscheinen der hierfür relevanten Werke »Über das Böse«[152] und »Denktagebuch«[153] mitbegründet liegt.

Eine der ersten Publikationen zum Thema »Geschichte« stammt von der Schülerin und einzigen PhD-Studentin Hannah Arendts Eli-

---

[146] http://www.arendt-zentrum.uni-oldenburg.de [2012–04–13].

[147] http://www.bard.edu/arendtcollection [2012–04–13].

[148] http://www.hait.tu-dresden.de [2012–04–13].

[149] Vgl. ÜdT.

[150] Vgl. Hemmen (2005) 187–195.

[151] http://www.hannaharendt.net/index.php/han/pages/view/litaha [2012–04–14].

[152] Vgl. ÜdB.

[153] Vgl. D.

sabeth Young-Bruehl in dem Standardwerk der Sekundärliteratur »Hannah Arendt. Materialien zu ihrem Werk. Herausgegeben von Adalbert Reif« (1979). Dabei hebt sie den Unterschied zwischen Geschichten und bloßen Fakten hervor[154] und versteht Geschichten als Teil der arendtschen Montagetechnik[155]. Man vermisst jedoch eine Klärung des systematischen Orts der Geschichte bei Hannah Arendt. Zwar erwähnt sie das arendtsche Denken als Dialog[156] und auch die damit einhergehende Verantwortungsdimension[157], aber es fehlt gänzlich die Synthese, nämlich die Darstellung des narrativen Vorganges als Geistestätigkeit. Die Geschichten bleiben in dieser Darstellung Teile einer Arbeitstechnik, »[…] einer Collage, einem Mobile […]«[158], was natürlich Arendts Verständnis keineswegs gerecht wird.

Anders Jerome Kohn, Hannah Arendts ehemaliger Assistent, jetziger Verwalter des »Hannah Arendt Bluecher Literary Trust« und Herausgeber wichtiger Werke aus dem Nachlass (z. B. »Responsibility and Judgement«[159]; dieser Band enthält unter anderem auch die auf Deutsch erschienene Vorlesung »Über das Böse«[160]): Im Gegensatz zu E. Young-Bruehl gelingt es ihm an Arendts Kafka Darstellung[161], den narrativen Vorgang als »Denken« in Arendts Terminologie herauszuarbeiten. Viel für diesen Vorgang Konstitutives kommt dabei in seinem Aufsatz zur Sprache, die Orientierungsfunktion des Urteilens[162], der Verantwortungsbegriff, der zunehmende Verlust der Sinndimension[163], aber auch eine differenzierte Darstellung der für das »dichterisch Denken« relevanten Komponenten des sensus communis, der Einbildungskraft bzw. des Repräsentationsvermögens, was bei Arendt unter dem Terminus »erweiterte Denkungsart« läuft etc. Leider fehlt auch in diesem Aufsatz eine systematische Einordnung in Bezug auf den »ontologischen« Status der Geschichten bei Hannah Arendt. Dieses Defizit lässt die herausgearbeiteten Begrifflichkeiten,

---

[154] Vgl. Young-Bruehl (1979) 319.
[155] Vgl. Young-Bruehl (1979) 319 f.
[156] Vgl. Young-Bruehl (1979) 323 f.
[157] Vgl. Young-Bruehl (1979) 324.
[158] Young-Bruehl (1979) 320.
[159] Vgl. Arendt (2003).
[160] Vgl. ÜdB.
[161] Vgl. FK.
[162] Vgl. Kohn (2007) 145.
[163] Vgl. Kohn (2007) 158.

die an zahlreichen literarischen und »arendtschen« Beispielen veranschaulicht werden, doch isoliert erscheinen. Kohn möchte mit dieser Schrift die Geistestätigkeiten »Denken« und »Urteilen« miteinander in Verbindung bringen; eine Verbindung, die für den narrativen Denkvorgang von entscheidender Bedeutung ist, wie sich in dieser Arbeit zeigen wird. Die fehlende Gesamtzusammenschau der Begriffe lässt dieses Ansinnen Kohns jedoch misslingen.

Neben J. Kohns Publikation findet sich eine weitere der Thematik dieser Arbeit verwandte Veröffentlichung in dem Sammelband »Dichterisch denken. Hannah Arendt und die Künste«. Es handelt sich um den Aufsatz »Verstehen als Sichtbarmachen von Erfahrung«[164] des Herausgebers Wolfgang Heuer, der in dieser Schrift auch auf die in diesem Band erstmals publizierten Seminarnotizen Hannah Arendts[165] eingeht. Er betont den Bildcharakter des Denkens[166] und damit die konstitutive Leistung der Einbildungskraft, um Hannah Arendts Hinzuziehung literarischer Quellen systematisch zu erhellen. Er antwortet damit indirekt auf E. Young-Bruehl, wenn er betont, dass es sich hierbei keinesfalls um bloße Hilfsmittel handelt[167]. Er trifft auch die wichtige Unterscheidung zwischen Erzählen und Nachdenken[168], belässt es aber bei einer Bemerkung und führt die notwendige Differenzierung nicht mehr weiter aus. Indem Heuer die Geschichten als Denkbilder versteht, kommt er der ethischen Dimension in Arendts Ansatz am nächsten, denn diese sind nach Hannah Arendt Empfindungen, die uns affizieren und uns so Unterscheidungen mit an die Hand geben[169]. Die ethische Dimension der Geschichten schwingt bei Heuer leider immer nur beiläufig mit und bleibt begrifflich unexpliziert, da er selbst die Termini »Empfindung« und die darin liegende »Unterscheidungsleistung« nicht erwähnt. Trotz der Hervorhebung der Einbildungskraft und des Bildcharakters unterlässt er die genaue Darstellung der in der Einbildungskraft beschlossen liegenden Repräsentationsleistung und der für den narrativen Denkvorgang konstitutiven Momente.

Der sensus communis ist ein solch wesentliches Moment im arendtschen Gesamtkonzept. Es ist das Verdienst von Susanne Lüde-

164 Vgl. Heuer (2007).
165 Vgl. PE.
166 Vgl. Heuer (2007) 204.
167 Vgl. Heuer (2007) 204.
168 Vgl. Heuer (2007) 211.
169 Vgl. U 96.

mann auf die terminologische Abhebung dieses sensus communis vom Gemeinsinn bzw. common sense bei Hannah Arendt wieder aufmerksam zu machen[170]. So schafft sie es mit Hannah Arendt das Unterscheidungsvermögen im Gegensatz zu Agamben gerade heutzutage wieder stark zu machen. Auch sie erkennt Arendts Leistung, wenn sie betont, dass dieses Vermögen als »erweiterte Denkungsart« ohne metaphysische oder theologische Voraussetzungen auskommt[171]. Doch auch ihr gelingt es nicht die ethische Dimension im Unterscheiden bei Hannah Arendt klar herauszuarbeiten; vielleicht auch deswegen nicht, weil sie nicht auf die Narrativität bei Hannah Arendt eingeht.

Zu diesem wichtigen Konnex gibt es bislang wenig in der so zahlreichen Sekundärliteratur. Vielversprechend klingt der Titel »Narrative (–) Initiative. Das ›Rätsel des Anfangs‹ als ethisches und poetologisches Konzept in Hannah Arendts *Denktagebuch* und ihrer Vorlesung *Über das Böse* von Doren Wohlleben[172], in dem Sammelband »Narration und Ethik«. Positiv hervorzuheben an dieser Veröffentlichung ist, dass sie eine der wenigen Kommentatoren ist, die Arendts so spät erschienene Schriften »Über das Böse« und »Denktagebuch« zum Hauptinteresse ihrer philologischen Bemühungen macht. Enttäuschend ist, dass das »dichterische Denken« erst auf der letzten Seite zur Sprache kommt. Unbeachtet bleibt die Einbildungskraft als Repräsentationsvermögen, die erweiterte Denkungsart und der sensus communis als tragende Säulen »dichterischen Denkens« bei Hannah Arendt. Allein diese drei Kernbestände im nachgelassenen Spätwerk Arendts unter dem Gesichtspunkt »Narration und Ethik« zu betrachten, hätte die Anfänglichkeit, die Wohlleben ja in ihrem Artikel herausarbeiten möchte, auch im »dichterischen Denken« mitaufscheinen lassen können. In Geschichten zu denken zählt als Tätigkeit des Geistes bei Arendt ebenso zur Aktuierung der menschlichen Anfänglichkeit und ist damit unter anderem wesentlich beteiligt an der ethischen Selbstgestaltung des Menschen. So bleibt mit Doren Wohlleben der Anfang bei Hannah Arendt auch weiterhin rätselhaft, weil begrifflich unterbestimmt. Die Forschungsrichtung des Titels wäre für die Rezeption Hannah Arendts wünschenswert.

---

170 Vgl. Lüdemann (2011) 12.
171 Vgl. Lüdemann (2011) 13.
172 Vgl. Wohlleben (2009).

Der Titel verspricht aber mehr als der Artikel selbst dann tatsächlich hält.

Einen anspruchsvollen und beachtlichen Forschungsbeitrag zum Thema Narration und Ethik liefert Marco Estrada Saavedra. Sein Aufsatz »Eine Hermeneutik des Präzedenzlosen. Die Urteilskraft und die historische Imagination« spricht die dem Erzählen implizite Versöhnungsmöglichkeit an[173]. Darüber hinaus findet bei ihm die so häufig unterlassene Klärung des ontologischen Status von Geschichten als Beispiele analog zu Erkenntnisschemata statt[174]. Allein diese Unterscheidung lässt das ethische Potential der Geschichten als Beispiele aufspringen, die »[…] als Kompaß für das Urteilen [fungieren]«[175]. Damit wird das Vermögen zu erzählen Garant für die menschliche Sinndimension[176], Individualität und Würde[177]. Saavedra ist einer der Interpreten, die die Narrativität bei Hannah Arendt unter dem Aspekt des Erzählens und nicht des Denkens beleuchten. So bleibt er mit seinen hierfür herangezogenen Figuren des Historikers und des Storytellers[178] einer Homo Faber- bzw. Herstellungstypik verhaftet, was wahrscheinlich von seiner ricoeurschen Begrifflichkeit herrührt, mit der er auf Hannah Arendt zugeht. Diese Auffassung fördert jedoch die Annahme zweier unterschiedlicher Urteilskonzepte bei Hannah Arendt, eines frühen dem politischen Handeln zugeordneten Verstehens und eines späteren dem unbeteiligten Zuschauer zukommenden Urteilens, das dieser eben dann in Form historischer oder fiktionaler Narrationen umsetzt bzw. herstellt. Letzteres Konzept ist das von Saavedra überbetonte, welches gewissermaßen das Urteil dem Theoretiker zuschlägt und den Praktiker im Blinden belässt.

Die Annahme unterschiedlicher Urteilskonzeptionen wurde vor allem durch Ronald Beiners Essay[179] in den Forschungsdiskurs eingebracht, der sich als Kommentar zu dem von ihm herausgegebenen Arendt Werk »Das Urteilen. Texte zu Kants Politischer Philosophie«[180] versteht. Dag Javier Opstaele[181] kritisiert als einer der ersten

---

173 Vgl. Saavedra (2001) 57.
174 Vgl. Saavedra (2001) 63.
175 Saavedra (2001) 65.
176 Vgl. Saavedra (2001) 69.
177 Vgl. Saavedra (2001) 71.
178 Vgl. Saavedra (2001) 53.
179 Vgl. Beiner (1985).
180 Vgl. U.
181 Vgl. Opstaele (1999).

in systematischer Weise diese Annahme widersprüchlicher Theoreme im arendtschen Werk. In der Spur dieser Kritik befindet sich auch eine der aktuellsten Publikationen zur Urteilskraft bei Hannah Arendt von Waltraud Meints. Sie bemüht sich um den Nachweis einer Konzeption des Urteilens bei Hannah Arendt[182]. Hierbei müsse das

»[...] Spannungsverhältnis zwischen dem Urteilenden als Akteur und dem Urteilenden als Zuschauer [...] vielmehr als konstitutives begriffen werden [...]«[183], woraus klar werden solle »[...], dass es sich keinesfalls um zwei Konzepte der Urteilskraft bei Arendt handelt, sondern, dass sie die reflektierende Urteilskraft doppelt bestimmt.«[184]

Eine kohärente Konzeption, aber doch ein Spannungsverhältnis, welches nun wiederum konstitutiv ist und so die eine Urteilskraft bei Hannah Arendt doppelt bestimmt – all diese etwas umständlichen Begriffskonstruktionen resultieren aus einer mangelnden Beachtung der existentialen Dimension aller Begrifflichkeiten Hannah Arendts. Kierkegaard und Heidegger werden zwar genannt[185], aber Arendts Konzeption wird nicht in diesen tatsächlich für ihr Werk konstitutiven Zusammenhang gebracht. So findet die Einsicht, dass es sich bei allen arendtschen Unterscheidungen, sowohl in der »Vita activa« als auch im »Leben des Geistes« bzw. im »Urteilen« immer um Tätigkeiten, das heißt um inkarnierte Vollzüge handelt, wenig Raum. Durch diese begriffsphilosophisch isolierte Behandlung bleibt die Urteilskraft in dieser Studie gewissermaßen losgelöst und die Intention der Schrift des Nachweises einer Urteilskraft auf halbem Wege stecken.

Überhaupt lässt sich ein Zurückfallen in transzendental- bzw. begriffsphilosophische Aporien in der Sekundärliteratur feststellen. Man kann Hannah Arendt jedoch nur gerecht werden, wenn man sie vor dem Hintergrund der im Wesentlichen von Kierkegaard vorbereiteten und von Heidegger in systematischer Weise durchgeführten Eröffnung der Existentialität versteht, aus der ihr Werk hervorgeht, und die sie fruchtbar macht für neues Terrain, wie etwa die Politik. Eine Ausnahme stellt die Veröffentlichung von Lídia Figueiredo[186]

---

[182] Vgl. Meints (2011) 22.
[183] Meints (2011) 17.
[184] Meints (2011) 17.
[185] Vgl. Meints (2011) 33.
[186] Vgl. Figueiredo (2008).

dar. Sie versteht Arendts Konzeption – bedauerlicherweise als einzige zumindest dem Titel der aktuellen Publikationen nach zu urteilen – als kritische Weiterführung der Gedanken Kierkegaards. Sie kontrastiert Arendts Weiterführung mit Sartre, der auf andere Weise diese Existenzdimension fortführt. Während Sartre Freiheit noch in Kierkegaards Spur mit der absurden, abgründigen Existenzangst verbindet – so Figueiredos These – führt Arendt die Existenz gerade zu ihrer freien Verwirklichung, indem sie Möglichkeiten aufzeigt, diese Angst hinter sich zu lassen und zu überschreiten. Einzigartig in der Publikationsflut ist darüber hinaus Figueiredos Betonung des Tätigkeitscharakters des Denkens, worin sie auch dessen humanisierende Funktion bei Hannah Arendt im Gegensatz zu anderen Existenzphilosophien sieht und hervorhebt. Leider bezieht sie sich bei Hannah Arendts Kierkegaard-Rezeption nur auf den »Begriff der Angst«[187]. So bleibt die für Hannah Arendt zentrale Figur des Selbstverhältnisses bei Kierkegaard unterbelichtet. Arendts Konzeption des Denkens bezieht sich aber immer implizit auf diesen kierkegaardschen Entwurf des Selbst als eines Verhältnisses, »[…] das sich zu sich selbst verhält und durch ein Anderes gesetzt ist […]«[188] und so »[…] im Verhalten zu sich selbst zu einem Anderen verhält.«[189]

Ziel dieser Arbeit ist es diesem Forschungsdesiderat dadurch beizukommen, dass narratives Denken, das bei Hannah Arendt eine Spezialform des Umgangs mit sich selbst ist, als ein inkarnierter Vollzug verstanden werden soll, der aus dem Umgang mit Anderen hervorgeht und dessen Pflege oder Unterlassung ethische Auswirkungen in Bezug auf das Selbst und die Anderen zeitigt.

---

187 Vgl. Kierkegaard (1984).
188 Kierkegaard (2009) 15.
189 Kierkegaard (2009) 14.

Erstes Kapitel:

Arendts geistesgeschichtliche Herkunft

Hannah Arendts Philosophie des Umgangs steht in einer Traditionslinie mit den Gedanken Kierkegaards, Jaspers' und Heideggers, insbesondere in Bezug auf das menschliche Selbst. Natürlich sind die aristotelische und kantische Philosophie ebenso zentrale Quellen Hannah Arendts. Doch in der Systematik steht die arendtsche Denkfigur vor allem in Bezug auf das narrative Denken in einer geistesgeschichtlichen Linie mit Denkern des Selbst. Auf die drei hierfür zentralen Positionen möchte sich das nun folgende Kapitel auch vor dem Hintergrund der thematischen Ausrichtung dieser Arbeit beschränken. Diese Auseinandersetzung mit Konzeptionen des Selbst dient also zum einen der Einordnung des arendtschen Ansatzes in die Tradition, nämlich als eine eigenständige Philosophie des Selbst, und zum anderen der Abgrenzung von heute gängigen einseitig-reduktionistischen Arendt-Auslegungen.

§4. Das Selbst als ein Verhalten innerhalb eines Verhältnisses (Kierkegaard)

Das Selbst als ein Selbstverhältnis zu beschreiben ist Kernstück der kierkegaardschen Philosophie. Dieses Theorem zieht sich wie ein roter Faden durch Arendts Spätwerk, wenn sie selbst auch selten explizit darauf verweist. Schon sehr früh habe sie sich neben der Kant- und Jasperslektüre mit Kierkegaard auseinandergesetzt, teilt sie im Gaus-Interview mit[1]. Auch ein früher Aufsatz aus dem Jahr 1932 zu Kierkegaards vermeintlichem 75. Todestag bestätigt die frühe Beschäftigung mit diesem Denker[2]. Ihm schreibt sie »[d]ie Geburt des

[1] Vgl. Gaus 55.
[2] Vgl. K.

Selbst«[3] zu und berechtigterweise unterlässt sie es an keiner ihrer drei wichtigsten Veröffentlichungen zu Kierkegaard, die zudem aus jeweils unterschiedlichen Epochen ihres Werkes stammen, ihn in einen Zusammenhang mit Hegel zu stellen[4]. Die hier aufgeführten Philosophien des Selbst und der menschlichen Existenz – was ja nur ein gemeinsames Problemfeld bezeichnet – verdanken ihren wesentlichen Impuls der hegelschen Philosophie, denn mit Hegel kam sozusagen wieder Leben in die Philosophie.

Hegel entfaltet seine Philosophie in kritischer Absetzung von der transzendentalen Subjektivität Kants. Rein apriorisch-begriffliches Philosophieren bleibt – laut Hegel – in einer transzendentalen Dialektik[5] und damit in unauflöslichen Widersprüchen stecken. Das Selbstbewusstsein etwa ist nichts, was sich aus einer transzendentalen Subjektivität bzw. rein aus seinem Objektbezug[6] heraus apriorisch begründen ließe; Subjektivität bzw. das Subjekt wird hier bereits als etwas faktisch Vorhandenes vorausgesetzt. Das Selbstbewusstsein ist aber keine faktisch vorauszusetzende Substanz, sondern tritt in einem dialektisch verlaufenden geschichtlichen Prozess in Erscheinung. Diesem »In-Erscheinung-Treten« gibt Hegel den Titel »Phänomenologie des Geistes«[7]. Selbstbewusstsein, allein aus sich selbst heraus, ist darin – laut Hegel – unmöglich. Das Selbst gelangt zur Erkenntnis seiner nur durch den Umgang mit Anderen in Form von Anerkennung. Im Gegenübertreten zweier Selbstbewusstseine erfährt sich das Selbst überindividuell aufgespannt und eingelassen in einen geschichtlichen Prozess. Hegel verdeutlicht diesen Kampf um Anerkennung im Gegenübertreten zweier Selbste, die nur die Gewissheit »für sich« haben, aber die Wahrheit des Selbst »an und für sich« wollen, die sie nun dem jeweils Anderen abtrotzen müssen, an seinem klassischen Beispiel des Herrn und des Knechts[8]. Von besonderer Bedeutsamkeit für die Konzeption des Selbst bzw. der Existentialität des Menschen ist der darin beschlossen liegende Gedanke Hegels, dass ein Heraustreten aus diesem geschichtlichen Prozess nicht möglich ist. Das Selbst ist immer involviert in eine Anerkennungs- und Umgangskonstellation mit Anderen. Auch die Verweigerung der

---

[3] WiE 22.
[4] Vgl. K.; WiE; TuN.
[5] Vgl. Kant (1998) *A293/B349 ff.*.
[6] Hierzu vor allem die sogenannte B-Deduktion: vgl. Kant (1998) *B129–B169*.
[7] Vgl. Hegel (1988).
[8] Vgl. Hegel (1988) 127–136.

Teilnahme an dem Kampf um Anerkennung ist eine Weise sich in dem Anerkennungsprozess selbst zu verhalten und zumeist schon das Eingeständnis als Unterlegener aus diesem Prozess hervorgegangen zu sein. Mit Hegel ist also keine Neutralität und keine abstrakte Zuschauerposition mehr möglich. Das Selbst ist kein losgelöstes Faktum und damit auch nichts faktisch-substantiell zu Erkennendes, sondern das Selbst erfährt sich in Absetzungs- und Negationsprozessen von und durch Andere. Am ehesten ließe sich die Wirklichkeit des Selbst durch den Hinweis auf eine Beziehung, eine Relation oder ein Selbstverhältnis beschreiben. In Arendts Worten: »Der Mensch hat keine Substanz, sondern geht darin auf, *daß* er ist; man kann nicht nach dem Was des Menschen fragen wie nach dem Was eines Dinges, sondern nur nach dem Wer des Menschen. [Hervorhebung im Original]«[9]

Dennoch schreibt Arendt Kierkegaard und nicht Hegel die Geburt des Selbst zu. So führt sie bereits in ihrer frühen Publikation zu Kierkegaard aus, dass in Hegels dialektischem System ein konkretes Selbst bzw. ein »Einzelner« nicht auftauchen kann:

»Die Philosophie vergißt und verliert nach Kierkegaard im System das konkrete Selbst des Philosophierenden. Die Philosophie betrifft nie den ›einzelnen‹ in seiner konkreten ›Existenz‹. Bei Hegel wird gerade dieser einzelne und sein Leben, um das es geht, bagatellisiert; diese Bagatellisierung geschieht dadurch, daß die Dialektik und ihre Synthese nicht den einzelnen in seiner jeweiligen Existenz betrifft, sondern bereits die Einzelheit und Jeweiligkeit als generelle Abstraktion. [...] Indem Hegel die Geschichte in einem eindeutig deutbaren Zusammenhang erfaßt und als notwendigen Prozeß interpretiert, schaltet er nach Kierkegaard das konkret Wirkliche, den Zufall und damit den einzelnen aus.«[10]

Bei Hegel geht also gerade das Einmalige, Unvergleichliche und Individuelle des Selbst verloren, da menschliche Existenzen lediglich als »Figuren« bzw. Exponenten innerhalb eines notwendig geschichtlich-dialektischen Verlaufes in Erscheinung treten, weshalb ihm nach Arendt auch nicht die Geburt des Selbst zugesprochen werden kann. Damit nämlich »denkt« sich Hegel aus der Problematik des konkreten Selbst heraus. Das Selbst ist bei Hegel eingebunden in einen notwendigen Verlauf. In diesem überindividuellen Prozess wird das konkrete Selbstverhältnis aufgegeben und überwunden. Das Problem ist damit

[9] WiE 31.
[10] K.

aber nicht beseitigt. Hegel bleibt somit der letzte Systemdenker und Begriffsphilosoph.

Die »[…] [k]ierkegaardsche[] Polemik gegen Hegel […]«[11] resultiert nun aus einer kritischen Absetzungstendenz gegen dieses die Einmaligkeit der Existenz negierende Systemdenken:

»Eben weil das abstrakte Denken vom Standpunkte der Ewigkeit […] her (sub specie aeterni) betrachtet, sieht es ab von dem Konkreten, von der Zeitlichkeit, vom Werden der Existenz, von der Not des Existierenden […]«[12]. »Was ist abstraktes Denken? Es ist das Denken, wo es keinen Denkenden gibt. […] Was ist konkretes Denken? Es ist das Denken, wo es einen Denkenden gibt und ein bestimmtes Etwas (in der Bedeutung von etwas Einzelnem), das gedacht wird; wo die Existenz dem existierenden Denker den Gedanken, die Zeit und den Raum gibt.«[13]

Kierkegaard möchte also die Wirklichkeit des Einzelnen, ja des Individuums zur Erhellung bringen, das sich keinesfalls als geborgen oder aufgehoben in welch einem System auch immer erfährt. Die Selbsterfahrung ist laut Kierkegaard eine Erfahrung der Verzweiflung und der Zerrissenheit. Die menschliche Existenz wird ihrer selbst gewahr in einer Art Ohnmachtserfahrung, in welcher ihr das »Gesetzt sein« durch Andere zu Bewusstsein kommt[14]. Durch diese Hinwendung des Blickes auf die Wirklichkeit des Individuums verlagert Kierkegaard die dialektische Bewegung auf das »innere« Selbst. Es kommt zum Bewusstsein seiner selbst durch die Erfahrung der Ausgesetztheit an Andere: »Ein solcherart abgeleitetes, gesetztes Verhältnis ist das Selbst des Menschen, ein Verhältnis, das sich zu sich selbst verhält und im Verhalten zu sich selbst zu einem Anderen verhält.«[15] Das Selbst ist also nichts Faktisches und somit auch nichts, was man wie ein Faktum erkennen oder behandeln könnte. Spricht man vom Selbst, dann handelt es sich um Hinweise auf Beziehungen, die oft krisenhafter oder problematischer Natur sind. Das Selbst bekundet sich als Verhalten innerhalb dieser Verhältnisse: »Doch was ist das Selbst? Das Selbst ist ein Verhältnis, das sich zu sich selbst verhält, oder es ist in diesem Verhältnis jenes, dass dieses sich zu sich selbst verhält; das Selbst ist nicht das Verhältnis, sondern dass sich das Ver-

---

[11] K.
[12] Kierkegaard (^{2}1989) 1.
[13] Kierkegaard (^{2}1989) 35.
[14] Vgl. Kierkegaard (2009) 15.
[15] Kierkegaard (2009) 14.

hältnis zu sich selbst verhält.«[16] Kierkegaard begreift also das Selbst als ein Verhalten innerhalb eines Selbstverhältnisses. Dieses Verhalten innerhalb dieses Verhältnisses ist zugleich ein Verhalten zu Anderen. Die Krisen des Selbst entstehen aus einem Bewusstwerden dessen, dass es aus diesem Verhältnis nicht austreten kann: »Und das Verhältnis zu sich selbst kann ein Mensch so wenig loswerden wie sein Selbst, was nun im Übrigen ein und dasselbe ist, denn das Selbst ist ja das Verhältnis zu sich selbst.«[17]

Das Gewahr-Werden dieser unausweichlichen Gesetztheit durch Andere und Ausgesetztheit in eine Umgangskonstellation mit Anderen kann Auflehnung gegen diese Zerrissenheit in ein Verhältnis provozieren: Es handelt sich dabei um den Versuch dieser Ohnmachtssituation ein entschiedenes »Man selbst sein Wollen« entgegenzusetzen und damit das Verhältnis zu seinen Gunsten aufzulösen. Dieser Versuch ist jedoch zum Scheitern verurteilt, denn die Auflehnung gegen die Aufgespanntheit in ein Verhältnis mit Anderen bleibt ein mögliches Verhalten in diesem Verhältnis, und zwar ein einseitiges. Die Entscheidung sich als Selbst in diesem Verhältnis zu profilieren bleibt ein unausgeglichenes Missverhältnis, weil es die unumgängliche Wirklichkeit der eigenen Situation zu negieren versucht, und so einen Verzweiflungsakt darstellt. Nebenbei bemerkt ist Sartres trotzig aufbegehrender erster Grundsatz des Existenzialismus »Der Mensch ist, wozu er sich macht«[18] eben dieser Form der kierkegaardschen Verzweiflung geschuldet.

Eine andere Verhaltensweise, die dem Bewusstwerden des eigenen Selbstverhältnisses folgen könnte, ist der Versuch der Ablehnung des Selbst. Diese Weigerung, man selbst sein zu wollen, geht mit der entschiedenen Zurückweisung der Übernahme des eigenen Selbst einher. Doch auch der Versuch, das Selbst abgeben zu wollen, scheitert. All mein Handeln – selbst der Versuch der Ablehnung – fällt aufgrund meiner Gesetztheit in ein Verhältnis durch und mit Anderen auf mich selbst zurück, egal, ob ich dies selbst übernehmen will oder nicht. Auch der Tod ändert nichts an der Tatsache gewesen zu sein, unabhängig davon, ob ich mich für oder gegen mein Leben ausspreche. Das Selbst ist selbst durch den Selbstmord nicht auslöschbar,

---

[16] Kierkegaard (2009) 13.
[17] Kierkegaard (2009) 18.
[18] »Ist der Existentialismus ein Humanismus?« (1946). In: Sartre (1966) 11.

daher spricht Kierkegaard auch vom »ewige[n] Selbst«[19]: »[…] [W]eil es Ihn [Lazarus als ein Selbst – F. S.] gibt, deshalb ist diese Krankheit nicht zum Tode.«[20] Die Verzweiflung ist die Krankheit zum Tode[21], die laut Kierkegaard schlimmer als der Tod ist, da sie aufgrund der Unsterblichkeit des Selbst über den Tod hinausgeht. Daher bleibt auch der Versuch der Abgabe des Selbst ein einseitiges Agieren innerhalb des Selbstverhältnisses und letztlich wiederum ein Akt der Verzweiflung.

Aber nicht nur die bewussten, geistvollen Ausgestaltungsweisen des Selbstverhältnisses, sondern auch das geistlose Mitschwimmen zählt Kierkegaard zu den Verzweiflungsformen. Die sogenannte »uneigentliche Verzweiflung«[22] ist neben den zwei geistigen die dritte Art der Verzweiflung. Sie wähnt sich in »[…] geistlose[r] Sicherheit […]«[23] in ihrem unbewussten Dahinleben und Aufgehen im Mainstream. Aber auch wenn sich diese Existenzform ihrer selbst nicht bewusst ist, kommt sie nicht umhin ein Selbst zu sein. Die eigene Intransparenz ändert nichts an der Tatsache in ein Selbstverhältnis eingespannt zu sein und sich selbst und sein Handeln verantworten und übernehmen zu müssen, ob man dessen gewahr ist oder nicht. Selbst das »phänotypische« Glück und die sinnlichen Freuden dieser Existenz sind für Kierkegaard nur Bestätigungen dieses geistlosen Agierens aus Verzweiflung[24]. Auch ihr Verhalten ist ein mögliches Missverhalten innerhalb des Selbstverhältnisses, wie überhaupt alle Verzweiflungsformen krankhafte Formen der Selbstgestaltung sind:

> »Verzweiflung ist eine Krankheit im Geist, im Selbst, und kann so ein Dreifaches sein: verzweifelt nicht sich bewusst sein, ein Selbst zu haben (uneigentliche Verzweiflung); verzweifelt nicht man selbst sein wollen; verzweifelt man selbst sein wollen.«[25]

Es stellt sich nun die Frage nach einem möglichen Ausweg aus diesen verzweiflungsvollen Missverhältnissen. Für Kierkegaard bleibt nur die Annahme des Verhältnisses durch den Sprung in den Glauben.

---

[19] Kierkegaard (2009) 47.
[20] Kierkegaard (2009) 9.
[21] Vgl. Kierkegaard (2009) 13.
[22] Kierkegaard (2009) 13.
[23] Kierkegaard (2009) 49.
[24] Vgl. Kierkegaard (2009) 48.
[25] Kierkegaard (2009) 13.

Dies ist die »[…] ungeheuere[] Anstrengung […]«[26] und Aufgabe, die jedem Selbst, welches sich auf das Wagnis einlässt ganz selbst zu werden[27], aufgegeben ist und die durch alle Negativitäten, auch durch die geistvollen[28] hindurch muss. Dieser Sprung in den Glauben ist vor allem die Annahme der Eingeschränktheit des eigenen geistigen Erfassungsvermögens angesichts der Durchbrüche menschlicher Existenz. Alle Formen des »In-den-Griff-Bekommen-Wollens« sind der Verzweiflung geschuldet. Erst die Annahme dieser Erschütterungen und Unwägbarkeiten lässt das Selbst in Kierkegaards Sinne ganz sein. Damit ist Kierkegaard der erste, der in derart radikaler Weise die absurde Situation menschlicher Existenz formuliert, sich übernehmen zu müssen ohne sich im Griff zu haben, geschweige denn sich selbst zu begreifen. Es bleibt wirklich nur noch die Annahme, will sich die Existenz angesichts dieser Lage nicht verzweiflungsvoll zu Grunde richten.

Viele grundlegende Philosopheme Kierkegaards tauchen bei Hannah Arendt in überformter und veränderter Gestalt wieder auf. Von besonderer Relevanz für den Themenschwerpunkt dieser Arbeit ist Arendts Konzeption des Denkens in Anlehnung an Kierkegaard, welches sie als eine mögliche Weise sich zu sich selbst als einem Selbstverhältnis zu verhalten beschreibt. Diese Ausgestaltungsweise hat – analog zu Kierkegaard[29] – immer auch Konsequenzen auf den Umgang mit Anderen: »Von diesem Gesichtspunkt her gesehen ist es in der Tat wahr, daß mein Betragen Anderen gegenüber von meinem Betragen mir gegenüber abhängig ist.«[30]

Die andere mögliche Verhaltensweise zu sich selbst – korrespondierend mit Kierkegaards geistlos uneigentlicher Verzweiflung – ist laut Arendt die Gedankenlosigkeit als Meidung bzw. Unterlassung des Selbstverhältnisses. Daher übernimmt sie Kierkegaards Einsicht, dass man unabhängig von der oft nicht vorhandenen geistigen Selbsttransparenz in Bezug auf die eigene Situation die Verantwortung für all sein Tun trägt und zu übernehmen hat. Dies artikuliert sie schon früh in ihrem Aufsatz »Was ist Existenzphilosophie?«, dort in dem Abschnitt zu Kierkegaard: »*Schuld* als die Kategorie alles mensch-

[26] Kierkegaard (2009) 7.
[27] Vgl. Kierkegaard (2009) 7.
[28] Vgl. Kierkegaard (2009) 49.
[29] Vgl. Kierkegaard (2009) 14.
[30] ÜdB 79.

lichen Handelns, das nicht der Welt, sondern an sich selbst scheitert, sofern ich immer Verantwortung auf mich nehme […] [Hervorhebung im Original]«[31].

Auch das Motiv Kierkegaards des »verzweifelt man selbst sein wollen«[32] wird bei Arendt biographisch an einer ihrer »Menschen in finsteren Zeiten«[33] exemplifiziert. Es ist die Baronesse Tania Blixen bzw. Isak Dinesen[34], die der Sünde erliegt

> »[…] eine Geschichte wahr werden zu lassen: das Leben nach einem vorgegebenen Muster beeinflussen zu wollen, anstatt geduldig darauf zu warten, daß die Geschichte dahinter zum Vorschein kommt; die Geschichte nicht in der Vorstellung zu wiederholen, sondern eine Fiktion zu schaffen und nach ihr zu leben.«[35]

Diese Fiktion der Baronesse Blixen ist der Versuch den zerplatzten Traum des eigenen Vaters fortzusetzen, ja selbst fortzuleben. Dieser verliebte sich vor seiner Ehe in ein Mädchen dänischen Hochadels, für ihn eine Prinzessin wie aus einem Märchen[36], die allerdings unerwartet im Alter von zwanzig Jahren verstarb. Von diesem Schock erholte sich der Vater nie, ein Schmerz, der ihn letztlich in den Selbstmord trieb. Tania Blixen, als Tochter dieses Mannes, versuchte nun – so Arendts Deutung – diesen Traum in Afrika in die Tat umzusetzen. Sie wollte die Märchenprinzessin aus dem Traume des Vaters werden, und ihr Geliebter nannte sie »Tania«, eine Abkürzung des Namens »Titania«, der Elfenkönigin aus Shakespeares Sommernachtstraum[37]. Die Elfenkönigin Tania Blixen überschätzte aber – laut Arendt – ihre Zauberkräfte, denn »[e]rst als sie von dem Land vertrieben worden war, das ihr siebzehn lange Jahre, unterstützt vom Geld ihrer Familie, erlaubt hatte, Königin zu sein, eine Königin der Elfen, erst da dämmerte ihr die Wahrheit.«[38] Das hartnäckig aufrechterhaltene Selbstbild der afrikanischen Königin wurde von ihren Mitmenschen Lügen gestraft und erwies sich als Projektion bzw. fixe Idee. Für die Aufarbeitung dieses Verlusts bleibt Tania Blixen dann wirklich nur noch

---

31 WiE 26 f.
32 Kierkegaard (2009) 13.
33 Vgl. Arendt (1989).
34 Vgl. ID.
35 ID 126.
36 Vgl. ID 125 f.
37 Vgl. ID 122.
38 ID 123.

das Erzählen ihrer Geschichte, jetzt aus der Retrospektive, um sich mit dem Leben, so wie es nun einmal ist, zu versöhnen. All diese Ausführungen können nun als Exemplifizierungen des kierkegaardschen Missverhältnisses innerhalb des Selbstverhältnisses im Sinne eines »verzweifelt-man-selbst-sein-Wollen« verstanden werden. Auch in »Vita activa« weist Arendt darauf hin, dass das »Meinen zu wissen, wer man ist« sich häufig als Projektion erweist: »Es ist im Gegenteil sehr viel wahrscheinlicher, daß dies Wer, das für die Mitwelt so unmißverständlich und eindeutig sich zeigt, dem Zeigenden selbst gerade und immer verborgen bleibt.«[39] Dem Menschen ist die Kontrolle über das »Wer er ist« entzogen. Hierüber bekommt er von Anderen Auskunft im tätigen Umgang miteinander. Andere Menschen lassen uns etwas darüber erfahren, wer wir sind, häufig auch in Momenten oder durch Konfrontation mit Aspekten, die keinesfalls im eigenen Erwartungshorizont liegen[40]. Auch hier scheint wiederum Kierkegaard bei Hannah Arendt durch, wonach das Selbst sich seinem »Ganz Sein« öffnet, je mehr es sich auf die Unwägbarkeiten vor allem durch die Gesetztheit der Mitwelt einlässt und diese annimmt. Ihr – wie Kierkegaard – geht es immer um das einmalige und unvergleichliche Selbst im Leben mit Anderen.

Dieses Selbst als dialogisches Selbstverhältnis verdankt sich bei Arendt dem Dialog mit Anderen. Es handelt sich wie bei Kierkegaard um ein aus dem Umgang mit Anderen abgeleitetes Verhältnis[41]. Das Selbstverhältnis geht aus einem Fremdverhältnis hervor, und Arendt zieht die Freundschaft als Vergleich hierfür heran: Der freundschaftliche Dialog mit sich im Denken verdankt sich dem tatsächlichen Freund. Der dialogische Umgang mit sich selbst entsteht aus einem dialogischen Umgang mit Anderen. Der Freund ist daher auch nicht, wie Aristoteles meinte, ein anderes Selbst[42], sondern »[…] das Selbst ist eine Art Freund.«[43] Arendt reduziert nun die kierkegaardschen Verhaltensweisen zu sich als einem Selbstverhältnis auf zwei Umgangsmodi, nämlich auf das Denken als die Gewohnheit, dieses freundschaftlich-dialogische Selbstverhältnis einzugehen, oder die Gedankenlosigkeit als die Abblendung des Dialogs mit sich selbst.

---

39 VA 219.
40 Vgl. VA 219f.
41 Vgl. Kierkegaard (2009) 14.
42 Vgl. Aristoteles (2001) *1166a*.
43 LdG 187.

Wiederum in Einklang mit Kierkegaard[44] ist für sie ein erfülltes Dasein nur im Durchgang durch ein geistvoll-reflektierendes Selbstverhältnis möglich. Kierkegaards »Sprung in den Glauben« macht sie allerdings in dieser Weise nicht mehr mit. Sein Versuch »[…] die Würde des Glaubens gegen die moderne Vernunft und den modernen Zweifel retten [zu – F. S.] wollen […]«[45], beurteilt sie als missglückt, denn »Kierkegaards Sprung aus dem Zweifel in den Glauben trug den Zweifel mitten in die Religion hinein […]«[46]. Auch die »eigentümliche Trübsinnigkeit«[47] Kierkegaards, die Kennzeichen aller darauf folgender Existenzphilosophien werden sollte, ist Hannah Arendt fremd, denn sind es nicht eigentlich die Anderen im Selbstverhältnis, die einen setzen und so zum Grund der Verzweiflung Kierkegaards werden? Resultiert demnach die Verzweiflung nicht aus einem enttäuschten Allerfassungsanspruch des Denkens? Von hier aus ist es nur noch ein kleiner Schritt zu Sartres Diktum: »[D]ie Hölle, das sind die andern.«[48]

Im Gegensatz dazu ist für Arendt die Gesetztheit durch Andere kein Grund zur Verzweiflung, sondern aus dieser Ausgesetztheit an Andere geht der Mensch als ein Neuanfang hervor. Hannah Arendt beschreibt dieses Szenario als »zweite Geburt«[49] des Menschen, und was könnte dies besser veranschaulichen als Arendts eigene Biographie, die nun wirklich die Ausgesetztheit, ja Ausgeliefertheit an Andere in massiver Weise am eigenen Leib erfahren musste, was sie aber auch erst zu »der« Hannah Arendt werden ließ. Dieser Aspekt, nämlich das Umschlagen der Ausgesetztheit an Andere in die Fülle der Lebendigkeit und Freisetzung der Einmaligkeit menschlichen Daseins, was die Metapher der Geburt zum Ausdruck bringen soll, ist Arendts Grunderfahrung, welche auch die Einzigartigkeit ihrer Philosophie und Eigenständigkeit ihres Ansatzes gegenüber all den anderen Denkern der Existentialität ausmacht. Diese Grundevidenz lässt auch Kierkegaards Sprung in den Glauben überflüssig werden, denn die Mitwelt setzt mich und meine Individualität erst frei. Diese Erfahrung ist bei Hannah Arendt überwiegend positiv konnotiert und keinesfalls Grund zur Verzweiflung, die nur noch die Flucht in den

---

44 Vgl. Kierkegaard (2009) 49.
45 TuN 40.
46 TuN 39; hierzu auch VA 350; 406; D 309 f.
47 WiE 21.
48 »Bei geschlossenen Türen« (1945). In: Sartre (1968) 42.
49 VA 215.

Glauben offen lässt. Für Kierkegaard ist das Erwachen der Freiheit notwendig mit dem Bewusstsein der Angst verknüpft: »In demselben Grade, in dem er die Freiheit entdeckt, kommt die Angst der Sünde im Zustand der Möglichkeit über ihn.«[50] Zudem bleibt Kierkegaard mehr, als er selbst wollte, der metaphysischen Tradition, gegen die er sich heftig empörte, verhaftet, wenn er immer noch den »*Tod* als Garant des principium individuationis [...] [Hervorhebung im Original]«[51] ansieht.

Arendt hingegen beschreibt die Realisation der menschlichen Freiheit mit Metaphern der Geburt und des Lebens. Die Tatsache seiner Geburt bestätigt der Mensch vor allem im Tätigsein, wozu Arendt auch das Denken als Geistestätigkeit zählt: »[D]enken und völlig lebendig sein ist dasselbe, und daraus folgt, daß das Denken immer wieder neu anfangen muß [...]«[52]. Im Gegensatz dazu gleicht Gedankenlosigkeit einem Zustand, als ob man »[...] nicht ganz lebendig wäre.«[53] Die Gewohnheit in ein dialogisches Umgangsverhältnis mit sich einzutreten bzw. die Pflege des Denkens als Geistestätigkeit ist damit für Arendt ebenso wie das Handeln Realisation der menschlichen Freiheit und Bestätigung der eigenen Anfänglichkeit und Geburt. Das Erwachen des Bewusstseins der Freiheit in der geistigen Ausgestaltung des Selbstverhältnisses ist für Arendt kein angstvoller Blick in den Abgrund der Freiheit und ebenso kein zu fliehender Verzweiflungsakt, sondern es ist Quellgrund für die Fülle und Lebendigkeit des unvergleichlichen menschlichen Daseins.

Zusammenfassend lässt sich sagen, dass Arendt von Kierkegaard vor allem die Beschreibung des menschlichen Selbst als ein »Verhalten innerhalb eines Verhältnisses«, welches demzufolge immer auch Auswirkungen auf das Verhältnis zu Anderen hat, übernimmt. Arendts Ausführungen in Vita activa, aber auch im Spätwerk, insbesondere in Bezug auf das Denken, sind immer nur vor dem kierkegaardschen Hintergrund bzw. als »Verhaltensweisen« zum eigenen Selbstverhältnis, welches wiederum überindividuell aufgespannt ist, zu verstehen. Arendt selbst formuliert diese Einsicht mit den Worten: »[...] [M]ein Betragen Anderen gegenüber [ist] von meinem Betra-

[50] Kierkegaard (1984) 118.
[51] WiE 26.
[52] LdG 178.
[53] DuM 141.

gen mir gegenüber abhängig […].«[54] Denken und Gedankenlosigkeit als mögliche Betragensweisen mir gegenüber bleiben also nicht folgenlos in Bezug auf das Betragen Anderen gegenüber.

§5. Philosophie als Kommunikation – Selbsterfahrung im Miteinander (Jaspers)

Die arendtsche Tätigkeitsform, bei der die am Ende des letzten Abschnittes erwähnte unvergleichliche Anfänglichkeit des Menschen in besonderer Weise in Erscheinung tritt, ist das Miteinander Handeln. Anregungen zu dieser Konzeption, die das Handeln abgrenzt vom zweckrationalen Herstellen, erhält sie von ihrem Lehrer Karl Jaspers. Dieser unterscheidet die Tätigkeiten »technisches Machen« von »Pflege« bzw. »Erziehung« und »politischem Handeln«. »Technisches Machen« bezeichnet das zweckgerichtete Eingreifen in die Welt. Dieses Agieren ist zum einen begrenzt durch die unüberwindbaren Bedingungen der Natur, was in Naturgesetzen zum Ausdruck kommt (die Lichtgeschwindigkeit etwa ist nicht überschreitbar)[55]. Zum anderen stößt technisches Machen an seine Grenzen, wenn es auf das Eigenwesen des Menschen trifft, welches geistiges und beseeltes Leben im Gegensatz zu bloßer Materie ist. Zweckrationaler Zugriff auf Menschen führt zu Erwartungsenttäuschung und inhumaner Zerstörung menschlicher Individualität[56]. Pflege und Erziehung als die der Humanität adäquaten Umgangsformen sind nur dann vom technischen Machen zu unterscheiden, wenn hierbei die »Eigenständigkeit des Anderen« »Grenze dieses Handelns«[57] bleibt. Impliziert Pflege und Erziehung Ungleichheit, so treten im politischen Handeln gleichberechtigte Menschen einander gegenüber, die in diesem Tun ihre Freiheit realisieren[58]. Dabei müssen sie mit der »Unübersehbarkeit der realen Bedingungen […]«[59] rechnen, die objektiv und rückwirkend »[…] wie eine Folge von Ereignissen aussieht […]«[60].

Arendt übernimmt diese Gedanken und verdichtet sie zu ihrem

---

[54] ÜdB 79.
[55] Vgl. Jaspers »Philosophie I« (^{4}1973) 117 f.
[56] Vgl. Jaspers »Philosophie I« (^{4}1973) 119.
[57] Jaspers »Philosophie I« (^{4}1973) 119.
[58] Vgl. Jaspers »Philosophie I« (^{4}1973) 120.
[59] Jaspers »Philosophie I« (^{4}1973) 119.
[60] Jaspers »Philosophie I« (^{4}1973) 120.

Handlungsbegriff, wonach Handeln im Gegensatz zu materiellem Herstellen immer ein Hineinagieren in ein offenes »Bezugsgewebe menschlicher Angelegenheiten«[61] darstellt. Die Offenheit dieses Handlungsraumes und damit die Freiheit des Menschen wird auch nicht durch die Tatsache beeinträchtigt, dass der retrospektive Blick auf den Lauf der menschlichen Dinge einem kausal-notwendigen Verlauf gleicht:

»Mit anderen Worten, die Perspektive der Rückschau, welche die historische Perspektive ist, erzeugt eine optische beziehungsweise eine existentielle Illusion: Alles, was schließlich wirklich geschieht, schafft alle anderen, einer gegebenen Situation ursprünglich inhärenten Möglichkeiten aus der Welt; man kann sich nun nicht einmal mehr vorstellen, daß es auch anders hätte kommen können.«[62]

Überträgt der Mensch diese in der Retrospektive beschlossene Notwendigkeit auf sein Handeln, so verfällt er einer Herstellungstypik, die zur Zerstörung des menschlichen Bezugsgewebes und der menschlichen Freiheit beiträgt. Um diese Freiheit des öffentlichen Raumes zu wahren, verortet Hannah Arendt die Notwendigkeiten – entsprechend Jaspers[63] – in den unausweichlichen Bedingungen menschlichen Daseins, die arbeitend und herstellend bewältigt werden müssen, um innerhalb dieser Bedingungen einen Freiraum für menschliches Handeln zu eröffnen[64]. Spielt sich politisches Handeln in einer Sphäre der Öffentlichkeit unter Gleichberechtigten ab, so erfordert die Vorbereitung auf diese Welt, in Form von Erziehung – wie bei Jaspers – eine qualitativ und hierarchisch andere Umgangsform in einer geschützten Sphäre, um gelingen zu können[65]. Dabei ist der Erzieher mit der Vermittlungsaufgabe zwischen Kind und Welt und damit einer doppelten Verantwortung für Kind und Welt konfrontiert:

»Das Kind bedarf einer besonderen Hütung und Pflege, damit ihm nichts von der Welt her geschieht, was es zerstören könnte. Aber auch die Welt bedarf eines Schutzes, damit sie von dem Ansturm des Neuen, das auf sie mit jeder neuen Generation einstürmt, nicht überrannt und zerstört werde.«[66]

---

[61] VA 222.

[62] WuP 345.

[63] Vgl. Jaspers »Philosophie I« (^{4}1973) 117.

[64] Vgl. VA 18 f.

[65] Vgl. KiE 275 f.

[66] KiE 267.

Ignoriert der Erzieher den Neuanfang und die Einzigartigkeit des Kindes, so kann Erziehen leicht in Herstellen umschlagen, welches den Neuanfang des Kindes für eigene Zwecke instrumentalisiert[67]. Überlässt der Erzieher die Kinder sich selbst, so gesteht er damit ein, dass er eigentlich die Verantwortung für die Welt, in die er einführen müsste, nicht übernehmen will oder kann[68], was diese Erzieher häufig selbst ideologisch mit einem »Wachsenlassen« also einer Kultivierung des kindlichen Neuanfanges kaschieren. Tatsächlich aber geben sie ihre Zöglinge der Öffentlichkeit preis und überfordern die Kinder mit dieser Politisierung[69], worauf diese nur mit einem den Neuanfang verunmöglichenden Konformismus antworten können. Arendt geht es auch in ihrem Erziehungsaufsatz um die Wahrung der menschlichen Unvergleichlichkeit und Einmaligkeit, die von der Sinn- und Realitätskrise des »anything goes« nach dem Traditionsbruch bedroht werden. Die Räume des Miteinander Handelns und damit der Möglichkeit sich einander zu erkennen zu geben sind im Schwinden begriffen. Die »Krise in der Erziehung« weist darauf hin, dass es oft schon in derart gedankenlosen Zeiten an der Vorbereitung darauf scheitert.

Bereits Jaspers erkennt die Finsternis dieser Zeiten, die zu großen Teilen der Gedankenlosigkeit geschuldet ist, und hebt in seiner »Philosophie« – um entgegenwirkend menschliche Existenzerhellung freizusetzen – besonders die handlungsleitende Funktion des Denkens hervor: »Es handelt sich um Philosophie als das Denken, das das Leben trägt, das das Handeln im persönlichen Dasein und im Politischen erhellt und führt.«[70] Sieht Jaspers im Denken die Möglichkeit der Existenzerhellung, so spricht Arendt von der Sinndimension[71] des Denkens als Möglichkeit eigenes Erleben sinnhaft zu erschließen und dadurch Orientierung und Selbsttransparenz zu erlangen, freilich nicht zu verwechseln mit einer alles sehenden neutralen Betrachterperspektive. Denken ist für Arendt handlungsbegleitend, womit sie Jaspers »handlungsführende« Beschreibung des Denkens etwas zurücknimmt, um es deutlicher vom »Herstellen« bzw. »technischen Machen« zu unterscheiden. Besteht nun Handeln für

---

67 Vgl. KiE 273.
68 Vgl. KiE 271.
69 Vgl. KiE 269.
70 Jaspers »Philosophie I« (^{4}1973) XXI.
71 Vgl. DuM 144.

Arendt darin, einen Anfang mit offenem Ende zu setzen, der im Gegensatz zum Herstellen ohne materielle Resultate und letztlich ohne fixierbares Ende bleibt, und ist das Denken wiederum handlungsbegleitend, so folgt daraus, dass Arendt die Denktätigkeit als lebensbegleitende Aufgabe ansieht, mittels der man sich in diesem Leben Orientierung verschaffen kann, ohne dabei manifeste Ergebnisse hervorzubringen. In dieser Konkretion würde sie Jaspers zustimmen, wenn dieser – wie oben bereits zitiert – davon spricht, dass Denken das Leben trägt[72]. So ist Denken für Jaspers, inspiriert durch Kierkegaard, »praktische Wirklichkeit«[73], die Existenzgestaltung bedeutet und daher jede auf der rein sprachlichen Ebene verbleibende Philosophie als »intellektuelle[] Unverbindlichkeit«[74] zurückweist. Arendt erweitert diese These, indem sie die katastrophalen Folgen der Ereignisse des 20. Jahrhunderts der aus der Gedankenlosigkeit hervorgehenden Oberflächlichkeit und moralischen Indifferenz zuschreibt[75]. Kann die Unterlassung des Denkens zu einem derartigen moralischen Desaster führen, so muss im Umkehrschluss im Denkakt selbst etwas beschlossen liegen, was »[…] den Menschen so konditioniert, daß er des Bösen unfähig ist.«[76] Ist nun das Denken Garant für moralische Integrität, so muss dazu jeder in der Lage sein[77], nicht nur Fachphilosophen oder sogenannte Intellektuelle. Die Kritik an der »universitären Fachphilosophie«, die durch den Versuch der Verwissenschaftlichung gerade die Existenz- und Moraldimension des Denkens eliminiert, teilt sie mit ihrem Lehrer Karl Jaspers[78]. Denken als Tätigkeit meint bei beiden immer existiertes, ja inkarniertes Denken. Auch hier lässt sich wieder eine genealogische Gedankenlinie und -entfaltung von Kierkegaard über Jaspers zu Arendt nachzeichnen: Möchte Kierkegaard die einmalige Existenz durch konkretes Denken vor einem existenzvernichtenden abstrakten Systemdenken à la Hegel retten, so geht es Jaspers bereits in seiner »Psychologie der Weltanschauungen« um die Rehabilitation »erlebende[n] Denken[s]«[79], wo Denkformen »[…] bloß kalter, betrachtender, wissenschaftlicher

[72] Vgl. Jaspers »Philosophie I« (^{4}1973) XXI.
[73] Jaspers »Philosophie I« (^{4}1973) XVII.
[74] Jaspers »Philosophie I« (^{4}1973) XIX.
[75] Vgl. ÜdB 150.
[76] DuM 147.
[77] Vgl. DuM 135; vgl. LdG 190.
[78] Jaspers »Philosophie I« (^{4}1973) XVIII.
[79] Jaspers (^{4}1954) 7.

Art [...]«[80] überhand nehmen. In »[...] kasuistische[n], biographische[n] und historische[n] Untersuchungen [...]«[81] sieht er ein mögliches Potential der Umsetzung erlebenden Denkens. Diese jasperschen Bemühungen kann man durchaus als Vorläufer für das arendtsche Denken in narrativen Beispielen[82] auffassen. Diese Beispiele tragen unweigerlich als repräsentative Empfindungen ein Geschmackskonnotat[83], so dass sich das arendtsche Denken in narrativen Beispielen von sterilen wissenschaftlichen Erkenntnisformen unterscheidet. Diese Beispiele entstehen in einem dialogischen Umgang mit sich selbst und können als Kriterium für moralische Urteile dienen und so das eigene Handeln orientieren. Die im narrativ-exemplarischen Denken mitgegebene Empfindungsdimension veranschaulicht dem Denkenden, was er selbst zu seiner Geschichte machen könnte und was nicht, bzw. womit er selbst zusammenleben könnte oder nicht. Es kommt – laut Arendt – darauf an diese Empfindungen nicht durch Gedankenlosigkeit abzublenden, sondern darauf zu hören und danach zu handeln. Trotz der Unterschiedlichkeit bezüglich dieser Empfindungen, die zwischen den Menschen bestehen, versichert uns Arendt, dass damit »[...] in der Tat Katastrophen verhindert werden, zumindest für mich selbst – in jenen seltenen Augenblicken, in denen alles auf dem Spiel steht.«[84]

»Dialog« bzw. »Kommunikation« fungiert bei Arendt wie bei Jaspers immer auch als moralische Instanz. Dies besteht insbesondere darin, das eigene Handeln antizipierend am dialogischen Umgang, vor allem am Umgang mit dem Freund zu überprüfen. Könnte ich meinem Freund mit einer derartigen Tat als meiner Geschichte gegenübertreten, oder müsste er dann den Dialog mit mir meiden? Arendt und Jaspers haben in Bezug auf diese Thematik nahezu deckungsgleiche Auffassungen. So schreibt Jaspers etwa in seinem Beitrag zur »Schuldfrage« bei seiner bekannten Unterscheidung der vier Schuldbegriffe zur moralischen Schuld: »Die Instanz ist das eigene Gewissen und die Kommunikation mit dem Freunde und dem Nächsten, dem liebenden, an meiner Seele interessierten Mitmenschen.«[85] Etwa zu der Zeit, als Jaspers seine »Schuldfrage« als Vorlesung kon-

---

[80] Jaspers (^{4}1954) 7.
[81] Jaspers (^{4}1954) 43.
[82] Vgl. DuM 136ff.
[83] Vgl. U 87ff.
[84] DuM 155.
[85] Jaspers (1946) 31.

zipiert, erhält er den ersten Brief seiner Schülerin Hannah Arendt nach den Kriegswirren des zweiten Weltkrieges aus Amerika. Diese gemeinsame Vorstellung einer dialogisch-moralischen Instanz ist bei Arendt ganz inkarniert, wenn sie in diesem Brief schreibt: »Ich mag in diesen Jahren manches gedacht oder getan haben, was Ihnen befremdlich sein wird; aber darunter ist kaum etwas, wobei ich mir nicht vorgestellt habe, wie ich es Ihnen erzählen oder verantworten würde.«[86]

Diese moralische Dimension der Kommunikation ist bei Jaspers eingebettet in ein wechselseitig-dialogisches Selbsterfahrungs- bzw. -offenbarungsgeschehen: »In der Kommunikation werde ich mir mit dem Anderen offenbar.«[87] Selbsterfahrung gibt es bei Jaspers nur in kommunikativem Miteinander. In kritischer Aufnahme und Weiterführung Hegels spricht er von einem liebenden Kampf, der ein »[…] *Prozeß des Offenbarwerdens* in der Kommunikation ist […] [Hervorhebung im Original]«[88]. In der Kommunikation stacheln sich die Gesprächspartner zur gegenseitigen Selbstentfaltung an. Diese Praxis der kommunikativen Existenzerhellung bezeichnet Jaspers als »Philosophie«. Das dabei inhärente Moment der Liebe in der überindividuellen, kommunikativen Selbstoffenbarung ist ein deutlicher systematischer Schritt über Kierkegaards Verzweiflung bezüglich der Erfahrung des Selbst hinaus: »Sie [die Liebe – F. S.] stellt in Frage, macht schwer, fordert, ergreift aus möglicher Existenz die andere mögliche Existenz.«[89] In diesem liebenden Kampf geht es laut Jaspers »[…] um Existenz […] um die restlose Offenheit […] um das Selbstsein des Anderen so gut wie um das eigene. In diesem Kampf wagen beide rückhaltlos sich zu zeigen und infragestellen zu lassen.«[90]

In ihrem Aufsatz »Was ist Existenzphilosophie?« schreibt Arendt zu diesem grundlegenden Aspekt der jasperschen Philosophie: »Kommunikation gilt als die ausgezeichnete Form philosophischer Mitteilung, die gleichzeitig ein Zusammen-Philosophieren ist, bei dem es nicht um Resultate, sondern um ›Erhellung der Existenz‹ geht.«[91] Jaspers Philosophie finde immer kommunikativ zwischen

[86] JBW 59.
[87] Jaspers »Philosophie II« ([4]1973) 64.
[88] Jaspers »Philosophie II« ([4]1973) 65.
[89] Jaspers »Philosophie II« ([4]1973) 65.
[90] Jaspers »Philosophie II« ([4]1973) 65.
[91] WiE 40 f.

Menschen statt. Er sei damit, so Arendt »[…] der erste und einzige Philosoph, der je gegen Einsamkeit protestiert hat […]«[92]. Aus dieser kommunikativen Philosophie »[z]wischen zwei Menschen […] kann schon wieder eine Welt entstehen […]«[93], womit Arendt auf die politischen Implikationen des Denkens[94] anspielt, denn »Welt« ist ihr Terminus für den politischen Raum und die Sphäre der Öffentlichkeit. Denken findet bei Arendt wie bei Jaspers nie isoliert statt, sondern ist ein plural-dialogischer Vorgang[95] und damit also immer zugleich ein Geschehen in der Welt und in »[…] Vorbereitung auf die Wirklichkeit sowohl meiner selbst wie der Welt.«[96] Beide teilen damit die Ansicht, dass das Selbstverhältnis in Form von Denken aus dem Umgang mit Anderen hervorgeht, als Denken ein Existenzvollzug bleibt – wobei Arendt hier im Gegensatz zu Jaspers den Schwerpunkt auf den dialogischen Umgang mit sich selbst setzt, obwohl auch bei ihr das Denken als Dialog mit dem tatsächlichen Gegenüber stattfinden kann[97] – und sich wieder auf den unmittelbaren Umgang mit Wirklichkeit bzw. mit Anderen vorbereitet.

Anstoß zum Denken erfolgt aus inkarnierten Existenzerfahrungen, bei Arendt sogenannten »Ereignissen«[98], etwa den Erfahrungen des Totalitarismus oder des Eichmann-Prozesses, in Jaspers Begrifflichkeit sind es die »Grenzsituationen« menschlichen Daseins, Tod, Leiden, Kampf und Schuld[99]. Der Anstoß zur Thematisierung aus diesen erfahrenen Situationen heraus wird bei Jaspers in seinem Buch zur Schuldfrage besonders deutlich, wenn er die metaphysische Form der Schuld in der »Ich-Form« beschreibt:

»Wenn ich nicht tue, was ich kann, um sie zu verhindern, so bin ich mitschuldig. Wenn ich mein Leben nicht eingesetzt habe zur Verhinderung der Ermordung anderer, sondern dabeigestanden bin, fühle ich mich auf eine Weise schuldig, die juristisch, politisch und moralisch nicht angemessen

---

92 KJ 104.
93 LJ 96.
94 Vgl. DuM 154.
95 Vgl. WiE 47; vgl. auch hierzu das Eingangszitat, welches Arendt ihrem »Vom Leben des Geistes« voranstellt: »Numquam se plus agere quam nihil cum ageret, numquam minus solum esse quam cum solus esset.« (Cato in Ciceros »De re publica«, vgl. Cicero (^{5}1993) *I, 17*).
96 WiE 43.
97 Vgl. ÜdB 82; 93; LdG 426 f.
98 Vgl. TuN 35 f.
99 Vgl. Jaspers »Philosophie II« (^{4}1973) 201–254.

begreiflich ist. Daß ich noch lebe, wenn solches geschehen ist, legt sich als untilgbare Schuld auf mich.«[100]

Und als wäre es in direkter, kritischer Absetzung an ihren Lehrer Karl Jaspers gerichtet, schreibt Hannah Arendt in ihrem Aufsatz »Persönliche Verantwortung in der Diktatur«:

»Ich habe es immer für den Inbegriff moralischer Verwirrung gehalten, daß sich im Deutschland der Nachkriegszeit diejenigen, die völlig frei von Schuld waren, gegenseitig und aller Welt versicherten, wie schuldig sie sich fühlten, wohingegen nur wenige der Verbrecher bereit waren, auch nur die geringste Spur von Reue zu zeigen.«[101]

»So etwas wie kollektive Schuld oder kollektive Unschuld gibt es nicht; der Schuldbegriff macht nur Sinn, wenn er auf Individuen angewendet wird.«[102]

Doch nicht nur Jaspers' metaphysischer Schuldbegriff ist für Arendt ein fragwürdiges Theorem. Überhaupt bleibt Jaspers Philosophie der Existenz gewissermaßen in einem metaphysischen Korsett stecken. Aus einer quasi allwissenden Perspektive beschreibt er das Wesen des Menschen, dem es zukommt Existenz zu sein, worauf dieser in kommunikativem Miteinander stößt und dies sich transparent macht. Dagegen ist der Mensch bei Arendt tätige Existenzrealisation, die sich selbst unweigerlich im tätigen Existenzvollzug erschließt, ob in handelnd-kommunikativer Selbsttransparenz oder in arbeitender Selbstopazität. Das Tätigsein kommt dem Menschen nicht als eine Eigenschaft zu, sondern das Tätigsein ist mit Arendt anfängliche Existenzrealisation, die diese Anfänglichkeit mehr oder weniger bestätigt. Diese wesentliche philosophische Eröffnung der Existenzdimension geht auf Heidegger zurück, der diese Gedanken an der Endlichkeit und dem Tod als einem »Vorlaufen«[103] ausführt. Jaspers bleibt der lebenslange Gesprächspartner im gemeinsamen, denkenden Dialog, an dem sie ihre Gedanken erproben kann. Den philosophischen Aufbruch in ihre eigene Philosophie jedoch verdankt sie ihrem wirklichen Lehrer[104] Martin Heidegger.

---

[100] Jaspers (1946) 31 f.
[101] ViD 19.
[102] ViD 20.
[103] Vgl. Heidegger ([18]2001) 305.
[104] Vgl. hierzu D 13.

Als Resümee der Auseinandersetzung mit Jaspers philosophischer Konzeption des Selbst bleibt die Feststellung, dass Jaspers durch vielerlei Themen Arendts Selbstkonzeption beeinflusste und anregte. In Bezug auf das arendtsche Spätwerk werden insbesondere die jaspersschen Theoreme des Denkens als gelebte Wirklichkeit, welches seinen Anstoß aus einer konkreten Existenzsituation erhält und das sich primär durch seinen dialogischen Charakter und seine moralische Verbindlichkeit im Gegensatz zum reinen Intellekt und durch seine handlungsbegleitende und handlungsleitende Funktion auszeichnet, transformiert. Diese arendtsche Transformation besteht vor allem in der radikal-metaphysikkritischen Auffassung, all diese Theoreme als Existenzvollzüge bzw. inkarnierte Umgangsgestaltungen und nicht mehr als Attribute des Menschen zu verstehen. Maßgebend für diese Auffassung ist hierbei in besonderer Weise der Einfluss Heideggers auf Arendts Position.

§ 6. Wahrheit als Existenzvollzug – Dasein als Wahrheitsgeschehen (Heidegger)

Heidegger ist es, der den entscheidenden Schritt machte, um die existentiale Dimension des Menschen philosophisch aufzuschließen, indem er Wahrheit als Existenzvollzug bzw. das Dasein als Wahrheitsgeschehen fasste. Bei Heidegger bezeichnet »Wahrheit« nun nicht mehr ein unerreichbares, aber heuristisches Endziel des Denkens, sondern der Mensch als Existenz kann gar nicht anders als in der Wahrheit sein, dadurch dass er als Da-sein erschlossen bzw. »gelichtet« ist. Da-sein meint die unausweichliche Tatsache, dass immer irgendwie etwas »da ist« – so trivial das zunächst auch klingen mag. Dieses Faktum des »Da-seins«, hinter das nicht zurückgefragt werden kann – die sogenannte Faktizität –, ist Ausgangspunkt des heideggerschen Philosophierens. Dieses »Da« korrespondiert mit einem spezifischen Seinsvollzug eines Wesens, das in einem ausgezeichneten Bezug zu seinem Sein steht, das ist der Mensch als Da-sein. Mit diesem Terminus gelingt es Heidegger den menschlichen Existenzvollzug als Wahrheitsgeschehen bzw. die Wahrheit als existentiale Vollzugswahrheit zu fassen. Um den Vollzugscharakter der Wahrheit zu betonen, bezieht er sich auf die Verbform des griechischen Wahrheitsbegriffes »ἀληθεύειν«[105]. Der Mensch im Existenzvollzug, oder kurz als Dasein, ist »wahrheitend«, in Heideggers Terminologie »erschlossen« bzw. »gelichtet«[106]. Die Metapher der »Lichtung« ist der Versuch einer originären Wahrheitskonzeption, um ein metaphysisches Zwei-Welten-Denken zu unterlaufen. Im Gegensatz zu Platons Höhlengleichnis[107], aber auch schon Parmenides' Auffahrt zur Göttin Dike zum Tor von Tag und Nacht[108] – Gleichnisse, die Wahrheit als etwas Exklusives, über der Erscheinungswelt Befindliches ansetzen – versucht Heidegger mit dieser Lichtungsmetaphorik den unausweichlichen Charakter der Wahrheit zu betonen. »Ich weiß, ›die Lichtung‹ ist gerade mitten im Wald [...]«[109] schreibt Arendt an Heidegger. Damit erfasst sie als eine der wenigen Heideggers Anliegen einer vorgängigen und grundlegenden Wahrheitskonzeption. »Mitten im Wald« verweist auf die unhintergehbare Erschlossenheit menschlicher Existenz. Das »Da« des Daseins ist unausweichlich gegeben, nichts wozu man hinaufsteigen oder fahren müsste, sondern immer schon »Da«, eben »mitten im Wald«. Damit beansprucht Heidegger »[...] das ursprünglichste Phänomen der Wahrheit [...]«[110] freigelegt zu haben.

Das »Da« des Daseins, »Lichtung«, »Erschlossenheit« oder »Anwesen« sind einige der Worte, mittels derer Heidegger versucht diese originäre Wahrheitsdimension zu umschreiben. Am treffendsten hierfür sei jedoch der griechische Begriff ἀλήθεια[111]. Dieser Terminus setze sich – laut Heidegger – aus dem Wort λήθη, was soviel wie »Vergessen« bzw. »Verborgenheit« bedeutet, und einem vorgängigen Alpha privativum zusammen. Ἀλήθεια bezeichnet also mit der wörtlichen Übersetzung »Un-verborgenheit« den ursprünglichsten Charakter des Wahrheitsgeschehens. Wenn aber diese ursprünglichste Dimension der Wahrheit als Unverborgenheit unausweichlich ist, dann muss es einen graduellen Unterschied in dieser Erschlossenheit der Existenz geben. Dieses Problem beantwortet Heidegger mit der Feststellung: »Das Dasein ist gleichursprünglich in der Wahrheit und

---

105 Vgl. Heidegger ([18]2001) 219.
106 Vgl. Heidegger ([18]2001) 133.
107 Vgl. »*Politeia*«. In: Platon (1958) *514a* ff.
108 Vgl. Parmenides *DK28 B1*. In: Mansfeld; Primavesi (2011) 318 ff.
109 HBW 163.
110 Heidegger ([18]2001) 221.
111 Vgl. Heidegger ([18]2001) 219 ff.

Unwahrheit.«[112] Heidegger macht also zwei existentiale Modi[113] des In-der-Welt-seins bzw. der Erschlossenheit des Daseins auf: Ein Existenzmodus macht sich als Dasein die Wahrheit seiner Existenz in voller Weise transparent, ein anderer, entgegengesetzter Modus verdeckt sich diese »Wahrheit der Existenz«[114].

Diesen letzteren Selbst- und Seinsverdeckenden Modus des Daseins als Ausgestaltung existentialer Erschlossenheit nennt Heidegger »Verfallen«. Er beschreibt diesen Vollzug als ein Sich-Verlieren an »Welt« und die »öffentliche[] Ausgelegtheit«[115]. Dasein vollzieht sich dabei nicht »von selbst her«, sondern »von Welt her«, und damit – verfallend an die Ausgelegtheit der Anderen – als Man[116]. Dieser Verfallenheitsmodus, den er auch in Abhebung von einem »eigentlichen« Daseinsvollzug »uneigentlich« nennt, ist aber gleichermaßen erschlossen wie sein Gegenpart. Der graduelle Unterschied beruht auf der Transparenz hinsichtlich der eigenen Existenzsituation. Diese Existenzwahrheit verdeckt sich ein verfallender Daseinsmodus: In Heideggers Begrifflichkeit handelt es sich um ein Dasein, welches seine ἀλήθεια als λήθη vollzieht, womit auch Heideggers Diktum von der »Gleichursprünglichkeit« des in Wahrheit und Unwahrheit Seins Klärung findet. Letzteres meint, dass dabei »[d]as Seiende […] nicht völlig verborgen, sondern gerade entdeckt, aber zugleich verstellt […]«[117] ist.

Im Gegensatz dazu zeichnet sich ein »eigentlich« erschlossenes Dasein durch die unverstellte Hinblicknahme der eigenen Daseinverfassung im Vollzug seiner Existenz aus[118]. Ein eigentliches Dasein bzw. der »Entschlossenheitsmodus« der Existenz[119] versteht sich »von ihm selbst her«[120]. Das Kriterium für die Eigentlichkeit als volle Selbsttransparenz hinsichtlich der eigenen Existenzsituation ist die unverstellte Sicht auf die eigenen Daseinsgrenzen im Existenzvollzug. Erst ein sich als begrenzt und endlich vollziehendes Dasein be-

---

112 Heidegger ([18]2001) 223.
113 Vgl. Heidegger ([18]2001) 176.
114 Heidegger ([18]2001) 221.
115 Heidegger ([18]2001) 222; vgl. hierzu auch Heidegger ([18]2001) 175 f.
116 Heidegger ([18]2001) 129; *§ 27, § 38*.
117 Heidegger ([18]2001) 222.
118 Vgl. Heidegger ([18]2001) 221.
119 Vgl. Heidegger ([18]2001) 267 ff.
120 Heidegger ([18]2001) 263.

kundet sich als »ganze[s] Dasein[]«[121]. Der Tod als Existential ist für Heidegger Garant für eine volle Selbsterschließung hinsichtlich der Grenzen des eigenen Daseins. Das Dasein bringt sich so gleichsam in seiner Gänze vor sich selbst in einen »existentialen Blick«, was aber nichts mit einer vergegenständlichenden Selbstbeobachtung zu tun hat. Sein Terminus für dieses endliche sich Vollziehen bzw. »Sein zum Tode« ist »Vorlaufen«[122]. Dieses Vorlaufen als Transparenz der eigenen endlichen Daseinssituation korrespondiert mit der Grundbefindlichkeit Angst, die im Gegensatz zur Furcht »objektlos« und unbestimmt ist, weil dabei die Faktizität bzw. das In-der-Welt-sein als solches virulent und fraglich wird: »Das Wovor der Angst ist das In-der-Welt-sein als solches.«[123] Im Vorlaufen realisiert sich das Dasein als eines, das sein In-der-Welt-sein immer schon übernommen hat und weiterhin zu übernehmen hat. Es erfährt sich dabei als »seinem Sein überantwortet[]«[124]. Diese Entschlossenheit als volle Selbsterschlossenheit meidet und flieht das Dasein. Das Sein zum Tode als endlicher Existenzvollzug ist »unheimlich«. Das Dasein flüchtet sich in eine Seins- und Selbstverdeckende gegenständliche Vollzugsweise, die sich den Tod als Faktum an das Ende des Lebens »zudreht«[125] – wie er dies in seinem späteren Werk auch nennt. Anstatt sich als das zu übernehmen, was es als Dasein ist, nämlich ein endliches Sein, erschließt sich ein verfallendes Dasein gleichsam »unendlich« und daher auch – in Nichtübereinstimmung damit, was es eigentlich ist – uneigentlich. Die Endlichkeit des eigenen Seins verdeckt sich das Dasein durch eine distanzierende und homogenisierende Existenzweise, die dem Dasein an ihm selbst verdeckt, dass es sich bei dieser Erschlossenheitsweise um einen möglichen Existenzvollzug handelt. Der Subjekt-Objekt-Vollzug als Existenzmodus leistet gewissermaßen diese distanzierende Selbstverdeckung des Seins zum Tode. Diese verfallende Erschlossenheit verdeckt die Existenz als In-der-Welt-sein, da diese nichts anderes als Gegenstände bzw. innerweltlich Seiendes anwesend sein lässt. Das Dasein dreht sich dabei aber nicht nur die Dinge als handhabbare und kontrollierbare zu, sondern dreht damit auch sich zu: Ein gegenständlicher Vollzug ist

---

[121] Heidegger ([18]2001) 264.
[122] Vgl. Heidegger ([18]2001) 260ff.
[123] Heidegger ([18]2001) 186.
[124] Heidegger ([18]2001) 189.
[125] Vgl. »*Wozu Dichter?*« (1946). In: Heidegger ([8]2003) 288.

ein Daseinsvollzug, worin es sich selbst als ein »innerweltliches Seiendes« neben anderen erschließt und erfährt, und sich so die Sicht auf andere Vollzugsmöglichkeiten verschließt bzw. »zudreht«: »Dann ist die Welt ein Objekt. Das Verfallen an sie wird dann ontologisch uminterpretiert zum Vorhandensein in der Weise eines innerweltlichen Seienden.«[126] Salopp formuliert könnte man sagen, dass sich durch diese Erschlossenheit das Dasein selbst zum Objekt degradiert. Dabei wird der existentiale Blick dafür getrübt, dass die Gegenstände und man selbst nicht einfach nebeneinander da sind, sondern dass dieses Dasein der Objekte eine spezifische Weise »zu sein«, also ein besonderes Sein des Seienden ist, das mit einer spezifischen Erschlossenheit bzw. einem besonderen Existenzvollzug des Daseins einhergeht, nämlich einem verfallenden, weil seinsverdeckenden. Selbst den Tod als ein Ereignis am Ende des Lebens zu verstehen ist dieser vergegenständlichenden und seinsvergessenden Vollzugsweise geschuldet.

Der Ausgangspunkt vom Seienden verdeckt die Faktizität, die darin besteht, dass dieses Seiende ein mögliches Sein des Seienden neben anderen ist, was nur eine spezifische Erschlossenheitsweise des Daseins ist. Das Seiende als Ausgangspunkt der abendländischen philosophischen Tradition bezeichnet Heidegger demzufolge als seinsvergessen. Darin besteht ja gerade Heideggers große These zu zeigen, dass Wahrheit in der Tradition aus einer existentialen »Motivation« heraus nie voll erschlossen wurde, sondern nur gewissermaßen als λήθη, das heißt als Verdeckung des ursprünglichen Wahrheitsphänomens bzw. als Vergessen des Seins des Seienden. Daher sind die beiden Momente einer Daseinsanalytik und der Destruktion der philosophischen Tradition in Heideggers Denken nur Kehrseiten eines philosophischen Projekts, das die Freilegung eines existentialen Fundaments jeglicher Ontologie zum Ziel hat. Die Verdeckung des Seins besteht darin, dass in der philosophischen Tradition spätestens seit Platon bis hin zu Husserl immer nur das explizit thematisierte bzw. intentionale Seiende in die philosophische Interessenssphäre rückt. Niemand hat jedoch bislang gesehen, dass dies bereits eine abgeleitete Erschlossenheitsweise des Daseins ist. Heidegger prägt hierfür den Terminus »Vorhandenheit«. In der philosophischen Tradition kommt die Welt der Sachen immer nur im Vorhandenheitsmodus in den Blick, etwa in Form von Dingen, Objekten oder Gegenständen. Geht man von dieser Welt der »Bestände«, wie Heidegger in seinem

[126] Heidegger ([18]2001) 179.

Spätwerk[127] sagen wird, aus, so mündet dies unweigerlich in einer metaphysischen Zwei-Welten-Konzeption, die hinter einer veränderlichen Erscheinungswelt eine Welt der unveränderlichen Wesenheiten annimmt. Selbst die philosophischen Sachverhalte werden in zu bearbeitende Objektbereiche eingeteilt, so kümmert sich etwa eine Erkenntnistheorie um das Sein, einer Ethik bleibt dann das Sollen etc. All diese Konzeptionen beruhen laut Heidegger auf einem metaphysischen Vorentscheid, welcher nur Gegenständliches anwesend sein lässt. So bleibt als Ausgangspunkt nur eine Sache, die da ist, ein Seiendes also, über das dann nachgedacht wird. Die Art und Weise aber, wie etwas als das es da ist in seine Anwesenheit kommt, wird immer schon übergangen und kommt nicht in den Blick. Für die philosophische Tradition sind die Sachen nur immer als Vorhandene, das heißt als existential »zugedrehte« da. Dieser Vorhandenheitsmodus ist aber nur ein abgeleiteter Existenzmodus unseres existentialen Sachumgangs. Zunächst tauchen Dinge in Bezügen auf und bleiben in diesen unthematisch und gerade in diesem Unauffällig- und Vorthematisch-Sein[128] entfalten sie ihre eigentliche Wesenheit. Heideggers Beispiel ist der Hammer[129]. Man erfährt nichts über das Wesen des Hammers, wenn man ihn theoretisch im Vorhandenheitsmodus *»begafft«*[130], sondern im Hämmern, wo man aber nie beim Hammer selbst ist, sondern in seinen Verrichtungen und Bezügen aufgeht. Unser originärer Sachumgang ist also einer, welcher die Sachen vorthematisch und unexplizit bleiben lässt. Die Sachen tauchen in diesen Bezügen als sogenanntes Zeug[131] auf, indem sie sich gewissermaßen den Bezügen unterordnen und fügen. Die funktionierende Türklinke[132] ist beim Hinausgehen unthematisch »zuhanden« und indem sie »zuhanden« ist, das heißt, beim ganz alltäglichen Heraustreten nicht explizit auftaucht, zeigt sie gerade ihre eigentliche Wesenheit. Erst wenn die Klinke nicht mehr funktioniert und auffällig wird, dadurch dass sie das problemlose Aufgehen in Vollzügen verweigert – in diesem Fall das Herausgehen –, rückt sie von ihrer Zuhandenheit in Vorhandenheit, d. h. sie löst sich aus ihren originären Verweisungszusammenhängen heraus. Die explizite Isolierung aus den Originärbezügen ge-

---

[127] Vgl. *»Die Frage nach der Technik«* (1953). In: Heidegger ([11]2009) 20.
[128] Vgl. Heidegger ([18]2001) 67.
[129] Vgl. Heidegger ([18]2001) 69.
[130] Heidegger ([18]2001) 69.
[131] Vgl. Heidegger ([18]2001) 68 ff.
[132] Vgl. Heidegger ([18]2001) 67.

schieht aus der Motivation heraus, das problemlose Passieren der Tür wieder zu ermöglichen, das heißt, die Klinke wird unter Umständen aktiv aus ihrer Bezugsganzheit herausgelöst – etwa in Form einer Reparatur –, um die Vollzüge, die sie ohne auffällig zu werden ermöglichen soll, wieder herzustellen und damit die Klinke wieder in ihr eigentliches Wesen zu bringen.

Mit der Unterscheidung eines Zuhandenheitsmodus von einem Vorhandenheitsmodus möchte Heidegger zeigen, dass der Mensch die Dinge als Vorhandene im Wesentlichen aus der »Motivation« heraus, sie in den Griff zu bekommen, als diese da sein lässt. In dieser Erschlossenheitsweise ist er gleichsam der Herr der Dinge, er hat sie sich zugedreht und kann sie aus dieser Distanzierung problemlos kontrollieren. Diese scheinbare Überlegenheit bringt den Menschen aber dazu anzunehmen, die Welt sei in originärer Weise so da, nämlich gegenständlich geordnet. Dies ist der von Heidegger als seinsvergessen angemahnte Ausgangspunkt der Tradition vom Seienden. Die Tradition vergisst in ihrer Thematisierung, dass die Dinge und Gegenstände nur ein mögliches Sein dieses Seienden sind, nämlich solche, die ein menschliches »Da-sein« als kontrollierbar Vorhandene so da sein lässt. Seinsvergessen meint die Abblendung der Seiendheit des Seienden von der damit korrespondierenden Erschlossenheitsweise eines Daseins. Gerade ein vergegenständlichender Subjekt-Objekt-Vollzug verdeckt diese Korrespondenz, indem dieser neben einem scheinbar überlegenen und davon abgetrennten Subjekt nur wohlgeordnet Gegenständliches anwesend sein lässt. Die daraus resultierende Anwesenheit von bloß Gegenständlichem verdeckt laut Heidegger die Wesenseinsicht darin, dass diese gegenständliche Anwesenheit nur ein besonderer Daseinsvollzug ist. »Die nächste Art des Umgangs ist, wie gezeigt wurde, aber nicht das nur noch vernehmende Erkennen, sondern das hantierende, gebrauchende Besorgen, das seine eigene ›Erkenntnis‹ hat.«[133] Die Abblendung der »nächsten Art des Umgangs« in Form einer vergegenständlichenden Auffassungsweise ist die Abblendung der Angst als einer Flucht vor der Einsicht in die eigene endliche Daseinsverfassung. Wir verdecken uns die nächste Art unseres Sachumgangs, die Zuhandenheit, da sie uns zeigt, wie abhängig wir von dem uns umgebenden Zeug sind, um unsere Vollzüge zu realisieren. Das Zeug ist gewissermaßen nur Verlängerung unseres Leibes, daher auch der Terminus »Zuhandenheit«.

---

[133] Heidegger ([18]2001) 67.

In unserer nächsten Art des Sachumgangs haben wir nichts im Griff und sind auch nicht die distanzierten Herrn der Dingwelt, sondern die Sachen sind uns gleichsam auf den Leib gewachsen und sehr nahe, wir sind abhängig von ihnen, um unsere Vollzüge, in denen wir aufgehen, weiterhin realisieren zu können. Diese abhängige, schutzlose und endliche Originärverfassung des Daseins verdeckt sich das Dasein durch ausschließliche Zulassung vergegenständlichender Vollzüge:

»Das abschiedliche Sichdurchsetzen der Vergegenständlichung will überall das Ständige der hergestellten Gegenstände und läßt nur dieses als das Seiende und Positive gelten. Das Sichdurchsetzen der technischen Vergegenständlichung ist die ständige Negation des Todes.«[134]

Gegen diese Negation des Todes im neuzeitlich technischen Existenzvollzug möchte Heidegger Quellen aufzeigen, die uns die Originärverfassung unseres endlich-abhängigen In-der-Welt-seins wieder vor Augen führen. Die Kunst ist eine dieser Quellen, die uns mit der ursprünglichen Wahrheit unserer Existenz konfrontieren könnte. Van Goghs Bauernschuhe etwa weisen uns auf den Zeugcharakter als nächste Art des Daseins hin[135]. Durch Ästhetisierung[136] und Dekontextualisierung aber dreht sich auch hier der Mensch die Kunstwerke zu. Das Zudrehen bewirkt einerseits ein »Handhabbar-Machen«, das die Kunstwerke etwa in musealer Zurichtung als verwaltbare Sachbestände organisiert. Andererseits zeitigt dieses Zudrehen tatsächlich eine Abwendung von der Einsicht in die originäre Wahrheitseröffnung, die das Kunstwerk leisten könnte. Diese Aufschließung der endlichen Existenzsituation, die gerade ein Kunstwerk wie Van Gaughs Bauernschuhe ermöglichen könnte, versucht man sich aus existentialer Angst vom Leibe zu halten. Daher die Neutralisierung und Distanzierung durch kunsthistorische Vergleiche und Forschungen, und die Verbannung neben andere museale Bestände[137]. Auch hier dreht sich der Mensch die Dinge in einem kategorial-erfassbaren Vollzug zu, um sich seine endliche Originärverfassung zu verdecken. Heideggers Einsicht besteht darin, die Kategorialität als existential grundiert, ja sozusagen »motiviert« zu erweisen. Somit hat die Seinsvergessenheit und die ausschließliche Thematisierung

---

134 »*Wozu Dichter?*« (1946). In: Heidegger ([8]2003) 303.

135 Vgl. »*Der Ursprung des Kunstwerkes*« (1936). In: Heidegger ([8]2003) 18–21.

136 Vgl. »*Der Ursprung des Kunstwerkes*« (1936). In: Heidegger ([8]2003) 67.

137 Vgl. »*Der Ursprung des Kunstwerkes*« (1936). In: Heidegger ([8]2003) 26 f.

von kategorial-erfassbarem Vorhandenen ein existentiales Motiv: Es ist die Flucht des Daseins vor seinem In-der-Welt-sein, das ihm selbst überantwortet ist und es selbst zu übernehmen hat, oder kurz: Die Angst als Existential.

Heideggers Pointe besteht in dem scheinbaren existentialen Paradox, dass ein Dasein, das den Tod ausschließt, sich gerade dadurch selbst zudreht. Die Abblendung der endlichen und schutzlosen Daseinsverfassung durch gegenständliche Erschlossenheit aus dem Bedürfnis heraus sich selbst zu schützen, kauft sich gewissermaßen die Schutzlosigkeit erst wirklich ein: »Insofern das Wesen des Menschen in der Vergegenständlichung des Seienden aufgeht, bleibt es inmitten des Seienden schutzlos.«[138] Der Versuch die Schutzlosigkeit der Existenz zu überwinden und sich selbst zu schützen, indem man den Tod als Existenzvollzug abblendet, führt gerade zu einem sterilen, leblosen und homogenen Dasein. Der Ausschluss des Todes holt ihn sich regelrecht herein. Ein derart zugedrehtes Dasein hat sich um den freien und offenen Bezug und damit um Möglichkeiten seiner Existenz gebracht. Es reduziert sich selbst auf ein schutzlos ausgeliefertes innerweltlich Seiendes neben anderem Seienden. Im Gegensatz dazu vollzieht sich ein Dasein eigentlich, das den Tod nicht ausschließt, sondern ihn sich als Existential transparent macht und auf diese Weise miteinbezieht. Nur ein Dasein, das sein Sein als endlichen Existenzvollzug realisiert, das den Tod ins Dasein hereinholt – so der zweite Teil der Pointe –, lebt sein Dasein in ganzer Weise und damit eigentlich.

Selbstverdeckung und volle Selbsterschließung sind also bei Heidegger graduelle Existenzrealisationen der Faktizität unserer Endlichkeit. Der eigentliche Existenzvollzug, der sich Selbst voll erschließt, sich also sein endliches In-der-Welt-sein voll transparent macht, ist nichts anderes als das Denken. »*Denken* […]« schreibt Heidegger in einem nachgelassenen für die Gesamtausgabe vorgesehenen Vorworttext, sei »der Bezug zum Sein als Anwesenheit [Hervorhebung im Original]«[139]. Denken schafft – im Gegensatz zu anderen Existenzvollzügen – einen Bezug zum Sein als Anwesenheit und damit die volle Erschlossenheit der Existenz als endliches In-der-Welt-sein. Eine eigentliche Selbsterfahrung in mitweltlichen Vollzügen ist in Heideggers Ansatz nicht möglich. Selbstsein und Miteinandersein

---

138 »*Wozu Dichter?*« (1946). In: Heidegger (⁸2003) 299.

139 Heidegger In: v.Herrmann (1982) 98.

schließen einander aus. Vollzieht sich ein Dasein mitweltlich, so existiert es »von Welt her« und damit verfallend bzw. als »Man«. Seine eigentliche endliche Selbstverfassung kann sich das Dasein nur in einer Ablösung und Distanzierung von der Mitwelt transparent machen. Lediglich ein sich von Mitwelt isolierendes, denkendes Dasein erfährt sich als Selbst. Heideggers Konzeption des eigentlichen Selbst im Denkvollzug als ein Vorlaufen bzw. Sein zum Tode kann auch als eine Neuauflage des in der Philosophiegeschichte immer wieder auftauchenden Motivs »Philosophieren heißt sterben lernen«[140] gelesen werden. Mit dem Tod als Principium Individuationis bleibt jedoch auch Heideggers Konzeption des Selbst der metaphysischen Tradition verhaftet, die er doch selbst gerade überwinden wollte.

Hannah Arendts Kritik an dieser metaphysischen Selbstkonzeption Heideggers betrifft im Wesentlichen zwei Aspekte, die sie bereits in ihrem frühen Aufsatz »Was ist Existenzphilosophie« prägnant formuliert, wenn sie schreibt, dass »[…] ein Selbst, genommen in seiner absoluten Isolierung, sinnlos ist […]«[141]. Der eine Aspekt der arendtschen Kritik betrifft die Selbsterfahrung. Es sei ein Irrtum Heideggers, aber auch vieler Philosophen vor ihm, anzunehmen, im sich zurückziehenden Denken die wahrhafte Selbsterfahrung zu verorten: »Ad Heidegger […] sieht es so aus, als werde ich selbst, nämlich Ich qua Selbst, erst eigentlich, sofern ich denke. Dies der Irrtum von *Sein und Zeit* [Hervorhebungen im Original].«[142] Einige Seiten weiter im Denktagebuch dehnt sie diese Kritik auf die Denker der philosophischen Tradition aus:

> »Der größte [sic!] Irrtum der Denker: zu meinen, dass ich, wenn ich denke, erst wahrhaft ich selbst bin. Gerade wenn ich allein bin, bin ich nie ein ›Selbst‹, nie identisch mit mir. Meine Identität ist an meine Erscheinung und damit an die Anderen, denen ich erscheine, gebunden. Mein ›Selbst‹ qua Identität gerade empfange ich von Anderen.«[143]

Arendts Haupteinwand gegen Heidegger und die Denker der Tradition besteht in deren Annahme eine Selbsterfahrung sei aus sich selbst heraus, etwa durch Denken, möglich. Den Gipfelpunkt dieser Auffassung bildet Heideggers paradoxer Anruf des Gewissens, wo-

---

[140] Exemplarisch hierfür vor allem vgl. »*Phaidon*« In: Platon (1958) *64a; 80e;* vgl. Montaigne ([8]2011) *I 20.*

[141] WiE 35.

[142] D 723.

[143] D 734.

nach dieses sich selbst aus der Verfallenheit an das Man ins eigentliche Selbstseinkönnen ruft[144].

In Frontstellung gegen diesen Solipsismus der Tradition ist für sie Selbsterfahrung nur in der unmittelbaren Begegnung mit Anderen möglich. Nicht von uns selbst, sondern von Anderen erfahren wir, wer wir sind. Diesen ersten Einwand gegen Heideggers Philosophie wird sie vor allem in der »Vita activa« ausführen, wenn sie die Selbsterfahrung im Miteinander Handeln lokalisiert und sich vor diesem Hintergrund um eine Rehabilitierung des öffentlichen Engagements bemüht. »So wie ich von mir selbst als einem Selbst nur weiß [sic!], weil es Spiegel gibt, so bin ich ein Selbst, identisch Eins, nur weil ich als solches von Anderen angesprochen, anerkannt usw. werde.«[145]

Der zweite Einwand gegen Heideggers Philosophie betrifft dessen Sinnbegriff. Zweifellos hat Heidegger Wichtiges für eine grundlegendere philosophische Auffassung des Sinnbegriffs geleistet. Seine Bedeutung für die Hermeneutik besteht ja gerade darin, aufgezeigt zu haben, dass der fundamentale Verstehensakt der faktische Existenzvollzug ist: Da-sein ist eo ipso sinnhaft, das heißt immer schon als Verstandenes da. Diese Verständnisweise korrespondiert mit einem Existenzvollzug, einem sogenannten »Entwurf«. Da-sein ist entwerfend sein, unabhängig davon, ob es selbst sich dies transparent macht oder nicht. Diesen grundlegenden hermeneutischen Zirkel, den Heidegger im Existenzvollzug freilegt, bestreitet und kritisiert Hannah Arendt nicht. Jedoch hat sie Anfragen daran, wie es dazu kommt, dass etwas immer schon sinnhaft da ist. Arendt kritisiert an Heidegger, dass er die Genese von Sinn voraussetzt ohne sie explizit zu thematisieren[146]. Hannah Arendt tut genau dieses, indem sie aufzeigt, dass Sinn nur in einem dual-dialogischen Geschehen entstehen kann. Unser Dasein ist daher sinnhaft erschlossen, weil unsere originäre Seinsweise plural ist[147]. Wir werden in eine Gemeinschaft hineingeboren, und unsere nächste Wirklichkeitsauffassung – unsere Erschlossenheit bzw. unser Da-sein – ist gefärbt von dieser Gemeinschaft. Diese Erschlossenheitsweise – Heideggers Man – bezeichnet Arendt mit dem Terminus »Gemeinsinn« (common sense)[148]. Sinnhaft ist bei Arendt

---

144 Vgl. Heidegger ([18]2001) 275.
145 D 735.
146 Vgl. D 814 f.
147 Vgl. LdG 186.
148 D 360.

nur etwas, das in einem Dialog besprochen wird. Selbst das Denken, das sich aus der unmittelbaren Begegnung zurückzieht, kann in ein dialogisches Selbstverhältnis eintreten und Ereignisse sinnhaft aufbereiten. Abblendungen dieser originären plural-dialogischen Seinsverfassung des Menschen, sowohl im »geistigen« Umgang mit sich selbst als auch im Umgang mit Anderen, sind mit Sinnverlust und Isolation verbunden. Die Metapher des Todes in der metaphysischen Tradition bis hin zu Heidegger steht für isolierende Geisteserfahrungen, die die für das Denken konstitutive Pluralität unterschlagen. Diese Unterschlagung der Pluralität in der philosophischen Thematisierung von Geisteserfahrungen leistet dem zunehmenden Sinnverlust unserer heutigen Zeiten – etwa durch rein quantifizierend-verwissenschaftlichte Auffassungen der Welt oder zunehmende Beschränkung der öffentlichen Handlungsräume – auch noch Vorschub. Diese Ausblendung der für die Sinndimension des Menschen konstitutiven Pluralität führt dann tatsächlich zu einem mehr und mehr leblosen, weil sich in einem isolierten und sinnfreien Zustand befindlichen Dasein. Die Metapher des Todes für die Denkerfahrung ist für Hannah Arendt nichts anderes als ein metaphysischer Trugschluss: Die Intensität der Denkerfahrung gaukelt einem vor, ein vorgängiges und ursprüngliches solus ipse zu sein, übersieht aber, dass der Umgang mit sich selbst aus dem Umgang mit Anderen hervorgeht, und im Denkvollzug immer in eine Umgangskonstellation mit Anderen eingebettet bleibt. Denken als Umgang mit sich ist ein abgeleiteter und von Anderen abhängiger Zustand unseres Seins. Ein Denken, das diese grundlegende Pluralitätsdimension des Menschen außer Acht lässt, ist für Hannah Arendt sinnlos. Auch Heidegger geht es in seiner Denkkonzeption nicht um Sinn, sondern er bleibt dem Wahrheitsbegriff verhaftet, was sich auch daran zeigt, dass er Selbsterfahrung in rein sachlichen Vollzügen lokalisiert. Damit ist er für Arendt Vollender der abendländisch-metaphysischen Tradition, weil er wie diese in einem Solipsismus – wenn auch existentialer Art[149] – verfangen[150], die unumgängliche plurale Verfasstheit des Menschen ignoriert und damit die tatsächliche Sinndimension des Menschen unterschlägt. Die metaphysische Tradition einschließlich Heidegger blendet laut Arendt die für das Denken konstitutive Pluralität ab und verfehlt damit die eigentliche Hauptaufgabe des Denkens, die

149 Vgl. Heidegger (^{18}2001) 188.
150 Vgl. D 793.

Frage nach dem Sinn. Die Metapher des Todes als ein Vorlaufen ist nur äußerster Ausdruck des Versuchs, diese genuin plurale Verfasstheit zu umgehen und das vorgängig duale Sinngeschehen zu unterschlagen. Eine das Sein zum Tode realisierende Existenz wäre für Arendt keinesfalls ein eigentliches Dasein, sondern ein vereinzeltes Dasein, das vergeblich versucht eine Grundbedingung seines Daseins zu umgehen und sich dadurch in einen zunehmend sinnfreien Isolationszustand manövriert.

In diesem Zusammenhang schreibt Arendt:

»Dies ist auch der Grund, warum die Pluralität der Menschen nie gänzlich abgeschafft werden kann und warum die Flucht des Philosophen aus dem Bereich der Pluralität immer eine Illusion bleibt: Selbst wenn ich gänzlich mit mir allein leben müßte, würde ich, so lange ich lebe, unter der Bedingung der Pluralität leben.«[151]

Arendt möchte also im Gegensatz zur Tradition die Pluralität als eine unüberwindliche Grundbedingung menschlichen Daseins ins Licht der Aufmerksamkeit rücken. Selbst dem Streben nach Wahrheit kann das Ingrediens der Pluralität nicht genommen werden, was sich daran zeigt, dass eine ab-solute, von jeglicher Beziehung losgelöste Wahrheit menschenunmöglich ist: »Absolute Wahrheit, die für alle Menschen dieselbe und deshalb beziehungslos, unabhängig von der Existenz jedes Menschen, wäre, kann nicht für Sterbliche existieren.«[152] Gehört also die Pluralität derart unausweichlich zur »Natur« des Menschen, dass selbst die extremste Isolation noch eine Weise ist, sich zu ihr als Grundbedingung zu verhalten, und dass darüber hinaus selbst Wahrheit auf menschliche Beziehung verweist, so geht es Arendt darum, nicht gegen diese »Natur« des Menschen quasi meta-physisch anzudenken. Ihr Anliegen ist eine Konzeption, die die Pluralität als die Grundbedingung des Menschen konstitutiv in seine Umgangsformen, d.h. den Umgang mit Anderen und den Umgang mit sich selbst, miteinbegreift. Gegen jegliche metaphysische Verdeckungstendenz möchte Hannah Arendt mit ihrer Konzeption die Menschen wieder an Existenzvollzüge aufmerksam machen, die ihnen Selbsterfahrung ermöglichen, und sie darüber hinaus auf ihre menschliche Sinndimension hinweisen.

Im ersten Teil dieses Projekts, welches vor allem in dem Werk

---

[151] PuP 389.
[152] PuP 388.

»Vita activa« seinen Ausdruck findet, geht es Arendt um die Befragung der menschlichen Tätigkeitsformen »Arbeiten«, »Herstellen« und »Handeln« hinsichtlich ihrer Sinndimension. Dabei zeigt sich, dass Sinn ein dual-dialogisches Geschehen ist, und der Mensch als ein auf die Sinndimension konstitutiv verwiesenes Wesen nur im Dual bzw. Plural etwas über sich als ein unvergleichliches Selbst erfährt. Es besteht also ein gradueller Unterschied in der existentialen Realisation der Sinndimension in den Tätigkeitsformen[153]. Im Arbeiten ist der Mensch, befangen in Konsumzwängen, auf sich und seine körperlichen Notwendigkeiten zurückgeworfen. Arbeit ist diejenige der drei Tätigkeitsformen, die sich in weitestem Maße von der Mitwelt abwendet; es findet in Verlassenheit statt. Auch das Herstellen isoliert den Menschen als einen Homo faber, doch das Produkt, das er hergestellt hat, tritt mit ihm an die Öffentlichkeit[154], so dass man hier von einer sinnvolleren, weil pluraler verfassten Tätigkeitsform als das Arbeiten sprechen kann. Die Tätigkeitsform, die nur im Plural vollzogen werden kann, ist das Miteinander Handeln. Hier erfährt der Mensch durch seine Mitmenschen etwas darüber, wer er ist. Handeln und Miteinander Sprechen gehen Hand in Hand, so dass dieser menschlichen Tätigkeit das höchste Maß an Sinnhaftigkeit zugesprochen werden muss. Arendt gelingt mit Vita activa die Überwindung einer metaphysisch-solipsistischen Thematisierung der menschlichen Tätigkeiten. Analog zu Heideggers Todesexistential, das Existenzvollzüge auf die graduelle Realisierung ihres Endlich-Seins hin befragt, geht es Arendt um die graduelle Realisation der Geburt bzw. des eigenen unvergleichlichen Anfangs im Existenz- bzw. Tätigkeitsvollzug. Die Tätigkeitsformen sind bei Arendt – ganz in Heideggers Fahrwasser – graduelle Existenzrealisationen der eigenen Anfänglichkeit bzw. der Natalität. Die Tatsache, dass wir als einzigartige und unvergleichliche Menschen, als »Weltanfänger« in eine Gemeinschaft mit Anderen hineingeboren wurden, aktualisieren wir am ausgeprägtesten im Miteinander Handeln. Dieses gleichsam »geburtliche« Eingehen in eine Gemeinschaft mit Anderen im handelnden Engagement, lässt den tätigen Menschen im Vergleich zu anderen Tätigkeitsformen am ehesten hinsichtlich des eigenen Selbstseins gewahr werden und ihn dadurch die eigene Geburt als einzigartig-anfängliche Unterschiedenheit von Anderen in höchstem Maße bestätigen.

---

[153] Vgl. VA 13.
[154] Vgl. VA 193; 265 f.; 270.

Doch Arendts Projekt ist mit »Vita activa« noch nicht abgeschlossen. Unvollständig bleibt dabei immer noch die Frage nach der Sinngenese. In »Vita activa« erfährt man, dass das plurale Miteinander Handeln vom sogenannten Gemeinsinn[155] getragen ist. Sinn entsteht laut »Vita activa« in plural-dialogischen Austauschprozessen etwa in Form von kultureller Tradierung. Die originär menschliche Auffassungsweise ist also geprägt von der Gemeinschaft, in die man hineingeboren wird, oder in der man lebt. Ändern sich die Konventionen der Gemeinschaft, so ändern sich auch die Auffassungen des Einzelmenschen. Sinn, nur in Form des Gemeinsinns, ist Arendt demnach zu wenig, denn sie sieht, dass der Gemeinsinn letztlich doch korrumpierbar ist, wenn nicht noch ein anderes Moment hinzukommt. Dieses andere Moment ist die innehaltende Besinnung, die den meisten Menschen in Zeiten des Totalitarismus zu fehlen schien, und sie gedankenlos im jeweils kollektiven Mainstream mitschwimmen ließ. Arendt geht es also um die Freilegung einer nicht korrumpierbaren Sinndimension des Menschen. Vor diesem Hintergrund befragt sie insbesondere in ihrem Spätwerk »Vom Leben des Geistes« die sogenannten Geistestätigkeiten auf ihre Nichtkorrumpierbarkeit und ihr Maß an Sinnrealisation. Wenn Sinn ein pluraldialogisch verfasstes Geschehen ist, so bemüht sie sich in ihrem Spätwerk um ein Denken, das diese Grundbedingung der Pluralität in konstitutiver Weise miteinbegreift. Entgegen einer solipsistischen Geistestypik, die zweckrational auf einen plural verfassten Handlungsraum zugreift und diesen seiner einseitigen Vorstellung gleichmachen möchte, ist Arendt um ein nicht-metaphysisch, politisches Denken[156] bemüht, das sich den Sinn der erlebten Ereignisse erschließt. In Absetzung von den Ansichten der abendländischen Tradition bis einschließlich Heidegger und kritischer Aufnahme und Weiterführung des jaspersschen Philosophierens als Kommunikation möchte sie zeigen, dass Denken und Mitweltlichkeit einander nicht ausschließen, sondern sogar in einem konstitutiven Verhältnis miteinander stehen. Ihre dialogische Auffassung des Denkens lässt den geistigen Umgang mit sich selbst als etwas Nachgeordnetes erscheinen. Den Primat bei Arendt hat der tätige und unmittelbare Umgang mit Anderen. Aus der Anregung durch den Umgang mit Anderen geht das Denken als Umgang mit sich selbst hervor, bleibt während

155 Vgl. VA 264 f.
156 Vgl. VA 18.

des Denkvorganges in eine plurale Umgangskonstellation mit Anderen eingebettet und im Denkakt auf die Mitwelt bezogen und bereitet sich durch diesen Vorgang wiederum auf den veränderten Eingang in den Umgang mit den Mitmenschen vor. Selbst im einsamen Denkvorgang wird die Grundbedingung der Pluralität bestätigt, wenn sie diesen als einen Dialog mit sich selbst beschreibt:

»Darüber hinaus bin ich, wenn ich mit dem Dialog der Einsamkeit beschäftigt bin, in dem ich strikt mit mir selber zusammen bin, nicht völlig von der Pluralität getrennt, die die Welt der Menschen ausmacht und die wir in ihrem allgemeinsten Sinn die Menschlichkeit nennen. Diese Menschlichkeit, oder besser diese Pluralität zeigt sich schon in der Tatsache, daß ich Zwei-in-einem bin. [...] Die Menschen existieren nicht nur in der Mehrzahl wie alle irdischen Dinge, sondern tragen auch ein Anzeichen für diese Pluralität in sich selber.«[157]

Auch hier – analog zu »Vita activa« – geht eine Abblendung dieser originären Pluralität im geistigen Selbstverhältnis, etwa durch vereinseitigende, weil Prämissen absolut setzende Rationalität, auf Kosten des Sinnes und damit letztlich auf Kosten der Menschlichkeit. Wie bei Heidegger finden sich also bei Arendt sowohl in »Vita activa« als auch im Spätwerk zwei Existenzmodi, einer, der die dem Menschen wesensmäßig zukommende Pluralität aufgreift und ausgestaltet, und ein anderer, der versucht, sich von dieser Pluralität abzuwenden. Existierte Pluralität versus Isolation sind also Arendts Pendants zu Heideggers Existenzmodi der Eigentlichkeit und Verfallenheit, wobei Arendt vor allem Heideggers Modus einer eigentlichen Existenz in ihrer eigenen Begrifflichkeit zu den Isolationszuständen zählen würde.

Als Fazit dieses Abschnittes zu Heideggers Wahrheits- und Existenzauffassung und dessen Einfluss auf Arendts Denken lässt sich festhalten, dass insbesondere Heideggers Vollzugscharakteristik des menschlichen Daseins und Selbstseins eine nicht zu unterschätzende Eröffnung für das gesamte arendtsche Werk darstellt. Letztlich sind alle arendtschen Begrifflichkeiten sowohl in »Vita activa« als auch im Spätwerk als Existenzvollzüge bzw. als unterschiedliche Modi der Umgangsgestaltung aufzufassen. Im Gegensatz zu Heidegger betont Arendt jedoch die »Pluralität unserer Existenz«, wozu unter anderem gehört, dass der Vollzug der Existenz unausweichlich in den Umgang

157 PuP 390.

mit Anderen eingebettet ist, und dass gerade dieses Faktum der Pluralität unserer Existenz das Principium Individuationis ausmacht. Durch die weitgehende Unterschlagung dieses Existentials der Geburt bleiben bei Heidegger vor allem die Fragen der Sinngenese und der mitweltlichen Selbstkonstitution unterbelichtet. Diesem Desiderat möchte Arendt mit ihrer eigenen, dezidiert mitweltlich-plural ausgerichteten Konzeption der menschlichen Existenz bzw. des Selbst beikommen, die sowohl den Umgang mit Anderen – also die Tätigkeitsformen der Vita activa – als auch den Umgang mit sich selbst – sprich das »Leben des Geistes« – umfasst und mit beinhaltet.

Vor diesem Hintergrund sollte deutlich geworden sein, dass erst mit Arendts Ausführungen zu den Geistestätigkeiten ihre Philosophie des Umgangs und ihre plurale Selbstkonzeption abgeschlossen ist, denn erst in Zusammenhang mit der notwendig pluralen Verfasstheit des geistigen Umgangs mit sich selbst wird auch Arendts Motiv der Geburt voll verständlich. Damit ist nämlich nicht nur die Aktualisierung der eigenen Unvergleichlichkeit als existentiale Anfänglichkeit insbesondere im Miteinander Handeln gemeint, sondern es handelt sich um ein Bild für Hannah Arendts vollständige Philosophie des Umgangs, die das Handeln und das handlungsbegleitende Denken in einem konstitutiven Gesamtzusammenhang miteinander vereinigt. So wie bei einer Geburt ein Mensch aus einem anderen Menschen hervorgeht und dabei in eine Gemeinschaft hineingeboren wird, so geht der Mensch als ein geistig tätiges Selbstverhältnis aus dem tätigen Umgang mit Anderen hervor, um daraufhin wiederum in die Gemeinschaft mit Anderen einzugehen. Diese Gesamtdynamik ist erst Bestätigung der Natalität als Existential, welche nun beginnend mit Vita activa – dem tätigen Umgang mit Anderen als Ausgangspunkt – im Verlauf der Arbeit nachgezeichnet werden soll.

Zweites Kapitel:

Narrativität in Vita activa

Mit dem Werk »Vita activa« antwortet Hannah Arendt auf die Lücken und Defizite der Selbstkonzeptionen ihrer Vorgänger. Dies erfolgt aber keineswegs aus einem theoretischen Vervollständigungsinteresse, sondern die Erfahrungen ihrer Zeit lassen eine differenziertere, ja neue Selbstauffassung notwendig werden. Diese Erfahrungen, die Arendt zu ihren Reflexionen veranlassen, finden in einem zentralen Schlagwort ihren Ausdruck: Totalisierung.

§7. Selbsterfahrung im Tätigsein – Graduelle Aktualisierung der Geburt als Existential

Arendt erlebte mit dem Niedergang der Weimarer Republik den Endpunkt und endgültigen Zusammenbruch einer langwährenden Traditionsgemeinschaft und sie musste nach diesem Zerfall die totalitaristische Versammlung isolierter Menschenmassen unter eine leitende Ideologie und die damit einhergehende gewaltsame Aussonderung aller Menschen, die den Vorstellungen dieser Ideologie nicht konform waren, am eigenen Leibe erfahren. Zu dem Begriff »Totalisierung« zählt für Arendt jedoch nicht nur die NS-Ideologie, sondern ebenso der stalinistische Sowjetkommunismus und auch – was in der Arendt-Forschung häufig ungenannt bleibt – die Massengesellschaft, eine besondere Form totaler Herrschaft, die Arendt nach ihrer Auswanderung in die »Neue Welt« kennenlernen sollte. Diese Totalisierungsform ist besonders subtil, da die durch sie Unterdrückten kaum merken, dass sie unterdrückt werden bzw. im Fall des Aufstandes nicht einmal wissen, gegen wen sie sich zur Wehr setzen müssen. Kennzeichen dieser Massengesellschaft ist die von Arendt häufig angeführte »Herrschaft des Niemand«, die als Bürokratie in industriellen Gesellschaften – laut Arendt – ihre wahren Ausmaße erst noch voll entfalten wird[1]. Charakteristikum aller Totalitarismen ist das unhinterfragte Umsetzen einer Prämisse in Form einer Ideologie durch alle Mitglieder einer Gesellschaft[2], was die Ausschaltung jeglicher Pluralität, Unterschiedenheit und Eigeninitiative[3] durch Isolation der Menschen zur Voraussetzung hat. Jeder verrichtet dabei isoliert, aber nach den Gesetzen der Logik hocheffizient sein Geschäft, ohne in dieser Verlassenheit[4] darauf aufmerksam zu werden, an welchem Gesamtwahnsinn er mitwirkt. Sinnerfassende Denkformen werden durch pluralitätsnegierende Mono-Logisierung verdrängt, so dass sich die Gesamtschau zunehmend erschwert.

In ihrem Totalitarismuswerk geht es Arendt also um die deskriptive Herausarbeitung der Elemente, die zum Entstehen dieser unterschiedlichen Totalisierungsformen beigetragen haben: Es handelt sich dabei im Wesentlichen um die Zersplitterung der Menschen in isolierte und verlassene Einzelexistenzen[5], was die Ersetzung der öffentlichen Meinungspluralität durch eine Ideologie und die damit einhergehende Nivellierung jeglicher Individualität und Unterschiedenheit der Menschen erst ermöglicht hat.

In »Vita activa« fragt Arendt nun positiv nach Gestaltungsmöglichkeiten dieser Umstände. Was könnten heutige Menschen der Totalisierung entgegensetzen? Vor dem Hintergrund der zunehmenden massengesellschaftlichen Normierung von Menschen drängt sich Arendt die Frage auf, wo und wie Menschen ihre Individualität und Unterschiedenheit von anderen Menschen entfalten? Auf welche Weise erfahren wir uns selbst und damit unsere eigene Unvergleichlichkeit und Einmaligkeit? Welche Möglichkeiten bietet hierfür die verloren gegangene Tradition[6] an, und kann man diese unter den heutigen Umständen in irgendeiner Weise rehabilitieren? Wo finden Menschen Erfüllung in einer säkularen, aufgeklärten und von zunehmendem Sinnverlust gekennzeichneten Gesellschaft, also unter den Bedingungen unserer heutigen Zeit? Was bleibt von Menschen noch

---

1 Vgl. hierzu vor allem EiJ 396; Son 3 f.; MuG 203; Tor 94; D 364; 451 (Anmerkung des Autors: Wenn in diesem Kapitel das »Denktagebuch« zitiert wird, handelt es sich – bis auf wenige Ausnahmen am Ende des Kapitels, die bereits das Folgende antizipieren – um Passagen aus der Zeit vor der Veröffentlichung von »Vita acitva«.).

2 Vgl. EuU 965.

3 Vgl. EuU 937.

4 Vgl. EuU 975.

5 Vgl. EuU 846.

6 Vgl. Tor 105 f.

übrig bzw. worauf können sie hoffen, wenn transzendente Wahrheiten ihre Legitimation eingebüßt haben? Wo finden Menschen Halt, wenn Haltlosigkeit die Bedingung für das Entstehen totaler Herrschaft ist?

All diese Fragestellungen drängen Arendt zur Ausarbeitung eines neuen Selbstkonzeptes, da sie bei ihren Vorgängern und Lehrern hierauf keine oder nur unzureichende Antworten erhält. Die Konzeptionen von Kierkegaard und Heidegger sind unzulänglich für die drängenden politischen Fragen ihrer Zeit, denn beide Ansätze rechnen mit der Selbstermöglichung des Menschen. Sowohl für Kierkegaard, als auch für Heidegger, kann der Mensch aus sich heraus ohne Andere zur »Fülle« seines Seins gelangen, so unterschiedlich das dann bei beiden auch aussehen mag. Bei Kierkegaard besteht diese Selbstermöglichung in der glaubenden Annahme, bei Heidegger in der Überwindung der Verfallenheit durch ein »Sich von selbst her« Vollziehen, was ein »sich selbst (!) anrufendes« Gewissen in die Wege leitet. Beide berücksichtigen zwar die Involvierung in mitmenschliche Bezüge in ihren Selbstkonzeptionen, aber beide idealisieren gewissermaßen den »isolierten Menschen«, der eine (Kierkegaard) in der aus sich heraus zu leistenden Annahme der Anderen als ein notwendiges Übel im Selbstverhältnis, der andere (Heidegger) in der »von selbst her« denkenden Überwindung der Mitwelt. Die kierkegaardsche »Annahme« und Heideggers »Eigentlichkeit« erfolgen »aus sich«, die Anderen im Selbstverhältnis sind hierfür unnötig. Für Arendt sind dies Konzepte der Isolation, da sie den Menschen so weit wie möglich aus seinen Bezügen und Bindungen entfernen und damit der Haltlosigkeit auch noch Vorschub leisten. Es ist ein Trugschluss, zu meinen, aus sich selbst heraus realisieren zu können, wer man eigentlich sei. Im Gegensatz dazu sind die Anderen bzw. die Mitmenschen für Arendt konstitutiv für die Selbsterfahrung: Menschen sind aus sich heraus blind für ihren »δαίμων«[7] und daher auf Andere angewiesen, wenn sie etwas über sich selbst in Erfahrung bringen wollen[8]. Die originäre Form menschlichen Daseins ist die Pluralität[9]: Wir werden in eine plurale Gemeinschaft von Menschen hineingeboren[10] und mit und von Anderen erfahren wir, wer wir sind. Dadurch ge-

[7] Vgl. VA 241.
[8] Vgl. VA 243.
[9] Vgl. VA 299.
[10] Vgl. D 470.

winnen wir Anhalt über uns selbst und verbinden uns gemeinschaftlich in und mit einer Welt. Diese Gedanken findet Arendt bei Jaspers, für den Philosophie – gleichbedeutend mit Selbsterfahrung – nur im kommunikativen Miteinander und nie in Isolation stattfinden kann. Doch Jaspers bleibt Metaphysiker, er setzt den »idealen« Menschen als Einzelnen voraus, der dann mit Anderen zusammenkommt und in ein kommunikatives Verhältnis eintritt.

Bei Arendt gibt es keinen »Einzelnen«. Der Mensch befindet sich immer schon in inkarnierten Existenzvollzügen à la Heidegger und beantwortet in diesen, in unterschiedlicher Weise, seine unumgänglichen Grundbedingungen, zu denen auch die Mitweltlichkeit bzw. die Pluralität gehört. So gibt selbst der Eremit mit seinem Existenzvollzug eine Antwort auf die mitweltlich-plurale Bedingtheit seines Daseins. An dem Eremitenbeispiel lässt sich zeigen, dass die Grundbedingungen des menschlichen Lebens nicht überwunden, aber in einer unterschiedlichen Gewichtung gestaltet werden können, denn selbst er vollzieht sich noch existentiell in Bezug auf eine Gemeinschaft. Wir sind also nicht nur bedingt bzw. voll determiniert[11], wie es einseitige, rein naturwissenschaftlich orientierte Auffassungen oft nahelegen, sondern wir können diese Bedingungen immer auch gestalten und dadurch transzendieren.

Diese Überlegungen gehen in Arendts Tätigkeitsbegriff ein, mit dem sie eine metaphysische Position überwinden will. Es geht ihr nicht um eine Wesensbestimmung des Menschen[12], sondern um die phänomenale Beschreibung von Existenzvollzügen, in welchen Menschen sich immer schon vorfinden, und in diesen – antwortend auf die unterschiedlichen Grundbedingungen – ihre Humanität mehr oder weniger realisieren. Diese Existenzvollzüge nennt sie »Tätigkeiten«. Menschliches Leben ist tätiges Leben – »Vita activa« –, das im Tätigsein in je unterschiedlicher Weise auf die Grundbedingungen seines Daseins eingeht. Die zentrale Fragestellung von »Vita activa« lautet demzufolge »[…] was wir eigentlich tun, wenn wir tätig sind.«[13] Im Anschluss daran unterscheidet sie in ihrem Werk drei grundlegende Tätigkeitsformen, die als Existenzvollzüge jeweils Antworten auf die unterschiedlichen menschlichen Grundbedingungen darstellen. Vor dem Hintergrund ihrer biographischen Erfahrung der Totalisierung

---

11 Vgl. VA 21.
12 Vgl. VA 20f.; 223.
13 VA 14.

und Vereinheitlichung von Menschen sucht sie in besonderer Weise nach Tätigkeitsformen, durch die Menschen ihre Unterschiedenheit, Einzigartigkeit bzw. ihre Anfänglichkeit aktualisieren können.

Doch auf welche Grundbedingung geht der Mensch bei der Umsetzung seiner Anfänglichkeit eigentlich ein? Es ist das Faktum seiner Geburt, das neben dem Tod zu den allgemeinsten Rahmenbedingungen menschlichen Lebens gehört, von der metaphysischen Tradition aber häufig unterschlagen wurde[14]. Während vor dem Tod gewissermaßen jeder gleich ist, werden wir als neue und einmalige Weltanfänger in eine Gemeinschaft hineingeboren, und nur weil die Geburt als Faktum unser Dasein bedingt, können wir – eingehend auf diese Grundbedingung – auch Neuanfänge in die Welt setzen:

> »Weil jeder Mensch auf Grund des Geborenseins ein *initium*, ein Anfang und Neuankömmling in der Welt ist, können Menschen Initiative ergreifen, Anfänger werden und Neues in Bewegung setzen. [Initium] ergo ut esset, creatus est homo, ante quem nullus fuit – ›damit ein Anfang sei, wurde der Mensch geschaffen, vor dem es niemand gab‹[15] – in den Worten Augustins […] [Hervorhebung im Original]«[16].

Im Gegensatz zu ihrem Lehrer Heidegger, der mit seiner Kontrastierung von Eigentlichkeit und Verfallenheit einer »Entweder-Oder«-Struktur verhaftet bleibt, geht es Arendt um die graduelle Aktualisierung von Anfänglichkeit in den Tätigkeitsformen. In welcher Tätigkeit – so Arendts Frage – setzen wir unsere Geburtlichkeit und damit unsere Einmaligkeit in höchstem Maße frei? Denn ein Moment von Initiative ist in allen Tätigkeitsformen mitenthalten[17], was nur belegt, dass die Aktualisierung der Grundbedingung unserer Geburt unhintergehbar ist.

Arendt unterscheidet drei Tätigkeitsformen, die sie den unterschiedlichen Grundbedingungen menschlichen Daseins zuordnet. Arbeitend[18] geht der Mensch auf sein pures Lebendigsein ein. Dieses Lebendigsein ist wie alles Natürliche prozesshaft, demzufolge kommt der Mensch im Arbeiten seinen Lebensprozessen nach, ohne die er binnen kürzester Zeit sterben würde. Um sein Leben zu erhalten, braucht der Mensch ausreichend Schlaf und Nahrungsmittel, was

---

[14] Vgl. D 463.
[15] Vgl. hierzu Augustinus (1955) *XII, 21*.
[16] VA 215 f.
[17] Vgl. VA 18, 215.
[18] Vgl. VA 98–160.

auch die Grundverrichtungen des Arbeitens »Aufbereitung« und »Verzehren«, »Einnehmen« und »Ausgeben«, »Produktion« und »Konsumtion«, »Anspannung« und »Entspannung« hervorbringt. Das Arbeiten hinterlässt nichts Bleibendes in der Welt, außer Konsumartikel, die binnen kurzer Zeit verfallen, wenn sie nicht von dem Verzehr verbraucht werden, für den sie bestimmt waren. So vergänglich die Arbeitsprodukte auch sind, so endlos und unerlässlich ist es doch für Menschen, diese natürlichen Arbeitsprozesse aufrechtzuerhalten. Bei der Ausgestaltung ihrer Existenzbedingungen können Menschen zwar Andere für sich arbeiten lassen, die dann durch körperliche Arbeit Konsumprodukte bereitstellen. Sie können sich aber nicht des »Arbeitens« insofern enthalten, dass sie auf ihre basalen körperlichen Arbeits- und Konsumprozesse gänzlich verzichten. Jeder Mensch muss auf seine körperlichen Arbeitsvorgänge in irgendeiner Weise eingehen, so er sein Leben fortsetzen möchte. Die Notwendigkeit der Erhaltung natürlicher Lebensprozesse gilt für alle Menschen gleichermaßen, wie sie dies ausgestalten, bleibt – zumindest mehr oder weniger – ihnen selbst überlassen.

Neben der Aufrechterhaltung ihrer körperlichen Funktionen brauchen Menschen eine stabile und verlässliche Welt. Menschen sind im Vergleich zu Tieren instinktreduziert und weltoffen, was auch bedeutet, dass sie nicht wie Tiere mit ihren körperlichen Anlagen in ihre Umwelt eingepasst sind. In Auseinandersetzung mit ihrer jeweiligen Umgebung müssen sie sich ihre Welt erst schaffen. Die Tätigkeitsform, die der Grundbedingung der Angewiesenheit auf Welt, der sogenannten Weltlichkeit, nachkommt, nennt Arendt »Herstellen«[19]. Im Herstellen transzendieren Menschen bereits ihre natürlichen Bedingungen und schaffen eine künstliche und beständige Dingwelt. Sind die Arbeitsprodukte vergänglich, das Arbeiten selbst jedoch prinzipiell unabschließbar, so sind die Herstellungsgegenstände potentiell unvergänglich, der Herstellungsprozess selbst findet jedoch im hergestellten Gegenstand sein Ende[20]. Der Mensch kann sich auch der Tätigkeit des Herstellens bis zu einem gewissen Grade enthalten, indem er Herstellungsgegenstände gebraucht, die von anderen Menschen gefertigt wurden. Die Angewiesenheit auf Gegenstände ist jedoch unumgänglich und gehört, wie die Konsum-

[19] Vgl. VA 161–212.
[20] Vgl. VA 144.

produkte des Arbeitens, zu den unerlässlichen Notwendigkeiten des Menschen.

Erst wenn der Mensch auf diese Notwendigkeiten hinreichend eingegangen ist, also sein Körper ausreichend versorgt ist und er eine stabile, künstlich hergestellte Welt als Umgebung besitzt, die ihn schützt und ihm einen sicheren Rückzugsort für die notwendige Regeneration bietet, erst also wenn er befreit ist von diesen Notwendigkeiten, kann der Mensch sich mit anderen Menschen, die ebenso frei von Notwendigkeiten sind, gemeinsam zusammenschließen. Diese »Freiheit von« ermöglicht es Menschen eine »Freiheit zu« zu entfalten und mit Anderen gemeinsame Initiativen zu verfolgen. Diese freie Tätigkeit nennt Hannah Arendt »Handeln«[21] und in ihr bestätigt der Mensch die Pluralität als Grundbedingung seines Daseins. Freiheit ist für Arendt nur im Miteinander möglich, daher ist das Miteinander Handeln auch an einen pluralen und öffentlichen Erscheinungsraum gebunden, der als Sphäre der Politik menschliche Initiativen und Engagements kultiviert.

In welcher der drei arendtschen Tätigkeitsformen aktualisieren wir also das Faktum unserer Geburt als Grundbedingung am ausgeprägtesten? Wo erfahren Menschen am intensivsten Bestätigung ihrer Geburtlichkeit und Einmaligkeit? Betrachtet man unter dieser Fragestellung die Tätigkeiten der Vita activa, so zeigt sich, dass Menschen den körperlichen Arbeitsprozessen in gleicher Weise ausgeliefert sind. Im Arbeiten aktualisieren wir also in geringstem Maße unsere Unterschiedenheit von Anderen und damit unsere Einmaligkeit. Arbeitsprozesse hinterlassen auch nichts, was auf einen spezifischen Jemand verweisen könnte. Dies ist anders beim Herstellen. An der unterschiedlichen Machart eines Gegenstandes bzw. an dessen Stil[22] bekundet sich ein spezifischer Jemand als Hersteller eines Produktes. Hierfür muss das Produkt aber erst in einer Öffentlichkeit, etwa auf einem Markt[23], vor den Augen anderer Menschen erscheinen, was aber nicht unbedingt bei jedem Produkt der Fall ist. Der Herstellungsvorgang selbst kann auch nicht immer notwendig mit seinem Urheber in Verbindung gebracht werden, so dass der Jemand, auf den der Stil des Werkes zwar verweist, unter Umständen nie in Erschei-

---

21 Vgl. VA 213–317.
22 Vgl. VA 268 f.
23 Vgl. VA 189–201.

nung tritt und unbekannt bleibt, weil er die für den Herstellungsvorgang nötige Isolation von seinen Mitmenschen nie verlässt. Im Gegensatz zu Arbeitsprozessen aber, die Menschen in gleicher Weise vereinzeln und auf ihre Körperfunktionen zurückverweisen, ist im Herstellen, auch wenn dies selbst in Isolation stattfindet, schon das Erscheinen in einer Gemeinschaft – zumindest des Produktes – miteinbegriffen. »Herstellen ist immer vermittelt politisch [...] [Unterstreichungen im Original]«[24] und diesem höheren Grad an politischer Erscheinungshaftigkeit entspricht auch ein höherer Grad an Bekundung von Unvergleichlichkeit und damit Anfänglichkeit als im Arbeiten. Im Handeln dagegen ist die Selbstenthüllung der Person[25] unvermeidbar mitgegeben. Handeln hat im Gegensatz zum Herstellungsvorgang seinen Zweck nicht außerhalb seiner selbst, nicht in einem Produkt, sondern in sich selbst. Handeln ist reines Tätigsein und erfüllt sich nur in der gegenwärtigen Erscheinung, also in actu. Mit diesem »In-Erscheinung-Treten-vor-Anderen«, das natürlich immer auch Interessen verfolgt, zeigt sich unausweichlich und der Kontrolle des Handelnden selbst entzogen, aber für die Augen der Mitwelt ganz deutlich erkennbar, das »Wer einer ist« des jeweiligen Akteurs[26]. Dieser unvergleichliche Charakter ist – im Gegensatz zum Herstellen – auch eindeutig jemandem zuzuordnen, da das Handeln sich im Sprechen und Agieren des jeweiligen Handelnden realisiert und so kein Außerhalb hat.

Wiederum die Eingangsfrage aufgreifend, lässt sich mit Arendt also feststellen, dass bei der Tätigkeitsform des Miteinander Handelns die Unvergleichlichkeit und Einzigartigkeit eines Menschen in höchstem Maße in Erscheinung tritt. Auch wenn diese Einzigartigkeit für den Handelnden selbst nicht direkt erscheint, so bekommt er doch im Handeln im Vergleich zu all den anderen Tätigkeiten, nämlich durch seine Mitakteure oder Gegenspieler, am deutlichsten Rückmeldung darüber, wer er selbst ist. Dieser höchste Grad an Selbsterfahrung bzw. dieses graduell höchste Maß an Erscheinung von Einzigartigkeit in der handelnden Tätigkeit versieht Arendt mit der Metapher der Geburt. Im Handeln aktualisieren Menschen die Geburt als Existential am ausgeprägtesten: »Handeln als Neuanfang entspricht der Geburt des Jemand, es realisiert in jedem Einzelnen die Tatsache des

---

24 D 374.
25 Vgl. VA 243.
26 Vgl. VA 219.

Geborenseins [...]«[27]. Kriterium für die existentiale Realisation von Natalität ist also der Pluralitätsgrad der Tätigkeitsformen. Im Denktagebuch unterscheidet Arendt »Modifikationen der Pluralität«[28] in den menschlichen Tätigkeiten. Die Pointe in dieser Argumentation ist der phänomenale Aufweis eines Zusammenhangs zwischen dem Grad an Bejahung der menschlichen Grundbedingung[29] des »Inter-homines-esse« und dem Grad an Selbsterfahrung bzw. Entfaltung von Einzigartigkeit: »Geboren werde ich gerade von Menschen, als Mensch unter Menschen etc.«[30] Je mehr ich in der Wahl und Ausgestaltung der Tätigkeiten auf diese Grundbedingung des »Geborenseins von und unter Menschen« eingehe, umso mehr tritt meine eigene, mit der Geburt einhergehende Einmaligkeit und Einzigkeit[31] in Erscheinung. Im Handeln ist das »Inter-homines-esse«[32] unerlässlich, es ist daher die eingehendste Bejahung der Geburtlichkeit und korrespondiert mit der intensivsten Erscheinung der Unvergleichlichkeit und Einzigartigkeit der Menschen. Herstellen findet, um gelingen zu können, in Isolation statt, also ohne andere Menschen. Die Herstellungsprodukte sind jedoch darauf angelegt vor Anderen zu erscheinen, sind sie doch dafür gedacht, eine gemeinsame Welt allererst zu errichten und die Bedingungen für politisches Handeln herzustellen. Trotz der für das Herstellen nötigen Isolation geht dieses dennoch, wenn auch vermittelt und deutlich weniger als das Handeln, auf die Grundbedingung der Pluralität ein. Ein Spiegelbild hierfür geben die vielen unterschiedlich gestalteten Produkte auf einem Warenmarkt. Das geringste Maß an Erscheinung und Erfahrung des unvergleichlichen Selbst bietet das Arbeiten. Im Arbeiten ist man nicht nur isoliert wie beim Herstellen, sondern, verlassen[33] und den eigenen Körperfunktionen, wie jeder andere Mensch auch, ausgeliefert. Um diese Funktionen aufrechtzuerhalten, muss ich die Pluralität, das heißt das Zusammensein mit Anderen, verlassen und mich mit meinem Körper auseinandersetzen. Im Arbeiten bestätigen wir die naturhafte und am wenigsten uns Menschen auszeichnende Komponente unseres Daseins. Dies führt dazu, dass diese Tätigkeit – oft auch schambesetzt –

---

27 VA 217.
28 D 459.
29 Vgl. D 462.
30 D 263.
31 Vgl. D 460 f.
32 Vgl. VA 234.
33 Vgl. D 459.

im Verborgenen stattfindet. Arbeitsprozessen kommt das höchste Maß an Vereinzelung und Pluralitätsferne zu. Es zieht sich am stärksten aus der zwischenmenschlichen Erscheinungshaftigkeit zurück. Im Arbeiten sind die Menschen alle gleiche Funktionserfüller. Arbeiten macht uns gerade nicht zu unvergleichlichen Menschen, sondern belässt uns in unserer gattungsmäßigen Existenzform in weitestgehender Selbstopazität.

Dennoch ist auch noch im Arbeiten ein Moment von Handlungsinitiative erkennbar[34], etwa wie ich der Ausgestaltung der Körperprozesse nachkomme oder allein schon dadurch, dass es – und sei es als Rückzug – irgendwie für Andere erscheint. Selbst das Arbeiten geht also noch auf die Pluralität als Grundbedingung ein, was nur bestätigt, dass wir trotz größtmöglicher Abwendung von unserer Mitwelt im Arbeiten die Pluralität als Lebensbedingung nicht vermeiden können. Wirklich die Pluralität zu verlassen ist nur durch den Tod möglich, was die Römer folgerichtig mit »desinere inter homines esse« ausdrückten[35]. »Wir sind Einer nur, wenn wir sterben; solange wir leben, leben wir in Pluralität.«[36] Wenn Selbsterfahrung abhängig ist vom Pluralitätsgrad des jeweiligen Existenzvollzuges, dann verhindert ein Vorlaufen zum Tode als Existenzvollzug geradezu ein eigentliches Selbstsein, so Arendts Kritik an Heidegger. Mit der existenzphilosophischen Explikation des Handelns, als dem ausgezeichneten Existenzvollzug, welcher in höchstem Maß die Tatsache der Geburt des Menschen aktualisiert, gelingt Arendt die Freilegung der in Vergessenheit geratenen originären politischen Tätigkeit bzw. der grundlegenden politischen Dimension des Menschen (in heideggerscher Destruktionsmanier fragt sie im Denktagebuch: »Wie hätte wohl eine Philosophie der Politik hundert Jahre vor Plato ausgesehen!«[37]). Im Handeln tritt der Mensch in besonderer Weise als ein unvordenkliches Ereignis in Erscheinung, nämlich als ein von keiner Logik vorhersagbarer, unfassbarer und unerrechenbarer Neuanfang[38]. Diese ereignishafte Einmaligkeit des Menschen beschreibt Arendt, indem sie die Worte Augustins frei zitiert, »[…] daß es in bezug auf ihn vor seiner Geburt ›Niemand‹ gab.«[39] Im politischen

---

[34] Vgl. VA 18.
[35] Vgl. VA 17.
[36] D 460.
[37] D 414.
[38] Vgl. VA 216.
[39] VA 217; vgl. hierzu Augustinus (1955) *XII, 21.*

Handeln tritt die Unvergleichlichkeit und Individualität eines Menschen am deutlichsten zu Tage, Handeln ist daher »[…] wie eine zweite Geburt […]«[40] des Menschen. Diese Dimension der Ereignishaftigkeit, die Arendt im politischen Existenzvollzug herausarbeitet, ist aber durch gängige wissenschaftliche Methoden oder gar durch Logik nicht erfassbar, verlangt also eine »›neue Wissenschaft‹«[41], die sie im Gaus-Interview »politische Theorie«[42] nennt. Bei dieser Betrachtung des politischen Tuns wird deutlich, dass das genuin Politische nicht die Herrschaft oder die Umsetzung von Zielen ist, sondern die politische Grunddimension tritt im je unvergleichlichen Stil des Umgangs hervor[43], worin sich gerade die Anfänglichkeit bzw. Ereignishaftigkeit jedes Menschen in besonderer Weise bekundet. Diesen unterschiedlichen Umgangsstilen im pluralen Miteinander Handeln korrespondiert dann in einem politischen Denken, das die Pluralität in konstitutiver Weise miteinbegreift, die Repräsentation unterschiedlicher Beispiele für mögliche Handlungsvollzüge. Ein wesentlicher Aspekt dieser plural verfassten politischen Denkform, die Arendt erst in ihrem Spätwerk genauer ausarbeiten wird, ist das in dieser Arbeit zu beschreibende »Denken in Geschichten«, welches das erlebte Handlungsgeschehen sinnhaft aufbereitet und die unterschiedlichen Handlungsstile in Form von narrativen Beispielen als eigene ethische Orientierungsmuster für künftiges Handeln repräsentiert.

Im Gegensatz dazu orientiert sich die philosophische Tradition bei der Thematisierung von »[…] Denken und Handeln am Herstellen, um Permanenz in Dingen zu gewinnen.«[44] Diese monologische, an Zwecken orientierte und damit sinnfreie Herstellungstypik negiert natürlich sowohl im Handeln als auch im Denken jegliche Ereignishaftigkeit, da Neuanfänge keiner vorgefassten Idee subsumiert werden können. Die Übertragung des Herstellungsvorganges auf das politische Handlungsgeschehen gleicht der Unterwerfung einer Vielzahl unterschiedlicher Menschen und ihrer Handlungsstile unter eine Vorstellung, was, wie jeder Herstellungsprozess, mit Gewalt verbunden ist. »[…] Herrschen-Beherrschtwerden, die uralte Kategorie politischen Denkens […]«[45] ist das philosophische Vorurteil gegen die

[40] VA 215.
[41] Tor 106.
[42] Gaus 46.
[43] Vgl. D 328.
[44] D 487.
[45] D 356.

originär plurale Verfassung politischer Gemeinschaften, welches Arendt destruieren möchte, indem sie die inhärenten »Motivationsstrukturen« für dieses Vorurteil herauspräpariert. Es ist die Sehnsucht nach Überdauern in einem Herstellungsprodukt, was mit dem existierten Tod als einem Rückzug des Homo faber aus der Gemeinschaft in die Isolation des mit Gewalt verbundenen Herstellungsvorganges bezahlt ist. Eine am Herstellungsprozess orientierte Politik, etwa eine Diktatur oder Monarchie, geht auf Kosten der Lebendigkeit einer pluralen Gemeinschaft und gleicht einer Aktualisierung des Todes als ein politisches Existential. Ein Alleinherrscher zieht sich von seinen Mitmenschen zurück, er kehrt der Öffentlichkeit, dem »inter homines esse«, den Rücken zu und isoliert sich[46]. Dieses politische Vorlaufen als ein Todesexistential geht, wie jeder Herstellungsprozess, mit Gewalt einher, da die plurale Ordnung zugunsten eines Monologs des Alleinherrschers aufgelöst wird und alles, was sich dieser Ordnung nicht fügt, gewaltsam niedergeschlagen wird.

Arendt möchte gegen dieses monologisierende und handlungsnegierende Ideendenken wieder ein lebendiges Denken reetablieren[47], das im Denken und Handeln die Grundordnung der Lebendigkeit, nämlich die Pluralität, in konstitutiver Weise miteinbegreift und bejaht:

> »Und da Handeln ferner die politische Tätigkeit par excellence ist, könnte es wohl sein, daß Natalität für politisches Denken ein so entscheidendes, Kategorien-bildendes Faktum darstellt, wie Sterblichkeit seit eh und je und im Abendland zumindest seit Plato der Tatbestand war, an dem metaphysisch-philosophisches Denken sich entzündete.«[48]

In »Vita activa« gelingt Arendt zumindest der erste Teil dieses Projekts: Die Freilegung und phänomenale Beschreibung des Handelns als den ursprünglichen politischen Vollzug, und dies nicht aus metaphysischer Betrachterperspektive, sondern als existentiale Bestätigung der Pluralität mit all seinen Möglichkeiten – etwa Versprechen und Verzeihen[49] – und Grenzen – etwa der Unabsehbarkeit der eigenen Handlungsfolgen[50]. Arendt zeigt in »Vita activa« mit ihrer Be-

---

[46] Vgl. VA 256.
[47] Vgl. D 493.
[48] VA 18.
[49] Vgl. VA 300–317.
[50] Vgl. VA 239 ff.; 279.

schreibung des Handelns einen in pluralen Bedingungen inkarnierten Existenzvollzug auf, der im Vergleich zu allen anderen Tätigkeiten Anfänglichkeit, Einmaligkeit und dadurch die Natalität in höchstem Maße aktualisiert, weil der Mensch nur von Anderen erfahren kann, wer er in seiner Unvergleichlichkeit ist, und diese nur mit Anderen in Form von Initiativen in eine gemeinsame Welt einfügen kann. Das in »Vita activa« versprochene »politische Denken« im weiten Sinne ist jedoch erst abgeschlossen, wenn nicht nur ein plural inkarniertes Handeln, sondern auch ein in und mit pluralen Bedingungen inkarniertes Denken im engeren Sinne als Existenzform dargestellt wird. Eine nicht zu unterschätzende Eröffnung Hannah Arendts in »Vita activa« aber ist es, mit ihrem Handlungsbegriff einen Existenzmodus aus den Bruchstücken der verlorenen Tradition nachgestaltet zu haben, der in unausweichlichen Bedingungen Humanität zur Geltung bringt. An der Art und Weise, wie jemand handelt, zeigt sich, wer jemand ist. Im Umgangsstil bekunden Menschen vor Anderen ihre Menschlichkeit und bestätigen dadurch – mehr oder weniger –, dass Menschen von Menschen und unter Menschen in diese Welt geboren sind und leben. Das grassierende Vergessen dieser Grundtatsache unseres Lebens und der zunehmende Verlust an Möglichkeiten in unserer heutigen Zeit, diese Anfänglichkeit zur Geltung zu bringen, zeigt, wie es um die Wertschätzung der Entfaltung unserer Humanität heutzutage bestellt ist, was nicht zuletzt einer mangelnden Thematisierung und Sensibilität für diese Bereiche in den sogenannten Gesellschaftswissenschaften geschuldet ist. Hannah Arendt setzt dieser Zeittendenz mit »Vita activa« ein politisches Konzept entgegen, das die pluralen Lebensbedingungen bejaht, und mit der Darstellung der Geburt als Existential überwindet sie ein lebensverneinendes, aus einer konstruierten Betrachterperspektive heraus zugreifendes Herrschaftsdenken, das durch logisch-sinnfreies Schlussfolgern versucht, plurales Handeln zu erklären und zu beherrschen.

§ 8. Sinn und Sinnverlust

Worin besteht jedoch – neben der impliziten Gewaltstruktur – die Gefahr des Rationalismus bzw. dieser »Herstellungstypik« in Bezug auf den mitmenschlichen Bereich? Arendt bezeichnet diese Tendenz als den »[…] Versuch der Tradition, Handeln durch Herstellen zu ersetzen […]«[51]. Dieser Versuch erfolgt aus der Motivation heraus, die Unwägbarkeiten des mitmenschlichen Bereiches durch ein klares Zweck-Mittel-Denken zu eliminieren. Das gemeinsame Ergreifen von Initiativen, dessen Folgen und »Ergebnisse« aufgrund der Pluralität der Gruppe unüberschaubar sind, soll ersetzt werden durch die Umsetzung klarer und eindeutiger Ziele. Das Modell des Homo faber, der Mittel herbeischafft, um einen vorgegebenen Zweck zu erreichen, wird häufig auf den mitmenschlichen Bereich übertragen, was vor allem von einer politischen Theoriebildung befördert wird, die – beginnend bei Platons »Politeia« – das »Herrschen-Beherrschtwerden« als die grundlegende »[…] Kategorie politischen Denkens […]«[52] ansetzt. Auf die pluralitätsnegierenden Tendenzen dieses politischen Modells, das mit Gewalt ausschließt, was sich den angenommenen Zielen bzw. Zwecken nicht fügt, ging der letzte Abschnitt bereits ein. Doch in diesem zweckrationalen Agieren in Bezug auf den prinzipiell plural verfassten politischen Handlungsraum liegt eine weitere Problematik beschlossen. Es handelt sich um die fragwürdige Sichtweise, es käme im Miteinander Handeln rein auf die Umsetzung von Zielen an. Diese Vorstellung ist einem zeitgenössischen Rationalismus geschuldet, welchem es nur um möglichst reibungslose Umsetzung und die Bereitstellung der hierfür nötigen Mittel mit geringstmöglichem Aufwand geht. Die Hauptsache hierbei ist die Effizienz, d. h. Ziele bzw. Zwecke werden angenommen, ohne sie zu hinterfragen, um diese dann möglichst spannungsfrei umzusetzen. Das geistige Vermögen, das hierfür benötigt wird, ist eine rein auf Effizienz und Funktionalität reduzierte »Denkform«, deren »Kapazität« quantifizierbar ist und in Form von Intelligenz gemessen werden kann. Je höher die Intelligenz eines Menschen ist, d. h. der logische Funktionsmechanismus und damit die Leistungsfähigkeit des Gehirns, umso effizienter und umso schneller können vorgegebene Ziele bzw. Aufgaben erledigt werden. Das Problem einer Gleichsetzung des Denkens mit der Funktionalität des Gehirns[53] besteht hauptsächlich darin, dass sinnerfassende Denkformen unterschlagen werden und auf diese Weise mehr und mehr in Vergessenheit geraten. Eine Verabsolutierung der Gehirneffizienz, die dann auch noch als die eigentümliche Leistung des Denkens ausgegeben wird, führt dazu, dass Leute zwar

---

51 VA 278.
52 D 356.
53 Vgl. VA 410.

hochrational Aufgaben erledigen können, aber nicht mehr dazu in der Lage sind, das, was sie tun, auf ihre Sinnhaftigkeit oder gar deren ethische Legitimität hin zu befragen. Diese Unmöglichkeit, auf Sinnfragen eine Antwort zu geben, liegt nach Arendt in der Herstellungstypik selbst beschlossen. Herstellen fragt entsprechend Mittel-Zweck-Zusammenhängen nach dem »Um-zu«. Diese Fragelinie ist endlos, da die erreichten Zwecke wieder zu Mitteln für neue Zwecke werden. Bleibt das Herstellen bzw. der Homo faber in seiner ihm eigenen Kategorialität befangen, so kann ein Dimensionensprung, der den Blick auf das Ganze des Zweckzusammenhanges richtet, nicht geleistet werden. Dieser Ebenenwechsel bestünde in der Sinnfrage, die sich nach dem »Um-willen« des Vorgangs fragte[54]. Die Reduktion auf reine Zweckrationalität befördert demnach das Schwinden der Möglichkeit, sich nach dem Sinn von Vorgängen oder Ereignissen zu fragen, oder gar adäquate Antworten zu geben, so etwa, wenn der Ausweis für Wissenschaftlichkeit in zunehmendem Maße in Form von Quantifizierungen zu erfolgen hat. Die große Gefahr dieses Sinnverlusts, auf den Arendt in ihrem Werk immer wieder hinweist, ist die Austauschbarkeit der Ziele. Menschen, die gewohnt sind nur hochrational umzusetzen, ohne sich nach dem Sinn oder der Berechtigung ihrer Ziele zu fragen, werden bereit sein alles zu tun, solange man ihnen Aufgaben gibt und ihnen mittels einer Ideologie suggeriert, dass das, was sie tun, von niemandem in Frage gestellt wird. Diese einseitig mono-logische Denkform, der es hauptsächlich auf Effizienzoptimierung ankommt, war – laut Arendt – mit ein Teil der Funktionsmaschinerie totalitärer Regime und ihrer Gräueltaten. Diese Taten waren nur möglich, weil sich die Leute nicht danach fragten, was sie eigentlich taten, sondern nur hochrational umsetzten, was ihnen gesagt wurde: »Solange wir uns einbilden, daß wir im Politischen uns im Sinne der Zweck-Mittel-Kategorie bewegen, werden wir schwerlich imstande sein, irgend jemand davon abzuhalten, jedes Mittel zu benutzen, um anerkannte Zwecke zu verfolgen.«[55]

Arendts Zeitdiagnose eines zunehmenden Sinnverlusts hat sich mehr denn je bestätigt. Die Reduktion auf zweckrationales »Denken« lässt sinnerfassende Denkformen verkümmern. Dadurch werden Menschen manipulierbar, sie werden zu hocheffizenten Funktionserfüllern, die nicht mehr hinterfragen, was sie tun. Dienten sie im

[54] Vgl. D 517.
[55] VA 291.

Dritten Reich einem totalitären System, so war es nachher kein Problem, sie zu Konsumenten und Jobholders in einem an der amerikanischen Gesellschaft orientierten Wirtschaftswunderland umzubilden[56]. Die Einseitigkeit und die damit einhergehende moralische Indifferenz dieser auf Rationalität getrimmten Menschen macht das problemlose Austauschen der Aufgaben möglich, was – laut Arendt[57] – mit eine der ausschlaggebenden Voraussetzungen für die Entgrenzung zu derartigen Gräueltaten im Dritten Reich bildete. Jemand, der immer nur umsetzt, braucht sogar fremdgegebene Aufgaben, die er erledigen kann, da er selbst nicht in der Lage ist, sein Leben sinnhaft zu gestalten. Dieser einseitige Zweckrationalismus spiegelt sich gegenwärtig – neben der Identifizierung des Denkens mit der Leistungsfähigkeit des Gehirns – vor allem im Methodenfetischismus wider. Dieser zeigt sich insbesondere darin, dass als Problem heutzutage zumeist nur noch der Funktionsmechanismus bzw. die Umsetzungsweise auftaucht. Sind diese Fragen geklärt und bewältigt, so scheint das Problem gelöst zu sein.

»Die endlos wiederholte Banalität, dass die Neuzeit mit der Frage: Wie? Die Frage: Warum? ersetzt, hat immerhin eine Berechtigung, wenn man versteht, dass hier nicht ein neuer Wahrheitsbegriff auftaucht, sondern ein (neues?) Desinteressement an Wahrheit: Ich will nicht wissen, warum etwas ist, und auch nicht, wie es zustande kam, sondern: Wie kann ich [etwas] machen? [Unterstreichungen im Original]«[58]

Kaum jemand beachtet mehr, dass nicht alles, was funktioniert, auch ethisch legitim ist, bzw. nicht alles, was man machen kann, auch gemacht werden sollte. Die Abblendung dieses Problembewusstseins geht Hand in Hand mit der mangelnden Sinndimension eines zunehmend rationaler werdenden Agierens.

Wenn jedoch der primäre Sinn des Miteinander Handelns gerade nicht das Umsetzen von Zielen ist, diese Sichtweise den Sinnverlust sogar noch befördert, so muss man sich mit Arendt nach der genuinen Sinndimension des Handelns fragen. Worin sieht Arendt den ursprünglichen Sinn des Handelns?

»Die Größe aber, bzw. der einer jeweiligen Tat in ihrer Einzigartigkeit zukommende Sinn, liegt weder in den Motiven, die zu ihr getrieben, noch in

---

[56] Vgl. OS 33ff.
[57] Vgl. ÜdB 150; 15.
[58] D 547.

den Zielen, die sich in ihr verwirklichen mögen; sie liegt einzig und allein in der Art ihrer Durchführung, in dem Modus des Tuns selbst.«[59]

Das Handeln erfolgt um seiner selbst willen, es realisiert sich in actu, d. h. es existiert nur in reiner und gegenwärtiger Aktualität des In-Erscheinung-Tretens und Initiativ-Werdens mit Anderen. Um das Handeln genauer vom Herstellen abzugrenzen, verwendet Arendt den aristotelischen Begriff ἐνέργεια[60]: Handeln hat seinen Sinn in sich und nirgends außerhalb. Verfolgte es Zwecke, degradierte das Handeln zum Herstellen. Handeln ist eine selbstzweckliche Tätigkeit, ihr Sinn liegt im aktuellen Vollzug selbst. Dieser Sinn bekundet sich – laut obigem Zitat[61] – in der Art der Durchführung bzw. im Modus des Tuns. Beim Handeln kommt es also mehr auf das Wie der Erscheinung als auf das Was der Umsetzung an. Es ist die Virtuosität des Miteinander Umgehens[62], in dem sich das Wesen eines Jemand bekundet, und weniger die Resultate des Tuns, die beim Handeln entscheidend sind. Arendt sieht in der Art und Weise, in Erscheinung zu treten, die originäre Bedeutung des Begriffs »Tugend«. Tugend, lateinisch »virtus«, meinte ursprünglich so etwas wie den je einzigartigen Umgangsstil, eben die Virtuosität im Miteinander Handeln[63]. Auch der griechische Begriff der ἀρετή geht in eben diese Richtung, denn er meint so viel wie »Trefflichkeit«, also etwas, das »[…] überhaupt nur in der Aktualität des Vollzugs da ist.«[64] Für Arendt liegt also der originäre Sinn des Handelns vor allem im je spezifischen und unvergleichlichen Umgangsstil beschlossen. Im Denktagebuch schreibt sie, die Tradition immer auf ein ursprüngliches Politikverständnis hin befragend: »Ad Montesquieu: seine Grösse […] das Politische nicht in Herrschaft zu sehen, sondern gewissermaßen im Stil des Umgangs […]«[65]. Doch warum – so könnte man weiterfragen – legt Arendt so großen Wert auf die Betonung der Stilpluralität im Umgang miteinander? Und warum sollte darin Sinn beschlossen sein?

Sinn taucht in »Vita activa« als Gemeinsinn auf. Arendt beschreibt diesen Sinn als unseren Wirklichkeitssinn, der uns in eine

---

[59] VA 261.
[60] Vgl. VA 261 f.
[61] Vgl. VA 261.
[62] Vgl. VA 262.
[63] Vgl. hierzu auch LdG 132.
[64] VA 262.
[65] D 328.

Gemeinschaft mit Anderen einfügt[66], oder genauer als gesunden Menschenverstand bzw. »sechsten Sinn«, der unsere privaten Sinneswahrnehmungen integriert und zusammenhält[67]. Wie kann man sich jedoch diese Zusammenfügung der fünf Sinne in eine gemeinsame Welt, die der sogenannte Gemeinsinn leistet, näherhin vorstellen? Wiederum im Denktagebuch bringt Arendt hierfür ein Beispiel: In einer Art Gedankenexperiment fragt sie sich nach unserer Auffassungsweise, ohne diesen Gemeinsinn, um dessen eigentümliche Leistung transparent zu machen: »Jeder hat nun wirklich nur noch sein Perzeptionsbild und kann absolut nicht sicher sein, dass dem gesehenen Tisch ein realer Tisch entspricht, weil ja diese Realität gerade uns in der Gemeinsamkeit sich verlässlich etabliert.«[68] Hätten wir also keinen Gemeinsinn, so könnten wir uns nicht sicher sein, dass die Gegenstände, die wir wahrnehmen, außerhalb von unseren privaten Sinneswahrnehmungen auch das sind, wofür wir sie halten. Der Gemeinsinn ist nun eine Art Wahrnehmungsglaube, der uns dessen versichert, dass der Gegenstand, den ich wahrnehme – etwa ein Tisch –, auch für andere Mitglieder der Gemeinschaft, der ich angehöre, diesen Sinn hat, bzw. meine Mitmenschen den Gegenstand nur von einer anderen Seite, aber in eben demselben Sinn wie ich, wahrnehmen. Der Gemeinsinn ist vergleichbar mit einer Arbeitshypothese[69], die in der originären Wahrnehmung immer schon die Perspektiven und Standpunkte Anderer miteinbezieht, indem er (der Gemeinsinn) diese Perspektiven Anderer hypothetisch annimmt, die mich nun des Sinnes dessen, was ich wahrnehme, versichern. Für das Funktionieren des Gemeinsinns, also für die Möglichkeit dieser Antizipation der Perspektiven Anderer, ist Erfahrung nötig. Diese sammelt der Mensch im Umgang mit Anderen: Hier erfährt er, wie sich Andere auf bestimmte Dinge beziehen, und daraus erschließt er, um was es sich bei diesem Ding handelt. Der spezifische Umgangsstil der Menschen mit einer Sache setzt diese Sache erst in eine spezifische Sinnhaftigkeit für diese Gemeinschaft. Gegenstände sind also nicht einfach schon da, und dann macht man etwas mit ihnen, sondern umgekehrt, die Art und Weise dessen, wie Gegenstände für uns »da sind« bzw. sich uns zeigen, resultiert aus dem, was wir mit ihnen

66 Vgl. VA 264 f.
67 Vgl. VA 349.
68 D 501.
69 Vgl. D 477.

machen. Wir treffen uns beispielsweise regelmäßig dort zu einem Mahl, stellen Gläser und Geschirr darauf ab, lesen dort ein Buch, schreiben auf ihm einen Brief … All diese unterschiedlichen Bezugnahmen bzw. Umgangsstile konstituieren unsere kulturell gefärbte Bedeutsamkeit dessen, was wir mit »Tisch« bezeichnen. Meine alltägliche Wahrnehmung – etwa die Wahrnehmung eines »Tisches« – bezieht mittels des Gemeinsinns all meine Erfahrungen im Umgang mit Anderen in Bezug auf diesen Gegenstand mit ein und weist mir diesen dann sinnhaft als einen »Tisch« aus. Meine originäre Erschlossenheit, mein alltäglich-sinnhaftes Da-sein impliziert also bereits die Perspektiven und Bezugnahmen Anderer, die sich in ähnlicher Weise auf Dinge beziehen wie ich. Würde meine Wahrnehmung diese Leistung des Gemeinsinns nicht erbringen, die in Form von Arbeitshypothesen die Standpunkte Anderer bzw. die möglichen Bezugnahmen Anderer auf das, was ich wahrnehme, antizipiert, so würde sich Welt bzw. Da-sein nicht sinnhaft zeigen bzw. überhaupt nicht zeigen. »[…] [O]hne ein Minimum an Vertrauen auf Handeln und Sprechen als Weisen des Miteinander wäre für Menschen weder die Realität der Außenwelt noch die ihrer eigenen Identität je wirklich vorhanden.«[70] Wir sind also in unseren originären Weltauffassungen konstitutiv auf Andere angewiesen, die Umgangsformen Anderer setzen uns in einen gemeinsamen Sinn und damit in eine gemeinsame Welt. Ohne Mitmenschen wäre unser Dasein sinnlos.

Andererseits bedeutet dies auch, dass unsere Wahrnehmung nie objektiv ist, sondern immer gefärbt von der Gemeinschaft, in die wir hineingeboren worden sind, und den Erfahrungen, die wir im Umgang mit Anderen gemacht haben. Es ist beispielsweise durchaus vorstellbar, dass jemand aus einem anderen Kulturkreis, der in seinem Herkunftsland nie oben beschriebene Umgangserfahrungen mit einem Tisch gemacht hat, weil man dort unter Umständen auf dem Boden sitzend isst, diesen Gegenstand gar nicht als einen Tisch wahrnimmt. Etwas, das in unserem Kulturkreis ein Holztisch ist, würde dieser Mensch vielleicht als potentielles Brennmaterial auffassen etc. Unsere primäre Erschlossenheit ist also nicht einfach so »da«, sondern unser originäres Dasein, das Heidegger als »Man«-Sein bezeichnet, entfaltet sich aus einer Geschichte, insbesondere aus der Gemeinschaft mit all ihren Umgangsformen, eben ihrer Tradition, in die ich geboren wurde, und in der ich aufgewachsen bin. Geschichten gehen

[70] VA 264.

demnach nicht erst aus der Wirklichkeit hervor, sondern Wirklichkeit entsteht allererst aus Geschichten. Die Art und Weise, wie dann Wirklichkeit aus diesem Kulturtradierungsprozess – genannt Erziehung – »da ist«, nennt Arendt »Gemeinsinn«. »Dies ist die Sphäre, die Heidegger das Man nannte.«[71] Anders als ihr Lehrer zeigt sie jedoch auf, wie es zu dieser sinnhaften Erschlossenheit kommt. Der Prozess der Sinngenese, der bei Heidegger unthematisch bleibt, ist – laut Arendt – ein dialogischer Vorgang. Etwa in dem basalen Kulturdialog der Erziehung eines Menschen entsteht Wirklichkeit erst als eine sinnhafte. An den Umgangsformen Anderer erschließt sich für Kinder die Sinnhaftigkeit von Gegenständen bzw. von Wirklichkeit überhaupt. Durch den Umgang mit Anderen wird ein Mensch in einen Sinnraum eingeführt und dadurch sein Selbst freigesetzt, was wiederum erst die Voraussetzung dafür ist, sich von Traditionen seiner Gemeinschaft zu distanzieren bzw. diese anders zu gestalten. In diesem Zusammenhang kritisiert Arendt auch Heideggers Begriff der Geworfenheit:

> »Heidegger hat unrecht: ›In die Welt‹ ist der Mensch nicht ›geworfen‹ […]; wenn wir geworfen sind, so – nicht anders als die Tiere – auf die Erde. In die Welt gerade wird der Mensch geleitet, nicht geworfen, da gerade stellt sich seine Kontinuität her und offenbart sich seine Zugehörigkeit. Wehe uns, wenn wir in die Welt geworfen werden!«[72]

Aber nicht nur im dialogischen Erziehungsvorgang zwischen Erwachsenen und Kindern entfaltet Wirklichkeit ihre Sinnhaftigkeit. Auch Erwachsene, die bereits in einen gemeinsamen Sinnraum eingeführt worden sind, bedürfen des Gesprächs, um sich des Sinns ihrer Erfahrungen zu vergewissern. Die Sinngenese ist bei Arendt immer ein dialogisch verfasster Prozess. Um diese These zu belegen, bemüht sich Hannah Arendt um eine Rehabilitierung des antiken Begriffs der δόξα. Δόξα meint nie bloß die austauschbare Meinung eines Menschen[73], vielmehr bringt Arendt diesen Begriff in die Nähe von Heideggers Terminus ἀλήθεια[74]. Δόξα bezeichnet die jeweilige Welterschlossenheit des Menschen. Es ist der Aspekt, wie sich einem Welt von seinem jeweiligen Standpunkt aus zeigt, entsprechend dem

---

[71] D 360.
[72] D 549 f.; vgl. hierzu auch VA 226.
[73] Vgl. D 391; D 399.
[74] Vgl. D 533.

griechischen δοκεῖ μοι[75]: »Das ist sowohl mein Teil Welt wie die Art, wie von meinem Stand aus die gesamte Welt erscheint.«[76] Die leibliche Dimension dieser δόξα ist die je eigene Virtuosität oder der spezifische Umgangsstil, also die Art, wie sich jemand auf die gemeinsame Welt bezieht. Der Terminus δόξα bezeichnet zusammenfassend den je einzigartigen Weltausschnitt bzw. die unvergleichliche Perspektive, die auf dem leiblichen Standpunkt zur gemeinsamen Wirklichkeit beruht. Im Dialog nun treten Menschen zusammen und tauschen sich über ihre Standpunkte und Weltansichten aus: »Im Reden […] offenbare ich meine δόξα. […] Im Hören erfahre ich die Welt, nämlich wie von anderen Standorten aus die Welt erscheint. [Unterstreichungen im Original]«[77] Hierbei verhält es sich aber nicht so, dass die einzelnen Menschen ihre jeweiligen Ansichten schon klar haben und diese nur noch in den Dialog einbringen müssen. Vielmehr wird man sich seines eigenen Standpunktes in und zu der Welt erst im Gegenübertreten und im dialogischen Austausch mit Anderen bewusst:

»Δόξα gibt es immer nur mit und gegen: einer mit und gegen Andere, ein Volk mit und gegen Andere. [Unterstreichungen im Original]«[78]

»Diese δόξα, dieser partikulare Aspekt, der sich mir bietet in der Partikularität, die ich bin, verglichen und zusammen mit allen Andern, kann sich nur in der Mitteilung, dem Verstandenwerden und der Auseinandersetzung mit Anderen entwickeln. […] Gerade als Partikularer, als Individualität, bedarf ich der Andern, unter denen ich meinen Stand und Rang gewinne.«[79]

Im Dialog mit Anderen kommt mir meine eigene Erschlossenheit als eine partikulare Weltansicht zu Bewusstsein. Dadurch erst gelingt es, aus der eigenen Befangenheit herauszutreten und den eigenen Standpunkt in seiner Relativität zu erkennen, nämlich als eine unter vielen möglichen anderen Perspektiven auf die gemeinsame Welt. So wird diese gemeinsame Welt im Miteinander Sprechen erst plastisch und mehrdimensional. Jemandem, dem diese Evidenz des Dialogs aufging, kann es nicht darum gehen, die unterschiedlichen Perspektiven zu einer Wahrheit zusammenzufassen, sondern er wird vielmehr seinen partikularen Standpunkt kultivieren, um im gemeinsamen Austausch Welt weiterhin in ihrer Mehrdimensionalität aufscheinen zu lassen.

[75] Vgl. D 391.
[76] D 399.
[77] D 399.
[78] D 400.
[79] D 402.

Arendt bemüht sich also um eine partikulare Wahrheitskonzeption[80], die sie modellhaft in Sokrates verkörpert sieht:

»Sokrates' γνῶθι σαυτόν erhält zwei Bedeutungen. Es heisst erstens: Erkenne, dass du nur Einer bist und nur partikulare Erkenntnis haben kannst, wisse, dass du ein Mensch und kein Gott bist; zweitens: Gehe diesem Partikularen nach und finde seine und damit deine Wahrheit. – Behältst du beides zugleich, so wirst du Wahrheit, menschliche Wahrheit haben, ohne sie Andern aufzuzwingen.«[81]

Eine Auflösung dieser Partikularität zugunsten einer Wahrheit wäre demnach kontraproduktiv: Welt und Wirklichkeit würde nur noch eindimensional und oberflächlich erscheinen. Arendt möchte dagegen den Dialog kultivieren. Im Dialog als einem produktiven Austausch unterschiedlicher Weltperspektiven treten Dinge erst in ihrer Mehrdimensionalität hervor. Im Gegensatz dazu bleibt ein herstellender Homo faber in seiner Erschlossenheit verhaftet. Er fragt nur eindimensional nach dem »Wie«, z. B. wie baue ich ein Haus? Es geht ihm lediglich um die Herbeischaffung der nötigen Mittel und die darauffolgende Umsetzung eines Zwecks, den er fraglos akzeptiert, bzw. von dem er sich bereits überzeugt hat. Er kann nur Antworten auf Fragen geben, die die Umsetzungsweise betreffen. Einem Homo faber in seiner Verfasstheit ist es nicht möglich, Antworten auf die Frage Warum? bzw. Wozu? zu geben: Wozu überhaupt ein Haus bauen? Warum brauchen Menschen Häuser? Was ist der Sinn von Haus und Behausung? Um auf diese Sinnfragen Antwort zu geben, ist es nötig, sich aus der eigenen Involviertheit in Zweck-Mittel-Verrichtungen zu distanzieren und die je unterschiedlichen Formen der Bezugnahme bzw. die unterschiedlichen Umgangsstile von Menschen auf die fraglich gewordene Sache in Betracht zu ziehen. Ein Haus haben Menschen um darin zu wohnen, einen Rückzugsort zu haben, eine Heimstätte, die Schutzraum und Ausgangspunkt zugleich bietet etc. Hat man sich einmal diese Sinnfragen in Bezug auf das Thema »Haus« gestellt, die natürlich nie abschließend beantwortet werden können, so wird man anders als vorher mit Behausungen umgehen[82]. Unter Umständen stellt man dabei fest, dass man nicht unbedingt selbst ein Haus bauen muss, um wohnen zu können, ja vielleicht

[80] Vgl. D 420.
[81] D 413.
[82] Zu dem Hausbeispiel vgl. auch LdG 175.

kommt man sogar darauf, dass man erst richtig wohnen kann, seitdem man nicht mehr selber Haus baut etc.

Die Sinnhaftigkeit der Welt taucht also erst im gemeinsamen Austausch mit anderen unterschiedlichen Menschen auf. Im Miteinander Sprechen und Handeln, als Präsentation unterschiedlicher Umgangsstile und Bezugnahmen zur gemeinsamen Welt, werden Dinge erst plastisch und treten von unterschiedlichen Seiten bzw. Perspektiven her in Erscheinung. Im Miteinander Handeln, das heraustritt aus der eindimensionalen Verhaftetheit in Zweck-Mittel-Verrichtungen, zeigt sich die gemeinsame Wirklichkeit als eine mehrperspektivische und somit sinnhafte, entsprechend den mannigfaltigen Umgangsformen. Jeder Mensch stellt als Neuanfang eine mögliche neue Perspektive auf Welt dar, die mit ihrem einzigartigen und unvergleichlichen Stil bzw. ihrem Charakter, in der Welt zu agieren, die Dimensionalität der gemeinsamen Welt bereichert. Vor diesem Hintergrund sollte deutlich werden, dass Sinnfragen nie abschließend erfassbar sind, so wenig, wie es möglich ist, alle möglichen Perspektiven auf Welt einzuholen. Im Miteinander Sprechen und Handeln wird jedoch das Auftauchen der Sinnhaftigkeit der einen gemeinsam umgebenden Welt kultiviert. Um diese gemeinsame Welt überhaupt in plastischer Weise im Dialog in Erscheinung treten zu lassen, braucht es verschiedene, ja ungleiche Menschen. Der Ausschluss bestimmter Menschen mit unliebsamen Standpunkten von der Öffentlichkeit geht somit auf Kosten der Sinnhaftigkeit qua Mehrdimensionalität der gemeinsamen Wirklichkeit. Sprechen und Handeln brauchen voneinander Unterschiedene, da es ohne Ungleichheit keiner Verständigung bedürfte. Ebenso wie Unterschiedenheit bedarf Verständigung der Gleichheit, da bei vollständiger Differenz kein Austausch möglich wäre. Eine sinnhafte Wirklichkeit und verstehendes Sich-Orientieren in dieser erfordert demnach sowohl Gleichheit wie Unterschiedenheit[83]: »Das Faktum menschlicher Pluralität, die grundsätzliche Bedingung des Handelns wie des Sprechens, manifestiert sich auf zweierlei Art, als Gleichheit und als Verschiedenheit.«[84] Im Miteinander Handeln aktualisieren Menschen nicht nur im höchsten Maße ihre Unvergleichlichkeit und Anfänglichkeit, sondern dieser höchste Pluralitätsgrad in der Tätigkeit des Handelns geht mit dem höchsten Maß an Realisation der menschlichen Sinndimension

---

[83] Vgl. VA 213; 272 f.

[84] Vgl. VA 213.

einher. Arendt unterscheidet die Tätigkeiten nach ihrer Sinnhaftigkeit, die mit dem Pluralitätsgrad der jeweiligen Tätigkeitsform korrespondiert[85]. Keine Tätigkeit ist gänzlich sinnlos, da das Faktum der Geburt, die Pluralität, unumgänglich ist. Selbst das monotone, in Verlassenheit stattfindende Arbeiten birgt noch ein Minimum an Sinnhaftigkeit in sich. Das Bedauerliche an einer diese Tätigkeitsform verabsolutierenden Arbeitsgesellschaft ist jedoch, dass »[...] diese Gesellschaft kaum noch vom Hörensagen die höheren und sinnvolleren Tätigkeiten [kennt], um deretwillen die Befreiung sich lohnen würde.«[86]

Durchaus mit einem aufklärerischen Interesse zeichnet Arendt im letzten Abschnitt ihres politischen Hauptwerkes den neuzeitlichen Verfall der Vita activa hin zu einer reinen Arbeitsgesellschaft nach und verdeutlicht am schrittweisen Verfall der Tätigkeiten den damit in Verbindung stehenden Sinnverlust. Von den unterschiedlichen Tätigkeitsformen der Vita activa »Arbeiten, Herstellen, Handeln« bleibt in unserer heutigen Zeit fast ausschließlich das Arbeiten übrig. Die anderen Tätigkeitsformen haben zumeist ihren originären Bereich verlassen oder werden durch Arbeit ersetzt. Arendt verortet die Entstehung dieses gegenwärtigen Zustandes am Beginn der Neuzeit. Vor allem die Entdeckungen Galileis führten laut Arendt am Beginn der Neuzeit zu einem allgemeinen Vertrauensverlust in die menschlichen Sinne[87]. Dementsprechend hebt neuzeitliche Philosophie nicht mit dem Vertrauen in sinnlich Gegebenes und dem Versuch, durch Beobachtung dem Kosmos die Gesetze abzulauschen, an, sondern im Gegenteil das Misstrauen in alles Sinnliche, der methodische Zweifel à la Descartes ist der Beginn neuzeitlichen Philosophierens[88]: Die Sinne sind täuschungsanfällig, was aber bei aller Täuschung bleibt, ist das ego cogito. Daher glauben neuzeitliche Menschen – im Anschluss an die cartesische Lehre – nur noch »[...] zu wissen und zu erkennen, was sie selbst gemacht haben.«[89] Dieser neuzeitliche Glaube forderte die erste Umstülpung gängiger Hierarchien: Der Primat der Theorie wurde vom neuzeitlichen Primat der Praxis abgelöst. Dies führt aber innerhalb der Tätigkeitsformen nicht zu einem Sieg des Handelns,

---

85 Vgl. VA 13.
86 VA 13.
87 Vgl. VA 332 f.
88 Vgl. VA 332.
89 VA 358.

sondern zum Triumph des Herstellens[90]. Der Grund für diese Vorrangstellung des Herstellens liegt in der Entsprechung der »Homo-faber-Typik« mit den erkenntnistheoretischen Vorstellungen der Neuzeit. Der Glaube, nur erkennen zu können, was man selbst gemacht hat, gleicht dem Modell des Handwerkers, der eine Idee in die Welt setzen möchte, indem er die nötigen Mittel für diesen Zweck herbeibringt und handwerklich auf diesen hin bearbeitet. Er blendet seine Welt auf die von ihm hineinprojizierte Idee ab. Vor diesem Hintergrund führt der Sieg des Homo faber zu einer Welterschlossenheit, die nur noch Phänomene als wirklich gelten lässt, die der eigenen Vorstellung entsprechen. Alles andere wird mit dem Prädikat »unwirklich« bzw. »unwissenschaftlich« versehen und somit verworfen und ausgeschlossen. Das dual-dialogisch verfasste Denken wird abgelöst von einem monologischen Erkennen, das Zwecke bzw. Vorstellungen als gegeben voraussetzt und diesen lediglich deduziert bzw. anhand dieser schlussfolgert[91]. Der reibungslose Ablauf logischer Schlussfolgerungsprozesse entlang fraglos angenommener Prämissen ersetzt den ergebnis- und endlosen Dialog zwischen unterschiedlichen Gesprächspartnern und das Ringen um Sinn. Das Erkenntnisideal der Mathematik[92] führt im neuzeitlichen Denken zu einem voranschreitenden Verlust der Möglichkeit, den Sinn der Dinge zu befragen. Paradoxerweise mündete der rationalistische Zweifel an den Sinnen aber nicht in einen Zustand der Resignation, sondern zur ungeheuren Produktion einer künstlich hergestellten Welt, deren Sinnhaftigkeit niemand mehr erfassen kann. Die Mono-logisierung der Neuzeit gleicht einer Selbstbespiegelung – man erkennt immer nur das, was man selbst bereits vorher der Natur bzw. der Welt unterstellt hat. Der neuzeitliche Mensch interessiert sich nicht mehr für die Natur, sondern für seine eigene Naturinszenierung, genannt »Experiment«[93]. Dieser Modus der Naturerforschung und der Wirklichkeitserschließung ist jedoch zugleich der Niedergang des Homo faber und der Herstellungstätigkeit: Im Experiment stellt der Wissenschaftler zwar auch eine bestimmte Situation her, um einen Prozess nachzuvollziehen. Die Produkte aber, die aus diesem Vorgang entste-

[90] Vgl. VA 375.
[91] Vgl. VA 360.
[92] Vgl. VA 359.
[93] Vgl. VA 376ff.

hen, sind für ihn Nebeneffekte, denn sein Hauptinteresse gilt dem Verständnis des Prozesses[94].

»Aus dem gleichen Grund mußte sich das Interesse an den Dingen selbst auf das Interesse an Prozessen verschieben, das bald so vorherrschend in der naturwissenschaftlichen wie der geschichtswissenschaftlichen Forschung werden sollte, daß die Dinge wie zufällige Nebenprodukte von Prozessen erscheinen.«[95]

Im Grunde genommen handelt es sich hierbei um die genaue Umkehrung der Homo faber-Typik: Im Herstellen ist der Prozess sekundär, d.h. er ist nur vorgeschalteter Vorgang und Mittel für einen erstrebten Endzweck. Der Prozess erlischt beim Herstellen im Produkt. Im Experiment hingegen richtet sich die Aufmerksamkeit auf den Prozess und dessen Nachvollzug, die Zwecke sind sekundär[96].

Das Experimentieren mit Prozessen kosmischer Natur führt laut Arendt zu einer folgenschweren Verlagerung der Tätigkeiten und ihren je eigenen Bereichen. Die Natur, die zuvor Ort der Betrachtung und der kosmischen Schau – genannt »Theoria« – war, wird umgekehrt zum Schauplatz der Inszenierung naturwissenschaftlicher Prozesse. So werden in der Moderne die Naturwissenschaftler, erstaunlicherweise »[...] die unpraktischsten und unpolitischsten Mitglieder der Gesellschaft [...]«[97], zu den einzig noch handelnden Menschen unserer Tage. Ihr Agieren bewegt sich aber in einem Raum, der ihnen weder Rückmeldung über die Sinnhaftigkeit ihrer Handlungen gibt[98], noch ihnen die Möglichkeit der Rückgängigmachung ihrer einmal losgelassenen Prozesse bietet, was unter Menschen etwa in Form von Verzeihung möglich ist. Im Gegenteil entfalten Handlungsprozesse, die Naturwissenschaftler in die Welt leiten, eine Eigendynamik, deren Folgen, wie alle Handlungsprozesse, unüberschaubar sind, die aber auch, weil nicht unter Menschen stattfindend, unverzeihbar und damit irreversibel sind[99]. Verlagerte sich das Handeln vom zwischenmenschlichen auf den kosmischen Bereich, so wechselte auch das Herstellen seinen angestammten Ort und dominiert seit der Neuzeit den politischen Bereich. Herstellungsgegenstände werden mit

---

[94] Vgl. VA 378.
[95] NuG 70.
[96] Vgl. VA 378.
[97] VA 413.
[98] Vgl. VA 369.
[99] Vgl. NuG 74f.

Gewalt produziert und können nur wieder mit Gewalt zerstört werden. Diese Eigenschaft behält das Herstellen als Tätigkeitsform auch noch im politischen Umfeld. Agiert man im mitmenschlichen Bereich mit Gewalt, kann man derartig hergestellte Gebilde auch nur wieder mit Gewalt auflösen. Gewalt im politischen Raum erzeugt unweigerlich Gegengewalt. Letztlich belegt diese endlose Gewaltspirale nur die Absurdität, das Zweck-Mittel-Denken des »Homo-faber« auf die Politik zu übertragen, denn kein noch so redlicher Zweck ist vorstellbar, der auch nur ein menschenunwürdiges »Herstellungsmittel« legitimieren würde:

> »Wenn ich zum Beispiel jemanden verrate, um einer sogenannten guten Sache zu helfen, so steht die Frage nicht mehr, ob sich vielleicht die gute Sache im Handumdrehen in eine schlechte verwandelt, sondern lediglich die Tatsache, dass ich Verrat in die Welt menschlichen Handelns gebracht habe. Hier wird das ›Mittel‹ nicht nur gelegentlich stärker als der ›Zweck‹, sondern die sogenannten Mittel sind immer das einzige, was zählt, der Zweck wird immer zum illusionären Vorhaben, und zwar deshalb, weil ja das unmittelbare, greifbare Handeln sofort da ist, so dass sich die Welt prinzipiell geändert hat, bevor der Zweck erreicht ist, und zwar so geändert, dass der Zweck unter Umständen gar nicht mehr sinnvoll ist. [Unterstreichungen im Original]«[100]

Oder kurz: »Eine gute Tat für einen bösen Zweck fügt der Welt Güte zu; eine böse Tat für einen guten Zweck fügt der Welt Bosheit zu.«[101] Die dem Herstellen immanenten Gewaltmittel treten als Umgangsstil im politischen Bereich unmittelbar in Erscheinung und zerstören schlagartig das zwischenmenschliche Bezugsgewebe. Die neuzeitliche Verlagerung des Herstellens auf den Handlungsraum zerbricht mit der Gewalt des Homo faber den öffentlichen Raum und zerstreut die Menschen aus ihren gemeinschaftlichen Bindungen in private Isolation.

Der Zusammenbruch der Vita activa findet seinen Abschluss in der modernen Arbeitsgesellschaft, in welcher auch noch das Arbeiten seinen Bereich verlässt und das handwerkliche Herstellen übernimmt. Handwerksprodukte werden zunehmend industriell gefertigt. Der Herstellungsprozess wird nicht mehr von einer Person durchgeführt, die die unterschiedlichsten Schritte bis zum fertigen Produkt beherrscht und selbst durchführt, sondern dieser Vorgang

---

[100] D 47.
[101] D 81.

erfolgt zunehmend maschinell. Menschen erledigen in diesem arbeitsteiligen Prozess nur noch in kleinste Module parzellierte Arbeitsschritte, für die nichts als einfachste Handgriffe von Nöten sind, die jeder ohne jegliche Vorkenntnis erledigen kann. Damit werden nicht nur die ehemals unvergleichlichen und beständigen Herstellungs- und Kulturprodukte zu gleichartigen, auf Verfall produzierten Konsumprodukten, sondern die Menschen, die sich in diese Arbeits- und Maschinenwelt wie in eine Ersatznatur einschwingen, werden ebenso zu gleichartigen Konsummenschen. Die Verabsolutierung der Arbeit als der einzigen Tätigkeitsform, die den meisten Menschen nach dem Verfall der Vita activa bleibt, führt neben der globalen Aufzehrung natürlicher Ressourcen – da Menschen nur noch die Betätigungen »Einnehmen« und »Ausgeben« kennen, die weiterhin möglich bleiben müssen, um diese mit der daraus hervorgehenden Lustreaktion ruhigzustellen – zu einer nahezu erdübergreifenden Ausschaltung jeglicher Pluralität. Von der ehemals pluralen Gemeinschaft bleibt im Arbeiten lediglich die Bestätigung der Teilhabe an der gemeinsamen Menschengattung[102] und ihrer Natur durch die Aufrechterhaltung der uns allen gemeinsamen Lebensprozesse[103] mittels Einnehmen und Ausgeben[104]. Das überindividuelle, übergenerationelle Weiterwirken einer Handlung in einer Menschengemeinschaft verkommt, und von der Unvergänglichkeitsdimension des Menschen im Miteinander Handeln bleibt das Weiterleben im Fortbestand der Gattung, was gewährleistet wird durch die konsumtive Erhaltung der Lebensprozesse. Diese konsumorientierte Arbeitsgesellschaft kennt keine Einmaligkeit oder Unvergleichlichkeit, sondern nur gleichartige und austauschbare Funktionserfüller[105], die – verlassen von jedem wirklich einzigartigen Menschen – an ihrem jeweiligen Platz in hoch effizienter Weise ihre immer gleichen Verrichtungen betreiben. Von der kulturellen Vielfalt der Pluralität der Menschen auf der Erde bleibt durch die Verabsolutierung der Arbeit als Tätigkeitsform ein globales Meer an gleichen Funktionserfüllern, die nicht wissen, was sie tun und woran sie mitarbeiten, da das hierfür nötige sinnerfassende Denken ebenso Pluralität und Unterschiedenheit der Menschen zur Voraussetzung hat.

---

102 Vgl. VA 409.
103 Vgl. VA 408.
104 Vgl. VA 130.
105 Vgl. D 436.

Durch die einseitige Überbewertung der Arbeit als Tätigkeitsform in der Moderne kommt es zu einer Art Teufelskreis: Menschen bestätigen durch diese einseitige Betätigungsweise nur mehr ihre Gleichartigkeit, die Pluralität schwindet zunehmend, so dass politisches Handeln – in Arendts Sinne – mit diesem Pluralitätsschwund immer schwieriger wird, da es Unterschiedenheit – die conditio sine qua non des Handelns – kaum mehr gibt. Damit sind die Menschen mehr und mehr zum Arbeiten verdammt. So enthält die moderne Arbeitsgesellschaft den Menschen durch den Verlust öffentlicher Handlungsräume die Entfaltung ihrer Einmaligkeit, Individualität und Humanität vor, die sie ihnen aber doch permanent suggeriert und verspricht. Die Vielfalt der Betätigungsformen der Vita activa verkommt in einer Massen- und Arbeitsgesellschaft zu einem normierten und gleichartigen Agieren, was mit dem Verlust der Möglichkeit sich selbst zu lokalisieren und seinen Standpunkt in der Welt durch Begegnung mit Anderen wahrzunehmen und zu transzendieren einhergeht. Der Verlust der Vielfalt an Daseinsgestaltungen und unterschiedlicher Wirklichkeitsperspektiven erschwert einen Ebenensprung, d. h. die Möglichkeit, andere Blickwinkel auf die Welt einzunehmen oder seinen eigenen Standpunkt von einer anderen Perspektive her zu betrachten und damit in seiner Relativität zu erkennen. Die Verabsolutierung der Arbeit als monoton gleichartige Betätigungsform hat den Zusammenbruch der Mehrperspektivität der Wirklichkeit in Form des Gemeinsinns zur Folge, für den unterschiedlichste Perspektiven auf die gemeinsame Sache unerlässlich sind. Der Zusammenbruch des gemeinsamen Sinnraumes führt so zu einem enormen Wahrnehmungs- und Wirklichkeitsverlust, letztlich zum Verlust der Möglichkeit, sich in der Welt zu orientieren und sein Dasein sinnhaft zu gestalten[106]. »Weltentfremdung und nicht Selbstentfremdung, wie Marx meinte, ist das Kennzeichen der Neuzeit.«[107]

Logik dient in der Moderne als Ersatz für den verlorengegangenen Gemeinsinn. An die Stelle des gemeinsamen Sinnes einer Sache, der sich erst aus den vielfältigsten Weltansichten konstituiert, tritt das normierte Perzeptionsbild, das immer gleich erscheint, egal aus welcher Perspektive:

»Die Uniformierung schaltet gerade das gleich, was immer ungleich und einmalig ist, nämlich die sinnlichen Wahrnehmungen, weil der Gemein-

[106] Vgl. D 336.
[107] VA 325.

sinn, der in allen Differenzen das gleiche, nämlich allen gemeinsame Objekt erkennen lehrte, verloren ist. An seine Stelle tritt die wissenschaftliche Zuverlässigkeit, in der derjenige, der erkennt, auswechselbar sein muss, also die Auswechselbarkeit. In einer Welt, die nicht mehr gemeinsam ist, müssen die Menschen einander bis zur Ununterscheidbarkeit gleichen, um sich der Realität vergewissern zu können.«[108]

Die Universalisierung eines normiert-gleichartigen Umgangsstils in einer Arbeitsgesellschaft befördert den Sinnverlust qua Mehrdimensionalität der Welt. Schwindet die öffentliche Gemeinschaft und mit ihr der Gemeinsinn, sind Menschen auf fremdgegebene, austauschbare Perzeptionsbilder angewiesen, die sie unweigerlich reproduzieren müssen. Diese Reproduktion erfolgt mittels logischer Schlussfolgerungsprozesse:

»[W]enn wir den Sinn verloren haben, durch den unsere fünf animalischen Sinne sich einer Menschenwelt fügen, die uns allen gemeinsam ist, so bleibt von menschlichen Wesen in der Tat nicht viel mehr übrig als die Zugehörigkeit zu einer Tiergattung, die sich vor anderen Tiergattungen nur dadurch auszeichnet, daß sie es vermag, Schlußfolgerungen zu ziehen […]«[109].

Tierisch ist dieses Verhalten deshalb, weil man sozusagen »fressen muss, was einem vorgesetzt wird«, auch wenn dieser Vorgang hocheffizient erfolgt: Menschen, die keine andere Betätigungsform als das weltlos-verlassene Machen qua Arbeit kennen, sind manipulierbare Funktionserfüller, die nach einer fremdgegebenen Wirklichkeitsauffassung gieren und hocheffizient reproduzieren, was ihnen vorgesetzt wird, da sie nach dem Verlust des gemeinsamen Sinnraumes gar keine andere Wahl haben, diese Auffassungsweise der Wirklichkeit zu übernehmen, um sich überhaupt in irgendeiner Weise Orientierung zu verschaffen. Die Pluralität der δοξαί weicht dem Diktat der einen öffentlichen Meinung, in der »[…] die Meinung gerade ihren Meinungscharakter [verliert].«[110] Die Monologisierung des öffentlichen Raumes durch die Etablierung einer Meinung als zulässiger Wirklichkeitsauffassung ist für Arendt gleichbedeutend mit der tyrannisch-gewalttätigen Herstellung des öffentlichen Raumes[111]. Die fraglose Reproduktion einer Wirklichkeitsauffassung von zuvor isolierten, monoton tätigen und der Sinndimension beraubten Men-

---

108 D 501 f.
109 VA 360.
110 D 548.
111 Vgl. D 391.

schen, die nicht mehr hinterfragen können, was sie tun, und somit gar nicht mehr realisieren, woran sie mitarbeiten, ist darüber hinaus Arendts Erklärungsansatz für das reibungslose Funktionieren von Ideologien in Form totaler Herrschaft.

§ 9. Lebensgeschichte und Erzählung

Der Zusammenbruch des öffentlichen Handelns und – verbunden damit – des gemeinsamen Sinnraumes bildet die Voraussetzung für die Gleichschaltung der Wirklichkeitsauffassung in Form totalitaristischer Ideologien jeglicher Couleur. Doch was bleibt vom Handeln, wenn Handlungsräume zusammenbrechen? Wenn der Sinn des öffentlichen Handelns im einzigartigen Umgangsstil liegt und dieses sich nur in actu zur Geltung bringen kann, so stellt sich die Frage, ob etwas davon überdauert, bzw. ob es etwas gibt, das den Sinn des Handelns auch nach dem Niedergang mitmenschlicher Gemeinschaft bewahrt? Gibt es etwas Dauerhaftes, nachdem herkömmliche Traditionsgemeinschaften durch Totalisierung und Kriege in deren Gefolge zerbrochen sind? Wenn Menschen ihre Einmaligkeit besonders im Miteinander Handeln entfalten, dies aber »[…] von sich aus keine greifbaren Resultate und Endprodukte hinterl[ässt] […]«[112], so drängt sich die Suche nach einem Medium auf, das den Sinn und die Unvergleichlichkeit menschlicher Handlungen über die Zeiten hinweg konserviert. Gibt es etwas, das von handelnden Menschen bleibt, auch wenn die öffentlichen Räume und Traditionsgemeinschaften dieser Handlungen nicht mehr bestehen?

»Das, was von seinem Handeln schließlich in der Welt verbleibt, […]« antwortet Arendt, »[…] sind nicht die Impulse, die ihn selbst in Bewegung setzten, sondern die Geschichten, die er verursachte […]«[113]. Bei stabilen mitmenschlichen Verhältnissen gibt es ein Bezugsgewebe menschlicher Angelegenheiten, »[…] das sich überall bildet, wo Menschen zusammenleben […]«[114], in das Menschen hineinhandeln, wenn sie Initiativen ergreifen. Menschen agieren also nicht in einen luftleeren Raum, in den sie etwas Neues hineinsetzen, sondern schlagen ihre Handlungsstränge wie Fäden in ein

[112] VA 225.
[113] VA 226 f.
[114] VA 226.

bereits bestehendes mitmenschliches Bezugsgewebe[115]. Für dieses Handeln in ein vorgängiges Handlungsnetz verwendet Arendt die Metapher der Geburt, »[…] [d]a Menschen nicht von ungefähr in die Welt geworfen werden, sondern von Menschen in eine schon bestehende Menschenwelt geboren werden […]«[116]. Das Handeln ist wie eine zweite Geburt, geht es doch – wie bei einem tatsächlichen Geburtsvorgang – in die Geschichten Anderer ein und auch erst aus den Geschichten Anderer hervor. Diese Angewiesenheit des Handelns auf ein mitmenschliches Umfeld, sprich auf eine geschichtlich-gewordene Gemeinschaft, zeitigt also zum einen die Unplanbarkeit und Unüberschaubarkeit der eigenen Handlungsinitiativen, da diese immer von Mitmenschen in unkontrollierbarer Weise weitergeführt werden[117], zum anderen aber ist dieses mitmenschlich-geschichtliche Bezugsgewebe als »Textil« die einzige Möglichkeitsbedingung dafür, die unvergleichliche »Textur« des jeweiligen Handelnden als Muster im Gesamtgewebe bzw. als Lebensgeschichte zum Vorschein kommen zu lassen[118]. »*Wer* jemand ist oder war, können wir nur erfahren, wenn wir die Geschichte hören, deren Held er selbst ist, also seine Biographie […] [Hervorhebung im Original]«[119]. Die Einzigartigkeit einer Person zeigt sich nicht in Zahlen und Fakten, sondern kommt in den Geschichten bzw. der Lebensgeschichte eines Menschen zum Vorschein. Das Versagen der neuzeitlich-rationalen Erkenntnisform auf die Frage nach dem »Wer jemand ist«[120] heißt keinesfalls, dass die Personalität des Menschen eine Illusion sei. Genau dies versuchen totalitäre Ideologien den Menschen weiß zu machen, indem sie suggerieren alle Menschen seien gleich und ohne jeglichen eigenen Standpunkt in und zu der Welt. Die vermeintliche Gleichheit folgt aber aus einem einseitig-rationalistischen Weltbild, das abblendet, was nicht vergleichbar und nicht auf eine gemeinsame und homogene Ebene zu bringen ist. Die Unmöglichkeit dieser Erkenntnisform, auf die Frage nach dem »Wer« eine Antwort zu geben, bedeutet also nicht, dass es ein Selbst oder einen Jemand nicht gibt, sondern verweist allenfalls auf die Beschränktheit und den Reduktionismus neuzeitlicher Rationalität. Zahlen können keine Auskunft darüber geben,

---

115 Vgl. VA 226.
116 VA 226.
117 Vgl. VA 226.
118 Vgl. VA 226.
119 VA 231.
120 Vgl. VA 231.

wer jemand ist, so wenig wie »[…] eine Telephonnummer von dem aussagt, der sich meldet, wenn wir sie wählen.«[121] Diesem Desiderat rationalistischer Wirklichkeitsauffassung, welches in dem Unvermögen besteht, das unvergleichliche »Wer jemand ist« in Erscheinung treten zu lassen, möchte Arendt mit einem politischen Denken entgegentreten, das die Geschichte bzw. die Geschichtlichkeit des Menschen als konzeptionellen Kernbestand begreift. Hierfür unterscheidet Arendt die Lebensgeschichte von der expliziten Erzählung.

Die Geschichte bildet – laut Arendt – sozusagen die Medialität unseres Lebens: »[…] [Z]eit unseres Lebens [sind wir] in eine Geschichte verstrickt[122] […]«[123]. Diese eine Geschichte besteht wiederum aus unterschiedlichen Geschichten, die sich auf Ereignisse beziehen, welche miteinander in Verbindung stehen, auseinander hervorgehen oder ineinander »verwoben« bzw. miteinander »verknüpft« sind. Die Ereignisse menschlichen Lebens, auf die Geschichten rekurrieren, stellen für Arendt Durchbrüche monotoner Abläufe dar und sind für sie Bekundungen der Undurchschaubarkeit und Unplanbarkeit menschlichen Lebens. Ereignisse sind Garanten für die Unvergleichlichkeit und Einmaligkeit menschlicher Lebenswege. Die Ereignishaftigkeit bewahrt darüber hinaus menschliches Leben vor unerträglich tödlicher Langeweile, in welches es versänke, liefe es immer linear kausal ab und gäbe es nicht immer wieder Durchbrüche, die gewohnte Ordnungen und Abläufe in Frage stellten und in neuer Weise fortführten[124]. Arendt verwendet den Ereignisbegriff häufig für die Anfänglichkeit und Einmaligkeit des Menschen, der in seiner Unvordenkbarkeit als Neuer in eine bereits bestehende Gemeinschaft durch Geburt einbricht und dadurch auf das gesamte gemeinschaftliche Bezugsgewebe Einfluss nimmt und dieses mitverändert. Der Mensch als Anfänglicher ist ein Ereignis, das erst mit und durch andere Menschen zur Entfaltung kommt. Von den Ereignissen und Durchbrüchen, d. h. vor allem von Begegnungen mit anderen Men-

---

121 VA 333.

122 Arendt verwendet an mindestens drei Stellen in »Vita activa« den Terminus des »In-Geschichten-verstrickt-Seins« (vgl. VA 239; 240; 298). Ob sie Wilhelm Schapps 1953 erschienenes Werk »In Geschichten verstrickt« (vgl. Schapp [4]2004) kannte und mit »Vita activa« darauf Bezug nahm, lässt sich nur schwer rekonstruieren, in »Vita activa« zitiert sie ihn – trotz erstaunlicher, auch inhaltlicher Übereinstimmungen – jedenfalls nicht.

123 VA 239 f.

124 Vgl. VA 322.

schen, kündet die je individuelle Lebensgeschichte[125], die einen zu dem werden ließ, der man ist bzw. war:

»Das Hauptmerkmal des menschlichen Lebens, dessen Erscheinen und Verschwinden weltliche Ereignisse sind, besteht darin, daß es selbst aus Ereignissen sich gleichsam zusammensetzt, die am Ende als eine Geschichte erzählt werden können, die Lebensgeschichte [...]«[126].

Die Lebensgeschichte eines Menschen spiegelt dabei die Unvergleichlichkeit seines Umgangsstils wider, die als Konstante seines Lebens bleibt, und von der alle Ereignisse seines Lebens gefärbt sind. Insbesondere im Miteinander Handeln, aber auch im Herstellen und selbst noch im Arbeiten offenbart sich ein für diesen Menschen charakteristischer Umgangsstil bzw. seine ihm eigene Virtuosität, die seinen spezifischen ἦθος, d.h. seinen Charakter ausmacht, und wovon die Lebensgeschichte dieses Menschen als Medium seines unvergleichlichen Stils zeugt: »Der Ruhm eines Menschen besteht in der Art, wie er tut und wie er leidet; beides zusammen ist sein πρᾶγμα. Von ihm handelt die Geschichte über ihn.«[127] Die Griechen hielten für diese Erfahrung auch das Wort δαίμων bereit, womit sie die Vorstellung verbanden, dass den Menschen ein Leben lang etwas – gleich einem »Geist« – begleitet, was er selbst nie erfassen kann, aber für andere unverkennbar als seine Identität auszumachen ist[128]. Es handelt sich dabei um »[...] eine bleibende Befindlichkeit menschlicher Existenz, die dem Wechsel, den das Leben mit sich bringt, nicht unterworfen ist und die von Menschen direkt nicht bewirkt werden kann.«[129] Schlussendlich können Andere von dieser Befindlichkeit erst zuverlässig berichten, wenn alle Ereignisse eines Lebens, die diese individuelle Färbung wiedergeben, vollständig sind, das heißt, erst wenn diese Person ihr Leben beendet hat. Diese Gedanken orientieren sich an der griechischen Auffassung, wonach das Leben eines Menschen erst als εὐδαίμων bezeichnet werden kann[130], wenn er selbst verstorben ist.

»Diese bleibende Befindlichkeit, welche die Identität der Person ausmacht, enthüllt sich sichtbar [...] in der Lebensgeschichte [...]; aber diese Lebens-

---

125 Vgl. VA 29.
126 VA 116.
127 D 401.
128 Vgl. VA 241.
129 VA 241.
130 Vgl. VA 241.

geschichte liegt vollendet und damit potentiell wie ein Ding unter Dingen erst vor, wenn sie an ihr Ende gekommen ist und der Träger tot ist.«[131]

Die Erkennbarkeit dieses δαίμων durch das sichtbare einander Gegenübertreten im menschlichen Miteinander schließt die Möglichkeit mit ein, dass ein Mensch mit seiner Geschichte in anderen Menschen als Vorbild oder Beispiel weiterwirkt, auch wenn er physisch bereits verstorben ist. Jeder Mensch ist ein unvordenkliches und unnachahmliches Ereignis, das wie »[…] jedes Ereignis seine Wirksamkeit erst in der Erinnerung entfaltet […] [Unterstreichung im Original]«[132]. Diese Wirksamkeit entfaltet das Handeln eines Menschen vor allem dann, wenn es als erinnertes Beispiel von anderen Menschen weitergeführt wird, indem es deren Handlungsethos bzw. Umgangsstil im Miteinander prägt und auf diese Weise weiterlebt. Der gemeinsame Erinnerungsraum verknüpft Menschen im Handeln tatsächlich in ein derartiges Bezugsgewebe, so dass sie mit ihren Geschichten ineinander eingehen und auseinander hervorgehen können. Dieses »Mit-Menschen-in-Verbindung-Treten«, was unweigerlich Geschichten hinterlässt, die auch weitergehen, wenn der Initiierende die Szenerie längst verlassen hat, lässt die Unsterblichkeitsdimension des Menschen hervortreten: »Der Tote […] verschwindet von der Erde, nicht aus der Geschichte, sofern er nämlich sich selbst hinterlassen hat. [Unterstreichungen im Original]«[133] Die Geschichte eines Menschen lebt bei intaktem Handlungs- und Erinnerungsraum als Beispiel im Gedächtnis anderer Menschen weiter – und sei es als »Negativbeispiel«, wovon man sich distanzieren will –, indem es eingeht in die Art und Weise der Ausgestaltung mitmenschlichen Umgangs Anderer. Menschliches Leben ist unweigerlich »In-Erscheinung-Treten« vor Anderen und somit für diese Mitmenschen ebenso unvordenkliches wie irreversibles Ereignis: »Dass ein Mensch lebt, kann in alle Ewigkeit nicht rückgängig gemacht werden […]«[134].

Von diesem Gesichtspunkt aus betrachtet, ist das Entsetzliche an den totalitaristischen Systemen des 20. Jahrhunderts nun gerade der Versuch, diesen zuletzt zitierten Satz Hannah Arendts zu widerlegen. Sowohl das stalinistische, wie auch das nationalsozialistische Regime haben nicht nur unzählige Menschen »einfach« umgebracht, sondern

131 VA 242.
132 D 488.
133 D 601.
134 D 175 f.

– als sei Mord nicht schrecklich genug – beide Regime bemühten sich darüber hinaus darum, die Geschichten der Menschen zu eliminieren, als hätte es diese nie gegeben[135]. Hierfür wurde das gesamte Bezugsgewebe eines vermeintlich Schuldigen zerstört, indem neben ihm selbst auch gleich dessen Familie, Freunde und Bekannte mitinhaftiert wurden. Des Weiteren wurden alle persönlichen Dinge und Besitztümer vernichtet bzw. beschlagnahmt, da diese ebenso individuelle Spuren tragen und auf diese Weise an den jeweiligen Menschen erinnern könnten. Es ist der an Inhumanität nicht zu überbietende Versuch, die Existenz eines Menschen und alles, was daran erinnern könnte, vollkommen auszulöschen[136]. Die Anstalten und Lager dieser Regime bezeichnet Arendt vor diesem Hintergrund als »Höhlen des Vergessens«[137], in welchen ein Inhaftierter »[…] nicht nur so verschwindet, als wäre er gestorben, sondern als hätte es ihn nie gegeben.«[138]

Angesichts dieser massiven Ereignisse des 20. Jahrhunderts scheinen die ganz alltäglichen Vorkommnisse im Leben der Menschen in der Zeit danach an Bedeutung verloren und die hierfür nötige Aufmerksamkeit eingebüßt zu haben. Wodurch trat jedoch dieser Verlust an Ereignishaftigkeit ein? Oder – wie Arendt die mit ihr befreundete Schriftstellerin Mary McCarthy fragt – was hat die Geschichten verschwinden lassen?

»Ich wünschte, Du würdest darüber schreiben, was die Menschen dazu bringt, sich eine Geschichte zu wünschen. Das Erzählen von Geschichten. Gewöhnliches Leben gewöhnlicher Menschen, wie bei [George] Simenon. Man kann nicht sagen, wie das Leben ist, wie Zufall oder Schicksal die Menschen behandeln, es sei denn, man erzählt die Geschichte. Im allgemeinen kann man nicht mehr sagen als – ja, so geht es eben. Zum Besseren oder Schlechteren, natürlich, aber das Schlimmste ist, was die Menschen dir im allgemeinen, besonders in diesem Land, erzählen: Mir passiert nie etwas. Denk an die Vorliebe für Operationen bei Frauen im mittleren Alter. Wir scheinen unfähig, ohne Ereignisse zu leben; das [sic!] Leben wird ein indifferentes Fließen, und wir können kaum einen Tag vom nächsten unterscheiden. Das Leben selbst ist voller Geschichten. Was hat die Geschichten verschwinden lassen? Die übermächtigen Ereignisse dieses Jahrhunderts, die alle gewöhnlichen, nur dich betreffenden Ereignisse zu belanglos aus-

[135] Vgl. EuU 898.
[136] Vgl. EuU 899 ff.; 915; 930.
[137] EuU 900.
[138] EuU 900.

sehen ließen, um des Erzählens wert zu sein? Oder dieses seltsame neurotische Interesse am Selbst, das, wie sich in der Analyse gezeigt hat, nichts zu erzählen hat als Variationen von identischen Erfahrungen – der Ödipuskomplex im Unterschied zu der Geschichte, die Sophokles zu erzählen hatte?«[139]

Neben den Großverbrechen des 20. Jahrhunderts, die sich ins kollektive Gedächtnis eingeschrieben haben und alle anderen Ereignisse in den Schatten stellen, trägt die Reduktion der Tätigkeiten auf die Arbeit zum Verlust der Ereignishaftigkeit des Lebens bei. Vollkommen durchrationalisiertes, gleichartiges und normiertes Agieren der Menschen, die nur noch in austauschbarer Weise in ihren Berufen und ihrer Freizeit funktionieren, wie jeder andere auch, führt zu einem Niedergang der Persönlichkeitsdimension in sämtlichen Bereichen menschlichen Tätigseins. Das Paradoxe daran ist, dass die Effizienz der Arbeit gesteigert werden kann, je mehr es gelingt, die Elemente der Unwägbarkeit oder des Unerwarteten – das heißt insbesondere jedes Persönlichkeitsmoment – zu eliminieren. Durch die Verabsolutierung der Arbeit in heutigen Gesellschaftsformen schalten sich Menschen freiwillig gleich und legen jegliche Form von Einmaligkeit ab, wodurch sie eine Massen- und Konsumgesellschaft als Quasi-Natur aufrecht erhalten, für deren Folgen und Ausmaße sich niemand verantwortlich fühlt, da jeder nur noch arbeitend irgendwelche kleinen Handgriffe an einer Stelle verrichtet, die er selbst im Gesamtsystem nicht verorten kann. Die zunehmende Reduktion des Tätigseins auf gleichartiges Hantieren und genormtes Agieren lässt die Ereignisse aus den Biographien verschwinden und die potentielle Einmaligkeit und Unvergleichlichkeit eines Menschen als Illusion erscheinen. Es gibt nichts mehr zu erzählen und zu berichten, da die Lebensläufe der Menschen in ähnlicher Weise verlaufen. Alles Außerordentliche ist Privatsache, muss verheimlicht werden oder ist ein Fall für den Therapeuten. Diese Homogenisierung der Lebensgeschichten durch die Verabsolutierung eines Tätigkeitsmodus bringt die Menschen im globalisierten Zeitalter zunehmend um ihre Unsterblichkeitsdimension, im Sinne eines ereignishaften Weiterwirkens. Die Standardisierung von Umgangsstilen in rationalen Arbeitsgesellschaften lässt den Einzelnen zu einem austauschbaren Modul in einem erdübergreifenden und ewigen Arbeitsprozess werden. Die Preisgabe der menschlichen Unvergleichlichkeit im globalen Arbeits-

---

139 MBW 425 f.

prozess zeitigt darüber hinaus einen enormen Verlust der Erinnerungsfähigkeit der Menschen, denn es besteht kaum eine Notwendigkeit, sich an Menschen zu erinnern, die alle nahezu das Gleiche reden und tun. Damit schrumpft die Zeitdimension des Menschen auf das Jetzt, dessen Intensität es zu steigern gilt, da es nichts mehr anderes für Menschen einer derartigen Massengesellschaft gibt, wofür es sich zu leben lohnte.

Trotz dieses nahezu »institutionalisierten Vergessens«, das in einer Arbeitsgesellschaft den Platz der ehemals gemeinsamen Handlungs- und Erinnerungsräume einnimmt, gibt Arendt ihre Hoffnung auch in einem derartigen »Massenzeitalter«[140] nicht auf. Sie setzt das individuelle Erzählen dagegen und ermuntert ihre Freundin McCarthy, ihr Augenmerk wieder auf die ganz alltäglichen Ereignisse und deren erzählerische Umsetzung zu richten. Die Erzählung ist nachahmende Umsetzung von Lebensgeschichten. Sie kann bleiben und fortbestehen, auch wenn gemeinschaftliche Handlungs- und Erinnerungsräume zerstört oder dem Vergessen preisgegeben worden sind. Vor diesem Hintergrund ist es biographisch interessant, dass Arendts erste Europareise (1949–50) nach ihrer Emigration im Rahmen ihrer Tätigkeit für die Organisation »Jewish Cultural Reconstruction« erfolgte, »[…] deren Aufgabe in der Auffindung und Rückführung jüdischer Bücher, Manuskripte und Kultgegenstände bestand.«[141] Doch die Bergung des Kulturguts allein ist nicht ausreichend. Die manifesten Zeugnisse von Lebensgeschichten brauchen die erzählerische Umsetzung, da diese Gegenstände von sich aus nicht sprechend sind. »Die wirkliche Geschichte, in die uns das Leben verstrickt und der wir nicht entkommen, solange wir am Leben sind, weist weder auf einen sichtbaren noch einen unsichtbaren Verfasser hin, weil sie überhaupt nicht verfaßt ist.«[142] Dieses »Nicht-Verfasst-Sein« der wirklichen Lebensgeschichten verlangt also nach einer erzählerischen Umsetzung anhand der Zeugnisse und Fakten, die dieses Leben hinterließ, um es tatsächlich nach dem kulturellen Zusammenbruch hinüberzuretten in eine neue Gemeinschaft. Erst die wiederholende Nachahmung, die μίμησις, etwa in Form der Erzählung, lässt die hinterlassenen Gegenstände wieder beredt werden und verleiht den Menschen einer

---

[140] EuU 906.
[141] BBW 169.
[142] VA 231.

vergangenen Zeit und Kultur eine Stimme in der Gegenwart[143]. Es ist das Motiv des Perlentauchers, das sie in ihrem Essays über Walter Benjamin beschreibt, der nach dem Zusammenbruch der Tradition[144] versucht, deren Bruchstücke hinüberzuretten in eine neue Zeit:

»Dies Denken, genährt aus dem Heute, arbeitet mit den ›Denkbruchstücken‹, die es der Vergangenheit entreißen und um sich versammeln kann. Dem Perlentaucher gleich, der sich auf den Grund des Meeres begibt, nicht um den Meeresboden auszuschlachten [sic!] und ans Tageslicht zu fördern, sondern um in der Tiefe das Reiche und Seltsame, Perlen und Korallen, herauszubrechen und als Fragmente an die Oberfläche des Tages zu retten, taucht es in die Tiefen der Vergangenheit, aber nicht um sie so, wie sie war, zu beleben und zur Erneuerung abgelebter Zeiten beizutragen. Was dies Denken leitet, ist die Überzeugung, daß zwar das Lebendige dem Ruin der Zeit verfällt, daß aber der Verwesungsprozeß gleichzeitig ein Kristallisationsprozeß ist; daß in der ›Meereshut‹ – dem selbst nicht-historischen Element, dem alles geschichtlich Gewordene verfallen soll – neue kristallisierte Formen und Gestalten entstehen, die, gegen die Elemente gefeit, überdauern und nur auf den Perlentaucher warten, der sie an den Tag bringt: als ›Denkbruchstücke‹, als Fragmente oder auch als die immerwährenden ›Urphänomene‹.«[145]

Menschen vergangener Gemeinschaften brauchen also einen »Perlentaucher«, der als Erzähler deren Geschichten mit Hilfe seiner Funde vor dem Untergang rettet. Überhaupt sind die manifesten Fakten, die ein Mensch in seinem Leben hinterlässt, nicht von sich aus verständlich. So wie das Handeln nur in actu, also im gegenwärtigen Vollzug sinnhaft ist, so bedürfen die Fakten, die ein tätiges Leben hinterließ, des Nachvollzugs, was ein »Sich-Hineinbegeben« in diesen ehemaligen Vollzugsprozess verlangt, um in der Gegenwart wieder Sinn zu erlangen und sprechend zu werden. Die Zeugnisse, die vom Handeln bleiben und von sich aus nichtssagend sind, müssen in der Gegenwart nachvollzogen werden, damit sie in einer veränderten Zeit wieder sinnhaft und verstehbar werden. Dieser Nachvollzug erfolgt über die Erzählung. Erst die erzählerische Umsetzung einer Lebensgeschichte verleiht den Ereignissen dieses Lebens Sinn[146]: »[…] [D]er Sinn eines Gehandelten [erscheint] erst, wenn das Han-

143 Vgl. VA 233.
144 Vgl. Arendt (^{2}2000) 7 ff.
145 Ben 242.
146 Vgl. VA 229.

deln selbst zum Abschluß gekommen und als eine Geschichte erzählbar geworden ist.«[147]

Zum Abschluss kommt eine Handlung in den meisten Fällen aber erst, wenn der Handelnde selbst bereits tot ist. Dies bringt auch den ominösen Sachverhalt mit sich, dass handelnde Menschen selbst nicht die besten Erzähler ihrer eigenen Geschichten sind, in dem Sinne, dass sie nicht in der Weise die Bedeutung erfassen können, wie ein Anderer dies tun könnte. Ein Handelnder bleibt im Geschehen involviert, kann selbst nicht den Abschluss seiner Initiativen überblicken und vorausahnen, geschweige denn, dass er aus seiner Verstrickung heraustreten könnte, um diese und sich selbst darin von außen in Betracht zu nehmen. Hierfür braucht es einen Erzähler. Er, und nicht der Handelnde selbst, ist derjenige, der als Außenstehender die Bedeutung des Geschehens erfassen kann, welche unter Umständen erheblich von den Motiven des Helden abweicht[148]. Erst die Erzählung eines distanzierten Betrachters führt dem Handelnden die Bedeutung seiner Lebensgeschichte, in die er verwickelt ist, vor Augen, was den »Helden« selbst oft vor den Kopf stößt, da die Bedeutung seines Tuns oft deutlich von seinen eigenen Handlungsmotiven und -auffassungen abweichen kann und er selbst sich – im Zusammenhang damit – für etwas anderes hält als der Erzähler ihm präsentiert. Klassisches literarisches Beispiel hierfür ist König Ödipus, der nicht wahrhaben will, dass er der wahre Grund für den Fluch und die Seuche in seiner Stadt ist, als der blinde Seher in Form einer Erzählung seinem Handeln Bedeutung verleiht und ihm in drastischer Weise vor Augen führt, dass er selbst es war, der seinen Vater, den vormaligen König Laios, umbrachte und es sich um seine leibliche Mutter handelt, die er zur Frau nahm[149]. Auch in Hannah Arendts Beispiel aus der Odyssee, das sie zur Verdeutlichung dieses Sachverhaltes heranzieht, ist es der Blinde, in der Gestalt des Sängers, der am Hof der Phäaken auftritt und in Anwesenheit des Helden Odysseus dessen eigene Taten erzählt[150]. Als er seiner eigenen Geschichte zuhört, muss Odysseus sein Gesicht verhüllen und weinen[151]: »In diesem Weinen erkennt er das Geschehene als seinen βίος. [Unterstreichung im Original]«[152] Der

---

[147] Les 37.
[148] Vgl. VA 240.
[149] Sophokles (2002) *300–465*.
[150] Vgl. D 407.
[151] Homer (³2007) *VIII 62–91*.
[152] D 407; vgl. hierzu auch LdG 133.

Held braucht also, um sich selbst zu erkennen und die Bedeutung seines Handelns zu erfassen, einen außenstehenden Erzähler. Die Wiedergabe seiner Geschichte in Form der Erzählung ist darüber hinaus der Garant dafür, dass seine Taten weiter fortbestehen[153].

Auch dieses literarische Beispiel kann veranschaulichen, dass »[…] die volle Bedeutung dessen, was sich handelnd jeweils ereignete, nicht diejenigen [kennen], die in das Handeln verstrickt waren und direkt von ihm betroffen, sondern derjenige, der schließlich die Geschichte überblickt und sie erzählt.«[154] Der Handelnde versteht sich selbst über Erzählungen Anderer, die ihm Aufschluss über den Sinn seines Tuns geben. Allgemein lässt sich formulieren, dass das Verstehen dessen, wer jemand ist, über Erzählungen erfolgt. Man gewinnt Zugang zu einem Menschen und zu dem, was ihn auszeichnet, über die Erzählungen, die seine Mitmenschen über ihn berichten, aber auch über die Geschichten, die er selbst von sich preisgibt. Die sich im Handeln vollziehende Selbstenthüllung einer Person[155] wirkt also in den Erzählungen der Geschichte des Handelnden fort, selbst wenn die Handlungsräume nicht mehr bestehen, oder der Handelnde selbst gar nicht mehr am Leben ist. Die unterschiedlichen personenenthüllenden Erzählungen der Lebensgeschichte eines Menschen zeigen auch, dass das, was einen Menschen letztlich ausmacht, nie quantitativ erfassbar bzw. faktisch festschreibbar ist. Es ist nie eindeutig feststellbar, wer jemand ist, denn die Geschichte eines Menschen verändert sich selbst über dessen Tod hinaus. Die Unverfügbarkeit und damit die Würde eines Menschen spiegeln sich auch in der Art und Weise der narrativen Verfasstheit seines Charakters. Niemand hat das »Wer jemand ist« in eindeutiger Weise in der Hand und kann es abschließend begreifen, schon gar nicht der Handelnde selbst. Seine Auffassung der Dinge ist nur eine Erzählung unter mehreren, und die Unmöglichkeit, sich selbst von außen zu betrachten, bestätigt nur in verändertem Kontext Kants These, dass Andere einen unter Umständen besser verstehen können als man sich selbst[156]. Der Handelnde selbst ist der Held, nie aber der Verfasser seiner eigenen Geschichte[157]. »Kein Mensch kann sein Leben ›gestalten‹ oder seine Le-

---

153 Vgl. VA 243.
154 VA 240.
155 Vgl. VA 243.
156 Kant (1998) *KrV A314*.
157 Vgl. VA 227; 229.

bensgeschichte hervorbringen […]«[158]. Damit wendet Arendt sich natürlich gegen Sartres Auffassung, wonach der Mensch das sei, wozu er sich macht[159]. Sie setzt dagegen, dass niemand sein Leben wie einen Herstellungsvorgang gestalten kann, im Sinne eines vorgefassten Planes, den es nur umzusetzen gilt. Der Mensch ist – laut Arendt – in seine Geschichten verstrickt, er erzeugt seine Geschichte nicht, sondern hinterlässt eine Geschichte. Er hat seine Geschichten, die Andere weiterführen, ebenso wenig in der Hand, wie er den Beginn seiner Geschichte selbst ersonnen hat, denn er geht aus der Geschichte seiner Eltern hervor, die begann, bevor es ihn selbst in physischer Weise gab. Es gehört mit zur Fragilität menschlichen Daseins, dass Leben als Lebensgeschichte nicht hergestellt werden kann, so wie etwa ein Autor eine Erzählung verfasst. Pläne, Ziele und Vorhaben scheitern immer wieder, oder es kommt zu unerwarteten Eröffnungen und ereignishaften Durchbrüchen in einer Biographie. All dies ist nicht von vornherein überschaubar oder gar berechenbar. Der Mensch muss sich eingestehen, dass er sein Leben letztlich nie ganz allein in der Hand hat und je mehr er versucht es herstellend zu kontrollieren und in den Griff zu bekommen, umso mehr entzieht er sich der Aktualisierung der Lebendigkeit bzw. der Bestätigung seiner Anfänglichkeit qua Geburt und umso mehr Gewalt wird hierfür auch nötig sein.

Wesentliches Moment dieser Fragilität menschlicher Existenz ist deren Vergänglichkeit. Die zeitliche Begrenztheit menschlichen Lebens und damit auch die Vergänglichkeit menschlichen Handelns war seit jeher Stachel und Ansporn für Menschen nach etwas Überzeitlichem und Unvergänglichem zu suchen. Die griechische Antwort auf die Vergänglichkeit menschlichen Agierens war – laut Arendt – die Poesie: »Zusammenhang von Politik und Poesie: Nur weil die Griechen ursprünglich alles Handeln in seiner Vergänglichkeit erfuhren und daher gerade diese Art der Grösse ›verewigen‹ mussten, ist die griechische Dichtung klassisch geworden.«[160] Die Griechen entwickelten ein besonderes Bewusstsein in Bezug auf die Vergänglichkeit menschlichen Daseins. Vor diesem Hintergrund kultivierten sie zum einen die Agora als den öffentlichen Erscheinungsraum, der einen Darstellungs- und Erinnerungsraum für besondere Handlun-

158 VA 227.

159 Vgl. Sartre (1960) 11.

160 D 429.

gen bietet, zum anderen wurde der Poesie, insbesondere der Tragödie, ein hohes Maß an Bedeutung zugemessen, da sie erst den Handlungen der Menschen Vergleichsmaßstäbe an die Hand gibt und so menschlichem Agieren Sinn verleiht. In gewisser Weise ist das griechische Theater, welches ja als Tragödienwettbewerb eingebunden war in das kultische Festgeschehen der Dionysien, die erste Meta-Ebene des Abendlandes. Dies wird anschaulich, wenn man sich verdeutlicht, dass die Tragödie, vor allem während der eigentlichen »klassischen« Blütezeit der Polis und des Theaters (im 5. Jahrhundert vor Christus), auf einer Holzbühne direkt über bzw. auf dem Ort der politischen Handlungen, der Agora, stattfand und noch nicht in einem befestigten Theaterbau[161]. Hier zeigt sich ganz physisch, dass die Geschichten aus dem Alltag des Handelns hervorgehen, eine Art fiktionale Wirklichkeit über dem Handlungsraum einnehmen, um wieder in diesen zurückzuwirken. Im Zusammenhang mit Theater und Bühne von den »Brettern, die die Welt bedeuten« zu sprechen, wird aus diesem Kontext heraus erst richtig verständlich. Die Unerfassbarkeit und Vergänglichkeit menschlichen Tuns hat ein Ende durch die nachahmende Darstellung bzw. erzählende Nachdichtung. Aristoteles unterscheidet hierfür in seiner Poetik zwei Typen von Erzählern, den Geschichtsschreiber und den Dichter: »[…] [S]ie unterscheiden sich vielmehr dadurch, daß der eine das wirklich Geschehene mitteilt, der andere, was geschehen könnte.«[162] Damit bewahrt der Geschichtsschreiber die Taten durch seine Nacherzählung vor dem Vergessen, und der Dichter gibt den Handelnden mit seinen Werken Vergleichsmöglichkeiten an die Hand, die ihm Orientierungshilfen zum Verständnis und für mögliche Handlungsoptionen in einem prinzipiell unüberschaubaren und unerfassbaren Terrain bieten. Handelnde sind also auf Erzähler und Erzählungen als deren »Produkte« in konstitutiver Weise angewiesen. Selbst wenn sie mit ihrem Handeln andere Ziele verfolgen als ihre Geschichten, die sie ungewollt dabei hinterlassen, so ist die Materialisierung dieser Geschichten in Form einer Erzählung doch Garant dafür, dass die Handlungen eines Menschen verständlich werden und noch von künftigen Generationen nachvollzogen werden können. Damit eine Lebensgeschichte überdauern kann, muss sie zunächst von einem Erzähler ver-

---

[161] Vgl. Sinn (2004) 38.
[162] Aristoteles (2008) *1451b*.

dinglicht werden: »Die Geschichten selbst aber, in ihrer lebendigen Wirklichkeit, sind keine ›Dinge‹ und müssen erst verdinglicht, d.h. transformiert werden, bevor sie in den gegenständlichen Bestand der Welt eingehen können.«[163]

In Arendts Terminologie ist der Erzählvorgang eines Autors der Tätigkeit des Herstellens zuzuordnen und somit von der Gestaltung der Lebensgeschichte zu unterscheiden. Der Held handelt, der Erzähler beobachtet und setzt dann die Geschichte des Helden als Erzählung im Sinne eines Herstellungsprozesses um:

»Denn es mag einer noch so ›beredt in Worten sein und rüstig in Taten‹, weder Worte noch Taten hinterlassen irgendeine Spur in der Welt, nichts zeugt von ihnen, wenn der kurze Augenblick verflogen ist, während dessen sie wie eine Brise oder ein Wind oder ein Sturm durch die Welt strichen und die Herzen von Menschen erschütterten. [...] [O]hne die [...] herstellenden Künste von Homo faber, aber jetzt auf ihrem höchsten Niveau, in der vollen Glorie ihrer reinsten Entfaltung, ohne die Dichter und Geschichtsschreiber, ohne die Kunst des Bildens und die des Erzählens, könnte das Einzige, was redende und handelnde Menschen als Produkt hervorzubringen vermögen, nämlich die Geschichte, in der sie handelnd und sprechend auftraten, bis sie sich so weit gefügt hat, daß einer sie als Geschichte berichten kann, niemals sich so dem Gedächtnis der Menschheit einprägen, daß sie Teil der Welt wird, in der Menschen leben.«[164]

Die Konzeption der Narrativität in »Vita activa« beinhaltet also den Begriff der Lebensgeschichte, die ein handelnder Akteur nicht intendiert hinterlässt, und den Begriff der Erzählung als manifest hergestellte Umsetzung von Lebensgeschichten durch einen Verfasser.

In dieser Konzeption fehlt jedoch der vorgängige Denkakt, der ein Ereignis – vor jeglicher erzählerischen Umsetzung – zu einer Geschichte aufbereitet, was Hannah Arendt selbst sogar am Ende von »Vita activa« eingesteht[165]. Dieses Desiderat war Arendt durchaus bewusst und nicht umsonst beginnt sie ihr Spätwerk »Vom Leben des Geistes« mit dem Teil »Das Denken«, der genauso beginnt, wie »Vita activa« endet, nämlich mit einem Cato in den Mund gelegten Cicero-Zitat zur Beschreibung der Denktätigkeit: »›Niemals ist man tätiger, als wenn man dem äußeren Anschein nach nichts tut, niemals ist man weniger allein, als wenn man in der Einsamkeit mit sich allein

---

163 VA 227.
164 VA 211 f.
165 Vgl. VA 414.

ist.‹[166]«[167] Das Denken, das sie in »Vita activa« »[...] außer Betracht gelassen [...]«[168] hat, soll nun beschrieben werden. Die beiden Werke waren als zwei Teile einer Einheit gedacht – es sollte »[...] eine Art zweiter Band der *Vita Activa* [...] [Hervorhebung im Original]«[169] werden –, so wie das Handeln und das handlungsbegleitende Denken auch in systematischer Hinsicht eine Einheit bilden und einander komplementieren. Im Denktagebuch schreibt Arendt bereits im Juli 1955 während der Arbeiten zu »Vita activa«: »Erkennen und Machen, Herstellen, Tun gehören so zusammen wie Handeln und Denken. [Unterstreichungen im Original]«[170] Das am Beginn von »Vita activa« offerierte Versprechen eines nicht-metaphysischen politischen Denkens[171] ist erst voll eingelöst, wenn sie neben dem Handeln auch den zugehörigen Denkvorgang beschreibt. Mit der Darstellung dieser handlungsbegleitenden Denkform, welche das eigene Handeln orientiert, indem es die eigenen Erfahrungen sinnhaft aufbereitet, ist auch erst ihr in »Vita activa« angedachter Handlungsbegriff vollständig. In dem Nachlasstext »Über das Böse« liefert sie selbst die Begründung hierfür: Wenn jemand nur handelt, ohne anzuhalten und zu denken, besteht die Gefahr, dass er in einem Strom der Massensuggestion mitschwimmt und sich wiederum der Manipulation anheimgibt. Nicht umsonst bezeichnet sie gedankenlos Handelnde mit dem umgangssprachlichen Begriff »busybodies«[172] bzw. »Gschaftlhuber«[173]. Die Anfälligkeit für Manipulation und Indoktrinierbarkeit handelnder, aber nicht denkender Menschen gründet in der mitweltlich-existentialen Verfasstheit des Handlungsvollzuges selbst: »Wenn ich erscheine und von anderen gesehen werde, bin ich gewiß Einer; sonst könnte man mich gar nicht erkennen. Und solange ich mit anderen zusammen und kaum meiner selbst bewußt bin, bin ich so, wie ich den anderen erscheine.«[174] Handelnd bin ich immer nur einer und diese Identität empfange ich von Anderen:

---

166 Vgl. hierzu Cicero ([5]1993) *I, 17.*

167 VA 415; vgl. hierzu auch das Motto zum ersten Abschnitt »Das Denken« in LdG.

168 VA 414.

169 HBW 208; vgl. hierzu auch MBW 342 und D 701.

170 D 536.

171 Vgl. VA 18.

172 Arendt (2003) 105.

173 ÜdB 92.

174 LdG 182.

»Meine Identität ist an meine Erscheinung und damit an die Anderen, denen ich erscheine, gebunden. Mein ›Selbst‹ qua Identität gerade empfange ich von Andern.«[175] »So wie ich von mir selbst als einem Selbst nur weiß [sic!], weil es Spiegel gibt, so bin ich ein Selbst, identisch Eins, nur weil ich als solches von Anderen angesprochen, anerkannt usw. werde. [Unterstreichung im Original]«[176]

Im Handlungsvollzug sind wir identisch Einer, Andere schreiben uns die gleiche Identität zu. Im Handeln aktualisieren wir also unsere einheitliche Persönlichkeit. Im Gegensatz dazu bestätigen wir die Alterität, Differenz und Unterschiedenheit in uns nur im Denken:

»Und dieses Ich – das Ich-bin-ich – erfährt den Unterschied in der Identität genau dann, wenn es nicht mit erscheinenden Dingen zu tun hat, sondern nur mit sich selbst. […] Was das Denken in seinem nicht endenden Prozeß aktualisiert, ist der Unterschied, der im Bewußtsein bloß als nackte Tatsache (faktum brutum) gegeben ist […]«[177].

Bliebe dieses handlungsbegleitende Denken aus, das die Unterschiedenheit in der Identität aktualisiert, so führte derart gedankenloses Handeln zum Zusammenbruch des Gemeinsinns, da die gemeinsame Welt auf unterschiedliche Standpunkte, die es dann nicht mehr gäbe, angewiesen ist, um weiter fortbestehen zu können. Wenn Menschen nur »Einer bleiben« in dem Sinn, dass sie es unterlassen, denkend ihre Alterität zu bestätigen, so kann es sein, dass die originäre Einheit von Handeln und Denken zerbricht: »Nachdem die ursprüngliche Bedeutung verloren war, wo einer (oder mehrere) anfingen [ἄρχειν] und andere halfen, es durchzuführen (πράττειν), wurde ἄρχειν befehlen und πράττειν das Ausführen der Befehle.«[178] Die beiden grundlegenden Momente des ἄρχειν und πράττειν, die jeder plurale Handlungsvollzug nahezu ununterscheidbar beinhaltet, treten durch die Gedankenlosigkeit der Handelnden auseinander, so dass diese selbst nur noch durchführen und andere sich vom Tätigsein zurückziehen und isolieren, um sich ganz dem »Denken« bzw. den »Ideen« zu widmen, die die Untergebenen umzusetzen haben. Dieses Auseinandertriften der beiden Grundmomente des Handlungsvollzuges und deren Verteilung auf unterschiedliche Personen bezeichnet Arendt mit dem Versuch »[…] Handeln durch Herstellen zu erset-

---

175 D 734.

176 D 735.

177 LdG 186.

178 D 444; vgl. hierzu auch VA 281.

zen […]«[179]. Sie begründet dies damit, dass das Auseinanderbrechen der Handlungsmomente ἄρχειν und πράττειν der Typik und dem Verlauf eines Herstellungsvorganges gleicht: Zunächst widmet sich der Handwerker den »Ideen«, seinen Modus des »Denkens« versieht Arendt mit dem Terminus »Kontemplation«[180]. Kontemplation bezeichnet die Repräsentation eines herzustellenden und umzusetzenden Vorstellungsbildes. Erst nach diesem Vorstellungsakt geht der Handwerker an den Herstellungsvorgang selbst, den er an seinem vorgängigen Vorstellungsbild ausrichtet. Das Auseinandertriften der Einheit von ἄρχειν und πράττειν im pluralen Handlungsvollzug gleicht einem auf die Mitwelt übertragenen Herstellungsakt, bei dem viele gedankenlos »πράττειν«, d. h. durchführen bzw. umsetzen, was andere wenige, die sich von den vielen zurückgezogen haben, zuvor als weltlose Idee ersonnen haben. »Kontemplation, βίος θεωρητικός etc., ist dasjenige ›herstellende‹ Verhalten, das sich vom Herstellen, sofern es ›produktiv‹ ist, zurückgezogen hat und nur noch der ›Idee‹ lebt, die ursprünglich das Herstellen leitete.«[181] Im Extremfall totalitärer Regime führt dieser Zusammenbruch des Handelns zu einer Herrschaftstypik, bei welcher das Volk gedankenlos eine monologische Wirklichkeitsauffassung bzw. »Idee« reproduziert, die sich ein isolierter Anführer ausgedacht hat. Um das Funktionieren dieser Typik aufrechtzuerhalten, gehört die Fiktion der totalen Verantwortung des Führers und der Verantwortungslosigkeit des Volks zum Kernstück dieser ideologischen Auffassung:

> »Die totale Verantwortlichkeit des Führers für alles, was im Rahmen eines totalitären Systems geschieht […], ist für den Funktionsapparat die wichtigste Fiktion der Bewegung, weil sie automatisch ausschließt, daß ein Funktionär sich je für das, was er tut, verantwortlich fühlen kann oder fürchten muß, zur Verantwortung gezogen zu werden.«[182]

Ein weiterer Bestandteil von totalitären Ideologien ist die Fiktion der Überflüssigkeit und Gleichartigkeit der Menschen, die nur arbeitend durchführen, was andere befehlen, und restlos austauschbar und ersetzbar sind[183]. Konditioniert auf diese Ideologie sind Menschen tatsächlich angewiesen auf die Vorstellungsbilder und Wirklichkeitsauf-

---

179 VA 278.
180 Vgl. D 365.
181 D 346.
182 EuU 788.
183 Vgl. EuU 938 ff.

fassungen anderer, die sie gedankenlos umsetzen und reproduzieren, da sie selbst durch diese Indoktrinierung irgendwann nicht mehr in der Lage sind, sich ihrer Wirklichkeit zu vergewissern und darin zu orientieren. Vor diesem Hintergrund ist es leicht »[...] ideologisch geschulte Menschen zu einem Wechsel der Ideologie zu bewegen, wenn das eigene System aus irgendwelchen Gründen versagt hat.«[184] Menschen, die gewohnt sind, nur umzusetzen, sind indoktrinierbar, da sie aufgrund der Unterlassung bzw. des Verlusts der Möglichkeit, selbst denkend Orientierungsmarken für ihr Handeln zu erbringen, auf fremdgegebene Vorstellungsbilder angewiesen sind und so unter Umständen nach einem Regimewechsel unhinterfragt das Gegenteil dessen tun, was sie vorher taten. Hierfür braucht man nur die eine Ideologie gegen eine andere, in sich stimmige Wirklichkeitsauffassung auszutauschen, und diese auf Reproduktion getrimmten Menschen werden willig umsetzen, was von ihnen verlangt wird.

Dieser Indoktrinierbarkeit, die eine Extremform des Zusammenbruchs des gemeinsamen Handelns in Befehl und Durchführung darstellt, möchte Arendt eine Konzeption entgegensetzen, die Handeln und Denken als Einheit in einer Person begreift. Das hier zugehörige handlungsbegleitende Denken, das in »Vita activa« noch ausgespart bleibt, muss notwendig plural verfasst sein:

> »Um eine Politikwissenschaft zu begründen, muß man als erstes alle philosophischen Aussagen über den Menschen aufs neue unter dem Aspekt untersuchen, daß Menschen und nicht der Mensch die Erde bewohnen. Die Politikwissenschaft verlangt eine Philosophie, für die es Menschen nur im Plural gibt. Ihr Gebiet ist die menschliche Pluralität. [...] Im Bereich der Pluralität, welcher der politische Bereich ist, muß man all die alten Fragen stellen – was ist Liebe, was ist Freundschaft, was ist Einsamkeit, was ist Handeln, Denken usw. [...] [Unterstreichungen im Original]«[185].

Die Notwendigkeit einer plural verfassten Denkkonzeption hängt zusammen mit Arendts Bestreben, eine monologische Kontemplationstypik, die in einem zu überwindenden Handwerks- und Herstellungsmodell verbleibt, als Denkform zu vermeiden. Statt der kontemplativen Repräsentation und Reproduktion eines Bildes, vergegenwärtigt ein die Mitwelt in konstitutiver Weise miteinbegreifendes, plural verfasstes Denken zugleich mehrere Ansichten, Perspekti-

---

[184] EuU 967.
[185] D 297.

ven und Standpunkte. Pluralität ist sowohl im Handeln als auch im Denken Arendts Kriterium für Sinnhaftigkeit:

»[...] [D]as freie Denken verhält sich zum Handeln wie die Wissenschaft zum Tun. Weil es von vornherein als Dialogisch-mit-sich-selbst-Sein auf Andere bezogen ist, muss es [das freie Denken] kommunikativ sein – was Wissenschaft nicht nötig hat. [...] Freies Denken und freies Handeln verfolgen keine Zwecke, ›haben‹ keine Gegenstände und erzeugen keine Resultate, sondern: kreieren Sinn.«[186]

In »Vita activa« hat Arendt – wie bereits dargestellt – aufgezeigt, dass der Sinn einer Handlung in der Geschichte dieses Ereignisses zum Vorschein kommt. Demzufolge wird das gesuchte handlungsbegleitende Denken, das die eigenen Erfahrungen sinnhaft aufbereiten soll, darin bestehen, diese in einem Dialog mit sich selbst zu Geschichten aufzubereiten. Die unterschiedlichen Geschichten, die aus dem denkenden Zwiegespräch mit sich selbst hervorgegangen sind, dienen als Repräsentation unterschiedlicher möglicher Perspektiven und Standpunkte auf die gemeinsame Welt als selbsterbrachte Beispiele für die künftige Handlungsorientierung: »Politisches Denken [...] ist exemplarisch [...], weil Handeln exemplarisch ist.«[187] Dieses exemplarische Denken in Geschichten, das handlungsbegleitend »[...] die Differenz, also die angeborene Pluralität aktualisiert [...]«[188] und so den notwendig plural konstituierten Handlungsraum bzw. den Gemeinsinn aufrechterhält, soll nun im Folgenden zur Darstellung kommen. Zu diesem einsamen Dialog mit sich notiert Arendt bereits im Jahre 1952 in ihr Denktagebuch:

»Ad Einsamkeit als ein politisches Essential: In dem Dialog der Einsamkeit realisiere ich das Essential des Alter, des Anderssein als, des πρός τι [...], in seiner allgemeinsten Form. Das ›Anders-sein als‹, die Andersheit selbst, wie sie in allen Dingen gegeben ist, indiziert nur Pluralität. Dass ich diese Andersheit realisieren kann, indem ich mit mir selbst bin, ist die Bedingung der Möglichkeit, dass ich als ein Anderer mit Anderen sein kann. [...] In diesem Sinne ist die Einsamkeit die Bedingung der Möglichkeit der Gemeinschaft [...] [Unterstreichung im Original]«[189].

Oder kurz: Das Miteinander Handeln erfordert denkende Menschen, um weiterhin möglich zu sein.

---

186 D 283.
187 D 644.
188 D 768.
189 D 263 f.

Drittes Kapitel:

Denken als Umgang mit sich selbst

Nach der Darstellung der drei philosophischen Konzeptionen des menschlichen Selbst, die in besonderer Weise Arendts Denken beeinflussten[1], erwiesen sich in einem weiteren Schritt[2] all diese »Selbstverständnisse« ihrer Vorgänger als unzureichend für Arendts Anliegen, Möglichkeiten des Anhalts und der Vertiefung in Zeiten der Haltlosigkeit und Oberflächlichkeit aufzuzeigen. Die philosophische Tradition bis hin zu ihren Lehrern verstand den Menschen entweder nur als ein isoliertes Einzelwesen, das dann noch mit anderen Menschen in Bezug tritt, oder fasste die mitmenschliche Involviertheit als eine Gefahr für die Entfaltung der menschlichen Individualität und Freiheit auf, welche es durch Entwürfe eines »gelingenden« Lebens, die den Menschen weitestgehend aus seinen Bezügen isolieren, zu überwinden galt. Für Arendt sind all diese Positionen letztlich metaphysisch in dem Sinne, dass sie sich aus der originären »physis« des Menschen, also der genuin mitmenschlich-pluralen Verfasstheit seines Daseins, versuchen herauszudenken, wo diese unumgänglich ist. Im Gegensatz dazu geht es ihr um die Vorbereitung und Ausarbeitung eines Selbstverständnisses, das Menschen – entgegen aller Abtrennungs- und Isolationstendenzen – »verankert« und »verwurzelt« als Halt gegen ein »Hinweggeschwemmt-Werden« durch Totalitarismen jeglicher Couleur. In kritischer Absetzung von der metaphysischen Tradition erkennt Arendt gerade in der existentialen Bestätigung der menschlichen »physis« als seiner mitweltlich-pluralen Bedingtheit eine Anhalt bietende Vertiefungsmöglichkeit menschlichen Daseins. In »Vita activa« gelingt ihr der erste Teil der Ausarbeitung dieses metaphysikfreien politischen Denkens[3], indem sie mit ihrem Handlungsbegriff den genuin mitmenschlichen Existenz-

[1] Vgl. hierzu das erste Kapitel dieser Arbeit.
[2] Vgl. hierzu das zweite Kapitel dieser Arbeit.
[3] Vgl. VA 18.

vollzug als tätige Aktualisierung des menschlichen Geborenseins darstellt. Gleichwohl weist sie darauf hin, dass gedankenloses Handeln zum bloßen Funktionieren degradiert[4] und ein sich von der Mitwelt isolierendes Denken zum monologischen Ersinnen von Ideen – im Extremfall sogar von Ideologien – verkommen kann. Um diesen Verfallstendenzen entgegenzuwirken, bemüht sich Arendt um eine politische Konzeption, in der Handeln und Denken eine Einheit in einer Person bilden müssen. Sie selbst weist am Ende von »Vita activa« darauf hin, dass die Darstellung eines plural-dialogisch verfassten handlungsbegleitenden Denkens als Gegenentwurf zu einer monologischen Geistestypik noch aussteht[5]. Die Explikation dieser Denkform leistet sie in ihrem Spätwerk, so dass es kein Zufall ist, dass das Werk »Vom Leben des Geistes« mit dem »Denken« und denselben Worten beginnt, wie »Vita activa« endet[6]. Zu diesem Desiderat in »Vita activa« und zum Zusammenhang dieses Werkes mit ihrem Spätwerk äußert sich Arendt 1972 auf der Toronto Konferenz wie folgt:

»Der Hauptmakel und -fehler bei der *Vita activa* ist folgender: Auf das, was in der Tradition ›vita activa‹ heißt, schaue ich noch vom Standpunkt der ›vita contemplativa‹, ohne je etwas Wirkliches über die ›vita contemplativa‹ zu sagen. […] [I]ch habe das Gefühl, daß diese *Vita activa* einen zweiten Band braucht, und ich versuche ihn zu schreiben. [Hervorhebungen im Original]«[7]

So ist Arendts Projekt eines metaphysikfreien politischen Denkens erst mit der Ausarbeitung der zugehörigen Geistestätigkeit abgeschlossen, und im Umkehrschluss Vita activa und der darin entwickelte Handlungs- und Tätigkeitsbegriff nur vor dem Hintergrund einer ausreichenden Berücksichtigung des Spätwerkes, in welchem sie diese Ausarbeitung vornimmt, voll verständlich.

Darüber hinaus zeigte sich im Gang der Arbeit[8], dass Arendt mit der Entfaltung ihrer inkarnierten Tätigkeitsformen nicht müde wird darauf hinzuweisen, dass dieses Tätigsein immer in menschlichen Verstrickungen stattfindet, die geschichtlich verfasst sind. Die Ge-

[4] Vgl. Fest 39.

[5] Vgl. VA 414.

[6] »Numquam se plus agere quam nihil cum ageret, numquam minus solum esse quam cum solus esset.« vgl. VA 415; vgl. LdG 10; vgl. Cicero (^{5}1993) I, 17.

[7] Vgl. Tor 77 ff.

[8] Vgl. hierzu § 9.

schichten sind das, was vom Umgang im tätigen Miteinander und vor allem vom Handeln eines Menschen bleibt. Geschichten geben den Sinn einer Handlung und ihres Verlaufes wieder. Demzufolge wird der hier darzustellende und aus dem Spätwerk Arendts zu rekonstruierende Aufbereitungsvorgang eines erlebten Ereignisses zu einer Geschichte ein wesentliches Moment des handlungsbegleitenden Rückbezugs bzw. der mit dem Handeln einhergehenden Re-flexion sein. Die Rekonstruktion dieses geistigen Vorganges könnte des Weiteren Arendts Narrativitätskonzept, das sich in Vita activa auf die Begriffe »Lebensgeschichte« und »Erzählung« beschränkt, komplementieren, indem der vorgängige geistige Prozess, der ein lebensgeschichtliches Ereignis vor aller expliziten Erzählung allererst zu einer Geschichte aufbereitet, als Bindeglied zwischen diesen beiden Topoi transparent wird.

§10. Denken als Selbstverhältnis

Zur Frage steht also der Aufbereitungsvorgang eines Ereignisses zu einer Geschichte. Unter Ereignis versteht Arendt – wie bereits ausgeführt – eine Begegnung, eine eigens erfahrene soziale Situation bzw. eine sogenannte mitmenschliche Angelegenheit[9], die sich vor allem durch ihren Charakter der Einzigartigkeit und Unvordenklichkeit auszeichnet. Arendt verwendet den Begriff des Ereignisses bzw. der Ereignishaftigkeit auch in einem engeren Sinne, um die Anfänglichkeitsdimension des Menschen näher zu charakterisieren[10]. So ist jeder Mensch – laut Arendt – qua Geborener ein unvordenkliches Ereignis, und diese Unvergleichlichkeit kommt natürlich insbesondere in der unmittelbaren Begegnung mit diesem Menschen zur Geltung. Der Aufbereitungsvorgang eines erlebten Ereignisses ist ein Akt des Rückbezugs, der Re-flexion: Zunächst erleben wir eine Situation, dann können wir uns auf sie zurückbeziehen, etwa um sie zu einer Geschichte aufzubereiten. Die angefragte narrative Aufbereitung als ein Reflexionsakt wird also bei Arendts Geistestätigkeiten zu suchen sein. Welchen der drei Geistestätigkeiten »Denken«, »Wollen« und »Urteilen« ordnet sie nun diesen Vorgang zu?

[9] Vgl. VA 222.
[10] Vgl. VA 216.

Im Jahre 1965 äußert sie sich in ihrer Vorlesung »Some Questions of Moral Philosophy« an der New School for Social Research hierzu folgendermaßen:

»Denken als Tätigkeit kann aus jedem Ereignis entstehen; es ist da, wenn ich einen Vorfall auf der Straße beobachtet habe oder in ein Geschehen hineingezogen wurde und danach beginne, das, was geschah, zu betrachten, es mir selbst als eine Art Geschichte erzähle, es auf diese Weise für die anschließende Kommunikation mit Anderen aufbereite usw. Das gleiche ist natürlich noch wahrer, wenn es sich so ergibt, daß Thema meiner stummen Betrachtung etwas ist, was ich selbst getan habe.«[11]

Sieben Jahre später auf der Toronto Konferenz 1972 bleibt ihre Auffassung zum narrativen Aufbereitungsvorgang nahezu unverändert, wenn sie dort Folgendes ausführt: »Jeder, der eine Geschichte über das, was er vor einer halben Stunde auf der Straße erlebt hat, erzählt, muß diese Geschichte in eine Form bringen. Und dieses Die-Geschichte-in-eine-Form-Bringen ist eine Art von Denken.«[12] Arendt beschreibt den Aufbereitungsvorgang eines erlebten Ereignisses zu einer Geschichte als eine spezielle Form dessen, was sie in ihrem Spätwerk mit »Denken« bezeichnet, nämlich als eine neben zwei davon unterschiedenen anderen geistigen Tätigkeiten (dem »Wollen« und dem »Urteilen«). Was versteht sie nun wiederum unter »Denken«? Arendt beschreibt »Denken« als einen »Umgang mit sich selbst«[13]: »Sokrates entdeckte, daß man Umgang mit sich selbst haben kann, so gut wie mit anderen, und daß beide Arten von Umgang irgendwie miteinander zusammenhängen.«[14] Anknüpfend daran stellen sich mindestens zwei Fragen: Was meint Arendt mit dem Terminus »Umgang mit Anderen«? Und zweitens, in welchem Zusammenhang stehen diese beiden Arten des Umgangs?

Um sich an die Antwort auf die erste Frage heranzutasten, sei zunächst gefragt, womit sich denn das Denken in Arendts Konzeption eigentlich befasst. Sie schreibt

»[…] es gibt nichts im menschlichen Alltagsleben, das nicht Gegenstand des Denkens werden könnte […]«[15], »[…] die Gegenstände meines Denkens

---

[11] ÜdB 75.
[12] Tor 74f.
[13] Vgl. ÜdB 74; 143.
[14] LdG 187.
[15] LdG 83.

[…], das Material des Geistes, [sind] in der Welt gegeben oder entstehen durch mein Leben in dieser Welt […]«[16].

Wenn also das »Material des Geistes« »in der Welt« bzw. »durch mein Leben in dieser Welt« »gegeben« ist, so ließe sich weiterfragen, wo, wenn nicht in den Tätigkeitsformen der Vita activa, nämlich im »Arbeiten«, »Herstellen« und »Handeln« man sonst – in Arendts Sinne – in und mit der Welt zu tun haben sollte? Im vorangegangenen Kapitel dieser Arbeit wurde entwickelt, dass ein Moment der Erscheinungshaftigkeit vor Anderen allen Tätigkeitsformen der Vita activa zukommt, selbst noch dem pluralitätsfernen Arbeiten. Weil also allen Tätigkeitsformen der Vita activa ein Pluralitätsmoment – qua Erscheinungshaftigkeit vor Anderen – inhäriert, kann man die Tätigkeitsformen »Arbeiten«, »Herstellen« und »Handeln« auch unter dem Oberbegriff »Umgang mit Anderen« zusammenfassen. Vor diesem Hintergrund wird auch die eingangs formulierte These, wonach »Vita activa« erst unter einer ausreichenden Hinblicknahme des Spätwerkes voll verständlich sei, klarer, denn die in »Vita activa« von Arendt beschriebenen Tätigkeitsformen erweisen sich im Spätwerk als Teil einer komplexen Umgangsphilosophie. Wenn nun das Bedürfnis zu denken als ein Umgang mit sich selbst »[…] durch mein Leben in dieser Welt […]« als Umgang mit Anderen »[…] entsteht […]«[17], so ergibt sich daraus als erster Teilaspekt der Verhältnisbestimmung der beiden Arten des Umgangs, dass Denken als Umgang mit sich selbst aus dem Umgang mit Anderen hervorgeht.

a) Denken geht als Umgang mit sich selbst aus dem Umgang mit Anderen hervor

»Ehe man Fragen stellt wie: was ist Glück, was ist Gerechtigkeit, was ist Erkenntnis usw., muß man glückliche und unglückliche Menschen gesehen haben, gerechte und ungerechte Taten, Erkenntnisdrang und seine Erfüllung oder sein Scheitern. Außerdem muß man die unmittelbare Erfahrung im Geiste wiederholen, *nachdem* man ihren Schauplatz verlassen hat. [Hervorhebung im Original]«[18]

---

16 LdG 76.
17 LdG 76.
18 LdG 92.

Arendts Geistestätigkeit des »Denkens« hat vornehmlich mit eigenen Erfahrungen zu tun. Die eigene sinnliche Erfahrung ist vorgeordnet, die man dann in einem Selbstverhältnis, also »geistig« wiederholt und so vertieft:

»[...] Die meisten Worte beziehen sich auf Objekte, und Worte, die sich auf Begriffe (wie Gerechtigkeit, Mut etc.) beziehen, stehen in erster Linie nicht im Zusammenhang mit Ideen in meinem Kopf, sondern mit Erfahrungen, die ich in der Welt der Erscheinungen hatte (gerechte Taten, mutige Handlungen etc.). [Unterstreichung im Original]«[19]

Diese Genese des Denkvorganges lässt sich – laut Arendt – auch an griechischen Verbformen anschaulich nachvollziehen: »[D]as Wort für ›wissen‹ (eidenai) ist [...] von ›sehen‹ (idein) abgeleitet, es bedeutet ›gesehen haben‹. Erst sieht man, dann weiß man.«[20] Mit dieser Konzeption ihres Denkbegriffes will Arendt weg von einer reinen Reproduktion von Theorien, die Menschen letztlich von der Sinnenwelt und ihren eigenen Erfahrungen abschirmen. Ihr geht es vor allem darum, Menschen wieder anzuleiten selbst zu denken, indem sie auf die Sphäre hinweist, auf welche sich eigenes Denken bezieht, nämlich auf die eigenen Erfahrungen in der Welt, was wiederum heißt die Erfahrungen im Umgang mit Anderen: »Was ist der Gegenstand unseres Denkens? Die Erfahrung! Nichts anderes! Und wenn wir den Boden der Erfahrung verlieren, dann gelangen wir in alle möglichen Arten von Theorie.«[21]

Diese Auffassung demonstriert sie eindrücklich an sich selbst durch die Darstellung dessen, was sie zu ihrem Spätwerk, also zur Beschäftigung mit den Geistestätigkeiten veranlasste[22]. Zu Beginn ihres Werkes »Vom Leben des Geistes« in der Einleitung zu dem Teil über das »Denken« schreibt sie hierzu: »Dahinter stand keine These oder Theorie [...]«[23], sondern etwas »[...] unbestreitbar Wirkliche[s]«[24]: »Der unmittelbare Anstoß ergab sich aus meiner Anwesenheit beim Eichmann-Prozeß in Jerusalem.«[25] Die eigene Begegnungserfahrung mit Eichmann als Prozessbeobachterin motiviert sie gleichsam über

[19] D 773.
[20] LdG 93.
[21] Tor 81.
[22] Vgl. LdG 13 ff.
[23] LdG 13.
[24] LdG 14.
[25] LdG 13.

das Denken nachzudenken, denn der Eindruck, den sie aus ihren dortigen Erfahrungen gewann, war die »[…] offenbare[] Seichtheit des Täters […]«[26].

»Die Taten waren ungeheuerlich, doch der Täter […] war ganz gewöhnlich und durchschnittlich, weder dämonisch noch ungeheuerlich. Nichts an ihm deutete auf feste ideologische Überzeugungen oder besondere böse Beweggründe hin; das einzig Bemerkenswerte […] war etwas rein Negatives: nicht Dummheit, sondern *Gedankenlosigkeit*. [Hervorhebung im Original]«[27]

Diese Beobachtungen drängen Arendt zu der Annahme, dass ein Zusammenhang zwischen der Gedanken- und Motivlosigkeit des Täters bzw. der Täter und dem ungeheuerlichen Ausmaß der Verbrechen bestehen könnte[28]. Wenn dem so ist, veranlasst sie zur Thematisierung der Geistestätigkeiten des Weiteren die Frage, ob nicht im Umkehrschluss etwas in der Gewohnheit zu denken beschlossen liegt, was davon abhält, Böses in diesem katastrophalen Ausmaß zu begehen[29]. Der Anstoß zum Denken erfolgt also aus der Sinnenwelt[30], am Anfang stehen die eigenen lebensweltlich erfahrenen Erlebnisse und Eindrücke im Umgang mit Anderen. Erst dann, in Distanznahme zu der erlebten mitweltlichen Situation, folgt der Versuch – so irrational und unverständlich all die erlebten Eindrücke auch sein mögen –, diese denkerisch nachzuvollziehen und zu verstehen. Diese Verständnisarbeit im Denkprozess versucht, die eigenen Erfahrungen transparent und nachvollziehbar zu machen, so unliebsam diese auch sein mögen. Denken mag daher aufgrund der Größe des Anspruchs der Erfahrungen und der Bedingt- und Beschränktheit der geistigen Fassungskraft des Menschen immer versuchshaft und dessen »Ergebnisse« vorläufig bleiben[31]. Es scheitert jedoch und löst sich selbst auf, wenn man versucht gegen untrügliche Erfahrungen »anzudenken« oder sich darum bemüht, diese aufgrund ihrer Unbequemheit »um- bzw. wegzudenken«.

In welchem Zusammenhang stehen nun all diese Ausführungen in Bezug auf Arendts Narrativitätskonzeption?

---

26 LdG 14.
27 LdG 14.
28 Vgl. LdG 14f.
29 Vgl. LdG 15.
30 Vgl. LdG 33.
31 Vgl. LdG 93f.

»Die ganzen metaphysischen Fragen, die die Philosophie zu ihren Spezialproblemen machte, entstehen aus ganz gewöhnlichen Alltagserfahrungen; das ›Bedürfnis der Vernunft‹ – die Suche nach Sinn, die die Menschen veranlaßt, diese Fragen zu stellen – unterscheidet sich in keiner Weise von dem Bedürfnis der Menschen, von irgend etwas Erlebtem zu erzählen oder Gedichte darüber zu schreiben.«[32]

Der Aufbereitungsvorgang eines Erlebnisses zu einem Gedicht oder einer Erzählung entspringt dem nicht nur kantischen, sondern allgemeinmenschlichen Bedürfnis der Vernunft, das nichts anderes ist als das Bedürfnis, seine eigenen Erfahrungen nachzudenken. Der Eichmann-Prozess ist natürlich keine »ganz gewöhnliche Alltagserfahrung«, dennoch beschreibt das Zitat sehr treffend die Genealogie dessen, was Arendt unter dem speziellen Akt des Denkens als einem Aufbereitungsprozess zu einer Geschichte versteht: Zunächst erleben wir eine Situation, ein Ereignis, dann erst lassen sich diese Erfahrungen in einem distanznehmenden denkerischen Selbstverhältnis zu einer Geschichte aufbereiten. In nachgelassenen Notizen zu Seminaren, die sie als »[…] Übungen in Einbildungskraft […]«[33] verstand, als deren einziges Ziel sie es ansah »[…] Erfahrungen wiederzugewinnen […]«[34], bestätigt sie diese systematische »Schrittabfolge«, die zu einem Denkprozess führt:

»I. Keine Theorien, vergessen sie alle Theorien. Wir wollen mit der direkten Erfahrung konfrontiert werden, um diese Periode stellvertretend aufzunehmen.

Wie ist das möglich und was bedeutet es?

Es bedeutet nicht: Hören Sie auf zu denken. 1. Gedanken und Theorie sind nicht dasselbe; über jedes Ereignis, das überhaupt erinnert wird, wird nachgedacht. Andernfalls wird es vergessen. Über ein Ereignis wird nachgedacht, indem es eine Geschichte wird, die erzählt werden kann, durch Erinnerung.«[35]

Während Theorien mittels des ihnen eigenen Erklärungsverfahrens unvordenkliche menschheitsgeschichtliche Ereignisse in einen linear ablaufenden Geschichtsprozess einordnen[36] und damit suggerieren, dass das Ereignis aus einer Art Kausallogik der Geschichte in schein-

---

[32] LdG 83 f.
[33] PE 217.
[34] PE 217.
[35] PE 217.
[36] Vgl. GuP 102.

bar notwendiger Weise folgte und so gleichsam eintreten musste, was nicht nur den Ereignischarakter verschwinden lässt, sondern durch diese Rationalisierung auch das Ereignis selbst relativiert und letztlich sogar – wenn auch kausallogisch – rechtfertigt[37], scheint – laut Arendt – die Geschichte als Narration ein privilegiertes Medium für die Darstellung und Wahrung der charakteristischen Ereignishaftigkeit menschlicher Angelegenheiten zu sein. Nebenbei bemerkt begründet diese Auffassung auch ihren essayistisch-narrativen Stil, in welchem nicht nur das Eichmannbuch, sondern auch viele ihrer anderen Schriften verfasst sind, entsprechend dem Grundsatz, dass die Wahl der Vorgehensweise – d. i. ihr narrativer Darstellungsstil – dem aufzuzeigenden Gegenstand – d. i. vornehmlich der zwischenmenschlich-politische Bereich – angemessen sein sollte. »Der Stoff der Geschichte besteht aus diesen Unterbrechungen [...]«[38], und diese Unterbrechungen kann die Geschichte als Narration – im Gegensatz zum logischen Schlussfolgern – mitgehen und als diese transparent machen, ohne sie in einem Kausalprozess zu eliminieren. Mit diesem »Stoff der Geschichte« meint Arendt die vorgeordnete und unmittelbare Sphäre des Umgangs mit Anderen, welche selbst – durch die unweigerliche Verstrickung – als mitmenschliches Bezugsgewebe geschichtlich vorverfasst ist, wie es im vorherigen Kapitel bereits gezeigt wurde.

Primat hat also eben dieser tätige Umgang mit Anderen. Hannah Arendt geht sogar so weit – wie sich später zeigen wird – zu sagen: Nur weil ich mit Anderen Umgang haben kann, kann ich auch mit mir selbst in ein Umgangsverhältnis, beispielsweise in ein denkendes Selbstverhältnis, eintreten. Denken als Selbstverhältnis ist etwas der originären Umgangssphäre mit Anderen bzw. der unmittelbaren Begegnung in der Erscheinungswelt Nachgeordnetes, ja Abgeleitetes. »Ich glaube nicht, daß es irgendeinen Denkvorgang gibt, der ohne persönliche Erfahrung möglich ist. Alles Denken ist Nachdenken, der Sache nachdenken.«[39] »Um es noch einmal zu sagen: alles Denken ist ein Nach-Denken.«[40] Sie fügt also auch im Spätwerk ihre dezidiert metaphysikkritische Haltung[41] in dem Sinne fort, dass sie sich gegen

---

[37] Vgl. ÜdT; vgl. hierzu Vollrath (1990) 16.
[38] NuG 60.
[39] Gaus 69.
[40] LdG 92.
[41] Vgl. LdG 207.

ein hierarchisches Verständnis der abendländisch-metaphysischen Tradition positioniert, wonach dem denkenden Selbst der Primat zukommt und die kontingente Erscheinungswelt nur als etwas davon Abgeleitetes auftaucht. Doch es sind nicht die Fragen des Denkens bzw. das denkerische Fragen, das – laut Arendt – fraglich wurde, sondern deren metaphysische Thematisierungsweise wurde obsolet[42]. Arendt will all die Fragen, die Menschen seit jeher umtreiben, auf eine Art stellen, die sich von der hierarchisierenden Problematisierungsweise der Metaphysik unterscheidet. Hierfür versucht sie, ein metaphysikfreies, in Umgangsvollzüge inkarniertes Denken zu beschreiben, das keinesfalls nur ein Monopol der wenigen Philosophen oder Metaphysiker zu sein braucht[43], sondern das jedem Menschen möglich ist[44]. Es geht ihr um ein Denken, das »[…] nicht mehr jenseits und über der Welt und der menschlichen Zeit angesiedelt […]«[45] ist und das eine »Zwei-Welten-Theorie« als metaphysischen Trugschluss erweist, indem es die ihm eigenen Konstitutionsbedingungen transparent macht und diese mit in die Konzeption einschließt[46]. In Anlehnung an den Sophisten Protagoras[47] formuliert sie daher zu Beginn ihrer Abhandlung über das Denken ihre Grundprämisse, wonach »[…] *Sein und Erscheinen dasselbe* […] [Hervorhebung im Original]«[48] ist. Unser originäres »In-der-Welt-sein« ist demzufolge die Erscheinungswelt, und zwar die mitweltlich plural-verfasste Erscheinungswelt. »Nicht der Mensch bewohnt diesen Planeten, sondern Menschen. Die Mehrzahl ist das Gesetz der Erde.«[49] Die »[…] Vielzahl […] [ist] das Gesetz der Erde.«[50]

Diese Betonung der Primordialität unserer mitweltlich verfassten Erscheinungswelt und die Nachgeordnetheit, ja Abgeleitetheit aller Geistestätigkeiten lässt darüber hinaus eine gewisse Nähe ihres Ansatzes zu dialogphilosophischen Konzeptionen erkennbar werden. Auch wenn es entscheidende Unterschiede zur Dialogik gibt, und Arendt sich selbst nie den Dialogikern zurechnen würde, so sind doch

42 Vgl. LdG 20.
43 Vgl. Tor 74.
44 Vgl. LdG 23; 190.
45 LdG 203.
46 Vgl. LdG 32.
47 Vgl. Sextus Empiricus (⁴2002) *I, 216–218.*
48 LdG 29.
49 LdG 29.
50 LdG 186.

einige dialogphilosophische Grundeinsichten etwa von Bubers Philosophie, wonach »[d]er Mensch am Du zum Ich [wird]«[51] oder die ausgezeichnete von den drei Sphären, die Buber unterscheidet[52], das Leben mit den Menschen sei[53], ganz in Arendts Sinne. Des Weiteren ließe sich eine Parallele zu Rosenstock-Huessy und dessen Frage nach der Konstitution des Denkens aufweisen. Rosenstock-Huessy lässt – ähnlich wie Arendt – die gängige metaphysische Hierarchisierung von Denken, Sprechen und Hören hinter sich, indem er versucht, die Nachgeordnetheit und Abgeleitetheit des Denkens aus dem Primat eines ursprünglichen und vorgängigen Sprechens und Hörens darzustellen[54]: »Das Denken ist nicht vor dem Sprechen; das Denken [...] ist ein nachträglich in den Einzelnen hineingenommenes Sprechen.«[55] Ganz analog zu Rosenstock-Huessys Denken als »hineingenommenes Sprechen« zeichnet Arendt die Genese des Denkens als Umgang mit sich selbst aus dem tatsächlich stattfindenden dialogischen Umgang mit Anderen nach. Dabei hat auch bei ihr – entgegen der metaphysischen Hierarchisierung des Denkens – das tatsächliche Gespräch, also der Umgang mit Anderen, den Primat, denn diesem verdankt sich gewissermaßen erst die Möglichkeit, in einen denkend-dialogischen Umgang mit sich selbst einzutreten.

Arendt geht es darum aufzuweisen, dass der mitweltlich-plural verfassten Erscheinungswelt der Primat bzw. die Priorität zukommt[56]. Damit dreht Arendt die überkommenen metaphysischen Hierarchien um, ohne in eine »Zwei-Welten-Konzeption« des Denkens zurückzufallen, denn es gelingt ihr – ganz in phänomenologischer Manier – zu zeigen, dass man zwar beim Eintritt in den Denkvollzug die Erscheinungswelt abblendet und sich auf sich selbst zurückwendet[57], dabei aber die Erscheinungswelt selbst nie völlig verlässt[58]. Hieraus ergibt sich ein weiterer, zweiter Teilaspekt zur Verhältnisbestimmung der beiden Umgangsarten: Denken bleibt als Umgang mit sich selbst in den Umgang mit Anderen eingebettet.

[51] Buber ([10]2006) 32.
[52] Vgl. Buber ([10]2006) 10.
[53] Vgl. Buber ([10]2006) 104.
[54] Vgl. Rosenstock-Huessy (2008/2009) 150.
[55] Rosenstock-Huessy (2008/2009) 171.
[56] Vgl. LdG 33.
[57] Vgl. LdG 33.
[58] Vgl. LdG 114.

b) *Denken bleibt als Umgang mit sich selbst in den Umgang mit Anderen eingebettet*

Arendt bezeichnet es als einen der sogenannten »metaphysischen Trugschlüsse«[59], zu meinen, wir seien in einer anderen Welt – etwa einer Welt der »Ideen« –, wenn wir denken, und diese Welt sei diejenige – im Gegensatz zur Welt der Erscheinungen –, der eigentlich Wirklichkeit zukomme[60]. Jedoch verabschiedet und verwirft sie diese Vorstellung einer »Zwei-Welten-Theorie«[61] nicht einfach, sondern verdeutlicht, dass diese Erfahrungen dem Denkvorgang selbst notwendig inhärieren[62]. Arendt bemüht sich darum – wie vor ihr schon Kant –, die »Logik des Scheins«[63] im Gebrauche der Vernunft, das ist bei ihr die Denktätigkeit und deren metaphysische Trugschlüsse, aufzudecken. Dem Denkvollzug haftet also ein Schein an, der sich nicht beseitigen lässt, über den man sich und andere aber aufklären kann. Über diesen transzendentalen Schein, in welchen die Vernunft gerät, wenn sie sich über die Grenzen des Sinnlich-Erfahrbaren erhebt und der sie unweigerlich in eine sogenannte »transzendentale Dialektik« führt, also zu gleichberechtigt nebeneinanderstehenden und unauflöslichen Widersprüchen, schreibt Kant:

»Der transzendentale Schein dagegen hört gleichwohl nicht auf, ob man ihn schon aufgedeckt und seine Nichtigkeit durch die transzendentale Kritik deutlich eingesehen hat.«[64] »Es gibt also eine natürliche und unvermeidliche Dialektik der reinen Vernunft, nicht eine, in die sich etwa ein Stümper durch Mangel an Kenntnissen, selbst verwickelt, oder die irgend ein Sophist, um vernünftige Leute zu verwirren, künstlich ersonnen hat, sondern die der menschlichen Vernunft unhintertreiblich anhängt, und selbst, nachdem wir ihr Blendwerk aufgedeckt haben, dennoch nicht aufhören wird ihr vorzugaukeln, und sie unablässig in augenblickliche Verirrungen zu stoßen, die jederzeit gehoben zu werden bedürfen.«[65]

Das einzige Hilfsmittel ist hierbei die Selbstaufklärung der Vernunft, damit diese den Schein nicht mehr für Sein hält, sondern – trotz der

---

59 Vgl. LdG 22; 193 f.
60 Vgl. LdG 194.
61 LdG 194.
62 Vgl. Tor 78.
63 Kant (1998) *A293/B349*.
64 Kant (1998) *A297/B353*.
65 Kant (1998) *A298/B354 f.*.

bestehen bleibenden Scheinhaftigkeit – um diese weiß und sich so nicht irreführen lässt:

»Die transzendentale Dialektik wird also sich damit begnügen, den Schein transzendenter Urteile aufzudecken, und zugleich zu verhüten, daß er nicht betriege; daß er aber auch (wie der logische Schein) sogar verschwinde, und ein Schein zu sein aufhöre, das kann sie niemals bewerkstelligen. Denn wir haben es mit einer natürlichen und unvermeidlichen Illusion zu tun […]«[66].

Wie im sinnlichen Bereich, trotz des Wissens, dass sich die Erde um die Sonne dreht, der Schein bestehen bleibt, dass die Sonne des Morgens aufgeht, so gilt es ebenso im nichtsinnlichen Bereich der Geistestätigkeiten, sich deren »unvermeidliche Illusionen«, die ihren Gebrauch in notwendiger Weise begleiten, transparent zu machen, um nicht den Schein für wahres Sein zu halten – das hieße in Analogie zum sinnlichen Bereich, wirklich zu meinen, die Sonne drehe sich um die Erde –, wenn auch die Scheinhaftigkeit – trotz dieser Aufklärungsarbeit – bestehen bleibt.

Ganz im Gefolge Kants – gleich einer transzendentalen Logik des Scheins – klärt Arendt über die dem Denken anhaftenden »metaphysischen Trugschlüsse« als dessen scheinhafte und illusionistische Begleitumstände auf. Um diesen nicht zu erliegen, beschreibt sie zum einen diese Trugschlüsse: Sie veranschaulicht etwa die mit jedem Denkakt einhergehende hierarchisierende Annahme man sei in einer anderen, wirklicheren Welt. Diese Grundthese sogenannter »Zwei-Welten-Theorien« ist letztlich – laut Arendt – der »Intensität der Denkerfahrung« selbst geschuldet und als »metaphysischer Trug« allen Denkprozessen unvermeidlich mitgegeben. Zum anderen unternimmt sie es, um diesem Schein im Denken nicht aufzusitzen, die Bedingungen, in welchen Denkvorgänge stattfinden, mitdarzustellen: So führt sie aus, dass wir während des Denkens, selbst wenn wir meinen, wir seien woanders, wir doch rein physisch in eine Umgangssituation und -konstellation mit Anderen eingebunden bleiben. Im Denken können wir uns »[…] von der Welt zurückziehen, ohne sie freilich jemals [zu] verlassen […]«[67]. »[J]eder Denker, sei er auch noch so bedeutend, bleibt ›ein Mensch wie jeder andere‹ (Platon), eine Erscheinung unter Erscheinungen […]«[68].

---

66 Kant (1998) *A297f./B354.*

67 LdG 55.

68 LdG 62.

Was geht jedoch vor, wenn wir beginnen zu denken? Im Denken treten wir in ein Selbstverhältnis mit uns ein, das heißt, wir ziehen hierfür die Aufmerksamkeit von der gemeinsamen Welt ab, blenden also den sogenannten Gemeinsinn aus, was ein Anhalten und eine Unterbrechung all unserer weltlichen Beschäftigungen zur Voraussetzung hat, und wenden uns auf uns selbst zurück, so dass wir für unsere Mitmenschen »geistesabwesend« erscheinen. Alle geistigen Tätigkeiten – und damit auch das Denken – fangen mit einer Loslösung des Geistes von den Sinnen an[69]. Der Wirklichkeitssinn, der in dem vorherigen Kapitel als »Gemeinsinn« beschrieben wurde, und das ihm eigene Wirklichkeitsempfinden müssen hierfür ausgesetzt werden[70]. Denken löst alles gemeinhin für sinnvoll Gehaltene auf und unternimmt das Wagnis, sich selbst nach dem Sinn der eigenen Erfahrungen zu fragen[71]. Die hierfür nötige Aussetzung des Gemeinsinns und der Verlust der mit ihm verbundenen Wirklichkeitsempfindung führen während des Denkvorganges zu einer »[…] Ausblendung des Körpers und des Selbst […]«[72]. Das »Selbst« meint hier das Bewusstsein der momentanen Eingebundenheit in den Umgang mit Anderen, welche jedoch auch während des Denkens bestehen bleibt. Diese Abblendung des Bewusstseins des inkarnierten Selbst, das immer in eine überindividuelle Umgangskonstellation involviert ist, ist selbst ein metaphysischer Trugschluss, der zu Zwei-Welten-Konzeptionen des Denkens führte: Diese »Ausblendung des Selbst« im Denkakt schließt aber bei Arendt die Feststellung nicht aus, dass man sich nur im Denken erscheint[73]. Zum Verständnis dieser scheinbar widersprüchlichen Bestimmungen ist die Unterscheidung der Begriffe »Selbsterfahrung« und »Selbstverhältnis« nötig: Im tätigen Umgang mit Anderen, und dort insbesondere im Miteinander Handeln, bekommen wir durch unsere Mitmenschen Rückmeldung über uns Selbst, erfahren wir, wer wir sind. Selbsterfahrung ist also ein Terminus, der seinen Ort im tätigen Miteinander mit Anderen hat. Während unseres Tuns bzw. – im engeren Sinne – während des Handelns, also während des Tätigkeitsvollzuges, bleibt uns unser eigenes Agieren opak. Um dieses in Erscheinung treten zu lassen und es uns

---

[69] Vgl. LdG 23.
[70] Vgl. LdG 197.
[71] Vgl. LdG 176.
[72] LdB 163.
[73] Vgl. D 663.

selbst transparent zu machen, müssen wir all unsere Handlungs- und Tätigkeitsvollzüge unterbrechen und uns in ein denkerisches Selbstverhältnis begeben.

Der Eintritt in dieses Selbstverhältnis setzt demnach ein Anhalten und Innehalten voraus[74]. Arendt zitiert zur Verdeutlichung dieser innehaltenden Unterbrechung aller Tätigkeiten eine Episode von Sokrates im Symposion, wo Folgendes von ihm berichtet wird: »Denn er hat das so in der Gewohnheit, bisweilen hält er an, wo es sich eben trifft, und bleibt stehen.«[75] Diese Gewohnheit anzuhalten, als unabdingbare Voraussetzung des Denkens, zeigt auch, dass sich der Denkvollzug mit keiner anderen Tätigkeit vereinbaren lässt. Denken ist reine Tätigkeit, die alles weltbefangene Tun unterbricht, und die selbst wiederum – aufgrund dieser Ausschließlichkeit – durch sämtliche weltliche Einflüsse unterbrochen werden kann[76]. Hierin liegt auch die dem Denken und überhaupt den Geistestätigkeiten innewohnende Stille mitbegründet[77]. Auch die ethische Dimension des Denkens klingt in diesem Innehalten in Stille bereits an: Es hebt sich ab von ruhe- und rastloser Haltlosigkeit, vom gedankenlosen Mitmachen in vermeintlicher Sicherheit. Denken hingegen gleicht einer Lähmung des täglichen Geschäfts. Es lähmt gewohnte Vollzüge, lässt einen unsicher werden hinsichtlich gängiger Auffassungen und provoziert bisweilen die Unfähigkeit mitzumachen[78]. Der sokratische Vergleich des Denkens mit einem Zitterrochen, der andere in ihren Handlungen lähmt, schließt auch den Denker selbst von dieser Lähmung nicht aus:

»Ist nun dein Zitterrochen selbst auch erstarrt, wenn er andere erstarren macht, dann gleiche ich ihm; wenn aber nicht, dann nicht. Denn keineswegs bin ich etwa selbst in Ordnung, wenn ich die andern in Verwirrung bringe; sondern auf alle Weise bin ich selbst auch in Verwirrung und ziehe nur so die andern mit hinein.«[79]

In dieser Häufung der Negativbestimmungen des Denkens liegt aber selbst nichts Negatives, als etwas dem Menschen Unzuträgliches beschlossen, sondern gerade in dem »Nicht-« des Denkens verbirgt sich dessen eigentliche stille Größe auch in ethischer Hinsicht:

---

[74] Vgl. LdG 84.
[75] Platon (1957) *175b;* vgl. LdG 193.
[76] Vgl. ÜdB 92.
[77] Vgl. LdG 97.
[78] Vgl. LdG 175.
[79] *»Menon«*. In: Platon (1957) *80c,d;* vgl. hierzu LdG 172 ff.

»[…] [J]ede rastlose Tätigkeit [lässt] Verantwortung verflüchtigen. Es gibt im Englischen einen idiomatischen Ausdruck: ›stop and think‹ – halt an und denk nach. Kein Mensch kann nachdenken, ohne anzuhalten. Wenn Sie jemanden in eine rastlose Tätigkeit hereinzwingen, […] oder [er] sich hereinzwingen lässt, dann werden Sie immer dieselbe Geschichte haben. Sie werden immer die Sache haben, dass Verantwortungsbewusstsein sich nicht bilden kann. Es kann sich nur bilden in dem Moment, wo man reflektiert […]«[80].

Das »Nicht-Mitmachen« und das sich distanzierende Anhalten des Denkens beinhalten also gerade das Bewusstsein für die ethische Dimension bzw. bilden die Voraussetzung dafür, dass sich dieses Bewusstsein überhaupt bilden kann. Denn nicht in der haltlosen Aktion selbst, sondern erst in der innehaltenden Re-flexion wird das eigene Tun transparent. Selbsttransparenz und das damit einhergehende Verantwortungsbewusstsein können sich nur aus der Gewohnheit, das eigene Handeln zu reflektieren, bilden. Demnach ist der Re-flexionsvorgang als ein Rück-bezug auf das erlebte Ereignis immer auch ein Rückbezug, ja eine Rückwendung auf sich selbst.

»[…] Denken und Handeln [sind] nicht dasselbe, und in dem Maße, in dem ich zu denken wünsche, habe ich mich aus der Welt zurückzuziehen.«[81] »Für das Denken […] ist also der Rückzug von der Welt der Erscheinungen die einzige wesentliche Vorbedingung.«[82]

Die conditio sine qua non aller Geistestätigkeiten, nicht nur des Denkens, ist – laut Arendt – der Rückzug von allen weltbefangenen Engagements[83], insbesondere die Distanzierung vom Handeln[84]. Die Unterlassung und Aussetzung jeglicher Aktion als »Negationsbedingung« ermöglicht es erst positiv mit sich in ein Verhältnis einzutreten. Arendt beschreibt den Abzug der Sinne von der Erscheinungswelt und den Eintritt in eine Geistestätigkeit als Rückwendung auf das Selbst[85]. Dieses »Auf sich selbst Zurückwirken«[86] bzw. der Eintritt

80 Fest 54.
81 Tor 76.
82 LdG 84.
83 Vgl. LdG 82.
84 Vgl. LdG 97.
85 Vgl. Arendt (1978) 22. Es wird hier bewusst auf die englische Originalversion verwiesen, da die deutsche Übersetzung von »*[…] a bending back toward the self […]* [Unterstreichung – F. S.]« (Arendt (1978) 22) mit »*[…] eine Rückwendung auf das Ich […]* [Unterstreichung – F. S.]« (LdG 32) unbefriedigend, wenn nicht sogar fehlerhaft ist.
86 Vgl. LdG 80.

in ein Selbstverhältnis geht einher mit der Abwendung der geistigen Aufmerksamkeit von der sinnlich-erscheinungshaften Gegenwart hin zur Vergegenwärtigung bzw. Repräsentation im Geiste mittels der sogenannten Einbildungskraft[87]. Zur Plausibilisierung dieses Vorganges zitiert Arendt den antiken Mythos von Orpheus und Eurydike[88], den sie in spezieller Weise aufbereitet, um mit dieser Geschichte in metaphorischer Weise der nichterscheinungshaften und damit unsinnlichen Geisteserfahrung eine sinnlich-erscheinungshafte Dimension zu verleihen[89]:

»Was in solchen Fällen eigentlich geschieht [gemeint sind Akte der Vergegenwärtigung bzw. Repräsentationsvorgänge – F. S.], das ist für alle Zeiten in der Geschichte von Orpheus und Eurydike dargestellt. Orpheus stieg in den Hades hinab, um seine verstorbene Frau herauszuholen, und man sagte ihm, er könne sie wiederhaben, falls er sich nicht nach ihr umdrehe, wenn sie ihm folge. Doch als sie sich der Welt der Lebenden näherten, blickte Orpheus doch zurück, und Eurydike verschwand sofort. Dieser alte Mythos sagt genauer, als es jede theoretische Sprache könnte, was in dem Augenblick geschieht, da das Denken in der gewöhnlichen Lebenswelt aufhört: all das Unsichtbare verschwindet wieder.«[90]

Der Repräsentationsvorgang der Geistestätigkeiten – im Speziellen des Denkens – ist genauso unterbrechbar, wie das Denken selbst wiederum die Tätigkeiten im Umgang mit Anderen unterbricht. Das einzige, was den Mitmenschen von diesem Vergegenwärtigungsvorgang erscheint, ist gerade nicht – um im mythischen Bild zu bleiben – das Vorstellungsbild der Eurydike, sondern es wäre der in Gedanken versunkene Orpheus, der natürlich so im Mythos nicht vorkommt, also die Geistesabwesenheit des Denkers.

»Damit man über jemanden nachdenken kann, darf er nicht anwesend sein; solange er da ist, denken wir weder an ihn noch über ihn nach; zum Denken gehört immer das Erinnern; jedes Denken ist, genau genommen, ein Nach-Denken. Natürlich kann es vorkommen, daß man über einen Menschen oder einen Gegenstand nachzudenken beginnt, der noch anwesend ist; in

---

[87] Vgl. LdG 81.
[88] Vgl. Ovid (^{2}2007) *X 1–85*.
[89] Vgl. hierzu v. a. LdG 108 f.; 113 f. Allgemein zu Arendts Auffassung bzgl. des Zusammenhanges von Denken und Sprache bzw. metaphorischem Sprachgebrauch zur Versinnlichung von Geistesvollzügen vgl. v. a. die Kapitel *»Sprache und Metapher«* (LdG 103–114) und *»Die Metapher und das Unsagbare«* (LdG 115–129).
[90] LdG 91 f.

diesem Falle hat man sich stillschweigend von der Umwelt zurückgezogen und verhält sich so, als wäre man schon abwesend.«[91]

Denken unterbricht den Bezug zu Anderen. Geschieht dies in aller Unmittelbarkeit, etwa indem man anfängt nachzudenken, während man gerade noch mit jemandem in direktem Kontakt steht, so erscheint dies dem anderen Gegenüber als Geistesabwesenheit, wenn nicht gar als Ignoranz. Denken heißt, den Umgang mit Anderen zu unterbrechen, was nicht unbedingt immer in einer derart abrupten Weise als Abbruch einer unmittelbaren Begegnung vor sich gehen muss. Dennoch setzt Denken unweigerlich die Umgangstätigkeit mit Anderen aus, bleibt aber in den Umgang mit Anderen involviert, während es sich in ein vergegenwärtigendes Selbstverhältnis begibt. Die Vorstellungsbilder, die der Denkende repräsentiert, sind für die Außenstehenden unsichtbar und darüber hinaus äußerst fragil – wie das Bild der Eurydike –, so dass die Denktätigkeit selbst auch wieder leicht durch die Außenwelt unterbrochen werden kann. Während man nachdenkt, ist man darum bemüht, diese Vorstellungsbilder aufrechtzuerhalten, so dass eine Kontaktaufnahme zu jemandem, der gerade denkt, nicht möglich ist, es sei denn durch eine Unterbrechung der Denktätigkeit. Das einzige Charakteristikum des Denkens aus der Perspektive der Mitwelt bzw. der Anderen ist die Geistesabwesenheit dessen, der gerade denkt: »Die einzige Äußerung des Geistes dagegen ist die Geistesabwesenheit, das offenbare Ignorieren der Umwelt, etwas völlig Negatives, das in keiner Weise auf das hindeutet, was tatsächlich in unserem Inneren vorgeht.«[92]

Wenn nun der pluralen Erscheinungswelt der Primat zukommt und Denken die Aufmerksamkeit des Geistes von der Erscheinungswelt abwendet, so kommt Arendt – in Heideggers Terminologie – zu dem Schluss, dass Denken »außer der Ordnung«[93] sei. Sie belegt diese Setzungen unter anderem durch die Feststellung der Nichtumkehrbarkeit von Metaphern zur Versinnlichung von Geisteserfahrungen[94]. Philosophie, in ihrem Anliegen, Geistestätigkeiten sprachlich transparent zu machen, ist unweigerlich auf Metaphern angewiesen »[...] um die nichtsinnlichen Erfahrungen des Geistes zu erhellen,

[91] LdG 84.
[92] LdG 78.
[93] LdG 193; Heidegger (1983) 15.
[94] Vgl. LdG 114.

für die es in keiner Sprache Worte gibt.«[95] Diese Erhellung geistiger Erfahrungen mittels der Sprache ist aber nicht als Spiegelung geistiger Vorgänge misszuverstehen. Die sprachliche Verdeutlichung ist eine Übertragung sinnlich-erscheinungshafter Vorgänge auf geistige Prozesse. Bei dieser Übertragung – das Wort »Metapher« leitet sich vom griechischen μεταφέρειν ab, was soviel bedeutet wie »übertragen« – werden Analogien zwischen den geistigen und den sinnlichen Vorgängen aufgemacht[96], etwa im Höhlengleichnis, wo die zu beschreibende geistige Erfahrung von Platon unter anderem mit einem gewaltsamen Hinaufgeschlepptwerden aus der Höhle ans Licht[97] beschrieben wird. Diese Beschreibungsversuche bleiben jedoch Brückenschläge, das heißt analogisierende Übertragungen sinnlicher Vorgänge auf nichterscheinende geistige Prozesse. Die Metapher ermöglicht es uns diese Brückenschläge sprachlich durchzuführen und ist damit »[…] gewiß die größte Gabe der Sprache an das Denken und damit an die Philosophie […]«[98]. Jedoch gilt es das Bewusstsein dafür wach zu halten, dass diese metaphorischen Veranschaulichungsversuche Analogien, das heißt Entsprechungen bleiben und es sich hierbei nicht um sprachliche Wiedergaben bzw. um »Spiegelungen« des Denkens handelt. Bei Entsprechungen gibt es immer deckungsgleiche und nichtdeckungsgleiche Bereiche, was Arendt dazu führt – bei aller metaphorischen Möglichkeit zur Verdeutlichung von Geistesvorgängen – auf etwas »Unaussprechliche[s]«[99] bzw. »Unsagbare[s]«[100] in der Erfahrung des Denkens hinzuweisen. Dies heißt auch, dass sich Denkerfahrungen nicht nur auf einer rein sprachlichen Ebene erschließen lassen, sondern ein volles Verständnis der sprachlichen Zeugnisse setzt einen Nachvollzug der Denkerfahrung selbst voraus, wofür die verschriftlichten bzw. versprachlichten Metaphern letztlich nur Sprungbretter sein können. Die sprachliche Veranschaulichung von geistigen Vorgängen bleibt eine einseitige Übertragung, was Arendt mit einer Passage aus der Illias zu verdeutlichen versucht:

»Ich wähle […] die Stelle aus der ›Ilias‹, wo der Dichter die herzzerreißende Wirkung von Angst und Kummer auf die Menschen mit dem gleichzeitigen

---

95 LdG 111.
96 Vgl. LdG 111.
97 Vgl. Platon (1958) *515e*.
98 LdG 110.
99 LdG 118.
100 LdG 115.

Angriff von Winden aus verschiedenen Richtungen auf das Wasser des Meeres vergleicht […]. Denk dir diese Stürme, die du so gut kennst, so scheint uns der Dichter zu sagen, und du weißt etwas von Kummer und Angst. Bezeichnenderweise gilt die Umkehrung nicht. Wie lange auch jemand an Kummer und Angst denken mag, er erfährt nie etwas über die Winde und das Meer; der Vergleich soll eindeutig zeigen, was Kummer und Angst dem Menschenherzen antun können, das heißt, er soll eine Erfahrung erhellen, die nicht erscheint.«[101]

Geistige Erfahrungen sind somit einseitig von den sinnlich erscheinenden Erfahrungen abhängig, denn der Geist ist auf sinnliche Analogien angewiesen, um in Erscheinung treten zu können, umgekehrt ist es jedoch nicht möglich, das Sinnliche mit dem Geistigen zu beschreiben, wie Arendts Beispiel aus der Illias anschaulich demonstriert. Diese Einseitigkeit belegt für Arendt den Primat der sinnlich-plural verfassten Erscheinungswelt. Denken findet wie jede geistige Tätigkeit in dieser Erscheinungswelt statt, blendet die Aufmerksamkeit von dieser grundlegenden und primären Ordnung unserer gemeinsamen Wirklichkeit ab und benötigt diese auch wieder, um sich selbst transparent zu machen. Denken ist damit außer der Ordnung[102].

Leiblich betrachtet ist das einzige, wie sich Denken selbst in der pluralen Erscheinungswelt, das heißt für die Mitmenschen, äußert, der bereits erwähnte charakteristische Rückzug. Dieser Rückzug ist eine Art und Weise sich zur Mitwelt zu verhalten. Aus der Perspektive der Mitmenschen desjenigen, der sich zum Denken zurückzieht, gleicht dieser Vorgang dem Tod bei lebendigem Leibe. Die »Vorwegnahme des Todes« bzw. das »Sterbenlernen« des Philosophen sind eigentlich metaphorische Plausibilisierungsversuche der Mitwelt des Denkers, das heißt Verdeutlichungsversuche des gemeinsamen Verstandes, um den ungewöhnlichen leiblichen Vorgang des Denkens zu beschreiben[103]. Für den Denker selbst hingegen stellt sein Geschäft die höchste Form der Lebendigkeit dar. Arendts Titel »Vom Leben des Geistes« möchte daher nicht nur die im Leben inkarnierten Anzeichen, Bekundungen und Bedingungen des Denkens aufzeigen, sondern darüber hinaus auf jene der Denkerfahrung selbst vorbehaltene und eigentümliche Empfindung des Lebendigseins[104] hinweisen

[101] LdG 110f.; vgl. Homer (^{4}2007) *IX 1–8*.
[102] Vgl. Heidegger (1983) 15; LdG 193.
[103] Vgl. LdG 85ff.
[104] Vgl. LdG 128; 193.

und aufmerksam machen. So resultiert die Todesmetaphorik des gemeinen Verstandes auf der Unerfahrenheit im Denken und der »Nichtwahrnehmbarkeit« bzw. »Unsichtbarkeit« dessen, was im Denken selbst vor sich geht. Überhaupt sind die »Empfindungen« des Denkenden – wie etwa dieses spezifische Gefühl der Lebendigkeit – oder dessen »Bilder« – wie etwa das Vorstellungsbild der Eurydike – unzugänglich und unsichtbar für die Augen und die übrigen Sensorien des Gemeinsinns der Mitmenschen: »Beim Denken ist man nicht dort, wo man wirklich ist; man ist nicht von Sinnesgegenständen umgeben, sondern von Vorstellungsbildern, die sonst niemand sehen kann.«[105] Das, was man denkt, erscheint nicht, zumindest nicht in notwendiger Weise, so wie alle Tätigkeiten der Vita activa in graduellen Abstufungen erscheinen, und wenn es in Erscheinung tritt, dann nicht unvermittelt und direkt. Denken und Gedanken zeigen sich niemals als sie selbst, sondern immer nur in Umsetzung und Transformation im tätigen Umgang mit Anderen. Wie und was man denkt, zeigt sich in der Art und Weise des Umgangs mit Anderen, beispielsweise im Miteinander Handeln: »Ja, ich glaube, daß das Denken einen Einfluß auf das Handeln hat – auf den handelnden Menschen, weil es dasselbe Ich ist, das denkt und handelt.«[106] Denken geht also nicht nur aus dem Umgang mit Anderen hervor und bleibt in ihn – als Umgang mit sich selbst – eingebettet, sondern im Denken bereiten wir uns auch auf die künftige Umgangsgestaltung mit Anderen vor, was zugleich der dritte und letzte Teilaspekt der Verhältnisbestimmung ist.

c) Denken bereitet sich als Umgang mit sich selbst auf den künftigen Umgang mit Anderen vor

Für Arendt ist das Denken also »[…] eine unentbehrliche Vorbereitung für die Entscheidung darüber […], was sein soll […]«[107]. Wenn nun ihrer Auffassung nach Sein und Erscheinung dasselbe ist[108], so kommt der Denktätigkeit die zentrale Entscheidungsinstanz über das zu, was in der Welt, also im Umgang mit Anderen, erscheinen soll oder nicht. Mit unserem Geist treffen wir die Entscheidung, wie wir

---

105 LdG 91.
106 Tor 76.
107 LdG 209.
108 Vgl. LdG 29.

Anderen gegenüber in Erscheinung treten wollen[109]. Arendt unterscheidet hierfür terminologisch »Geist« vom Begriff der »Seele«.

»Die Leidenschaften und Gefühle unserer Seele sind [...] körpergebunden [...]«[110]. Die körperlichen Reaktionen seelischer Regungen stellen sich bei allen Menschen in ähnlicher Weise dar. Sie erscheinen unmittelbar vor allem in jenen Situationen, in welchen es uns nicht möglich ist, die seelischen Affekte geistig zu gestalten, also wenn uns – umgangssprachlich formuliert – ein Gefühl übermannt. Die Seele tritt dann unmittelbar an körperlichen Reaktionen in Erscheinung, etwa an Gesten, nichtsprachlichen Lauten oder Blicken[111]. So ist etwa die nichtsprachliche, körperliche Reaktion bei dem seelischen Zustand der Furcht in der Regel bei allen Menschen ähnlich, nämlich: Zittern, Erbleichen, Schwitzen, Aufreißen der Augen und des Mundes begleitet von einem Laut, der entsteht, wenn man schnell und heftig einatmet. Durch die körpergebundene Selbstdarstellung der seelischen Affekte unterscheiden wir uns nicht voneinander, sondern diese verbinden uns sogar mit Empfindungen höherer Tiere, die sich in ähnlicher Weise körperlich äußern[112].

Mittels des Geistes jedoch, der im Unterschied zur Körpergebundenheit der Seele sprachlich verfasst ist, können wir die seelischen Zustände, die als Affekte bei allen Menschen gleich sind, in unterschiedlicher Weise gestalten. Wir unterscheiden uns dadurch, dass wir uns in den gleichen Gefühlszuständen, je unterschiedlich präsentieren. Die Entscheidung für diese Selbstpräsentation, als individuelle Ausgestaltung eines Gefühls, treffen wir geistig[113] durch das sogenannte διανοεῖσθαι[114], das »unterscheidend geistig tätig sein«, was auf Deutsch mit dem Begriff »denken« übersetzt wird. Denken ist die unterscheidende geistige Tätigkeit, die uns im Umgang mit Anderen unterschieden macht. So schreibt Arendt in einem Brief an McCarthy zur Klärung dieser begrifflichen Unterscheidung: »[...] [U]nsere Gefühle sind alle die gleichen, der Unterschied ist, worin und wie wir sie erscheinen lassen.«[115] Es ist beispielsweise bei zwei Menschen das gleiche Gefühl der Furcht, was den einen der beiden

[109] Vgl. LdG 43.
[110] LdG 45.
[111] Vgl. LdG 41.
[112] Vgl. LdG 41.
[113] Vgl. LdG 45 f.
[114] Vgl. hierzu auch ÜdB 72.
[115] MBW 356.

dazu bringt, die gefürchtete Situation zu meiden und zu Hause zu bleiben, und den anderen, sich entschlossen und mutig der gefürchteten Situation zu stellen. »Der Mutige ist nicht einer, in dessen Seele diese Emotion nicht vorkommt oder der sie ein für allemal überwinden kann, sondern einer, der sich entschlossen hat, keine Furcht zu zeigen.«[116] »Mutig sein« heißt also nicht »keine Furcht haben«, sondern ist eine mögliche Ausgestaltungsweise der Furcht, im Gegensatz etwa zu dem oben geschilderten Vermeidungsverhalten. Beide Beispiele sind zwei unterschiedliche Weisen aus einer Vielzahl von Möglichkeiten, mit dem gleichen Seelenzustand der Furcht umzugehen. Die Entscheidung für eine dieser Möglichkeiten der jeweiligen Selbstpräsentation fiel im Denken. Dies heißt im Umkehrschluss, dass sich an unserer Selbstpräsentation, also an unserer Art und Weise, wie wir vor Anderen in Erscheinung treten bzw. den Umgang mit Anderen gestalten, zeigt, wie und was wir denken. Zu beachten ist hierbei jedoch, dass sich der Geist, insbesondere das Denken, nie so unmittelbar manifestiert wie etwa die Seele an der ihr eigenen körperlichen Reaktion, etwa wenn der Mensch von einem Pathos heimgesucht wird. Dennoch lässt unsere Haltung, das heißt insbesondere unser Umgangsstil, den wir in einer bestimmten, immer auch affektiv konnotierten Situation präsentieren, für Andere Rückschlüsse auf die Art und Weise unserer geistigen Verfasstheit zu. Die Haltung, die wir im Umgang mit Anderen präsentieren, also die aristotelische ἕξις, offenbart, »wes Geistes Kind« wir sind. Die Konstanz und Stimmigkeit der Selbstpräsentation macht den Charakter eines Menschen aus[117]. Jemand, der sich in einer furchteinflößenden Situation nur einmal als mutig erweist, in einer anderen ähnlichen Situation, in der er sich unter Umständen unbeobachtet wähnt, ausweicht, ist eher ein Heuchler bzw. Angeber, denn ein tapferer Held. Es braucht also Zeit, um den wahren Charakter bzw. die Persönlichkeit eines Menschen kennenzulernen, denn erst der längere Umgang mit einem Menschen zeigt seine konstant bleibenden Persönlichkeitsmerkmale, die sich von einmaligen Verstellungen unterscheiden. In einer einzigen Situation, die man mit einem unbekannten Menschen erlebt, offenbart sich noch nicht der Unterschied zwischen Heuchelei oder wahrem Charakter[118]. Ob Heuchelei oder Präsentation unseres au-

---

116 LdG 45.
117 Vgl. LdG S. 45 f.
118 Vgl. LdG 46.

thentischen Charakters, die Entscheidung, wie wir uns persönlich im Umgang mit Anderen gestalten wollen, erfolgt in unserem »Leben des Geistes«. Dieses Nachdenken über die Ausgestaltung unseres Charakters, unseres ἦθος, hat man dementsprechend spätestens seit Aristoteles mit dem Begriff »Ethik« bezeichnet.

Wie Arendt, deren ethische Konzeption im Wesentlichen auf Aristoteles' Nikomachischer Ethik fußt, unterscheidet dieser in ähnlicher Weise den Geist von der Seele. Alles menschliche Tun, jede Tätigkeit verhält sich in irgendeiner Weise zu einem seelischen Affekt, einem sogenannten πάθος[119]. Aristoteles nennt einige dieser Affekte (πάθη), besonders maßgeblich sind jedoch die Seelenzustände der Angst bzw. Furcht (φόβος), der Lust (ἡδονή) und des Schmerzes (λύπη)[120]. An der Art und Weise, wie wir uns nun in Bezug auf diese πάθη verhalten, also an unserer Haltung (ἕξις)[121], zeigt sich unsere geistige Verfasstheit, insbesondere unsere Klugheit (φρόνησις)[122]. Man kann sich also »[…] zu den Leidenschaften [πάθη] richtig oder falsch verhalten.«[123] »Und die lobenswerten Verhaltensweisen nennen wir Tugenden.«[124] Die Tugend (ἀρετή) ist also ein spezielles Verhalten (ἕξις) in Bezug auf einen Affekt (πάθος). Was unterscheidet jedoch lobenswertes bzw. richtiges Verhalten von weniger lobenswertem bzw. falschem Verhalten? Es ist die Wahl des rechten Maßes, welches zwischen einem Übermaß und einem Mangel besteht[125]. »[…] [D]ie Tugend [ist] ein Mittelmaß [μεσότης] […]«[126] schreibt Aristoteles. Wie begründet er dies? Er wählt einen Vergleich: Die Gesundheit ist ein dem Menschen förderlicher Zustand. Um diesen Zustand zu erhalten, also die Glückseligkeit und das gelingende Leben weiterhin zu befördern, muss man etwas dafür tun, nämlich sich ernähren oder Sport treiben. Ein Zuwenig, also ein Mangel an Sport und Ernährung, ist der Gesundheit genauso abträglich wie ein Zuviel, also ein Übermaß desselben. Das rechte Mittelmaß zwischen zwei Extremen erhält die Gesundheit und ist daher das rechte Verhalten, um das gelingende und glückende Leben zu bewahren und zu

---

[119] Vgl. Aristoteles (2001) *1104b; 1105b.*
[120] Vgl. Aristoteles (2001) *1105b.*
[121] Vgl. Aristoteles (2001) *1103a.*
[122] Vgl. Aristoteles (2001) *1103a; 1107a.*
[123] Aristoteles (2001) *1105b.*
[124] Aristoteles (2001) *1103a.*
[125] Vgl. Aristoteles (2001) *1106a,b.*
[126] Aristoteles (2001) *1106b.*

befördern[127]. Ebenso ist es in Bezug auf die πάθη: Das rechte Maß zwischen einem Zuviel bzw. Zuwenig ist das lobenswerte und damit tugendhafte Verhalten in Bezug auf den Seelenzustand, das ein glückendes Leben ermöglicht und erhält[128]. In Bezug auf den seelischen Affekt der Furcht bedeuten diese Ausführungen beispielsweise, dass das rechte tugendhafte Verhalten in der Tapferkeit (ἀνδρεία) zu finden ist, die zwischen den fehlerhaften Extremen der Feigheit (δείλος) und der Tollkühnheit (θράσος) angesiedelt ist. Die Feigheit zeigt ein Übermaß an dem Seelenzustand der Angst und einen Mangel an Tugend. Umgekehrt zeigt die Tollkühnheit als entgegengesetztes Fehlverhalten einen Mangel an Furcht und ein Übermaß in Richtung Tugend[129]. Die Tugend der Tapferkeit repräsentiert als Verhalten die rechte Mitte zwischen einem Zuviel oder Zuwenig in Richtung Affekt bzw. einem Übermaß oder Mangel in die Gegenrichtung. »Die Tugend ist also ein Verhalten der Entscheidung [προαίρεσις], begründet in der Mitte im Bezug auf uns, einer Mitte, die durch Überlegung bestimmt wird und danach, wie sie der Verständige [φρόνιμος] bestimmen würde.«[130] Die Wahl der rechten Mitte und damit die Entscheidung über das rechte Maß trifft eine der sogenannten dianoetischen Tugenden, nämlich die φρόνησις[131]. Diese geistige Tugend – entsprechend der Geistestätigkeit bei Arendt – erscheint nie direkt, sondern immer nur vermittelt in der Art und Weise des Verhaltens (ἕξις) in Bezug auf einen Affekt, das heißt in der Umgangsgestaltung und Selbstpräsentation vor Anderen. So zeugt es – laut Aristoteles – von einer schlechten geistigen Verfassung, wenn der Geist über das Verhalten nicht entscheidet und dies gestaltet, sondern dem seelischen Affekt (πάθος) freien Lauf lässt[132], entsprechend der Feigheit in Bezug auf die Furcht. Ebenso ist die φρόνησις, als geistige Entscheidungsinstanz über das rechte Maß, bei der Tollkühnheit, die einen Mangel an Furcht und ein Übermaß an Mut darstellt, in einer schlechten Verfassung[133]. Am tapferen Verhalten lässt sich die gute Verfassung des Geistes ablesen, denn hier wurde die rechte Entscheidung in der Ausgestaltung der Furcht getroffen.

---

127 Vgl. Aristoteles (2001) *1104a; 1106b.*
128 Vgl. Aristoteles (2001) *1106b.*
129 Vgl. Aristoteles (2001) *1107a,b.*
130 Aristoteles (2001) *1106b, 1107a.*
131 Vgl. Aristoteles (2001) *1103a.*
132 Vgl. Aristoteles (2001) *1105b, 1106a.*
133 Vgl. Aristoteles (2001) *1106a.*

Auch bei Aristoteles zeigen sich also die geistigen »dianoetischen« Tugenden vermittelt im Verhalten (ἕξις) bzw. im Umgang mit Anderen, was letztlich den Charakter (ἦθος) eines Menschen auszeichnet.

»Denn wenn wir über den Charakter reden, so sagen wir nicht, daß einer weise oder klug, sondern daß er friedfertig oder besonnen [oder tapfer – F. S.] sei. Wir loben aber auch den Weisen wegen seines Verhaltens. Und die lobenswerten Verhaltensweisen nennen wir Tugenden.«[134]

Demzufolge ist jemand, der klug redet oder Weisheitslehren verkündet, aber in einer Situation, die tugendhaftes Verhalten verlangt, nicht dementsprechend handelt, laut Aristoteles gerade nicht von lobenswerter und guter geistiger Verfassung:

»Mit Recht wird also gesagt, daß der Gerechte durch das gerechte Handeln entsteht und der Besonnene durch das besonnene. Ohne so zu handeln könnte niemals einer tugendhaft werden. Die Leute freilich handeln nicht so, sondern sie flüchten sich zu den Theorien und meinen zu philosophieren und auf diese Weise tüchtig zu werden; sie verhalten sich wie die Kranken, die zwar aufmerksam auf die Ärzte hören, aber keine von den Vorschriften befolgen. Und wie jene niemals körperlich gesund werden, wenn sie sich auf solche Weise pflegen, so werden auch diese nicht an der Seele gesund, wenn sie auf diese Weise philosophieren.«[135]

Die rechte Weise des Philosophierens besteht also vor allem in der Frage nach der rechten Ausgestaltung des Verhaltens (ἕξις) im Umgang mit Anderen. Eine zentrale Rolle hierfür spielt die dianoetische Tugend der φρόνησις. Doch woran orientiert sich die φρόνησις bei der Wahl des rechten Maßes? Wie trifft sie die richtige Entscheidung, also das tugendhafte Verhalten als Mitte zwischen zwei Extremformen?

Unter anderem um diese Lücke in seiner Konzeption zu schließen, braucht Aristoteles die Freundschaftsabhandlung in der Nikomachischen Ethik[136]. »[…] [S]o wird der Glückselige solcher Freunde bedürfen, wenn er tugendhafte und ihm vertraute Handlungen zu betrachten wünscht und diese eben die Handlungen des tugendhaften Menschen sind, der sein Freund ist.«[137] Die φρόνησις wird also in

[134] Aristoteles (2001) *1103a*.
[135] Aristoteles (2001) *1105b*.
[136] Aristoteles (2001) *VIII, IX*.
[137] Aristoteles (2001) *1170a*.

ihrer Unterscheidungskompetenz bzgl. der Wahl des rechten Maßes durch das Zusammenleben mit dem tugendhaften Freund bzw. durch die Beobachtung seines Verhaltens geschult. »Es ergibt sich auch eine Art von Übung der Tugend durch das Zusammenleben mit den Tugendhaften […]«[138]. Hierfür braucht es aber Zeit und Erfahrung[139], was wiederum in der Freundschaft und ihren unterschiedlichen Formen[140] begründet liegt: Man weiß nach kurzer Zeit mit einem Menschen noch nicht, ob er ein guter, tugendhafter Mensch ist, also ein wahrer Freund, oder ob es sich um eine Lust- bzw. Nutzenfreundschaft handelt. Die Lust- und Nutzenfreundschaften enden, wenn das Ziel bzw. der Zweck dieser »Freundschaft« erreicht ist. In der Regel dauern sie daher auch nicht lange Zeit[141]. Um herauszufinden, ob es sich um eine wahre Freundschaft und um einen guten und tugendhaften Menschen bei meinem Freund handelt, bedarf es langer Zeit[142]. Dem wahrhaften Freund geht es in der Beziehung mit dem Anderen nicht um seine eigenen Bedürfnisse und Zwecke, wie in der Lust- bzw. Nutzenfreundschaft, sondern es geht ihm tatsächlich um den Anderen. Aristoteles bezeichnet es daher als Merkmal wahrer, tugendhafter Freunde, dass sie sich gegenseitig das Gute wünschen[143]. Die wahre Freundschaft muss sich demzufolge lebenslänglich im tätigen Vollzug (ἐνέργεια)[144] bewähren und kann immer enttäuscht werden, denn es ist durchaus möglich, dass sich die Beziehung auch noch nach geraumer Zeit als ein Zweckbündnis erweist. Die wahre, tugendhafte Freundschaft ist also eine ständige, offene Bewährungsprobe, die daher auch das Zusammenleben (συζῆν) mit dem Anderen[145] erfordert. Letztlich lässt sich erst nach dem Ableben eines der Freunde mit Sicherheit sagen, dass es eine wahre, tugendhafte Freundschaft war, so wie ein Mensch auch erst nach seinem Tod wirklich glückselig (εὐδαίμων) genannt werden kann[146]. Das charakteristische Zusammenleben der wahren Freunde bedeutet aber bei Aristoteles immer auch, dass ich mit den Handlungen meines Freundes

[138] Aristoteles (2001) *1170a*.
[139] Vgl. Aristoteles (2001) *1103a; 1142a; 1157a*.
[140] Vgl. Aristoteles (2001) *1157a*.
[141] Vgl. Aristoteles (2001) *1156a*.
[142] Vgl. Aristoteles (2001) *1156b*.
[143] Vgl. Aristoteles (2001) *1156b*.
[144] Vgl. Aristoteles (2001) *1157b*.
[145] Vgl. Aristoteles (2001) *1157b*.
[146] Vgl. hierzu LdG 164.

zusammenleben kann, das heißt, dass ich dessen Handlungen zu meinen eigenen machen könnte, was Aristoteles in seiner Auffassung sogar so weit gehen lässt, den Freund als ein anderes Selbst zu bezeichnen[147]. Schlussendlich ist also der Freund, der doch wieder nur ein anderes Selbst ist, auch kein klares Orientierungskriterium für die Wahl der rechten Mitte, welche ja eben dieses Selbst mittels der φρόνησις zu treffen hat.

Arendt geht nun in ihrer Ethik einen bedeutenden Schritt weiter als Aristoteles, indem sie neben der Freundschaft ein weiteres, klares Kriterium angibt, an dem man sich geistig orientieren kann: Es sind die Geschichten, die aus dem erlebten Umgang mit Anderen und dem darauffolgenden Aufbereitungsvorgang im Umgang mit sich selbst hervorgegangen sind. Diese Geschichten können als Orientierungshilfen für den künftigen Umgang mit Anderen dienen[148]. Demnach liegt die ethische Dimension des Denkens als Entscheidungsinstanz über die künftige Umgangsgestaltung mit Anderen vor allem im »narrativen Denken« als einer speziellen Form der Denktätigkeit begründet. Zu Beginn des Abschnitts wurde bereits ausgeführt, dass die Tätigkeitsformen der Vita activa, also Arbeiten, Herstellen, Handeln, aufgrund ihrer Erscheinungshaftigkeit unter dem Oberbegriff »Umgang mit Anderen« zusammengefasst werden können. Alle Tätigkeiten – selbst noch das Arbeiten – erscheinen in einer Welt vor anderen Menschen. Dieses Erscheinen ist jedoch nur möglich, weil der bestimmte Modus der Ausgestaltung einer Tätigkeit sich von einer anderen Möglichkeit der Ausgestaltung eben dieser Tätigkeitsform abhebt. Wäre diese Möglichkeitsbedingung nicht gegeben, so könnte etwas nicht in Erscheinung treten, da Erscheinen heißt, sich kontrastiv von etwas anderem abzuheben. Die Tätigkeitsformen der Vita activa erscheinen aber – wenn auch mit graduellen Abstufungen – alle in einer Welt von Menschen und vor Menschen, was wiederum heißt, dass sich nicht nur Handeln und Herstellen, sondern auch das Arbeiten auf vielerlei Art und Weise gestalten lässt. Die Entscheidung über meine je spezifische Art und Weise der Ausgestaltung der Tätigkeitsformen, also mein je eigenes Verhalten (entsprechend der aristotelischen ἕξις) zu den unveränderlichen Grundbedingungen (Leben, Welt, Pluralität) des Daseins, fällt jedoch im Denken:

---

[147] Vgl. Aristoteles (2001) *1166a,b; 1170b.*

[148] Vgl. ÜdB 147 ff.

»Die Menschen sind zwar existentiell völlig bedingt – sie sind auf die Zeitspanne zwischen Geburt und Tod beschränkt, sie müssen sich um ihren Lebensunterhalt mühen, sie werden dadurch, daß sie sich in der Welt einrichten möchten, zur Arbeit veranlaßt, und zum Handeln, weil sie in der Gesellschaft ihrer Mitmenschen ihren Platz finden möchten –, aber geistig können sie alle diese Bedingungen transzendieren, freilich nur geistig, nie in der Wirklichkeit oder in Erkenntnis und Wissen, kraft derer sie die Wirklichkeit der Welt und ihrer selbst erforschen können. […] Dadurch können sie zwar nie die Wirklichkeit unmittelbar verändern […], doch die Grundsätze, nach denen wir handeln, und die Kriterien, nach denen wir urteilen und unser Leben führen, hängen letzten Endes vom Leben des Geistes ab.«[149]

Dieses geistige Transzendieren der Grundbedingungen findet vor allem im narrativen Denkakt, welcher erlebte Umgangserfahrungen zu Geschichten aufbereitet, statt. Dieser narrative Aufbereitungsvorgang ist als ein Akt der repräsentativen Aufbereitung zugleich eine Re-präsentation, das heißt eine Vergegenwärtigung der unterschiedlichen Ausgestaltungsweisen und -möglichkeiten einer Tätigkeit, die ich im Umgang mit Anderen erfahren habe. Diese repräsentierten Erfahrungen sind als erinnerte Geschichten immer empfindungsmäßig konnotiert, was noch näher zu erläutern sein wird, indem sie mit der »geschmacklichen« Beigabe »passt zu mir« oder »passt nicht zu mir« versehen sind. Diese geschmackliche Empfindungsdimension der repräsentierten Geschichten eröffnet die Möglichkeit, sie als exemplarische »Wegweiser«[150] bzw. als mögliche Orientierungsmuster für die persönliche Ausgestaltung der Tätigkeitsvollzüge zu verwenden. So entscheiden wir insbesondere in diesem »Denken in Geschichten«, wie wir unsere Grundbedingungen, also etwa die notwendige Erhaltung unserer Lebens- und Konsumprozesse, was Arendt mit »Arbeiten« bezeichnet, ausgestalten. Für diese Ausgestaltung gibt es unterschiedliche Möglichkeiten, die als repräsentierte Beispiele – wozu vor allem die aus meinen Erfahrungen aufbereiteten Geschichten gehören – mein »Set« an Gestaltungsmöglichkeiten dieser Bedingungen im künftigen Umgang mit Anderen darstellen. So kann eine eigens erlebte Begegnung mein Set an Gestaltungsmöglichkeiten der Tätigkeitsformen durchaus erweitern. In Form einer kleinen Geschichte berichtet Arendt von einer Begegnung, die ein derartiges Potential hat. Sie schreibt in einem Brief an Karl Jaspers:

---

[149] LdG 76f.
[150] ÜdB 147.

»Die Oasen aber: Die erste wirkliche Oase erschien in Gestalt eines Hafenarbeiters aus San Francisco, der mein Buch gelesen hatte und gerade alles las, was es auf Englisch von Ihnen gibt. Er schreibt selbst, veröffentlicht auch, in der Art der französischen Moralisten. Er wollte alles, aber auch alles von Ihnen wissen, und wir waren sofort Freunde. Er zeigte mir San Francisco wie ein König sein Königtum einem geehrten Gast; er arbeitet nur 3 bis 4 Tage die Woche, das reicht ihm aus. Sonst liest er, denkt, schreibt, geht spazieren. Sein Name Eric Hoffer [...], deutscher Abstammung, aber hier geboren und ohne deutsche Sprachkenntnisse. Von dem erzähle ich Ihnen, denn das ist eben doch das Beste, was es hier im Lande gibt.«[151]

Dieses Beispiel soll deutlich machen, dass der Denkakt, der einer solchen Umgangserfahrung folgt und diese Begegnung narrativ aufbereitet, in Form einer repräsentierten Geschichte meinen Entscheidungshorizont bzgl. der möglichen künftigen Ausgestaltung meiner Arbeits- und Konsumprozesse durchaus bereichern kann. Eine derartige Begegnung, aber auch noch das Lesen und Nachvollziehen dieser Geschichte Hannah Arendts, könnte unter Umständen die Einsicht provozieren, dass ich mich – wie in heutigen Arbeitsgesellschaften üblich – nur Arbeits- und Konsumprozessen hingebe, was einen Freiraum für politisches Engagement verunmöglicht. Das Beispiel »Eric Hoffer« kann zeigen, dass Freiheit gerade nicht durch Konsum entsteht, sondern durch weitest möglichen Verzicht auf diesen, und wir eigentlich gar nicht so viel konsumieren müssten, um unsere Lebensprozesse zu erhalten. Des Weiteren gibt er ein lebendiges Beispiel dafür, wie man die dadurch freigewordene Zeit – ganz im Sinne dessen, was Arendt mit »Handeln« bezeichnet – sinnvoll ausgestalten könnte. Derartige Geschichten, die aus dem Umgang mit Anderen hervorgehen, bereichern also mein Set an Gestaltungsmöglichkeiten der Existenzbedingungen. An der tatsächlichen Ausgestaltungsweise dieser Grundbedingungen, also meinem Umgangsstil in und mit den Tätigkeitsformen (ἕξις), manifestiert sich dann unser Charakter (ἦθος), bzw. es zeigt sich daran, ob wir uns überhaupt für etwas geistig entschieden haben oder nur im Strom der gängigen Konventionen gedankenlos mitschwimmen. Da die Entscheidung über den Charakter (ἦθος) – das ist die persönliche und charakteristische Selbstpräsentation im Umgang mit Anderen – vor allem anhand der repräsentierten narrativen Beispiele, also im narrativen Denkakt erfolgt, liegt die ethische Dimension des Denkens in besonderer Weise im Denken

151 JBW 294f.

in Geschichten begründet. Vor diesem Hintergrund sollte nun auch die Eingangsthese verständlich sein, wonach Hannah Arendts Handlungsbegriff in Vita activa erst mit dem Spätwerk vollständig bestimmt sei: Im Miteinander Handeln aktualisieren wir nämlich unsere Anfänglichkeit und Einzigartigkeit nur, wenn es vom eigenen Denken mitbestimmt ist. Dieses handlungsbegleitende Denken fragt sich anhand repräsentierter Geschichten als einem Set von eigens erbrachten Orientierungsmustern für die künftige Handlungsausgestaltung, welche dieser Möglichkeiten eher zu mir gehört oder welche wiederum nicht. Es ist die ethische Grundfrage, was ich zu meiner Geschichte machen kann und will und was nicht, die nicht nur für das arendtsche Handeln, sondern für alle Tätigkeitsformen von Relevanz ist. Jemand, der dieses selbstprüfende Fragen im narrativen Denkvollzug unterlässt, überlässt sich damit als gedankenloses Treibgut dem Strom gängiger Handlungs- und Tätigkeitsvollzüge. Zusammenfassend – auch im Hinblick auf die vollständige Verhältnisbestimmung der Umgangsformen – ist demnach der eingangs angefragte Aufbereitungsvorgang eines erlebten Ereignisses zu einer Geschichte eine spezielle Form des denkenden Selbstverhältnisses, das als Umgang mit sich selbst aus dem tätigen Umgang mit Anderen hervorgeht, während des Denkens in einer Umgangskonstellation mit Anderen eingebettet bleibt und sich im Denkvollzug auch wiederum auf den künftigen Umgang mit Anderen vorbereitet.

Wenn Denken als Umgang mit sich selbst derart in eine Umgangskonstellation mit Anderen eingebettet ist, könnte man sich fragen – wie auch bereits in den letzten Ausführungen anklang –, welche Auswirkung die Pflege oder Unterlassung dieses Selbstverhältnisses, also das Denken bzw. die Gedankenlosigkeit auf den Umgang mit Anderen hat. »Pflege« versus »Unterlassung des Selbstverhältnisses« bzw. »Denken« versus »Gedankenlosigkeit« sind jeweils unterschiedliche Verhaltensweisen zu dem und innerhalb des Selbstverhältnisses. Arendt übernimmt hier die bereits dargestellte Argumentationsfigur von Kierkegaard, der das Selbst als »[…] ein Verhältnis, das sich zu sich selbst verhält […]«[152], beschreibt. Das Selbst ist demnach keine isolierte bzw. abgetrennte Substanz, die dann noch als solche auf die Mitwelt eingeht und auf diese Bezug nimmt. Im Gegenteil erfährt sich das Selbst als immer schon eingelassen in ein Verhältnis mit Anderen. Es ist in Kierkegaards Formulierung »ge-

[152] Kierkegaard (2009) 13.

setzt« in und durch Andere: »Ein solcherart abgeleitetes, gesetztes Verhältnis ist das Selbst des Menschen, ein Verhältnis, das sich zu sich selbst verhält und im Verhalten zu sich selbst zu einem Anderen verhält.«[153] Alles Verhalten innerhalb und zu seinem Selbstverhältnis hat durch dieses Gesetzt-Sein in ein Fremdverhältnis immer auch zugleich Auswirkungen auf das Verhältnis mit Anderen. Diese Argumentationsfigur übernimmt also Arendt von Kierkegaard und unterscheidet zwei Verhaltensweisen bzw. zwei Modi, sich zu sich selbst zu verhalten. Die Gewohnheit, sich in den Umgang mit sich zu begeben, also sein Selbstverhältnis zu pflegen, bezeichnet sie mit »Denken«. Die Unterlassung und das Meiden eines Umgangsverhältnisses mit sich nennt sie »Gedankenlosigkeit«. Denken und Gedankenlosigkeit als Umgangsmodi in Bezug auf das Selbstverhältnis sind demzufolge – wie bei Kierkegaard – immer auch Verhaltensweisen in Bezug auf den Umgang mit Anderen, so dass sich »Denken« und »Gedankenlosigkeit« als Verhalten zu sich immer zugleich auswirkt auf den Umgang mit Anderen. »Von diesem Gesichtspunkt her gesehen ist es in der Tat wahr, daß mein Betragen Anderen gegenüber von meinem Betragen mir gegenüber abhängig ist.«[154] Dieser wesentliche Aspekt der ethischen Konsequenzen der Pflege bzw. Unterlassung des Denkens auf den Umgang mit Anderen soll an der speziellen Form des narrativen Denkens vor allem im letzten Kapitel der Arbeit[155] erläutert werden und damit den Zielpunkt der Argumentation bilden. Es lässt sich jedoch mit dem bisher Ausgeführten bereits feststellen, dass die Vorstellung, wonach hier jemand sei, der dann noch etwas zu einer Geschichte aufbereitet, der Grundphänomenalität unserer Existenz widerspricht. Arendt würde es den metaphysischen Trugschlüssen zuordnen, zu meinen, da sei mein Körper und dann denke ich auch noch. Letztlich ist dies die Erkenntnis, die Iwan Karamasow[156] machen muss, und die ihn an den Rand des Wahnsinns treibt, dass nämlich nicht nur die Tatsache, ob ich überhaupt denke oder nicht, sondern ebenso was bzw. wie ich denke, nicht zu trennen ist von mir und daher immer zugleich unmittelbaren Einfluss auf mein mitmenschliches Bezugsgewebe hat. Denken ist also nicht etwas, das dann noch zu jemandem, der denkt, »hinzukommt«, sondern ist ein

---

153 Kierkegaard (2009) 14.

154 ÜdB 79.

155 Vgl. hierzu das sechste Kapitel dieser Arbeit.

156 Vgl. Dostojewskij (^{2}2010).

Selbstverhältnis, welches sich als dieses Verhältnis immer zugleich auch auswirkt auf das Verhältnis zu Anderen.

Ein wesentliches Anliegen dieser Arbeit ist es, aufzuzeigen, dass Arendt mit ihrem Spätwerk eine profunde Konzeption des menschlichen Selbst vorlegt, die sich in einer Traditionslinie mit den Selbstkonzeptionen von Kierkegaard, Jaspers und Heidegger befindet. Diese Ansätze nimmt Arendt auf, erweitert und gestaltet diese aber auch in bedeutender Weise zu einem ganz eigenständigen Ansatz um, indem sie in phänomenologischer Manier die Konstitutionsbedingungen dieses Selbst aufzeigt, das als ein Umgangsverhältnis mit sich aus dem Umgang mit Anderen hervorgeht, in diesen involviert bleibt, und dadurch immer auch Konsequenzen auf den Umgang mit Anderen zeitigt. Denken als Umgang mit sich selbst und der Umgang mit Anderen schließen sich bei Arendt nicht in der Weise aus, wie es noch in den Konzeptionen ihrer Vorgänger angelegt ist, sondern es gelingt ihr, bei aller Unterschiedenheit des Selbstverhältnisses vom Verhältnis zu Anderen, deren wechselseitiges Bedingungsgefüge und die darin beschlossen liegende Ethik deutlich zu machen. Diese Selbstkonzeption Arendts soll nun anhand des narrativen Denkaktes als einer speziellen Form des Selbstverhältnisses – des sogenannten narrativen Selbstverhältnisses – weiter dargestellt werden.

§11. Das Selbst als ein freundschaftlicher Dialog

Zunächst sei jedoch angefragt, wie Arendt dieses denkende Selbstverhältnis näherhin beschreibt. Eine ihrer Ausführungen bietet in besonderer Weise einen hilfreichen Einstieg für den Versuch einer eingehenderen Charakteristik ihrer Selbstkonzeption:

»Selbst wenn ich Einer bin, bin ich nicht schlicht Einer; vielmehr habe ich ein Selbst und stehe zu diesem Selbst als meinem eigenen Selbst in Beziehung. Dieses Selbst ist keinesfalls eine Illusion; indem es mit mir spricht, macht es sich hörbar (ich rede mit mir selbst, ich [sic!] bin mir nicht nur meiner selbst bewußt), und in diesem Sinne bin ich, als Einer, Zwei-in-Einem, und es kann Harmonie oder Disharmonie mit dem Selbst geben.«[157]

Das Selbst ist Arendts Auffassung zufolge eine Beziehung zu sich: Wenn wir denken, treten wir in ein Beziehungsverhältnis mit uns

---

[157] ÜdB 70.

ein. Im Denken begeben wir uns also mit uns Selbst in ein Verhältnis, was auch bedeutet, dass wir in diesem Zustand nicht Einer allein oder gar verlassen sind, sondern das Denken ist – laut Arendt – ein dialogisches Verhältnis zu sich. Denkend sind wir nicht nur Einer, sondern »Zwei in Einem«[158].

Um diesen Zustand kenntlich zu machen, unterscheidet sie verschiedene »Weisen des Alleinseins«[159] (»modes of being alone«[160]): Sie differenziert die Begriffe »Einsamkeit« (»solitude«), »Isoliertheit« (»isolation«) und »Verlassenheit« (»loneliness«[161])[162]. Den Terminus »Einsamkeit« behält sie der Denktätigkeit als dem dual-dia-

[158] LdG 179.

[159] ÜdB 82; vgl. hierzu auch ÜdB 83; 85.

[160] Arendt (2003) 98.

[161] Die englischen Originale werden bewusst in einer derart ausführlichen Weise hinter der deutschen Übersetzung angeführt, denn die deutsche Übersetzung dieser Begriffe, die nicht mehr von Arendt selbst durchgeführt wurde, ist – im Gegensatz zum englischen Original – nicht immer einheitlich. In dieser Hinsicht unproblematisch sind die deutschen Übersetzungen im Denktagebuch (vgl. D) oder des Vorlesungstextes »Über das Böse« (vgl. ÜdB bzw. Arendt (2003) 49–146): Hier werden die Begriffe »being alone«, »solitude«, »isolation« und »loneliness« einheitlich mit »Alleinsein«, »Einsamkeit«, »Isoliertheit bzw. Isolation« und »Verlassenheit« übersetzt. Problematisch ist nur die deutsche Übersetzung von »The Life of the Mind« (vgl. Arendt (1979)), d.i. »Vom Leben des Geistes« (vgl. LdG). Hier gibt es Stellen, die uneinheitlich in Bezug auf andere Übersetzungen »solitude« mit dem Oberbegriff »Alleinsein« übersetzen und »loneliness« mit »Einsamkeit« (vgl. Arendt (1979) 74 und LdG 80; vgl. Arendt (1979) 185 und LdG 184). Die Verwirrung wird uferlos, da es darüber hinaus innerhalb dieser einen Ausgabe unterschiedliche Übersetzungen für die gleichen englischen Begriffe gibt. So wird etwa der Begriff »solitude«, der auf Seite 80 (in der englischen Ausgabe: Arendt (1979) 74) mit »Alleinsein« übersetzt wird, plötzlich auf Seite 87 mit »Einsamkeit« übersetzt (in der englischen Ausgabe: Arendt (1979) 81), um dann auf Seite 184 wieder mit »allein« (in der englischen Ausgabe: Arendt (1979) 185) wiedergegeben zu werden. Dieser Übersetzungsproblematik, die nicht nur ein einheitliches terminologisches Verständnis in Bezug auf Arendts Gesamtwerk in der deutschen Version verunmöglicht, sondern auch ein genaues Verständnis von »Vom Leben des Geistes« erschwert, möchte ich dadurch beikommen, dass ich mich dem Vorschlag der Herausgeber des Denktagebuches (vgl. D 1063f. Fussnote [17]) anschließe, die sich dafür entscheiden, die Begriffe »being alone«, »solitude«, »isolation« und »loneliness« in »Vom Leben des Geistes«, wie in anderen Werken auch, einheitlich zu übersetzen mit »Alleinsein«, »Einsamkeit«, »Isoliertheit / Isolation« und »Verlassenheit«. Wenn ich künftig eine Stelle aus »Vom Leben des Geistes« zitiere, die im deutschen derart uneinheitlich wiedergegeben wurde, werde ich diese Stelle kenntlich machen, indem ich das englische Original dahintersetze und den fehlerhaften deutschen Begriff stillschweigend ersetze, so wie es auch die Herausgeber des Denktagebuches vorschlagen (vgl. D 1064).

[162] Vgl. ÜdB 82; Arendt (2003) 98.

logischen Modus des Alleinseins vor. Das Denken ist die einzig duale Form des Alleinseins[163]. Im Gegensatz dazu ist man in der Isoliertheit – als dem Zustand des Alleinseins, den sie unserem Verhältnis zu Dingen und damit vor allem Herstellungsvorgängen zuordnet – Einer[164]:

»Die Weise des Alleinseins, die ich Isoliertheit und als letzte nannte, ereignet sich dann, wenn ich weder mit mir selbst zusammen noch in Gesellschaft mit Anderen bin, wenn ich mich vielmehr mit Weltdingen befasse. Isoliertheit kann die natürliche Bedingung für alle möglichen Arbeiten (*work*[165]) sein, bei denen ich mich auf das, was ich tue, so sehr konzentriere, daß die Gegenwart Anderer, einschließlich meiner selbst, mich nur stören kann. Solche Arbeit *(work)* mag produktiv sein, die konkrete Herstellung eines neuen Gegenstandes bewirken oder auch nicht: Das Lernen, ja nur das Lesen eines Buches erfordern ein gewisses Maß an Isolierung, an Schutz vor der Gegenwart von Anderen.«[166]

Man muss sich von Anderen isolieren und auch das Denken unterbrechen, was soviel heißt wie wiederum Einer alleine werden, um sich in vertiefter Weise auf Dinge einlassen zu können. Im Unterschied dazu bezeichnet Arendt mit Verlassenheit einen Zustand, der sich weder mit anderen Menschen, noch mit sich selbst, noch mit Weltdingen befasst im Sinne einer tiefen Auseinandersetzung. Verlassen ist man vor allem in Arbeitsprozessen[167], was nicht ausschließt, dass man dabei auch unter Menschen sein kann:

»[…] [W]enn [Menschen, Bücher, Musik – F. S.] […] mich nicht erreichen oder ich unfähig bin, mit ihnen Kontakt aufzunehmen, dann werde ich von Langeweile und Verlassenheit überwältigt. Hierfür brauche ich nicht allein zu sein (mitten in einer Menschenmenge kann ich sehr gelangweilt und sehr verlassen sein), sondern ich bin eben nicht in wirklicher Einsamkeit,

163 Vgl. D 459; 461 f.

164 Vgl. D 459; 461 f.

165 Vgl. Arendt (2003) 99; In der deutschen Übersetzung dieses Zitats wird »work« missverständlich mit »Arbeit« wiedergegeben. Hier ist jedoch nicht Arendts Arbeitsbegriff gemeint, denn Arendt verwendet hierfür im Englischen den Terminus »Labour«. Das in diesem Zitat verwendete englische Wort »work« meint bei Arendt im deutschen »Herstellen« (vgl. hierzu Hannah Arendts »The human condition« (Arendt (1998) vf.) mit der deutschen Version »Vita activa« (VA 5 f.)). Das obige Zitat wird in der mangelhaften deutschen Übersetzung belassen. Der Leser möge beachten, dass an den Stellen, die mit dem englischen Original »work« in Klammern versehen sind, eigentlich Herstellungsvorgänge und nicht Arbeitsprozesse gemeint sind.

166 ÜdB 83.

167 Vgl. D 459; 461 f.

das heißt, in meiner eigenen Gesellschaft oder in Gesellschaft eines Freundes, verstanden als ein anderes Selbst. Deshalb ist es – wie Meister Eckhart einmal bemerkte – sehr viel schwerer zu ertragen, in der Menge allein zu sein als in der Einsamkeit.«[168]

Arendt geht es mit der Unterscheidung dieser Formen des Alleinseins in Bezug auf die Geistestätigkeiten insbesondere um die Abgrenzung eines in plural verfasster Einsamkeit stattfindenden lebensbejahenden und lebendigen Denkens von einem metaphysischen »Denken« als isolierter Kontemplation. Mit Kontemplation bezeichnet sie den Modus des Geistes während der Schau der einen Idee, die den Herstellungsprozess leitet[169]. Die jeden Herstellungsprozess begleitende Gewalt wird bei der Verselbstständigung der zugehörigen Geistestypik als »Kontemplation« tyrannisch:

»Herstellen ist lebensfremd und weltnahe. Die Kontemplation, die dem Herstellen entspringt, die gleichsam das Herstellen ohne Hände ist, entfernt aus der Welt und ist lebens- und weltfremd. Aus dieser Entfremdung, aus dieser gewonnenen Distanz will sie dann Leben und Welt regieren. Aber die Distanz vom Leben ist erlogen: Sie beruht auf der Herrschaft über Andere, die das Lebensnotwendige herbeischaffen. Und die Distanz von der Welt ist erlogen: Sie beruht auf Parasitentum in einer Welt, die von Anderen hergestellt und bestellt wird. Sobald der kontemplative Mensch ›aktiv‹ wird, entpuppt er sich als Parasit und Tyrann, weil dies im Grunde seine Lebensbedingungen sind.«[170]

Die Freilegung dieses gewalttätig-tyrannischen Zuges in der Kontemplation lässt Arendt soweit gehen, diese Geistesform mit dem Tod in Verbindung zu bringen: »Also ist ›contemplatio‹, das Aufhören aller Tätigkeit inklusive der des Denkens, der Zustand der ›Leblosigkeit‹ – der Tod und die Philosophen […]«[171]. Die kontemplative Schau der einen Idee setzt sie gleich mit dem philosophisch-metaphysischen Denken und der Aktualisierung des Todes als Existential. Warum? Weil sich ein Mensch, der sich in dieser Weise einer Idee hingibt, gegen die plurale Grundbedingung des Menschseins wendet, das heißt, gegen die »physis« des Menschen, die in der Tatsache besteht »[…] daß die Menschen im Plural und nicht im Singular existieren,

168 ÜdB 83.
169 Vgl. D 345 f.; 365 f.
170 D 366 f.
171 D 603 f.

daß die Menschen die Erde bewohnen und nicht der Mensch […]«[172], daher Arendts Identifikation dieser Geistesform mit Meta-physik. Tyrannisch und damit problematisch wird diese Geistestypik also vor allem dann, wenn man sie von der leblosen Dingwelt auf die plural verfasste Mitwelt überträgt. Es ist eine der grundlegenden Fragestellungen Arendts, die sie schon zur Abfassung von »Vita activa« drängt, nämlich die problematische Betrachtungsweise der philosophisch-metaphysischen Tradition, nach welcher »[…] Handeln am Modell des Herstellens verstanden wurde[] […]«[173] und so »[…] das Handeln im Mittel-Zweck-Zusammenhang interpretiert […]«[174] wurde. Dieses philosophisch-metaphysische Vorurteil führte dazu, dass »[…] der Begriff der Herrschaft in das Politische eingedrungen ist (›in jedem Gemeinwesen gibt es Herrscher und Beherrschte‹) […]«[175]. Ein Mensch, der kontemplativ das mitmenschliche Zusammen regelt, ist nichts anderes als ein Alleinherrscher, der sich – wie ein Handwerker in der Planungsphase – von seinen Mitmenschen isoliert und sich einer Idee, zumeist einer Ideologie, hingibt. Diese Typik ist, wie uns die Geschichte lehrte, im mitmenschlichen Bereich tatsächlich »todbringend«, denn all jene, die sich nicht einer gedankenlosen Menge unterordnen und im Modus der Verlassenheit fraglos reproduzieren, was ihnen als Ideologie vorgesetzt wird, gewaltsam ausgeschlossen bzw. umgebracht werden. Die Organisation des menschlichen Zusammenlebens als Menschenmasse, die nur mehr die Tätigkeitsform »Arbeit« kennt und so als »Menschenmaterial« nichts als gedankenloses Umsetzen in Verlassenheit gewohnt ist, bietet die Grundlage für das Funktionieren jeder Ideologie, nämlich die Austauschbarkeit der Prämissen, sei es in Form von normiert-ideologischen Wirklichkeitsauffassungen, Verhaltenskodizes oder zeitgeistbedingten Ansichten. »Denken« wird Anderen überlassen.

In all diesen Formen ist das originäre Dual im handlungsbegleitenden Denken in Einsamkeit äußerlich aufgetrennt und auseinandergetreten in eine Idee, die ein Tyrann und sein Regime in Isolation verwaltet, und deren Umsetzung, welche eine verlassene Menschenmenge in gedankenloser Reproduktion vollzieht. Todbringend ist diese Typik im Sinne Arendts auch deswegen, weil in diesem Modell

---

172 ÜdB 78.

173 HBW 145.

174 HBW 145 f.

175 HBW 145.

politischen Zusammenlebens keiner sein Wesen entfalten kann, weder Herrscher noch Beherrschte. Das menschliche Wesen kann sich nur in Gemeinschaftsformen ausbilden, in denen ein dual-verfasstes Denken möglich ist, denn: »Ein Leben ohne Denken ist durchaus möglich; es entwickelt dann sein eigenes Wesen nicht – es ist nicht nur sinnlos, es ist gar nicht recht lebendig.«[176] Diese wesensentfaltende innere Dualität jedoch ist einer metaphysischen Herrschaftstypik fremd, die den politischen Raum in isolierte Herrscher und verlassene Beherrschte unterteilt und diesen damit zerstört. Arendt führt bei ihrer Unterscheidung der Formen des Alleinseins aus, dass »[…] Verlassenheit und Isoliertheit diese Art von Schisma, diese innere Zweiheit […] nicht kennen.«[177] Weder der bzw. die Herrscher kennen die Dualität im Denken, da sie ihrer Idee monologisch – man könnte fast sagen monomanisch – verhaftet bleiben, noch kennt es der unterworfene Mensch als Teil der umsetzenden Masse: Er ist in seinem Zustand der Verlassenheit weder »Zwei in Einem« noch wirklich Einer, sondern getrieben »[…] ohne die Bestätigung durch Andere […]«[178].

Diese monologisch-kontemplative Geistestypik, die im politischen Bereich derartige Wucherungen und Auswüchse verschiedenster Totalitarismen bis hin zur modernen Massengesellschaft hervorgebracht hat und das »›spekulative‹ Denken der Philosophen […]«[179] ist für Arendt eins: Der Tod des Sokrates versinnbildlicht für sie den Tod des lebendigen Denkens und den Siegeszug der Philosophie[180]. Im Gegenzug dazu bemüht sie sich um die Rehabilitierung eines lebendigen Denkens mit Sokrates als Vorbild, da dieser sowohl denkender als auch handelnder Mensch in einer Person war[181]. Es geht Arendt um die Reetablierung eines jedermann möglichen und nicht philosophisch-gewerbsmäßigen Denkens[182], das sie in kontrastiver Absetzung zum philosophisch »spekulativen« Denken »gewöhnliches« Denken nennt[183]: »Das gewöhnliche Denken bedenkt dauernd das, was sich ihm bietet beziehungsweise geboten hat.«[184] Lebendig ist

---

176 LdG 190.
177 ÜdB 82.
178 D 462.
179 D 727.
180 Vgl. D 162.
181 Vgl. LdG 167; vgl. DuM 137.
182 Vgl. DuM 136.
183 Vgl. D 727.
184 D 727.

dieses »gewöhnliche Denken« auch deswegen, weil es im Gegensatz zur monologischen Kontemplation, in Zweisamkeit stattfindet und damit die Pluralität als Grundbedingung menschlichen Lebens in der Geistestätigkeit aktualisiert[185]. Nur in diesem einsam dualen Verhältnis mit sich wird das Selbst in seiner Unvergleichlichkeit transparent, da nur dort, also im dualen Modus des Alleinseins – im Gegensatz zur monologisch isolierten Kontemplation – die bestätigende Aktualisierung des Unterschieds bzw. der Alterität in sich erfolgt[186]: »Was das Selbst als letztes Maß moralischen Verhaltens betrifft, so ist es natürlich nur in der Einsamkeit gegeben.«[187]

Dieser Selbsttransparenz gegenüber kann man sich aber auch verschließen, indem man das Denken als einsames Gespräch mit sich einfach unterlässt. Diese Unterdrückung eines dialogischen Selbstverhältnisses gleicht der Weigerung »Person zu sein«[188] bzw. dem willentlichen Verzicht auf »[…] alle persönlichen Eigenschaften […]«[189]. Eben dieses Vermeidungsverhalten in Bezug auf den Umgang mit sich selbst bezeichnet Arendt bekanntlich mit dem Begriff »Gedankenlosigkeit«. Denken hingegen als Aktualisierung des Unterschiedes in sich ist eine Entscheidung für sich als unvergleichliches Selbst[190]. Hier taucht auch wieder in verändertem Gewande die aristotelische προαίρεσις auf den Plan: Diese entschiedene und (sich) entscheidende Bestätigung des Andersseins[191] ist nur im einsamen Umgang mit sich, das heißt im dualen Modus des Alleinseins möglich, da nur dort die Aufblendung des anderen Dialogpartners in sich erfolgt. Nur in diesem Zustand ist man Zwei in Einem, also auch ein Anderer in sich.

Im Gegensatz zur Aktualisierung des Andersseins im denkenden Umgang mit sich selbst wird das Einer sein nur durch Andere bestätigt[192]. Durch sie erfährt man sich als ein gleiches Selbst: »[…] [D]ass ich wirklich Einer bin, dazu brauche ich alle Andern […]«[193]. Nun wird auch verständlich, dass das »Einer-Sein […]«[194] im verlassenen

[185] Vgl. D 484.
[186] Vgl. D 263.
[187] ÜdB 85.
[188] Vgl. ÜdB 101.
[189] ÜdB 101.
[190] Vgl. ÜdB 87.
[191] Vgl. D 263.
[192] Vgl. LdG 182.
[193] D 264.
[194] D 462.

Arbeiten »[…] ohne die Bestätigung durch Andere […]«[195] verbleibt. Auch im Herstellen ist man einer allein in isolierter Beschäftigung mit einer Sache[196]. »Das eigentümliche Paradox besteht darin, dass das Essential des ›unus‹ […] sich nie im Alleinsein, sondern nur mit Anderen realisieren kann […]«[197]. Daher erfolgt die Bestätigung des Einer-Seins, die im Arbeiten ganz ausbleibt, bei Herstellungsvorgängen erst im Nachhinein, dann nämlich, wenn das fertige Produkt vor Anderen erscheint und dort als Herstellungsgegenstand diesem gewissen Schöpfer zugeschrieben wird. »Herstellen ist immer vermittelt politisch (während Handeln direkt politisch ist). [Unterstreichungen im Original]«[198] »[…] [D]ie Gemeinschaft [ist] die Bedingung der Möglichkeit des Einer-seins.«[199] Die direkte Bestätigung dieses »Einer-seins« erfolgt also nur im Zusammenleben mit Anderen im Miteinander Handeln[200]. Im Handeln entsteht und konstituiert sich ein plural-mehrdimensionaler Sinnraum insbesondere dadurch, dass jeder Mithandelnde in gleicher Weise einer ist, nämlich als sein jeweilig unvergleichlicher Part in Bezug auf das Gesamtphänomen. In diesem »acting in concert«[201] also im Zusammentreten der unterschiedlichen Akteure mit ihren je unterschiedlichen Perspektiven entsteht erst die Plastizität einer Sache, das heißt, hier wird erst Sinnhaftigkeit in Form von Mehrdimensionalität freigesetzt. Im Handlungsvollzug selbst bekomme ich Rückmeldung von Anderen darüber, dass ich eine gleichbleibende Perspektive im sinnkonstituierenden Handlungsraum einnehme. Im Handeln erfährt mein Einer-Sein und damit meine Gleichheit als eine wesentliche Dimension meiner Personalität Bestätigung durch Andere.

In einem plural verfassten Denken hingegen wird diese plurale Verfassung des Handlungsraumes durch die Repräsentation der unterschiedlichen, eigens erfahrenen Umgangsstile in Form narrativer Beispiele aufrechterhalten: »[…] [I]n der Einsamkeit und nur in ihr [ist] die absolut notwendige Repräsentation der Andern […]«[202]. Nur ein derart plural verfasstes Denken ist auch sinnkonstituierend. Die

---

[195] D 462.
[196] Vgl. D 462.
[197] D 263 f.
[198] D 374.
[199] D 264.
[200] Vgl. D 459.
[201] Vgl. D 82.
[202] D 393.

Repräsentation der unterschiedlichen Perspektiven in mir lassen mir erst meine Relativität, aber damit auch die Unterschiedenheit meiner eigenen Perspektive, die ich im Handeln vertrete, transparent werden. Im Handlungsvollzug selbst bin ich ganz Einer, da ich agierend mit Anderen meinen eigenen »Part«[203] vertreten muss. So bleibt mir im Handeln mein eigener Handlungsvollzug als mein eigener Part verborgen, einfach aufgrund der Tatsache, dass ich nicht handeln kann und gleichzeitig meines Handelns von außen ansichtig werden kann. Erst im Denken repräsentiere ich die unterschiedlichen Handlungsvollzüge der je unterschiedlichen Personen, die am Handlungskonzert beteiligt waren, und erst dabei wird mir meine eigene sich unterscheidende Perspektive vor dem Hintergrund der Anderen deutlich. Nur im Denken aktualisiere und bestätige ich also mein Anders-Sein und meine Unterschiedenheit in mir und damit meine Unvergleichlichkeit als die andere Dimension meiner Personalität.

Beide Dimensionen gehören zusammen und bilden als Einheit die menschliche Personalität, nämlich Denken, in der »zwiespältigen«[204], den Unterschied in sich bestätigenden Einsamkeit und Handeln als Einer im Zusammen mit Anderen: »[…] [J]ede Einsamkeit [drängt] aus ihrer Zwiespältigkeit – wirklich Ent-zweitheit, aus der dann auch der Zweifel entspringt – wieder in das Mit-Andern, um durch den Andern Einer zu werden […]«[205]. Durch dieses handlungsbegleitende, die Unterschiedenheit von Anderen aktualisierende[206] Denken der jeweiligen Akteure wird die Pluralität der Gemeinschaft und somit der Gemeinsinn aufrechterhalten. Nur ein handelnder Mensch, der sich auch im Denken danach fragt, was er mitmachen kann oder nicht, tritt in der Öffentlichkeit in unvergleichlicher Weise auf. Fehlt dieses Moment der Bestätigung des Unterschieds bzw. der Aktualisierung der Andersheit im denkenden Dialog mit sich, so degradiert, ja »pervertiert«[207] Handeln zu reiner Umsetzung und bloßem Funktionieren, was den gemeinsamen Sinnraum durch die Reproduktion einer vorgegebenen Vorstellung (z. B. einer Ideologie) zusammenbrechen lässt:

---

[203] Vgl. LdG 99.
[204] Vgl. D 215.
[205] D 215.
[206] Vgl. LdG 186.
[207] Vgl. Fest 39.

»Und ich würde nun sagen, dass die eigentliche Perversion des Handelns das Funktionieren ist; dass in diesem Funktionieren das Lustgefühl immer noch da ist; dass aber alles, was im Handeln, auch im Zusammen-Handeln, da ist – nämlich: wir beratschlagen zusammen, wir kommen zu bestimmten Entschlüssen, wir übernehmen die Verantwortung, wir denken nach über das, was wir tun –, [dass] all das im Funktionieren ausgeschaltet ist. Sie haben hier den reinen Leerlauf. Und die Lust an diesem reinen Funktionieren – diese Lust, die ist ganz evident bei Eichmann gewesen. Dass er besondere Machtgelüste gehabt hat, glaube ich nicht. Er war der typische Funktionär. Und ein Funktionär, wenn er wirklich nichts anderes ist als ein Funktionär, ist wirklich ein sehr gefährlicher Herr. Die Ideologie, glaube ich, hat keine sehr große Rolle dabei gespielt. Dies scheint mir das Entscheidende.«[208]

Doch nicht nur ein gedankenloses »Handeln« entwickelt gefährliche Züge. Auch ein »Denken«, das den Bezug zum Handeln und zur mitweltlichen Erfahrung verliert, birgt Gefahren. Zunächst gilt auch, dass Denken auf die Erfahrung im Handeln angewiesen ist:

»Das Denken-über ist immer schon praktisch, ist nur die andere Seite des Handelns. Das Denken-über mit sich in der Einsamkeit setzt alle Andern und alles Andere voraus. Daher ist seine wesentlichste Kategorie die ἀλλότης, die Andersheit, die Distinktionen allererst möglich macht.«[209]

Fehlte also einem »Denken« die Erfahrung im Miteinander Handeln und damit die Bestätigung seines »Einer-Seins« im Zusammen mit Anderen, so gäbe es nichts mehr für ihn, was er im denkenden Dialog unterscheiden könnte, ja der denkende Dialog verunmöglichte sich sogar zusehends, was auch zur Folge hätte, dass er sich als »Unterschiedener« im Denken nicht mehr konstituieren könnte. Dieser Verlust des mitmenschlichen Erfahrungsbezuges, welcher teils selbsthervorgerufen ist durch einen vermeintlichen Zwang, sich an ein naturwissenschaftliches Objektivitätsideal anbiedern zu müssen und teils der massengesellschaftlichen Verfassung unseres Zusammenlebens geschuldet ist, die nur noch gleichartig normiertes Arbeiten als einzige Form des Agierens kennt, und der damit einhergehende Themenmangel lässt »Denken« pervertieren zur Selbstbefragung hinsichtlich seiner inhaltslosen, rein formalen Funktionsmechanik, nämlich zur Logik:

»So wie die Dialektik, d. h. διαλέγεσθαι, die Form des einsamen Denkens, so ist Logik, das reine Schlussfolgern, die Form des verlassenen Denkens.

208 Fest 39.
209 D 277.

Das erwidernde Selbst, das der Partner des einsamen Zwiegesprächs ist, geht verloren, und der sogenannte Zwang des zwingend Stimmigen und Richtigen ist in Wahrheit ein wild losgelassener, von nirgends mehr eindämmbarer – der Verlassene hat weder die Welt der Andern, noch sich selbst, noch Gott – Prozess der Selbst-zerstörung und Welt-zerstörung.«[210]

Ein »Denken« ohne Handlungsbezug verliert also jegliche moralische Dimension durch den Verlust der originären Dualität im Denken. Es ist nur dazu in der Lage aus angenommenen Prämissen kausallogisch zu deduzieren. Eine Verabsolutierung dieser Geistesform hätte zur Folge, dass weder die Prämissen, noch die zwingend logische und damit gewaltsame Umsetzungsweise auf ihre ethische Legitimität hin befragt werden könnten.

Beide Dimensionen, die Dimension des »Einer-Seins« und die Dimension des »Ein-Anderer-Seins« stehen in einem wechselseitigen Bedingungsverhältnis und müssen – wenn eine Perversion in eine der beiden Richtungen vermieden werden soll – eine Einheit in einer Person bilden: Die Selbsterfahrung erfolgt als Bestätigung der Dimension des »Einer-Seins« in graduellen Abstufungen im tätigen Umgang mit Anderen, wohingegen die Selbsttransparenz, als Transparenz meiner Unterschiedenheit von Anderen und als Bestätigung der Dimension des »Ein-Anderer-Seins«, nur im denkenden Selbstverhältnis erfolgt. Um die Selbsterfahrung im Umgang mit Anderen von der Selbsttransparenz im denkenden Selbstverhältnis zu unterscheiden, führt Arendt den Begriff des Bewusstseins ein, das im Tätigsein mit Anderen gegeben ist: »Ich werde Einer, der natürlich Selbst-Wahrnehmung, das heißt, Bewußtsein, besitzt, der aber nicht mehr ganz und deutlich ansprechbar im Besitz seiner selbst ist.«[211] Im Umgang mit Anderen bin ich nur in diffuser Weise mir meiner selbst bewusst. Dieses Bewusstsein bzw. die diffuse und opake Selbst-wahrnehmung im Umgang mit Anderen beschreibt Arendt in einem Brief an McCarthy folgendermaßen: »Es stimmt natürlich, daß immer und dauernd etwas in mir vorgeht; dieses ›etwas‹ steht in Beziehung zur äußeren Welt, es ist etwas ›Inneres‹, das ›nach außen‹ schaut.«[212] Im »Besitz seiner selbst«[213] ist das tätige Bewusstsein in seiner Weltbefangenheit aber gerade nicht. Das Selbst wird nur im Umgang mit sich, das heißt

---

210 D 214 f.
211 ÜdB 82.
212 MBW 356 f.
213 ÜdB 82.

im denkenden Selbstverhältnis, transparent. Diese Unterscheidung zwischen Selbsterfahrung und Selbstverhältnis mag folgendes, scheinbar paradoxe Zitat klären:

»So wie ich von mir selbst als einem Selbst nur weiß [sic!], weil es Spiegel gibt, so bin ich ein Selbst, identisch Eins, nur weil ich als solches von Anderen angesprochen, anerkannt usw. werde [– dies entspricht dem Begriff »Selbsterfahrung« – F. S.]. Gerade mein Selbst erhalte ich als Reflexion der Erscheinung [– dies entspricht dem Begriff des »Selbstverhältnisses« – F. S.]. Das Bewusstsein ist nie Selbst-Bewusstsein. Im weltlosen Bewusstsein weiß [sic!] ich nicht mehr, als dass etwas in mir und eventuell mit mir vorgeht [Unterstreichungen im Original].«[214]

Das Bewusstsein ist also nie Selbst-Bewusstsein im starken Sinne einer Selbsttransparenz. »Nur im Denken ›erscheine‹ ich mir […]«[215] schreibt Arendt. Wie könnte man diese Feststellung jedoch nachvollziehen?

Ein erster Annährungsversuch an diese Fragestellung bestünde darin im Anschluss an Arendts Beschreibung des Denkens als »inneren« Dialog mit sich festzustellen, dass der »innere« Gesprächspartner, den ich im denkenden Dialog mit mir aufblende, mir wiederum zeigt, wer ich bin, da er in mir meinen Standpunkt, den ich im Handeln mit Anderen vertrete, gleichsam aus einer anderen Perspektive transparent macht. Die Möglichkeit der Repräsentation dieses »inneren« Dialogpartners versetzt den Menschen in die Lage auch im Geist, nämlich »[…] im Denken die Differenz, also die angeborene Pluralität [zu – F. S.] aktualiser[en]«[216], da der Dialog die kleinste Form der Pluralität darstellt: »Wahr ist dennoch, daß selbst in der Singularität oder Dualität des Denkprozesses Pluralität wie im Keim gegeben scheint, insofern nämlich, als ich nur denken kann, indem ich mich, obwohl ich Einer bin, in Zwei aufteile.«[217] Erst in einem Handeln als »acting in concert« in Verbund mit einem handlungsbegleitenden, dialogischen Denken bestätigen wir demnach in voller Weise die Pluralität als unsere menschliche Grundbedingung und damit das Existential unseres Geborenwerdens »[…] von Menschen, als Mensch unter Menschen […]«[218]: So, wie ich auf mich als ein Selbst

---

[214] D 735 f.
[215] D 663.
[216] D 768.
[217] ÜdB 93.
[218] D 263.

erst im Umgang mit Anderen gestoßen werde – entsprechend des Geborenwerdens von Menschen –, so gehe ich aus dem denkenden Selbstverhältnis wieder in die Gesellschaft mit Anderen ein und bestätige erst darin meinen Neuanfang entsprechend des Faktums der Geburt, dass ich als Mensch nur unter Menschen geboren werde. Für den im zweiten Kapitel dieser Arbeit entwickelten Handlungsbegriff gilt es also zu beachten, dass unsere Anfänglichkeit, Einmaligkeit und Unvergleichlichkeit nur in einem Handeln zur Geltung kommt, das vom Denken begleitet ist, und ein Denken nur sein unvergleichliches menschliches Wesen bestätigt, wenn es sich auf das Handeln bezieht, dessen plurale Verfassung in konstitutiver Weise miteinbegreift und sich im unmittelbaren Umgang mit Anderen wieder zur Geltung bringt bzw. inkarniert.

Die »Empfindung des Lebendigseins«[219], die – laut Arendt – ein plural verfasstes Denken begleitet, gründet in der Bestätigung der Pluralität als Grundbedingung menschlichen Lebens im Geistesvollzug:

»Die Sokratisch-Platonische Beschreibung des Denkprozesses scheint mir deshalb so bedeutend, weil sie […] impliziert, daß die Menschen im Plural und nicht im Singular existieren, daß die Menschen die Erde bewohnen und nicht der Mensch. Auch dann, wenn wir mit uns zusammen sind, wenn wir dieses Allein-Sein artikulieren oder aktualisieren, merken wir, daß wir in Gesellschaft sind, in der Gesellschaft mit uns selbst.«[220]

Diese plural verfasste, dialogische Geistestätigkeit scheint damit auch der einzig humane Geistesvollzug zu sein: »[…] [E]s [ist] dieser stumme Dialog, den ich mit mir selbst führe, in welchem meine spezifisch menschliche Eigenschaft bestätigt wird.«[221] Nur in dieser Einheit von pluralem Handeln und plural verfasstem Denken kann sich Humanität entfalten und nur in ihr bleibt die Möglichkeit, sie zur Geltung zu bringen, gewährleistet. Aber dieses plurale Denken ist nicht nur deswegen die einzig »humane« Geistestätigkeit, weil sie die Pluralität als Grundbedingung bestätigt, sondern weil sie darüber hinaus in ihrer plural-dialogischen Verfasstheit als einzige Geistestätigkeit eine jeden Menschen unterscheidende Empfindungsdimension bei sich trägt. Wie jeder tatsächliche Dialog, ja schon jede Begegnung mit einem anderen Menschen mit einer spezifischen

---

[219] LdG 128.
[220] ÜdB 78.
[221] ÜdB 73.

Empfindung konnotiert ist, so ist auch der innere Dialog mit sich von einer speziellen Empfindung getragen. Diese Empfindungsdimension, die nur als »zwischenmenschliche Atmosphäre« zwischen mindestens zwei entstehen kann, und die – wie sich zeigen wird – unsere persönliche moralische Unterscheidungskompetenz darstellt, fehlt anderen monologischen Geistesformationen, wie etwa der Kontemplation oder dem rein subsumtiven Erkennen. Selbst das Wollen, welches auch gespalten ist, bietet keine persönliche Unterscheidungsmöglichkeit, da die Rollen in dieser Geistestypik festgelegt und aufgeteilt sind, nämlich in »Herr« und »Knecht«[222], entsprechend einem »befehlenden« und einem »gehorchenden« Teil[223], und so eine spezifische und unterscheidende Empfindung, wie sie nur zwischen gleichberechtigten Partnern aufkommen kann, auch nicht entstehen lässt.

Zunächst stellt sich die Frage, wie Arendt die Grundempfindung während des Denkvorganges beschreibt. Sie vergleicht das Denken mit einem Dialog zwischen zwei Freunden[224], demnach könnte man die Grundempfindung, die im Denken gegeben ist bzw. sogar gegeben sein muss, mit dem Begriff »freundschaftlich« bezeichnen. Wodurch entsteht jedoch – im Gegensatz zu dieser Grundempfindung – die jeden Menschen individuierende und unterscheidende Empfindung? Die Antwort liegt im menschlichen Repräsentationsvermögen: Die Repräsentation unterschiedlicher Handlungsbeispiele im Denken gleicht dem Gesprächsthema im Dialog zwischen Freunden. Im freundschaftlichen Selbstgespräch des Denkens treten die erinnerten Umgangserfahrungen gleichsam als repräsentierte Personen vor das Gespräch der Freunde bzw. zwischen sie und heben sich empfindungsmäßig ab von der freundschaftlichen Grundstimmung des Denkgesprächs, indem diese repräsentierten Personen wie in tatsächlichen Begegnungssituationen atmosphärisch signalisieren »passt zu mir bzw. uns« oder »passt nicht zu mir bzw. uns«, sprich »mit ihm könnten wir befreundet sein« bzw. »damit könnten wir nicht befreundet sein«. Womit man jeweils befreundet bzw. zusammenleben könnte oder womit nicht, sieht natürlich bei jedem Menschen anderes aus, daher auch der Begriff der unterscheidenden Empfindungsdimension, die im Denkgespräch mitgegeben ist. Nur in einem dualdialogischen Denken kann diese unterscheidende Empfindungs-

[222] Vgl. D 756.
[223] Vgl. ÜdB 130.
[224] Vgl. LdG 186 ff.

dimension auftauchen, weder in formallogischen Kausalketten, noch in monologischer Kontemplation kann sich diese Empfindungsdimension überhaupt erst bilden. Die Idee etwa, der man sich in spekulativem Denken hingibt, mag noch so gefühlsmäßig aufgeladen sein, sie vereinnahmt jedoch monolithisch den ganzen Geist, was wiederum verunmöglicht den »inneren« Dialogpartner aufzublenden und so zu den eigenen Empfindungen in Bezug auf diese Idee durchzudringen. Allein dialogisches Denken stellt die grundlegende Unterscheidungsdimension für die menschliche Selbstgestaltung und damit eine Aktualisierung des Unterschieds im Sinne der Unvergleichlichkeit dar: »In dem Dialog der Einsamkeit realisiere ich das Essential des Alter, des Anderssein als […]«[225]. Hieraus klärt sich auch Arendts Feststellung, dass »[e]in Leben ohne Denken […] sein eigenes Wesen nicht [entwickelt] […]«[226]. Das einzige Kriterium bzw. die einzige Voraussetzung[227], um dieses wesensbestätigende und wesensentfaltende Denken aufrechtzuerhalten und fortsetzen zu können, ist der Fortbestand der Freundschaft mit sich: Die Grundbedingung des denkenden Zwiegesprächs besteht – laut Arendt – in einem Leben in sokratischer Selbstübereinstimmung[228], das heißt, in ihrer Konzeption vor allem mit sich befreundet zu bleiben, was wiederum voraussetzt, nichts zu tun, was vor dem freundschaftlichen Gespräch nicht bestehen könnte, bzw. was einen der befreundeten Gesprächspartner zu einem Beziehungsabbruch nötigte. Positiv formuliert beschreibt Arendt also das Denken als einen Dialog, als ein Zwiegespräch mit sich über all die Dinge, die einen – auch und vor allem im persönlichen Alltag – bewegen. Hierfür zieht sie den Vergleich mit einem Gespräch zwischen Freunden heran: Wenn wir denken, begeben wir uns in ein dialogisches Selbstverhältnis, das einem Gespräch zwischen Freunden gleicht und sich darum bemüht in Form eines Frage-Antwort-Prozederes[229], die eigenen Erfahrungen zu plausibilisieren.

Um ihren eigenen Freundschaftsbegriff eingehender zu entfalten, bezieht sich Arendt in kritischer Absetzung auf die aristotelische Freundschaftsabhandlung[230]. Aristoteles bringt sein Verständnis auf

---

225 D 263.
226 LdG 190.
227 Vgl. LdG 184 ff.
228 Vgl. LdG 185.
229 Vgl. LdG 184.
230 Vgl. LdG 187 ff.

die Formel der Freund sei ein anderes Selbst[231]. Arendt dreht diese Formel um, so dass ihrer Auffassung nach »[d]er Freund nicht ein ›anderes Selbst‹ [ist], sondern das Selbst [...] ein anderer Freund.«[232] Zunächst muss man sich jedoch fragen, wie Aristoteles darauf kommt, seinen Freundschaftsbegriff mit dieser Formel zu beschreiben, um in einem nächsten Schritt weiter zu fragen, was Arendt dazu verleitet, diese Formel zur Bestimmung ihres denkenden Selbstverhältnisses genau umzukehren.

Wir verließen die Darstellung der aristotelischen Freundschaftskonzeption bei der Feststellung, dass er diese Abhandlung im Rahmen seiner Nikomachischen Ethik braucht, um veranschaulichen zu können, woran sich die φρόνησις bei der Wahl des rechten Maßes orientiert. Diese Darstellung griff aber zu kurz, denn es geht Aristoteles mit seiner Freundschaftsabhandlung auch darum, zu zeigen, dass ein glückseliges Leben nicht rein aus sich heraus realisierbar ist, sondern – über reine Zweckbündnisse hinaus – auf echte Freundschaften, die sich einstellen und nicht herstellen lassen, angewiesen ist, um Glückseligkeit in voller Weise zu erlangen. Wozu braucht aber der Glückselige noch Freunde? Wie könnte man Aristoteles' Argumentation genauer nachvollziehen? Was heißt Glückseligkeit? Glückseligkeit als ein Zustand der Fülle und Vollkommenheit kann sich einstellen durch ein vollkommenes, d.i. ein tugendhaftes Leben[233]. So ein Mensch, der ein tugendhaftes Leben führt, wünscht keinesfalls »[...] ein anderer zu werden [...]«, sondern er »[...] begehrt mit seiner ganzen Seele [...]« »[...] mit sich selbst zusammenzuleben.«[234] Ein vollkommenes Leben besteht also darin in ganzer Weise Selbst zu sein. Im Gegensatz dazu ist der Schlechte[235], also der unvollkommene Mensch, »[...] in sich gespalten [...]«[236]. Er will auch nicht wie der Tugendhafte »[...] sein eigenes Leben leben [...], sondern das eines anderen.«[237] Der Unvollkommene ist nicht ganz er selbst, sondern hat einen Teil abgespalten. Er bietet sich daher auch Anderen nicht in ganzer Weise als er selbst an, sondern nur Teile seiner Selbst. Dies ist auch der Grund, warum der Schlechte – laut

[231] Vgl. Aristoteles (2001) *1166a*.
[232] D 688.
[233] Vgl. Aristoteles (2001) *1099b*.
[234] Aristoteles (2001) *1166a*.
[235] Vgl. Aristoteles (2001) *1166b*.
[236] Aristoteles (2001) *1166b*.
[237] Aristoteles (2001) *1178a*.

Aristoteles – nur Zweckbündnisse, das heißt nur Lust- und Nutzenfreundschaften und keine wahren Freundschaften führt[238]. Worin besteht aber nun dieses »Ganz sein« des in Vollkommenheit Lebenden? Aristoteles führt hierzu aus, dass

»[…] das Leben des Lebendigen durch die Fähigkeit der Wahrnehmung bestimmt [wird], bei den Menschen durch Wahrnehmung und Denken. Die Fähigkeit wird auf die Tätigkeit zurückgeführt, denn die Hauptsache ist die Tätigkeit. So scheint also das Leben wesentlich auf dem Wahrnehmen oder dem Denken zu beruhen.«[239]

Jedoch verfügen Tiere bereits über Wahrnehmungen[240], es muss also um eine spezielle Form der Wahrnehmung, eine Art der menschlichen Wahrnehmung gehen. Diese ermöglicht erst geistige Formen wie das Denken, und durch diese unterscheiden wir Menschen uns von den Tieren, was wiederum bedeutet, dass dadurch das uns speziell als Menschen Zukommende freigesetzt wird. Über diese spezielle Form der Wahrnehmung schreibt Aristoteles, dass

»[…] nun der wahrnimmt, der sieht, daß er sieht, und hört, daß er hört, und als Gehender wahrnimmt, daß er geht, und wenn es bei allem anderen ebenso eine Wahrnehmung davon gibt, daß wir tätig sind, so daß wir also wahrnehmen, daß wir wahrnehmen […]«[241].

Aufgrund unserer »existentiellen Situation«, die darin besteht, dass »[…] wir eher die Nächsten betrachten können als uns selbst und ihr Handeln eher als das unsrige […]«[242], wir uns also selbst bei unserem Tun nicht von außen sehen können, sind wir auf Andere und ihre »Mitwahrnehmung«[243] angewiesen. Diese mit-menschliche Wahrnehmung bestätigt bzw. korrigiert nicht nur die Wahrnehmung der Wahrnehmung also z.B. das Sehen des Sehens etc., sondern dies schließt auch den Inhalt der Wahrnehmung, also das Gesehene etc. mit ein. Diese spezifische menschliche Wahrnehmung, die eine Voraussetzung für das Denken bildet, kann sich nur mit einem Freund voll entfalten und nicht allein aus sich heraus. Hierfür braucht man jemand Anderen, der einem nicht übel mitspielt, also einen tugend-

---

[238] Vgl. Aristoteles (2001) *1157b*.
[239] Aristoteles (2001) *1170a*.
[240] Vgl. Aristoteles (2001) *1139a*.
[241] Aristoteles (2001) *1170a,b*.
[242] Aristoteles (2001) *1169b*.
[243] Vgl. Aristoteles (2001) *1170b*.

haften Freund, der von sich selbst absieht und einem »das Gute wünscht«[244], um von ihm ehrliche Bestätigung oder Korrektur hinsichtlich der eigenen originären Weltwahrnehmung, aber auch hinsichtlich eigener Gedanken zu erhalten. Indem der Freund das eigene Wahrnehmen und Denken vollendet, verhilft er einem zur Fülle des Daseins, die laut Aristoteles in der vollen Entfaltung des Denkens und Wahrnehmens besteht: »Also bedarf der Glückselige tugendhafter Freunde.«[245] Glückseligkeit als volle Entfaltung des Selbst ist aus sich heraus nicht möglich. Erst der Freund vervollkommnet das Selbst, daher auch die aristotelische Formel: »[…] [D]er Freund ist ein anderer er selbst […]«[246]. Bei Aristoteles ist der Mensch als ein Selbst – ganz in metaphysischer Manier – als »abgetrennt« Einzelner vorausgesetzt, der dann noch mit Anderen zusammentreten kann, etwa mit einem Freund. Ein derartig metaphysisches Philosophieren fragt nach den Bestimmungsstücken dieses substantiell gedachten Selbst: Was muss hinzukommen bzw. was braucht dieses Selbst, um in seinen vollkommenen Zustand bzw. zur Fülle seines Daseins zu gelangen? Es ist bekanntlich der tugendhafte Freund. Der Freund wird in dieser Konzeption zu einer Art akzidentellem Teil eines vorgeordneten Selbst, das dieses benötigt, um ganz werden zu können: Daher ist der Freund ein anderer er selbst. Der Primat kommt damit dem Selbst zu, der Freund ist nur dessen Teil, etwas davon Abgeleitetes, dem Selbst Untergeordnetes. Der Freund wird vom Selbst her verstanden und letztlich aus dem Selbst deduziert. Diese metaphysische Konzeption, die in isolierten substantiellen Einheiten denkt und diese zu bestimmen versucht, kann aus ihrer Position heraus gar nicht anders als zu einer derartigen Hierarchisierung des Selbst gelangen. Dieser metaphysische Vorentscheid führt zu einer ableitenden Bestimmung des Anderen aus einem vorgeordnet primordialen Selbst.

Arendt macht die Voraussetzungen dieser Position, die zu einem derartigen Primat des Selbst führen, erst gar nicht mit. Bei ihr gibt es kein abgetrenntes einzelnes Selbst, sondern der Mensch befindet sich nach dem pluralen Grundgesetz der Erde[247] immer schon in Umgangskonstellationen bzw. Verhältnissen mit Anderen. Dennoch

---

244 Vgl. Aristoteles (2001) *1156b.*
245 Aristoteles (2001) *1170b.*
246 Aristoteles (2001) *1166a; 1170b.*
247 Vgl. LdG 29; 186.

wertschätzt Arendt Aristoteles, indem sie dessen Leistung hervorhebt, nämlich erkannt zu haben, dass das Selbst und der Freund in einem konstitutiven Verhältnis zueinander stehen[248]. Allerdings bleibt er der überkommenen metaphysischen Hierarchisierung des denkenden Ichs verhaftet: Das Selbst ist primär, der Freund davon abgeleitet. Arendt dreht diese Hierarchie genau um und zeigt damit auch das gegenseitige Bedingungsgefüge auf:

»[…] Der schweigende Dialog indiziert Pluralität, aber Vorbild [ist] der Dialog mit einem Anderen. Nur weil ich mit Anderen sprechen kann, kann ich auch mit mir sprechen, d. h. denken. Ergo: Aristoteles hat unrecht: Der Freund ist nicht ein ›anderes Selbst‹, sondern das Selbst ist ein anderer Freund.«[249]

Nur weil wir also die Erfahrung der Freundschaft mit einem tatsächlichen Freund gemacht haben, können wir mit uns selbst befreundet sein. Dem wirklichen Freund verdankt sich die Möglichkeit, in ein freundschaftliches Verhältnis mit sich eintreten zu können. Die Erfahrung der Freundschaft setzt das Selbst als einen freundschaftlichen Dialog erst frei. So ist der Freund nicht das andere Selbst, sondern das Selbst der andere Freund. Das Selbst ist nichts, aus dem man deduziert, sondern als Selbst weiß man sich Anderen verdankt, vor allem seinen Freunden. Ein Selbst, das sich verdankt weiß, weiß, dass es aus einem originären Zusammen hervorgegangen ist. Vor dem Hintergrund dieser Erfahrung wird es auch künftig mit Anderen in einer Weise umgehen, die sich auch wieder für ein derartiges Zusammensein anbietet. Was bedeutet es aber sich für ein künftiges freundschaftliches Zusammen anzubieten? Es heißt nichts zu tun, womit sich keiner mehr solidarisch erklären könnte, womit keiner mehr zusammenleben wollte und was von keinem Mitmenschen mehr verstanden werden könnte.

Nicht der Freund ist also etwas Abgeleitetes, sondern das Selbst als ein denkendes ist abgeleitet von einer originären Form freundschaftlichen Zusammenseins:

»Die Leiterfahrung ist hier natürlich die Freundschaft und nicht das Selbstsein; man spricht zunächst mit anderen, ehe man mit sich selbst spricht und sich über den Gegenstand des vorigen Gesprächs Gedanken macht, worauf

---

[248] Vgl. LdG 187.
[249] D 688.

man entdeckt, daß man ein Zwiegespräch nicht nur mit anderen, sondern auch mit sich selbst führen kann.«[250]

Damit ist das Denken als freundschaftliches Selbstgespräch gewissermaßen die Fortsetzung des tatsächlichen Gesprächs mit dem Freund mit anderen Mitteln. Dieses Motiv der Fortsetzung des Gesprächs unter veränderten Umständen und mit anderen Mitteln thematisiert Arendt insbesondere in ihrer Lessing-Preis-Rede, die auch den Anfang ihres Sammelbandes »Menschen in finsteren Zeiten« bildet[251]. Man hat den Eindruck, dass ihr Lessing als Identifikationsfigur dient, um ihre eigenen autobiographischen Erfahrungen[252] zu verarbeiten. Das Denken mit sich wird in dem Lessingaufsatz als eine Art »Fluchtraum« dargestellt, der bleibt, wenn öffentliche Räume zusammenbrechen, und so ein tätiges öffentliches Reden und Handeln unmöglich wird. Das Denkgespräch wird zur »Notlösung« in derart »finsteren Zeiten«[253]:

»Daß Menschen, wenn ihnen der weltliche Raum, der durch Zusammenhandeln konstituiert wird und sich dann mit Ereignissen und Geschichten anfüllt, geraubt ist, sich auf ihre Denkfreiheit zurückziehen, ist natürlich sehr alt; und irgendein solches Rückzugsphänomen scheint auch bei Lessing vorzuliegen.«[254]

Der Zusammenbruch der Öffentlichkeit – wie etwa bei Arendt zu Zeiten totaler Herrschaft – reißt Menschen auseinander und lässt sie zu isolierten Einzelexistenzen werden. Die Unmöglichkeit, unter diesen Umständen mit den tatsächlichen Freunden zusammenzukommen, drängt einen ins Denkgespräch als Ersatz der Freundschaft, das die Originärerfahrung zwar nie ganz einholen kann, aber doch die Freundschaft in veränderter Weise fortbestehen lässt. Dieses »Rückzugsphänomen«[255] ist von der Hoffnung getragen, dass »Fermenta cognitationis«[256], die aus dem einsam denkenden Freundschaftsdialog mit sich hervorgehen, also beispielsweise Texte mit einem künftigen Leser[257] ein ähnliches Zusammensein in Form eines Denkgesprächs

250 LdG 187 f.
251 Vgl. Les.
252 Vgl. hierzu Son 6 ff.
253 Vgl. Les 26.
254 Les 23 f.
255 Les 23.
256 Les 23; 24.
257 Vgl. Les 33.

bilden, wie das unwiederbringlich verloren gegangene originäre Gespräch mit dem tatsächlichen Freund in aller Unmittelbarkeit. Denken wird zum »[...] vorweggenommene[n] Sprechen mit anderen [...]«[258], um ein »[...] Gespräch mit anderen Selbstdenkenden in Gang zu bringen und so einer Einsamkeit zu entkommen [...]«[259]. Liegt jedoch unter dem Motiv der Flucht ins Denkgespräch, um darin die Freundschaft fortleben zu lassen, noch ein tieferer Beweggrund verborgen? Die Frage stellt sich auch darum, weil nicht jedes Denken literarische »Fermenta cognitationis« hinterlässt, wie bei Lessing. Wozu also diese Fortsetzung des Gesprächs mit anderen Mitteln? Wozu Denken?

§12. Denken als Fragen nach dem Sinn von Erfahrungen

Zu Beginn dieses Abschnittes soll zunächst der status quo der Ausführungen kurz zusammengefasst werden: Der angefragte Aufbereitungsvorgang eines Ereignisses zu einer Geschichte ist eine spezielle Form dessen, was Arendt mit der Geistestätigkeit »Denken« umschreibt. Denken – und damit auch das narrative Denken – ist ein dem unmittelbaren Erleben nachgeordnetes Umgangsverhältnis mit sich selbst: Zunächst erleben wir eine Situation, dann erst beziehen wir uns in einem denkenden Verhältnis mit uns selbst auf diese Situation zurück. Dieser auf die Situation folgende Akt der Reflexion bzw. des Nach-denkens gleicht einem Gespräch zwischen Freunden, die sich das Erlebte gegenseitig als eine Geschichte erzählen. Die Geschichten, die in diesem Dialog mit sich artikuliert werden, sind als Repräsentationen unmittelbarer Umgangserfahrungen wie tatsächliche Begegnungssituationen immer auch empfindungsmäßig konnotiert. Es stellt sich nun jedoch die Frage, warum man überhaupt in ein dialogisches Verhältnis mit sich eintritt. Wozu die narrative Aufbereitung des Erlebten? Worum geht es dabei?

Die Antwort lautet, dass es im Denken, insbesondere im narrativen Denken, um die sinnhafte Aufbereitung des Erlebten geht. Die »Suche nach Sinn«[260] im Vollzug des Denkens erfolgt, da unser originäres Erleben, unser Bewusstsein, die Wahrnehmung, aber auch das

---

[258] Les 24.
[259] Les 25.
[260] DuM 134.

wissenschaftliche Erkennen als erweiterte Form dieser originären Wirklichkeitsauffassung[261] noch nicht eo ipso sinnhaft ist. Erst im denkenden Dialog mit uns selbst verleihen wir unseren Erfahrungen Sinn: »Freies Denken und freies Handeln verfolgen keine Zwecke, ›haben‹ keine Gegenstände und erzeugen keine Resultate, sondern: kreieren Sinn.«[262] Sinnstiftungsprozesse sind bei Arendt nur in dialogischer Form möglich, daher tritt in den Tätigkeitsformen der Vita activa Sinnhaftigkeit vor allem im Miteinander Handeln als Gemeinsinn auf. Unsere grundlegende Sinndimension liegt jedoch in den Geistestätigkeiten insbesondere im Denken als unserem dual-dialogisch verfassten Geistesmodus. Widerspricht sich Arendt nicht selbst, wenn sie Denken derart entschieden vom Erkennen abgrenzt und mit dieser Unterscheidung Sinnstiftungspotential nur dem Denken, nicht aber dem Erkennen zuspricht, sie aber zugleich Erkennen mit dem Gemeinsinn in Verbindung bringt, welcher bei jeder sinnlichen Wirklichkeitsauffassung – vom originären Wahrnehmungs- bzw. Bewusstseinsvorgang bis hin zu komplexen wissenschaftlichen Erkenntnisvorgängen – miteinbezogen ist?

Gemeinsinn und damit natürlich auch Sinnhaftigkeit stellt sich ein, wenn unterschiedliche Menschen mit ihren je unterschiedlichen Auffassungen zusammentreten und miteinander handeln. Die Plastizität bzw. Mehrdimensionalität in Bezug auf die gemeinsame Welt und die behandelte Sache, die im pluralen Handlungskonzert hervortritt und dieses auch trägt, bezeichnet Arendt als Gemeinsinn. Wenn sich dieses Handlungskonzert auflöst und wir wiederum allein sind, ist auch der Gemeinsinn nicht mehr »in actu« da. Dennoch können wir uns in unserer originären Wirklichkeitsauffassung als einer Vorform wissenschaftlichen Erkennens auf die Erfahrungen im Umgang mit Anderen, also auf unseren Gemeinsinn beziehen. Diese Erfahrungen aus dem unmittelbaren Umgang mit Anderen sind eingegangen in Regeln, mit deren Hilfe wir uns im Alltag orientieren. Arendt beschreibt die Genese dieser »unsichtbaren Maßstäbe«[263] metaphorisch mit dem Vorgang des »Einfrierens«[264]. Es handelt sich um gefrorene Regeln, die in unserer Weltauffassung zur Anwendung kommen, die aber zuvor in ganz lebendiger Erfahrung in einem kul-

---

[261] Vgl. LdG 63 f.

[262] D 283.

[263] Vgl. LdG 171; D 758.

[264] Vgl. LdG 171; 174.

turdialogischen Vorgang, eben im Umgang mit Anderen, erst entstanden sind und sich diesem verdanken. Arendt vergleicht daher auch unsere originäre Wirklichkeitsauffassung und das Erkennen mit Herstellungsvorgängen. Wie ein Handwerker, der sein Tun einem vorher gefassten Plan bzw. seiner Idee unterordnet, so orientieren wir uns im Erkennen und Wahrnehmen an zuvor entstandenen Regeln und Standards: »Das Erkennen ist nicht weniger eng mit unserem Wirklichkeitsempfinden verknüpft und ist nicht weniger ein Welt-Herstellen als das Bauen von Häusern.«[265] Unser Bewusstsein als basaler Erkenntnisvorgang arbeitet also subsumtiv und ist auch in einem weiten Sinne durchaus sinnhaft, dadurch nämlich, dass Wirklichkeit durch diese Leistung identifizierend gegliedert wird. Verbal artikuliert lautet dieser subsumtive Gliederungsvorgang im basalen Welterkennen dann etwa folgendermaßen: »Das ist ein Auto, ein Tisch, ein Haus etc.« Erkennen und Wahrnehmen leisten also eine Identifikation mittels dialogisch entstandener Standards und geben als originäre Vorgänge Antwort auf die Frage, worum es sich im Wahrnehmungsvorgang einer Sache handelt. Das Erkenntnisvermögen allein kann also – um im Beispiel zu bleiben – nur sagen: »Das ist ein Haus«. Dieses Vermögen ist jedoch überfordert mit der Frage: »Was ist ein Haus?« Oder präziser formuliert: »Was ist der Sinn eines Hauses?« Hierfür muss die gängige Regel, die im Erkennen als Wirklichkeitsauffassung zur Anwendung kommt, »aufgetaut« werden, nämlich in die Beispiele bzw. eigens erfahrenen Umgangsmodi, die diese Regel mitkonstituieren. Ein Haus etwa ist etwas, um darin zu »[…] wohnen, ein Heim [zu – F. S.] haben, behaust [zu – F. S.] sein […]«[266]. Dieses Auftrennen der Begriffe in deren konstitutive Beispiele, die sich im Umgang mit Anderen gebildet haben, ist die Leistung eines anderen Geistesvermögens, nämlich des Denkens. Denken ist ein unablässiges Fragen nach dem Sinn, und damit der unablässige Versuch, Unsichtbares sichtbar zu machen[267]. Wir wenden immer schon die Regel »Haus« ganz selbstverständlich an. Das Denken löst diese gängige Regel auf, indem es die naive Frage stellt, was ein Haus eigentlich ist. Durch diesen Vorgang werden die unsichtbaren Umgangsformen, die in diese Regel eingegangen sind und in ihrer puren Anwendung opak bleiben, transparent: Ein Haus ist

[265] LdG 66.
[266] LdG 175.
[267] Vgl. D 785.

etwas zum Wohnen, ein Heim zu haben, behaust zu sein etc.[268] Denken als ein Fragen nach dem Sinn löst also die gängigen Regeln auf und versucht das Nichtsichtbare im faktisch Gegebenen sichtbar zu machen bzw. das Nichterscheinende im Sinnlichen transparent werden zu lassen, wohingegen Erkennen als erweiterte Form unserer originären Wirklichkeitsauffassung die gängigen Regeln einfach anwendet und damit dem Sinnlichen verhaftet bleibt.

Diese Unterscheidung Arendts könnte man auf folgende provokante Formulierung zuspitzen: Die Resultate der Wissenschaft sind sinnlos und das Denken ist resultatlos. Zunächst zum Letzteren: Das Denken als beständiges Fragen nach dem Sinn liefert keine klar definierten Resultate wie die Wissenschaft. Es hinterlässt auch nichts Materielles, keine genauen Ergebnisse oder eindeutigen Antworten[269]. Dies liegt aber am Wesen von Sinnfragen, denn auf Fragen wie: »Was ist der Sinn von … ?« gibt es zwar eine wohl umgrenzte, nicht aber eine abzuschließende Reihe an Antwortmöglichkeiten. Versucht man etwa Antworten auf die Frage »Was ist der Sinn eines Hauses?« – um wiederum Arendts eigenes Beispiel heranzuziehen – zu geben, so wird dabei nicht jede Antwortmöglichkeit zulässig sein. Die Reihe der möglichen zulässigen Antworten auf diese Frage ist jedoch endlos, da der Versuch, die möglichen Beispiele der Umgangserfahrungen, die den Begriff »Haus« mitkonstituieren, aufzuzählen, kein Ende nähme. Nun zum Ersteren: Erkennen als der geistige Modus der positiven Wissenschaften bringt eine Unzahl faktischer Ergebnisse hervor, die aber wiederum von sich aus keinerlei Sinn abwerfen. Das Erkennen kann aus sich heraus den hierfür nötigen Ebenenwechsel bzw. Dimensionensprung nicht leisten, um seine Resultate plastisch und damit sinnhaft werden zu lassen. Es bleibt monologisch-subsumtiv der Erscheinungswelt verhaftet. Um die Erscheinungswelt zu erschließen, bieten Wissenschaften ein breites Instrumentarium zur Vervielfältigung unserer Sinnesmöglichkeiten an. Die daraus hervorgehenden Resultate sind aber, wie unser origi-

---

[268] Vgl. LdG 175.

[269] Vgl. LdG 205; vgl. hierzu auch das Heidegger Zitat aus »Was heißt Denken?« (Heidegger ([5]1997) 161), das Arendt dem Werk »Vom Leben des Geistes« (LdG 13) als Motto voranstellt:
»Das Denken führt zu keinem Wissen wie die Wissenschaften
Das Denken bringt keine nutzbare Lebensweisheit
Das Denken löst keine Welträtsel
Das Denken verleiht unmittelbar keine Kräfte zum Handeln«.

näres Wahrnehmen, noch nicht sinnvoll über das reine Identifizieren von »etwas als etwas« hinaus:

»[…] [D]ie Fragen, die das Denken aufwirft und die der ureigensten Beschaffenheit der Vernunft entsprechen – nämlich Fragen des Sinnes –, können der gemeine Verstand und seine Verfeinerung, die Wissenschaft, grundsätzlich nicht beantworten.«[270]

Die Resultate der Erfahrungswissenschaften sowie die Erfahrungen der täglichen Wirklichkeitsauffassung durch den Gemeinsinn bedürfen der denkerischen Umsetzung, um erst sinnvoll »in einem engeren Sinne« zu werden: »Alles Denken entsteht aus der Erfahrung, aber keine Erfahrung liefert irgendeinen Sinn oder auch nur Zusammenhang, wenn sie nicht der Vorstellung und dem Denken unterworfen wird.«[271] Das Medium, das Fakten sinnvoll werden lässt, das heißt, das Unsichtbare in den Fakten sichtbar werden lässt, ist die Geschichte.

»Der Gegenstand des Verstehens ist: Sinn. Und von Sinn zeugt erst die Geschichte, die sich aus allem Möglichen – Gefühlen, Leidenschaften, Denken, Zufällen – ergibt und dann erzählt wird. Wir verstehen nur Geäussertes, Gesprochenes, Erzähltes.«[272]

Fakten, egal ob Alltagserfahrungen oder erfahrungswissenschaftliche Resultate, sind von sich aus also noch nicht sinnhaft. Um diesen Dimensionensprung zu leisten und das Unsichtbare im Sinnlich-Faktischen sichtbar zu machen bzw. das Eindimensional-Faktische plastisch mehrdimensional werden zu lassen, bedarf es einer dialogischen Umsetzung in Form einer Geschichte. Ein Beispiel soll dies verdeutlichen, das mit einem bewusst sinnfrei artikulierten Satz beginnt: »Ein Ereignis ist passiert.« Wenn man nun etwa einem Naturwissenschaftler die Aufgabe gäbe, mit seinen Möglichkeiten herauszufinden, was passiert ist, so könnte er nur das Faktum dieses Ereignisses konstatieren. Er würde also beispielsweise diejenige Person, der das fragliche Ereignis widerfahren ist, mit Hilfe eines Röntgengeräts durchleuchten und herausfinden, dass dieser Mensch einen gebrochenen Arm hat. Kein noch so modernes wissenschaftliches Verfahren bzw. Instrumentarium wird dem Forscher jedoch eine Antwort auf die Frage,

[270] LdG 67 f.
[271] LdG 93.
[272] D 721.

warum sich dieser Mensch den Arm brach, also eine Antwort auf den Sinn dieses Faktums »Armbruch«, liefern. Hierfür muss der Wissenschaftler gewissermaßen seine Position verlassen und sich die Geschichte des Patienten oder beteiligter Unfallzeugen anhören. Dieses Anhören der Geschichte setzt ein Auftauen des für die Identifikation des Faktums »Armbruch« herangezogenen »erstarrten« Begriffs voraus: Um den Patienten und seine Geschichte zu verstehen, muss man als Rezipient den eigenen Begriff auftrennen, nämlich in die ihn konstituierenden Beispiele, die sich aus eigenen Umgangserfahrungen zusammensetzen, um auf diese Weise offen zu sein für ein weiteres narratives Beispiel, das den eigenen Begriff »Armbruch« künftig mitbestimmen wird. Die Geschichte ist also nicht nur das prädestinierte Sinnmedium, weil in ihr das am Faktum Unsichtbare, in dem Fall das vorgefallene Vergangene, zum Ausdruck kommt; den faktischen Armbruch etwa verdeutlicht die Patientengeschichte: »Ich bin bei Glatteis ausgerutscht und gestolpert.« Darüber hinaus setzt das Verstehen der Geschichte einen Auftrennungsprozess der erstarrten Regel, in dem Fall der Regel »Armbruch«, in seine konstitutiven Beispiele voraus. Durch diesen Vorgang der Repräsentation unterschiedlicher Umgangserfahrungen in Form eigens erlebter Beispiele wird das Faktum Armbruch erst plastisch, das heißt sinnhaft.

Doch nicht erst das explizite Erzählen bzw. Hören einer Geschichte, sondern bereits der Aufbereitungsvorgang eines erlebten Ereignisses zu einer Geschichte im Dialog mit sich geht mit der Auftrennung eines gängigen Begriffs einher und ist daher immer auch ein Fragen nach dem Sinn des erlebten Ereignisses. Die bereits zitierte Begegnung Arendts mit dem Hafenarbeiter Eric Hoffer[273] ist ein derartiges Ereignis, das im Vorgang des Nachdenkens dieser Erfahrung den gängigen Arbeitsbegriff auftrennen kann. Diese durch die Begegnung mit dem originellen Hafenarbeiter provozierte Auftrennung des Arbeitsbegriffs zeigt, dass es nicht nur »die« Arbeit gibt, sondern eine Vielzahl möglicher Gestaltungsformen von Arbeit. Das Auftrennen gängiger Regeln – wie etwa des gängigen Arbeitsbegriffs – in eine Vielzahl möglicher Ausgestaltungsweisen entspricht dem Auftrennungsvorgang der Annahmen des Gemeinsinns und das »In Zweifel Ziehen« jeglicher Erkenntnisstandards zu Beginn eines jeden dialogischen Denkvorganges:

[273] Vgl. JBW 294 f.

»Zweifel ist das Sich-in-Zwei-Spalten alles echten Denkens, das sich der Pluralität des Menschseins bewusst bleiben will. Der Zweifel hält dauernd gerade die andere Seite, die Seite des Andern offen; er ist in der Einsamkeit und nur in ihr die absolut notwendige Repräsentation der Andern [...] [Unterstreichung im Original]«[274].

Die Repräsentation unterschiedlicher Vollzugsformen – etwa unterschiedlicher Ausgestaltungsweisen der Tätigkeitsform »Arbeit« – in Form erinnerter narrativer Beispiele lässt im Denkvorgang ein Phänomen – wie das Phänomen »Arbeit« – erst plastisch werden. Dieses Denken in Geschichten gleicht einer Fortsetzung des Handlungskonzerts im Geiste. Es muss sich dabei nicht nur auf Handlungserfahrungen beziehen, sondern alle Umgangserfahrungen können wie die jeweiligen leiblichen Standpunkte im Umgang miteinander im Geiste repräsentiert werden und dadurch die Sinnhaftigkeit und Plastizität des plural verfassten Raumes aufrechterhalten. Die leiblichen Standpunkte bzw. Ausgestaltungsweisen unterschiedlicher Personen erscheinen als Repräsentationen im Vorgang des Nachdenkens und treten somit wie tatsächliche Personen vor das freundschaftliche Selbstgespräch. Das Nachdenken über das Thema »Arbeit« etwa versammelt in Form verschiedentlicher Vollzugsmodi in der Erinnerung repräsentierte Personen vor sich, die jeweils für eine bestimmte Form der Ausgestaltung von Arbeit stehen. Durch dieses Gegenübertreten im Geiste in Form erinnerter, narrativer Beispiele wird im Denken eine Empfindungsdimension freigesetzt: Wie jede tatsächliche Begegnung auch sind diese Repräsentationen jeweils von einer bestimmten Empfindung getragen, nämlich einer geschmacklichen Empfindung, die einem signalisiert »[...] Es-gefällt-oder-mißfällt-mir [...]«[275] bzw. »[...] Es-stimmt-oder-stimmt-nicht-mit-mir-überein [...]«[276]. Letztlich kommt hierin wieder das aristotelische Kriterium des freundschaftlichen Zusammenlebens zum Vorschein und zum Tragen, denn diese beiden unterschiedlichen Empfindungsdimensionen signalisieren einem auch: »Damit könnte ich zusammenleben bzw. damit könnte ich nicht zusammenleben.« So ist der denkende Aufbereitungsvorgang zu einer Geschichte bzw. das Denken in Geschichten als ein Fragen nach dem Sinn von Ereignissen immer auch ein Fragen nach der Ausgestaltungsform. Wie möchte ich selbst »Arbeit« aus-

---

274 D 393.
275 U 89.
276 U 89.

gestalten? Was passt zu mir und was passt nicht zu mir? Was gehört zu mir und was nicht? Die repräsentierten narrativen Beispiele sind mit ihrer Empfindungskonnotation hilfreiche Orientierungsmöglichkeiten bei der Frage nach dieser möglichen Selbstpräsentation im künftigen Umgang mit Anderen. »Das Denken verleiht […]« zwar – laut Heidegger – »[…] unmittelbar keine Kräfte zum Handeln […]«[277], »[…] doch die Grundsätze, […]« – so Arendt –, »[…] nach denen wir handeln, und die Kriterien, nach denen wir urteilen und unser Leben führen, hängen letzten Endes vom Leben des Geistes ab.«[278]

Der Begriff des Sinns, um welchen es im Denken geht, umfasst also folgende ineinander übergehende Dimensionen und Facetten: Mit dem Sinn einer Sache bezeichnet man das Unsichtbare im faktisch Erkannten bzw. das Unsinnliche im sinnlich Gegebenen. Das Denken als ein Fragen nach dem Sinn »*[…] beschäftigt sich mit dem Unsichtbaren […]*«[279] und versucht das »*[…] Unsichtbare sichtbar [zu – F. S.] machen […]*«[280]. Demnach ist eine in Zusammenhang damit stehende, weitere Facette des Sinnbegriffs die Mehrdimensionalität bzw. Plastizität eines Faktums, welche dadurch transparent wird, dass die gängige Erkenntnisregel aufgetrennt wird in seine unterschiedlichen Umgangsformen bzw. Umgangsstile als mögliche leibliche Vollzugsmodi bzw. Perspektiven in Bezug auf ein Phänomen. Sich nach dem Sinn einer Sache fragen beinhaltet damit auch immer die Dimension der Frage nach dem eigenen Umgangsmodus, der eigenen Ausgestaltungsweise eines fraglich gewordenen Sachverhalts. In all diesen drei Dimensionen repräsentiert und medialisiert sich Sinnhaftigkeit in Form von Geschichten. Das Unsichtbare in einem faktischen Ereignis wird »sichtbar« und transparent durch eine Geschichte. Das Hinterfragen einer Sache im Hinblick auf deren Sinngehalt erfolgt durch das Auftrennen in mögliche Umgangsmodi mit dieser Sache, die wiederum in Form von Geschichten repräsentiert werden. Auch die Frage nach der möglichen eigenen Ausgestaltungsform erfolgt anhand repräsentierter Geschichten, die als Beispiele für mögliche unterschiedliche Vollzugsmodi bezüglich der künftigen Umgangsgestaltung mit Anderen herangezogen werden können.

---

277 Heidegger (^{5}1997) 161; vgl. LdG 13.
278 LdG 77.
279 D 747.
280 D 785.

Die Geschichte ist also das Medium für Sinnhaftigkeit. Das Erscheinen von Sinnhaftigkeit setzt aber wiederum mindestens Zwei – also einen Dia-log – voraus, um eine Sache plastisch und somit mehrdimensional werden zu lassen. In der Vita activa stellt sich Sinnhaftigkeit folgerichtig in der notwendig plural verfassten Tätigkeitsform dem Handeln ein. In den Geistestätigkeiten ist das »Sich-in-zwei-befreundete-Gesprächspartner-Aufteilen« – nichts anderes ist der vorgängige Zwei-fel –, die notwendige Voraussetzung für Sinnhaftigkeit im Denken. Nichts hat letztlich Sinn, was nicht aus einer dual-dialogischen Umsetzung hervorgeht. Die Möglichkeit, sich in ein dual-dialogisches, narratives Selbstverhältnis zu begeben, entspricht der Möglichkeit eines jeden Menschen, seine Erfahrungen für sich sinnhaft aufzubereiten. Daher ist die Gewohnheit, seine Erfahrungen im Denken zu Geschichten umzusetzen, eine Art und Weise, sich nach dem Sinn seiner Erfahrungen zu fragen. Wenn nun, wie Arendt in ihren Ausführungen immer wieder bekräftigt, der Sinn einer Handlung erst in der Geschichte erscheint[281] und »[…] sich die Geschichte […]«[282] »[…] [e]rst im Denken manifestiert […]«[283], dann liegt es nahe, das Denken in Geschichten als wesentliche Komponente unserer menschlichen Sinndimension zu bezeichnen.

Die Initialzündung dieses Denkens als ein Fragen nach dem Sinn von Erfahrungen ist die Sinnlosigkeitserfahrung des gemeinen Verstandes: »Vom Denken her gesehen, ist das Leben in seinem bloßen Da-sein sinnlos […]«[284]. Im Denken geht es auch und vor allem um Ereignisse, die der Gemeinsinn und die gängigen Begriffe des Verstandes nicht adäquat erfassen können. Bei Arendts eigenen biographischen Erfahrungen während des Dritten Reiches handelt es sich um derartige Ereignisse, die ihr ein lebenslanges Denken und Fragen abverlangten, da bei diesen Erfahrungen die gängigen politischen Kategorien wie Diktatur oder Tyrannei aufgrund der Unvergleichbarkeit dieser Ereignisse versagen[285]:

»Dabei ist es wichtig, sich darüber klarzuwerden, daß es sich nicht darum handeln kann, das spezifisch Unerhörte durch beliebige Parallelen mit der Vergangenheit wegzuerklären oder auf jenen Aspekten totalitärer Herr-

---

[281] Vgl. Les 37.
[282] D 742.
[283] D 742.
[284] LdG 93.
[285] Vgl. EuU 944.

schaft, die sie mit anderen Gewaltherrschaften teilt und die in ihren Anfangsstadien deutlich in Erscheinung treten, zu bestehen; sondern im Gegenteil zu versuchen, das wesentlich Neue, das nämlich, was diese Herrschaft wirklich zu einer totalen Beherrschung macht, in den Blick zu bekommen.«[286]

Es ist Arendts lebenslange Bemühung dem Phänomenbestand einer Erfahrung, also der »Ereignishaftigkeit eines Ereignisses«, gerecht zu werden und Begriffe bzw. Ausdrucksformen zu finden, die das Neue und Einzigartige einer Erfahrung zum Vorschein bringen können. Es gehört dabei auch zum Charakteristikum dieser denkerischen Bemühung, dass sich dadurch die Erfahrung selbst nie ganz einholen lässt bzw. diese nie in voller und abschließender Weise erfasst werden kann. Der Anspruch, sich von der Phänomenalität der Ereignisse leiten zu lassen, bestimmt in entscheidender Weise ihren Begriff des Denkens: Es handelt sich dabei um den Versuch, trotz der Ungeheuerlichkeit und Unmenschlichkeit der Erfahrungen, diese zu verstehen[287]. Dabei gilt es den Anspruch des »Begreifen Wollens« nicht aufzugeben, auch wenn das, was man zu begreifen versucht, letztlich unbegreifbar ist[288]. Diese Auffassung leitet auch ihre Berichterstattung vom Eichmannprozess: Durch die narrative Aufbereitung erhält dieses Ereignis erst Sinn und wird mitteilbar, was aber nicht heißt, dass man das Ereignis vollständig begriffen oder sich gar damit versöhnt hätte[289]. Ein Ereignis narrativ und damit sinnvoll aufzubereiten heißt vielmehr, eine Grundlage dafür zu schaffen, um überhaupt erst ein Gespräch über ein Ereignis möglich zu machen und in Gang zu bringen. Durch die eigens erbrachte sinnhafte Aufbereitung der Ereignisse können sich Menschen von der Darstellung dieser Ereignisse absetzen oder sich damit solidarisieren. Gäbe es jedoch keine narrative Umsetzung der Ereignisse, gäbe es auch kein Gespräch über das Geschehene und es wäre fast so, als hätte das Ereignis selbst nie stattgefunden. Erfahrungen erfordern also den Mut Einzelner, eine Darstellung derselben zu wagen, aus dem Wissen heraus, dass eine Darstellung, die alle Perspektiven miteinbezieht, unmöglich ist, denn alle Perspektiven sind letztlich keine Perspektive.

---

[286] EuU 946.
[287] Vgl. Les 33.
[288] Vgl. ÜdB 17 f.
[289] Vgl. ÜdB 17.

Wozu aber das Ganze? Worin liegt der Sinn dieser sinnhaften Aufbereitung eines Ereignisses zu einer Geschichte? Arendt gibt an verschiedenen Stellen ihres Werkes Auskunft zur Frage nach dem Motiv bzw. der Genese von Geschichten: »Dichtung entsteht aus Leiden […]«[290] schreibt sie im Denktagebuch. Anlässlich einer Gedenkrede für den Dichter Wystan H. Auden[291] bringt sie hierfür sogar eine Art mythologische Erklärung: »[…] [D]ie Götter ersännen Unglück und Böses für die Sterblichen, damit diese Geschichten erzählen und Lieder singen können.«[292] Was ist dann jedoch wiederum das Motiv, seine Leid- und Verlusterfahrungen narrativ zu artikulieren? Hierzu spricht sie in der Lessingpreisrede von einer speziellen Form der »Bewältigung«, die sich ein Dichter von der Erzählung seiner Erfahrungen verspricht:

> »Sofern es überhaupt ein ›Bewältigen‹ der Vergangenheit gibt, besteht es in dem Nacherzählen dessen, was sich ereignet hat; aber auch dies Nacherzählen, das Geschichte formt, löst keine Probleme und beschwichtigt kein Leiden, es bewältigt nichts endgültig.«[293] »Bewältigen können wir die Vergangenheit so wenig, wie wir sie ungeschehen machen können. Wir können uns aber mit ihr abfinden.«[294]

Die Sehnsucht nach einer Katharsis, nach Befreiung von erfahrenen Leiden, bringt Menschen also auf den Gedanken, ihre Erfahrungen in Form von Geschichten weiterzugeben. Diese Katharsis, die ein Autor im gelungenen Fall bei der Mitteilung seiner Geschichten erfährt, ist aber keine »Bewältigung« der Ereignisse im Sinne einer Auslöschung bzw. eines »Ungeschehen Machens«, sondern im Gegenteil – laut Arendt – eine Art »Sich-Abfinden« mit dem Geschehenen im Sinne eines »Damit weiterleben Könnens« – ohne das Erfahrene deswegen gutheißen zu müssen –, was auch eine Form der »Befreiung« von erfahrenem Leid darstellt: »Man kann nicht sagen, wie das Leben ist, wie Zufall oder Schicksal die Menschen behandeln, es sei denn, man erzählt die Geschichte. Im allgemeinen kann man nicht mehr sagen als – ja, so geht es eben. [Unterstreichung – F. S.]«[295]

---

290 D 527.

291 Vgl. WA.

292 WA 333; vgl. hierzu auch MBW 491 f.

293 Les 37.

294 Les 37.

295 MBW 426.

Wie lässt es sich jedoch mit Arendts Ausführungen nachvollziehen, dass eine derartige Katharsis durch die Narration eintritt? Hierzu nochmal in ganzer Länge das Zitat aus dem Denktagebuch:

»Dichtung entsteht aus Leiden. Erduldetes Leid wird sich in Erinnerung bringen, will die Dauer, für Handeln oder Denken ist das Darüber-schreiben wie ein Nach-denken. Achilles braucht Homer, aber Odysseus erzählt am Hofe des Königs der Phäaken seine Geschichte und hört ihr zu. Er beginnt zu weinen – hat Mitleid mit sich und wird frei von Leid.

Mitleid und Schreiben bei Rousseau: die Befreiung von Leid durch Mitleid, woraus Dichtung entsteht.

Wenn wir Mit-leid in Bewegung setzen, werden wir leid-los. Das ist das Geheimnis der Katharsis. Die Katharsis tilgt die Leiden (Passionen), befreit von ihnen – und ist daher eine politische Institution! [Unterstreichungen im Original]«[296]

Arendt bezieht sich in diesen Ausführungen, ohne es explizit zu nennen, auf die klassische Vorstellung der Katharsis in der aristotelischen Poetik. Folgt man Aristoteles' bekannter Tragödiendefinition, so ruft die Nachahmung Handelnder bei den Rezipienten Mitleid und Furcht hervor, wodurch sich eine Katharsis, also eine Reinigung von diesen pathischen Affekten, einstellen soll[297]. Arendt verdichtet nun diese Vorstellungen von Aristoteles und bringt sie auf eine Formel, welcher sie den Titel »Geheimnis der Katharis«[298] gibt: »Wenn wir Mit-leid in Bewegung setzen, werden wir leid-los.«[299] Wie lässt sich nun wiederum nachvollziehen, dass das Freisetzen von Mitleid durch die nachahmende Narration von Leid befreien soll? Zunächst gilt es festzuhalten, dass es sich bei dem Terminus »Mitleid« nicht darum handeln kann, dass ein Autor wünscht, für seine Erfahrungen von Anderen bemitleidet zu werden. »Mit-leid in Bewegung setzen« verweist vielmehr auf einen verstehenden Akt der Identifikation: Ein Autor bietet seinen Rezipienten Schilderungen und Ausdrucksgestalten in Form seiner Geschichten an, womit diese sich im gelungenen Falle identifizieren können, was so viel heißt wie ein »Sich-Wiedererkennen« in den narrativen Zeugnissen. Es sind die »[…] Tränen, die der Leser mitweint […]«[300], um die es einem Autor geht, und worauf auch der Terminus »Mitleid in Bewegung setzen« hinweist: Leser bzw. Zu-

---

296 D 527.
297 Vgl. Aristoteles (2008) *1449b*.
298 Vgl. D 527.
299 D 527.
300 Les 36.

hörer erkennen sich in den Geschichten wieder, haben Ähnliches erlebt und kommen auf diese Weise in ein Gespräch über das Geschehene. So können Narrationen gemeinsam erlittener Erfahrungen einen Stupor des Verstummens bei Betroffenen lösen und plötzlich ein Gespräch über vergangene Ereignisse möglich machen, was ohne die treffende Narration der Ereignisse durch einen Autor nicht möglich gewesen wäre. Eine gelungene Nacherzählung einer belastenden Erfahrung regt also Rezipienten »[…] solange der Sinn des Geschehens lebendig bleibt – und dies kann durch sehr lange Zeiträume der Fall sein – zu immer wiederholendem Erzählen an.«[301] Dieses wiederholende Erzählen, was durch die erstmalige Erzählung in Gang gebracht wurde, befreit die Rezipienten von Leid, da diese in der dialogischen Nacherzählung ihren Isolationszustand mit der Leiderfahrung überwinden können. Der Autor hofft bei der Veröffentlichung auf die Solidarität der Leser, denn dadurch kann auch er seinen Isolationszustand mit dem belastenden Ereignis überwinden. Die Rezipienten seiner Geschichten erklären sich solidarisch, indem sie ihn bestätigen: »So war es gewesen, ich habe Ähnliches erfahren …« Dies bedeutet »Mitleid in Bewegung setzen«; es ist für einen Autor kathartisch, weil er durch die Narration seiner Leiderfahrungen nicht mehr alleine mit diesen leben muss, sondern eine Art Leidensgemeinschaft mit seinen Lesern bildet. Die belastende Isolation weicht einem solidarischen »Zusammen« mit dieser Erfahrung.

»Und wir, die wir gemeinhin weder Dichter noch Historiker sind, kennen das, was hier vorgeht, aus unserer eigenen Lebenserfahrung sehr gut, in der wir ja auch das Bedürfnis haben, uns das, was in unserem Leben eine Rolle spielte, in die Erinnerung zu rufen, indem wir es nach- und uns vorerzählen.«[302]

Das heißt, selbst das vorgängige Denken in Geschichten, das zwar bei Autoren vorausgesetzt ist, aber jedermann möglich ist, auch ohne eine explizite Erzählung herstellen zu müssen, ist bereits kathartisch in oben beschriebenem Sinne, denn der »innere« Freund im Denken ist sozusagen die kleinstmögliche Solidargemeinschaft: Kann dieser Freund im »inneren« Dialog meine Erfahrungen bzw. mein Handeln verstehen und sich damit solidarisch erklären? Auch die Selbsterzählung im Denkgespräch kann Mitleid beim »inneren« Dialogpartner

[301] Les 37.
[302] Les 37.

freisetzen und somit von Leid befreien. Jemand, der auf diese Weise in Geschichten denkt, weiß jedoch auch, dass es »Geschichten« gibt, für die keine Solidargemeinschaft mehr einsteht, die von niemandem mehr verstanden werden kann, und mit der sich niemand mehr verbunden fühlt, nicht einmal der »innere« Freund.

Im Denken als einem Fragen nach dem Sinn geht es um Verstehen. Dieses Verstehen kommt zwar nicht zu einem letztgültigen Resultat, es führt aber dazu, dass sich Verstehensgemeinschaften unter Leuten bilden, die ähnlich denken bzw. Dinge ähnlich sehen. Arendt äußert sich hierzu folgendermaßen: »[…] [I]ch will verstehen. Und wenn andere Menschen verstehen – im selben Sinne, wie ich verstanden habe –, dann gibt mir das eine Befriedigung wie ein Heimatgefühl.«[303] Mit der Gewohnheit zu denken, entsprechen wir also unserem Grundbedürfnis, uns in der Welt zu beheimaten, in die wir als Fremde hineingeboren wurden[304], und in der wir immer auch ein Stück weit Fremde bleiben werden und als diese auch wieder die Welt verlassen[305]. Im Denken kommt der Mensch seinem Sinnbedürfnis nach, »[…] das Bedürfnis, von allem, was ist oder geschieht, den Sinn zu suchen […]«[306]. Dieses Bedürfnis hat der Mensch und es begleitet ihn sein Leben lang, da er als Fremder in die Welt kommt und in ihr immer auch Weltanfänger bleiben wird. Mit dieser existentiellen Grundbedingung des Fremdseins setzt sich der Mensch im Denken auseinander und versucht, sich auf diese Weise geistig in der Welt »heimisch zu machen«[307]. In diesem tieferen Sinne ist Denken kathartisch, es ist nie bloße Methode individueller Lebens- und Leidbewältigung:

»Die Funktion dieses unhörbaren Sprechens – ›tacite secum rationare‹, ›stumm mit sich selbst diskutieren‹, wie Anselm von Canterbury sagt […] – ist die Bewältigung alles dessen, was im Rahmen der Alltagserscheinungen unseren Sinnen gegeben sein kann; das Bedürfnis der Vernunft besteht darin, *Rechenschaft zu geben*, logon didonai, wie die Griechen treffender sagten, von allem, was es geben oder gegeben haben kann. Dieses Bedürfnis entspringt nicht dem Erkenntnisdrang – es kann in Verbindung mit bekannten und wohlvertrauten Erscheinungen entstehen –, sondern aus dem Sinnstreben. Das bloße Benennen von Dingen, die Schaffung von Wörtern,

303 Gaus 48 f.
304 Vgl. D 780.
305 Vgl. D 470.
306 LdG 167.
307 Vgl. D 756.

ist die menschliche Art der Aneignung und gewissermaßen der Aufhebung der Entfremdung von der Welt, in die ja jeder als Neuling und Fremder hineingeboren wird. [Hervorhebung im Original]«[308]

Diese Fremdheit wird der Mensch nie ganz aufheben können, sowie jeder Denker weiß, dass er das, was er denkerisch thematisiert, aus sich heraus nie ganz einholen kann: Denken bleibt immer nur Annäherung[309]. Wäre dies nicht der Fall, könnte man die Rahmenbedingungen seiner Existenz aufheben, anstatt sie im Denken auf sich zu nehmen. Trotz dieser Bedingungen sollte man das Denken als Bemühung selbst zu verstehen – auch wenn dieses Verstehen zu keinem letztgültigen Abschluss kommen kann – nicht aufgeben[310], hieße dies doch, sich den Umständen anheimgeben und dem Gegebenen überlassen und ausliefern, also letztlich sich selbst aufgeben. Denken als Fragen nach dem Sinn und Versuch zu verstehen, muss aufgrund der unaufhebbaren Fremdheit immer wieder neu anfangen[311] und bestätigt damit immer wieder aufs Neue die Anfänglichkeit als das menschliche Existential der Geburt. Es handelt sich dabei um eine lebenslange und lebensbegleitende Tätigkeit, die ihren Sinn in sich, nämlich in ihren menschlichen Existenzbedingungen, hat[312]. Diese Tätigkeit kann zwar mit Leid- oder Verlusterfahrungen ihren Anfang nehmen, erschöpft sich aber nicht in persönlicher Leidensbewältigung. Wer Denken verzweckt zu einer »τέχνη« der reinen Leidens- und Lebensbewältigung, blendet sein Existieren aus, anstatt es im Denken zu bestätigen und auf sich zu nehmen. Die Tendenz, das Denken allein zur Methodik der Bewältigung zu benutzen und damit verkommen zu lassen, schreibt Arendt der römischen Philosophie zu[313]. Philosophie dient hier nach individuellen Leiderfahrungen dazu, aus der Welt zu fliehen[314] und sich durch Einklammerung und Relativierung der Wirklichkeit aus der Welt hinauszudenken[315], anstatt sich ihrer Wirklichkeit zu stellen und zu versuchen, diese zu übernehmen. »Nur weil Denken ein Sich-Zurückziehen beinhaltet, kann es Instru-

---

308 LdG 104 f.
309 Vgl. WA 334; vgl. D 489.
310 Vgl. ÜdB 17 f.
311 Vgl. LdG 178.
312 Vgl. LdG 193.
313 Vgl. LdG 152–166.
314 Vgl. LdG 154.
315 Vgl. LdG 160.

ment der Flucht werden.«[316] Denken lässt sich jedoch nicht derartig verzwecken, ohne sich zugleich damit selbst aufzulösen. Es ist und bleibt ein immer wieder, in allen Zeiten neu zu übernehmendes, unabschließbares und lebensbegleitendes Fragen nach dem Sinn, »[...] daher hört das Denken erst mit dem Leben auf [...]«[317].

[316] D 764.
[317] D 489.

Viertes Kapitel:

Die Aufbereitung einer Geschichte als Repräsentationsvorgang

Der Aufbereitungsvorgang eines erlebten Ereignisses zu einer Geschichte ist eine spezielle Form des denkenden Selbstverhältnisses. Denken als Selbstverhältnis bestimmt Arendt als einen Umgang mit sich selbst. Dieser Umgang mit sich selbst geht aus dem Umgang mit Anderen hervor: Zunächst erleben wir eine Situation, dann bereiten wir diese zu einer Geschichte auf. Allein die Möglichkeit, in ein Umgangsverhältnis mit sich selbst eintreten zu können, verdankt sich dem Umgang mit Anderen. Nur weil wir mit Anderen Umgang haben, können wir mit uns selbst in ein Umgangsverhältnis eintreten, sprich Denken. Während des Denkens bleiben wir in den Umgang mit Anderen involviert und bereiten uns im Umgang mit uns selbst auch wiederum auf den Umgang mit Anderen vor. Arendt vergleicht und beschreibt dieses denkende Umgangsverhältnis mit sich selbst mit einem Dialog zwischen zwei Freunden. Es geht dabei um die Frage nach dem Sinn eigens erlebter Erfahrungen. Geschichten erwiesen sich als Träger bzw. Medium für Sinnhaftigkeit, so dass die Denkform der Aufbereitung zu Geschichten ein wesentliches Moment unserer menschlichen Sinndimension darstellt.

Wie ist es jedoch möglich bzw. welches Vermögen wurde in der bisherigen Argumentation vorausgesetzt, um etwa den Freund als Dialogpartner im Denkgespräch aufzublenden? Ebenso ungeklärt blieb die Frage, welches Vermögen unerlässlich ist für den sinnhaften Wirklichkeitsausweis im originären Welterkennen in Form des »etwas als etwas«, also für den reibungslosen Ablauf dessen, was Arendt mit Gemeinsinn bezeichnet? Welche geistige Leistung ist notwendig, um uns überhaupt auf ein vergangenes Ereignis zurückbeziehen zu können, was wiederum für den angefragten Aufbereitungsvorgang zu einer Geschichte unerlässlich ist? Wie ist es möglich, das Unsichtbare im sinnlich Faktischen sichtbar machen zu können, das heißt Fakten aufzutrennen und so deren Sinnhaftigkeit aufscheinen zu lassen? Arendt zufolge handelt es sich dabei um ein und dasselbe Vermögen, das nicht nur für das Denken, sondern bereits für das Funktionieren des Gemeinsinns als unserer originären Welt- und Wirklichkeitsauffassung unerlässlich zu sein scheint. Arendt zieht Sokrates heran, um über dieses Vermögen Auskunft zu geben:

»Deshalb wende ich mich einem anderen Dialog zu, dem *Theaitetos* [Hervorhebung im Original], dem Dialog über das Wissen, wo Sokrates sich hierzu klar äußert. Er will erklären, was er unter ›dianoeisthai‹, eine Sache durchdenken, versteht, und sagt, er verstehe darunter ›eine Rede, welche die Seele bei sich selbst durchgeht über dasjenige, was sie erforschen will‹[1]. Dann fährt er fort: ›Freilich nur als ein Nichtwissender kann ich es dir beschreiben. Denn so schwebt sie mir vor, daß, solange sie denkt, sie nichts anders tut als sich unterreden [›dialegesthai‹], indem sie sich selbst antwortet, bejaht oder verneint. Wenn sie aber langsamer oder auch schneller zufahrend nun etwas feststellt, und auf derselben Behauptung beharrt, und nicht mehr zweifelt, dies nennen wir dann ihre Vorstellung. Darum sage ich, das Vorstellen ist ein Reden, und die Vorstellung ist eine gesprochene Rede, nicht zu einem andern und mit der Stimme, sondern stillschweigend zu sich selbst.‹[2] [Unterstreichungen – F. S.]«[3]

Arendt antwortet auf die Frage nach dem vorgängigen Grundvermögen, das allen Geistestätigkeiten implizit ist, mit Sokrates, der den denkenden Dialog mit unserem Vorstellungsvermögen in Verbindung bringt. Arendts Gesprächspartner für die weiteren Ausführungen hinsichtlich dieses Vermögens ist dann jedoch Kant, der das menschliche Vorstellungsvermögen mit dem Begriff »Einbildungskraft« bestimmte und näher beschrieb.

§13. Die spezifische Leistung der Einbildungskraft, unseres Vorstellungsvermögens

Kant definierte das Vermögen der Einbildungskraft in der B-Deduktion der Kritik der reinen Vernunft folgendermaßen: »**Einbildungskraft** ist das Vermögen, einen Gegenstand auch ohne dessen Gegenwart in der Anschauung vorzustellen. [Hervorhebung im Original]«[4] Arendt bezieht sich in ihren Ausführungen im Wesentlichen auf

[1] Vgl. hierzu Platon (1958) *189e*.
[2] Vgl. hierzu Platon (1958) *189e; 190a*.
[3] ÜdB 72.
[4] Kant (1998) *B151*.

diese Definition[5] und setzt die Einbildungskraft mit dem menschlichen Repräsentationsvermögen gleich[6]. Etwas zu repräsentieren heißt zum einen etwas sinnlich Wahrgenommenes zu entsinnlichen: »Die Einbildungskraft ist die Fähigkeit, Gegenstände der Sinneswahrnehmung zu entsinnlichen.«[7] Die spezifische Leistung der Einbildungskraft ist es also, Sinnesgegenstände für die unterschiedlichen geistigen Operationen aufzubereiten. Erst entsinnlichte Gegenstände sind geistige Gegenstände, das heißt, der Vorgang der Repräsentation bildet die Voraussetzung, auf einen Gegenstand geistig zugreifen zu können, sei es als Urteil, als Willensprojekt oder Gedankengang. Die Einbildungskraft ist damit das geistige Grundvermögen, das allen Geistestätigkeiten gemeinsam ist bzw. ihnen vorausgeht. Dieser Akt der Entsinnlichung ist auch eine grundlegende Operation im Aufbereitungsvorgang eines Ereignisses zu einer Geschichte, denn »[s]elbst der einfachen *Erzählung* von Geschehnissen, ob sie nun mit der Wirklichkeit übereinstimmt oder nicht, geht die Entsinnlichung *voraus*. [Hervorhebungen im Original]«[8] Zum anderen heißt etwas repräsentieren natürlich etwas vergegenwärtigen, was gerade nicht anwesend ist[9], also etwas in der Vorstellung aufscheinen zu lassen. Vergegenwärtigung und Entsinnlichung sind Kehrseiten ein und derselben Medaille bzw. ein und desselben Vermögens: Der Vorgang der Entsinnlichung zur geistigen Aufbereitung ist ein Vergegenwärtigungsvorgang und die Vergegenwärtigung eines Gegenstandes oder eines Vorganges impliziert immer die Entsinnlichung der repräsentierten Sachverhalte. Dass dieses Vermögen zur Aufblendung des Freundes im dialogischen Selbstverhältnis unerlässlich ist, dürfte klar sein. Doch wie hängt es mit dem Gemeinsinn als unserem originären Wirklichkeitssinn und grundlegendem Erkenntnisvermögen zusammen?

Zunächst noch einmal dazu, was der Gemeinsinn eigentlich leistet: Unser originäres Weltwahrnehmen ist immer schon »sinnhaft« in der Weise, dass hier Wirklichkeit in der Form »etwas als etwas« identifizierend gegliedert wird, was allerdings nicht Arendts engem

---

[5] Neben der ähnlichen Begriffsbestimmung Kants in der Anthropologie (vgl. hierzu Kant ([11]2004) *§25 B68*), auf die sich Arendt auch bezieht (vgl. hierzu beispielsweise LdG 82 oder U 105).

[6] Vgl. U 104 f.; vgl. ÜdB 140.

[7] D 764.

[8] LdG 92.

[9] Vgl. ÜdB 140.

Begriff der Sinnhaftigkeit entspricht, nach der im Denken gefragt wird. Der »Gemeinsinn« als »Sinnhaftigkeit in weitem Sinne« bildet unser basales Erkenntnisvermögen. Es ist nicht so, dass wir vorerst Sinneseindrücke wahrnehmen und dann unsere Deutungsfolie darüberlegen, sondern unsere originäre Wirklichkeitsauffassung ist in einem weiten Sinne immer schon sinnhaft: Wir nehmen also nicht Farben und Formen wahr und schließen dann daraus, dass dies ein Haus, ein Auto, ein Tisch etc. sei, sondern unser originäres Wahrnehmen bietet uns ohne Zutun immer schon »gemeinsinnhafte« Wahrnehmungsgegenstände, nämlich Häuser, Autos, Tische, aus welchen man dann erst Farben und Formen durch einen weiteren, darauffolgenden geistigen Zugriff herausabstrahieren kann. Diese »gemeinsinnige« Gegebenheitsweise unserer originären Welt- und Wirklichkeitsauffassung ist eine Leistung des immer schon tätigen und gleichnamigen Gemeinsinns. Er integriert die privaten Sinneswahrnehmungen zu einer Sinnhaftigkeit, die für eine Gemeinschaft gilt[10]. Der Gemeinsinn ist also eine Art Wahrnehmungsplus, das bei jedem Wahrnehmungsvorgang mitgegeben ist, nämlich eine implizite Annahme, dass dieser Gegenstand nicht nur innerhalb meiner Privatwahrnehmung, also nicht nur für mich, sondern ebenso für andere ein Haus, ein Auto, ein Tisch etc. ist[11]. Dieser »Wahrnehmungsglaube«[12] ist die Leistung eines funktionierenden Gemeinsinns: Er ermöglicht eine der jeweiligen Gemeinschaft entsprechende Wirklichkeitsauffassung, also unser Primärerkennen. Dies vermag der Gemeinsinn jedoch nur mit Hilfe der Einbildungskraft[13].

Um nun zu plausibilisieren, warum die Einbildungskraft für die Leistung des Gemeinsinns unersetzlich ist, also bei jedem Wahrnehmungsakt mitbeteiligt ist, soll unsere Originärwahrnehmung in ihre konstitutiven Strukturmomente aufgetrennt werden. Arendt unterscheidet die beiden Komponenten, die jeder primäre Erkenntnisakt beinhaltet, an der Wahrnehmung eines Tisches: »In der Wahrnehmung dieses besonderen Tisches ist der ›Tisch‹ als solcher enthalten.«[14] Sprachlich ausgedrückt lautet diese Originärwahrnehmung: »Dies ist ein Tisch.« Das »Dies« bezeichnet dabei das Moment des

---

10 Vgl. ÜdB 140.
11 Vgl. LdG 55 ff.
12 LdG 55.
13 Vgl. ÜdB 140.
14 U 109.

Besonderen und »ein Tisch« das Moment des Allgemeinen[15]. Steckte kein derartiges Allgemeinkriterium in jeder Wahrnehmung, so könnte man – sprachlich ausgedrückt – immer nur »dieses«, »dieses« und »dieses« wahrnehmen[16]. Unsere Primärwahrnehmung subsumiert[17] also in ihrem Vollzug, wie jeder andere Erkenntnisvorgang auch, besondere Wahrnehmungsgegenstände unter vorgegebene Allgemeinkriterien. Es handelt sich bei diesem Vorgang – kantisch formuliert – um ein sogenanntes bestimmendes Urteil:

> »Urteilskraft überhaupt ist das Vermögen, das Besondere als enthalten unter dem Allgemeinen zu denken. Ist das Allgemeine (die Regel, das Prinzip, das Gesetz) gegeben, so ist die Urteilskraft, welche das Besondere darunter subsumiert […] bestimmend.«[18]

Das Allgemeinkriterium, also die Unterscheidungsregel, welche in jedem Wahrnehmungsvorgang mitgegeben ist und diesen letztlich vollzieht, bezeichnet Arendt mit Kant als »Schema«. Das Schema ist ein Universalkriterium, das heißt im Fall des Tisches, dass das »Schema Tisch« ein Unterscheidungskriterium für alle möglichen Tische bietet und damit für alle möglichen Tische allgemeingültig ist[19]. Diese Allgemeingültigkeit des Schemas ist es auch, welche scheinbar singuläre Erfahrungen vergleichbar und damit kommunizierbar werden lässt:

> »Was das Besondere *kommunizierbar* macht, ist (a) daß wir, indem wir ein Besonderes wahrnehmen, in unserem Gedächtnis […] ein ›Schema‹ besitzen, dessen ›Form‹ für viele solcher besonderen Dinge kennzeichnend ist *und* (b) daß diese schematische Form sich im Gedächtnis vieler, verschiedener Menschen befindet. [Hervorhebungen im Original]«[20]

Das Schema verbindet damit – um in Kants Terminologie zu bleiben – die beiden Erkenntnisstämme Sinnlichkeit und Verstand[21]. Diese Vermittlungsleistung zwischen Sinnlichkeit und Verstand bzw. zwischen Anschauung und Begriff vollbringt die Einbildungskraft, indem sie die passenden Schemata durch Repräsentation im Wahrnehmungsakt

---

15 Vgl. U 106.
16 Vgl. U 109.
17 Vgl. ÜdB 137.
18 Kant (2006) *B XXVf.*.
19 Vgl. U 109.
20 U 109.
21 Vgl. U 106.

zur Verfügung stellt.[22] »Somit ist keine Wahrnehmung ohne Einbildungskraft möglich […]«[23], schreibt Arendt. Diese Vermittlungsleistung kann die Einbildungskraft jedoch nur vollziehen, weil sowohl sie selbst als Vermögen[24] als auch die durch sie repräsentierten Schemata zugleich von sinnlichem und intelligiblem Charakter sind[25]:

»Wenn ich ein Haus erkenne, so schließt dieses wahrgenommene Haus ein, wie ein Haus im allgemeinen aussieht. Das ist, was Platon ›eidos‹, die allgemeine Form, eines Hauses nannte, die niemals den natürlichen Sinnen, sondern nur den Augen des Geistes gegeben ist. Da es, strenggenommen, nicht einmal ›den Augen des Geistes‹ gegeben ist, ist es so etwas *wie* ein ›Bild‹ oder besser ein ›Schema‹. Wann immer man ein Haus zeichnet oder baut, zeichnet oder baut man ein besonderes Haus, nicht das Haus überhaupt. Doch das könnte man nicht tun, ohne dieses Schema oder ›eidos‹ vor dem Auge seines Geistes zu haben. […] Obwohl es nur in Gedanken existiert, ist es doch eine Art ›Bild‹; es ist weder ein Gedankenprodukt, noch ist es der Sinnlichkeit gegeben; und am wenigsten ist es ein Produkt der Abstraktion von sinnlich gegebenen Daten. Es ist etwas jenseits oder zwischen Denken und Sinnlichkeit; es gehört zu den Gedanken, insofern es nach außen unsichtbar ist, und es gehört zur Sinnlichkeit, insofern es so etwas ist *wie* ein Bild. [Hervorhebungen im Original]«[26]

Die Einbildungskraft als das »Bildvermögen« unseres Geistes ist also jedem Wahrnehmungsvorgang implizit. Die sinnhafte Gegebenheit der Originärwahrnehmung beruht auf der darin immer schon tätigen Leistung der Einbildungskraft nämlich, Allgemeinstandards – in diesem Fall Schemata – zu liefern[27], mittels derer Wirklichkeit unterscheidend in Form des Ausweises »etwas als etwas« gegliedert wird. Hier taucht jedoch ein weiteres Problem auf: Wie ist es möglich, dass die Einbildungskraft genau das passende Schema liefert? Und woher weiß man dann, dass es das passende Schema war, sprich man »korrekt« wahrgenommen hat? Es ist also eine weitere Leistung nötig bzw. an diesem Prozess beteiligt, die entscheidet, welches der Schemata als Unterscheidungsregel zur Anwendung kommt. Den Mangel an dieser Subsumtionskompetenz nennt Arendt mit Kant in Erkenntnisfragen

---

22 Vgl. U 106; U 109; vgl. Kant (1998) *A140ff./ B179ff.*.

23 U 109.

24 Vgl. Kant (1998) *B151f.*.

25 Vgl. Kant (1998) *A138/B177*.

26 U 107f.

27 Vgl. U 106.

schlichtweg Dummheit[28]. Es wäre beispielsweise ein Zeichen von Dummheit, zu einem Computer Fernseher zu sagen. Die Vermittlungskompetenz, also das im subsumtiven Erkenntnisvorgang tätige Vermögen, das Allgemeines und Besonderes aufeinander bezieht, ist die Urteilskraft:

»Bei allen Fällen von Vernunft und Wissen subsumiert das Urteil das Besondere unter die entsprechende allgemeine Regel. Selbst dieses offenbar einfache Verfahren hat seine Schwierigkeit; denn da es keine Regeln für die Subsumtion gibt, muß hier frei entschieden werden.«[29]

Die falsche Begriffsanwendung ist ein Mangel an dieser freien Entscheidungskompetenz und beruht auf fehlendem Urteilsvermögen. Das Gegenteil davon, also die adäquate Begriffsverwendung und damit Wirklichkeitsauffassung, bezeichnet Arendt – ebenso mit Kant – als Gemeinsinn[30]. Ein funktionierender Gemeinsinn leistet eine der jeweiligen Gemeinschaft entsprechende Wirklichkeitsauffassung. Die hierfür nötige Urteilsleistung besteht also in zwei Leistungen: Zum einen in der Subsumtion unter eine allgemeine Unterscheidungsregel in Form eines repräsentierten Schemas, zum anderen und »zuvor« aus der freien Entscheidung, welche dieser unterscheidenden Schemata als Allgemeinstandard zur Anwendung kommt[31]. Die Urteilskraft bezieht sich für diese zuletzt genannte Leistung ein weiteres Mal auf die Einbildungskraft. Diese liefert nämlich nicht nur »[…] die Schemata für die Erkenntnis […]«, sondern »[…] verschafft auch die *Beispiele* für die Urteilskraft. [Hervorhebung im Original]«[32]

Diese Beispiele sind nichts anderes als repräsentierte Umgangserfahrungen, die aus dem tätigen Umgang mit Anderen in Bezug auf eine bestimmte Sache hervorgegangen und gewonnen sind. Diese Umgangserfahrungen werden als kleine Handlungssequenzen in Form von Geschichten repräsentiert. Zum Beispiel die Erfahrung, sich dort regelmäßig mit Anderen zu den Mahlzeiten zu treffen, gelegentlich an diesem Ort die Zeitung zu lesen oder etwas darauf schreiben bzw. hinlegen oder abstellen zu können – all dies sind Umgangserfahrungen, die als erinnerte Beispiele in der Wahrnehmung mitrepräsentiert werden und das Schema »Tisch« heranziehen und

---

28 Vgl. ÜdB 138 f.; Kant (1998) *A133 f./B172 f.*.

29 ÜdB 137 f.

30 Vgl. ÜdB 139.

31 Vgl. hierzu Kant (1998) A132/B171.

32 U 106; vgl. hierzu Kant (1998) A134/B173 f.

greifen lassen, wenn man in eine ähnliche Umgangssituation in Bezug auf eine Sache kommt. Je mehr Erfahrungen ich im Umgang mit einer Sache habe und je mehr unterschiedliche Umgangsweisen ich in Bezug auf diese Sache aus dem Umgang mit Anderen kenne, umso mehr Beispiele werde ich repräsentieren können und umso sicherer und differenzierter wird mein Urteil hinsichtlich der korrekten Begriffsverwendung sein. »Beispiele spielen sowohl bei den reflektierenden wie bei den bestimmenden Urteilen eine Rolle, das heißt immer dann, wenn wir mit besonderen Dingen befaßt sind.«[33] Da das originäre Weltwahrnehmen eine Form bestimmenden Urteilens ist, beinhaltet dieser Primärerkenntnisprozess immer zwei voneinander zu unterscheidende Repräsentationsformen, nämlich ein Schema und unterschiedliche Beispiele: Diese beiden unterschiedlichen Repräsentationsformen plausibilisiert Arendt an einem Gedankenexperiment, nämlich an einem bewusst vollzogenen Vergegenwärtigungsvorgang:

»Die Repräsentation oder Vergegenwärtigung macht das gegenwärtig, was abwesend ist – zum Beispiel die George Washington Bridge[34]. Doch während ich vor meinem geistigen Auge die weit entfernte Brücke heraufbeschwören kann, habe ich in meinem Kopf tatsächlich zwei Einbildungen oder Repräsentationen: erstens die besondere Brücke, die ich oft gesehen habe, und zweitens ein schematisches Bild von Brücke als solcher, mit dem ich jede besondere Brücke, einschließlich dieser einen, als Brücke erkennen und identifizieren kann. Diese zweite schematische Brücke erscheint niemals vor meinen körperlichen Augen; in dem Augenblick, in dem ich sie zu Papier bringe, wird sie eine besondere Brücke, ist sie kein bloßes Schema mehr.«[35]

Arendt greift das Beispiel der Vergegenwärtigung der George Washington Bridge in ihrer Vorlesung über das Urteilen wieder auf und unterscheidet mit Kant zwei Vermögensleistungen der Einbildungskraft entsprechend den beiden unterschiedlichen Repräsentationsformen der Brücke:

---

[33] U 110.

[34] Diese Stelle ist mit folgender Fußnote zur Erläuterung versehen: »Die George Washington Bridge ist eine der Brücken, die die Halbinsel Manhattan mit dem nordamerikanischen Festland (Staat New Jersey) verbindet. Hannah Arendt konnte sie aus dem Fenster ihres Apartments am Riverside Drive sehen […].« (ÜdB 171 Fußnote 75).

[35] ÜdB 140f.

»Kant sagt, daß das Bild – nehmen wir als Beispiel die George Washington Bridge – ein Produkt ist ›des empirischen Vermögens der produktiven Einbildungskraft, das Schema [Brücke – H. A.] sinnlicher Begriffe [dagegen – H. A.] … ein Produkt … der reinen Einbildungskraft a priori, wodurch und wonach die Bilder allererst möglich werden …‹[36]«[37]

Der bewusste Vergegenwärtigungsvorgang der George Washington Bridge schließt also zwei unterschiedliche Repräsentationsformen ein, nämlich das Repräsentationsbild dieser speziellen George Washington Bridge – nach Kant hervorgegangen aus der produktiven Einbildungskraft – und das Schema für Brücke überhaupt – laut Kant ein Produkt der Einbildungskraft a priori. Sieht man sich nun die erste Repräsentationsform etwas genauer an, also das Vorstellungsbild der George Washington Bridge, und fragt sich mit Arendt, wie diese Repräsentationsleistung der produktiven Einbildungskraft zustande kam bzw. worauf sie sich bezieht, so wird man auf einen Nebensatz im ersten Arendt Zitat aufmerksam: Sie spricht dort in Bezug auf diese Repräsentationsleistung von der »[…] besondere[n] Brücke, die ich oft gesehen habe […] [Unterstreichung – F. S.]«[38]. Das Repräsentationsbild dieser besonderen Brücke im bewussten Vorstellungsvorgang setzt sich also zusammen aus einer Vielzahl von unterschiedlichen Situationen bzw. aus Umgangserfahrungen mit dieser Brücke, in welchen Arendt diese sinnlich erlebte. Anders formuliert: Das Repräsentationsbild der speziellen Brücke beinhaltet sämtliche sinnlichen Umgangserfahrungen mit dieser Brücke in Form von lebensgeschichtlichen Beispielen.

Diese lebensgeschichtlichen Umgangserfahrungen nicht nur mit einer speziellen Brücke, sondern mit allen möglichen anderen Brücken, die einem im persönlichen Leben untergekommen sind, vermitteln in Form von repräsentierten Beispielen das Wahrnehmungsschema »Brücke« in ähnlichen lebensweltlichen Situationen, dort nämlich, wo es um das befestigte Überqueren zweier Seiten oder Ufer geht. Arendt vergleicht unser originäres Wahrnehmen bzw. die Leistung unseres Gemeinsinns mit einem immer schon implizit tätigen Urteilsvorgang. Wie jeder Urteilsvorgang bezieht sich dieser auf Beispiele als Vermittlungsinstanzen: Wir urteilen und treffen Unterscheidungen mit Hilfe von Beispielen, die wir geistig repräsen-

---

[36] Vgl. Kant (1998) *A141 f./B181*.
[37] U 108.
[38] ÜdB 140.

tieren[39]. Gleiches gilt für unser primäres Erkennen und Wahrnehmen: Die Beispiele, auf die sich unser Gemeinsinn mit Hilfe der Einbildungskraft bezieht, sind lebensgeschichtliche Erfahrungen oder – einfacher ausgedrückt – persönliche Erinnerungen. Dies bedeutet, dass unsere primäre Wirklichkeitsauffassung immer auch mitgeprägt bzw. »gefärbt« ist von unseren erinnerten Erfahrungen, sei es durch Erziehung, die Gemeinschaft, in der wir leben, oder auch durch Tätigkeiten, die wir ausüben bzw. ausgeübt haben. Unsere Lebensgeschichte als unsere Umgangserfahrungen mit Anderen bestimmt entscheidend die Gegebenheitsweise unserer Wahrnehmung bzw. unsere originäre Wirklichkeitsauffassung, sprich unseren Gemeinsinn. Wenn nun »[d]ie Gültigkeit des Gemeinsinns aus dem Umgang mit Leuten [erwächst] […]«[40], so heißt dies auch, dass seine Gültigkeit und sein »Funktionieren« auf diese spezielle Gemeinschaft beschränkt bleibt, in welcher ähnliche Umgangserfahrungen mit Anderen vorherrschen. Den Gegenstand etwa, an dem ich gerade sitze und schreibe, würden vermutlich die meisten Leute meines Kulturkreises als einen Holztisch auffassen und auch so bezeichnen. Es ist jedoch durchaus vorstellbar, dass Menschen eines anderen Kulturkreises, denen jegliche Umgangserfahrungen mit Tischen fehlen, diesen Gegenstand nicht als Tisch, sondern beispielsweise als potentielles Brennmaterial wahrnehmen. Das Fehlen von Umgangserfahrungen mit dieser Sache, die in unserem Kulturkreis üblicherweise vorherrschen, verunmöglichte bei diesen Menschen den kulturbedingten Aufbau des Schemas »Tisch« und lässt in ihrer Wahrnehmung ein anderes Schema, nämlich das Schema »Brennmaterial« greifen, was auf die in diesem Kulturkreis überwiegenden Umgangserfahrungen zurückzuführen ist. Die Ausführungen zum Sinnbegriff im vorangegangenen Kapitel, wonach Sinnstiftungsprozesse nur in dialogischer Form – laut Arendt – möglich sind, gelten in übertragener Weise auch für den Gemeinsinn als Sinnhaftigkeit in weitem Sinne: Der Dialog, der hier »sinnstiftend« ist, ist der originäre Kulturdialog. Es sind die unmittelbaren Umgangserfahrungen mit Anderen in Bezug auf eine Sache, in welcher dieser Gemeinsinn in actu da ist. Wenn man sich mit Anderen gemeinsam zu einem Mahl an einem Ort versammelt, auf dem bereits Teller und Trinkgläser aufgedeckt sind, oder wenn man mit Anderen an diesem Ort sitzt und dort etwas bastelt, schreibt

[39] Vgl. ÜdB 148.
[40] ÜdB 143.

oder spielt, dann ist in diesen Situationen implizit klar, was »Tisch« ist. In diesen unmittelbaren Umgangserfahrungen mit Anderen in Bezug auf diese Sache ist der Tisch im Gemeinsinn in actu da: Alle beziehen sich in ähnlicher Weise in ihrem Umgang auf diese Sache. Die Einbildungskraft ermöglicht es nun, wenn ich alleine bin, all diese Umgangserfahrungen im originären Wahrnehmen mit zu repräsentieren und bei einem ähnlichen Erfahrungsgegenstand mir diesen als Tisch auszuweisen. Hier ist der Gemeinsinn also nicht in actu da, sondern als »gefrorene Regel«. Regel heißt, dass immer dann, wenn ich in ähnliche Situationen komme, wie ich sie bereits im unmittelbaren Umgang mit Anderen erfahren habe, mein Schema »Tisch« greift. Dieses »Greifen« veranlassen die mit Hilfe der Einbildungskraft repräsentierten Umgangserfahrungen in Form von Beispielen. Daher ist auch unsere originäre Wirklichkeitsauffassung als Gemeinsinn in einem weiten Sinn durchaus sinnhaft, da sich diese auch auf einen originären Dialog, nämlich auf die in ihren jeweiligen Gemeinschaften vorherrschenden unmittelbaren Umgangserfahrungen mit Anderen bezieht. Demzufolge liegt es weniger an der Dummheit, sondern eher am Mangel an speziellen kulturbedingten Umgangserfahrungen, wenn man etwa einen Holztisch als Brennmaterial oder einen Computer als Fernseher auffasst. Dennoch bleibt der Gemeinsinn immer nur eine Annahme, die umso sicherer ist, je mehr Erfahrungen ich in der jeweiligen Gemeinschaft gesammelt habe und die auch immer nur in dieser Gemeinschaft intersubjektive Gültigkeit beanspruchen kann[41].

Mit Arendt lässt sich nun an dieser Stelle der Argumentation festhalten: »In unserem Zusammenhang ist an diesen Ausführungen Kants dies wichtig, daß die Fähigkeit unseres Geistes zum Umgang mit Unsichtbarem auch für die gewöhnliche Sinneserfahrung nötig ist […]«[42]. Die »Fähigkeit des Geistes«, auf die Arendt anspielt, ist natürlich die kantsche Einbildungskraft. Sie repräsentiert in jeder gewöhnlichen Sinneserfahrung zweierlei »Unsichtbares«, nämlich die Schemata und die entsprechenden Beispiele. In unserer gewöhnlichen Sinneserfahrung als Originärwahrnehmung sind demnach immer auch Erinnerungen mitenthalten, die man in der jeweiligen Gemeinschaft bzw. im Umgang mit Anderen gesammelt hat, und die als mitrepräsentierte Beispiele wichtige Vermittlungsfunktion im basalen

---

[41] Vgl. ÜdB 143.
[42] LdG 105.

Erkenntnisprozess haben. Die Einbildungskraft als unser Repräsentationsvermögen ist also nicht nur Möglichkeitsbedingung für den Gemeinsinn, sondern auch Möglichkeitsbedingung uns überhaupt auf unsere Umgangserfahrungen, also auf erlebte Ereignisse zurückbeziehen zu können: Damit ist »[…] die Einbildungskraft die Bedingung für die Erinnerung, und ein viel umfassenderes Vermögen.«[43] Andersherum formuliert ist unser Modus des Rückbezugs, der Reflexion bzw. der Erinnerung keine »Spiegelung« der Vergangenheit, sondern eine »Re-präsentation« der Vergangenheit. Damit ist auch der erinnernde Aufbereitungsvorgang eines erlebten Ereignisses zu einer Geschichte ein Repräsentationsvorgang, weil der Akt der Reflexion, des erinnernden Rückbezugs, ein Repräsentationsakt ist. Sich an etwas erinnern und vergegenwärtigen heißt etwas zu repräsentieren im Sinne einer repräsentativen Aufbereitung: Dabei wird Irrelevantes weggelassen und relevant Erscheinendes betont, ja sogar überbetont. Dies liegt jedoch nicht nur an der Willkür desjenigen, der ein Ereignis zu einer Geschichte aufbereitet, sondern es liegt an der Verfasstheit dieses Vermögens selbst. Die Erinnerung als Vergegenwärtigung eines Ereignisses mittels unseres Re-präsentationsvermögens ist unausweichlich »repräsentativ«: Es wäre unmöglich eine erfahrene Situation in all ihren Details zu vergegenwärtigen, genauso wie es unmöglich ist, diese in sämtlichen Details in einer expliziten Erzählung schildern zu wollen. Allein der Versuch würde scheitern bzw. eine schlechte Geschichte hervorbringen, da diese nicht dem Repräsentationsvermögen Anderer als deren Rezeptionsvermögen entspricht. Es wäre vermutlich eine äußerst sinnfreie, weil »nicht-repräsentative« Geschichte, da hier aus Gegebenem kaum ausgewählt wird und vor einem spezifischen Hintergrund etwas relevant Erscheinendes herausgearbeitet wird, sondern im Gegenteil der Versuch unternommen wird »alles zu erfassen«. Eine derartige »Geschichte« würde aber letztlich nichts erfassen, da sie keinen »Plot« hätte. Nicht der Versuch der Allerfassung einer Situation, die immer noch repräsentativ – sprich eine Auswahl – bleiben würde, ist also das Mittel der Wahl, sondern die repräsentative Aufbereitung einer Situation hinsichtlich eines besonderen Aspekts: Eine Geschichte ist umso sinnvoller, je mehr sie unserem menschlichen Repräsentationsvermögen entspricht, das heißt, umso mehr sie repräsentativ aufbereitet ist.

---

[43] U 105.

Arendt führt dieses repräsentativ Aufbereiten selber vor. Dies erfolgt im Rahmen ihrer Bemühungen, ein metaphysikfreies Denken zu etablieren. Nicht mehr die Fragen »Was heißt oder was ist Denken?«, im Sinne losgelöster, dekontextualisierter Begriffe interessieren, denn »das« Denken gibt es nicht. Denken gibt es nur als inkarniertes Tun. Im »Leben des Geistes« soll daher Denken als Lebenstätigkeit zur Darstellung kommen, und zwar an einem Menschen, der für Arendt das »tätige Denken« in besonderer Weise verkörperte, nämlich Sokrates[44]. Sie begründet diese Wahl von Sokrates damit, weil er ihrer Ansicht nach »[…] eine repräsentative Bedeutung in der Wirklichkeit besaß und diese Wirklichkeit nur einer gewissen Reinigung bedurfte, um seinen vollen Sinn zu enthüllen.«[45]

Arendt versucht also, die Geschichten von Sokrates auf einen von ihr darin erkannten wesentlichen Aspekt hin zu »reinigen« und »repräsentativ« aufzubereiten. Für sie ist Sokrates der »Idealtypus« bzw. das Paradebeispiel eines »tätigen Denkers«, der das verkörperte, worauf sie in ihrem Spätwerk hinweisen möchte. Methodischer Gewährsmann für diese repräsentative Aufbereitung des Sokrates als einem inkarniert-tätigen Denker ist Dante in der Darstellung von Etienne Gilson[46]. Gilson zeigt auf, wie Dante historische Figuren, wie etwa Thomas von Aquin, in seiner Göttlichen Komödie stilisiert, indem er diese Handlungen vollziehen lässt, die sie in ihrem tatsächlichen Leben nie getan haben oder auch nie getan hätten:

»Niemals, so Gilson, hätte der geschichtliche Thomas sich bereitgefunden, diesen [Siger von Brabant – F. S.] so zu ehren, wie Dante ihn das tun läßt; denn er hätte sich geweigert, ›die Unterscheidung zwischen Philosophie und Theologie bis an den Punkt der radikalen Trennung, wie sie Dante vorschwebte, heranzutreiben‹[47]. Dante aber mußte Thomas so handeln lassen; denn sonst hätte dieser ›das Recht, in der *Göttlichen Komödie* die dominikanische Glaubensweisheit zu symbolisieren, verwirkt‹[48] – ein Recht, das er in jeder anderen Hinsicht beanspruchen konnte. [Hervorhebung im Original]«[49].

---

[44] Vgl. LdG 167 ff.
[45] DuM 137.
[46] Vgl. LdG 169; DuM 137.
[47] Vgl. Gilson (1953) 319.
[48] Vgl. Gilson (1953) 319.
[49] DuM 138.

Die repräsentative Aufbereitung als Überbetonung von relevant Erscheinendem und Unterschlagung von Irrelevantem erfolgt, um etwas, das jemand beispielhaft verkörpert, klar herauszuarbeiten. Dies heißt auch, dass Geschichten und Aspekte von Personen, die diesem Grundcharakter widersprechen, weggelassen werden müssen, damit der Sinn der Darstellung in voller Weise zur Geltung kommen kann:

»So gibt es auch beim Sokrates des Xenophon, dessen historische Glaubwürdigkeit nicht angezweifelt zu werden braucht, eine Reihe von Eigenarten, welche dieser am Tor des Paradieses möglicherweise hätte ablegen müssen, wenn Dante ihn benutzt hätte.«[50]

All diese Ausführungen sollen an dieser Stelle die unumgänglichen Eigenschaften unseres Repräsentationsvermögens verdeutlichen. Arendt stilisiert Sokrates bewusst als den Idealtypus des »tätigen Denkers«, indem sie hierfür Relevantes überbetont, anderes Irrelevantes unterschlägt. Diese Überbetonung und Unterschlagung als »Reinigung« im Sinne einer repräsentativen Aufbereitung und damit auch als Gespür für den wesentlichen Sinn eines Ereignisses kann man besser oder schlechter beherrschen, sie ist aber auch notwendige und unumgängliche Beschaffenheit unseres Repräsentationsvermögens: Jede Vergegenwärtigung eines Ereignisses ist eine repräsentative Aufbereitung im Sinne einer Stilisierung hinsichtlich eines wesentlich erscheinenden Aspekts. Repräsentation als Vergegenwärtigung und repräsentatives Aufbereiten als spezifische Stilisierung sind ebenso Kehrseiten ein und derselben Medaille bzw. ein und desselben Vermögens: Das vergegenwärtigende Denken in Geschichten ist ein je neues repräsentatives Aufbereiten zu Geschichten, wie auch die narrative Aufbereitung ein je neu ansetzender Vergegenwärtigungsvorgang narrativer Beispiele, also ein Denken in Geschichten, ist. Die Bezeichnungen »Denkakt, der ein Ereignis zu einer Geschichte aufbereitet« und »Denken in Geschichten« sind daher nur unterschiedliche Begrifflichkeiten für ein geistiges Phänomen.

§14. Denken in Geschichten als exemplarisches Denken

Denken wendet sich – laut Arendt – immer sinnlich nicht Präsentem zu: »Das Denken befaßt sich mit Unsichtbarem, mit Repräsentatio-

[50] DuM 138.

nen von Dingen, die abwesend sind […]«[51]. Es lag demnach nahe sich im vorangegangenen Abschnitt[52] mit der Beschaffenheit des sogenannten Repräsentationsvermögens zu beschäftigen, das diese denkerische Hinwendung zu Nichtsinnlichem allererst ermöglicht, denn der Aufbereitungsvorgang eines Ereignisses zu einer Geschichte ist ein Denkvorgang, der Unsichtbares – eben vergangene Ereignisse – repräsentiert. Es zeigte sich, dass die Leistung des Repräsentationsvermögens als erinnernder Rückbezug auf ein vergangenes Ereignis im Wesentlichen darin besteht, zu entsinnlichen, das heißt, erlebte Ereignisse für geistige Operationen vorzubereiten, also etwas ehemals sinnlich Gegebenes in ein Vorstellungsbild von aktuell Abwesendem zu verwandeln, sprich zu vergegenwärtigen. Diese Vergegenwärtigung impliziert immer eine repräsentative Aufbereitung, was bedeutet, dass das repräsentierte Vorstellungsbild nie ein »Spiegelbild« der Vergangenheit, sondern eine re-präsentative Zurichtung der Ereignisse ist: Erlebte Erfahrungen werden aspektiert vergegenwärtigt, das heißt, relevant Erscheinendes wird überbetont, unnötig Erscheinendes wird ausgespart bzw. weggelassen oder sogar vergessen. Darüber hinaus spielt das Repräsentationsvermögen eine wichtige Rolle für den Gemeinsinn als unsere originäre Wirklichkeitsauffassung. Der gemeinsinnhafte Ausweis in der Wahrnehmung bzw. das implizite Erkennen in Form der immer schon tätigen Auffassung von »etwas als etwas« kann nur erfolgen, weil wir über dieses Repräsentationsvermögen verfügen, das in diesem Akt vergangene Umgangserfahrungen in Form von Beispielen mitrepräsentiert, die wiederum gemeinschaftsadäquate Schemata zur gemeinsinnhaften Wirklichkeitskategorisierung vermitteln. Kurz gesagt: Ohne Repräsentationsvermögen kein gemeinsinnhafter Wirklichkeitsausweis.

Die bisherigen Ausführungen zeigten, dass Denken als Fragen nach dem Sinn heißt, faktisch Gegebenes, also das, was uns die originäre Wirklichkeitsauffassung mittels des Gemeinsinns bietet, »aufzutrennen« und so das Unsichtbare im sinnlich Faktischen transparent zu machen. Dabei blieb eine der zu Beginn des vierten Kapitels formulierten Eingangsfragen noch offen, nämlich die Frage, was bei diesem Auftrennungsvorgang genau vor sich geht und welche Rolle dabei die Einbildungskraft als unser Repräsentationsvermögen spielt, welche nach Arendt für diesen Prozess unerlässlich sei.

---

[51] DuM 155.

[52] Vgl. § 13 dieser Arbeit.

Arendts Beispiel für etwas faktisch Gegebenes ist neben der Brücke und dem Tisch häufig auch das Haus: »*Das Wort ›Haus‹ ist wie ein gefrorener Gedanke, den das Denken auftauen muß* […] [kursiv im Original]«[53]. Was spielt sich jedoch bei diesem Vorgang des »Auftauens« genau ab? Was passiert, wenn man sich nach dem impliziten Sinn von »Haus« fragt, wenn man also das faktisch Gegebene hinterfragt und den immer schon angewandten Begriff in Frage stellt und »auftrennt«? Sie antwortet:

»Um noch einmal auf das Beispiel des in dem Wort ›Haus‹ eingefrorenen Gedankens zurückzukommen: Wenn Sie einmal über den in ihm implizierten Sinn – das Wohnen, Ein-Heim-Haben, Beherbergt-Sein – nachgedacht haben, ist es unwahrscheinlich, daß Sie für Ihr eigenes Heim all das akzeptieren, was immer der Stil der Zeit vorschreiben mag; doch damit ist keineswegs gewährleistet, daß Ihnen eine akzeptable Lösung für Ihr eigenes Wohnungsproblem einfällt.«[54]

Interessant für uns in diesem Zusammenhang ist vor allem der erste Teil des Zitats, wo sie Beispiele für derartige »Denkresultate« in Bezug auf das Thema »Haus« gibt: »Wohnen«, »Ein-Heim-Haben« und »Beherbergt-Sein« sind Beispiele eigens erlebter Umgangserfahrungen zum Thema Haus, die in Form kleiner, lebensgeschichtlicher Handlungssequenzen repräsentiert werden, denn nicht umsonst zitiert Arendt alle Beispiele in verbaler Form. Denken heißt also, den »natürlichen« Ablauf des Gemeinsinns, diese immer schon tätige Vermittlungsleistung zwischen Allgemeinem und Besonderem, zwischen Anschauung und Begriff zu unterbrechen, indem man die Vermittlungselemente, nämlich die exemplarischen Umgangserfahrungen (»Wohnen«, »Ein-Heim-Haben«, »Beherbergt-Sein«) bewusst vergegenwärtigt bzw. repräsentiert. Diese Art der Reflexion einer Sache bezeichnete man im Mittelalter auch mit dem Begriff »Meditation« im Gegensatz zur sogenannten »Kontemplation«[55]: Dieser Vorgang geht mit der Aussetzung des Gemeinsinns, sprich unseres originären Wirklichkeitsausweises »etwas als etwas« einher, da das Denken die Beispiele als die exemplarisch mitrepräsentierten Umgangserfahrungen durch bewusste Repräsentation herauslöst aus dem immer schon tätigen Ablauf des Gemeinsinns, in dem sie ein konstitutives Moment darstellen. Daher zeitigt diese »Auftrennung« in der gedanklichen

53 DuM 140.
54 DuM 143 f.
55 Vgl. DuM 140.

Meditation die bereits beschriebene, charakteristische »Gedankenversunkenheit« des Denkenden, der seine Aufmerksamkeit von den äußeren Dingen auf die repräsentierten Gegenstände des Geistes hingelenkt hat und so – umgangssprachlich formuliert – »nicht ganz bei Sinnen« ist, weil er sich bewusst dem nichtsinnlich Erscheinenden zugewandt hat, was ein konstitutives Vermittlungsmoment in der sinnlichen Wahrnehmung darstellt. Diese Herauslösung bzw. Auftrennung der im Wahrnehmungsvorgang mitgegebenen Beispiele ist nur durch das Repräsentationsvermögen unseres Geistes möglich. Die Möglichkeitsbedingung der Auftrennung von faktisch Gegebenem, wie sie in jedem Denkvorgang als reflektierende Meditation vollzogen wird, also die Möglichkeitsbedingung von Sinnfragen überhaupt, liegt demnach in der Einbildungskraft als unserem Repräsentationsvermögen. Mittels dieses geistigen Vermögens werden die in jedem Wahrnehmungsvorgang mitgegebenen Beispiele bei der Auftrennung dieses Faktums bewusst herausgelöst durch Vergegenwärtigung, was natürlich den originären Wahrnehmungsablauf unterbricht. Denken meint bei Arendt also vor allem Denken in Beispielen bzw. »exemplarisch Denken«. Im Denken über eine Sache macht man sich die in dieser Sache beschlossen liegenden Umgangserfahrungen transparent, indem man diese in Form von Beispielen repräsentiert und reflektiert. Der Modus der Repräsentation dieser Beispiele, die aus Umgangserfahrungen hervorgegangen sind und daher immer erinnerte Handlungssequenzen aus Begegnungssituationen darstellen, ist die Geschichte[56]. Macht nicht beispielsweise Prousts Madeleine-Ereignis[57] literarisch anschaulich, wie viele Geschichten, das heißt wie viele Begegnungs- und Umgangssituationen als Erinnerungen in den uns umgebenden Dingen beschlossen sind? Diese in den Dingen beschlossen liegenden Geschichten sind von ihrem ontologischen Status die an jedem Erkenntnisprozess beteiligten Beispiele, die eine unerlässliche Vermittlerrolle im bestimmend-subsumtiven Urteilsvorgang spielen, der – wie bereits beschrieben wurde – jedem Erkenntnisprozess implizit ist[58]. Diese im Originärerkennen latent mitgeführten Beispiele werden im Denken explizit bzw. »bewusst« und transparent gemacht. Demnach ist das Auftrennen eines gemeinsinnig gegebenen Faktums im Denken ein Auftren-

[56] Vgl. D 742.
[57] Vgl. Proust (1964) 63 ff.
[58] Vgl. U 110.

nungsvorgang in die dem Faktum innewohnenden narrativen Beispiele. Denken als exemplarisches Denken ist daher wesentlich ein Denken in Geschichten.

Dieser Auftrennungsvorgang ist relativ problemlos, solange sich das Reflektieren in einem klaren begrifflich-schematischen Rahmen abspielt, wie etwa bei all den bisher angeführten eher trivialen Beispielen aus dem dinglichen Bereich. »Die Schwierigkeit wird groß, wenn nur das Besondere gegeben ist, zu dem das Allgemeine gefunden werden muß.«[59] Dies ist der Fall bei allen Originärerfahrungen, also vor allem in mitmenschlichen Begegnungssituationen, die ich dadurch reflektiere, dass ich sie im Repräsentationsvorgang in einen sinnvoll strukturierten Zusammenhang bringe, sprich zu einer Geschichte aufbereite[60]. Woher weiß ich aber, welche Aspektierung ich dem erlebten Ereignis in meiner narrativen Aufbereitung geben soll? Das Problem besteht gerade darin, dass das Allgemeinkriterium – im Gegensatz zu all den »Dingreflexionen« – allererst noch gefunden werden muss. Es handelt sich also um ein »[…] Gebiet ohne allgemeine Regeln […]«[61] und hier ist es unerlässlich, »[…] daß ich mir etwas repräsentiere [vergegenwärtige], was ich nicht wahrnehme.«[62] Diese Denkform bezeichnet Arendt mit dem treffenden Ausdruck »Denken ohne Geländer«[63], das heißt, dass ich bei der reflexiven Bewältigung eines Ereignisses – wie beim Treppensteigen ohne Geländer – ohne vorgegebene Hilfsmittel auskommen muss. Arendt plausibilisiert diese Denkform an folgendem Beispiel:

»Lassen Sie mich das veranschaulichen: Nehmen wir an, ich schaue auf ein bestimmtes Wohnhaus in einem Slum und nehme in diesem besonderen Gebäude die allgemeine Vorstellung wahr, die es nicht direkt sichtbar macht: die Vorstellung von Armut und Elend. Ich komme zu dieser Vorstellung, indem ich mir vergegenwärtige, wie ich mich fühlte, wenn ich dort leben müßte, das heißt, ich versuche an der Stelle des Slum-Bewohners zu denken. Das Urteil, das ich fälle, wird keineswegs notwendigerweise dasselbe sein wie das der dort Lebenden, welche gegenüber ihrer Lebenssituation mit der Zeit und durch Hoffnungslosigkeit stumpf geworden sein mögen, doch wird es ein hervorragendes Beispiel für mein weiteres Urteilen in diesen Angelegenheiten werden. Überdies: Auch wenn ich Andere beim Urtei-

59 U 101.
60 Vgl. ÜdB 75.
61 ÜdB 139.
62 ÜdB 142.
63 Tor 113.

len berücksichtige, heißt das nicht, daß ich in meinem Urteil mit dem ihren übereinstimme. Ich spreche immer noch mit meiner eigenen Stimme und zähle nicht Stimmen ab, um zu dem zu kommen, was ich für richtig halte. Aber mein Urteil ist auch nicht mehr in dem Sinne subjektiv, daß ich zu meinen Schlußfolgerungen nur komme, indem ich mich selbst berücksichtige.«[64]

Arendt beschreibt in diesem Beispiel ein mögliches lebensgeschichtliches Ereignis: Man geht durch ein Slum und sieht dabei die Behausungen der dort lebenden Menschen. In der darauffolgenden Reflexion der erlebten Erfahrung wird dieses Ereignis aspektiert aufbereitet, das heißt, es muss im narrativen Repräsentationsvorgang ein Aspekt gefunden werden, hinsichtlich dessen das Ereignis »repräsentativ« gemacht werden soll, im Beispielsfall ist das die Vorstellung von Armut und Elend[65]. Arendt beschreibt diesen Vorgang – nämlich etwas in den Dingen nicht Wahrnehmbares zu vergegenwärtigen – mit dem kantschen Vermögen der reflektierenden Urteilskraft. Kant unterscheidet diesen speziellen Urteilsmodus vom bestimmenden Urteilsvermögen, dessen Leistung darin besteht, Besonderes unter bereits gegebene Allgemeinkriterien zu subsumieren[66]: »Ist […] nur das Besondere gegeben, wozu sie [die Urteilskraft – F. S.] das Allgemeine finden soll, so ist die Urteilskraft bloß reflektierend.«[67] Dieses reflektierende Urteilsvermögen kommt bei Kant vor allem bei ästhetischen Fragestellungen zum Tragen, da hier nicht von einem vorgegebenen Begriff von Schönheit ausgegangen werden kann. Das Urteil »Das ist schön« wird nur in einem besonderen Einzelfall ausgesprochen und es handelt sich dabei um eine Art heuristische Annahme, die Schönheit unterstellt, und auf Zustimmung Anderer hofft. Arendt erkennt die Analogie beider Reflexionssituationen: In beiden Fällen handelt es sich um besondere, unvergleichbare Situationen, in welchen ein Allgemeinkriterium herangezogen werden muss, das von anderer Beschaffenheit und Art als das Kriterium in Erkenntnisurteilen ist. In der Beurteilung etwa eines artifiziellen Gegenstandes kommt das Allgemeinkriterium der »Schönheit« zum Einsatz, in der erlebten Begegnungssituation der Begriff der »Armut«. Zunächst zur analogen Art beider Kriterien: In beiden

[64] ÜdB 142.
[65] Vgl. ÜdB 142.
[66] Vgl. hierzu § 13 dieser Arbeit.
[67] Kant (2006) *B XXVI;* vgl. hierzu auch D 572.

Fällen handelt es sich um »Annahmen« einer Einheit[68]. »[…] [W]ir sind im Besitz der Erfahrung des Besonderen und denken es unter Annahme eines nicht gekannten Allgemeinen […]«[69], so Jaspers in seinen Ausführungen zur reflektierenden Urteilskraft, auf die Arendt sich explizit bezieht[70]. In Situationen reflektierenden Urteilens haben wir keine festen Kriterien und Regeln in der Hand, wie etwa bei dem Erkenntnisurteil »Das ist ein Tisch«, sondern wir sind – laut Arendt – »[…] ohne allgemeine Regeln […]«[71], behelfen uns aber damit, dass wir »[…] Behauptung[en] aufstelle[n] […]«[72], also so tun, »als ob« wir über eine Einheit als Allgemeinkriterium verfügten[73]. Diese heuristische Annahme eines Allgemeinprinzips bzw. diese Behauptung im Reflexionsvorgang erfolgt aber nicht willkürlich. Willkürliche Behauptungen sind philosophisch irrelevant[74]: Dies gilt sowohl für Kant, der nicht an willkürlichen Geschmacksäußerungen[75] interessiert ist, als auch für Arendt, für die es illegitim wäre, eine Situation in beliebiger Weise zu stilisieren[76]. Für beide gibt es in diesem Urteilsmodus, welcher Behauptungen aufstellt, ein »[…] Ansinnen der Allgemeingültigkeit […]«[77].

Wie erreicht man jedoch im Urteilen eben diese nicht willkürliche Annahme eines Allgemeinkriteriums? Was qualifiziert eine Aussage zu einem Urteil? Diese Fragestellung beantwortet Kant mit dem Terminus des »Ansinnens«:

> »Das Geschmacksurteil selber postuliert nicht jedermanns Einstimmung (denn das kann nur ein logisch allgemeines, weil es Gründe anführen kann, tun), es sinnt nur jedermann diese Einstimmung an, als einen Fall der Regel, in Ansehung dessen er die Bestätigung nicht von Begriffen, sondern von anderer Beitritt erwartet.«[78]

---

[68] Vgl. Kant in Bezug auf die teleologische Naturbetrachtung, für die gleiches gilt: Kant (2006) *B XXXIII*.

[69] Jaspers (1957) 477.

[70] Vgl. hierzu JBW 353 ff.; D 569 ff.; D 823.

[71] ÜdB 139.

[72] ÜdB 138.

[73] Vgl. Kant (2006) *B XXVIIf.*.

[74] Vgl. ÜdB 140.

[75] Vgl. hierzu Loidolt (2011) 234.

[76] Vgl. hierzu vor allem den Aufsatz WuP, wo Arendt dies am Beispiel der politischen Lüge im Ostblock und am »image making« im Westen zu Zeiten des Kalten Krieges aufzuzeigen versucht (WuP 355 ff.).

[77] Grätzel (2004a) 63; vgl. hierzu Grätzel (2004a) 60–63.

[78] Vgl. Kant (2006) *B26*.

Arendt greift den kantschen Terminus des »Ansinnens« und die damit zusammenhängende Problemstellung folgendermaßen auf:

> »Ich kann, wie Kant sagt, an der Stelle jedes Anderen denken, so daß wenn jemand urteilt, daß dies schön ist, er nicht lediglich sagen möchte: Das gefällt mir (so wie etwa Hühnersuppe mir zusagen mag, aber Anderen nicht), sondern daß er von Anderen ›Beistimmung‹ verlangt; denn beim Urteilen hat er sie schon in Betracht gezogen und hofft deshalb, daß seine Urteile eine gewisse allgemeine, wenn auch vielleicht nicht universale Gültigkeit besitzen mögen.«[79]

Dieses Ansinnen meines Urteils an die anderen Mitglieder der Gemeinschaft, das sogenannte »Beistimmung verlangen« Anderer – in Arendts Worten –, setzt voraus, dass ich in der dem Urteil vorangegangenen Reflexion die Positionen und Urteile Anderer mit Hilfe der Einbildungskraft eingenommen und in mein Urteil miteinbezogen habe. Nicht jeder wird etwa im Fall von Arendts Slumbeispiel mit ihr darin übereinkommen, dass es sich hierbei um ein Beispiel für Armut und Elend handelt. Arendt selbst weist darauf hin, dass die dort lebenden Slumbewohner in Bezug auf ihre eigene Lebenssituation einen anderen Standpunkt haben als sie selbst als Urteilende. Dennoch kommt sie gerade dadurch zu ihrem Urteil, dass sie auch den Standpunkt der Slumbewohner mitrepräsentiert[80]. Je mehr unterschiedliche Standpunkte in Bezug auf einen fraglichen Sachverhalt man in sein eigenes Urteil mittels der Einbildungskraft miteinbeziehen kann, umso allgemeingültiger wird das Urteil sein[81]. Dies heißt jedoch nicht, dass ich mit diesen anderen Positionen übereinstimme, ich habe sie nur in meiner Urteilsreflexion miteinbezogen in dem Sinne, dass ich mir klargemacht habe, wie sie zu ihrem Standpunkt kommen. Das ist auch zugleich der Kerngedanke des Ansinnens: Ein Urteil, das aus der Vergegenwärtigung und dem Miteinbezug vieler anderer möglicher Urteile Anderer gewonnen ist, »sinnt auf Einstimmung«[82] bzw. »verlangt Beistimmung Anderer«[83], möchte Andere von der eigenen Position überzeugen, denn alles andere wäre eine uninteressante und willkürliche Geschmacksäußerung im Sinne von

---

[79] ÜdB 141.
[80] Vgl. ÜdB 141.
[81] Vgl. U 61.
[82] Vgl. Kant (2006) *B26*.
[83] Vgl. ÜdB 141.

»Hühnersuppe schmeckt mir«[84]. Dieses »Ansinnen« hieße in Bezug auf das Slumbeispiel: Würdest du als Slumbewohner auf Distanz zu deiner eigenen Involviertheit und Eingebundenheit in deine Lebenssituation gehen, dann müsstest du meiner Annahme, dass du nämlich in Armut und Elend lebst, zustimmen.

Zu einer allgemeingültigen Annahme kommt der Urteilende also dadurch, dass er auf Distanz zu seiner momentanen Affiziertheit geht und unterschiedliche mögliche Positionen gedanklich durchgeht. Das Maß an Allgemeingültigkeit wird abhängig sein von der Zahl der möglichen unterschiedlichen Positionen, die er im Reflexionsvorgang repräsentieren kann, was wiederum von der Auswahl unterschiedlicher Erfahrungen hinsichtlich möglicher Standpunkte abhängt, die er im tätigen Umgang mit Anderen sammeln konnte.

»[…] [M]ein Urteil [wird] um so *repräsentativer* sein, je mehr Standpunkte anderer Leute ich mir in meinem Denken vergegenwärtige und also bei meinem Urteil berücksichtigen kann. Die Gültigkeit solcher Urteile wäre weder objektiv und universal, noch subjektiv, von persönlichen Einfällen abhängig, sondern intersubjektiv oder repräsentativ. [Hervorhebung im Original]«[85]

Der intersubjektive Geltungsmodus des reflektierenden Urteilens bedeutet, dass Urteile nur in einer bestimmten Gemeinschaft Geltung beanspruchen können. Urteile sind also immer auf eine bestimmte Gemeinschaft bezogen, deren spezifischen gemeinschaftlichen Erfahrungen sie auch entsprungen sind[86]. Je mehr Standpunkte und Positionen dieser Gemeinschaft ich in mein Urteil einbeziehen kann, umso größer wird der Geltungsanspruch des Urteils sein. Urteilen hat überhaupt nur Geltungsanspruch, wenn es Urteile Anderer und die damit verbundenen Urteilsgesellschaften, die diese Positionen vertreten, mitbedenkt. Der Urteilende in Bezug auf das arendtsche Slumbeispiel hat also mindestens zwei Gesellschaften im Reflexionsakt vor sich: Eine Urteilsgemeinschaft, für die diese Situation, wie für ihn, hauptsächlich Armut und Elend repräsentiert, und eine andere Urteilsgemeinschaft, für die diese Situation etwas anderes, aber nicht Armut und Elend zeigt. Wenn Arendt als Urteilende diese Situation stilisiert, wie sie es tut, nämlich als ein Beispiel für Armut und Elend, so bedeutet dies auch, dass sie sich mit dieser narrativen Aufberei-

---

84 Vgl. ÜdB 141.
85 ÜdB 143.
86 Vgl. U 97.

tung für die erstere der beiden Urteilsgemeinschaften entschieden hat. Das reflektierende Urteilen beinhaltet nach dem reflexiven Durchgang möglicher Standpunkte und Urteilsgemeinschaften hinsichtlich eines fraglichen Sachverhalts eine Entscheidung für eine Position und damit für eine Gesellschaft, die diese Position vertritt. Im Beispielsfall gruppiert sich Arendt bzw. der/die Urteilende zu der Gemeinschaft, für die diese Situation im Wesentlichen Armut und Elend repräsentiert.

Die Entscheidung für eine bestimmte Urteilsgemeinschaft im Urteilsvorgang zeigt sich sogar in ganz trivialen Erkenntnisurteilen. Die Aussage: »Das ist ein Tisch« bzw. allein schon der spezifische Umgang mit diesem Gegenstand beinhaltet eine Art »Bekenntnis« für eine Gemeinschaft, für diejenige nämlich, für die dieser Gegenstand eben ein Tisch ist, also etwas, um darauf zu schreiben, etwas abzulegen, daran mit anderen zu essen etc., und kein potentielles Brennmaterial, wie dies bei einer anderen Gemeinschaft unter Umständen der Fall wäre. Dieses Beispiel soll verdeutlichen, dass subsumtiven Urteilsvorgängen – laut Arendt – immer auch noch ein anderer Urteilsmodus, nämlich ein reflektierendes Urteil, implizit ist. Indem sie Kants eigene Vorrede der »Kritik der Urteilskraft« zitiert, zeigt sie auf, dass es eigentlich lediglich reflektierende Urteile gibt: »[…] Wenn Urteilen Subsumieren heißt [sic!], so ist eigentlich ›wiederum eine andere Urteilskraft erforderlich …, um unterscheiden zu können, ob es der Fall der Regel sei oder nicht‹[87]. (Dies besagt eigentlich, dass es eben nur eine ›reflektierende‹ Urteilskraft gibt!)«[88] An anderer Stelle schreibt Arendt »[…] das Urteil entscheidet über die Beziehung zwischen einem besonderen Beispiel und dem Allgemeinen […]«[89]. Auch wenn im bestimmenden Urteil, also im originären Erkenntnisvollzug, etwas Besonderes unter eine allgemeine Regel subsumiert wird[90], so beinhaltet dieser Vollzug auch einen anderen Urteilsmodus – um mit Arendt zu sprechen den eigentlichen und einzigen Urteilsmodus –, nämlich die reflektierende Entscheidung, welches Allgemeinkriterium für dieses besondere Beispiel zur Anwendung kommen soll. Dies ist natürlich keine Entscheidung, die im originären Primärerkennen explizit getroffen wird, das Explizit-

[87] Vgl. Kant (2006) *B VII.*
[88] D 571.
[89] ÜdB 137.
[90] Vgl. ÜdB 137 f.

machen dieser Entscheidung erfolgt nur im Denken. Die alltägliche Wahrnehmung eines Tisches beinhaltet jedoch eine »unexplizite« und immer schon ablaufende Entscheidung für die Allgemeinkategorie »Tisch« in Bezug auf diesen Gegenstand und gegen die Kategorie »Brennholz« und damit ebenso eine Entscheidung für die Gemeinschaft, die diesen Gegenstand primär als Tisch auffasst und mit diesem auch in dieser Weise umgeht.

Doch selbst wenn Arendt aufzeigt, dass jedes Erkennen als ein subsumtives Urteilen letztlich auch auf einem implizit ablaufenden reflektierenden Urteil basiert, so ist es doch etwas anderes, ob ich im dinglichen Bereich oder im zwischenmenschlichen Bereich urteile, sprich ob ich – explizit sprachlich ausgedrückt – urteile: »Das ist ein Tisch« oder »Das ist Armut«. In Bezug auf soziale Situationen gibt es keine festen Schemata als Allgemeinstandards, wie es diese im dinglichen Bereich gibt. Es gibt beispielsweise nicht »die« Armut, sowie es etwa »den« Tisch als klares schematisches Vorstellungsbild gibt, worunter man nur noch subsumieren muss. Das heißt des Weiteren, dass wir »Armut« nicht erkennen können, wie wir etwa einen Gegenstand als einen Tisch erkennen. Wir wissen nicht, was Armut ist. Unser Erkennen scheitert im zwischenmenschlichen Bereich. Wir können Armut nicht klar begrifflich bestimmen – entsprechend in bestimmender Weise darüber urteilen –, so wie wir Schönheit nicht bestimmen können, wir können lediglich darüber reflektieren und Annahmen darüber machen und uns mit unseren Annahmen zu Urteilsgemeinschaften gesellen. Es gibt also nicht die Armut, sowie es nicht die Schönheit gibt. Es gibt aber unterschiedliche Beispiele für Armut – wie etwa das Slumbeispiel Arendts – oder auch für Schönheit und mit diesen Beispielen sind immer Gemeinschaften verbunden, die diese Beispiele vertreten. Der kantsche Terminus »reflektierendes« Urteil beschreibt also vor allem die Beschaffenheit unseres geistigen Vermögens während dieses Urteilsvorganges. In diesem Zustand gibt es kein bestimmtes Allgemeinkriterium, an dem es sich »festhalten« könnte, sondern es befindet sich in freiem Reflexionszustand, welchen Kant mit dem Ausdruck »freies Spiel der Erkenntniskräfte« umschreibt: »Die Erkenntniskräfte, die durch diese Vorstellung ins Spiel gesetzt werden, sind hierbei in einem freien Spiele, weil kein bestimmter Begriff sie auf eine besondere Erkenntnisregel einschränkt.«[91]

[91] Kant (2006) *B28*.

Eine originäre Umgangserfahrung zu reflektieren, erfordert also einen eigenen »Modus Operandi« der Geistestätigkeit: Der Denkvorgang, der ein Ereignis zu einer Geschichte aufbereitet, beinhaltet in der Reflexion als repräsentativen Rückbezug auf dieses Ereignis eine Entscheidung für eine spezifische Aspektierung des Ereignisses. Dieses »Repräsentativ Machen« ist ein reflektierender Urteilsmodus, der die besondere Situation als beispielhaft für ein heuristisches Allgemeinkriterium annimmt. Dies erfordert »zwei geistige Operationen«[92], die sogenannte Operation der Einbildung und die Operation der Reflexion. Erstere der beiden Operationen, nämlich die »[...] Operation der Einbildung bereitet den Gegenstand für die ›Operation der Reflexion‹ zu.«[93] Damit schafft die Operation der Einbildung durch Repräsentation der Erfahrungen, die nur in Distanz zu dem tatsächlichen Ereignis stattfinden kann, »[...] den angemessenen Abstand [...]«[94]. Dieser Abstand ist notwendig, da ein intersubjektives Urteil bezüglich einer Situation erst erfolgen kann, wenn jede situationsabhängige Affiziertheit, die mich im unmittelbaren Erleben auf meine Perspektive beschränkt und befangen macht, ausgeschalten ist. Man erreicht dies durch die Vergegenwärtigung der Situation in angemessener zeitlicher und räumlicher Distanz durch die Einbildungskraft. »Die Operation der Einbildung hat das Abwesende für den inneren Sinn unmittelbar präsent gemacht, und dieser innere Sinn macht, per definitionem, Unterscheidungen. Er sagt: Es-gefällt oder Es-mißfällt [...]«[95]. Für ästhetische Urteilsvorgänge sind diese beiden Operationsmodi durchaus verständlich: Zur adäquaten Beurteilung eines Kunstwerkes etwa, ist es angebracht, auf Distanz zur unmittelbaren Affiziertheit durch dieses Kunstwerk selbst zu gehen. Erst in der distanzierenden Vergegenwärtigung und dem daran sich anknüpfenden Reflexionsvorgang zeigt sich, ob mir etwas tatsächlich zugesagt hat oder nicht. Dieses a posteriorische Urteil fällt oft anders aus als die affektive Stimmung während der unmittelbaren Kunstwerksrezeption. Ähnliches gilt nun für die Reflexion einer erlebten Umgangssituation: Übertragen auf Arendts Slumbeispiel bedeutet dies, dass ich zunächst die Involviertheit in die jeweilige Situation verlassen muss, um zu einer angemessenen Aspektierung und zu einem

[92] U 92.
[93] U 92.
[94] U 90.
[95] U 92.

angemessenen Verständnis dieser zu kommen. Während ich beispielsweise mit einem der Slumbewohner spreche, der versucht mich vom Glück seines Lebens zu überzeugen, bin ich in meinem Urteil befangen, da es mir während der Eingebundenheit in diese Situation unmöglich ist, andere Standpunkte in Bezug auf diese Situation zu vergegenwärtigen.

Diese Vergegenwärtigung unterschiedlicher Standpunkte erfolgt in der Operation der Reflexion. Hier taucht dann auch erst die ernstzunehmende Urteilsunterscheidung in Form der empfindungsmäßigen Konnotation »Es gefällt mir« oder »Es missfällt mir« auf, die jede repräsentierte Position mit sich führt. Diese Operation der Reflexion ist ein Vorgang des sogenannten sensus communis. Arendt, die sich in ihren Ausführungen zu diesen Zusammenhängen im Wesentlichen auf Kants Begrifflichkeit stützt, zitiert diesen wie folgt, um die Tätigkeit des sensus communis bei dieser Operation der Reflexion zu plausibilisieren:

»›Unter dem sensus communis … muß man die Idee eines gemeinschaftlichen Sinnes, d.i. eines Beurteilungsvermögens verstehen, welches in seiner Reflexion auf die Vorstellungsart jedes andern in Gedanken (a priori) Rücksicht nimmt, um gleichsam an die gesamte Menschenvernunft sein Urteil zu halten … Dieses geschieht nun dadurch, daß man sein Urteil an anderer, nicht sowohl wirkliche, als vielmehr bloß mögliche Urteile hält, und sich in die Stelle jedes andern versetzt, indem man bloß von den Beschränkungen, die unserer eigenen Beurteilung zufälliger Weise anhängen, abstrahiert … Nun scheint diese Operation der Reflexion vielleicht allzu künstlich zu sein, um sie dem Vermögen, welches wir den gemeinen Sinn nennen, beizulegen; allein sie sieht auch nur so aus, wenn man sie in abstrakten Formeln ausdrückt; an sich ist nichts natürlicher, als von Reiz und Rührung zu abstrahieren, wenn man ein Urteil sucht, welches zur allgemeinen Regel dienen soll.‹[96]«[97]

Arendt erläutert die Operation der Reflexion insbesondere mit der zweiten kantschen Maxime des gemeinen Menschenverstandes, der sogenannten »erweiterten Denkungsart«[98], welche fordert »[…] an der Stelle jedes anderen [zu – F. S.] denken […]«[99]. Mittels der Einbildungskraft vergegenwärtigt man in der Reflexion die möglichen Urteilspositionen Anderer in Bezug auf einen fraglichen Sachverhalt.

[96] Vgl. Kant (2006) *B157f.*.
[97] U 95.
[98] Vgl. Kant (2006) *B158;* U 95; U 97.
[99] Kant (2006) *B158.*

Möchte ich etwa ein Kunstwerk beurteilen, werde ich im Nachhinein unterschiedliche mögliche Positionen bzw. Einschätzungen Anderer im Hinblick auf dieses Kunstwerk vergegenwärtigen. Diese Positionen lassen sich nun in mindestens zwei Urteilsgesellschaften einteilen, nämlich eine Gesellschaft, die in dem Urteil übereinkommt, dass es sich hierbei um ein schönes Kunstwerk handelt, und eine andere Gruppe, die in ihren Urteilen darin übereinstimmen, dass sie dieses Kunstwerk nicht schön finden. Ebenso erfordert die Reflexion eines erlebten Ereignisses im Umgang mit Anderen eine Vergegenwärtigung der möglichen Urteile bzw. Standpunkte Anderer in Bezug auf dieses Ereignis. Im Vorgang der Reflexion dieses Ereignisses nehme ich Rücksicht auf die möglichen Auffassungen Anderer hinsichtlich der zu bedenkenden Situation. Meine Stilisierung dieser Situation in Form einer Geschichte wird umso treffender sein, das heißt auch umso verständlicher und nachvollziehbarer, je mehr mögliche Standpunkte ich in meine Reflexion miteinbeziehen konnte. Die Entscheidung über die jeweilige Aspektierung der Situation fällt auch in der Operation der Reflexion. Im Reflexionsvorgang werden die unterschiedlichen Auffassungen bezüglich der Situation geistig durchschritten, um zu einer eigenen Auffassung zu gelangen. Diese eigene Auffassung lässt sich dadurch herausfinden, dass man auf die spezifische Empfindungsdimension im repräsentativen Durchgang durch die jeweiligen Positionen achtet, denn »[d]iese Reflexion affiziert mich, als wäre sie eine Empfindung, und gerade eben eine des Geschmacks, des unterscheidenden, wählenden Sinnes […]«[100], wie Arendt treffend feststellt.

Die Operation der Reflexion als erweiterte Denkungsart ist also begleitet von einer unterscheidenden Empfindungsdimension. Die dabei erfolgende Repräsentation unterschiedlicher Standpunkte ist wie eine tatsächliche Begegnung mit jemandem, der seine Meinung in Bezug auf einen fraglichen Sachverhalt kundtut, immer auch empfindungsmäßig konnotiert in dem Sinne, dass man spürt, ob diese Position mir zusagt oder nicht, existentiell gewendet, ob ich mit einem Menschen, der solchermaßen urteilt, zusammenleben könnte oder nicht. Der reflektierende Durchgang durch die verschiedenen Positionen ist auch nicht mehr in einer Weise befangen, wie die affektive Gefühlsäußerung in situativer Eingebundenheit, da der Ur-

[100] U 96.

teilende nicht von einer Position vereinnahmt wird, sondern im Reflexionsvorgang zugleich mehrere Positionen geistig durchschreiten kann und deren unterschiedliche Empfindungen auf ihn abspüren kann. Im Fall einer Kunstwerksbeurteilung gleicht die »Reflexionsoperation« der gedanklichen Vergegenwärtigung mindestens zweier Gesellschaften, nämlich – wie bereits erwähnt – einer Gesellschaft, die das Kunstwerk schön findet, einer anderen, die es nicht schön findet. Dieser Reflexionsvorgang als Repräsentation unterschiedlicher Urteilsgesellschaften ist wie eine tatsächliche Begegnung unausweichlich mit einer bestimmten Empfindung versehen, die dem Urteilenden verdeutlicht, ob er mit einer Urteilsgemeinschaft übereinstimmt oder nicht, ob diese Menschen zu ihm passen oder nicht, bzw. ob man mit ihnen zusammenleben könnte oder nicht. Die Reflexion einer erlebten Umgangssituation ist als Beurteilungsvorgang ebenso begleitet von einer unterscheidenden Empfindungsdimension. In Bezug auf Arendts Slumerlebnis sind unterschiedliche Urteilsgemeinschaften vorstellbar, etwa Urteilsgemeinschaften, die die Slumerfahrung als ein Beispiel für Armut und Elend ansehen, andere, die das Leben im Slum als eine Form von Bescheidenheit und Zufriedenheit auffassen etc. Die Empfindungsdimension im reflexiven Durchgang dieser Positionen entsteht, da dieser Durchgang im freundschaftlichen Dialog mit sich erfolgt. Die unterschiedlichen repräsentierten Positionen gleichen dabei dem Gesprächsthema im freundschaftlichen Dialog mit sich. Hier zeigt sich, welche Position zu den beiden Freunden passt oder nicht. Der freundschaftliche Gesprächspartner würde vermutlich einigen Darstellungen der Slumsituation zustimmen können, wenn ihm aber die Slumerfahrung als Ausdruck materiellen Wohlstands und Reichtums präsentiert würde, dann wäre es wahrscheinlich, dass er diese Meinung bzw. Aspektierung der Situation als unpassend bezeichnen würde.

Es handelt sich also im gedanklichen Durchschreiten unterschiedlicher Positionen nicht um willkürliche Empfindungen, sondern um Empfindungen, die sich mitteilen und potentiell veröffentlichen lassen, da sie in einem freundschaftlichen Zwiegespräch auftauchen.

»Dieser sensus communis ist das, an was das Urteil in jedem von uns appelliert, und es ist dieser mögliche Appell, der den Urteilen ihre spezifische Gültigkeit gibt. Das Es-gefällt-oder-mißfällt-mir, das als Gefühl so äußerst privat und unkommunikativ zu sein scheint, ist tatsächlich in diesem gemeinschaftlichen Sinn verwurzelt und ist deshalb frei für die Kommunikation, wenn es erst einmal durch die Reflexion, die alle anderen und ihre Gefühle berücksichtigt, umgeformt worden ist.«[101]

Willkürliche Geschmacksempfindungen hingegen eignen sich nicht für Urteile, die nach intersubjektiver Gültigkeit streben. Arendt stimmt mit Kant überein, dass »Empfindungen nur so viel wert gehalten werden, als sie sich allgemein mitteilen lassen«[102]. Das Kriterium der Mitteilbarkeit und potentiellen Veröffentlichbarkeit[103] ist ein entscheidendes Kriterium zur Prüfung dessen, ob ein Urteil sich eignet, es anderen anzusinnen und damit zur Prüfung dessen, ob es sich um ein tatsächliches Urteil mit intersubjektivem Anspruch oder um willkürlichen Eigensinn handelt. Selbst wenn es Situationen geben mag, in welchen ich mit meinem Urteil nur mit wenigen übereinstimme[104], vielleicht sogar nur mit meinem Freund, so gibt es doch jemanden, der meinen Standpunkt nachvollziehen kann, und dem ich meine Position mitteilen kann, so dass ich hier nicht aus logischem Eigensinn, sondern durchaus mit dem gemeinschaftlichen Sinn (sensus communis) urteile, der Urteile Anderer in die Reflexion miteinbezieht. Das Gegenteil dieses sensus communis, also der Reflexionskompetenz, andere Standpunkte in das eigene Urteil miteinzubeziehen, bezeichnet Kant als logischen Eigensinn bzw. Verrücktheit: »Das einzige allgemeine Merkmal der Verrücktheit ist der Verlust des Gemeinsinnes (sensus communis), und der dagegen eintretende logische Eigensinn (sensus privatus) […]«[105]. Verrücktheit bzw. Mangel an erweiterter Denkungsart besteht in der Ignoranz anderer möglicher Positionen. Ein Eigensinniger bzw. Verrückter unterlässt es in der Regel Standpunkte Anderer, in Form exemplarisch repräsentierter Umgangsformen mit zu bedenken und sich zu fragen, mit welcher Vollzugsform er in gemeinschaftlichem Sinne übereinstimmt, was dazu führen kann, dass er selbst eine Position vertritt, für die sich keine Gemeinschaft mehr finden lässt. An einem Tisch zu lesen ist eine Umgangsform, die von einer großen Gemeinschaft geteilt werden dürfte und daher auch von vielen verstanden werden müsste. Auch für die etwas ungewöhnliche Umgangsform mit einem

---

[101] U 96.
[102] U 98; vgl. Kant (2006) *B160f.*.
[103] Vgl. U 93.
[104] Vgl. ÜdB 144.
[105] Kant ([11]2004) *BA 151* (Anthropologie in pragmatischer Hinsicht); vgl. hierzu auch U 94f.

Tisch, die darin besteht, diesen zu Brennholz zu verarbeiten, ist es noch vorstellbar, dass sich Verstehensgemeinschaften finden lassen, etwa wenn der alte Tisch ausgemustert wird oder wenn Menschen aus einem sehr anderen Kulturkreis diesen aufgrund mangelnder Umgangserfahrungen nicht als einen Tisch auffassen können und anders als beispielsweise Europäer mit diesem umgehen. Keine Verstehensgemeinschaft dürfte sich jedoch für den Fall finden, dass jemand einen Holztisch dafür verwendet, um Klavier darauf zu spielen. Das wäre im dinglichen Bereich ein Beispiel für Verrücktheit, nämlich der Versuch im Dingbezug eigene Bedeutsamkeiten zu unterstellen, ohne dabei auf Umgangsmodi anderer Menschen zu achten. Ein Anzeichen von logischem Eigensinn bzw. Unterlassung der Operation der Reflexion in Bezug auf mitmenschliche Situationen wäre es, diese willkürlich zu stilisieren. Die Slumerfahrung als ein Beispiel für Armut und Elend anzusehen, dürfte auf breiten Konsens stoßen. Sie als eine Form von Zufriedenheit und Bescheidenheit aufzufassen, ist schon viel schwerer nachzuvollziehen. Dennoch ist es vorstellbar, dass sich für diese Auffassung eine Verstehensgemeinschaft finden lässt, unter Umständen sogar die Slumbewohner selbst, die diese Auslegung ihrer Situation heranziehen, um sich überhaupt mit den eigenen Umständen abfinden zu können. Gänzlich unverständlich und damit eigensinnig-verrückt wäre jedoch eine Aspektierung, die den Slum als Beispiel für materiellen Wohlstand heranzieht.

Diese Beispiele für logischen Eigensinn bzw. Mangel an erweiterter Denkungsart sollten das Kriterium der Mitteilbarkeit und Öffentlichkeit weiter plausibilisieren. Zwar hat das freie Spiel der Erkenntniskräfte im reflektierenden Urteil einen großen Spielraum, es ist aber dennoch nicht willkürlich oder beliebig, sondern muss sich an den Kriterien der Mitteilbarkeit und Öffentlichkeit orientieren[106]. Eine Möglichkeit, seine Urteilsresultate zu überprüfen, wäre also, sie einem anderen mitzuteilen. An der Mitteilbarkeit überhaupt bzw. an der Reaktion des Gegenübers lässt sich ablesen, ob es sich um Eigensinniges bzw. Verrücktes oder um Ernstzunehmendes handelt. Ein Gesprächspartner würde sich vermutlich relativ schnell verabschieden, wenn man ihm mitteilte, dass man den Tisch zum Klavierspielen hernimmt und in einem Slum ein Beispiel für materiellen Wohlstand erkennt. Ein weiteres Prüfkriterium ist das Denken als dialogisches Selbstverhältnis, das sich ja dem tatsächlichen Umgang mit Anderen

---

[106] Vgl. U 93; vgl. Kant (2006) §39.

verdankt und so aufgrund seiner dialogischen Verfasstheit ebenso als Prüfungskriterium für Mitteilbarkeit und Öffentlichkeit fungieren kann. Lässt sich im denkenden Dialog, der ja eine Vorbereitung für ein tatsächliches Gespräch ist, eine Auffassung tatsächlich kommunizieren bzw. mitteilen? Welche Empfindung stellt sich bei der Mitteilung einer Auffassung im Durchgang durch die unterschiedlichen Standpunkte ein? Mit welchen Auffassungen kann der Freund im »inneren« Dialog übereinstimmen, mit welchen nicht? Das Kriterium der Mitteilbarkeit verbindet also vor allem die beiden kantschen Maximen des gemeinen Menschenverstandes, nämlich die erweiterte Denkungsart, als den Grundsatz »[…] an der Stelle jedes anderen [zu – F. S.] denken […]«[107] und das »[…] jederzeit mit sich selbst einstimmig [zu – F. S.] denken […]«[108] als die Maxime der konsequenten Denkungsart. Die Operation der Reflexion als Durchgang durch die unterschiedlichen Urteilspositionen findet immer im freundschaftlich-denkenden Selbstverhältnis statt, das sich ableitet von einem tatsächlichen Freundschaftsverhältnis und so in der Reflexion prüft, ob ein Standpunkt überhaupt mitteilbar ist oder ob er empfindungsmäßig zu einem selbst passt oder nicht. Im Denken wird der tatsächliche Freund repräsentiert und antizipiert, was heißt, dass im Reflexionsvorgang die unterschiedlichen Positionen daraufhin abgespürt werden, ob ich sie meinem Freund veröffentlichen könnte oder nicht, oder spezieller formuliert, ob er das Zusammenleben mit mir abbrechen müsste, sprich ob ich in permanenten Selbstwiderspruch geraten würde, wenn ich mich zu einer derartigen Urteilsgemeinschaft gesellte. Dies erklärt auch Arendts Aussage, dass Denken als erweiterte Denkungsart eo ipso Unterscheidungen macht im Sinne »Es gefällt« oder »Es missfällt«[109]. Das Auftrennen eines Faktums in seine unterschiedlichen Beispiele und der sich daran anknüpfende Vorgang der Reflexion dieser Beispiele findet immer vor dem Hintergrund eines freundschaftlichen Dialogs statt, in dem die unterschiedlichen Beispiele sich empfindungsmäßig von der freundschaftlichen Grundgestimmtheit des Dialogs abheben. Diese signalisieren mit ihrer geschmacklichen Empfindungskonnotation »passt zu mir« oder »passt nicht zu mir«, ob man selbst weiter mit sich in Freundschaft leben könnte bzw. mit sich selbst in Übereinstimmung leben könnte, wenn

[107] Vgl. Kant (2006) *B158*.
[108] Vgl. Kant (2006) *B158*.
[109] Vgl. U 92.

man etwas in der Weise tut, wie derjenige, dessen Standpunkt man gerade reflektiert.

Das Kriterium der Öffentlichkeit heißt demnach auch, dass man gerade im exemplarischen Denken darauf achtet, was man selbst im Umgang mit Anderen veröffentlichen könnte und was nicht. Dies verlagert den Fokus von Fragen wie »Was ist Armut?« und »Was ist Schönheit?« hin zu Fragen »Was ist Recht bzw. Unrecht?« oder »Was ist Ungerechtigkeit bzw. Gerechtigkeit?«[110] Hier verlässt Arendt Kant, der die moralische Rechtmäßigkeit als ein sogenanntes »Faktum der Vernunft«, sprich als eine Gegebenheit der praktischen Vernunft angesehen hätte, der gemäß man handeln kann oder auch nicht[111]. Arendts bedeutende These ist nun, dass moralische Urteile, wie ästhetische Urteile, Fragen der reflektierenden Urteilskraft sind und letztlich auf Geschmacksempfindungen basieren: »Alle ästhetischen und moralischen Urteile sind ›subjektiv‹ […]«[112]. »Ästhetische und moralische Urteile sind Geschmacksurteile. [Unterstreichung im Original]«[113] Das heißt im Speziellen für moralische Entscheidungen: »Wir urteilen und unterscheiden Recht von Unrecht, indem wir in unserem Kopf eine zeitlich und räumlich abwesende Person oder einen Fall gegenwärtig haben, die zu Beispielen geworden sind.«[114] Genauso wenig also wie wir wissen, was Schönheit oder Armut ist, wissen wir auch, was Recht oder Unrecht ist. Wir verfügen aber über Beispiele in Form von erinnerten Lebensgeschichten. Diese Beispiele sind im reflexiven Durchgang immer empfindungsmäßig konnotiert und zwar in dem Sinne, dass sie im freundschaftlichen Dialog mit sich als Gesprächsthema anzeigen, ob der jeweilig beispielhafte Vollzug einer Rechtsauffassung zu der Gesellschaft der Freunde und damit zu mir selbst passen würde oder nicht:

> »Ich versuchte zu zeigen, daß unsere Entscheidungen über Recht und Unrecht von der Wahl unserer Gesellschaft, von der Wahl derjenigen, mit denen wir unser Leben zu verbringen wünschen, abhängen werden. Und noch einmal: Diese Gesellschaft wird durch Denken in Beispielen ausgewählt, in Beispielen von toten oder lebenden wirklichen oder fiktiven Personen und in Beispielen von vergangenen oder gegenwärtigen Ereignissen.«[115]

---

110 Vgl. ÜdB 137.
111 Vgl. hierzu Kant (2003); zu Arendts Kritik an dieser Ethik vgl. D 180f.
112 D 679.
113 D 680.
114 ÜdB 148.
115 ÜdB 149.

Der Aufbereitungsvorgang eines vergangenen Ereignisses zu einer Geschichte im denkend-dialogischen Selbstverhältnis lässt die eigene lebensgeschichtliche Erfahrung im Reflexionsvorgang zu einem empfindungsmäßig konnotierten Beispiel werden. Jemand, der in Geschichten denkt, verfügt also über ein selbsterbrachtes Set an Orientierungsmustern, so zum Beispiel für unterschiedliche Rechtsauffassungen. Im reflektierenden Durchgang dieser exemplarischen Lebensgeschichten zeigt sich ihm an, ob er den jeweiligen Vollzug einer Rechtsauffassung im Umgang mit Anderen zu seiner Geschichte machen könnte, indem das freundschaftliche Selbstgespräch empfindungsmäßig in der Reflexion signalisiert, ob eine Auffassung bzw. ein Vollzug zu einem passt oder nicht, sprich man mit dieser Geschichte weiterhin mit sich selbst zusammenleben und befreundet sein könnte oder nicht. Im Denken in Geschichten verfügt man also über ein Set exemplarischer Orientierungsmuster für die mögliche eigene Ausgestaltungsweise im Umgang mit Anderen, die einem an der Empfindung im Dialog mit sich zeigen, ob man sie im Umgang mit Anderen veröffentlichen könnte oder nicht, ohne sich dabei selbst zu widersprechen. Der reflektierende Rückbezug auf ein Ereignis – etwa die Begegnung mit dem Hafenarbeiter Eric Hoffer[116] – aspektiert diese Erfahrung anhand anderer Beispiele in der narrativen Aufbereitung als eine mögliche Ausgestaltungsform des Arbeitens. Da wir etwas wie »Arbeit«, wofür es kein festes Schema gibt, laut Arendt nur mit Hilfe von repräsentierten Beispielen »[…] in unserem Kopf […]«[117] von etwas anderem unterscheiden können, impliziert der Aufbereitungsvorgang dieses speziellen Ereignisses zu einem Beispiel für eine Ausgestaltungsmöglichkeit von Arbeit auch ein Mitaufblenden anderer beispielhafter Vollzugsformen von Arbeit im Reflexionsvorgang. Diese Repräsentation möglicher Ausgestaltungsmodi im Reflexionsprozess ist empfindungsmäßig aufgeladen und zeigt in diesem dialogischen Vorgang an, welche der Umgangsmodi zu einem passen würden und welche nicht.

Dieses Beispiel verdeutlicht jedoch auch, dass das Denken als Reflektieren von Erfahrungen einen in einer Art »transzendentalen Dialektik«[118] befangen sein lässt. Man verfügt zwar über mögliche Ausgestaltungsweisen des künftigen Umgangs mit Anderen in Form

[116] Vgl. JBW 294 f.
[117] ÜdB 148.
[118] Vgl. Kant (1998) *A293 ff./B349 ff.*.

von narrativen Beispielen. Diese teilen sich jedoch in der Reflexion nur in zwei einander gegenüberstehende Gesellschaften, die einem empfindungsmäßig signalisieren, ob man mit ihnen eher zusammenleben könnte oder nicht. Was die adäquate Gestaltung von Gerechtigkeit, von Recht, von Arbeit etc. ist, wird man auch durch noch so langes Reflektieren nicht herausfinden. Man weiß durch Reflexion nur sicher, was nicht zu einem passt bzw. was etwas nicht ist[119]. »Im Reich der Worte, und alles Denken als Prozeß ist ein Prozeß des Sprechens, werden wir nie eine eiserne Regel finden, mit deren Hilfe wir mit Sicherheit festlegen können, was Recht und was Unrecht ist [...]«[120]. Wer meint genau zu wissen, worin Recht oder Gerechtigkeit besteht, ist nahe daran in Dogmatismus und – vom Geistigen her – in eine monologisch-kontemplative Herstellungstypik zu verfallen, die alle anderen möglichen Ausgestaltungsweisen durch eine einzige zu ersetzen versucht. Es gibt kein klares Schema für all diese Reflexionsgegenstände (Gerechtigkeit, Recht, ...), was auch bedeutet, dass dies »[...] keine Angelegenheiten der Erkenntnis [...]«[121] sind. Gerechtigkeit, Recht oder auch adäquate Arbeitsgestaltung lassen sich in der Reflexion nicht eindeutig bestimmen, sondern lassen sich nur im Umgang mit Anderen umsetzen, wie auch für Kant eine zweite Kritik notwendig wurde, als er in der dritten Antinomie[122] feststellte, dass Freiheit nicht erkennbar, sondern nur realisierbar ist.

Andersherum zeigt sich nur im tatsächlichen Umgang mit Anderen, wie man in Bezug auf eine fragliche Sache (z. B. Gerechtigkeitsauffassung, Rechtsauffassung, Auffassung einer adäquaten Arbeitsausgestaltung, etc.) urteilt. Denken selbst erscheint – laut Arendt – nicht, es zeigt und verwirklicht sich jedoch im Urteilen[123]. Wie man eigentlich denkt, offenbart sich aber weniger in urteilenden Aussagen wie »Das halte ich für gerechtes Handeln« oder »Das ist für mich eine Form von Mut« etc., sondern vielmehr tritt in meinem unmittelbaren Umgang mit Anderen in Erscheinung, welche Wahl der Ausgestaltung ich im Urteil getroffen habe und wie ich Mut, Gerechtigkeit, Recht, Arbeitsgestaltung, etc. denke. Urteile zeigen sich an der »Denkungsart« in mitmenschlichen Situationen[124]. Denken

---

119 Vgl. ÜdB 92; D 588.

120 ÜdB 65.

121 U 95.

122 Vgl. Kant (1998) *A444 ff./B472 ff.*.

123 Vgl. DuM 155; LdG 192.

124 Vgl. U 95.

impliziert also ein Urteil in Form der Wahl und Entscheidung für eine Urteilsgemeinschaft. Diese Wahl erfolgt anhand unterschiedlicher Beispiele in der Reflexion. Hierbei wählt man sich jedoch nicht nur den Umgang, sondern wie man gewählt hat, zeigt sich auch nur im Umgang mit Anderen[125]. Welche Wahl man getroffen hat, offenbart sich nur in inkarnierten Vollzügen. Wie ich beispielsweise über die mir adäquat erscheinende Ausgestaltung von Gerechtigkeit tatsächlich denke, zeigt sich daran, wie ich mit Anderen umgehe. Allgemein formuliert heißt das: Wie und was man über etwas denkt, zeigt sich an der Art und Weise des Umgangs mit Anderen und vor allem daran, welches inkarnierte Beispiel man selbst für etwas vor Anderen gibt.

§15. Die Zuschauerposition

Das vierte Kapitel dieser Arbeit macht es sich zur Aufgabe, den denkerisch-reflexiven Aufbereitungsvorgang eines erlebten Ereignisses zu einer Geschichte als einen Repräsentationsvorgang zu beschreiben. Dabei zeigte sich bislang, dass der reflektierende Rückbezug auf ein Ereignis mit Hilfe der Einbildungskraft immer ein »repräsentativer«, sprich ein in spezifischer Hinsicht aspektierter ist. Des Weiteren zeigte sich, dass die Entscheidung über die Art und Weise der jeweiligen Aspektierung in der narrativen Aufbereitung in der sogenannten »Operation der Reflexion« erfolgt, welche als Urteilsvorgang unterschiedliche mögliche Standpunkte Anderer in Bezug auf das fragliche Ereignis miteinbezieht. Das Einnehmen anderer möglicher Positionen in diesem Reflexionsvorgang ist als erweiterte Denkungsart immer empfindungsmäßig konnotiert in dem Sinne, dass es im Akt der Repräsentation Auskunft darüber gibt, ob man mit der jeweiligen repräsentierten Auffassung und deren Vertretern im Sinne eines möglichen Zusammenleben-Könnens übereinstimmt oder nicht. Es handelt sich dabei jedoch nicht um eine willkürliche Geschmacksempfindung, sondern um eine Empfindung, die das Kriterium der Mitteilbarkeit bzw. Öffentlichkeit beinhaltet, da die Operation der Reflexion im freundschaftlich-dialogischen Selbstverhältnis erfolgt. Diese Reflexionsform und das damit einhergehende Kriterium der Öffentlichkeit bilden demnach eine wichtige Entscheidungsinstanz im Hinblick auf die persönliche Existenzgestaltung, denn die

[125] Vgl. U 98.

Empfindungsdimension im Reflexionsvorgang signalisiert nicht nur Veröffentlichbarkeit im Sinne von Mitteilbarkeit, sondern bezieht sich vielmehr auf ein mögliches, im existentiellen Sinne widerspruchfreies »Sich-Veröffentlichen« im Umgang mit Anderen. Jemand, der narrativ denkt, weiß, dass es nicht nur eine mögliche Gestaltungsform in Bezug auf die unterschiedlichen »Lebensthemen« gibt, sondern ihm steht mit den unterschiedlichen narrativen Beispielen ein Set an möglichen Ausgestaltungsweisen zur Verfügung, die ihm darüber hinaus in der Reflexion empfindungsmäßig anzeigen, ob etwas zu ihm als seiner Lebensgeschichte passt oder nicht. Der Vorgang der Reflexion des sensus communis prüft mittels der Einbildungskraft ein potentielles Zusammenleben mit einer jeweiligen Urteilsgemeinschaft. Der Freund im »inneren« Dialog signalisiert, ob die repräsentierte Gemeinschaft zu einem passt oder nicht, sprich ob ein von der jeweiligen Gemeinschaft vertretener Ausgestaltungsvollzug potentiell verwirklichbar, also im Umgang mit Anderen veröffentlichbar ist oder nicht. Das Denken beinhaltet also eine Urteilsentscheidung hinsichtlich möglichen künftigen Verhaltens, die in der geschmacklichen Empfindung fundiert ist und zuvor am inneren Gesprächspartner überprüft wird, um herauszufinden, welches Verhalten im Umgang mit Anderen veröffentlicht werden kann oder nicht: »Beim moralischen Geschmack treffe ich eine Wahl in bezug auf Verhalten […]. Ich beschließe, wie ich erscheinen will. [Unterstreichung im Original]«[126] Wie man sich bei diesem Urteil entschieden hat, also die Art und Weise des Denkens in Bezug auf ein bestimmtes Thema zeigt sich jedoch nur inkarniert, nämlich an dem spezifischen Umgangsstil desjenigen im Umgang mit Anderen. Denken muss den Umgang mit sich selbst unterbrechen, um im Umgang mit Anderen – sei es als explizit ausgesprochenes Urteil oder in der Ausgestaltungsweise der Umgangsvollzüge mit Anderen – in Erscheinung zu treten. Wie jedoch inkarniert sich der Denkende während des Denkvollzuges selbst? Es fehlt bei diesen Ausführungen zum narrativen Denken als Repräsentationsvorgang noch eine klärende Beschreibung des Existenzvollzugs oder vielmehr des existentiellen »Standpunktes« desjenigen, der ein Ereignis zu einer Geschichte aufbereitet. Wie charakterisiert Arendt die Erscheinungsweise des Denkenden vor Anderen, während sich dieser gerade in einem reflexiven Umgangsverhältnis mit sich selbst befindet?

[126] D 801.

»Wenn das Staunen der Anfang des Denkens ist, dann ist der Denker immer der Zuschauer. Das Schauspiel der Welt bestaunen bedeutet: Ich ziehe mich von der Welt zurück, um sie wie ein Schauspiel zu betrachten – bei den Griechen, als ob ich göttlich wäre; bei Kant: als wäre ich der Richter […] [Unterstreichung im Original]«[127].

Arendt vergleicht den »Standort« des Denkers mit der Position des Zuschauers[128]. Hierfür bezieht sie sich neben Kant vor allem auf »vorphilosophische« griechische Geistesformationen[129]. Die Denkform, die sie entgegen einem metaphysischen Philosophieren zu reetablieren versucht, ist – auch wenn diese sich wie jede Geistestätigkeit von der Welt zurückzieht – verortet in der Welt[130]. Jemand, der in Arendts Sinne »denkt«, nimmt die Zuschauerposition in dieser Welt ein, wie etwa die antiken Betrachter der olympischen Spiele oder der Theaterdarbietungen[131]. Diese Vergleiche und Beschreibungen Arendts zielen insbesondere darauf ab, die gegenseitige Angewiesenheit und Bezogenheit von Akteuren und »Zuschauern« bzw. Reflektierenden und die unumgängliche situative Eingebundenheit des Denkenden bei der Ausarbeitung ihres plural verfassten Denkbegriffes hervorzuheben[132]. Im Zusammenhang mit der Darstellung der unterschiedlichen Positionen, die man in der Welt einnehmen kann, zitiert sie häufig eine dem Pythagoras zugeschriebene Parabel:

»›Das Leben … ist wie ein Festspiel; zu einem solchen kommen manche als Wettkämpfer, andere, um ihrem Gewerbe nachzugehen, doch die Besten kommen als Zuschauer (theatai), und genau so ist es im Leben: die kleinen Naturen jagen dem Ruhm (doxa) oder dem Gewinn nach, die Philosophen aber der Wahrheit.‹[133]«[134]

Auch wenn Arendt die Parabel des pythagoreischen Zuschauers zur Veranschaulichung der Denktätigkeit heranzieht, soll es bei ihr keine Wertigkeit der Positionen wie bei Pythagoras bzw. Diogenes Laertius geben: Weder sind bei ihr die Zuschauer »besser« als die Athleten oder Gewerbetreibenden, noch bleibt die Zuschauerposition nur den

---

127 D 797.
128 Vgl. hierzu Loidolt (2011) 240.
129 Vgl. LdG 130 ff.
130 Vgl. LdG 102.
131 Vgl. LdG 102.
132 Vgl. LdG 133 f.
133 Vgl. Diogenes Laertius (³1990) *VIII, 8.*
134 LdG 98; vgl. auch U 75.

Wenigen vorbehalten[135]. »[…] [D]ie Zuschauer gehören zur Welt […]«[136], die nicht »[…] irgendeine[] ›höhere[]‹ Welt […]«[137] ist, wie später im metaphysischen Weltbild, sondern eine, die gerade auch »für den gewöhnlichen Menschen [nicht – F. S.] unsichtbar und unzugänglich […]«[138] ist. Arendt möchte damit eine Reflexionsposition aufzeigen, die zum einen distanziert ist, da die Distanz zum Umgang mit Anderen die Möglichkeitsbedingung dafür ist, das Ganze des Schauspiels bzw. dessen Sinn zu erkennen[139], und die zum anderen bezogen bleibt auf das mitmenschliche Geschehen und dessen plurale Verfasstheit. Damit verweist Arendt wieder auf den eigentlich ganz selbstverständlichen Zusammenhang des Aufeinander-Angewiesen-Seins von Akteuren und Zuschauern bzw. von Theorie und Praxis: Niemand würde ein Schauspiel aufführen ohne Zuschauer[140], genauso wenig wie es Sinn machen würde etwas betrachten zu wollen, wo es nichts zu betrachten gibt. Die Zuschauer brauchen ein Schauspiel, um zuschauen zu können, sprich um denken zu können, bedarf es der Bezogenheit auf die Erfahrungen im Umgang mit Anderen. Die Schauspieler brauchen aber auch Zuschauer für ihr Schauspiel, das heißt, Handeln bedarf reflektierender Betrachter, die Rückmeldung über das jeweilige Agieren im Umgang mit Anderen geben, was den Schauspielern selbst, beschränkt auf die Sichtweise ihres jeweiligen Parts, verschlossen bleibt:

»Da die Menschen in der Erscheinungswelt erscheinen, brauchen sie Zuschauer, und wer als Zuschauer zum Fest des Lebens kommt, den erfüllen bewundernde Gedanken, die sich dann in Worten äußern. Ohne Zuschauer wäre die Welt unvollkommen; der Akteur ist von allen möglichen dringenden Angelegenheiten in Anspruch genommen und kann nicht erkennen, wie alle Einzelheiten in der Welt und jede einzelne Handlung der Menschen harmonisch zusammenstimmen, was aber nicht sinnlich wahrnehmbar ist, und dieses Unsichtbare im Sichtbaren bliebe auf immer unerkannt, wenn kein Betrachter danach Ausschau hielte, es bewunderte, die Geschichten zurechtrückte und in Worte faßte.

Theoretisch gesprochen, enthüllte sich der Sinn dessen, was jeweils geschieht und dabei erscheint, erst nach seinem Verschwinden; die Erinne-

135 Vgl. LdG 98.
136 LdG 98.
137 LdG 98.
138 LdG 98.
139 Vgl. LdG 101.
140 Vgl. U 83f.

rung, die das jetzt Abwesende und Vergangene dem Geist vergegenwärtigt, enthüllt den Sinn in Form einer Geschichte. Der Mensch, der die Enthüllung vollzieht, ist nicht in die Erscheinungen eingebunden; er ist blind, abgeschirmt gegen das Sichtbare, damit er das Unsichtbare ›sehen‹ kann.«[141]

Das erste Bild, das Arendt zur Plausibilisierung ihres Denkbegriffs heranzieht, ist das bereits zitierte Bild der Betrachter der Spiele. Zum einen gibt es in diesem Bild agierende Menschen, die in ihren jeweiligen »Parts« aufgehen[142] und denen es in der geschäftigen Involviertheit unmöglich ist den Sinn ihres Tuns, sprich den Faden, den sie als Einzelne in das Bezugsgewebe des großen Ganzen schlagen, zu erkennen. Diese im Umgang mit Anderen Agierenden vergleicht Arendt mit den Akteuren im klassischen Spiel: »[…] [D]er Handelnde, als Teilnehmer an dem Spiel, muß seine Rolle spielen; er ist per definitionem parteilich.«[143] Zum anderen gibt es in diesem Bild die Zuschauer des Spiels; sie sind »[…] per definitionem unparteilich […]«[144], in dem Sinne, dass sie keinen »Part« im Spiel der Welt übernehmen, sondern sich zurückziehen vom Treiben der Welt, aber dennoch auf dieses bezogen bleiben, indem sie es betrachten. Die Distanzierung erlaubt und ermöglicht ihnen den Blick aufs Ganze, was während der Betrachtung jedoch mit dem Preis der Nichtteilnahme am Spiel der Welt bezahlt werden muss[145]: »Der Vorteil, den der Zuschauer hat, ist, daß er das Spiel als ein Ganzes sieht, während jeder Akteur nur seine Rolle kennt oder, wenn er aus der Perspektive des Handelns urteilen soll, nur den Teil des Ganzen, der ihn betrifft.«[146] Diese Zuschauer der Spiele sind es, die in metaphorischer Weise veranschaulichen können, wie sich Arendt Denken vorstellt: Denken ist reflektierende Betrachtung, die bezogen bleibt auf »das Spiel der Welt«, sprich auf den Umgang mit Anderen und nicht das »Theater verlässt«, wie die Philosophen, die sich dem Kosmos[147] oder den ewigen Ideen bzw. Begriffen zuwenden und so dem unübersichtlichen menschlichen Treiben den Rücken kehren. Die Philosophie als »neue

141 LdG 133 f.
142 Vgl. LdG 99.
143 U 75.
144 U 75.
145 Vgl. LdG 98.
146 U 92.
147 Vgl. LdG 99.

Disziplin«[148] hat nun einige Vorteile im Vergleich zum vorphilosophischen Modell der Akteure und ihren Zuschauern. In beiden Gestaltungsformen aber ging es um die Teilhabe an Unsterblichkeit[149]. Im vorphilosophischen Griechenland versuchte der Akteur diese Unsterblichkeit durch große, ruhmvolle Taten zu erlangen, war aber dabei auf Zuschauer angewiesen, die sich auf diese bezogen und sie weiterverkündeten. Die Zuschauer bzw. Künder der Taten teilten den Glauben durch ihre Betrachterposition in dem höchsten menschenmöglichen Maße, die Position der olympischen Götter einzunehmen und auf diese Weise an der Unsterblichkeit partizipieren zu können[150]. Doch auch sie waren wiederum abhängig von Akteuren und deren Taten, um überhaupt sinnliches Material zur Betrachtung zur Verfügung zu haben. Laut Arendt war es im Gegensatz zu dieser Gestaltungsform

»[d]er große Vorzug der neuen Disziplin [der Philosophie – F. S.] […], daß der Mensch nicht mehr auf ungewissen Nachruhm angewiesen war, um seinen Anteil an der Unsterblichkeit zu gewinnen. Das konnte er zu Lebzeiten tun, ohne auf irgendeine Mitwirkung seiner Mitmenschen oder der Dichter angewiesen zu sein, die ihm früher Ruhm verschaffen und so seinen Namen verewigen konnten. Der Weg zu dieser neuen Unsterblichkeit führte über die Nähe zu Dingen, die unvergänglich sind, und das entsprechende neue Vermögen nannte man ›nous‹ oder Geist.«[151]

Doch die neue Disziplin hatte nicht nur Vorteile. Der Philosoph wendet sich von den kontingenten mitmenschlichen Angelegenheiten ab, oder um im Bild zu bleiben, er verlässt das Theater und damit die Gemeinschaft der Zuschauer und die Bezogenheit auf die menschlichen Handlungen:

»Hier entflieht man der Höhle der Meinungen ganz und gar und geht auf die Jagd nach der Wahrheit – nicht mehr der Wahrheit der Spiele auf dem Fest, sondern der Wahrheit der Dinge, die ewig dauern, die sich von dem, was sie sind, nicht unterscheiden können (alle Menschenangelegenheiten können sich von dem, was sie tatsächlich sind, unterscheiden) und deshalb notwendig sind.«[152]

---

148 Vgl. LdG 136.
149 Vgl. LdG 135.
150 Vgl. LdG 132.
151 LdG 136 f.
152 U 76.

Die Abwendung des Interesses von den Angelegenheiten der Menschen, welche sich auch äußerlich am Niedergang der Polis und am gleichzeitigen Ursprung der metaphysischen Philosophie abzeichnete, ging auch mit dem Verlust adäquater Reflexionsformen für mitmenschliche Angelegenheiten einher; Reflexionsformen nämlich, die das unterscheidende und damit individuelle in diesen erlebten Situationen transparent machen können. Des Weiteren entstand durch die metaphysische Philosophie der Schein, die ewigen Gegenstände, welchen sich Philosophen widmen, etwa Ideen oder später Begriffe, hätten keinen Bezug zur mitmenschlichen Welt. Dadurch kam es zu den bereits erwähnten Zwei-Welten-Theorien, die sich als metaphysische Trugschlüsse erwiesen. Die neue Gestaltungsform der Philosophie entwickelte sich zunehmend zu einem Geschäft, das in Isolation stattfindet und sich mit unterscheidungslosen, neutralen Gegenständen (Begriffen, Ideen etc.) befasst, die im Wesentlichen durch Herauslösung aus mitmenschlichen Bezügen entstanden sind. Durch diese Dekontextualisierung aus den Ursprungsbezügen kommt es zu Gedankengegenständen, die in isolierter Weise für sich stehen und damit zunehmend sinnfrei werden, wodurch dieses metaphysische Philosophieren, das andere Reflexionsformen verdrängte, auch dazu beitrug, dem von Arendt konstatierten Sinnverlust Vorschub zu leisten.

Auch um diesen Tendenzen entgegenzuwirken bemüht sich Arendt um eine Reetablierung der vorphilosophischen Reflexionsform der antiken Betrachter. Diese gehen zwar auf Distanz zum menschlichen Agieren, bleiben aber in ihrer Schau bezogen auf die mitmenschlichen Angelegenheiten. Die Unterbrechung des unmittelbaren Umgangs mit Anderen und die Distanzierung von eigentätigem Engagement ermöglichen ihnen erst den Blick auf das Ganze der menschlichen Umgangstätigkeiten. Die Zuschauer verlassen in ihrer Abstandnahme die menschlichen Angelegenheiten nicht gänzlich, sondern bleiben auf sie bezogen, so dass dieser Standpunkt eine Reflexionsform bildet, die notwendig plural verfasst und bedingt ist, aber damit auch eine Sinndimension in der Geistestätigkeit eröffnet:

»[…] [D]ie Position des Betrachters. Was er sah, war ausschlaggebend; er konnte einen Sinn in dem Verlauf, den Ereignisse genommen hatten, entdecken – einen Sinn, den die Handelnden nicht kannten. Der existentielle Nährboden für seine Einsicht war seine Uninteressiertheit, seine Nicht-Teilnahme, sein Nicht-Einbezogensein.«[153] »[…] [D]er Zuschauer, aber nie-

[153] U 74.

mals der Akteur weiß, was das alles zu bedeuten hat [...]. [D]er Sinn [...] [wird] nur denen enthüllt, die sich vom Handeln fernhalten.«[154]

Diese Sinnhaftigkeit im Reflektieren im Gegensatz zur metaphysischen Kontemplation verdankt sich nicht zuletzt der Eingebundenheit der Betrachter in eine Vielzahl anderer Zuschauer: »Die Zuschauer sind zwar von der Partikularität des Akteurs distanziert, aber sie sind nicht allein.«[155] Die Zuschauer existieren nur in der Mehrzahl[156] und ihr Urteil ist »[...] zwar unparteiisch und frei vom Interesse und Gewinn oder Ruhm, aber es ist nicht unabhängig von den Ansichten anderer [...]«[157]. Die Zuschauer sind demnach zwar unparteiisch in dem Sinne, dass sie nicht in die Umgangstätigkeiten mit Anderen involviert sind und nicht agieren, also keinen Part im mitmenschlichen Tätigsein vertreten, aber sie sind deswegen in ihren Betrachtungen nie neutral[158]. Arendt demonstriert dies eindrucksvoll an Kants Begeisterung für die Französische Revolution, die sich bei ihm in der Zuschauerposition einstellt und die sogar dem Gebot der praktischen Vernunft zuwiderläuft, da es sich hierbei um eine andere Reflexionsperspektive handelt:

»Die Revolution eines geistreichen Volkes, die wir in unseren Tagen haben vor sich gehen sehen, mag gelingen oder scheitern; sie mag mit Elend und Greueltaten dermaßen angefüllt sein, daß ein wohldenkender Mensch sie, wenn er sie, zum zweitenmale unternehmend, glücklich auszuführen hoffen könnte, doch das Experiment auf solche Kosten zu machen nie beschließen würde – diese Revolution, sage ich, findet doch in den Gemütern aller Zuschauer (die nicht selbst in diesem Spiele mit verwickelt sind) eine Teilnehmung dem Wunsche nach, die nahe an Enthusiasm grenzt, und deren Äußerung selbst mit Gefahr verbunden war, die also keine andere als eine moralische Anlage im Menschengeschlecht zur Ursache haben kann.«[159]

Mit diesem Zitat möchte Arendt auch aufweisen, dass der Zuschauerposition unausweichlich eine Empfindungsdimension mitgegeben ist. Wie das Eingangszitat bereits andeutet, erfüllen die Zuschauer bewundernde[160] oder – zu ergänzen wäre – auch ablehnende Gedanken.

---

154 U 75.
155 LdG 99.
156 Vgl. LdG 101.
157 LdG 99.
158 Vgl. LdG 99.
159 Kant ([13]2004) *A144f.* (Der Streit der Fakultäten); vgl. hierzu U 27, U 63 f., LdG 100.
160 Vgl. LdG 134.

Ebenso zu betonen und zu beachten gilt es, dass es sich um bewundernde und ablehnende Gedanken der Zuschauer handelt. Man muss sich also immer dessen bewusst sein, dass die Zuschauerposition bzw. der Vergleich mit den antiken Zuschauern der Spiele eine Metaphorik ist, um eine Reflexionssituation sinnlich zu veranschaulichen. Mit diesem metaphorischen Vergleich soll die Operation der Reflexion, also der sensus communis, plausibilisiert werden, welche eo ipso empfindungsmäßig konnotiert ist und sich nach der Reflexion zu einer bestimmten Gruppe aus einer Vielzahl von Zuschauern gesellt. Irreführend könnte an diesem Zuschauervergleich sein, dass sich die unausweichliche Empfindungsdimension auf die Empfindung in der Reflexion und nicht – wie das Zuschauerbild suggerieren könnte – auf die unmittelbare Affiziertheit in der situativen Eingebundenheit bezieht.

Darüber hinaus wird neben dem Bild der Zuschauer, die sich während der Betrachtung der Spiele, sprich während des Reflexionsvorganges, in unterschiedliche Gruppen – entsprechend unterschiedlicher Grade der Zustimmung bis hin zur Ablehnung – aufteilen, ein weiteres Bild zu Plausibilisierung des sensus communis für Arendt notwendig. »[…] [W]er als Zuschauer zum Fest des Lebens kommt, den erfüllen bewundernde Gedanken, die sich dann in Worten äußern. [Unterstreichung – F. S.]«[161] Die Art und Weise der Rückmeldung der Zuschauer in Bezug auf die betrachteten Ereignisse erfolgt verbal bzw. in Geschichten. Das Bild des Zuschauers schließt bei Arendt also auch das Bild des »blinden Dichters« mit ein bzw. wird um dieses ergänzt: »Indem man seine Augen schließt, wird man zu einem unparteilichen, nicht direkt affizierten Zuschauer sichtbarer Dinge. Der blinde Dichter!«[162] Der Sinn des Geschehens enthüllt sich in Form einer Geschichte, so Arendt[163]. Die Geschichte ist das bevorzugte Medium dafür, den Verlauf einer erlebten Handlung und damit deren Sinn adäquat wiederzugeben. Bewunderung[164], aber auch Ablehnung erfahren die Akteure über die Geschichten der Zuschauer, das heißt, die Geschichte ist darüber hinaus das Medium, das die Empfindungsdimension der Betrachter wiedergibt und so deren Zustimmung oder Ablehnung widerspiegelt. Nochmals soll aber daran

161 LdG 134.
162 U 92.
163 Vgl. LdG 134.
164 Vgl. LdG 134.

erinnert werden, dass es sich auch bei dem »blinden Dichter« um ein metaphorisches Bild zur Darstellung einer Denkform handelt: Das Moment der Blindheit in diesem Bild soll unter anderem auf die Möglichkeitsbedingung, den Sinn einer Situation zu erfassen, hinweisen. Erst dadurch, dass man heraustritt aus der eigenen situativen und unmittelbaren Affiziertheit und den eigenen Part verlässt, wird der Sinn als das Ganze des menschlichen Spiels sichtbar: Durch das Heraustreten aus der eigenen partiellen Sicht und die Nichtteilnahme – entsprechend dem Bild der Blindheit – werden erst verschiedene Parts und unterschiedliche Ausgestaltungsweisen sichtbar. In diesem Bild klingt das »Transparent-Machen« unterschiedlicher Gestaltungsweisen bestimmter Lebensthemen an, für das eine Distanzierung aus dem eigenen unmittelbaren Vollzug allerserst erforderlich ist. Die Blindheit als Anhalten und Distanznahme unterbricht das Aufgehen in der eigenen Vollzugsweise und ist Voraussetzung dafür, sich andere mögliche Gestaltungsvollzüge in der Repräsentation transparent zu machen und dadurch ein Phänomen erst plastisch und damit sinnhaft werden zu lassen. Die Art und Weise, wie jemand etwas vollzieht bzw. ausgestaltet, artikuliert sich in einer Geschichte. Demnach weist das Moment des Dichters in dem von Arendt herangezogenen Bild auf die Geschichte bzw. die Geschichten als Repräsentationsweise der unterschiedlichen Gestaltungsvollzüge hin. Hierbei gilt es jedoch auch zu beachten, dass die Geschichten nicht explizit ausgesprochen werden müssen – was das Bild des blinden Dichters irrtümlicherweise nahelegen könnte –, sondern Arendt geht es mit dem Bild des blinden Dichters vor allem um eine metaphorische Plausibilisierung unseres Erinnerungsvermögens: »[…] [D]ie Erinnerung, die das jetzt Abwesende und Vergangene dem Geist vergegenwärtigt, enthüllt den Sinn in Form einer Geschichte.«[165] Der Modus der Erinnerung während der Operation der Reflexion erfolgt in Form von Geschichten, die Träger von Empfindungen sind und im Reflexionsmodus zeigen, ob ein Ereignis gefällt oder missfällt.

Die arendtschen Bilder des blinden Dichters und der Zuschauer der Spiele sollen im Wesentlichen dies verdeutlichen: Denken in Arendts Sinne setzt immer Distanznahme von unmittelbarem Eigenengagement im Umgang mit Anderen und von der damit einhergehenden Affiziertheit voraus, bleibt aber bezogen auf die mitmenschlichen Angelegenheiten. Mit dem Begriff der Zuschauer-

[165] LdG 134.

position möchte Arendt darauf hinweisen, dass der Denkende trotz seiner Distanznahme und trotz der Abblendung seiner aktuellen Situierung während des Denkens (Stichwort: »[…] Denken [führt] zu einer Ausblendung des Körpers und des Selbst […]«[166]) eine existentielle und inkarnierte Position einnimmt: »[…] [D]ie Zuschauer gehören zur Welt […]«[167]. Diese Abblendung der aktuellen Situierung während des Denkens schließt auch nicht die generelle Bewusstheit seiner Situierung und Geschichtlichkeit im Sinne der Selbsttransparenz (wie sie im § 17 dieser Arbeit dargestellt wird) aus, die sich nur in einem dialogisch verfassten Denken einstellt, denn »[n]ur im Denken ›erscheine‹ ich mir […]«[168]. Des Weiteren möchte Arendt mit ihrem Begriff der Zuschauerposition aufzeigen, dass die existentielle Positionierung nicht überwindbar, sondern allenfalls abblendbar ist. Der naturwissenschaftliche Blick vom All bzw. vom Nirgendwo aus ist ebenso eine Konstruktion wie ein neutraler Betrachter. Theorie als naturwissenschaftliche Betrachtung oder auch als denkerisches Fragen vollzieht sich in der Welt und »[…] keineswegs in einem Wolkenkuckucksheim […]«[169]. Es gibt keine neutrale Betrachterposition, was sich auch und vor allem daran zeigt, dass der Modus der Betrachtung und Reflexion mitmenschlicher Ereignisse narrativ verfasst ist und die repräsentierten Geschichten im Reflexionsdurchgang durch ihre empfindungsmäßige Konnotation (»gefällt« oder »missfällt«; »passt zu mir« oder »passt nicht zu mir«) wichtige Hinweise zur Selbstgestaltung im künftigen Umgang mit Anderen geben. Auch wenn Arendt diesen Reflexionsvorgang des sensus communis in ihrem Werk über das Urteilen[170] vom Gemeinsinn (common sense) unterscheidet, so sind beide doch aufeinander bezogen: Der Reflexionsvorgang des sensus communis, sprich das Denken, kann nämlich nur deswegen so ablaufen, weil es sich auf die gemeinsinnhaften Erfahrungen in unmittelbarem Umgang mit Anderen bezieht[171]. Bleiben diese aus oder sind diese extrem normiert, so kann Denken in Arendts Sinne nicht stattfinden. So wie Handeln Denken braucht, um nicht korrumpiert zu werden[172], so braucht auch das Denken Er-

---

166 LdG 163.
167 LdG 98.
168 D 663.
169 VA 414.
170 Vgl. U 94.
171 Vgl. D 570.
172 Vgl. hierzu das Ende des zweiten Kapitels dieser Arbeit (§ 9).

fahrungen aus dem Umgang mit Anderen bzw. – im engeren Sinne – aus dem Handeln, um überhaupt möglich zu sein. Denken und Mitwelt schließen einander nicht aus, wie in Heideggers Konzeption, sondern stehen bei Arendt in einem konstitutiven Bedingungsverhältnis.

»Kritisches Denken also isoliert sich nicht von ›allen anderen‹, auch wenn es noch immer ein ›einsames‹ Geschäft ist. Um zu verdeutlichen: Kritisches Denken spielt sich nach wie vor in der Einsamkeit ab; doch durch die Einbildungskraft macht es die anderen gegenwärtig und bewegt sich damit in einem Raum, der potentiell öffentlich, nach allen Seiten offen ist.«[173]

Damit Denken als Fragen nach dem Sinn eigener Erfahrungen und als Fragen nach der eigenen Selbstgestaltung überhaupt möglich ist, braucht es allererst Erfahrungen, vor allem Erfahrungen unterschiedlicher Ausgestaltungsweisen bestimmter Lebensvollzüge im Umgang mit Anderen. Durch die Einbildungskraft macht es sich diese unterschiedlichen Gestaltungsvollzüge in Form von Geschichten gegenwärtig, so dass Arendt das Denken als eine Fortsetzung der Pluralität des Handelns im Geiste, sprich eine Fortsetzung der immanenten Sinnhaftigkeit und Plastizität des Handlungsraumes konzipiert.

[173] U 60.

Fünftes Kapitel:

Narratives Denken als Konstitution des Selbst und der Persönlichkeit

Die thematische Aufgabe dieser Arbeit, die darin besteht, Arendts Umgangsphilosophie entlang des Vorgangs, der ein erlebtes Ereignis zu einer Geschichte aufbereitet, darzustellen, wurde bislang eher deskriptiv angegangen: Der angefragte Aufbereitungsvorgang wurde als eine spezielle Form des denkenden Selbstverhältnisses beschrieben, für das Arendt den Terminus »Umgang mit sich selbst« verwendet. Im Rahmen dieser Beschreibung ging das dritte Kapitel dieser Arbeit auch darauf ein, dass Arendt das Denken als Umgang mit sich selbst mit einem Dialog zwischen Freunden vergleicht, in dem es um ein Fragen nach dem Sinn von Ereignissen geht. In einem weiteren Schritt[1] wurde Denken als Repräsentationsvorgang thematisch: Der Akt der Reflexion eines Ereignisses schließt die Repräsentation nicht nur dieser einen fraglichen Erfahrung im Umgang mit Anderen, sondern auch anderer Umgangserfahrungen in Form von narrativen Beispielen mit ein. Es zeigte sich dabei, dass dieser Reflexionsprozess im repräsentativen Durchgang unterschiedlicher Umgangserfahrungen in Form von Geschichten mit einer je unterschiedlichen Empfindungsdimension versehen ist. Die Geschichten, die aus dem denkenden Dialog mit sich hervorgehen, geben also nicht nur den Sinn eines erlebten Ereignisses wieder, sondern können dem Denkenden – dadurch dass sie in der Reflexion empfindungsmäßig konnotiert sind – zudem als Orientierungsmuster für den künftigen Umgang mit Anderen dienen. Arendt geht in ihrer Konzeption des Denkens also auch auf die persönliche Orientierungsfunktion des Denkens und damit auf dessen ethische Dimension ein. Zu einer vollständigen und umfassenden Darstellung des narrativen Denkvorganges gehört demnach auch die Frage nach der ethischen Dimension dieses Vorganges bzw. dessen Unterlassung: Dabei soll im fünften Kapitel zunächst der

[1] Vgl. hierzu das vierte Kapitel dieser Arbeit.

Fokus auf das Selbst und die Persönlichkeit des Denkenden gerichtet werden, um dann die »Auswirkungen« des Denkens bzw. der Gedankenlosigkeit auf den Umgang mit Anderen im sechsten und abschließenden Hauptkapitel der Arbeit zu thematisieren.

§16. Persönliche Orientierungsfunktion im Denken

Wie könnte man sich nun die Möglichkeit der persönlichen Orientierung im narrativen Denkakt genauer erklären? In den vorangegangenen Ausführungen wurde bereits deutlich, dass die Geschichten, die aus dem Dialog mit sich selbst hervorgehen, im Vorgang der Reflexion als Repräsentationen bzw. Erinnerungen immer empfindungsmäßig konnotiert sind: »Diese Reflexion affiziert mich, als wäre sie eine Empfindung, und gerade eben eine des Geschmacks, des unterscheidenden, wählenden Sinnes.«[2] Arendt vergleicht diese Empfindung mit dem Geschmackssinn: Wenn ich etwas esse oder nur in etwas hineinbeiße etc., ist damit unweigerlich eine Geschmacksempfindung mitgegeben, in dem Sinne, dass der Geschmack mir unausweichlich und unmittelbar signalisiert, ob es mir schmeckt oder nicht: »In Fragen des Geschmacks oder Geruchs jedoch ist das Es-gefällt-oder-mißfällt-mir unmittelbar und überwältigend.«[3] Analog verhält es sich – laut Arendt – mit den Erinnerungen im Reflexionsvorgang: Die Geschichten als repräsentierte Ereignisse sind als Erinnerungen ebenso unweigerlich empfindungsmäßig versehen wie Geschmacksempfindungen: Sie signalisieren in der Operation der Reflexion in unausweichlicher Weise, ob etwas mir zusagt oder nicht. »Und das Es-gefällt-oder-mißfällt-mir ist nahezu identisch mit einem Es-stimmt-oder-stimmt-nicht-mit-mir-überein.«[4] Das heißt: Diese Empfindungsdimension zeigt nicht nur ein unbedeutendes Gefallen oder Missfallen im reflexiven Durchgang an, sondern hat eine unmittelbar existentielle Note, welche die ganze persönliche Existenzgestaltung betrifft. Mit dem Geschmacksvergleich möchte Arendt verdeutlichen, dass die Geschichten in der Reflexion eine Empfindung evozieren, die uns gleich einer Geschmacksempfindung bei der Auf-

2 U 96.
3 U 87.
4 U 89.

nahme von Speisen anzeigt, ob wir etwas potentiell zu einem Teil von uns machen könnten oder nicht[5].

Wie kommt es jedoch zu dieser unmittelbaren und unausweichlichen Empfindungskonnotation im narrativen Denkakt? Die unweigerliche Geschmacksempfindung etwa bei der Nahrungsaufnahme ist verständlich, nicht aber bei der Reflexion sozialer Erfahrungen. Wie lässt sich also das Zustandekommen dieser Empfindung, die Arendt mit einem Geschmackserlebnis vergleicht, nachvollziehen? Eine zentrale Rolle bei der Antwort auf diese Frage spielt Arendts Dialogbegriff, insbesondere ihre dialogische Konzeption des Denkens: Sie bestimmt bekanntlich Denken als ein Zwiegespräch mit sich, das einem Gespräch zwischen zwei Freunden gleicht. Der Vergleich mit dem freundschaftlichen Zwiegespräch weist auf die freundschaftliche Sphäre in diesem Dialog hin, die Voraussetzung dafür ist, in ein Verhältnis mit sich eintreten zu können. So wie also jede Begegnung, jeder tatsächliche Dialog von einer spezifischen Grundstimmung getragen ist, so zeichnet sich auch das denkende Selbstverhältnis durch einen spezifischen mitweltlichen »Geist« – wie Plessner[6] sagen würde – aus. Die fragliche unterscheidende Empfindungsdimension kommt nun dadurch zu Stande, dass die Nachreflexion eines Ereignisses als »Gesprächsthema« im freundschaftlichen Dialog wie ein tatsächliches Gegenübertreten mit demjenigen aufgefasst werden kann, dem sich das Denkgespräch zuwendet. Diese Repräsentation einer Umgangserfahrung ist ebenso – wie jede andere Begegnung auch – von einer bestimmten empfindungsmäßigen »Atmosphäre« getragen, zu vergleichen mit einer weiteren Person, die vor den beiden Freunden in Erscheinung tritt. Bei der Empfindung, die mit dem Auftauchen dieser weiteren Person verbunden ist, handelt es sich um die unterscheidende Empfindungsdimension, die sich von der freundschaftlichen Grundgestimmtheit des Denkdialogs abhebt und wie eine Geschmacksempfindung signalisiert, ob etwas behagt oder nicht bzw. ob es zu den Freunden, sprich zu einem selbst, passen würde oder nicht. Um es an einem plakativen Beispiel zu demonstrieren: Jemand hat einen Mord beobachtet. Die darauffolgende Reflexion dieser Erfahrung wird – in der Regel – von einer unangenehmen Empfindung begleitet sein, da die repräsentative Aufbereitung dieses Ereignisses dem Gegenübertreten mit dem tatsächlichen Mörder gleicht und so

[5] Vgl. U 89.
[6] Vgl. Plessner (2003) 376 f.

dieselbe unangenehme Empfindung aufkommen lässt, die entstünde, wenn man nochmals diesem Mörder selbst begegnete.

Die Geschichten, die aus der Reflexion von Umgangserfahrungen entstehen, sind immer auch wie tatsächliche Begegnungen in der Reflexion empfindungsmäßig aufgeladen und können so als persönliche Orientierungsmuster für die eigene künftige Umgangsgestaltung herangezogen werden. Als Analogie dient auch hier wieder der Geschmack: Ich werde natürlich nichts zu mir nehmen, was mir einmal nicht geschmeckt hat, ebenso wie ich Handlungen meiden werde, die mir einmal in der Nachreflexion bzw. in der Erinnerung missfielen. Im Gegensatz dazu wird jemand, der sich nicht an eine schlechte Geschmacksempfindung erinnert, also nichts aus der Erfahrung gelernt hat, anfällig dafür sein, denselben Fehler wieder zu machen und unter Umständen dieselbe missliebige Speise wieder einnehmen, ebenso wie jemand, der die Nachreflexion seiner Erfahrungen unterlässt, keinerlei persönliche Orientierungsmarken für seine Selbst- bzw. Umgangsgestaltung zur Verfügung hat und so Gefahr läuft Handlungen durchzuführen, die ihm eigentlich in der Reflexion missfallen würden und ihn in Widerspruch zu seinem inneren Gesprächspartner, sprich in Selbstwiderspruch führen könnten. Jemand, der denkt, wird es dagegen gewohnt sein, an den Geschichten in der Reflexion abzuspüren, ob etwas eher zu ihm als seiner eigenen Lebensgeschichte passt oder nicht. Ein sicheres Wissen wird er dabei jedoch nur davon haben, was nicht zu ihm gehört.

Arendt bezieht sich zur Verdeutlichung dieses erstaunlichen Phänomens in ihren Ausführungen häufig auf das sokratische »δαιμόνιον«[7]. Sokrates spricht in seiner Verteidigung davon, dass ihm »[…] etwas Göttliches und Daimonisches widerfährt, […] eine Stimme nämlich, welche jedesmal, wenn sie sich hören läßt, mir von etwas abredet, was ich tun will, zugeredet aber hat sie mir nie.«[8] Arendt beschreibt dieses mit dem Denken einhergehende Phänomen folgendermaßen: »Niemals wird Ihnen dies sagen, was zu tun ist, sondern es wird Sie immer nur daran hindern, bestimmte Dinge zu tun, auch wenn sie von allen um Sie herum Lebenden getan werden.«[9] Die Empfindungsdimension im dual verfassten Denken zeigt einem – gleich dem sokratischen δαιμόνιον – nur sicher an, welche Gemein-

7 Vgl. hierzu ÜdB 89; 158; LdG 189; DuM 153; D 588.

8 Platon (1957) *31c,d*.

9 ÜdB 92.

schaft zu meiden ist, also welches Publikum nicht zu einem selbst gehört. Meinte man jedoch sicher zu wissen, was zu einem passt bzw. worin das »gute Leben« besteht, so hat man die Vielfalt unterschiedlicher Gestaltungsmöglichkeiten durch eine einzige ersetzt und dadurch auch die unterscheidende Empfindungsdimension unterdrückt, die sich nur in einem dialogisch bzw. plural verfassten Denken – wie die begegnungsmäßige Sphäre – einstellen kann und die einem tatsächlich signalisiert, ob man mit einem fraglichen Lebensvollzug befreundet sein könnte oder nicht. Der Hang sich einzubilden, sicher zu wissen, worin das gute Leben für einen selbst besteht, würde Arendt mit der geistigen Kontemplations- bzw. Herstellungstypik beschreiben: Die plural-dialogische Verfasstheit muss dabei einer Vorstellung – vom vermeintlich guten Leben – weichen, welche aber letztlich den Geist völlig vereinnahmt, so dass ein persönliches, empfindungsmäßiges Abspüren hinsichtlich eines möglichen Zusammenlebens aufgrund der Monologisierung des Geistes unmöglich ist.

Auch wenn das Denken in Geschichten nicht klar sagt, was in positiver Weise zu tun ist, dies sogar vielmehr ein Anzeichen dafür ist, dass die plurale Verfasstheit des Denkens sich aufgelöst hat, so lässt sich dennoch daran festhalten, dass die Geschichten in diesem Repräsentationsvorgang wichtige Orientierungsmarken für die Selbstgestaltung darstellen: Wie bei negativen Geschmacksempfindungen werde ich Handlungen unterlassen, die in der Erinnerung mit einem »passt nicht zu mir« versehen sind und eher in die Richtung der Handlungen gehen, die dieses Negativkonnotat nicht mit sich führen. Die Möglichkeit sich derart an seinen Erfahrungen orientieren zu können liegt – laut Arendt – darin begründet, dass »[…] ein unausgesprochenes Es-gefällt-oder-missfällt-mir alle Erfahrung[en] [begleitet] […]«[10]. Zur Erfahrung wird ein Erlebnis jedoch nur, wenn es erinnert wird, beispielsweise in Form eines denkenden Dialogs mit sich: »Ich kann mich nur erinnern an das, dem ich im Denken nachgegangen bin; woran ich mich nicht erinnern kann, ist für mich nicht. [Unterstreichung im Original]«[11] Um diese Denkerfahrung zu beschreiben greift Arendt auf eine für die abendländische Tradition eher ungewöhnliche Sinnesmetaphorik zurück: Weder der Vergleich mit dem Gesichtsnoch mit dem Gehörsinn, sondern allein der Vergleich mit dem Geschmackssinn vermag es, die in diesem geistigen Vorgang mitgege-

[10] D 680.
[11] D 777.

bene Empfindungsdimension annähernd verständlich zu machen und sinnlich zu veranschaulichen:

»Warum gerade wird das Schmecken zum Geschmack?
1. Von allen Sinnen ist das Schmecken am stärksten mit Beurteilung verbunden, und zwar dem Singularen als solchem.
2. Dies ist so, weil das Geschmeckte ja einverleibt, gleichsam ein Teil meines leiblichen Selbst werden soll. Das: Es schmeckt – es schmeckt nicht (es gefällt – es missfällt) sagt: Dies gehört zu mir – es gehört nicht zu mir. [Unterstreichung im Original]«[12]

An den Geschichten also, die in der reflexiven Nachbereitung meiner Erlebnisse ebenso mit dieser geschmacklichen Empfindungsdimension (»es gefällt« – »es missfällt« bzw. »es gehört zu mir« – »es gehört nicht zu mir«) versehen sind, lässt sich im Denken abspüren, was ich mir potentiell »einverleiben« könnte, sprich, welche der Geschichten ich zu meiner Lebensgeschichte machen könnte oder nicht. Der Vergleich der im narrativen Denken mitgegebenen Empfindungsdimension mit dem Geschmacksinn trifft insofern zu als

»[…] [d]er Geschmack das Vermögen [ist], mit dem wir uns in die Welt einpassen, in ihr wählen, was zu uns gehört [und] was nicht – Dinge, Menschen, Handlungen.«[13] »Was sich im Geschmack zeigt, ist, welche Art Menschen zusammengehören. […] [E]s ist das einzige, worauf Verlass ist! [Unterstreichung im Original]«[14]

Der persönliche Geschmack ist also nach Arendt der einzige »funktionierende« Orientierungsmaßstab, auf den auch in politischen Ausnahmesituationen Verlass ist. Im Geschmack zeigt sich die Person bzw. das »Wer man ist«. In Arendts Denktagebuch finden sich hierzu Exzerpte aus Simone Weils »La Source grecque«, mit der sie in diesem Punkt übereinstimmt: »Das Urteil [, das geschmacksbasiert ist, – F. S.] ist nichts anderes als der Ausdruck dessen, was jeder in Wirklichkeit ist.«[15] Das Fragen danach, was man »in Wirklichkeit ist« bzw. nach der möglichen Selbstgestaltung, erfolgt im Geiste und ist selbst

---

[12] D 636.

[13] D 681.

[14] D 578.

[15] Dies ist die deutsche Übersetzung des Zitats, die sich im Denktagebuch auf S. 1087 findet. Das Zitat im französischen Original ist im Denktagebuch auf S. 607 verzeichnet. Es lautet: »›le jugement n'est pas autre chose que l'expression de ce que chacun est en réalité! […]‹« Die Originalstelle bei Simone Weil, der Arendt das Zitat entnimmt, lautet: Weil (1953) 75.

plural verfasst, denn mit Hilfe der geschmacklichen Empfindungen, die sich nur in einem plural-dialogischen Denken einstellen, wählt man sich aus unterschiedlichen Möglichkeiten seine »Urteilsgemeinschaft«, also die Gemeinschaft, zu der man sich gesellen möchte bzw. mit der man zusammenleben möchte. Daher ist das Fragen nach dem »Wer man ist« gleichbedeutend mit der Frage mit wem man zusammenleben möchte oder nicht, also mit der Wahl der Gemeinschaft, mit welcher man »atmosphärisch«-empfindungsmäßig bzw. geschmacklich übereinstimmt.

»Diese Gesellschaft wird durch Denken in Beispielen ausgewählt, in Beispielen von toten oder lebenden wirklichen oder fiktiven Personen und in Beispielen von vergangenen oder gegenwärtigen Ereignissen.«[16] Die Entscheidung, mit wem man zusammenleben möchte bzw. was man selbst zu seiner Geschichte machen, also sich potentiell »einverleiben« könnte, erfolgt im Denken anhand repräsentierter Beispiele. Geschichten können als derartige Beispiele fungieren, haben sie doch selbst, von ihrem erkenntnistheoretischen Status her Beispielcharakter[17]. Arendt verdeutlicht diese Orientierungsmöglichkeit an exemplarischen Geschichten selbst an einer kleinen Geschichte:

»In dem unwahrscheinlichen Fall, daß jemand daherkommen könnte und uns erzählen, er würde gerne mit Ritter Blaubart[18] zusammensein, ihn sich also zum Beispiel wählen, ist das einzige, was wir tun können, dafür zu sorgen, daß er niemals in unsere Nähe gelangt.«[19]

Zweierlei soll hier verdeutlicht werden: Zunächst die ganz triviale Möglichkeit, sich an literarischen Fiktionen orientieren zu können; jemand orientiert sein Handeln an Ritter Blaubart, so abstrus dies auch immer sein mag. Des Weiteren zeigt Arendt, dass die ganze Begegnungssituation mit dem Blaubartanhänger uns selbst wiederum als Orientierungsbeispiel dafür dienen kann, mit welcher Gesellschaft man nicht zusammenleben will und kann, denn – so Arendt – es »[…] wird niemand gerne mit einem […] Mörder […] zusammenleben wollen […]«[20], und sei es nur ein potentieller bzw. jemand, der

---

[16] ÜdB 149.

[17] Vgl. hierzu § 14 dieser Arbeit.

[18] Blaubart ist ja bekanntlich die grimmsche Märchengestalt, welche seine Frauen umbringt und in einer Kammer verschließt (vgl. Grimm (2010) 442 ff. bzw. Märchen *Anhang Nr.* 9).

[19] ÜdB 149.

[20] ÜdB 72.

für einen Mörder Sympathie bekundet. Geschichten, die im Dialog mit mir selbst – sei es aus meiner Erfahrung, sei es aus der Lektüre – entstehen, sind als repräsentierte Beispiele immer auch Gradmesser dessen, was zu mir gehört oder nicht bzw. – in der Sprache des Geschmacks – was ich mir einverleiben könnte oder nicht. Hierin steckt zum einen ein Plädoyer Arendts für die Lektüre, denn

> »[d]er fiktive Mord an Duncan durch Macbeth errege in uns einen ebenso großen Abscheu vor Schurken wie der wirkliche von Heinrich IV., und ein lebendiger Sinn für Kindespflichten werde einem Sohn oder einer Tochter wirksamer durch die Lektüre von *King Lear* vermittelt als durch all die trockenen Wälzer über Ethik und Gott, die je geschrieben worden seien [...] [Hervorhebung im Original]«[21],

zum anderen die Ermutigung, sich an den selbsterbrachten beispielhaften Geschichten zu orientieren, denn: »Wir urteilen und unterscheiden Recht von Unrecht, indem wir in unserem Kopf eine zeitlich und räumlich abwesende Person oder einen Fall gegenwärtig haben, die zu Beispielen geworden sind.«[22] Hierbei ist es egal, ob es sich um Gestalten der Fiktion oder um Gestalten aus der eigenen Erfahrung handelt, die zu Beispielen wurden. Geschichten von verschiedenen Menschen können im Denken immer zu Beispielen für etwas werden. Arendt plausibilisiert dies an unterschiedlichen geistesgeschichtlichen Gestalten: »So machen wir uns klar, was Mut ist, indem wir an Achill denken, und wir werden an Jesus von Nazareth oder an den heiligen Franziskus denken, wenn wir wissen wollen, was Gutsein ist.«[23] Die Gewohnheit, seine Erfahrungen – seien es Lektüreerfahrungen oder eigene lebensweltliche Erfahrungen – zu Geschichten aufzubereiten, geht mit einer Erweiterung des eigenen Repertoires an Umgangsmöglichkeiten einher. Derart denkende Personen werden über ein ganzes Set an unterschiedlichen Ausgestaltungsmöglichkeiten in Form von narrativ repräsentierten Beispielen etwa für »Gut-Sein«, für »Mut« etc. verfügen und zugleich mit den Repräsentationen eine empfindungsmäßige Anzeige dessen, ob man mit sich selbst weiterhin in Übereinstimmung und zusammenleben könnte oder nicht, wenn man eines dieser Beispiele selbst in die Tat umsetzte.

Für Arendt sind Geschichten von Personen als repräsentierte Beispiele »[...] auch und vor allem die Wegweiser allen moralischen

[21] ÜdB 148f.
[22] ÜdB 148.
[23] WuP 350f.

Denkens.«[24] Diese »Wegweiserfunktion« können Geschichten im narrativen Aufbereitungs- und Denkvorgang einnehmen, da sie sich als repräsentierte Beispiele im Gegensatz zu neutralen Schemata qualitativ voneinander unterscheiden: »Doch im Gegensatz zum Schema ist das Beispiel dafür da, uns mit einem Qualitätsunterschied zu versorgen.«[25] Es gibt – wie bereits dargestellt – bei Begriffen, die sich auf soziale Phänomene beziehen, keine klaren Schemata, sondern es gibt unterschiedliche Beispiele in Form unterschiedlicher Umgangsvollzüge, die im Denken als narrative Beispiele repräsentiert werden: So gibt es nicht die Gerechtigkeit, sondern unterschiedliche Vollzüge, die im Denkvorgang bei der Frage, was Gerechtigkeit eigentlich sei, durchlaufen werden. Dieser denkerische Durchgang durch unterschiedliche narrative Beispiele wird mich nicht an ein Ende kommen lassen in dem Sinne, dass ich irgendwann definitiv herausgefunden habe, was Gerechtigkeit ist; aber es wird mir an den Beispielen ein Qualitätsunterschied klar, dadurch dass die unterschiedlichen Ausgestaltungsvollzüge als repräsentierte Beispiele immer auch geschmacklichen Empfindungscharakter haben, sprich im Repräsentationsvorgang signalisieren, ob man damit widerspruchsfrei übereinstimmt bzw. zusammenleben könnte oder nicht. Jemand, der es gewohnt ist, seine Erfahrungen aus dem eigenen lebensweltlichen Erleben oder aus der Lektüre etc. zu Geschichten für etwas (»Achilles für Mut, Solon für Einsicht (Weisheit) etc.«[26]) aufzubereiten, wird damit sein Repertoire an Beispielen für bestimmte Begriffe erweitern und mit diesem Beispielsrepertoire zugleich auch ein Set an persönlichen Orientierungsmustern für die eigene künftige Umgangsgestaltung mit Anderen zur Verfügung haben, da die Beispiele in der Repräsentation mit dem empfindungsmäßigen Qualitätsunterschied »passt zu mir« bzw. »passt nicht zu mir« versehen sind. Der Qualitätsunterschied, der sich bei der Repräsentation unterschiedlicher Erfahrungen in Form narrativer Beispiele einstellt, ermöglicht es, eine persönliche Hierarchie[27] möglicher Handlungsoptionen aus seinen Erfahrungen mittels ihrer geschmacklichen Empfindungsdimension abzuleiten. Bei der narrativen Aufbereitung eines Ereignisses als ein Beispiel für etwas werden andere Beispiele

[24] ÜdB 147.
[25] ÜdB 146.
[26] ÜdB 147.
[27] Vgl. D 716.

für diesen Ausgestaltungsvollzug aus der eigenen Erfahrung mitaufgeblendet. Die Aufblendung dieser anderen exemplarischen Erfahrungen ist notwendig, um allererst eine erlebte Situation als Beispiel für etwas auffassen und verstehen zu können. In diesem Repräsentationsvorgang werden also unterschiedliche Umgangsmodi für etwas (z.B. unterschiedliche Vollzugsformen für Gerechtigkeit) vergegenwärtigt, die in der geistigen Aufbereitung – wie der Geschmack –, in einer persönlichen Hierarchie anzeigen, in welchem Grade man selbst mit diesen Vollzügen übereinstimmt im Sinne eines potentiellen Zusammenleben Könnens. Ein sicheres Wissen in Bezug auf die persönliche Selbstgestaltung gibt es in diesem Reflexionsvorgang aber nur von Vollzügen, die man definitiv nicht zu seinen eigenen machen könnte. Die Gewohnheit, sein Erleben in einem Dialog mit sich narrativ aufzubereiten, gleicht also einer je neuen Aktualisierung der persönlichen Erfahrung in Form von repräsentierten Beispielen, was immer auch verbunden ist mit einer von Beispiel zu Beispiel sich unterscheidenden, die persönliche Existenzgestaltung betreffenden Empfindungsdimension.

Das Denken als sinnhafte Aufbereitung seiner Erfahrungen ist durch diese persönliche Empfindungsdimension von einem sogenannten »moralischen Nebeneffekt« begleitet[28]: Auch wenn denkende Menschen nicht über ein sicheres Wissen darüber verfügen, was zu tun ist, werden sie doch Handlungen unterlassen, die ihnen im denkenden Dialog in sicherer Weise anzeigen, was nicht zu ihnen passt, da sie weiterhin mit ihrem »inneren« Dialogpartner in ein Selbstverhältnis eintreten wollen und daher alle Umgangsvollzüge meiden, die einem in der Reflexion anzeigen, dass man Selbst nicht mit ihnen befreundet sein könnte. Auch wenn die persönliche Empfindungsdimension von Denker zu Denker noch so unterschiedlich sein mag, so könnte die Gewohnheit zu denken – laut Arendt – menschliche »[…] Katastrophen verhindern […]«[29], denn bei aller Unterschiedenheit könnte doch niemand allen Ernstes behaupten, mit einem Mörder Unschuldiger weiterhin befreundet sein zu können[30]. Die Gewohnheit zu denken als Pflege eines freundschaftlichen Zusammenlebens mit sich selbst impliziert – laut Arendt – die Handlungsmaxime, die Platon im Gorgias in folgender Weise zusammen-

[28] Vgl. hierzu DuM 148; LdG 180; D 758.
[29] LdG 192, DuM 155.
[30] Vgl. ÜdB 52; 71f.

fasst: »[…] Es ist besser, Unrecht zu leiden, als Unrecht zu tun[31] […]«[32]. Jemand, der es als ein denkender Mensch gewohnt ist, mit sich in Übereinstimmung zusammenzuleben, weiß, dass er von Anderen, mit denen er nicht übereinstimmt, weggehen kann, von sich selbst weggehen, kann er aber nicht[33]. Er wird daher alles unterlassen, was ihm persönlich als unrechtmäßige Handlung erscheint, da er damit ein künftiges Zusammenleben in Übereinstimmung mit sich gefährden könnte, denn: »Wenn ich Unrecht tue, bin ich dazu verdammt, in unerträglicher Intimität mit einem Unrechttuenden zusammenzuleben; ich kann ihn nie loswerden.«[34] Das »moralische Nebenprodukt des Denkens«[35] besteht also im Reflexionsvorgang der unterschiedlichen exemplarischen Vollzüge darin, an der persönlichen Empfindungsdimension abzuspüren, was nicht zu einem selbst gehört und dieses auch im künftigen Umgang mit Anderen zu unterlassen, um so die Möglichkeit der denkenden Aktualisierung des Selbst und der Person nicht zu gefährden.

Diese persönliche Empfindungsdimension stellt sich jedoch nur in einem plural-dialogischen Denken ein, in dem die Dialogpartner quasi auf gleicher Ebene und miteinander befreundet, aber doch unterschieden voneinander sind. Nur vor diesem Hintergrund taucht eine unterscheidende Empfindungsdimension auf, die – wie die geistige Sphäre einer tatsächlichen Begegnung auch – im Durchgang durch die unterschiedlichen Positionen anzeigt, ob man mit jemandem übereinstimmt oder nicht. Eine monologische Geisteshaltung, wie die kontemplative Schau <u>einer</u> Idee lässt diese Empfindungsdimension gar nicht erst aufkommen, da diese sich nur in einem <u>Dual</u> einstellen kann. Aber auch dem Wollen, das ja ebenso wie das Denken zwiegespalten ist, fehlt diese spezifizierende Empfindungsdimension, da hier die geistige Aufspaltung keinem freundschaftlichen Zwiegespräch gleicht, sondern einem inneren Kampfgeschehen bzw. einer Auftrennung in Herr und Knecht[36]: »Das Grundproblem des Willens besteht darin, daß das Wollen selbst keine Kategorie für Richtig und Falsch bereitstellt, während das Denken den Masstab des ausgeschlos-

---

31 Vgl. Platon (1957) *474b*.
32 ÜdB 59.
33 Vgl. ÜdB 70.
34 ÜdB 70.
35 Vgl. hierzu DuM 148; LdG 180; D 758.
36 Vgl. D 756.

senen Widerspruchs an die Hand gibt.«[37] Dies veranlasst Arendt zu der Aussage, dass »[…] [d]as radikal Böse immer [entsteht], wenn ein radikal Gutes gewollt wird.«[38] Im Wollen wird der Dialog zum Monolog, genauer gesagt zum Befehl, der auf Umsetzung drängt. Äußerlich kann sich dieser Zwiespalt der Willenstypik auf zwei Parteien aufteilen: Ein Terrorregime, das eine Idee mit hohem ideologischen Aufwand als das einzig gute Leben ausgibt und als Befehl einer hörigen Masse übergibt, die fraglos umsetzt, was ihr aufgetragen wird. Weder den Befehlshabern, noch den Untergebenen ist es in dieser Haltung möglich, sich ihr Tun selbst geistig transparent zu machen, denn es fehlt der andere, sich unterscheidende Dialogpartner – sei es der tatsächliche oder der geistig repräsentierte –, der einem aus einer anderen Perspektive zeigt, was man tut. Mit dem Fehlen des anderen Dialogpartners bleibt auch die Frage aus, ob man mit den Handlungen, die man sich zu eigen macht, auch übereinstimmt und mit ihnen zusammenleben kann. Diese Aufhebung von Pluralität und die damit einhergehende Monologisierung des Geistes führt dazu, dass man sich das eigene Handeln nicht mehr transparent macht und so eigene Verantwortung an die Auftraggeber und ihre »gewollte Idee« eines vermeintlich guten Lebens abzugeben versucht, ohne zu merken, dass in der Umsetzung das Gegenteil des Guten entsteht. Man weiß also nicht wirklich, was man selbst tut, wenn man nicht mit jemandem Anderen – in welcher Form auch immer – darüber spricht. Hans-Peter Dürr berichtet von einer Begegnung mit Hannah Arendt, in welcher sie diese Einsicht im persönlichen Gespräch mit Dürr in folgender Weise zum Ausdruck bringt:

»[Dürr erinnert sich, dass Hannah Arendt Folgendes zu ihm sagte: – F. S.] ›Wenn man etwas erlebt und nicht sich austauscht mit jemand Anderem, dann gräbt sich das in Dein Gedächtnis nicht ein und Du weißt am Schluss nicht, wenn Du es erzählst hinterher, was Du erlebt hast, ob das doch nur … nur Dein Eindruck war, ob das richtig war. Wir brauchen das Gespräch zur Klärung ›Hab' ich das richtig beobachtet …?‹ Der Andere sagt: ›Nee, das war ein bisschen anders …‹ Ja?‹ O.K. Das war mir [Dürr – F. S.] klar. Die Hauptrede war, dass ich [Dürr – F. S.] gesagt hab: ›Warum soll ich mich schuldiger fühlen als ich wirklich bin?‹ Dann sagte sie [Arendt – F. S.]: ›Naja also, Du warst 14 am Ende des Krieges. Ich mein, ich hab ein bisschen allgemein gesprochen, wie das so für einen jungen Menschen …, wie er es

37 D 774.

38 D 341.

erlebt hat, das kann ich also ganz schlecht sagen, aber ich will Dir einmal das Folgende sagen, ich will das Mal auch auf Dein Niveau dann herunterbrechen: Wenn du etwas siehst, was also nicht …, wo Du nicht verstehst, warum macht jemand dieses und jenes und da bist Du gar nicht einverstanden, ja, … da solltest Du eigentlich doch etwas tun.‹ Da sag' ich [Dürr – F. S.]: ›Ja, ich hab' viel gesehen, aber ich konnte das nicht einschätzen, warum das so passiert ist und diese ganz schrecklichen Dinge habe ich bestimmt nicht erlebt. Ja, aber andere Dinge, wo ich gesagt habe, warum macht er das nun so, ja? Aber wir haben so viel zu tun gehabt, dass wir gesagt haben: Misch' Dich nicht ein, Du hast genügend zu tun!‹ ›Ja,‹ sagte sie [Arendt – F. S.] ›Du hast keine Zeit, das ist richtig, aber ich will Dir an diesem Beispiel sagen, für mich reicht es schon aus, wenn Du siehst etwas, was Dir nicht passt, warum gehst du nicht zu der Person hin und sagst: ›Ich hab' beobachtet, was Du gemacht hast, kannst Du mir erklären, warum Du das machst?‹ Und schon, wenn du das machst, bist Du aus der Schuld raus!‹«[39]

Arendt spricht also von einer Art Pflicht einzugreifen, wenn man jemanden bei der Durchführung von Handlungen beobachtet, mit denen man nicht einverstanden ist: Diese besteht darin, den Agierenden, der vermutlich nur fraglos umsetzt, anzusprechen und in einen Dialog zu bringen, um ihm auf diese Weise Selbsttransparenz und Klarheit über sein Tun zu ermöglichen und ihm so die eigene Verantwortungsdimension über sein Tun zu Bewusstsein zu bringen. Hierfür ist die Unterschiedenheit des ansprechenden Dialogpartners ein entscheidendes Kriterium, denn gleichartig-normiert Agierende kämen weder auf die Idee, das eigene Tun wie auch das des Anderen zu hinterfragen, noch würde sich im »Dialog« einer von dem Anderen abheben. Die Möglichkeit der Klärung des eigenen Standpunkts verlangt also Pluralität und Unterschiedenheit.

Als Alternative zu den angedeuteten Auswüchsen einer monologischen Willensmetaphysik als Geisteshaltung versucht Arendt, ein plural-verfasstes Denken wiederzubeleben, das diese Unterschiedenheit der Menschen in konstitutiver Weise miteinbegreift und in Form eines unhierarchischen freundschaftlichen Dialogs auf mitmenschliches Handeln bezogen bleibt. Dieses Denken impliziert immer die ethische Frage nach einem möglichen Zusammenleben- bzw. »Sich zu eigen machen-Können« der jeweils reflektierten Position. Die Aufbereitung eines erlebten Ereignisses zu einer Geschichte, also zu einem Beispiel für etwas, erfolgt anhand der Vergegenwärtigung anderer ähnlicher beispielhafter Vollzüge aus der persönlichen Erinne-

---

[39] http://www.youtube.com/watch?v=SdSt4wxDuRY [2013–07–21].

rung. Diese in der Repräsentation mitaufgeblendeten Ausgestaltungsvollzüge, die für bestimmte Personen[40] und ihren je eigenen Umgangsstil stehen, zeigen an ihrer unterschiedlichen Empfindungsdimension im denkenden Dialog mit sich an, was ich potentiell selbst tun bzw. mir »einverleiben« und zu meiner Geschichte machen könnte und was nicht. Die Geschichten, die aus dem denkenden Dialog hervorgehen, können also als persönliche Wegweiser[41] für die Gestaltung des künftigen Umgangs mit Anderen dienen und so unseren Umgang mit Anderen orientieren:

> »Indem man seine Gefühle, seine Freuden und sein uninteressiertes Wohlgefallen mitteilt, erzählt man von seinen *Vorlieben* und wählt sich seinen Umgang: Ich würde lieber mit Platon unrecht als mit den Pythagoreern recht haben[42]. [Hervorhebung im Original]«[43]

Jemand, der denkt und es gewohnt ist, Ereignisse nicht einfach hinzunehmen, sondern zu hinterfragen, wird durch dieses Fragen nach dem Sinn, das einen Auftrennungsvorgang eines Faktums in seine konstitutiven Beispiele beinhaltet, immer ein selbsterbrachtes Set an Orientierungsmustern mit diesen unterschiedlichen, empfindungsmäßig konnotierten, exemplarischen Umgangserfahrungen haben und sich eher an der mit diesen Beispielen sich einstellenden, persönlichen Empfindung orientieren als an externen Normen, da er sich diese Fähigkeit zur eigenen Weltorientierung nicht verwirken möchte.

§17. Selbsttransparenz und Gewissen

Denken heißt bei Hannah Arendt, sich nach dem Sinn von Erfahrungen zu fragen. Wir fragen uns beispielsweise nach dem Sinn eines erlebten Ereignisses, indem wir dieses in der Reflexion narrativ aufbereiten. Diese sinnhafte »Einordnung« als Bedenken eines Ereignisses bzw. als Versuch dieses zu verstehen, erfordert das geistige Mitaufblenden anderer, bereits repräsentativ aufbereiteter Erfahrungen aus der persönlichen Erinnerung. Im letzten Abschnitt[44] konnte ge-

---

40 Vgl. D 595.
41 Vgl. ÜdB 147; LdG 114.
42 Vgl. hierzu Cicero (2008) *I, 17 §39f.*.
43 U 98f.; vgl. hierzu auch ÜdB 99f.
44 Vgl. §16 dieser Arbeit.

zeigt werden, dass dieses »Mitaufblenden« als geistiger Durchgang unterschiedlicher Ausgestaltungsvollzüge mit einer je unterschiedlichen persönlichen Empfindung versehen ist, die – wie eine Geschmacksempfindung – anzeigt, ob etwas zu einem selbst hinsichtlich der künftigen Gestaltung des Umgangs mit Anderen passen würde oder nicht. Das moralische Nebenprodukt des Denkens, das in dieser persönlichen Empfindungsdimension, die in jedem Denkakt mitgegeben ist, gründet, besteht also darin, dass ein denkender Mensch sich in Bezug auf seine Umgangsgestaltung eher an seinen selbsterbrachten »Wegweisern« als an fremdgegebenen Konventionen orientieren wird. Diese Orientierung an der persönlichen Empfindung, die sich im geistigen Durchgang unterschiedlicher exemplarischer Umgangserfahrungen einstellt, erfolgt aus Gründen der Selbsterhaltung dieser persönlichen Orientierungsfunktion im Denken. Hierauf soll im nächsten Abschnitt[45] noch ausführlicher eingegangen werden. Bislang lässt sich Folgendes zusammenfassend sagen: Der geistige Vorgang, der ein erlebtes Ereignis zu einer Geschichte aufbereitet, ist als narratives Selbstverhältnis nicht nur ein wesentliches Moment unserer menschlichen Sinndimension, sondern dieses Fragen nach dem Sinn eines Ereignisses, was ein empfindungsmäßig konnotiertes Auftrennen eines fraglichen Faktums (Gerechtigkeit, Mut, etc.) in seine mitrepräsentierten Beispiele impliziert, stellt eine wichtige persönliche Orientierungsfunktion für die eigene Selbstgestaltung in Bezug auf den künftigen Umgang mit Anderen dar.

Ein weiterer Schritt in der Argumentation, der in diesem Abschnitt[46] ausgeführt werden soll, wäre es, im Anschluss an die bisherigen Ausführungen zu sagen, dass jemand, der es gewohnt ist, seine Erfahrungen narrativ aufzubereiten, jemand, der also in Geschichten denkt, weiß, dass alles, was er tut, unweigerlich zu seiner eigenen Geschichte wird. Warum ist das so?

Zum einen könnte man darauf antworten: Weil das Denken als Gewohnheit, das eigene Erleben und Tun zu hinterfragen, immer mit dem Aufblenden alternativer Gestaltungsformen verbunden ist, wodurch erst die eigene Ausgestaltungsweise in der Abhebung von anderen Vollzügen voll transparent werden kann. Das Bedenken eigener Begegnungserfahrungen und die Befragung dieser Erfahrung auf ihre Sinnhaftigkeit, lässt in der sinnhaften Zuordnung dieser Erfahrung

[45] Vgl. hierzu § 18 dieser Arbeit.
[46] § 17 dieser Arbeit.

zugleich die eigene Vollzugsweise mitaufscheinen. Ich verstehe beispielsweise in der Nachreflexion eines Ereignisses das Handeln einer Person als Akt der Gerechtigkeit. Diese sinnhafte Zuordnung beinhaltet die Repräsentation unterschiedlicher »Gerechtigkeitserfahrungen« in Form narrativ-verfasster Beispiele, wodurch in diesem Vergegenwärtigungsvorgang auch meine eigene jeweilige Ausgestaltungsform von Gerechtigkeit, sprich mein mögliches Handeln in der fraglichen Situation transparent wird. Dieses Transparentwerden des eigenen möglichen Tuns in Form einer antizipierten Geschichte verdeutlicht einem auch, dass alles, was man selbst tut, Teil der eigenen Lebensgeschichte wird, was wiederum – als Negativ- oder Positivbeispiel – zur Geschichte für Andere werden kann.

Zum anderen könnte man darauf antworten: Weil Denken als Hinterfragen Zwei-fel, was auch ein Sich-Auftrennen in Zwei bedeutet, voraussetzt, um überhaupt andere Gestaltungsformen und andere mögliche Perspektiven aufscheinen zu lassen:

»Zweifel ist das Sich-in-Zwei-Spalten alles echten Denkens, das sich der Pluralität des Menschseins bewusst bleiben will. Der Zweifel hält dauernd gerade die andere Seite, die Seite des Andern offen; er ist in der Einsamkeit und nur in ihr die absolut notwendige Repräsentation der Andern […] [Unterstreichung im Original]«[47].

Das Sich-Aufspalten in Zwei, der Zweifel als Eintrittstor in ein Denkgespräch mit mir, ermöglicht es mir erst, mir selbst zu erscheinen: »Nur im Denken ›erscheine‹ ich mir […]«[48], schreibt Arendt und bezeichnet damit den Vorgang des Denkens als einen Akt der Selbsttransparenz: Jemand, der in Geschichten denkt, weiß, dass alles, was er tut, zu seiner Geschichte wird. Wie lässt sich dies mit Arendts Betonung der Dualität bzw. dem Zwei-fel im Denken begründen? Der Gesprächspartner wird im Denkdialog in Bezug auf das eigene Handeln – laut Arendt – zum eigenen Zeugen[49]. Der Dialogpartner gibt mir in der Nachreflexion des eigenen Handelns als eigener Zeuge Rückmeldung darüber, was ich getan habe. Im theologischen Bereich nennt man dieses Phänomen auch Gewissen, das sich in Form einer Stimme bekundet und im Nachhinein rückmeldet, dass ich das, was ich getan habe, besser nicht hätte tun sollen: »[…] [D]as schlechte Gewissen sagt: Ich habe etwas getan, was mir nicht gefällt. [Unter-

---

[47] D 393.

[48] D 663.

[49] Vgl. ÜdB 71; 156 ff.; LdG 189; D 658; 762.

streichung im Original]«[50] Arendt verwendet hierfür also – nichtsdestotrotz – den Begriff des Gewissens und zeigt, dass Denken und Gewissen miteinander korrespondierende Phänomene sind: »Für das denkende Ich und seine Erfahrung ist das Gewissen […] ein Begleitumstand.«[51] Sie setzt das δαιμόνιον im Denken mit dem Gewissen gleich[52] und belegt die Korrespondenz beider Phänomene mit dem Umstand, dass sich sowohl das Gewissen nur dann meldet, wenn ich etwas getan habe, was nicht zu mir passt, wie auch das Denken nur anzeigt, womit ich nicht übereinstimme bzw. was nicht zu mir gehört: »Auch Gewissen ist ein Nachgedanke. Der Zeuge […], den ich mit mir herumtrage, meldet sich erst, wenn die Handlung vorbei ist – und nur, wenn ich dem, was ich getan habe, nicht zustimme.«[53]

Das Gewissen ist also ein Nachgedanke. Es stellt sich als Gewissensreaktion erst im Nachhinein ein, wie auch das Denken erst einer erlebten Umgangssituation nachfolgt. Dass dies so ist, beruht aber auf einer tieferen Phänomenkonstellation, die auch in dem Begriff »Nachgedanke« mitangesprochen ist: Wenn nämlich der Dialogpartner im Denkgespräch als Zeuge sich ableitet von einem tatsächlichen Gesprächspartner (Stichwort: »Der Freund ist nicht ein ›anderes Selbst‹, sondern das Selbst ist ein anderer Freund.«[54]), heißt dies auch, dass Selbsttransparenz im Denken in Form des Gewissens sich dem Umgang mit Anderen verdankt bzw. einem diese Dimension nur durch Andere zugewachsen und zugekommen ist. Das Denken und das Gewissen ist also nichts innerlich Abgetrenntes und in sich Verschlossenes – wie etwa bei Heidegger[55] –, sondern steht immer in Bezug zu Anderen: Es geht aus Beziehungen zu Anderen hervor und bleibt auch auf Andere bezogen.

Des Weiteren könnte man die Betonung im obigen Zitat auch auf das Wortende hin verschieben, so dass es lautet: Das Gewissen ist ein Nachgedanke. Das Gewissen als moralische Dimension des Menschen und damit seine Persönlichkeit im Vergleich zum »[…] Nur-menschlich-Sein […]«[56] ist – laut Arendt – das »[…] bei-

[50] D 794.
[51] DuM 154.
[52] Vgl. DuM 153; ÜdB 158.
[53] D 762.
[54] D 688; vgl. hierzu auch die Ausführungen im § 11 dieser Arbeit.
[55] Vgl. Heidegger ([18]2001) 275.
[56] ÜdB 77.

nahe automatische Ergebnis von Nachdenklichkeit [...]«[57], was wiederum heißt, dass sich eine Gewissensreaktion etwa in Form von Reue nur bei denkenden Leuten einstellt. Arendt kritisiert in diesem Zusammenhang auch Aristoteles' Ausführungen hierzu in der Nikomachischen Ethik: »Schlechte Menschen sind – hier hat Aristoteles unrecht – *nicht* ›voller Reue‹[58]. [Hervorhebung im Original]«[59] Reue bedeutet für Arendt ganz im ursprünglichen Sinne »zurückkehren«, sich vertiefen, um nicht zu vergessen, wie es eher die Gewohnheit eines denkenden Menschen ist:

»Gleichermaßen können wir sagen, daß Reue zuerst darin besteht, nicht zu vergessen, was man getan hat, indem man dahin ›zurückkehrt‹, wie das hebräische Verb ›shav‹ andeutet. Diese Verbindung von Denken und Erinnern ist in unserem Zusammenhang besonders bedeutsam. Niemand kann sich an das erinnern, was er nicht durchdachte, indem er darüber mit sich selbst gesprochen hat.«[60]

An diesem Erinnern und Sich-Vertiefen kann aber einem Übeltäter gerade nicht gelegen sein: »[...] [D]er sicherste Weg für den Verbrecher, niemals entdeckt zu werden und der Strafe zu entkommen, ist, das, was er tat, zu vergessen und nicht weiter darüber nachzudenken.«[61] Die Gedankenlosigkeit trägt jedoch nicht nur zum Verwischen von Erinnerungsspuren bei, sondern enthemmt und entgrenzt auch das eigene Handeln durch das Ausblenden der Gewissensreaktion: »Wenn ich mich weigere zu erinnern, bin ich eigentlich bereit, alles zu tun – genauso wie mein Mut völlig sorglos sein würde, wenn zum Beispiel der Schmerz eine Erfahrung wäre, die man sofort vergißt.«[62]

Nur Leute also, die es gewohnt sind, sich denkend zu orientieren und so »[...] Wurzeln zu schlagen [...]«[63] kennen Reue in Form einer negativen Gewissensreaktion. Überhaupt gibt es das Gewissen nur als ein negatives, sprich schlechtes Gewissen. Arendt zeigt mit Scheler[64], dass »[...] ein gutes Gewissen nur als ›privatio‹ des schlechten zu verstehen ist, dass also hier – im Unterschied zu allen anderen Phänomenen – das ›Positive‹ als Privativum des ›Negativen‹ funktio-

57 ÜdB 78.
58 Vgl. Aristoteles (2001) *1166b*.
59 LdG 189.
60 ÜdB 75 f.
61 ÜdB 75.
62 ÜdB 76.
63 ÜdB 77.
64 Vgl. hierzu Scheler (^{4}1954) 335.

niert.«[65] Das gute Gewissen als Stimme im Dialog mit sich gibt es als ein Phänomen also gar nicht[66]. Wenn aber dennoch jemand behauptet, er hätte ein gutes Gewissen, dann ist dies eigentlich eine »privatio« des schlechten Gewissens, was zum einen auf das Ausbleiben einer Gewissensreaktion »[…] für ein bestimmtes sittlich in Frage gestelltes Verhalten […]«[67] hinweisen kann, oder aber zum anderen auch Ausdruck dessen sein kann, dass man sein eigentlich schlechtes Gewissen vor Anderen kaschieren möchte.

Doch zurück zur Ausgangsfrage nach der im narrativen Denken mitgegebenen Selbsttransparenz: Warum weiß jemand, der in Geschichten denkt, dass alles, was er tut, zu seiner Geschichte wird? Wir führten den Gedanken aus, dass nur ein Mensch, der es gewohnt ist, sich im Denken als Person zu aktualisieren, Gewissensreaktionen hat und kennt. Aus diesen Gewissensreaktionen, etwa durch persönliche Schulderfahrungen, stellt sich bei diesen Menschen ein sogenanntes Mitwissen ein: »Mitwissen« ist die wörtliche Übersetzung von συνείδησις[68], was im Deutschen häufig mit »Gewissen« übersetzt wird. Dieser griechische Begriff weist auf den anderen Gesprächspartner hin, der mir als mein Zeuge[69] zeigt, wer ich bin und was ich getan habe. Über dieses Mitwissen verfügt ein denkender Mensch auch dann, wenn er sich gerade nicht im denkenden Dialog mit sich befindet[70]. Im tätigen Umgang mit Anderen hat er ein Mitwissen darum, dass sich im künftigen Umgang mit sich ein Gesprächspartner in unliebsamer Weise einschaltet, wenn man etwas getan hat, was nicht zu einem passt. Dieser Zeuge zeigt einem unausweichlich, wer man ist bzw. was man tatsächlich zu seiner Geschichte gemacht hat. Das Mitwissen um diesen Zeugen, das sich etwa aus einer vergangenen Schulderfahrung und der daran sich anschließenden Gewissensreaktion heraus eingestellt hat, schließt also im Umgang mit Anderen ein Bewusstsein der eigenen Geschichtlichkeit mit ein, sprich die Bewusstheit dessen, dass alles, was man tut, zur eigenen Geschichte wird, die es unter Umständen vor dem eigenen Zeugen, und nicht nur vor ihm, zu rechtfertigen gilt.

Vor dem Hintergrund dieser Ausführungen sollte deutlich ge-

---

65 D 673.
66 Vgl. D 794.
67 Scheler (⁴1954) 335.
68 Vgl. hierzu ÜdB 156 f.; D 658.
69 Vgl. D 658.
70 Vgl. LdG 187 ff.

worden sein, dass eine monologische Geistestypik, wie die Kontemplation, als Schau einer Idee gewissenlos ist: Eine Idee vereinnahmt den ganzen Geist, so dass kein Widerpart und damit auch keine Selbsttransparenz aufkommen kann. Ebenso ist das Wollen trotz der ihm inhärenten Zwiespältigkeit gewissenlos: Die Vorstellung des »befehlenden Teils«[71] des Willens vereinnahmt in ähnlicher Weise wie die Kontemplation den ganzen Geist, da der untergebene »gehorchende« Teil[72] des Willens nur dazu da ist, die Geistestätigkeit zu beenden und die Vorstellung bzw. den »Befehl« in die Tat zu überführen. Das Fehlen eines gleichberechtigten Gesprächspartners als Widerpart und die damit verbundene mangelnde Selbsttransparenz lässt das »[...] Grundproblem des Willens [...]«[73] verständlich werden, was – laut Arendt – darin besteht, »[...] daß das Wollen selbst keine Kategorie für Richtig oder Falsch bereitstellt [...]«[74].

Die oben beschriebene Gewissensreaktion und die damit einhergehende Selbsttransparenz stellt sich nur in einem dual-dialogischen Denken zwischen zwei hierarchisch gleichberechtigten Gesprächspartnern ein. Das Gewissen hat also nicht Selbstlosigkeit, sondern Selbstbewusstsein zur Voraussetzung[75]. Dieses Moment der Bewusstheit um das eigene Selbst, was gleichzeitig und in eins ein Mitwissen um den anderen Gesprächspartner, also ein Gewissen ist, vereinigt der lateinische Begriff conscientia[76], den Arendt heranzieht, um das von ihr Gemeinte zu verdeutlichen: Mit conscientia als Selbst-Bewusstsein meint sie nicht ihren üblichen Bewusstseinsbegriff, den sie heranzieht für die opake Selbstgegebenheit im weltbefangenen Aufgehen in Tätigkeiten: Hier werde ich »[...] Einer, der natürlich Selbst-Wahrnehmung, das heißt, Bewußtsein, besitzt, der aber nicht mehr ganz und deutlich ansprechbar im Besitz seiner selbst ist.«[77] Im Gegensatz dazu bezeichnet sie dieses ganz »im Besitz seiner selbst Sein« mit conscientia: Arendt will damit auf Selbstbewusstheit und Selbstbewusstsein im starken Sinne hinweisen, welches in ihrer Konzeption nur im Denkdialog gegeben ist. Gemeint ist damit aber nicht eine »ideale«, autonome Vorstellung seiner Selbst, die man sich

71 Vgl. ÜdB 115.
72 Vgl. ÜdB 115.
73 D 774.
74 D 774.
75 Vgl. ÜdB 49.
76 Vgl. ÜdB 156 ff.
77 ÜdB 82.

vielleicht wünscht und die eine tatsächliche Selbsttransparenz gerade verdeckt, sondern damit angesprochen ist die Bewusstheit für die eigene Situiertheit, Verstricktheit und Geschichtlichkeit, was ausdrücklich das Mitwissen um Andere und ihre Vollzugsformen miteinschließt: Jemand, der denkt und im Dialog mit sich andere mögliche Perspektiven als seine Erfahrungen aufblendet, ist sich in Abhebung davon auch seiner eigenen Vollzugsweise, seines eigenen Parts und damit seiner eigenen Position und Situierung, die er im Bezugsgewebe der Welt einnimmt, bewusst. Diese Bewusstheit kann er aber nur im Denken erlangen, da es nur hier möglich ist, andere Vollzugsweisen in bewusster Repräsentation mitaufzublenden. In unmittelbarer Aktion im tätigen Umgang mit Anderen ist dies unmöglich, da man hier voll in seinen Parts aufgeht und sich so die eigene Position verdeckt.

Mit dieser Selbstbewusstheit im Denken ist auch die Bestätigung meiner unvergleichlichen Identitätsdimension angesprochen: »Als Identität etabliere ich mich nur im Denken [...] [Unterstreichung im Original]«[78]. Nur im Denkvorgang gründe ich mich als unvergleichliches und von anderen unterschiedenes Wesen. Erst mit der Darstellung des Denkens also, das die Unterschiedenheitsdimension der Identität aktualisiert, im Gegensatz zum Umgang mit Anderen, in welchem in graduellen Abstufungen die einheitliche Dimension der Identität Bestätigung erfährt, ist die Identitätskonstitution in voller Weise begrifflich bestimmt. Im Gegensatz zur Kontemplation, die eine Vorstellung verabsolutiert und andere Perspektiven abblendet und sich so gerade das eigene Sein und damit die eigene Ganzheit verdeckt, bestätigt und aktualisiert ein dialogisches Denken die Ganzheit seiner Person gerade dadurch, dass es sich seiner eigenen Partialität vor dem Hintergrund möglicher anderer Parts, die es im Denken mitaufblendet, bewusst wird. Gerade durch die Bestätigung und die Bewusstheit der eigenen Teilhaftigkeit wird man tatsächlich teilhaft an der Ganzheit, weil diese Bewusstheit die Mitgegebenheit der anderen Parts miteinschließt:

»Sokrates' γνῶθι σαυτόν erhält zwei Bedeutungen. Es heisst erstens: Erkenne, dass du nur Einer bist und nur partikulare Erkenntnis haben kannst, wisse, dass du ein Mensch und kein Gott bist; zweitens: Gehe diesem Partikularen nach und finde seine und damit deine Wahrheit. – Behältst du

[78] D 789.

beides zugleich, so wirst du Wahrheit, menschliche Wahrheit haben, ohne sie Andern aufzuzwingen.«[79]

Nur im Denken konstituiere ich mich also als ganzes Wesen, das »[d]ie Mehrzahl [...] [als – F. S.] das Gesetz der Erde [...]«[80] im Gegensatz zur Kontemplation bestätigt. In dieser trennt man sich von der Ganzheit, vor allem der Ganzheit möglicher Perspektiven auf Welt, was dazu führt, dass man sein eigenes Wesen nicht bestätigt: »Ein Leben ohne Denken ist durchaus möglich; es entwickelt dann sein eigenes Wesen nicht – es ist nicht nur sinnlos, es ist gar nicht recht lebendig. Menschen, die nicht denken, sind wie Schlafwandler.«[81] Denken und Bestätigung des unvergleichlichen Wesens, was mit dem Begriff »Person« zum Ausdruck kommen soll, sind für Arendt eins:

> »Ja, Denken ist im Gegensatz zur Kontemplation, mit der es allzu häufig gleichgesetzt wird, wirklich eine *Tätigkeit*, mehr noch eine Tätigkeit, die bestimmte moralische Ergebnisse hat, nämlich daß der, der denkt, sich selbst als ein Jemand, als eine Person oder Persönlichkeit konstituiert. [Hervorhebung im Original]«[82]

Für Arendt ist also auch der Ausdruck »moralische Persönlichkeit« ein redundanter Begriff[83]: Im Denken bestätige ich mein »Person-Sein« im Gegensatz zum »Bloß-menschlich-Sein«, was gleichbedeutend mit »Niemand-Sein« ist[84]. Mit dem Begriff »Person« kommt zum Ausdruck, dass der Mensch ungleich mehr ist als seine materielle (etwa seine medizinisch-biologisch-neuronale etc.) Bedingtheit. Dieses »Mehr«[85] ist nicht messbar, quantifizierbar, also nicht klar durch Formeln oder Zahlen erfassbar, sondern es lässt sich nur darauf hinweisen; es zeigt sich nur, etwa in Geschichten über diesen Menschen. Der Mensch selbst aktualisiert seine Personalität dadurch, dass er sich im Denken durch die Aufblendung seines Dialogpartners und durch die Aufbereitung seiner Erfahrungen seine Geschichte transparent macht. Denken heißt Selbsttransparenz, sprich ein Wissen darum, dass alles eigene Agieren zur eigenen Geschichte wird und – damit einhergehend

[79] D 413.
[80] LdG 29.
[81] LdG 190.
[82] ÜdB 92f.
[83] Vgl. ÜdB 77.
[84] Vgl. ÜdB 85.
[85] Vgl. hierzu Grätzel (2004b) 37ff.; Spaemann (1996) 94ff.

– ebenso ein Wissen darum, dass man nicht alles zu seiner Geschichte machen kann. Diese moralische Dimension im Denken entspricht der Eigenschaft sich als Mensch mit einer unvergleichlichen Lebensgeschichte, sprich als Person, zu bestätigen und zu entwerfen.

§ 18. Handlungsantizipation

Eine mögliche Art und Weise, sich nach dem Sinn seines Erlebens zu fragen, besteht darin, dieses im Denken zu einer Geschichte aufzubereiten. Für diese sinnhafte »Einordnung« ist die Aufblendung anderer Beispiele aus der persönlichen Erinnerung notwendig. Der Durchgang durch diese Beispiele in der Reflexion ist verbunden mit einer geschmacklichen Empfindungsdimension, die eine Orientierungsmöglichkeit für die eigene Selbstgestaltung bietet. Diese spezielle Form des Denkens ist jedoch nicht nur wesentlicher Teil unserer Sinndimension, und in dem Fragen nach dem Sinn eines Ereignisses ist nicht nur eine mögliche persönliche Orientierungsfunktion mitenthalten, sondern im narrativen Aufbereitungsvorgang stellt sich auch eine Form von Selbsttransparenz mit ein. In der narrativen Aufbereitung einer erlebten Umgangserfahrung scheint immer auch das eigene Agieren in der Situation und, wenn es in der Reflexion um das Handeln Anderer geht, das eigene mögliche Handeln in dieser Situation mit auf. Denken geht demnach einher mit Selbsttransparenz, was nichts zu tun hat mit einem »kontemplativen« Vorstellungsbild von sich, sondern was vor allem Bewusstsein für die eigene Situierung und Geschichtlichkeit bedeutet. Auch die dialogische Verfasstheit des Denkens, die sich in negativen Gewissensreaktionen bekundet, impliziert dieses Bewusstsein für die eigene Geschichtlichkeit in Form eines Mitwissens um den anderen Dialogpartner, vor dem es das eigene Tun, sprich die eigene Geschichte zu rechtfertigen gilt. Das im dialogischen Denken sich einstellende Bewusstsein für die eigene Geschichtlichkeit ist für Arendt gleichbedeutend mit der Aktualisierung des eigenen Personseins. Warum? Der Begriff »Person« weist auf das »Nichtnatürliche«[86] des Menschen, auf das »Mehr-Sein« als bloß rein materielle Bedingungen hin. Dies zeigt sich vor allem in Geschichten. Jemand, der sich im Denken seine unvergleichliche Geschichte transparent macht, macht sich damit auch zugleich seinen Personstatus

[86] Grätzel (2004b) 37.

transparent. Sinndimension, persönliche Orientierungsfunktion und Selbsttransparenz als miteinander zusammenhängende Facetten des narrativen Denkvorganges können daher auch unter dem Terminus Selbst- und Persönlichkeitskonstitution zusammengefasst werden. Im Denken erfährt das »Jemand-Sein« im Vergleich zum »Niemand-Sein«, die Person im Vergleich zum bloßen Menschen seine Aktualisierung. Es gibt also im Denken neben dem Bewusstsein davon, dass alles eigene Tun Teil der eigenen Geschichte wird[87], des Weiteren ein Bewusstsein davon, dass man nicht alles tun, sprich nicht alles zu seiner Geschichte machen kann. Erst dieses Bewusstsein bestätigt die Personalitätsdimension, also die Unterschiedenheit von Anderen, und damit die eigene Unvergleichlichkeit in voller Weise. Warum sich dieses Bewusstsein mit der Gewohnheit, sein Erleben für sich narrativ zu artikulieren, einstellt, gilt es in diesem Abschnitt[88] argumentativ nachzuvollziehen.

Kurz gesagt: Aus der beschriebenen Erfahrung der Selbsttransparenz[89] heraus – entsprechend dem Wissen, dass alles Tun zur eigenen Geschichte wird – wird jemand, der zu denken gewohnt ist, nichts tun, womit er nicht zusammenleben könnte bzw. nichts, was ihm einen Wiedereintritt in ein dialogisches Selbstverhältnis verweigerte. Das denkende Selbst weiß sich als dieses Selbstverhältnis dem tatsächlichen Freund verdankt und wird sich daher nicht mit einer Tat belasten, die das freundschaftliche Verhältnis verwirken könnte. Ein denkender Mensch weiß, dass er mit gewissen Taten auf dem Buckel nicht mehr mit sich zusammenleben könnte, und dieser Verlust der Möglichkeit, mit sich in ein denkend-dialogisches Selbstverhältnis eintreten zu können, gliche letztlich dem Verlust der eigenen Sinndimension, Orientierungsfunktion, der Möglichkeit, sich sein Agieren transparent zu machen, sprich dem Verlust der Selbst- und Persönlichkeitskonstitution. Arendt beschreibt diesen Zustand mit dem Begriff »Selbstverachtung«[90]. Selbstverachtung bezeichnet den dauerhaften Verlust der Möglichkeit, mit sich selbst in ein dialogisches Verhältnis eintreten zu können[91].

Diesen Zustand der Selbstverachtung plausibilisiert sie an einer

[87] Vgl. § 17 dieser Arbeit.
[88] § 18 dieser Arbeit.
[89] Vgl. § 17 dieser Arbeit.
[90] Vgl. hierzu ÜdB 28; 35; 48; 51; U 33.
[91] Vgl. ÜdB 128.

beispielhaften Gestalt aus der Literatur, nämlich an Shakespeares Richard III.[92]. Shakespeares Historiendrama zeichnet den gewaltsamen Weg der Machtergreifung des Herzogs Gloster, später König Richard III., nach. Ausgangspunkt des Dramas ist der Entschluss des körperlich missgebildeten Herzogs, die seitens seiner Familie erfahrene Benachteiligung hinsichtlich der Thronnachfolge nicht mehr länger auf sich beruhen zu lassen, sondern sich selbst mit Gewalt den Weg zum Thron zu bahnen. Das Drama schildert nun die mit Intrige und Mord verbundene Durchsetzung des vermeintlichen Herrschaftsanspruchs des Herzogs Gloster. Kurz nachdem dieser sein Ziel erreicht hat und als Richard der Dritte die Königswürde an sich gerissen hat, gibt es eine Szene in diesem Stück, in der Richard mit sich alleine ist. Hier wird ihm im Sinne der Selbsttransparenz, die sich im »Mit-sich-Sein« einstellt, bewusst, was er getan hat, denn er stellt fest, dass er fortan mit einem Mörder Unschuldiger zusammenleben muss:

»Was fürcht' ich denn? Mich selbst? Sonst ist hier niemand.
Richard liebt Richard: das heißt, Ich bin Ich.
Ist hier ein Mörder? Nein. – Ja, ich bin hier.
So flieh'! – Wie? vor dir selbst? Mit gutem Grund:
Ich möchte rächen. Wie? mich an mir selbst?
Ich liebe ja mich selbst. Wofür? Für Gutes,
Das je ich selbst hätt' an mir selbst getan?
O leider, nein! Vielmehr hass' ich mich selbst,
Verhaßter Taten halb, durch mich verübt.
Ich bin ein Schurke, – doch ich lüg', ich bin's nicht.
Tor, rede gut von dir! – Tor, schmeichle nicht!«[93]

Arendt zitiert bewusst zur Verdeutlichung des Zustandes der Selbstverachtung diese Stelle, da hier sehr anschaulich wird, wie der Dialog mit sich einer tatsächlichen Begegnung mit jemand Anderem gleicht. Richard stellt im »Mit-sich-Sein« fest, dass er mit einem Mörder zusammenlebt und dass er mit jemandem, der derartige Taten vollbracht hat, nicht mehr in einen tiefergehenden Dialog eintreten kann. Ebenso wie man sich bei einer Begegnung mit einem tatsächlichen Mörder ohne Beisein Anderer vermutlich äußerst unwohl fühlen würde und das Zusammentreffen am liebsten so schnell wie möglich abbrechen möchte, so möchte auch Richard beim Versuch des Eintritts in ein Selbstverhältnis dieses als Begegnung mit sich am liebs-

[92] Vgl. Shakespeare (o. J.) 677–775.
[93] Shakespeare (o. J.) *Akt V Szene 3;* vgl. hierzu DuM 151 f.; LdG 188.

ten sofort beenden. Die sinnhafte Artikulation der eigenen Erlebnisse gelingt mit derartigen Taten auf dem Rücken nicht mehr. Immer wenn man versucht, mit sich in ein Gespräch zu kommen, verwehrt einem die Transparenz in die eigenen Taten einen tieferen, weiterführenden Dialog mit sich. Mit gewissen Taten auf dem Buckel möchte man den Umgang mit sich lieber meiden als ihn pflegen. Als sein eigener Zeuge bleibt man – wie Richard – beim Versuch, in ein Umgangsverhältnis mit sich zu gelangen, immer an diesen Taten hängen. Die negativen Empfindungen, die diese wie eine tatsächliche Begegnung mit einem Täter derartiger Taten hervorbringen, veranlassen Fluchtreaktionen und verunmöglichen eine freundschaftliche Atmosphäre, die eine Grundvoraussetzung für den denkenden Dialog im Selbstverhältnis darstellt. Selbstverachtung heißt also eine Tat begehen, sprich zu seinem Gesprächspartner machen, womit man nicht zusammenleben kann, also »[…] die Fähigkeit verloren haben, im Zwiegespräch des Denkens Zwei-in-Einem zu werden.«[94]

Für jemanden, der es gewohnt ist, sich im denkerischen Selbstverhältnis als Person zu bestätigen, gilt laut Arendt Folgendes:

»Wenn du zu denken wünschst, hast du dafür zu sorgen, daß die zwei, die das Denkgespräch führen, in guter Verfassung, daß die Partner Freunde sind. Es ist besser für dich, Unrecht zu leiden als zu tun, weil du der Freund des Leidenden bleiben kannst; wer aber möchte der Freund eines Mörders sein und mit einem Mörder zusammenleben müssen? Nicht einmal der Mörder selbst. Was für eine Art von Gespräch könnte man mit ihm führen? Genau den Dialog, den Shakespeare Richard III. mit sich führen läßt, nachdem dieser eine Vielzahl von Verbrechen begangen hatte […]«[95].

Zwei miteinander zusammenhängende Prinzipien aus Platons Gorgias führt Arendt an, die für denkende Menschen als Orientierungsprinzipien gelten, um diesen Zustand der Selbstverachtung zu vermeiden: Das eine Prinzip, welches im obigen Arendt Zitat bereits mitenthalten ist, lautet: »[…] lieber Unrecht leiden als Unrecht tun […]«[96]. Arendt begründet dies folgendermaßen: Mit einem Unrecht Leidenden kann man in jedem Fall in freundschaftlicher Weise weiter zusammenleben, nicht aber mit einem Unrecht Tuenden. Das andere Prinzip lautet, dass es besser sei, wenn »[…] die meisten Menschen nicht mit mir übereinstimmen, sondern mir widersprechen

[94] ÜdB 128.
[95] DuM 151.
[96] Platon (1957) *474b*.

mögen, als daß ich allein mit mir selbst nicht zusammenstimmen, sondern mir widersprechen müßte.«[97] Es ist also besser mit Anderen in Widerspruch, als mit sich selbst in Widerspruch zu leben. Warum gilt dieses Prinzip für einen denkenden Menschen? Arendt argumentiert so: Jemand, der denkt und daher in ein Umgangsverhältnis mit sich einzutreten pflegt, weiß, dass er von Anderen, mit denen er nicht übereinstimmt, weggehen kann, von sich selbst aber kann man nicht weggehen[98]. Alle Handlungen werden zur eigenen Geschichte bzw. zum eigenen Gesprächspartner, und die Gewohnheit, mit sich in ein Gespräch einzutreten, geht mit dem Wissen einher, dass es unerträglich wäre, »[…] mit einem Unrechttuenden zusammenzuleben; ich kann ihn nie loswerden.«[99] »Wenn Sie mit Ihrem Selbst uneins sind, ist das so, als wenn Sie gezwungen wären, täglich mit ihrem eigenen Feind zu leben und zu kommunizieren.«[100] Dieser Zustand des permanenten Selbstwiderspruchs, um den ein denkender Mensch weiß, führt dazu, dass man den Umgang mit sich selbst flieht und man sich in Geschäftigkeiten und den »Umgang« mit Anderen stürzt, um sich von sich selbst abzulenken. Diese Getriebenheit aus Selbstverachtung ist ein Zustand, der Denken als Fragen nach dem Sinn unmöglich macht. Auch an dieser Stelle zeigen sich ein weiteres Mal Nähen von Arendts Konzeption zur aristotelischen Ethik, gleicht doch die phänomenale Beschreibung dieser Selbstverachtung in erstaunlicher Weise Aristoteles' Ausführungen zum Zustand der »schlechten Menschen«:

> »Die Schlechten suchen Menschen, mit denen sie zusammenleben können, sich selbst aber fliehen sie. Denn sie erinnern sich an vieles Schreckliche und erwarten entsprechendes, wenn sie allein sind; wenn sie aber mit anderen sind, vergessen sie es. Sie haben nichts Liebenswertes, und so empfinden sie auch keine Freundschaft zu sich selbst. Sie teilen mit sich selbst weder Freude noch Schmerz, denn ihre Seele ist in Aufruhr […]«[101].

Aristoteles und Arendt wissen um einen Verlust der Fähigkeit sich zu erinnern im Zusammenhang mit den schlechten Taten, an welchen die persönliche Erinnerung gefangen bleibt, und damit um einen Verlust der Möglichkeit, seine eigenen Erfahrungen (Freude, Schmerz)

---

[97] Platon (1957) *482c;* vgl. hierzu DuM 148; WuP 347; ÜdB 70.
[98] Vgl. ÜdB 70.
[99] ÜdB 70.
[100] ÜdB 71.
[101] Aristoteles (2001) *1166b.*

nachzubereiten und zu vertiefen. Auch Arendt führt ähnlich wie Aristoteles zu diesem Verlust der erinnernden Vertiefungsmöglichkeit aus:

»Die Furcht, sich selbst zu verlieren, ist berechtigt; denn sie ist die Furcht, nicht mehr in der Lage zu sein, mit sich selbst zu reden. Und nicht nur Kummer und Leid, sondern auch Freude und Glück und all die anderen Gefühle würden unerträglich sein, wenn sie stumm, unartikuliert zu bleiben hätten.«[102]

Der Zustand der Selbstverachtung ist für Arendt gleichbedeutend mit Selbstverlust: Es ist der Verlust der Möglichkeit, sich als seine Geschichte weiterhin zu übernehmen, sprich seine eigenen Erfahrungen für sich auf seine eigene, unvergleichliche Art und Weise aufzubereiten und zu eigen machen zu können. Das eigene Erleben und die damit zusammenhängenden Empfindungen müssten in dieser Verlustsituation unartikuliert bleiben. Der Zustand der dauerhaften Getriebenheit und Unfähigkeit, mit sich zu sein, verunmöglicht ein persönliches »Wurzel Schlagen« und belässt einen in erinnerungsloser Oberflächlichkeit. Selbstverachtung geht einher mit dem Verlust der Möglichkeit sich an eigens erbrachten Orientierungsmarken – etwa an Geschichten – und ihrer je eigenen Empfindungsdimension entlang zu gestalten. Mit diesem Begriff weist Arendt also auf die Möglichkeit des Verlusts der persönlichen Empfindungs- und Erinnerungsdimension hin, was den Verlust der Möglichkeit, seinen persönlichen Erfahrungen Ausdruck zu verleihen, miteinschließt. Selbstverlust und Verlust der persönlichen Kreativität[103] sind für Arendt eins. Ist Denken als die Fähigkeit mit sich zu sein verloren gegangen, so ist auch die Fähigkeit schöpferischen Schaffens verwirkt:

»Insofern als Denken eine Tätigkeit ist, kann es in Produkte übertragen werden, in solche Dinge wie Gedichte, Musikstücke oder Gemälde. Alle Dinge dieser Art sind tatsächlich Gedankendinge […]. Die Sache bei diesen hochkultivierten Mördern ist die, daß nicht ein einziger von ihnen ein Gedicht schrieb, das es wert wäre, daß man sich daran erinnerte, oder ein anhörenswertes Musikstück komponierte oder ein Bild malte, bei dem irgend jemand daran gelegen wäre, es an seine Wand zu hängen. Man braucht mehr als Nachdenklichkeit, um ein gutes Gedicht oder Musikstück zu schreiben oder ein Bild zu malen – Sie brauchen dazu besondere Talente. Aber kein Talent wird dem Verlust der Integrität standhalten – der Integri-

[102] ÜdB 78.
[103] Vgl. ÜdB 87.

tät, die Sie verlieren, wenn Sie diese ganz allgemeine Denk- und Erinnerungsfähigkeit verloren haben.«[104]

Arendt beschreibt Selbstverachtung also als einen dauerhaften Zustand der Unfähigkeit mit sich zu sein. Denken schließt, wie der letzte Abschnitt zeigte[105], die Erfahrung von Gewissensreaktionen mit ein. Die Erfahrung eigener Schuld und daran sich anschließender Reue, was mit der Gewohnheit, sich eigenes Handeln transparent zu machen, einhergeht, versetzen einen in Verlassenheit, sprich in einen Zustand, in dem man weder mit sich, noch mit Anderen sein kann. Das auf Schulderfahrungen folgende, charakteristische Getriebensein[106], sich Ablenken und »Nicht mit sich sein Können« bezeichnet Arendt als »[…] zeitweise Unfähigkeit […] Zwei-in-Einem zu werden […]«[107]. Jemand, der es gewohnt ist, sich denkend als Person zu bestätigen, wird vor dem Hintergrund eben jener Erfahrung vorübergehender Unfähigkeit mit sich zu sein, ein Wissen darum haben, dass dieser vorübergehende Zustand auch dauerhaft werden könnte. Aus Furcht vor dauerhaftem Selbstverlust bzw. vor dem Zustand der Selbstverachtung[108] wird er es gewohnt sein, eigenes Handeln zu antizipieren[109]. Diese Handlungsantizipation gleicht der Vorwegnahme des eigenen Zeugen[110]: »Denken heißt: Stelle dir vor, was du als dein eigener Zeuge zu sagen hättest, nachdem du gehandelt hast und das Handeln nun erinnert wird, d.h. dir erscheint. Laß es erscheinen, bevor es geschehen ist, als ob es schon geschehen wäre.«[111] In Kurzform lautet Arendts »Imperativ der Handlungsantizipation«: »Bevor du etwas tust, stelle dir vor, wie es für dich aussehen wird, nachdem du es getan hast. [Unterstreichung im Original]«[112]

Woher weiß ich jedoch in dieser Handlungsantizipation, wie es für mich »aussehen« wird, wenn ich diese Tat zu meiner machen würde? Welches Kriterium ist für Arendt hier ausschlaggebend? Handlungsantizipation ist ja gewissermaßen die »Zukunftserstreckung« eines Denkens, das in einem dialogischen Selbstverhältnis

---

104 ÜdB 79 f.
105 Vgl. § 17 dieser Arbeit.
106 Vgl. D 768.
107 ÜdB 79.
108 Vgl. ÜdB 28.
109 Vgl. D 689.
110 Vgl. DuM 153; LdG 190.
111 D 762.
112 D 683.

stattfindet, für welches gilt: »Das Selbst ist ein anderer (auch ein) Freund, anstatt φίλος αὐτὸς ἄλλος. [...] (Das Selbst tritt an die Stelle des Freundes, nicht umgekehrt.) Daraus aber folgt: Nicht die Beziehung zum Selbst, sondern zum Anderen ist das Kriterion allen Verhaltens.«[113] Wenn Denken als Selbstverhältnis und als Fähigkeit, mit sich zusammenleben zu können, sich dem tatsächlichen Freund verdankt weiß, wird ein denkender Mensch es auch gewohnt sein mögliches Verhalten an der zu erwartenden Reaktion des tatsächlichen Freundes abzuspüren, um herauszufinden, womit er weiterhin zusammenleben könnte und womit nicht. Das Kriterium der mit dem Denken einhergehenden Handlungsantizipation ist also der tatsächliche Freund. An ihm und seinen möglichen Reaktionen und nicht an externen Vorschriften wird sich ein denkender Mensch zunächst orientieren, um sich seine Möglichkeit zur Selbst- und Personkonstitution nicht zu verwirken. Dies gilt auch und gerade in politischen Ausnahmesituationen, in denen denkende Menschen oft in Erscheinung treten, da sie sich von allen gedankenlos Mitschwimmenden und externe Normen Reproduzierenden durch ihre eigens erbrachten Handlungsmaximen abheben, die sie zunächst am eigenen Freund überprüfen, bevor sie sich diese zu eigen machen. Hierzu gibt es ein eindrucksvolles biographisches Zeugnis von Arendt selbst, die in ihrem ersten Brief nach dem Zweiten Weltkrieg an ihren Lehrer Karl Jaspers schreibt: »Ich mag in diesen Jahren manches gedacht oder getan haben, was Ihnen befremdlich sein wird; aber darunter ist kaum etwas, wobei ich mir nicht vorgestellt habe, wie ich es Ihnen erzählen oder vor Ihnen verantworten würde.«[114]

Denken als Dialog ist demnach nie nur ein in sich abgeschlossenes Selbstgespräch, sondern es hat immer auch die Dimension eines »[...] vorweggenommene[n] Sprechen[s] mit anderen [...]«[115]. In dieser Vorwegnahme geht es in besonderer Weise um das Abspüren der Empfindungsdimension einer künftigen Begegnung: Wäre die Empfindung in der antizipierten Begegnung mit dem Freund mit der fraglichen Handlung auf dem Rücken weiterhin von einer freundschaftlichen Grundstimmung getragen? Könnte der Freund mein Handeln verstehen, würde er mir widersprechen oder nötigte ihn die bedenkliche Handlung sogar zu einem Beziehungsabbruch? Dieses

113 D 695.

114 JBW 59.

115 Les 24.

antizipierende Fragen erfolgt aus dem Wissen heraus, dass »[…] ein Leben ohne Freunde nicht eigentlich lebenswert […]«[116] wäre, ebenso wenig lebenswert wie ein Leben ohne mit sich selbst befreundet sein zu können. In diesem Zustand müssten alle Ereignisse im persönlichen Erleben »ungeteilt« bzw. stumm und unartikuliert bleiben. Wie bereits dargestellt, können wir uns nur an Dinge wirklich erinnern, die wir in einem Dialog mit uns selbst oder mit Anderen besprochen haben. Ein Leben ohne Freundschaft entbehrte damit gewissermaßen der Dimension der Wirklichkeit, da die Unartikuliertheit, in der Ereignisse ohne freundschaftlichen Dialog verbleiben, diese in einer Art und Weise belassen, als wären sie gar nicht gewesen oder als hätten sie gar nicht stattgefunden. Auch vor diesem Hintergrund sind für Arendt »Menschen, die nicht denken, […] wie Schlafwandler.«[117]

Das Kriterium der mit dem Denken verbundenen Handlungsantizipation ist also der tatsächliche Freund. Arendt ist sich durchaus bewusst, dass es sich dabei um ein höchst »subjektives« Kriterium[118] handelt, denn mit wem bzw. womit man befreundet sein kann oder nicht, sieht natürlich bei jedem anders aus. Hierin unterscheiden sich Menschen voneinander. Erstaunlich ist jedoch, dass es bei aller inhaltlichen Unterschiedenheit, womit man zusammenleben, sprich befreundet sein könnte oder nicht, die immer ähnliche Aussage unterschiedlichster Leute zu unterschiedlichsten Zeiten gibt, dass man nämlich lieber sterben wollte, als in einem Zustand weiterzuleben, mit dem man nicht mehr Freund sein könnte. So äußert sich etwa der Regisseur Werner Herzog zur Produktion seines Films »Fitzcarraldo«[119], insbesondere zu einer Phase des Projekts, wo dieses zu scheitern droht, folgendermaßen:

»Als ich nach Deutschland zurückkehrte, versuchte ich alle Finanzierungspartner zusammenzuhalten. Sie sagten: ›Nun, können Sie überhaupt noch weiter? Haben Sie überhaupt noch die Kraft oder den Willen oder den Enthusiasmus?‹ Und ich sagte: ›Wie können Sie diese Frage überhaupt fragen? Wenn ich dieses Projekt fallen lasse, wäre ich jemand, der keine Träume mehr hat und als solcher will und werde ich nicht leben. Ich lebe mein Leben oder ich beende mein Leben mit diesem Projekt.‹«[120]

---

[116] Les 40.
[117] LdG 190.
[118] Vgl. ÜdB 99 f.; 120.
[119] Vgl. hierzu den Film »Fitzcarraldo«.
[120] Werner Herzog in dem Film »The Burden of Dreams. Die Last der Träume«; vgl. hierzu auch Herzog (^{2}2010) 163.

Bei aller Differenz zum Kontext, zum Kulturraum, zu den betreffenden Personen gibt es durchaus Parallelen dieser Aussagen Werner Herzogs zu Platons Bericht über Äußerungen von Sokrates in der Apologie: Selbst wenn die Athener ihm, Sokrates, anböten unter der Bedingung, seine Nachforschungen zu unterlassen, freizukommen, wäre dies für ihn inakzeptabel, da dieser Zustand eines Weiterlebens nicht wert wäre:

»[…] [W]enn ihr mir hierauf sagtet: Jetzt, Sokrates, wollen wir zwar dem Anytos nicht folgen, sondern lassen dich los, unter der Bedingung jedoch, daß du diese Nachforschung nicht mehr betreibst und nicht mehr nach Weisheit suchst; wirst du aber noch einmal darauf betroffen, daß du dies tust, so mußt du sterben; wenn ihr mich also, wie gesagt, auf diese Bedingung losgeben wolltet, so würde ich zu euch sprechen: Ich bin euch, ihr Athener, zwar zugetan und freund, gehorchen aber werde ich dem Gotte mehr als euch, und solange ich noch atme und es vermag, werde ich nicht aufhören, nach Weisheit zu suchen und euch zu ermahnen und zu beweisen, wen von euch ich antreffe, mit meinen gewohnten Reden […]«[121].

Denn: »[…] [E]in Leben ohne Selbsterforschung aber [hätte es – F. S.] gar nicht verdient, gelebt zu werden […]«[122]. Beiden Aussagen – so unterschiedlich die sprechenden Personen, die Zeiten und Kontexte, in denen ihre Äußerungen fallen, auch sein mögen – ist doch eins gemeinsam: Beide verbindet ein sicheres und definitives Wissen darüber, wie sie nicht weiterleben könnten. Ein Leben ohne Träume bzw. – im engeren Sinne – ohne diesen Film wäre für Werner Herzog nicht lebenswert, wie für Sokrates ein Leben ohne Selbsterforschung. Rückbezogen auf die sich im Denken einstellende Selbsttransparenz meint dieser Begriff also gerade nicht, dass man aus Einsicht in sein Leben dies in planender Weise herstellen bzw. in eine intendierte Richtung lenken kann, sondern, dass man nur sicher entscheiden kann, wie man nicht weiterleben kann bzw. was man nicht zu seiner Geschichte machen wird. Lieber sterben als ein Leben ohne Träume (W. Herzog), lieber sterben als ein Leben ohne Selbsterforschung (Sokrates).

Wenn es jedoch von Mensch zu Mensch unterschiedlich ist, womit man zusammenleben bzw. befreundet sein kann oder nicht, wie kann Arendt bei all dieser Relativität dann behaupten, ein moralisches Fundament für politische Ausnahmesituationen gefunden zu

[121] Platon (1957) *29c,d;* vgl. hierzu ÜdB 94.
[122] Platon (1957) *38a.*

haben, das sogar Katastrophen verhindern könnte[123]? In ihrer Konzeption stimmt sie mit Sokrates darin überein, dass »[...] Unrecht all das [ist – F. S.], was ich nicht ertragen kann, getan zu haben [...]«[124]. Dies ist jedoch – wie bereits erwähnt – ein höchst »subjektives« Kriterium[125], ist es doch bei jedem etwas anderes, was ich nicht ertragen kann, getan zu haben bzw. was ein weiteres Zusammenleben mit sich selbst verhinderte. Dennoch scheint Arendt auf eine Art Humanum hinweisen zu wollen, das allen Menschen, die das Zusammenleben in Übereinstimmung mit sich pflegen, bei aller Unterschiedenheit voneinander, gemein ist: Niemand, der in freundschaftlichem Verhältnis zu sich selbst steht, könnte mit einem Mörder Unschuldiger zusammenleben und befreundet sein[126]. Die Handlungsantizipation am tatsächlichen Freund im dialogischen Selbstverhältnis ist daher für Arendt ein Kriterium – so unterschiedlich dies bei jedem auch sein mag – das einen in politischen Ausnahmesituationen integer bleiben lässt und – so ihr Versprechen – Katastrophen verhindern könnte, zumindest für das Selbst[127]. Auch wenn die Orientierungsmarken als »Ergebnisse« des Denkens von Mensch zu Mensch unterschiedlich ausfallen, auch wenn im Denken nichts eindeutig festlegbar ist, so gibt es dennoch »Grenzen«, die bei aller Differenz für jeden denkenden Menschen unausgesprochen gelten: Jemand, der mit sich befreundet ist und dies auch weiterhin sein will, kann – laut Arendt – »[...] unschuldige Menschen nicht ermorden.«[128]

Dies liegt auch daran, dass denkende Menschen vor allem eines gemeinsam haben: Sie belügen sich nicht selbst. Was heißt das jedoch, »sich selbst nicht belügen«? Arendt zitiert in diesem Zusammenhang eine Stelle aus Dostojewskijs »Brüder Karamasow«, nämlich die Empfehlung des Starez auf die Frage des niederträchtigen Vaters Karamasow:

»Da gibt es etwa die berühmte Klosterszene zu Beginn der *Brüder Karamasoff*, in der der Vater, ein eingefleischter Lügner, den Staretz fragt: ›Was soll ich tun, um das ewige Leben zu erwerben?‹ Und der Staretz antwortet: ›Die Hauptsache ist, belügen Sie sich nicht selbst. Wer sich selbst belügt und auf seine eigene Lüge hört, kommt schließlich dahin, daß er keine einzige

123 Vgl. LdG 192.
124 ÜdB 120.
125 Vgl. ÜdB 99 f.; 120.
126 Vgl. ÜdB 52.
127 Vgl. DuM 155; LdG 192.
128 ÜdB 52.

Wahrheit mehr weder in sich noch um sich unterscheidet.‹[129] [Hervorhebung im Original]«[130]

Was bedeutet es also, sich selbst nicht zu belügen? Eine Möglichkeit, sich an das Gemeinte heranzutasten, wäre es, eine der Referenzstellen, auf die das Dostojewskij-Zitat anspielt, herauszugreifen: Es ist eine Stelle aus dem Lukasevangelium, die dem bekannten Gleichnis vom barmherzigen Samariter vorausgeht, nämlich ein Gespräch zwischen Jesus und einem Gesetzeslehrer:

»Da stand ein Gesetzeslehrer auf, und um Jesus auf die Probe zu stellen, fragte er ihn: Meister, was muss ich tun, um das ewige Leben zu gewinnen? Jesus sagte zu ihm: Was steht im Gesetz? Was liest du dort? Er antwortete: *Du sollst den Herrn, deinen Gott, lieben mit ganzem Herzen und ganzer Seele, mit all deiner Kraft* und all deinen Gedanken, und: *Deinen Nächsten sollst du lieben wie dich selbst.* Jesus sagte zu ihm: Du hast richtig geantwortet. Handle danach und du wirst leben. [Hervorhebungen im Original]«[131]

In Arendts Kontext und profan formuliert hieße das »Du sollst den Herrn, deinen Gott, lieben …«, auf seine eigenen Empfindungen zu achten, aber auch danach zu handeln. Es gibt die Möglichkeit, entgegen der eigenen Empfindung zu handeln und sich auf diese Weise selbst zu belügen. Der Mensch kann sich selbst belügen, er kann sich und seinen eigenen Empfindungen zuwiderhandeln und die Furcht vor Selbstverachtung abblenden. Arendt weist in diesem Kontext auf Kant hin, der in der Lüge, und im Speziellen in der Möglichkeit, sich selbst zu belügen, den »[…] wirklich ›faulen Fleck‹[132] in der menschlichen Natur […]«[133] sah.

Eine andere Bibelstelle, die auch in dem Starez-Zitat mitschwingt, vergleicht die Selbstlüge als Missachtung der eigenen Empfindungen im Umgang mit Anderen mit einem Blick in den Spiegel, der aber danach vergessen wird: »Hört das Wort nicht nur an, sondern handelt danach; sonst betrügt ihr euch selbst. Wer das Wort nur

[129] Vgl. Dostojewskij ([2]2010) 73.

[130] WuP 358; Arendt zitiert diese Dostojewskij-Stelle auch in der Vorlesung »Über das Böse« (vgl. ÜdB 29). Allerdings wird Dostojewskij dort fehlerhaft zitiert: Es ist nicht Dimitri, sondern der Vater, der die Frage stellt, und es handelt sich um den Starez und nicht den Starow, der antwortet.

[131] Die Bibel (2002) *Lukas 10, 25–28.*

[132] Vgl. Kant ([15]2009) *B 38* (hier fällt auch Kants Begriff des »radikal Bösen«).

[133] ÜdB 28; vgl. hierzu auch D 812.

hört, aber nicht danach handelt, ist wie ein Mensch, der sein eigenes Gesicht im Spiegel betrachtet: Er betrachtet sich, geht weg und schon hat er vergessen, wie er aussah.«[134] Das Zitat warnt vor der Selbstlüge, die es zu vermeiden gilt, da sie zur Selbstvergessenheit werden kann. Übertragen auf Arendts Kontext ist hier das mangelnde Bewusstsein für die eigene Situierung im Umgang mit Anderen gemeint, das der Unterdrückung des denkenden Selbstverhältnisses geschuldet ist.

Warum belügen sich aber denkende Menschen nicht, sondern handeln auch in Ausnahmesituationen nach ihrem eigenen Empfinden? Hören wir hierzu weiter die Rede bzw. Begründung des Starez im Original:

> »[…] Sie sollen nicht sich selbst belügen, das ist das Wichtigste. Der sich selbst Belügende, der auf seine eigene Lüge Hörende, kommt schließlich so weit, daß er überhaupt keine Wahrheit, weder in sich noch um sich, mehr erkennt, folglich in Mißachtung seiner selbst und der anderen verfällt. Mißachtet er aber alle und jeden, dann verliert er die Liebe, und um ohne Liebe sich Beschäftigung und Zerstreuung zu verschaffen, frönt er niederen Leidenschaften und rohen Lüsten und folgt seinen Lastern bis zur Vertierung, und all das durch die immerwährende Lüge vor Menschen und vor sich selbst.«[135]

Der Starez warnt also – in unserer hier entwickelten Begrifflichkeit – vor dem Verlust der eigenen Orientierungsdimension, welcher der permanenten Selbstlüge folgt. Menschen, die denkend das Zusammenleben mit sich bestätigen, handeln nach ihren Empfindungen, die das dialogische Selbstverhältnis grundieren, da sie um die Gefahr wissen, die sich mit der Selbstlüge als einem Zuwiderhandeln gegen die eigenen Empfindungen einstellen kann: Es ist der gänzliche Verlust der eigenen Empfindungsdimension und die damit einhergehende Selbstauslieferung an die eigenen Triebe, die zum fehlleitenden Ersatzkompass werden kann. Statt sich an eigenen, selbsterbrachten Wegweisern orientieren zu können, wird man zum gedankenlosen Treibgut seiner eigenen Triebe; das ist der Zustand, vor dem der Starez in obigem Zitat warnt.

Selbstlüge meint demnach, gerade das nicht zu tun, was man für richtig hält. Dieses Agieren kann bis hin zum Selbstverlust führen, nämlich zum Verlust der Möglichkeit, überhaupt unterscheiden zu

---

134 Die Bibel (2002) *Jakobus 1, 22–24.*

135 Dostojewskij (^{2}2010) 73.

können, was richtig und falsch ist. All die unterschiedlichen Zitate – von der Bibel, über die Apologie, bis hin zu Dostojewskij und Werner Herzog – sollen belegen, dass nicht nur in religiösen Kontexten die folgende Einsicht aus Furcht vor dem Zustand des Selbstverlusts auftritt, nämlich, dass man das, woran man selbst glaubt – in Sokrates Worten, das, wohin man sich selbst stellt – nicht aufgeben darf. In der Apologie lässt Platon Sokrates dies folgendermaßen formulieren:

»Wohin jemand sich selbst stellt in der Meinung, es sei da am besten, [...] da muß er, wie mich dünkt, jede Gefahr aushalten und weder den Tod noch sonst irgend etwas in Anschlag bringen gegen die Schande. [...] Denn den Tod fürchten, ihr Männer, das ist nichts anderes als sich dünken, man wäre weise, und es doch nicht sein. Denn es ist ein Dünkel, etwas zu wissen, was man nicht weiß. Denn niemand weiß, was der Tod ist, nicht einmal, ob er nicht für den Menschen das größte ist unter allen Gütern. Sie fürchten ihn aber, als wüßten sie gewiß, daß er das größte Übel ist.«[136]

Narrativ gewendet ließen sich diese Ausführungen zu folgender Maxime verdichten, die Arendt von Tania Blixen übernimmt: »›Sei treu gegenüber der Geschichte‹[137] [...]«[138]. Denkende Menschen belügen sich nicht selbst soll demnach heißen, dass sie ihrer Geschichte treu bleiben. Aus Furcht vor dem Zustand des Selbstverlustes werden sie primär ihr Handeln vor sich und ihrer Geschichte rechtfertigen und erst sekundär darauf achten, ob ihr Agieren der gerade vorherrschenden Legalität entspricht. Sie wissen auch, dass ihnen das unter Umständen Kopf und Kragen kosten kann, was für sie jedoch kein Selbstverlust wäre, denn das narrative Denken als dialogisches Selbstverhältnis, so wie Arendt es beschreibt, ist begleitet von der Einsicht, dass »[d]er Tote [...] von der Erde [verschwindet], nicht [aber -F. S.] aus der Geschichte, sofern er nämlich sich selbst hinterlassen hat. [Unterstreichungen im Original]«[139]

---

136 Platon (1957) *28d, 29a,b*.
137 Vgl. Dinesen (1956) 59.
138 ID 115.
139 D 601.

Sechstes Kapitel:

Die Auswirkungen des Denkens bzw. der Gedankenlosigkeit auf den Umgang mit Anderen

Das letzte Kapitel unternahm den Versuch, begrifflich nachzuvollziehen, auf welche Weise sich im narrativen Denkakt ein Bewusstsein für die eigene, unvergleichliche Lebensgeschichte entfaltet. Denken in Geschichten schließt als narratives Selbstverhältnis nicht nur ein Wissen darum mit ein, dass alles Tun zur eigenen Geschichte wird, sondern zugleich damit die Einsicht, dass nicht alles mögliche Tun zur eigenen Geschichte gemacht werden kann. So ist der denkerische Aufbereitungsvorgang eines erlebten Ereignisses zu einer Geschichte über die Selbsttransparenz hinaus eine Aktualisierung und Bestätigung der eigenen, unvergleichlichen Lebensgeschichte. Arendt beschreibt Denken als Gewohnheit, in ein Verhältnis mit sich einzutreten, und damit als Konstitution der Persönlichkeit. Die drei im letzten Kapitel[1] beschriebenen Dimensionen des Denkens als Selbstkonstitution sind zugleich dessen drei zeitliche Erstreckungsrichtungen bzw. Zeitekstasen: Die persönliche Orientierungsfunktion des Denkens gründet in der Vergangenheit. Durch das Nachdenken vergangener Ereignisse macht man sich klar, was man erlebt oder getan hat. Diese denkerischen Wegmarken vergangener Lebensgeschichten können dazu dienen, das künftige Handeln zu orientieren. Selbsttransparenz im engeren Sinne, wie sie im zweiten Abschnitt des letzten Kapitels[2] dargestellt wurde, bezieht sich auf die Gegenwart. Die Gewohnheit zu Denken als Mitwissen um den eigenen Zeugen und als Mitaufblenden des eigenen möglichen Agierens in der fraglichen Situation schließt damit auch im tätigen Umgang mit Anderen ein Gewärtig-Sein für die eigene Geschichtlichkeit und Situierung mit ein. Aus Selbsterhaltungsinteresse eines denkenden Menschen wird dieser sein mögliches Handeln am Freund antizipieren, gliche doch ein Verlust der Möglichkeit zu denken einem Verlust des Selbst als Sinn-

[1] Vgl. hierzu das fünfte Kapitel dieser Arbeit.
[2] Vgl. § 17 dieser Arbeit.

dimension, einem Verlust, sich denkend zu orientieren und sich seine Geschichte transparent machen zu können. Die Dimension der Handlungsantizipation zielt demnach auf künftiges Handeln, also auf die Zukunft ab. Die denkerische Aufbereitung seines Erlebens zu Geschichten beinhaltet als spezielle Form, in ein Selbstverhältnis mit sich einzutreten, eine in drei Zeitdimensionen sich erstreckende Selbsttransparenz im weiten Sinne, nämlich das Bewusstsein dafür, was man getan hat, tut und überhaupt tun könnte. Dieser weite Begriff von Selbsttransparenz, der sich in einem dialogischen Denken, wie Arendt es beschreibt, einstellt, hat jedoch nichts zu tun mit einer Art »neutralen« Außenperspektive auf sich: Arendt möchte sogar aufzeigen, dass derartige Vorstellungen die unumgängliche Involviertheit in Existenzsituationen abblenden. Ihr geht es im Gegensatz dazu darum, die mit dem Denken einhergehende Einsicht in die eigene, existentiell-situierte Verstrickung, sprich Bewusstheit für die eigene Geschichtlichkeit aufzuweisen: Im Denken als Dialog mit sich wird das eigene, unvergleichliche Selbst transparent, nämlich als gewordene Lebensgeschichte, zu der alles hinzukam, was man selbst getan hat, als daraus resultierendes Wissen darum, dass alles, was man tut, unweigerlich zur eigenen Geschichte wird, und als Einsicht, dass man nicht alle Handlungen zu seiner Geschichte machen könnte, ohne sich selbst als Selbstverhältnis bzw. als Person mit einer unvergleichlichen Geschichte zu verwirken.

Nach diesen Ausführungen könnte man im Umkehrschluss dazu mit Arendt sagen, dass derartige Großverbrechen wie im Holocaust nur durch Gedankenlosigkeit als Unterdrückung dieser existentiell-geschichtlichen Selbsttransparenz geschehen konnten. Nur die Unterdrückung und Unterlassung des Denkens als Dialog mit sich und die Abblendung der damit einhergehenden Selbsttransparenz ermöglichten eine Enthemmung und Entgrenzung des Handelns in derart katastrophalem Ausmaß. Arendt entfaltet ihre Analyse an der Beschreibung von Adolf Eichmann, einem der Hauptverantwortlichen der Deportationen, und dessen Gedankenlosigkeit, die als Oberflächlichkeit und Banalität[3] erst den existentiellen Nährboden für die Radikalität dieser Großverbrechen abgab. Eichmanns Agieren ist exemplarisch[4] für viele: Man macht sich nicht transparent, was man getan hat, was man tut und was man überhaupt tun könnte bzw. was man

[3] Vgl. LdG 13 f.
[4] Vgl. SBW 444.

zu seiner Geschichte macht. Man unterlässt »einfach« – so tragisch das ist – den Eintritt in ein narratives Selbstverhältnis, das einem zeigen würde, mit wem man zusammenlebt. Oder könnte jemand ernsthaft behaupten, dass er sich in voller Weise transparent macht, mit einem Mörder Unschuldiger zusammenzuleben und gleichzeitig mit sich befreundet sein zu können, ohne sich dabei selbst zu belügen? Ein derart entgrenzter Umgang mit Anderen ist nur durch Gedankenlosigkeit[5] als Meidung des Verkehrs mit sich selbst[6] vorstellbar.

§19. Gedankenloser Umgang mit Anderen

Die Art und Weise, sich zu sich selbst zu verhalten, wirkt sich immer auch auf das Verhältnis zu Anderen aus, da das Selbst als Verhältnis immer überindividuell aufgespannt ist. Hier taucht Kierkegaards Figur des Selbst als »[…] ein Verhältnis, das sich zu sich selbst verhält und im Verhalten zu sich selbst zu einem Anderen verhält […]«[7] bei Arendt wieder auf. Arendt unterscheidet nun zwei mögliche Verhaltensweisen zu sich: Ich kann »[…] den Verkehr zwischen mir und mir selbst […]«[8] pflegen, was Arendt mit Denken bezeichnet, oder ich kann dieses Umgangsverhältnis mit mir »meiden«[9] bzw. ihm »ausweichen«[10]. Letztere Verhaltensweise zu sich als einem dialogischen Selbstverhältnis bezeichnet Arendt mit dem Begriff »Gedankenlosigkeit«[11]. Das Denken als eine mögliche Verhaltensweise zu sich selbst ist dabei »[…] kein Vorrecht der Wenigen […]«[12], sondern jedem möglich, wie auch von der Gedankenlosigkeit »[…] Wissenschaftler, Gelehrte[] und andere[] Spezialisten in den Geistesfabriken nicht ausgeschlossen [sind – F. S.] […]«[13]. Sowohl »Denken«[14] als auch »Gedankenlosigkeit« als die zwei möglichen Verhaltensweisen zu

[5] Vgl. LdG 14.
[6] Vgl. DuM 154.
[7] Kierkegaard (2009) 14.
[8] DuM 153.
[9] Vgl. DuM 154.
[10] Vgl. LdG 190.
[11] Vgl. LdG 14.
[12] DuM 153.
[13] DuM 154.
[14] Vgl. DuM 153.

sich sind »[…] immerfort gegebene Möglichkeit[en] für jedermann […]«[15]. Beide Verhaltensweisen zu sich haben dadurch, dass das Umgangsverhältnis mit sich in ein Umgangsverhältnis mit Anderen eingebettet und aufgespannt ist, immer zugleich auch Auswirkungen und Konsequenzen auf den Umgang mit Anderen. Arendt setzt Gedankenlosigkeit als Unterdrückung des Selbstverhältnisses mit der Weigerung, Person zu sein, gleich. Diese Verweigerung, sich im Denken als Person zu bestätigen, hat aber nicht nur Folgen für denjenigen, der das Denken unterlässt, wie etwa den »[…] Verlust der Kreativität […]«[16] als Verlust der eigenen, unvergleichlichen Ausdrucksmöglichkeit, was im letzten Abschnitt bereits anklang[17], sondern die Gedankenlosigkeit als Weigerung Person zu sein, zeitigt ganz spezifische Konsequenzen auf den Umgang mit Anderen. Arendt beobachtet und beschreibt diese Konsequenzen bei den Nazi-Verbrechern, die in ihren Augen und ihrer Terminologie »gedankenlos« waren in dem Sinne, dass sie die Personalitätsdimension, die im Dialog mit sich bestätigt wird, bewusst unterdrückten:

»Nicht der Mord wird vergeben, sondern dem, der getötet hat, seiner Person, wie sie in Anbetracht der Umstände und Absichten erscheint. Das Lästige an den Nazi-Verbrechern war gerade, daß sie willentlich auf alle persönlichen Eigenschaften verzichteten, als ob dann niemand mehr übrigbliebe, der entweder bestraft oder dem vergeben werden könnte. Immer und immer wieder beteuerten sie, niemals etwas aus Eigeninitiative getan zu haben; sie hätten keine wie auch immer gearteten guten oder bösen Absichten gehabt und immer nur Befehle befolgt.«[18]

Mit dem Terminus »Person« wird auf dasjenige Moment des Menschen hingewiesen, welches ihn als unvergleichliches Wesen auszeichnet, und worin seine Menschlichkeit zum Vorschein kommt. Im Denken als Dialog mit sich selbst erfährt dieses »Person-Sein« Bestätigung und wird aktualisiert. Die Unterdrückung des Denkdialogs, als andere Verhaltensweise zu sich als einem Selbstverhältnis, lässt die Personalität unbestätigt. Gedankenlosigkeit als Weigerung Person zu sein, was Arendt bei den Nazi-Verbrechern beobachtete, geht demnach auch mit der Abnahme von Menschlichkeit einher:

---

[15] DuM 154.
[16] ÜdB 87.
[17] Vgl. hierzu §18 dieser Arbeit.
[18] ÜdB 101.

»Man könnte wohl sagen, daß die lebendige Menschlichkeit eines Menschen in dem Maße abnimmt, in dem er auf das Denken verzichtet und sich den Resultaten, den bekannten oder auch unbekannten Wahrheiten anvertraut und sie ausspielt, als seien sie Münzen, mit denen man alle Erfahrungen begleichen kann.«[19]

Menschlichkeit, aber auch die Abnahme von Menschlichkeit, die laut Arendt hauptsächlich der Gedankenlosigkeit geschuldet ist, zeigt sich nur als spezifische Umgangsweise im tätigen Umgang mit Anderen. Der erste Abschnitt dieses Kapitels wendet sich der Gedankenlosigkeit als eine mögliche Verhaltensweise zu sich selbst zu und der Frage, wie sich die Abnahme der Menschlichkeit als Folge der Gedankenlosigkeit konkret im Umgang mit Anderen äußert. Was sind die Folgen und Auswirkungen der Gedankenlosigkeit auf den Umgang mit Anderen? Aus Arendts Bericht vom Eichmann-Prozess wissen wir, dass Gedankenlosigkeit Böses von nie dagewesenem Ausmaß freisetzen kann: »Böses tun heißt, diese Fähigkeit [gemeint ist das Denken – F. S.] beeinträchtigen […]«[20]. Wenn also Arendt das wirklich uferlos Böse auf die Gedankenlosigkeit zurückführt, wie, so wäre dann weiter zu fragen, zeigt sich dann Gedankenlosigkeit im Umgang mit Anderen? In diesem Abschnitt sollen nun diese spezifischen Konsequenzen der Gedankenlosigkeit auf den Umgang mit Anderen in folgenden Unterabschnitten dargestellt werden: a) Versuch, Verantwortung an Andere abzugeben; b) Entgrenzung des Handelns; c) Reproduktion eines fremdgegebenen Beispiels.

a) Versuch, Verantwortung an Andere abzugeben

Mindestens eine Auswirkung der Gedankenlosigkeit auf die Umgangsweise mit Anderen kam bereits in obigem Arendt-Zitat[21], in welchem sie die willentliche Ablehnung jeglicher Personalitätsdimension der Nazi-Verbrecher beschreibt, zum Vorschein: Sie geht dabei auf die Tatsache ein, dass sich die meisten Angeklagten bei den Nachkriegsprozessen[22] versuchten mit Befehlsgehorsam herauszure-

[19] Les 25.
[20] ÜdB 75.
[21] Vgl. ÜdB 101.
[22] Vgl. ViD 36.

den. Die Argumentation war oft ähnlich[23] und lief zumeist darauf hinaus, dass sie behaupteten »[…] sie hätten keine wie auch immer gearteten guten oder bösen Absichten gehabt und immer nur Befehle befolgt.«[24] Diesen immer wieder vernommenen Rechtfertigungsversuch, nur Befehle Anderer befolgt zu haben, bezeichnet Arendt als den vergeblichen Versuch, Verantwortung an Andere abgeben zu können[25]. Dieser Glaube, Verantwortung an Andere abtreten zu können, welcher häufig auch bei den Kriegsverbrecherprozessen verbal artikuliert wurde[26], ist die zunächst augenscheinlichste Umgangsweise Gedankenloser in Bezug auf Andere. Zur Plausibilisierung dieses Verhaltens zitiert Arendt sinngemäß Eichmanns Rechtfertigungsversuch vor Gericht: »›Man hat uns doch versprochen, dass wir nicht zur Verantwortung gezogen werden. Und nun bleibt alles an uns hängen, nicht? Und die Großen, nicht? Die natürlich – wie immer – haben sich der Verantwortung entzogen.‹«[27] Im Nachhinein zeigte die Analyse der Täteraussagen, dass die Bereitschaft, »[…] alles zu tun […]«[28] und vor nichts mehr zurückzuschrecken sich vor allem dann einstellt, wenn Andere einen glauben machen können, »[…] daß man […] von der Verantwortung für seine Taten radikal frei[gesprochen] […]«[29] sei. Diesen Glauben zu teilen, nämlich Verantwortung an Andere abgeben zu können, setzt jedoch Gedankenlosigkeit voraus: Die Gedankenlosigkeit als unterdrückte Selbsttransparenz und mangelndes Wissen darum, dass alles Tun – was man sich ja selbst einverleibt und somit auch zu übernehmen hat – zur eigenen Geschichte wird, ermöglicht erst die Annahme, Verantwortung an Andere abgeben zu können. Es ist die Abblendung des Bewusstseins, dass alles eigene Tun die eigene Zustimmung beinhaltet. Die Abblendung dieses Bewusstseins lässt den Glauben an die Abgabemöglichkeit von Verantwortung erst entstehen.

Die Aussage, nur Befehlen Gehorsam geleistet zu haben und der damit einhergehende Glaube, Verantwortung an Andere abgeben zu können, stimmt auch mit Arendts Feststellung überein, dass keiner

[23] Vgl. ViD 36.
[24] ÜdB 101.
[25] Vgl. Fest 46; ÜdB 21.
[26] Vgl. Fest 46.
[27] Fest 46.
[28] OS 34.
[29] OS 34.

der angeklagten Täter vor Gericht bereut hat.[30] Reue empfindet man nur für Handlungen, für die man sich selbst die Verantwortung zuschreibt. Aber kein Kriegsverbrecher zeigte jemals Reue, sprich keiner fühlte sich verantwortlich für sein Tun. Dieses Fehlen jeglicher Form von Reue ist nur durch die Unterdrückung bzw. bewusste Ausblendung des anderen bzw. »inneren« Dialogpartners, also durch Gedankenlosigkeit möglich gewesen. Jeder Mensch müsste als Zuschauer dieser Handlungen – wie Arendt – zu dem Schluss kommen: »Dies hätte nie geschehen dürfen.«[31]

Das Ausmaß dieser Taten war aber erst dadurch möglich, dass in systematischer Weise Bedingungen geschaffen wurden, die Selbsttransparenz und Verantwortungsbewusstsein erschwerten und verdeckten. Zu diesen Bedingungen zählte die Bürokratie und die mit ihr einhergehende Anonymität[32]. Man stellte Bedingungen her, die die Personalitätsdimension des Menschen als Illusion erscheinen lassen[33]. Die Selbstbestimmtheit, Einzigartigkeit und Unvergleichlichkeit des Menschen als Person wird durch die Totalisierung bürokratischer Verhältnisse kaschiert. Jeder Mensch ist nur noch austauschbares Glied in einer Kette routiniert ablaufender Handlungsschritte. In dieser Kette tätigt jeder nur kleinste Verrichtungen und Arbeitsschritte in anonym-isolierter Weise, was zum einen die Einsicht in den Gesamthandlungsprozess, an dem man mitwirkt, erschwert, zum anderen erschwert es die Zuschreibung von Verantwortung für die Auswirkungen der Handlungen, zu denen man selbst doch nur einen »kleinen« Handgriff beigetragen hat. Arendt stimmt Joachim Fest im Gespräch zu, der diese Tendenz mit folgenden Worten auf den Punkt bringt: »[…] [D]ie partiellen Zuständigkeiten, die jedem nur gegeben sind, [verdecken] die Möglichkeit moralischer Einsichten […]«.[34] In diesem Zusammenhang fällt auch häufig das Schlagwort des sogenannten »Schreibtischtäters«[35]. Neben der Bürokratisierung und Anonymisierung versuchte das Regime im Dritten Reich, die Menschen ständig »in Bewegung« zu halten[36]. Es war von

---

[30] Vgl. ViD 19; Fest 47.
[31] Gaus 61.
[32] Vgl. Fest 54.
[33] Vgl. Fest 54.
[34] Fest 53.
[35] Vgl. Fest 55.
[36] Vgl. EuU 784 ff.

»totaler Mobilmachung«[37] die Rede, welche die Leute in einen Zustand der Rastlosigkeit versetzte, was das Aufkommen des Verantwortungsbewusstseins behinderte oder gänzlich verunmöglichte:

»Nun, abgesehen davon, dass die Bürokratie im Wesen anonym ist, lässt jede rastlose Tätigkeit Verantwortung verflüchtigen. Es gibt im Englischen einen idiomatischen Ausdruck: ›stop and think‹ – halt an und denk nach. Kein Mensch kann nachdenken, ohne anzuhalten. Wenn Sie jemanden in eine rastlose Tätigkeit hereinzwingen, [...] oder [er] sich hereinzwingen lässt, dann werden Sie immer dieselbe Geschichte haben. Sie werden immer die Sache haben, dass Verantwortungsbewusstsein sich nicht bilden kann. Es kann sich nur bilden in dem Moment, wo man reflektiert – nicht über sich selbst, sondern über das, was man tut.«[38]

Das Reflektieren über das eigene Handeln wird in einer totalitären Bewegung auch dadurch blockiert, dass die Wirkung des eigenen Tuns aus dem eigenen »Gesichtsfeld« entfernt wird. Die eigenen Handlungsinitiativen werden an Andere in der Befehlskette abgegeben, die wiederum die Befehle nur ausführen und auf diese Weise Verantwortung »nach oben hin« abgeben. Durch diese »Entfernungsstrategie« wird bewusst die Verantwortungsdimension für das eigene Handeln getrübt, weil man auf der einen Seite nie das Ausmaß seiner eigenen Handlungsimpulse zu Gesicht bekommt, und von den Befehlsempfängern auf der anderen Seite die Verantwortung an einen anonymen, entfernten Auftraggeber abgewälzt wird. Arendts Ausführungen decken sich mit den Schilderungen des Historikers Christopher Browning, der über ein Reserve-Polizeibataillon zur NS-Zeit berichtet, das beauftragt wurde, »[...] die jüdische Bevölkerung in polnischen Dörfern aufzuspüren, die noch arbeitsfähigen Männer für den Lagereinsatz auszusondern, die übrigen – Alte, Kranke, Frauen und Kinder – auf der Stelle zu erschießen [...]«[39]. Major Trapp, einer der Vorgesetzten dieses Erschießungskommandos, versicherte seinen Männern immer wieder, »[...] daß höhere Stellen die Verantwortung hätten [...]«[40]. Diese höheren Stellen sind aber weit »entfernt« von den Durchführenden: Gegenfigur zu Major Trapp und seinen Männern wäre beispielsweise Adolf Eichmann, der – laut Arendt – vor Gericht »[...] hartnäckig daran festgehalten [hat – F. S.], bei der

---

37 Vgl. Jünger (^{2}1934).

38 Fest 54.

39 Browning (^{6}2011) Klappentext.

40 Browning (^{6}2011) 103.

Begehung der Verbrechen, deren er angeklagt war, nur ›Beihilfe und Vorschub‹ geleistet, aber selbst nicht gemordet zu haben.«[41] Die befehlsgebenden Stellen geben also gleichermaßen die Verantwortung an die »entfernteren« durchführenden Befehlsempfänger ab. Im Falle Eichmanns kam das Gericht zu dem Schluss,

»›[…] daß die Nähe oder Entfernung des einen oder des anderen dieser vielen Verbrecher zu dem Manne, der das Opfer tatsächlich tötet, überhaupt keinen Einfluß auf den Umfang der Verantwortlichkeit haben kann. *Das Verantwortlichkeitsausmaß wächst vielmehr im allgemeinen, je mehr man sich von demjenigen entfernt, der die Mordwaffe mit seinen Händen in Bewegung setzt.*‹ [Hervorhebung im Original]«[42]

Die Entfernung von den Durchführenden der eigenen Befehle und der eigenen Handlungsimpulse hat also keinerlei Auswirkungen auf die eigene Verantwortung. Für jede noch so entfernt stattfindende Direktive bzw. jede noch so partielle Zuständigkeit muss man die Gesamtverantwortung für die Auswirkungen der Handlungen, an denen man mitwirkt, übernehmen: »Die Teilverantwortung war natürlich noch nie ein Grund für geteilte Schuld.«[43] Auch wir Heutigen können uns aus diesem Diktum Arendts nicht herausnehmen, wonach die Entfernung der Handlungsfolgen und die damit einhergehende Abblendung von Verantwortung nichts an der generellen Verantwortlichkeit für das eigene Tun ändern: Der Kauf eines billigen T-Shirts oder das Zeichnen von Aktien etwa machen uns unter Umständen zu Unterstützern von Kinderarbeit bzw. »betriebsbedingten« Entlassungen von Arbeitnehmern. Auch wenn wir diese Folgen nicht direkt zu Gesicht bekommen, also trotz der Entfernung der Wirkungen unserer Handlungen, die vielleicht sogar so abgekoppelt sind, dass man kaum mehr den Zusammenhang zum eigenen Tun herstellen und erkennen kann, ist man – laut Arendt – voll verantwortlich für sein Tun. Die Bedingungen der Verhältnisse, wie die Anonymität, Bürokratie, die Rastlosigkeit der mitmenschlichen Umgebung und die Entfernung zu den »Opfern« des eigenen Tuns entbinden einen – laut Arendt – also nicht von der prinzipiellen Verantwortung für jegliches eigene Agieren, selbst wenn diese Bedingungen die eigene Verantwortungsdimension nahezu unkenntlich machen[44]. Arendt besteht

---

[41] EiJ 363.
[42] EiJ 364.
[43] Fest 55.
[44] Vgl. EiJ 401.

auf der Möglichkeit jedes Menschen, sich denkend sein Tun ganz transparent zu machen, auch wenn man noch so parzelliert und isoliert agiert, und damit auf der Möglichkeit, die volle persönliche Verantwortung für das eigene Tun zu übernehmen.

Die scheinbare Ungewöhnlichkeit von Arendts eigentlich ganz selbstverständlicher Forderung, die persönliche Verantwortung für jegliches eigene Tun zu übernehmen, spiegelt sich auch noch in der Tendenz wider, die Nazi-Verbrecher zu »dämonisieren«. Man warf ihr vor, sie hätte Eichmann verharmlost[45], worauf sie antwortet: »Nun, die Dämonisierung selber dient [...] dem Alibi. Man erliegt also dem Leibhaftigen, und infolgedessen ist man selber gar nicht schuld.«[46] Diese Dämonisierung als »Erklärungsansatz« ist für Arendt eine Form der kollektiven Abgabe von Verantwortung und ein impliziter Rechtfertigungsversuch für die Beteiligung an den Verbrechen: »Ist es nicht selbstverständlich, wenn man in seinem Tun einem Dämon erliegt? Wer könnte sich schon einer derart bösen Macht entziehen?« Arendt lässt sich durch diese verfälschenden Beschreibungen nicht verwirren und bleibt bei ihrem Urteil, dass gerade die Diskrepanz zwischen der Normalität der Täter, insbesondere Eichmanns[47], und dem ungeheuerlichen Ausmaß ihrer Taten[48] das Entsetzen hervorrief: »Das beunruhigende an der Person Eichmanns war doch gerade, daß er war wie viele und daß diese vielen weder pervers noch sadistisch, sondern schrecklich und erschreckend normal waren und sind.«[49] Es haben also weder nur Abnormale (Perverse, Sadisten), noch »Dämonen« agiert, sondern überwiegend »[g]anz normale Männer«[50]. Diese »erschreckende Normalität«[51] – erschreckend auch, weil man selbst ungleich mehr betroffen ist von der Thematik – bildete nach Arendt sogar die Grundlage für das grenzenlose Ausmaß der Gräueltaten. Durch diese beharrliche Konstatierung der Normalität der Täter besteht Arendt auf der persönlichen Verantwortung für die begangenen Taten. Arendt würde Christopher Browning zustimmen, der in seiner Studie zu dem Schluss kommt, dass »[d]er Holocaust sich letzten Endes deshalb ereignet [hat], weil auf einfachster

[45] Vgl. Gebhardt (2001) 344.
[46] Fest 40.
[47] Vgl. EiJ 400.
[48] Vgl. EiJ 131 f.
[49] EiJ 400.
[50] Browning (^{6}2011) Buchtitel.
[51] Vgl. EiJ 400.

Ebene gesehen einzelne Menschen über einen längeren Zeitraum hinweg andere Menschen zu Abertausenden umgebracht haben.«[52]

Doch nicht nur die Dämonisierung der Täter ist ein Versuch, die Beteiligung und Abgabe persönlicher Verantwortung zu rechtfertigen, sondern auch die »Kollektivierung« der Schuld dient letztlich der Kaschierung von Verantwortung und Schuld Einzelner:

»Wenn nun also der, der nichts gemacht hat, sondern nur weggegangen ist, sagt: ›Wir sind alle schuldig‹, dann hat er damit, und das ist in der Tat in Deutschland so gewesen, den Mann, der es angerichtet hat, mit gedeckt. Und deshalb darf man diese Schuld nicht verallgemeinern, weil man damit nichts anderes tut, als die Schuldigen zu decken.«[53]

Diese Neigung, Schuld zu verallgemeinern und damit wegzuerklären, steckt auch noch in der nichtzutreffenden Unterstellung, Arendt hätte gesagt, es sei ein Eichmann in jedem von uns[54]. Auch wurde Arendt unterstellt, sie hätte behauptet, Eichmann sei nur ein Rädchen im System einer Vernichtungsmaschinerie gewesen[55], was ja die Schuldfrage auf die gesellschaftlichen Bedingungen[56], statt auf die persönliche Verantwortung verlagern würde. All dies hat Arendt aber nie behauptet[57], denn all diese Behauptungen (»Alle waren nur Rädchen und keine Menschen in einem automatisch funktionierenden System …«, »In jedem von uns steckt ein Eichmann …«, etc.) würden die Handlungen der tatsächlich Schuldigen auch noch sprachlich rechtfertigen. Das Erstaunliche ist, dass diese Unterstellungen und Missverständnisse von Arendts Werk auch heute noch in Standardwerken und Handbüchern zur deutschen Geschichte zu finden sind[58]. Entgegen all diesen irreführenden Darstellungen und unzutreffenden Behauptungen möchte Arendt vor allem in ihrem philosophischen Spätwerk aufzeigen, dass trotz der Bedingungen, die persönliche Verantwortung kaschieren, jeder selbst dafür verantwortlich ist, wenn er sich zum funktionierenden Rädchen machen ließ. Wenn sich jemand versucht darauf herauszureden, er sei bloß ein »Rädchen im System gewesen«, etwa in der Weise »›Nicht ich, sondern das System, in dem

[52] Browning ([6]2011) 13.
[53] Fest 51.
[54] Vgl. ViD 8; Tor 80 f.
[55] Vgl. ViD 8.
[56] Vgl. ViD 11.
[57] Vgl. ViD 7; Tor 81; Fest 43; EiJ 58 f.
[58] Vgl. exemplarisch hierzu Gebhardt (2001) 344.

ich ein Rädchen war, hat es gemacht‹, wird sofort die nächste Frage gestellt: ›Und warum, bitte sehr [sic!], wurden Sie ein Rädchen oder blieben Sie es unter derartigen Umständen?‹«[59] Arendt insistiert also trotz aller Verhältnisse auf der Fähigkeit jedes Menschen die persönliche Verantwortung für sein Tun zu übernehmen. Es geht nicht in erster Linie um die Frage, ob Verhältnisse herrschen, die einen zu einem verantwortungslosen Rädchen degradieren, sondern um die Frage, warum man sich an diesen Verhältnissen überhaupt beteiligt oder mitmacht: »Warum hat er sich bereit erklärt, überhaupt ein Rädchen zu werden?«[60] Damit zeigt Arendt, dass es Gehorsam »[...] in politischen und moralischen Angelegenheiten [...] nicht gibt.«[61] Die Berufung auf Gehorsam zur Begründung eigenen Tuns kann keine Geltung und Legitimität unter erwachsenen und gesunden Menschen für sich beanspruchen[62]. »Kein Mensch hat [...] das Recht zu gehorchen [...]«[63], da die Berufung auf Befehlsgehorsam die eigene, implizite Zustimmung zum Befehl verschleiern soll: »[...] [D]er Trugschluß besteht darin, Zustimmung und Gehorsam gleichzusetzen.«[64]

»Selbst in einer strikt bürokratischen Organisation mit ihrer festgefügten hierarchischen Ordnung wäre es sinnvoller, das Funktionieren der ›Rädchen‹ und der Räder als eine umfassende Unterstützung eines gemeinsamen Unternehmens anzusehen, anstatt – wie sonst üblich – von Gehorsam gegenüber Vorgesetzten zu sprechen.«[65]

Gerade vor diesem Hintergrund beschäftigt sich Arendt in ihrem philosophischen Spätwerk mit dem Denken als Tätigkeit und der Gedankenlosigkeit als Unterlassung dieser Tätigkeit: Sie möchte damit der Frage auf den Grund gehen, wie es zur Vergessenheit darum kommen kann, dass man allen Befehlen, denen man sich unterwirft und gehorcht, auch implizit zustimmt. Im Denken stellt sich ein Wissen um Handlungsalternativen ein, und wer um diese Handlungsalternativen weiß, weiß auch um die implizite persönliche Zustimmung zu all seinen eigenen Handlungen und übernimmt die Verantwortung für sein Tun. Im Gegensatz dazu geht die Gedankenlosigkeit als Un-

---

59 ViD 22.
60 ÜdB 151.
61 ViD 38.
62 Vgl. ViD 36.
63 Fest 44.
64 ViD 36.
65 ViD 37.

terlassung der Denktätigkeit mit der Ansicht einher, dass es keine Alternative gibt, sei es zur Ausführung von Befehlen, sei es zur Art und Weise der Umgangsgestaltung im Vergleich zu der Norm der Gruppe bzw. der Mitmenschen. Die scheinbare Alternativlosigkeit führt zu der Annahme, nicht verantwortlich zu sein für das eigene Tun, da man ja sowieso keine andere Wahl hatte, als stromlinienförmig zu agieren. Christopher Browning berichtet von den Rechtfertigungsversuchen der Polizisten des Reservebataillons 101 vor Gericht bezüglich der Beteiligung an den Erschießungen: »Die meisten der vernommenen Polizisten bestritten, überhaupt eine Wahl gehabt zu haben.«[66] Diese Begründung erfolgte, obwohl Major Trapp, der Vorgesetzte des Bataillons, ausdrücklich seinen Männern die Möglichkeit unterbreitete, sich dem Auftrag zu entziehen[67], und trotz der eigenen Beobachtungen, dass Befehlsverweigerern – außer Schmach[68] – nichts passierte[69]. Die persönliche Entscheidungsmöglichkeit durch das Angebot von Major Trapp war für viele sogar um einiges belastender als das scheinbar alternativlose Durchführen von Befehlen Anderer[70]. Einer der Polizisten äußerte sich hierzu folgendermaßen:

»›Ich muß eigentlich sagen, daß wir uns damals überhaupt keine Überlegungen gemacht haben. Erst in späteren Jahren ist einem eigentlich richtig bewußt geworden, was damals geschehen ist. [… – Ch. B.] Vorher hatte ich mir keine Gedanken gemacht. Hinterher kam mir erst der Gedanke, daß das nicht richtig war. [Unterstreichungen – F. S.]‹«[71]

Der Polizist gesteht also die eigene Gedankenlosigkeit während seines schrecklichen Tuns ein. Bei den Darstellungen von Browning muss man zu dem Schluss kommen, dass das Denken als Wissen um Handlungsalternativen, die sogar explizit offeriert wurden, bewusst abgeblendet wurde, denn anders wären diese entsetzlichen Taten von Einzelnen nicht durchführbar und möglich gewesen. Erst die bewusste Unterlassung des Denkens und damit die Abblendung der eigenen Verantwortungsdimension ließ das eigene Handeln für die Polizisten zum reinen Durchführen von Befehlen Anderer werden. Die Gedankenlosigkeit hat also das eigene Handeln der Polizisten enthemmt

[66] Browning (⁶2011) 106.
[67] Vgl. Browning (⁶2011) 22; 88.
[68] Vgl. Browning (⁶2011) 99.
[69] Vgl. Browning (⁶2011) 97 ff.; 124.
[70] Vgl. Browning (⁶2011) 124.
[71] Browning (⁶2011) 106.

und das Ausmaß und die Entgrenzung dieser katastrophalen Handlungen erst möglich gemacht.

b) Entgrenzung des Handelns

Gedankenlosigkeit heißt, sich selbst nicht transparent zu machen, was man tut bzw. zu seiner Geschichte macht. Man unterlässt bzw. unterdrückt den Eintritt in ein narratives Selbstverhältnis, das einem zeigen würde, mit wem man zusammenlebt. Erst die Gedankenlosigkeit als Unterdrückung dieser Selbsttransparenz ist die Möglichkeitsbedingung, in Bezug auf den Umgang mit Anderen alles tun zu können und vor nichts mehr zurückzuschrecken, sprich das eigene Tun in Bezug auf Andere zu enthemmen und zu entgrenzen: Durch die Ausschaltung des Denkens als Unterdrückung des Selbst bzw. der persönlichen Erinnerung muss man scheinbar nichts mehr vor sich rechtfertigen und verantworten, was zu einer grauenerregenden Entgrenzung des Handelns führen kann. »Die größten Übeltäter sind jene, die sich nicht erinnern, weil sie auf das Getane niemals Gedanken verschwendet haben, und ohne Erinnerung kann nichts sie zurückhalten.«[72]

Nahezu jeder dürfte die Erfahrung kennen, dass man durch Drogen, wie z. B. Alkohol, die eigene Erinnerung zumindest partiell betäuben kann, und wie diese teilweise Ausschaltung des Denkens zur Enthemmung des eigenen Verhaltens führen kann. Um das eigene Agieren zu enthemmen, braucht man jedoch nicht notwendigerweise Drogen, allein die bewusste Ausschaltung der persönlichen Schmerzerinnerung – auf welche Weise das auch immer geschieht – reicht – laut Arendt – aus, um die eigene Risikobereitschaft zu steigern bzw. das eigene Tun zu entgrenzen: »Wenn ich mich weigere zu erinnern, bin ich eigentlich bereit, alles zu tun – genauso wie mein Mut völlig sorglos sein würde, wenn zum Beispiel der Schmerz eine Erfahrung wäre, die man sofort vergißt.«[73] Arendt zeigt also an der Feststellung, dass das Vergessen von Schmerzerfahrungen den eigenen Mut grenzenlos werden lässt, ganz allgemein, dass die Weigerung zu denken bzw. sich zu erinnern der prinzipiellen Bereitschaft, alles zu tun,

---

72 ÜdB 77.

73 ÜdB 76.

gleicht. Die Gedankenlosigkeit hat also die Enthemmung und Entgrenzung des eigenen Tuns im Umgang mit Anderen zur Folge. Auch Christopher Browning berichtet von der bewussten Ausschaltung des Denkens bei den Erschießungskommandos in Polen in Form von systematischem Einsatz von Alkohol[74] zur Entgrenzung des eigenen Handelns: »Ein Polizist, der sich nicht am Trinken beteiligte, sagte später aus, daß ›die meisten der anderen Kameraden lediglich auf Grund der vielen Judenerschießungen soviel getrunken haben, da ein derartiges Leben nüchtern gar nicht zu ertragen war‹ […]«.[75] Hier klingt auch der bereits beschriebene Zustand der persönlichen Selbstverachtung für derartiges Tun an. Egal wie unterschiedlich man ist, ein Leben mit derartigen Taten auf dem Rücken wäre nüchtern für niemanden zu ertragen. Die Ausschaltung des Selbst ist also nicht nur die Voraussetzung für die Entgrenzung des Tuns, sondern derart entgrenztes Tun hat auch die dauerhafte Ausschaltung des Selbst in Form des Selbstverlusts zur Folge, was nach Arendt gleichbedeutend mit dem Verlust der »[…] allgemeine[n] Denk- und Erinnerungsfähigkeit […]«[76] ist.

Arendt verwendet zur Bezeichnung der Voraussetzung dieser Entgrenzung den Begriff der Banalität. Vielfach wurde dieser Begriff missverstanden, unter anderem von Gershom Scholem[77], dem sie antwortet: »Das Wort Banalität des Bösen haben Sie wieder missverstanden. Es handelt sich darum, dass das Böse ein Oberflächenphänomen ist und nicht darum, dass es ›banalisiert‹ wird oder verharmlost.«[78] Der umstrittene Begriff der »Banalität des Bösen«[79] bezeichnet auch nicht das Ausmaß des Bösen; das Ausmaß ist keineswegs banal, sondern ungeheuerlich: »[…] [E]s [hat] keine Grenzen, kann sich ins unvorstellbar Extreme entwickeln und über die ganze Welt ausbreiten.«[80] Aber die Möglichkeitsbedingung für diese Entgrenzung ins »unvorstellbar Extreme« ist die Banalität, nämlich die Oberflächlichkeit und Gedankenlosigkeit, die erst die Voraussetzung für eine derartige Erosion im mitmenschlichen Umgang bildet:

---

[74] Vgl. Browning (⁶2011) 122.
[75] Browning (⁶2011) 118.
[76] ÜdB 80.
[77] Vgl. SBW 434.
[78] SBW 458f.
[79] Vgl. EiJ 56; 371; ÜdB 150.
[80] ÜdB 77.

»Entscheidend ist, dass vollkommen durchschnittliche Leute, die von Natur weder böse noch gut waren, ein so ungeheuerliches Unheil anrichten konnten.«[81] »[...] [D]as grenzenlose, extreme Böse ist nur dort möglich, wo diese selbst-geschlagenen und gewachsenen Wurzeln, die automatisch Möglichkeiten einschränken, ganz und gar fehlen. Sie fehlen dort, wo Menschen nur über die Oberfläche von Ereignissen dahingleiten, wo sie sich gestatten, davongetragen zu werden, ohne je in irgendeine Tiefe, derer sie fähig sein mögen, einzudringen.«[82]

Arendt beschreibt das charakteristische »Sich-Vertiefen« des Denkens mit der Metapher des persönlichen »Wurzeln-Schlagens«[83]. Die eigens erbrachten Orientierungsmuster im Denken gleichen den persönlichen Wurzeln, die einen denkenden Menschen »[...] stabilisieren, so daß man nicht bei allem Möglichen – dem Zeitgeist, der Geschichte oder einfach der Versuchung – hinweggeschwemmt wird.«[84] Im Gegensatz dazu steht die Erosionsmetapher, die Anfälligkeit für das »Hinweggeschwemmt-Werden«[85] aufgrund des Fehlens persönlicher Wurzeln, für die Gedankenlosigkeit. Die Wurzellosigkeit und Oberflächlichkeit gedankenloser Menschen bildet die Grundlage dafür, dass Böses in derartiger Weise ausufern und sich entgrenzen kann bzw. Leute in derart großer Zahl mitreißen kann, anstatt der allzeit bestehenden Möglichkeit dieser Menschen, »Dämme« gegen die Flut des Bösen zu bilden.

Arendt vermeidet also in ihrem Spätwerk den Begriff der »Radikalität« zur Beschreibung des Bösen. Im Briefwechsel mit Sholem gesteht sie ihre terminologische Änderung folgendermaßen ein:

»Sie haben vollkommen recht, I changed my mind und spreche nicht mehr vom radikal Bösen. [...] Ich bin in der Tat heute der Meinung, dass das Böse immer nur extrem ist, aber niemals radikal, es hat keine Tiefe, auch keine Dämonie. Es kann die ganze Welt verwüsten, gerade weil es wie ein Pilz an der Oberfläche weiterwuchert. Tief aber, und radikal ist immer nur das Gute.«[86]

Die Metapher der Wurzel (»Radix«) behält sie allein der Tiefendimension des Denkens und dem daraus sich unter Umständen er-

---

81 SBW 459.
82 ÜdB 86.
83 Vgl. ÜdB 77.
84 ÜdB 77.
85 Vgl. ÜdB 77.
86 SBW 444.

gebenden Guten vor. In ihrem Frühwerk jedoch benutzt sie noch den kantschen Ausdruck des »radikal Bösen«[87] bzw. der »Radikalität«. Arendt bezeichnet hiermit aber das Ausmaß des Bösen und nicht dessen Voraussetzungen. Die Möglichkeitsbedingungen dieser »radikalen« Entgrenzung des Bösen, die sie in frühen Aufzeichnungen im Denktagebuch in drei wesentlichen Punkten zusammenfasst, entsprechen ganz dem, was sie später mit dem Terminus der »Banalität« bezeichnet:

»Die Merkmale des radikal Bösen sind:
1. Motiv-losigkeit und Selbstlosigkeit.
2. Völliger Mangel an Einbildungskraft, aus dem völliges Versagen des Mitleids, auch des Mitleids mit sich selbst!, entspringt.
3. Konsequenz alles rein Logischen, die letzten Folgerungen aus den einmal angenommenen Prämissen ziehen und die Anderen mit dem Argument: Wer A gesagt hat, muss auch B sagen, bei der Stange halten.«[88]

Zunächst zur Motiv- und Selbstlosigkeit: Das Selbst eines Menschen bezeichnet dessen eigene Grenze, aber nicht nur in dem Sinne »Hier höre ich auf, hier fängt der Andere an«, sondern vielmehr im Sinne der ethischen Begrenzung: Die Grenzen des Selbst sind die Grenzen dessen, was man tun kann oder nicht[89]. Verbrechen, die aus einem spezifischen persönlichen Motiv heraus entstehen, sind demnach in Arendts »alter« Terminologie nie radikal bzw. können nie das Ausmaß des radikal Bösen erlangen[90]. Klassische verbrecherische Motive wie Neid, Enttäuschung, Schwäche, Hass oder Begierde[91], die immer wieder in der Literatur auftauchen, rechnet sie der Schlechtigkeit[92] zu; nie können diese zur Entgrenzung des Bösen führen, da sie als persönliche Motive »[…] durch das Selbst limitiert […]«[93] sind. Arendt würde dieses Handeln aus niedrigen Motiven einem »alten« Verbrechertypus zurechnen, dessen Motive aus der Person entspringen und daher nachvollziehbar, sanktionierbar bzw. bestrafbar und so auch prinzipiell verzeihbar sind. Arendt stand aber in Eichmann

87 Vgl. Kant ([15]2009) *B 38;* vgl. hierzu D 128.
88 D 128.
89 Vgl. D 781.
90 Vgl. D 128.
91 Vgl. LdG 13 f.
92 Vgl. D 128.
93 D 128.

einem »neuen Verbrechertypus«[94] gegenüber. Sie konnte in Eichmann keinerlei persönliches bzw. verbrecherisches Motiv für dessen ungeheuerliche Taten erkennen[95]. Durch ihre Prozessbeobachtung kam sie sogar zu dem Schluss, dass gerade das Fehlen jeglicher persönlicher Motive und das Fehlen jeglichen Bezugs zu den Opfern[96] erst das ungeheure Ausmaß dieser Menschheitskatastrophe hervorbringen konnten. »[…] [N]iemand [mußte] ein überzeugter Nazi sein […], um sich anzupassen […]«[97], schreibt Arendt. Es war sogar vielmehr so, dass nur durch das Fehlen menschlicher bzw. Menschen verständlicher Motive das Unmenschliche geschehen konnte[98]. Nur die bewusste Ausschaltung des menschlichen Selbst und damit der persönlichen Selbstbegrenzung konnte zu einer derartigen Entgrenzung des Tuns führen. Diese Diskrepanz zwischen dem ungeheuren Ausmaß der Taten und der Gewöhnlichkeit des Täters sah Arendt in Eichmann verkörpert. Es handelte sich um das »[…] Dilemma zwischen dem namenlosen Entsetzen vor seinen Taten und der unbestreitbaren Lächerlichkeit des Mannes, der sie begangen hatte […]«[99]. Angesichts der Motivlosigkeit dieses neuen Verbrechertyps, der jegliche persönliche Verantwortung von sich wies[100] und so an einem »[…] staatlich organisierten Verwaltungsmassenmord[] […]«[101] mitwirkte, drohen sogar gängige juristische Kategorien zu scheitern[102]: »Wir sind auf den Verwaltungsmassenmord nicht eingestellt in den Gesetzbüchern, und wir sind auf diese Arten der Täter nicht eingestellt.«[103]

In Bezug auf die »Art der Täter«, die sich an diesem Verwaltungsmassenmord beteiligten, lässt sich mit Arendt zeigen, dass deren persönliche Motivlosigkeit nicht das Befolgen und fraglose Umsetzen einer »Idee« in Form einer Ideologie ausschließt:

»[…] [W]enn wir uns Eichmann begucken, dann hat er verbrecherische Motive eigentlich überhaupt nicht. Nämlich das, was man gewöhnlich unter

[94] Vgl. EiJ 57; Fest 38.
[95] Vgl. EiJ 56; 99; Fest 38.
[96] Vgl. Fest 55.
[97] ÜdB 15.
[98] Vgl. ÜdB 150.
[99] EiJ 131.
[100] Vgl. ÜdB 101.
[101] EiJ 64.
[102] Vgl. EiJ 58; 64.
[103] Fest 56.

›verbrecherischen Motiven‹ versteht. Er wollte mitmachen. Er wollte Wir sagen, und dies Mitmachen und dies Wir-sagen-Wollen war ja ganz genug, um die allergrößten Verbrechen möglich zu machen.«[104]

Dieses »Mitmachen-Wollen« spielt auf den dritten Punkt in obigem Arendt-Zitat[105] an, welches die drei wesentlichen Momente der Voraussetzung zur Entgrenzung des Handelns herauszuarbeiten versucht. Arendt führt neben der bereits beschriebenen Motiv- und Selbstlosigkeit als dritten Punkt die »[…] Konsequenz alles rein Logischen […]«[106] an. Sie meint damit die Entscheidung, »[…] die letzten Folgerungen aus den einmal angenommenen Prämissen [zu – F. S.] ziehen […]«[107]. Man löst sich selbst in einem Wir auf, indem man sich einer Prämisse in Form einer Ideologie unterwirft und in einer quasi-logischen, kompromisslosen Konsequenz an der Umsetzung dieser Prämisse mitwirkt. Eichmann spricht »[…] von der ›staatlicherseits vorgeschriebenen Umwertung der Werte‹ […]«[108], die er durch sein Agieren unterstützte. Für Arendt ist diese NS-Ideologie die ins Extrem gesteigerte Tendenz der Neuzeit, Moral bzw. Moralität als solche zu negieren[109]. Diese Ideologie der Moralitätslosigkeit spiegelt sich auch in Eichmanns Aussage »[…] ›Reue ist etwas für kleine Kinder.‹«[110] Die NS-Ideologie versuchte also Menschen weis zu machen – was bei Leuten wie Eichmann durchaus gelang –, dass moralisches Empfinden bzw. Moralität überhaupt etwas für Kinder, ja für Feiglinge aller Art sei. Nur Schwächlinge brauchten – laut dieser NS-Ideologie – Moralität, um den Stärkeren zu blockieren, aber jetzt solle sich der Stärkere durchsetzen[111]. Dies ist die von Eichmann erwähnte »[…] Umwertung der Werte […]«[112], an der er unhinterfragt mitwirkte. Überhaupt kann die quasi-logische Umsetzung einer derartigen Ideologie und die Entgrenzung und Steigerung des Handelns zu derartiger Unmoral nur durch die Ausschaltung des eigenen Vorstellungsvermögens erfolgen.

---

104 Fest 38.
105 Vgl. D 128.
106 D 128.
107 D 128.
108 EiJ 57.
109 Vgl. ÜdB 13.
110 EiJ 97; vgl. Fest 47.
111 Vgl. hierzu Browning (^{6}2011) 175 f.; 215.
112 EiJ 57.

Dies ist Arendts zweiter Punkt[113], den sie nennt, um die Voraussetzungen zur »Radikalisierung« bzw. zu einer derartigen Entgrenzung des Handelns aufzuzeigen: »Völliger Mangel an Einbildungskraft, aus dem völliges Versagen des Mitleids, auch des Mitleids mit sich selbst!, entspringt.«[114] Das Handeln wurde zum einen durch die bewusste Ausschaltung der Vorstellung, wie es dem Anderen durch die eigenen Handlungen ergeht, entgrenzt. Arendt bezeichnet dies als »[…] völliges Versagen des Mitleids […]«[115] aufgrund mangelnder Einbildungskraft. Zum anderen fehlte aber auch das »[…] Mitleid[] mit sich selbst […]«[116], denn die Abblendung der Einbildungskraft geht mit der Ausschaltung des Selbst als ein freundschaftlich-dialogisches Selbstverhältnis einher. Der repräsentierte Freund im Gespräch mit sich müsste angesichts derartiger Taten sofort »anschlagen« und vor einem drohenden Selbstverlust warnen, da man sich selbst durch diese Handlungen Verletzungen bis hin zur Zerstörung des Selbst zufügt. Daher spricht Arendt vom fehlenden Mitleid mit sich selbst, welches auf der Ausschaltung der Einbildungskraft bzw. der Repräsentation des Freundes basiert, der aus der Zuschauerperspektive zeigt, wie man sich gestaltet.

Arendts Argument läuft darauf hinaus, dass niemand mit jemandem wie Eichmann tatsächlich befreundet sein könnte: Dessen Taten übersteigen gewissermaßen ein Humanum, nämlich das Kriterium der Freundschaft. Die von Arendt beschriebene Gedankenlosigkeit Eichmanns, die sie unter anderem an dessen Erinnerungslosigkeit[117], Reden in Klischees[118], »[…] Mangel an Vorstellungskraft […]«[119] und Verstrickung in Widersprüchlichkeiten und Inkonsequenzen[120] festmacht, ist nichts anderes als die Unfähigkeit, mit diesen Handlungen je wieder in ein Selbstverhältnis eintreten und mit sich befreundet sein zu können. Doch wollte man den Advocatus Diaboli spielen, so könnte man einwenden, dass Eichmann doch bestimmt viele »Freunde« in Form von Gleichgesinnten hatte. Mit Arendt müsste man auf einen derartigen Einwand die Gegenfrage

---

[113] Vgl. D 128.
[114] D 128.
[115] D 128.
[116] D 128.
[117] Vgl. EiJ 131.
[118] Vgl. EiJ 125.
[119] EiJ 126.
[120] Vgl. EiJ 132 f.

stellen, ob diese Gleichgesinnten wirklich Freunde waren, die sich gegenseitig ihr Handeln voll transparent machten, da sie einander das Gute wünschten, oder ob sie nicht vielmehr einer verlassenen Masse[121] angehörten, die gedankenlos-getrieben eine Ideologie reproduziert, und sie sich dabei einem Zustand anheimgaben, in dem man weder mit sich noch mit Anderen sein kann. Könnte jemand ernsthaft behaupten, dass er so jemandem wie Eichmann ruhig gegenübersitzen und mit ihm befreundet sein kann in vollem Wissen um dessen Handlungen? Könnte man jemandem vertrauen und glauben, dass er einem Gutes wünscht, von dem man weiß, dass er wahllos Leute in Vernichtungslager abtransportieren lässt? Es gäbe wohl niemanden, der dies von sich behaupten könnte, ohne sich selbst zu belügen. Mit diesen Handlungen überschreitet man ein menschen- und kulturübergreifendes Humanum, auf welches Arendt mit dem Freundschaftsbegriff hinweisen will. So wie »äußerlich« niemand wirklich mit jemandem wie Eichmann befreundet sein könnte, so könnte auch niemand »innerlich« bzw. mit sich selbst nach der Ausführung derartiger Großverbrechen befreundet bleiben. Arendt kommt daher zu dem Schluss, dass diese Taten nur durch die Ausschaltung des Denkens als freundschaftlicher Dialog möglich waren.

Die Ausschaltung des Selbst als freundschaftlicher Dialog und der damit einhergehende Mangel an Einbildungskraft, das Fehlen persönlicher Motive gepaart mit der Bereitschaft, eine Ideologie fraglos zu reproduzieren, bilden die Grundlage für die Entgrenzung des Bösen in derartigem Ausmaß[122]. Diese Momente führten dazu, dass sich »[…] ein unvergleichlich furchtbarerer Typus Mensch [bildete – F. S.] als jeder Mörder, weil er gar keinen Bezug mehr auf sein Opfer hat. Er tötet ja wirklich, als ob es Fliegen sind.«[123] Hierfür wurden die Menschen in der NS-Zeit schrittweise daran gewöhnt, das Übel zu akzeptieren:

»Die Hinnahme des kleineren Übels wird bewußt dazu benutzt, die Beamten wie auch die Bevölkerung im allgemeinen daran zu gewöhnen, das Übel an sich zu akzeptieren. Um nur eines von vielen Beispielen zu geben: der Vernichtung der Juden ging eine schrittweise Folge antijüdischer Maßnahmen voraus, die im Einzelfall gebilligt wurden, weil die Weigerung, daran

[121] Vgl. ÜdB 78f.; 83.
[122] Vgl. D 128.
[123] Fest 55.

mitzuwirken, alles verschlimmert hätte – bis eine Stufe erreicht war, daß Schlimmeres überhaupt nicht mehr passieren konnte.«[124]

Das »Nichts-Sagen« und »Einfach-Weitermachen-wie-Bisher« der Bevölkerung heißt also letztlich, Übles zu akzeptieren. So werden die Menschen sukzessive an die Akzeptanz des immer stärker werdenden Grades der verdammenswerten Handlungen gewöhnt, bis Übleres nicht mehr möglich ist. Auch diejenigen, die im Nachhinein ihre Beteiligung an dem Grauen der NS-Zeit damit rechtfertigen wollten, dass sie durch ihr Mitwirken versuchten »[…] Schlimmeres zu verhindern […]«[125], erteilt Arendt eine Absage: »[…] [D]iejenigen, die das kleinere Übel wählen, [haben – F. S.] rasch vergessen, daß sie sich *für* ein Übel entscheiden. [Hervorhebung im Original]«[126]

In ihrem Eichmannbuch bringt Arendt Beispiele für sogenannte »Abmilderer«[127], also für NS-Täter, die sich dieses hinkenden Arguments der Beteiligung, um selbst Schlimmeres zu verhindern, bedienten. Arendt verzichtet bei dieser Gelegenheit auch nicht darauf, genauer hinzusehen, was aus dieser Allianz mit dem Bösen zu Abmilderungszwecken herausgekommen ist[128]: Sie nennt beispielsweise Dr. Globke, der zur Verschleierung jüdischer Namen eine Namensänderung erwirkte, für die er aber – groteskerweise – nur andere jüdische Namen zuließ, und der sich rühmte, erwirkt zu haben, dass tschechische Bräute zur Ehegenehmigung mit deutschen Soldaten keine Nacktfotos mehr senden müssten, sondern Photos in Badeanzügen hierfür ausreichend seien[129]. Als weiteres Beispiel für einen derartigen »Abmilderer« nennt sie Wilhelm Stuckart: »Stuckarts abmildernde Tätigkeit betraf Halbjuden, für die er Sterilisation empfahl.«[130] Die Aufführung dieser »Ergebnisse« vermeintlicher Abmilderungsversuche veranlassen Arendt zu dem Urteil, dass es sich dabei um »Nachkriegslegenden« handelt: »Die Geschichten von den ›Abmilderern‹ in Hitlers Amtsstuben gehören offenbar zu den zahlreichen Nachkriegslegenden […]«[131].

---

124 ViD 27.
125 ViD 25; vgl. hierzu auch Fest 49; EiJ 222.
126 ViD 27.
127 Vgl. EiJ 224.
128 Vgl. EiJ 222 f.
129 Vgl. EiJ 223.
130 EiJ 223.
131 EiJ 224.

Alois Prinz arbeitet in seiner Arendt-Biographie heraus, dass Arendt den Rechtfertigungsversuch der »Vermeidung von Schlimmerem« auch bei kollaborierenden »jüdischen Funktionären«[132], den sogenannten Judenräten, nicht gelten lässt:

»Diese Judenräte waren die anerkannten Repräsentanten der jüdischen Gemeinden. Adolf Eichmann schilderte im Jerusalemer Prozess ausführlich, wie eng er bei der Organisation der Judenvernichtung mit diesen Räten zusammengearbeitet hat. Und Hannah nimmt in ihrem Bericht diese Schilderungen zum Anlass, die Rolle der jüdischen Gemeindeoberhäupter bei der Durchführung des Holocaust zu beleuchten. Für sie berührt man damit ›das dunkelste Kapitel in der ganzen dunklen Geschichte‹[133]. Ohne die aktive Mithilfe der Judenräte, so Hannah Arendt, wäre die planmäßige Ermordung der Juden im geschehenen Ausmaß nicht möglich gewesen. In *Eichmann in Jerusalem* schreibt sie dazu: ›In Amsterdam wie in Warschau, in Berlin wie in Budapest konnten sich die Nazis darauf verlassen, dass jüdische Funktionäre Personal- und Vermögenslisten ausfertigten, die Kosten für Deportation und Vernichtung bei den zu Deportierenden aufbringen, frei gewordene Wohnungen im Auge behalten und Polizei zur Verfügung stellen würden, um die Juden ergreifen und auf die Züge bringen zu helfen – bis zum bitteren Ende, der Übergabe des jüdischen Gemeindebesitzes zwecks ordnungsgemäßer Konfiskation.‹[134]

Für Hannahs Kritiker ist das ein ›verleumderischer Unsinn‹ und eine unerträgliche Verhöhnung der Opfer des Holocaust. Für sie sind die jüdischen Führer über jeden Zweifel erhaben und deren Zusammenarbeit mit den Nazis sei einzig in der Absicht geschehen, in einer aussichtslosen Lage zu retten, was zu retten war. Hannah Arendt geht in ihrem Bericht auf dieses Argument ein – und sie lässt es nicht gelten. Sich auf seine Feinde einzulassen, um ›Schlimmeres zu verhüten‹, ist für sie keine Form des Widerstands, sondern eine raffinierte Strategie, sein Gewissen zu beruhigen und nicht wahrhaben zu wollen, dass man sich längst auf die Spielregeln des Gegners eingelassen hat. [Hervorhebung im Original]«[135]

Auf der Gegenseite bei den mordenden Tätern zeigte sich, dass sich nach der Akzeptanz des Üblen und der daran sich anschließenden Eigenbeteiligung die Leute daran gewöhnten, Übles zu tun. Diese systematische Konditionierung[136] war maßgeblicher Teil des Entgrenzungsprozesses der Großverbrechen im Dritten Reich: Hatte

[132] EiJ 216.
[133] Vgl. EiJ 209.
[134] Vgl. EiJ 209.
[135] Prinz ([6]2013) 246 f.
[136] Vgl. ViD 27 f.

man Menschen daran gewohnt[137] Übles zu tun, war es ein Leichtes, administrativ den Grad der verbrecherischen Handlungen immer mehr anzuziehen »[…] bis eine Stufe erreicht war, daß Schlimmeres überhaupt nicht mehr passieren konnte.«[138] Auch Browning arbeitet bei seiner geschichtlichen Rekonstruktion der Einsätze des Erschießungskommandos 101 eine zunehmende Gewöhnung an deren entsetzliche Aufträge heraus. Er beschreibt Gewöhnung[139], »[…] wachsende Gefühllosigkeit […]«[140] und Abstumpfung[141] als charakteristische Momente: Dieser Gewöhnungsprozess zeigte sich besonders deutlich bei dem Vorgesetzten Major Trapp im Fortgang der Ausführungen der Massentötungen: Von Trapp, der bei einem der ersten Tötungsaufträge in Józefów noch deutlich moralische Skrupel zeigte und sogar Befehlsverweigerung offerierte[142], berichtet Browning zu einem späteren Zeitpunkt: »Offenbar hatte der Mann, der beim Massaker von Józefów noch geweint hatte und vor einer wahllosen Ermordung von Polen bislang zurückschreckte, keine Hemmungen mehr, zur Erfüllung der vorgegebenen Vergeltungsquote mehr als genug Juden erschießen zu lassen.«[143]

All diese Beispiele zeigen letztlich das Versagen des Utilitarismus im mitmenschlichen Bereich. Sich an Erschießungen zu beteiligen aus Angst selbst bei Befehlsverweigerung erschossen zu werden oder vermeintlich weniger Schlimmes selbst durchzuführen aus der Hoffnung noch Schlimmeres dadurch einzudämmen, ändert nichts an der Tatsache, dass man vor Erwirkung des vermeintlichen Nutzens bzw. Zwecks das eingesetzte Mittel hierfür unmittelbar in die Welt setzt, was den intendierten Zweck unter Umständen bedeutungslos werden lässt, weil sich durch die freigesetzten Mittel das ganze Bezugsgewebe ändert[144]: »Einen Tisch kann ich verbrennen, eine Handlung ist nicht rückgängig zu machen, weil sie einen Prozess losgelassen hat, der sofort unüberschaubar ist – die Welt hat sich sofort in ihrer Gesamt-Konstellation geändert.«[145] Zur Plausibilisierung dieser

---

[137] Vgl. OS 32.
[138] ViD 27.
[139] Vgl. Browning (^{6}2011) 113.
[140] Browning (^{6}2011) 172.
[141] Vgl. Browning (^{6}2011) 173.
[142] Vgl. Browning (^{6}2011) 88.
[143] Browning (^{6}2011) 142.
[144] Vgl. D 47.
[145] D 563 f.

Gedanken zitiert Arendt eine Passage aus dem Talmud: »›Wenn man von Euch verlangt, für die Sicherheit der Gemeinschaft einen Mann zu opfern, so liefert ihn nicht aus. Wenn man von Euch verlangt, eine Frau auszuliefern, die zur Rettung aller anderen Frauen geschändet werden soll, dann laßt nicht zu, daß sie geschändet wird.‹«[146] Denn: »Eine gute Tat für einen bösen Zweck fügt der Welt Güte zu; eine böse Tat für einen guten Zweck fügt der Welt Bosheit zu.«[147] Schlussendlich zeigen diese Ausführungen, dass utilitaristische Begründungen des eigenen Tuns (»Ich habe mich nur beteiligt, um Schlimmeres zu verhindern …«, »Ich habe auf andere geschossen, um selbst nicht erschossen zu werden …«) zumeist Anzeichen dessen sind, dass man seine »Moralität« auf die Sprache verlagert hat und sich dadurch sein tatsächliches Agieren im Umgang mit Anderen verdeckt, bzw. man versucht sich dafür zu rechtfertigen, dass man längst ein von Anderen erwünschtes oder befohlenes Verhalten als fremdgegebenes Beispiel reproduziert.

c) *Reproduktion eines fremdgegebenen Beispiels*

Neben der Entgrenzung des eigenen Handelns und dem Versuch, Verantwortung an Andere abzugeben, ist die leibliche Reproduktion eines fremdgegebenen Beispiels als existentieller Opportunismus mit eines der charakteristischen Anzeichen von Gedankenlosigkeit im Umgang mit Anderen. Jemand, der nicht denkt, verfügt über keine selbsterbrachten Orientierungsmuster als Wegweiser für das eigene Handeln und Tun, sondern ist abhängig von fremdgegebenen Orientierungsmustern, etwa in Form von Ideologien, die er fraglos reproduziert. Die Gedankenlosigkeit führt – laut Arendt – zu der Bereitschaft, unhinterfragt zu tun, was im jeweiligen System von einem verlangt wird[148]. Dies geht bei gedankenlosen Menschen soweit, dass die Beispiele zur Handlungsorientierung – etwa durch einen Systemwechsel – einfach ausgetauscht werden können, selbst wenn diese untereinander völlig inkompatibel sind, ohne dass dieser ideologische Wechsel den Menschen, die diesen vollziehen, wirklich auffällt und die Inkohärenz ihres Agierens ihnen voll bewusst wird. Sie machen

---

146 ViD 26f.
147 D 81.
148 Vgl. ÜdB 23.

einfach mit wie bisher, was es auch immer sei. In Arendts Schriften taucht immer wieder das Entsetzen über diese Bereitschaft der Menschen, sich manipulieren und »umpolen« zu lassen, auf: Sie selbst erlebte die Gleichschaltung von Intellektuellen und sogar von eigenen Freunden[149], also die »Ummanipulation« ihrer Mitmenschen durch die Ideologie des Dritten Reiches in Deutschland[150]. Des Weiteren erlebte sie bei ihren Besuchen in Deutschland[151] die protestlose Ummanipulation der Nachkriegsdeutschen in Westdeutschland zu willfährigen Wirtschaftswunderbürgern, was sie als zweiten »[…] totalen Zusammenbruch einer ›moralischen‹ Ordnung […]«[152] bezeichnet und was ihren »[…] Zweifel nur verstärk[te].«[153] Ihr Zweifel an dieser Form der Moralität besteht vor allem darin, dass hier Moral zu einem veränderbaren Sittenkodex geworden ist, der austauschbar ist wie Tischmanieren[154]. Moralität degradiert zu zeitbedingten Konventionen und Üblichkeiten, die einfach geändert werden können, aber dennoch – egal um was es sich handelt – reproduziert werden, wenn es die Masse bzw. der Mainstream tut. Das Dritte Reich erbrachte den erschütternden Beleg dafür, dass sogar das Gebot »Du sollst nicht töten« ins Gegenteil verkehrt werden konnte[155]. Damit eine derart gravierende und der Humanität des Menschen widersprechende Umkehrung überhaupt geschehen konnte, muss eine spezifische Moralauffassung bei den Menschen vorherrschen, die sich – laut Arendt – bei der Unterlassung des Denkdialogs einstellt. Arendts phänomenologische Beschreibung dieses Zustandes lautet wie folgt:

»Doch auch das Nichtdenken, das ein so empfehlenswerter politischer und moralischer Zustand zu sein scheint, hat seine Gefahren. Indem es die Menschen von den Gefahren der kritischen Untersuchung abschirmt, lehrt es sie an allem festhalten, was zu einer bestimmten Zeit in einer bestimmten Gesellschaft gerade die Verhaltensvorschrift ist. Die Menschen gewöhnen sich dann weniger an den Inhalt der Vorschriften, dessen genaue Untersuchung stets zur Ratlosigkeit führen würde, als an den *Besitz* von Regeln, unter die man Einzelfälle subsumieren kann. Tritt jemand auf, der, zu welchem Zweck auch immer, die alten ›Werte‹ oder Tugenden abschaffen möchte, so

---

149 Vgl. Gaus 58.
150 Vgl. ViD 15.
151 Vgl. hierzu BiD; BBW 175.
152 ÜdB 17.
153 ÜdB 17.
154 Vgl. ÜdB 11; 146; ViD 33 f.
155 Vgl. ÜdB 16.

fällt ihm das gar nicht schwer, falls er nur einen neuen Kodex anbietet, und diesem wird er mit recht wenig Gewaltanwendung und ohne Überzeugungsbemühungen – d. h. Beweise, daß die neuen Werte besser als die alten seien – Geltung verschaffen können. Je enger die Menschen an dem alten Kodex festhalten, desto eifriger werden sie sich dem neuen anpassen, und das heißt in der Praxis: am willigsten sind die bisherigen respektabelsten Säulen der Gesellschaft, die sich am wenigsten dem Denken – gefährlichem oder ungefährlichem – hingaben, während die allem Anschein nach unzuverlässigen Elemente der alten Ordnung am störrischsten sind. [Hervorhebung im Original]«[156]

Im Gegensatz zu den sogenannten »unzuverlässigen Elementen« sind es also vor allem die »respektablen Säulen der Gesellschaft«[157] bzw. die Mitglieder der »[…] ehrenwerten Gesellschaft […], die nachgaben […] [und – F. S.] ein Wertesystem gegen ein anderes aus[tauschten].«[158] In der Vorlesung »Über das Böse« nennt Arendt diese anpassungswilligen Angehörigen der vermeintlich »ehrenwerten Gesellschaft« »engstirnige Moralisten« und kontrastiert deren Moralauffassung mit derjenigen der »Bohemiens« und »Beatniks«, also den ebenso vermeintlich »unzuverlässigen Elementen«[159]:

»Wir brauchen kaum Erfahrung, um zu sehen, daß die engstirnigen Moralisten, die ständig hohe moralische Prinzipien und festgelegte Normen anrufen, gewöhnlich die ersten sind, die sich an jedwede ihnen angebotene Normen halten, und daß die gute Gesellschaft – das, was die Franzosen ›les bien-pensants‹ nennen – mehr dazu neigt, sehr unverantwortlich, ja verbrecherisch zu werden als die meisten Bohemiens oder Beatniks.«[160]

Für Arendt war es erstaunlich, dass es meistens und gerade die sogenannten Moralisten waren, also jene, die in besonderer Weise vorgaben und meinten zu wissen, was Recht und Unrecht sei, die als erste ihren alten Wertekanon über Bord warfen und sich anpassten: Arendt arbeitet heraus, dass die Gewohnheit, Verhaltensweisen wie feste Regeln zu reproduzieren, die Grundlage für Manipulationsbereitschaft bildet. Im Gegensatz dazu blieben die »integer«, die man gewöhnlich nicht den zuverlässigsten Teilen einer Gesellschaft zurechnet. Sie waren es, die der moralischen Entgrenzung standhielten

156 LdG 176 f.
157 Vgl. LdG 177.
158 ViD 34.
159 Vgl. LdG 177.
160 ÜdB 91.

und »Dämme« gegen die Flut bildeten, obwohl – oder besser, gerade weil – sie immer schon von dem Nichtvorhandensein objektiver moralischer Standards und Verhaltensweisen wussten und überzeugt waren:

»Ich erwähnte den totalen Zusammenbruch moralischer und religiöser Normen unter Leuten, die allem Anschein nach immer an sie geglaubt hatten, und ich habe auch die unleugbare Tatsache angeführt, daß die Wenigen, denen es gelang, nicht in den Wirbel hineingezogen zu werden, keineswegs die ›Moralisten‹ waren, also Leute, die schon immer Regeln des richtigen Verhaltens hochgehalten hatten, sondern im Gegenteil sehr oft jene, die schon vor dem Debakel sowieso von der objektiven Nicht-Gültigkeit dieser Normen als solcher überzeugt gewesen waren.«[161]

Die Unangepassten bzw. zu Arendts Zeit die sogenannten »Bohemiens« und »Beatniks« verfügten mit ihrer Existenzform um eine Einsicht darum, dass es sich im moralischen Bereich bzw. in Bezug auf Umgangsformen um ein »[…] Gebiet ohne allgemeine Regeln […]«[162] handelt. Diese Einsicht impliziert ein Wissen, dass man in diesem Bereich wie »[d]er Geschmack urteilt[, nämlich – F. S.] unter Verwendung von Vergleichen, anstelle von Regeln.«[163] Leute, wie etwa die sogenannten »Beatniks«, welchen genormte Umgangsformen fraglich geworden sind, wissen, dass es in diesem Bereich statt »einer eisernen Regel«[164] mehrere Beispiele und Alternativen gibt. Statt des Austausches einer Umgangsform gegen eine andere taucht bei einem ideologischen Systemwechsel bei den Menschen, die »[…] sowieso von der objektiven Nicht-Gültigkeit dieser Normen als solcher überzeugt gewesen waren […]«[165], nur eine weitere mögliche Gestaltungsform in Form eines weiteren repräsentierten Beispiels auf: Jemand, dem eine Sache fraglich geworden ist, der also etwas bedenkt, weiß aufgrund der Auftrennung des gegebenen Sachverhalts um das Vorliegen von alternativen Vollzugsweisen zur Norm[166]. All diese alternativen Gestaltungsformen sind als repräsentierte Beispiele im freundschaftlichen Selbstgespräch in unterschiedlicher Weise empfindungsmäßig versehen hinsichtlich der Frage eines potentiellen Zu-

---

[161] ÜdB 139.
[162] ÜdB 139.
[163] D 766.
[164] Vgl. ÜdB 65.
[165] ÜdB 139.
[166] Vgl. D 680.

sammenlebens. Das Aufkommen einer Ideologie, wie etwa der NS-Ideologie, dürfte bei derart denkenden Menschen dem Aufkommen eines weiteren Beispiels in der Repräsentation gleichen, das allerdings empfindungsmäßig ein mögliches Zusammenleben damit sofort negiert und auf diese Weise ein »Sich-danach-Gestalten« verunmöglicht.

Wie könnte man aber nach Arendts phänomenologischer Beschreibung dieser beiden antipodischen Gruppen das Phänomen des moralischen Konformismus in Arendts Begrifflichkeit nachvollziehen? Wie kann es zur Austauschbarkeit moralischer Regeln kommen und wie kommt es, dass die Leute selbst diesen Wechsel gar nicht richtig realisieren? Arendt beschreibt das mit Gedankenlosigkeit einhergehende regelkonforme Verhalten als Subsumtionsvorgang unter vorgegebene Regeln[167]. Menschen, die immer regelkonform handeln, sprich es gewohnt sind fremdgegebene Handlungsvorschriften zu reproduzieren, werden – laut Arendt – leicht zu einem ideologischen Wechsel zu bewegen sein, solange man ihnen weiterhin Verhaltensmöglichkeiten zur Umgangsgestaltung an die Hand gibt[168].

> »Schwer ist dabei niemals, sie von einem anderen Gehalt zu überzeugen, als vielmehr zu verhindern, daß sie mit ganz gleich welchem Gehalt wiederum die logische Operation des Deduzierens aus einer Prämisse anstellen, an die sie aus ihrer Vergangenheit her gewöhnt sind.«[169]

Die Gewohnheit, Verhaltensvorschriften wie »eiserne Regeln«[170] zu reproduzieren, was der Deduktion aus einer fraglos angenommenen, ideologischen Prämisse gleichkommt, bildet die Möglichkeitsbedingung für den leichten Austausch der Verhaltensregeln durch eine andere Ideologie. Wie ist dies jedoch möglich? Wie lässt sich dieses Phänomen systematisch-begrifflich nachvollziehen?

Arendt beschreibt die Subsumtion unter vorgegebene Regeln mit dem Begriff »Erkennen«: Es handelt sich dabei um einen degradierten Denkvorgang, denn das originäre Dual erstarrt im Erkennen zu einer festen Regel, unter die subsumiert wird. »Allen mentalen Fähigkeiten eignet eine doppelte ›Intentionalität‹: Sie können welt- oder selbst-gerichtet sein. Dies erklärt die Doppeltheit von Denken und Erkennen, von Wollen und Begehren, von reflektiver und sub-

---

167 Vgl. LdG 177.
168 Vgl. EuU 967.
169 EuU 967.
170 Vgl. ÜdB 65.

sumtiver Urteilskraft.«[171] Erkennen ist also ein rein welt-gerichtetes, degradiertes Denken. Das Selbstmoment bleibt durch die fraglose Übernahme einer festen Regel, die den Dialog des Selbst ersetzt, aus. Im Erkennen geht der Mensch völlig in der Welt auf und verliert sich dabei aus dem Blick. Aufgrund des fehlenden Dialogpartners merkt man im Erkennen nichts von einer Ummanipulation bzw. einem Austausch der Moralvorschriften, da es in diesem Zustand an Handlungseinsicht bzw. Selbsttransparenz mangelt. Eine Vorstellung vereinnahmt dabei den ganzen Geist, so dass ein Dialogpartner, der einem zeigt, wie man tatsächlich agiert bzw. was man zu seiner Geschichte macht, als sich davon unterscheidender Part gar nicht erst auftauchen kann. Es fehlt dieser Gestaltungsform die Selbsttransparenz bezüglich des eigenen Agierens: Man setzt einfach um, ohne zu realisieren, was man wirklich tut.

Dieses fraglose Umsetzen dessen, was von einem verlangt wird, korrespondiert mit der Anpassungsbereitschaft an jede sich darbietende Situation. Arendt beschreibt diese Anpassungsbereitschaft bei Eichmann, der beim Verhör in Israel »[...] in Hochstimmung, voll Begeisterung über diese einmalige Gelegenheit, ›... alles, was ich weiß, von mir zu geben‹ [...] [versuchte – F. S.] sich bei dieser Gelegenheit gleich den Rang des aussagebereitesten Angeklagten aller Zeiten zu erwerben.«[172] Manche Autoren – wie etwa Bettina Stangeneth – nehmen nun diese Inszenierungskompetenz Eichmanns als Anlass dafür, Arendts Eichmann-Bild des gedankenlosen Mittäters kritisch zu hinterfragen. Jemand, der sich derart an die jeweiligen Gegebenheiten und Bedingungen anpassen kann, ja sein Auftreten sogar bewusst inszeniert, kann doch gar nicht so gedankenlos sein, wie Arendt meinte[173]. Aus Arendts Perspektive müsste man der Kritikerin jedoch zu bedenken geben, dass es gerade dieses »Fähnchen-im-Wind-Sein« bzw. diese perfekte Anpassungsbereitschaft an alle möglichen Bedingungen ist, die denkenden Menschen verwehrt ist. Jemand, der denkt, kann gerade nicht alles mitmachen bzw. ist nicht in der Lage, sich in jeder Situation adäquat bzw. opportun zu verhalten oder zu inszenieren. Auch die von Stangneth beschriebene Kompetenz Eichmanns des »[...] konsequente[n] Reden[s] auf der Basis

---

171 D 770.

172 EiJ 102; vgl. hierzu auch Fest 48.

173 Vgl. Stangneth (^{2}2011).

eines ganzen Gedankengebäudes […]«[174] entspricht ganz dem von Arendt beschriebenen Phänomen der Deduktion unter einer vorgegebenen Prämisse in Form einer Ideologie. Die Fähigkeit, in der Rede derart stringent zu deduzieren, setzt jedoch nicht notwendigerweise das Denkgespräch in Arendts Sinn voraus. Man kann intelligent sein, sprich fehlerfrei aus vorgegebenen Prämissen schlussfolgern, ohne jedoch in der Lage zu sein, die Prämissen selbst auf ihre Legitimität hin zu befragen. Das ist es, was Arendt meint, wenn sie Eichmann durchaus Intelligenz zuspricht[175], aber ihm zugleich völligen Mangel an Denktätigkeit attestiert[176]. Bei ihm fehlt jegliches Wissen um Andere, sowohl um andere Mitmenschen als auch um den anderen Dialogpartner, was – laut Arendt – auf mangelndem Vorstellungsvermögen beruht: »Er hat sich nur, um in der Alltagssprache zu bleiben, *niemals vorgestellt, was er eigentlich anstellte.* [Hervorhebung im Original]«[177]

Im Denktagebuch greift Arendt den Zusammenhang zwischen mangelndem Vorstellungsvermögen und dem ungeahnt Bösen in begrifflicher Art und Weise wieder auf: »Jemandem, der nicht denkt, zuzumuten, sich moralisch zu verhalten, ist barer Unsinn. Nicht-denken, zum Beispiel sich nicht vorstellen, wie mir zumute sein würde, wenn mir geschähe, was ich einem Andern tue – das ist das ›Böse‹.«[178] An einer späteren Stelle im Denktagebuch notiert sie zu diesem Zusammenhang Folgendes: »Das Böse ist ein Phänomen mangelnder Urteilskraft. Da die Urteilskraft auf Andere reflektiert, ist nur der ›böse‹ Mensch, der nicht urteilt, den Unterschied nicht kennt, zu allem fähig.«[179] Der von Arendt beschriebene Mangel an Vorstellungsvermögen zeitigt ein Fehlen jeglicher Empfindungsdimension, die sich als zwischenmenschlicher Geist nur in einem Dual einstellen kann. Die mangelnde Vorstellung des Anderen, dem etwas zugefügt wird, lässt auch keine Empfindung auftauchen, wie es ihm dabei ergeht bzw. wie es einem selbst erginge, wenn einem Selbiges zugefügt würde. Der fehlende Dialogpartner lässt neben der Selbsttransparenz bezüglich des eigenen Tuns auch die Empfindungsdimension in Bezug auf dieses ausbleiben. Diese originäre Empfindung im dialogi-

[174] Stangneth (^{2}2011) 346.
[175] Vgl. MBW 150.
[176] Vgl. EiJ 57.
[177] EiJ 56.
[178] D 740.
[179] D 767 f.

schen Dual wird durch emotionale Aufladung eines ideologischen Weltbildes ersetzt, was Menschen in eine erwünschte Richtung lenkt, ohne dass diese sich gewahr dessen sind, was sie tun. Der Gemeinsinn (Common sense), der viele unterschiedliche Perspektiven beinhaltet, wird ersetzt durch ein ideologisches Vorstellungsbild[180], das beliebig ausgetauscht werden kann, solange die emotionale Zurichtung der ideologischen Weltsicht als fremdgegebenes Verhaltensmuster stimmt.

Eine wesentliche Voraussetzung für das Greifen einer Ideologie ist auch das Fehlen originärer Primärerfahrungen aus unmittelbarem, dual-dialogischen Bezug mit seinen Mitmenschen. Hierzu trägt auch die in »Vita activa« beschriebene Verdrängung aller anderen Tätigkeitsformen durch das Arbeiten bei[181]. Es ist ein Leichtes einer isolierten Masse, die in verlassener Weise ohne qualitative Begegnungen und ohne eigene Erfahrungen nur arbeitend umsetzt, ein Weltbild als Ersatz für den eigenen Erfahrungsmangel zu suggerieren. Ein derartiger Erfahrungsmangel in Form von fehlenden Umgangserfahrungen führte in ideologischen Systemen dazu, dass bestimmte Menschen statt als je einzigartige Individuen als Mitglieder einer durch ideologische Etiketten stigmatisierten anonymen Masse[182] wahrgenommen wurden. Ungleich schwerer ist diese suggestive Beeinflussung der Einstellung allerdings möglich, wenn persönliche Beziehungen zu den Menschen bestehen, die stigmatisiert werden. Fehlende Begegnungen mit unterschiedlichen anderen Menschen aber bringt einen Mangel an Vorstellungsvermögen hinsichtlich anderer, sich unterscheidender Positionen mit sich. Das Fehlen anderer Standpunkte in der Repräsentation verunmöglicht es, sich denkend seine inkarnierte Umgangsweise transparent zu machen. Dieser Mangel an Selbsttransparenz korrespondiert mit der mangelnden Einsicht in die Originärdimension menschlicher Moralität, nämlich den tatsächlichen leiblich-inkarnierten Umgangsstil im Umgang mit Anderen, also die Haltung bzw. die sogenannte ἕξις, die sich zu einem Gesamtcharakter (ἦθος) zusammenfügt. Bei gedankenlosen Menschen führt diese fehlende Einsicht in die moralische Originärdimension zu einer fatalen Verlagerung der Moralität auf die Sprache. Ein Anzeichen dieser Verlagerung ist es – laut Arendt –, dass

[180] Vgl. EuU 967.
[181] Vgl. VA 98–160; 407–415.
[182] Vgl. Browning (⁶2011) 201.

»[d]iejenigen, die mitmachten, [...] sich [...] überall gleich gerechtfertigt [haben].«[183] An Eichmann beschreibt sie dieses Phänomen mit dem Terminus des »Reden in Klischees«[184]: Eichmann, der »[...] stolz darauf war, stets ›seine Pflicht getan‹ und allen Befehlen gehorcht zu haben [...]«[185], berief sich dabei sogar auf Kants Pflichtbegriff, um sein Handeln zu rechtfertigen[186]. Dass dies bloß hohle Phrasen und ein gänzliches Missverständnis der kantschen Ethik darstellt, erübrigt sich fast zu erwähnen[187]. Das Grundphänomen, was in seiner Extremform an Eichmann besonders anschaulich wird, ist jedoch durchaus erwähnenswert, nämlich die Neigung, sich zu allem etwas einfallen zu lassen[188]: Jedes Verhalten ist irgendwie sprachlich rechtfertigbar und kann mit irgendwelchen Floskeln zurechtgemacht werden. Diesen Hang sich zu allem etwas Sprachliches einfallen zu lassen, um das eigene Mitläufertum zu legitimieren, erlebte Arendt vor allem bei den deutschen Intellektuellen und ihrer Anpassungsbereitschaft während des Dritten Reiches. Doch diese Leute sind, wie sie es an späterer Stelle des Gaus-Interviews beschreibt »[...] in ihre eigenen Fallen gegangen [...]«[189], denn ihre Sprache wurde zu hohlem, bedeutungslosen Gerede, weil die Referenz als lebensweltlicher Bezugspunkt und Anhalt verloren ging. Durch diese bedenkliche Verlagerung der Moralität auf die Sprache wird letztlich alles legitimierbar, doch die Sprache mutiert zu hohlen Floskeln, die einem an sich selbst die tatsächliche, teils widersprüchliche Umgangsweise verdeckt. Sie schildert auch wieder an Eichmanns Verhalten als Extrem dieser Tendenz dieses Phänomen:

»Was sollte man mit einem Mann anfangen, der erst mit großem Pathos erklärte, daß er eines immerhin im Leben gelernt hätte, nämlich daß man niemals einen Eid schwören dürfe [...], und der dann, nachdem man ihm ausdrücklich gesagt hatte, daß er als Zeuge in eigener Sache ›unter Eid oder ohne Vereidigung‹ aussagen dürfe, ohne Umschweife erklärte, er wolle lieber unter Eid aussagen? Oder der immer wieder und mit viel Gefühlsaufwand dem Gericht versichert hatte: daß er im Unterschied zu all den anderen die Konsequenzen zu tragen bereit sei, daß ihm an seinem Leben nichts

183 Fest 49.
184 Vgl. EiJ 125.
185 EiJ 180.
186 Vgl. EiJ 232 f.
187 Vgl. Fest 44.
188 Vgl. Gaus 58.
189 Gaus 62.

liege und daß er Gnade nicht erwarte und um sie nicht bitten werde – das ›stehe ihm nicht zu‹ –, und er dann auf Anraten seines Anwalts das übliche handgeschriebene Gnadengesuch einreichte?«[190]

Weiter schreibt sie, dass Eichmann dabei »[…] überhaupt nicht [merkte], daß da so etwas wie eine ›Inkonsequenz‹ zutage trat.«[191]

Ein weiteres Beispiel für eine derartige Verlagerung der Moralität auf die Sprache und die daraus resultierende Verdeckung des tatsächlichen Umgangs mit Anderen bzw. Blendung der Selbsttransparenz beschreibt Browning an dem Vorgesetzten des Erschießungskommandos Major Trapp. Obwohl dieser heftig opponiert und sich verzweifelt vor seinen Männern gegen den Erschießungsbefehl »von oben« wehrt, handelt er letztlich doch »befehlskonform«[192]. Arendt weist an mehreren Stellen darauf hin, dass es ein Irrglaube der Tradition sei anzunehmen, »[…] dass man, ob etwas gut oder böse sei, daran ablesen könne, ob man es gern tut oder nicht gern tut. Man glaubt, das Böse ist dasjenige, was immer als Versuchung auftritt, während das Gute dasjenige ist, was man eigentlich von sich aus nie will.«[193] Die Gefahr dieser Annahme ist alles, was schwer fällt bzw. moralische Überwindung kostet, für weniger böse zu halten. Dieses Vorurteil gilt es aufzulösen, denn es ändert nichts an der Tatsache, dass Menschen genauso Böses in die Welt setzten, auch wenn sie sich dafür anstrengen mussten: »Es ist, denke ich, eine einfache Tatsache, daß Menschen mindestens ebenso oft *versucht* sind, Gutes zu tun, wie sie sich *anstrengen* müssen, Böses zu tun, und umgekehrt. [Hervorhebungen im Original]«[194] All die noch so verzweifelten oder sogar eleganten sprachlichen Rechtfertigungen sind doch schlussendlich dazu da, die eigene systemkonforme Anpassung vor sich und Anderen zu kaschieren. Dieser existentielle Opportunismus im tatsächlichen Umgang mit Anderen, den man sich sprachlich verdeckt, ist dem Versuch geschuldet, sich selbst schützen zu wollen, obwohl man gerade dadurch sich selbst verliert.

---

[190] EiJ 132 f.
[191] EiJ 133.
[192] Vgl. Browning (^{6}2011) 89.
[193] Fest 41 f.
[194] ÜdB 55.

§20. Exkurs: Das Milgram-Experiment

Die Frage, auf die der letzte Abschnitt einging, nämlich nach den Umgangs- und Verhaltensweisen, die Gedankenlosigkeit als Unterlassung des Selbstverhältnisses im Umgang mit Anderen hervorbringt, lässt sich in den Termini der Unterüberschriften dieses letzten Abschnittes folgendermaßen zusammenfassen: Gedankenlosigkeit führt im Umgang mit Anderen dazu, dass man ein fremdgegebenes Beispiel aus Mangel an eigenen Orientierungsmustern reproduziert, und aus Mangel an Selbsttransparenz glaubt, Verantwortung an Andere – sei es eine Autorität oder eine Gruppe – abgeben zu können, was zu einer ungeheuren Entgrenzung des Ausmaßes der eigenen Handlungen führen kann. Diese drei zusammenhängenden Tendenzen gedankenlosen Umgangs mit Anderen, nämlich die Entgrenzung des eigenen Tuns als Folge des Glaubens, Verantwortung an Andere abgeben zu können, indem man fremdgegebene Beispiele im Umgang mit Anderen fraglos reproduziert, könnte man auch unter dem Oberbegriff »Gehorsamsbereitschaft« in einem weiten Sinne zusammenfassen, nämlich als Bereitschaft, sowohl einer Gruppe als auch einer Autorität Gehorsam entgegenzubringen. Es ist daher naheliegend, sich in einem Exkurs dem wohl bekanntesten psychologischen Experiment zur Gehorsamsbereitschaft gegenüber Autorität von Stanley Milgram zuzuwenden, zumal sich dieser selbst explizit auf Hannah Arendt bezieht[195]. Er erwähnt sogar, dass die Ergebnisse seines Experiments mit Arendts Ausführungen zur Banalität des Bösen in wesentlichen Punkten übereinstimmen:

> »Nachdem ich in unseren Experimenten gesehen habe, daß sich Hunderte normaler Durchschnittsmenschen der Autorität unterordneten, gelange ich zwangsläufig zu dem Schluß, daß Hannah Arendts Konzept von der *Banalität des Bösen* der Wahrheit näherkommt, als man sich vorzustellen wagen würde. [Hervorhebung im Original]«[196]

In nun folgendem Exkurs soll es darum gehen, sich Milgrams Experiment zur Gehorsamsbereitschaft hinsichtlich der Frage anzusehen, in welcher Weise die Ergebnisse, vor allem die dabei herausgefundenen Bedingungen von Gehorsamsbereitschaft, mit Arendts Ausführungen zum gedankenlosen Umgang mit Anderen übereinstimmen.

---

[195] Vgl. Milgram ([16]2009) 22; Milgram (1963) 372.
[196] Milgram ([16]2009) 22.

Ein zweites Anliegen dieses Exkurses wird es sein, die Momente im Experiment herauszuarbeiten, die Gehorsamsverweigerung fördern. Dabei wird sich zeigen, dass die Momente, die zur Verweigerung der Gehorsamsbereitschaft führen, auch in Arendts dialogischer Denkform miteinbegriffen sind.

Zunächst jedoch zur Beschreibung des Grundexperiments, welches Milgram in folgender Weise schildert:

»Zwei Leute betreten ein Psychologie-Labor, um an einer Untersuchung über Erinnerungsvermögen und Lernfähigkeit teilzunehmen. Einer von ihnen wird zum ›Lehrer‹ bestimmt, der andere zum ›Schüler‹. Der Versuchsleiter erklärt ihnen, daß sich die Untersuchung mit den Auswirkungen von Strafe auf das Lernen befaßt. Der Schüler wird in einen Raum gebracht, auf einen Stuhl gesetzt, seine Arme werden festgebunden, um übermäßige Bewegungen zu verhindern, und an seinem Handgelenk wird eine Elektrode befestigt. Man erklärt ihm, daß er eine Reihe von Wortpaaren zu lernen habe und daß er bei jedem Fehler einen Elektroschock von wachsender Stärke erhalten werde.

Im Mittelpunkt des Experiments steht die Versuchsperson als ›Lehrer‹. Nachdem sie zugesehen hat, wie der Schüler festgeschnallt wird, bringt man sie in den Hauptexperimentierraum und läßt sie vor einem eindrucksvollen Schockgenerator Platz nehmen. Dessen Hauptcharakteristikum ist eine horizontale Anordnung von dreißig Schaltern, die bei einer Steigerung von jeweils 15 Volt mit 15 Volt bis 450 Volt bezeichnet sind. Darunter stehen noch Aufschriften, die von ›leichtem Schock‹ bis zu ›bedrohlichem Schock‹ reichen. Der Lehrer/Versuchsperson wird erklärt, daß sie den Schüler im anderen Raum einem Lerntest zu unterziehen habe. Wenn der Schüler eine richtige Antwort gibt, soll die Lehrer/Versuchsperson zum nächsten Fragepunkt übergehen; wenn er eine falsche Antwort gibt, soll die Versuchsperson ihm einen elektrischen Schock versetzen. Sie soll mit der niedrigsten Schockstärke (15 Volt) beginnen und sie graduell bei jedem Fehler erhöhen, also auf 30 Volt, 45 Volt und entsprechend weiter.

Der ›Lehrer‹ ist eine echte, uninformierte Versuchsperson; sie kommt ins Labor, um an einem Experiment teilzunehmen. Der Schüler (oder ›das Opfer‹) *spielt* nur seine Rolle und erhält selbstverständlich keinerlei Schock. Ziel des Experiments ist es, herauszufinden, wieweit ein Mensch in einer konkreten, meßbaren Situation geht, in der ihm befohlen wird, einem protestierenden ›Opfer‹ zunehmende Qualen zuzufügen. An welchem Punkt wird sich die Versuchsperson weigern, dem Versuchsleiter weiter zu gehorchen?

Die Konfliktsituation wird deutlich, wenn das Opfer (der ›Pseudo-Schüler‹) beginnt, Unbehagen auszudrücken. Bei 75 Volt murrt es, bei 120 beklagt es sich ausdrücklich, bei 150 Volt bittet es darum, aus dem Experiment entlassen zu werden. Seine Proteste steigern sich, je höher die zugefügten Schocks steigen. Die Proteste werden heftiger und stärker emotional gefärbt. Bei 285 Volt kann die Reaktion nur noch als qualvolles Schreien bezeichnet werden.

Beobachter dieser Experimente äußerten übereinstimmend, daß ihre überzeugende Eindringlichkeit in der schriftlichen Darstellung nicht genügend zum Ausdruck komme[197]. Für die Versuchsperson ist die gegebene Situation kein Spiel; ihr Konflikt ist heftig und deutlich erkennbar. Einerseits drängt die offenkundige Qual des Schülers sie dazu, die Sache aufzugeben. Andererseits befiehlt ihr der Versuchsleiter – also eine legitimierte Autorität, der sie sich in gewisser Weise verpflichtet fühlt –, das Experiment fortzusetzen. Jedesmal wenn sie zögert, den Schockknopf zu drücken, befiehlt ihr der Versuchsleiter fortzufahren. Um sich aus dieser Situation freizumachen, muß die Versuchsperson einen klaren Bruch mit der Autoritätsperson herbeiführen. Es war die Absicht meiner Untersuchung, herauszufinden, wann und auf welche Weise Menschen sich unter dem Eindruck eines deutlichen moralischen Imperativs gegen die Autorität auflehnen würden. [Hervorhebung im Original]«[198]

Das Ergebnis dieser Versuche lag keineswegs im Erwartungshorizont des Initiators: Erschreckend viele Versuchspersonen beugen sich den Anweisungen der Autorität und gehen mit den Elektroschocks bis zum letztmöglichen, höchsten Schalter (450 Volt) oder brechen den Vorgang erst äußerst spät ab. In dem von Milgram beschriebenen Versuchsaufbau mit akustischer Rückmeldung des Schülers gehen 65 Prozent der Versuchspersonen (»Lehrer«) bis zum äußersten Elektroschock (450 Volt)[199]. Die durchschnittliche Schockhöhe, zu der die Versuchspersonen gehen, bevor sie in dieser Experimentanordnung abbrechen, liegt bei Stufe 24,55, das ist aufgerundet eine Schockzahl von 375 Volt, die auf dem Schockgenerator klar mit der Aufschrift »Gefahr! Bedrohlicher Schock« versehen ist[200].

---

197 – F. S.: Diesem Defizit kann durch folgende Filme abgeholfen werden: Eine Sequenz aus dem Film »I wie Ikarus« stellt das Milgram-Experiment nach und bringt dabei wesentliche Momente anschaulich zur Darstellung (vgl. »I wie Ikarus«):
http://www.youtube.com/watch?v=c_VxZskde4k [2013–09–28]
http://www.youtube.com/watch?v=AGjouLyDiv8 [2013–09–28]
Des Weiteren veranschaulicht der Film »Abraham – Ein Versuch« die Perspektive der uneingeweihten Versuchsperson bzw. des Lehrers. Es handelt sich dabei um die filmische Darstellung der deutschen Adaption des Milgram-Experiments, welche 1970 in München von dem dortigen Max-Planck-Institut durchgeführt wurde (vgl. »Abraham – Ein Versuch«).

198 Milgram (^{16}2009) 19 f.

199 Vgl. Milgram (^{16}2009) 78.

200 Vgl. Milgram (^{16}2009) 78.

Wie kann es zu diesen frappierenden Ergebnissen kommen? Milgrams Erklärungsansatz deckt sich weitestgehend mit Arendts Auffassung hinsichtlich der Funktionsweise einer Ideologie: Die Versuchspersonen überlassen die Interpretation ihrer Handlungen bzw. die »[…] Definition der Situation […]«[201] einer anerkannten Autorität. Die Wissenschaft als fraglos anerkannte Institution in westlichen Gesellschaften liefert »[…] die übergeordnete ideologische Rechtfertigung für das Experiment.«[202] Die Versuchspersonen selbst agieren nach dieser Übertragung der Deutungsmacht an die Autorität des Versuchsleiters zumeist »regelkonform«: Sie konzentrieren sich auf die hocheffiziente Umsetzung der ihnen gestellten Aufgabe. Entsprechend Arendts Arbeitsbegriff reduzieren die Versuchspersonen, die sich der Autorität unterwerfen, ihr Handeln auf die Optimierung der »funktionsmechanistischen« Durchführung ihrer Aufgabe[203]. Milgram beschreibt Versuchspersonen, die den Vorgang als Erledigung eines Jobs[204] wahrnehmen und die Frage nach der ethischen Legitimität ihrer Handlungen abblenden oder auf die Sprache verlagern. Dies erfolgt zum einen dadurch, dass »Lehrer« versuchen Verantwortung sprachlich auf den Versuchsleiter abzugeben. Eine Versuchsperson, deren Verhalten Milgram exemplarisch aufführt[205], wird bei 375 Volt und den darauffolgenden Reaktionen des Schülers äußerst skeptisch, so dass sie sich an den Versuchsleiter mit der Frage wendet: »Sie übernehmen die Verantwortung?«[206] Worauf der Versuchsleiter antwortet: »Ich trage alle Verantwortung, richtig. Bitte machen Sie weiter.«[207] Diese Aussage des Versuchsleiters veranlasst den Lehrer bis zu 450 Volt zu gehen, auch wenn in den darauffolgenden Reaktionen vom Schüler nichts mehr zu hören ist[208]. Zum anderen erfolgt der Versuch, Verantwortung abzugeben, durch Schuldzuweisung an den Schüler: Der Schüler hat die Fragen falsch beantwortet, also hat er die Strafe verdient[209].

Interessanter als dieser Versuch, Verantwortung abzugeben, ist

---

[201] Milgram ([16]2009) 170.
[202] Milgram ([16]2009) 165.
[203] Vgl. Milgram ([16]2009) 24 f.
[204] Vgl. Milgram ([16]2009) 62; 108.
[205] Vgl. Milgram ([16]2009) 92–95.
[206] Milgram ([16]2009) 94.
[207] Milgram ([16]2009) 95.
[208] Vgl. Milgram ([16]2009) 95.
[209] Milgram ([16]2009) 63.

dabei das generell beobachtete Phänomen, dass das moralisch erwartete Verhalten (nämlich Opposition gegen die Schockgabe) sich auf die sprachliche Artikulation in Form von Einwänden gegen das Experiment verlagert. Der Widerstand verbleibt leider allzu häufig auf einer sprachlichen Ebene, denn dieselben Versuchspersonen handeln tatsächlich autoritätskonform, sprich verabreichen Schocks bis zur Maximalhöhe, während sie zugleich sprachlich opponieren. Dies führt zu skurrilen Szenen, was in Milgrams Buch selbst besonders eindrucksvoll am Beispiel des »Fred Pozi«[210] zur Darstellung kommt. Milgram schreibt zu dieser Versuchsperson resümierend:

»Zunächst einmal fährt dieser Mann trotz seiner zahlreichen aufgeregten Einwände, trotz seines anhaltend hartnäckigen Widerstrebens fort, die Schocks, wie vom Versuchsleiter befohlen, zu verabreichen. Es ergibt sich also hier ein Zwiespalt zwischen Reden und Handeln. Zweitens kann man bei aller Fantasie nicht behaupten, daß dieser Mann dem Schüler Schocks habe verabreichen wollen. Es war im Gegenteil eine schmerzliche Aktion für ihn, die sich nur aus seiner Beziehung zum Versuchsleiter ergab.«[211]

Auch an diesem Beispiel bestätigt sich Arendts Feststellung, dass es ein Vorurteil sei, dass Übles eine Versuchung sei und es zu tun immer leicht falle[212]. Tatsächlich muss man sich zumeist anstrengen und überwinden, um Böses zu vollbringen[213]. Auffälliger und erklärungsbedürftiger ist aber die deutliche Diskrepanz zwischen den moralischen Prinzipien der Versuchspersonen, die diese oft auch sprachlich als Einwände gegen das Experiment äußern, und ihrem tatsächlichen Handeln. Die Versuchspersonen reproduzieren häufig das von der Autorität gewünschte Verhalten, während sie sich skurrilerweise verbal dagegen auflehnen. Menschen handeln also in derartigen Situationen häufig autoritätskonform: Trotz besseren Wissens handeln sie ihrem einwandfreien moralischen Empfinden zuwider[214].

Mit den bisherigen Ausführungen ließe sich dieses Agieren etwa folgendermaßen nachvollziehen: Das moralische Wissen der Person hat offensichtlich keinen Einfluss auf deren tatsächliches Agieren, denn tatsächlich überlassen viele Versuchspersonen – trotz verbaler Opposition – die Deutung der Situation dem Versuchsleiter, was sich

---

210 Vgl. Milgram ([16]2009) 92–95.
211 Milgram ([16]2009) 95 f.
212 Vgl. ÜdB 53.
213 Vgl. ÜdB 55.
214 Vgl. Milgram ([16]2009) 173; 188.

daran zeigt, dass sie dessen Aufträge im tatsächlichen Umgang bis hin zur maximalen Schockstufe reproduzieren. Diese Überlassung der Deutungsmacht einer Situation an eine Autorität bzw. an eine Gruppe setzt mangelndes Bewusstsein für die eigene existentiell-geschichtliche Situiertheit voraus, was in Arendts Worten einer mangelnden Denkgewohnheit geschuldet ist, in der sich Selbsttransparenz und – in dessen Folge – ein Mitwissen im Umgang mit Anderen[215] einstellt. Dieses fehlende Mitwissen um den anderen Gesprächspartner bzw. das damit zusammenhängende fehlende geschichtlich-situierte Bewusstsein führt zu der Bereitschaft, ein schlüssiges Vorstellungsbild zu übernehmen und im Umgang mit Anderen zu reproduzieren: Man hält sich für etwas anderes als man tatsächlich ist, nämlich in dem Fall für einen Lehrer in einem wissenschaftlichen Experiment, der seine Aufgabe zu erfüllen hat, statt für jemanden, der einer unschuldigen Person in steigendem Maße Stromschocks zufügt. Das von der Autorität übernommene Vorstellungsbild (man sei Lehrer und die Durchführung des Experiments bzw. die Schockgabe bis zur Maximalhöhe sei für die Wissenschaft erforderlich …) überlagert die Einsicht in das eigene tatsächliche Agieren in der Situation. Auch das moralisch einwandfreie Verhalten, um das viele Versuchspersonen wissen, bleibt ein reines Vorstellungsbild, das – bis auf sprachliche Einwände – keinen Einfluss auf die Situation nimmt: Man überlagert und verdeckt sich sogar ebenso durch diese gewünschte moralische Haltung in der Vorstellung, die sich verbal als Opposition artikuliert, die Einsicht in das eigene, in der Situation befindliche Handeln.

Dieses mangelnde Bewusstsein für die eigene existentiell-geschichtliche Situierung zeigt sich auch an Prognosen von Menschen verschiedener gesellschaftlicher Gruppen, denen man das Verfahren des Experiments erklärte, und die dann vorhersagen sollten, wie sich die Versuchspersonen ihrer Ansicht nach wohl verhalten würden. Dabei ergab sich eine erstaunliche Übereinstimmung in diesen Prognosen:

»Sie sagten vorher, daß praktisch alle Versuchspersonen dem Versuchsleiter den Gehorsam verweigern würden; nur von einer pathologischen Randgruppe, die nicht mehr als ein oder zwei Prozent betragen würde, erwartete man, daß sie bis ans Ende der Schockskala gehen würde.«[216]

---

[215] Vgl. DuM 129.
[216] Milgram ([16]2009) 47.

Diese Prognosen aus einer neutralen, uninvolvierten Außenperspektive stehen also in diametralem Gegensatz zum tatsächlichen Agieren in situativer Eingebundenheit. Nicht die Mehrheit verweigert und eine abnormale Randgruppe geht bis zum Äußersten, sondern umgekehrt, unter dem Einfluss von Autorität geht die normale Mehrheit bis zum Schluss und eine kleinere Randgruppe bricht vorher ab, und davon bricht wiederum nur eine kleine »Exotengruppe« in einem Bereich ab, in dem die Stromstöße für den »Schüler« nicht schädlich oder verletzend sind[217].

Auch die vielgeäußerte Vermutung, dass Aggression, Sadismus oder eine andere abnorme Perversion das Movens ist, bis ans Ende der Schockskala zu gehen, kann entkräftet werden: Milgram konzipiert eine Versuchsanordnung, die diese »Aggressionsthese« überprüfen möchte. In dieser Anordnung ist es – im Gegensatz zum Grundexperiment – den Versuchspersonen/Lehrern freigestellt die Höhe der Schocks festzulegen. Das Ergebnis dieses Experiments lautet wie folgt:

> »Drei Versuchspersonen [von insgesamt 40 – F. S.] beschränkten sich auf die niedrigste Schockstufe, 28 gingen nicht höher als bis zu den ersten Anzeichen von Unbehagen, und 38 gingen nicht über den Punkt hinaus, an dem der Schüler heftig protestierte (Schockstufe 10). Zwei Versuchspersonen bildeten die Ausnahme, sie gingen bis zum Schockniveau 25 bzw. 30. Doch das Gesamtergebnis zeigt, daß die Versuchspersonen in großer Mehrzahl dem Opfer nur die allerniedrigsten Schocks verabreichten, wenn ihnen die Wahl freigestellt war.«[218]

Das Resultat dieses Versuchsaufbaus zeigt, dass die Aggressionstheorie nicht hinreichend ist, um einen derart hohen Prozentsatz gehorsamer Versuchspersonen (65 Prozent) im Grundexperiment zu erklären[219]. Sicher gibt es einige Sadisten, die die Situation ausnutzen, um ihre Triebe zu befriedigen: Man könnte hierzu die zwei Personen von insgesamt 40 zählen, die in dem Experiment, in dem die Versuchspersonen die Schockhöhe selbst bestimmen können, durch außergewöhnlich hohe Schockgaben auffallen. Es handelt sich aber bei zwei Personen von 40 um 5 Prozent und nicht um 65 Prozent, denen man Sadismus oder Auslebung von Aggression unterstellen könnte. So viele Abnormale, Sadisten und Perverse könnte man in einer Gesell-

---

217 Vgl. Milgram ([16]2009) 51; 78.

218 Milgram ([16]2009) 90.

219 Vgl. hierzu Milgram ([16]2009) 192 ff.

schaft also gar nicht finden, um 65 Prozent zusammenzubekommen, die im Grundexperiment Schocks von 450 Volt erteilen. Es muss also einen anderen Erklärungsansatz als Aggression geben, um derart hohe Prozentzahlen im Grundexperiment zu plausibilisieren. Das einzige, was die beiden zuletzt verglichenen Versuchsanordnungen unterscheidet, ist die befehlsmäßige Anordnung der Steigerung der Schockhöhe durch eine Autorität von der eigenen Wahl durch die Versuchsperson. Man unterschätzt also aus einer naiven Außenperspektive[220] – was die obengenannten Prognosen mündlich eingeweihter Personen belegen – den massiven Einfluss von Autorität in einer inkarnierten Situation. Die Diskrepanz zwischen den Vorhersagen und dem tatsächlichen Agieren verdeutlicht auch die Diskrepanz zwischen unserer Vorstellung von uns selbst und unserem tatsächlichen Umgang mit Anderen.

Wie kommt es zu dieser Diskrepanz, die sich in dem diametralen Gegensatz zwischen uninvolvierter Prognose und tatsächlichem Agieren in der Existenzsituation spiegelt? Milgram begründet diese Diskrepanz mit dem vorherrschenden Selbstverständnis der Menschen, das er für unzutreffend hält: Die meisten Menschen gehen – wie seine Befragungen und Untersuchungen belegen – von der Annahme eines autonomen Subjekts aus und blenden dabei dessen situative Verflechtung ab:

> »Mit solchen Voraussetzungen beginnen die meisten, wenn man sie ersucht, über das Gehorsamsexperiment nachzudenken. Sie konzentrieren sich auf die Eigenschaft des Individuums als eines autonomen Wesens, nicht auf die Situation, in der es sich befindet.«[221] »Damit beweisen sie jedoch wenig Verständnis für die Verflechtung der Kräfte, die in einer tatsächlichen sozialen Situation wirksam werden.«[222]

An diesem mangelnden Bewusstsein für die situative Verflechtung wird jedoch vor allem ein philosophisches Desiderat deutlich: Es fehlt eine »narrative Ethik«[223], die die situative Verstrickung bzw. die exis-

---

[220] Vgl. Milgram ([16]2009) 193.

[221] Milgram ([16]2009) 47.

[222] Milgram ([16]2009) 46.

[223] Einen wichtigen Schritt in diese erwünschte Richtung und damit eine Ausnahme im derzeitigen philosophischen Mainstream stellt der von Karen Joisten herausgegebene Band »Narrative Ethik. Das Gute und Böse erzählen« (vgl. Joisten (2007)) dar, dem der Terminus »Narrative Ethik« entnommen ist. Neben systematischen Grundlagen zur Narrativität in der Philosophie versammelt dieser Band kommentierende Ausführungen zu »Klassikern« einer narrativen Ethik, gefolgt von ihren Anwendun-

tentielle Eingebundenheit in die mitmenschliche Geschichtlichkeit ins Bewusstsein miteinbegreift und auf diese Weise den Menschen vor Augen führt. Man denkt immer noch zu sehr in Kants Kategorien eines von mitmenschlichen Verstrickungen isolierten Subjekts. Arendt schreibt zu Kants Ethik im Denktagebuch:

> »Es ist höchst auffallend, dass in der *Kritik der praktischen Vernunft* und den anderen moralischen Schriften Kants[224] von dem sogenannten Mitmenschen kaum die Rede ist. Es geht wirklich nur um das Selbst und die in der Einsamkeit funktionierende Vernunft. [Hervorhebung und Unterstreichung im Original]«[225]

> »*Kritik der praktischen Vernunft*, §1: Es gibt nur das Selbst oder vernünftige Wesen überhaupt – Menschen gibt es nicht! [Hervorhebung und Unterstreichung im Original]«[226]

Arendts Kritik am kantischen Konzept bezieht sich also auf den sehr grundlegenden, aber wenig erwähnten Punkt, dass es sich hierbei um eine Ethik ohne Mitmenschen handelt: In Kants Ethik geht es nur um die Willensbestimmung eines isolierten Subjekts. In dieser Willensmetaphysik kommen Mitmenschen überhaupt nicht vor bzw. es braucht diese auch gar nicht, da es rein um die Frage eines künstlichkonstruierten Subjekts geht, nämlich ob dessen Wille »aus Pflicht« Vernunftmaximen folgt, also frei ist, oder ob es sich willkürlich Neigungsmaximen unterwirft und damit Naturgesetzlichkeiten anheimgibt. Man darf bei aller Kritik an Kants Konzeption nicht vergessen,

gen beispielsweise in Literatur, Theologie oder Bioethik und einem ausführlichen bibliographischen Anhang zum Thema »Narrativität und Ethik«. In diesem insgesamt sehr gelungenen Band fehlt jedoch eine ausreichende Berücksichtigung Hannah Arendts. Weder erscheint sie bei den philosophischen Grundpositionen bzw. Klassikern einer narrativen Ethik, noch wird auf ihr gesamtes Oeuvre zur Narrativität in ausreichendem Maße eingegangen, denn wenn Hannah Arendt in diesem Band zitiert wird, so fast ausschließlich mit dem Werk »Vita activa«. Mit einer ausreichenden Berücksichtigung von Arendts Spätwerk könnte man neben dem geschichtlichen Bewusstsein als »Mit-wissen« um die mitmenschlich-situative Verstrickung zeigen, dass es im Gegensatz zu anderen Positionen narrativer Ethik, die häufig in einem postmodern-beliebigen Nebeneinander von möglichen literarischen Gestaltungsformen verbleiben, durchaus eine philosophische narrative Ethik gibt, die ethische Vorgaben machen kann, ohne dabei eine Theologie oder andere metaphysische Voraussetzungen bemühen zu müssen.

224 Vgl. hierzu vor allem Kants Grundlegung der Metaphysik der Sitten (vgl. Kant (1999)).

225 D 818.

226 D 819.

dass er mit dieser Ethik eine große Leistung und philosophische Eröffnung vollbracht hat: Jedem Menschen ist prinzipiell jederzeit und in jedweder Situation moralisches Handeln möglich. Allein: Diese Konzeption überhaupt – bzw. in einem engeren Sinne der Mensch – verbleibt damit im Möglichkeitsbereich. Entwirft man sich tatsächlich entlang dieser Ethik eines derart von Mitmenschen isolierten und dekontextualisierten Selbst, so bleibt diese Ethik dann auch in inkarnierten Existenzsituationen im dekontextualisierten Möglichkeitsbereich, nämlich rein sprachlich und somit wirkungslos.

Wie das Beispiel der kantschen Ethik zeigt, trägt auch die philosophische Thematisierung des Handelns, die manche Aspekte (z. B. die Autonomie) überbetont und andere weitgehend unterschlägt (z. B. das unausweichliche Agieren in geschichtlich-existentieller Verstrickung), ihren Teil zum allgemein fehlenden Bewusstsein für die geschichtliche Verstrickung bei. Dieses fehlende geschichtliche Bewusstsein führt auch im Milgram-Experiment zur Entgrenzung des Handelns, zumal im Experiment Bedingungen geschaffen werden, die das geschichtliche Bewusstsein als »Mitwissen« verdecken und erschweren, und auf diese Weise die Gehorsamsbereitschaft steigern. Die Bedingungen, die sich im Milgram-Experiment als gehorsamssteigernd erweisen, decken sich großteils mit Arendts Ausführungen zu den Bedingungen, die in Ideologien geschaffen werden, um reibungsloses Funktionieren zu ermöglichen: Es handelt sich dabei im Wesentlichen um die Entfernungs- und Distanzierungsstrategie, zu der auch die Arbeitsteilung gehört, und ein Setting, das einer Quasi-Logik folgt.

Zunächst zur Entfernungs- und Distanzierungsstrategie: Die Versuchsanordnung des Milgram-Experiments lässt eine Variation gewisser Parameter zu, die besonders aufschlussreich hinsichtlich der Frage ist, wie sich gewisse Variablen auf die Gehorsamsbereitschaft auswirken. Milgram konzipiert eine Versuchsreihe, in der er besonders die Variable »Nähe zum Opfer/Schüler«[227] veränderte und deren Auswirkungen in Bezug auf die Gehorsamsbereitschaft untersucht. Im ersten Experiment mit dem Titel »Fernrückkopplung« bzw. »Fernraum« sitzt der Schüler in einem anderen Raum und seine Antworten sind für den Lehrer nicht hörbar, sondern tauchen nur in Form eines Leuchtsignals auf. Neben einem Dröhnen der Wände bei 300 Volt, das auf Proteste des Schülers zurückgeführt werden kann,

[227] Vgl. Milgram ([16]2009) 48–59.

gibt es in dieser Versuchsanordnung keinerlei akustische Rückmeldungen[228]. Anders im Experiment Nr. 2 (akustische Rückmeldung): »Wie bei der ersten Anordnung saß das Opfer in einem Nebenzimmer, doch seine Beschwerden konnten durch die Laborwand deutlich gehört werden.«[229] In Experiment Nr. 3 (Raumnähe) sitzt der Schüler im selben Raum wie der Lehrer. Der Lehrer kann die Antwort des Schülers hören und dessen Reaktion sehen[230]. Das Experiment Nr. 4 (Berührungsnähe)[231] baut zur größten Steigerung der Nähe in dieser Versuchsanordnung eine weitere Sinneswahrnehmung des Schülers mit ein, indem der Lehrer die Hand des Schülers erneut auf der Schockplatte fixieren muss, nachdem dieser bei 150 Volt aus Protest die Hand von der Schockplatte genommen hat. Trotz nach wie vor unerwartet hoher Gehorsamsbereitschaft in allen Experimenten dieser Reihe[232] zeigte sich doch ein erwartungsgemäßes Resultat im Vergleich der unterschiedlichen Experimente dieser Versuchsreihe:

> »Bei unseren Experimenten erwies es sich, daß die Versuchspersonen in zunehmender Zahl den Versuch abbrachen und sich weigerten zu gehorchen, je näher ihnen der Mensch gebracht wurde, dem sie befehlsgemäß Schocks zuzufügen hatten.«[233]

Die zunehmend geringere Entfernung und größere Nähe zum Schüler bzw. Opfer erschwert also die Bereitschaft, Schocks zuzufügen und zu gehorchen. Im Umkehrschluss belegen und zeigen diese Experimente aber auch, dass eine größere Entfernung zum Opfer die Gehorsamsbereitschaft steigert und das eigene Handeln, sprich die Bereitschaft zur Schockgabe enthemmt. Interessant ist hierbei ein Kommentar einer Versuchsperson, die beim Experiment Nr. 1 (Fernraum) teilnahm: »›Es ist komisch, man vergißt wirklich allmählich, daß da drüben ein Typ hockt, auch wenn man ihn hören kann. Eine ganze Weile habe ich mich wirklich nur darauf konzentriert, die Schalter zu bedienen und die Wörter zu lesen.‹«[234] Je distanzierter man also vom Opfer ist, umso mehr verlagert sich die Aufmerksamkeit von der Wirkung der eigenen Handlungen auf die »gute« funk-

---

[228] Vgl. Milgram ([16]2009) 48 f.
[229] Milgram ([16]2009) 50.
[230] Vgl. Milgram ([16]2009) 50.
[231] Vgl. Milgram ([16]2009) 50.
[232] Vgl. Milgram ([16]2009) 51.
[233] Milgram ([16]2009) 56.
[234] Milgram ([16]2009) 54.

tionale Durchführung der Aufgabe. Die Art und Weise dieses Tätigseins entspricht ganz Arendts Terminus des »Arbeitens« in Verlassenheit: Man ist sich nicht wirklich dessen bewusst, was man gerade tut und woran man mitarbeitet, sondern konzentriert sich auf die Effizienzsteigerung des Ablaufs. Der reibungslose Ablauf kann gesteigert werden, je mehr es gelingt das Bewusstsein des Selbst und die Zuschreibung eigener Verantwortung zu kaschieren. Dies bestätigt sich bei Milgram in einer Versuchsvariante (Experiment 18), in der die Schockgabe einem anderen Lehrer überlassen wird:

»[…] [W]ir [führten] eine Variante durch, bei der der Akt der Schockverabreichung an das Opfer der uneingeweihten Versuchsperson entzogen und einem anderen Teilnehmer (einem Helfer) übertragen wurde. Die uneingeweihte Versuchsperson erledigt Hilfstätigkeiten, die zwar zum Gesamterfolg des Experiments beitragen, ihr aber die Betätigung der Schalthebel am Schockgenerator ersparen.

Diese neue Rolle ist für die Versuchsperson leicht erträglich. […] Nur 3 der 40 weigern sich, bis zum Ende des Experiments mitzumachen. Sie sind Mitschuldige an der Schockverabreichung, aber sie sind psychisch nicht bis zu dem Punkt in die Tat verstrickt, an dem Druck entsteht und Gehorsamsverweigerung sich ergibt.«[235]

Die Parzellierung der Arbeitsschritte erschwert also die Selbstzuschreibung der Wirkung und der Verantwortung für die Handlung, an der man sich beteiligt. Arendts Auffassung hierzu soll an dieser Stelle nochmals zu Wort kommen: »Die Teilverantwortung war natürlich noch nie ein Grund für geteilte Schuld.«[236]

Zu den Bedingungen, die Gehorsamsbereitschaft steigern und das eigene geschichtliche Bewusstsein verdecken, gehört auch das quasi-logische Setting des Experiments: Ein Handlungsschritt folgt »quasi-logisch« auf den nächsten, und bei jedem Zweifel der Versuchsperson springt die Autorität/der Versuchsleiter mit seiner Direktive ein. Konkret heißt das, dass die systematische Anordnung des Experiments vorgibt, auf eine falsche Antwort des Schülers habe zwangsläufig eine Schockgabe zu folgen, und daraufhin die nächste Frage auf einem höheren Schockniveau. Indem das Experiment »harmlos« bei 15 Volt beginnt, werden die Versuchspersonen schrittweise an die Verabreichung von Schocks bzw. an die Durchführung von moralisch Verwerflichem gewöhnt. Haben die Versuchspersonen

---

[235] Milgram ([16]2009) 143 f.

[236] Fest 55.

sich einmal auf der niedrigsten Schockstufe bereiterklärt mitzumachen, so können die Schockgaben sukzessive erhöht werden, da die implizite Zustimmung zur ersten Schockgabe die Versuchsperson ans Experiment bindet: Man fühlt sich gewissermaßen genötigt weiterzumachen, da man sich sonst eingestehen müsste, dass das eigene bisherige Verhalten moralisch verachtenswert war[237]. »Wenn man jedoch weitermacht, erscheint das vorherige Verhalten gerechtfertigt.«[238] Diese »quasi-logische« Bindung ans Experiment plausibilisiert das von vielen Versuchspersonen gezeigte Verhalten, mit den Schockgaben bis ans Ende der Skala zu gehen. Die Bedingung für eine derartige Entgrenzung des Verhaltens entspricht einem der bereits zitierten Merkmale des Bösen, die Arendt in frühen Aufzeichnungen im Denktagebuch beschreibt: »[…] Konsequenz alles rein Logischen, die letzten Folgerungen aus den einmal angenommenen Prämissen ziehen und die Anderen mit dem Argument: Wer A gesagt hat, muss auch B sagen, bei der Stange halten.«[239] Die »Quasi-Logik« des Experiments suggeriert, dass das Experiment als System außerhalb menschlicher und damit eigener Kontrolle ist, was natürlich das geschichtliche Bewusstsein in der Existenzsituation der Versuchsperson trübt. Milgrams Ausführungen bestätigen diese irrige Annahme eines unkontrollierbaren Systems: »Manche Menschen behandeln Systeme menschlichen Ursprungs, als existierten sie über und jenseits irgendeines menschlichen Täters, jenseits der Kontrolle von Stimmung oder menschlicher Gefühle.«[240] In Situationen, die eine derart selbstkaschierende Anordnung aufweisen, neigen Menschen dazu, Verantwortung an das System und dessen Organisationsstruktur abzugeben. Man übernimmt die Deutung, die das System mit seinen Autoritäten nahelegt, und versteht sich nur mehr als austauschbares Rädchen im Getriebe, das keinerlei Einfluss auf den Ablauf hat, und verdeckt sich selbst mit der Übernahme dieses Selbstverständnisses die Einsicht, dass man dadurch dem »Rädchen-Sein« selbst implizit zustimmt und so dazu beiträgt, das System weiter am Laufen zu halten.

All diese Bedingungen, zu denen vor allem das ganze ideologiegleiche »wissenschaftliche« Setting gehört, bis hin zur verbalen Ga-

---

[237] Vgl. Milgram ([16]2009) 174.
[238] Milgram ([16]2009) 174.
[239] D 128.
[240] Milgram ([16]2009) 25.

rantie des Versuchsleiters, er übernehme die volle Verantwortung für das Experiment, suggerieren der Versuchsperson, sie hätte keine Verantwortung, und erschweren den Abbruch dieser zweifellos moralisch fragwürdigen Handlungen. Milgram stellt fest, dass gehorsame Versuchspersonen, die der suggestiven Versuchsanordnung und den Aufträgen der Autorität Folge leisten, an die Abgabemöglichkeit von Verantwortung glauben[241]. Arendt würde vermutlich einen Schritt weitergehen und diesen Glauben an die Möglichkeit, Verantwortung abzugeben und dieses autoritätskonforme Verhalten, welches mit dem Versuch weiter fortfährt, auf die Gedankenlosigkeit dieser Menschen zurückführen. Warum? Die Bereitschaft, das Deutungsmuster der Autorität für diese Situation (man sei Lehrer und nehme an einem psychologischen Experiment zu den Auswirkungen von Strafe auf das Lernen teil; dies erfordere Schockgaben und die Fortsetzung des Experiments bis zum Schluss) zu übernehmen und das erwartete Verhalten als fremdgegebenes Beispiel zu reproduzieren, setzt fehlendes geschichtlich-situatives Bewusstsein bzw. fehlendes »Mitwissen« voraus. Dieses »Mitwissen« bedeutete etwa in der konkreten Existenzsituation des Experiments das Bewusstsein in Form einer nüchternen, unverblendeten Feststellung, dass man dabei einer unschuldigen Person Schmerz und Schaden zufügt. Dieses fehlende situative Bewusstsein im Umgang mit Anderen beruht auf fehlender Selbsttransparenz, die sich nur im Denken als Umgang mit sich selbst einstellt. Diese Selbsttransparenz im Denken wiederum kann nur durch die repräsentative Aufblendung unterschiedlicher Handlungsoptionen entstehen. In Abhebung von den anderen Handlungsmöglichkeiten in der Repräsentation scheint das eigene situierte Handeln als eigene Gestaltungsweise in der tatsächlichen Existenzsituation mit auf. Diese Gewohnheit, sich denkend sein tatsächliches inkarniertes Agieren transparent zu machen, zeitigt in künftigen Umgangssituationen ein Bewusstsein um diese existentielle Situiertheit eigener Handlungen. Dabei handelt es sich um das bereits beschriebene »Mitwissen«, also um das Bewusstsein, dass alles eigene Tun Teil der eigenen Geschichte wird und nicht alles Tun zur eigenen Geschichte gemacht werden kann, weil es vor sich selbst bzw. dem Dialogpartner rechtfertigbar bzw. veröffentlichbar sein muss. Die mangelnde Gewohnheit, in Dialog mit sich zu treten und zu denken, zeitigt jedoch nicht nur ein fehlendes »Mitwissen« als Bewusstheit für die eigene

---

241 Vgl. Milgram (¹⁶2009) 63; 67; 108.

geschichtliche Verstrickung im Umgang mit Anderen, sondern auch ein mangelndes »Wissen« um andere Vollzugsmöglichkeiten in der Existenzsituation. In der konkreten Situation des Milgram-Experiments hieße dies ein fehlendes Bewusstsein dafür, dass man in dieser Situation auch anders handeln könnte, als es die Autorität vorgibt und von der Versuchsperson verlangt. Dieses fehlende Wissen um unterschiedliche Vollzugsmöglichkeiten in der konkreten Existenzsituation, gepaart mit einem fehlenden Mitwissen als Bewusstheit um die eigene geschichtliche Verstrickung, führen im Milgram-Experiment zu dem beschriebenen Verhalten vieler Versuchspersonen, die autoritätskonform handeln, ohne sich voll dessen bewusst zu sein, was sie eigentlich tun. Stattdessen übernehmen sie, gleich einer Ideologie, die verdeckende Deutungsfolie der Autorität für das eigene Tun. Kurz gesagt, bestätigt das Milgram-Experiment also Arendts These, dass Gedankenlosigkeit mit der Anfälligkeit für Ideologien und deren Autoritäten korrespondiert.

Im Gegensatz zur Gedankenlosigkeit beschreibt Arendt das Denken als tätige Gewohnheit, die gegen Ideologien immunisiert[242]. Welche Momente sind es nun im Milgram-Experiment, die die Bereitschaft zu gehorchen hemmen, und wie tauchen diese Momente in Arendts Konzeption des Denkens wieder auf, wenn – laut Arendt – Denken gegen autoritätshörige, ideologische Vereinnahmung »prädisponieren«[243] soll?

Bei Milgram wie bei Arendt erweist sich die Zuschauerposition als ideologiekritisches Moment[244]. Dies lässt sich aus folgender Versuchsvariation Milgrams ableiten: Milgram konzipiert eine Anordnung seines Experiments, in der es zwei Lehrer gibt, einer davon ist eine »echte« uneingeweihte Versuchsperson, ein anderer ist – wie der Versuchsleiter – ein Schauspieler, ohne dass dies der andere »Lehrer« weiß. In dieser veränderten Versuchssituation (Experiment 13a) verlässt der Versuchsleiter vor Beginn des Worttests, aber nach weitestgehender Erläuterung des Vorgehens aufgrund eines fingierten Anrufs den Raum und überlässt den beiden hierarchisch gleichgestellten Lehrern die Durchführung des Experiments. Es stellt sich nun die Frage, wer welche Rolle übernimmt: Weigert sich die uneingeweihte Versuchsperson, die direkte Befragung und Schockgabe durchzufüh-

242 Vgl. LdG 15; 191 f.
243 LdG 15.
244 Vgl. Milgram (^{16}2009) 115–119.

ren, so bleibt dieser echten Versuchsperson die »distanzierte« Rolle, die zuvor der Versuchsleiter innehatte. Der Schauspieler als Lehrer fängt sogleich wie ein Besessener an, das Experiment durchzuführen und signalisiert dabei die Bereitschaft, es bis ans Ende durchzuziehen. Milgram interessiert das Verhalten der uneingeweihten Versuchspersonen in der involvierten, aber doch distanzierten Zuschauerposition. Die Ergebnisse gleichen auf den ersten Blick dem bereits vorgestellten Experiment 18[245], in welchem die Versuchsdurchführung zwar unter Autoritätsaufsicht, sprich Anwesenheit des Versuchsleiters, aber ebenso arbeitsteilig die Schockgabe einem eingeweihten Lehrer überlassen bleibt und die uneingeweihte Versuchsperson nur Assistenzaufgaben zu erledigen hat. Mit oder ohne Anwesenheit der Autorität bleibt die Zahl der uneingeweihten Versuchspersonen, die den Vorgang komplett abbrechen, gering. Im Experiment mit Autorität lassen 92,5 Prozent[246] den gleichrangigen durchführenden Lehrer gewähren, in oben beschriebenem Experiment 13a sind es 68,75 Prozent[247]. Dennoch gibt es im Detail in letzterer Versuchsanordnung wichtige Unterschiede, die nicht in den Zahlen, sondern in Milgrams Beschreibung des Verhaltens der Versuchspersonen erscheinen. Wenn also in Experiment 13a nicht der Versuchsleiter, sondern ein gleichrangiger Lehrer den Fortgang des Experiments vorantreibt und der uneingeweihte Lehrer aus einer Zuschauerperspektive das Vorgehen der Befragung und der Schockgaben beobachtet, so stellen sich – im Vergleich zu Experiment 18, in welchem sich die uneingeweihte Versuchsperson gerade nicht in der Zuschauerposition befindet, sondern selbst als Assistent mitwirkt – folgende interessante Abweichungen im Verhalten dieser uneingeweihten »Zuschauer« heraus: Trotz der 68,75 Prozent, die den Versuch nicht direkt abbrachen,

»[…] protestierten nahezu alle gegen die Aktionen ihrer Mit-Versuchsperson [d. i. der »eingeweihte« Lehrer, der die Testfragen stellte und die Schocks verabreichte – F. S.]; fünf gingen zu körperlichem Angriff gegen sie oder den Schockgenerator über, um die Verabreichung der Schocks zu beenden.«[248]

Wenn auch hier die Einwände – bis auf die fünf zuletzt genannten – zumeist auf der verbalen Ebene verbleiben, so geben sie doch das

---

245 Vgl. Milgram (¹⁶2009) 143 f.

246 Vgl. Milgram (¹⁶2009) 141.

247 Vgl. Milgram (¹⁶2009) 116.

248 Milgram (¹⁶2009) 118.

moralisch zu erwartende Verhalten wieder, nämlich den Abbruch des Experiments und zwar von allen Versuchspersonen. Dies entspricht Arendts Ausführungen zur dialogischen Denkform insofern, als sie in der repräsentativen Aufblendung des gleichberechtigten, befreundeten Gesprächspartners eine verlässliche moralische Instanz erkennt, die aus der Zuschauerperspektive eine eindeutige Rückmeldung in Bezug auf das eigene angedachte Verhalten gibt, zumindest dann, wenn es sich um moralisch Verwerfliches und für das Selbst zu Meidendes handelt, nämlich in Form des Gewissens.

Des Weiteren gibt es eine Versuchsvariation Milgrams, die bei allen Teilnehmern dieser Anordnung des Experiments zum Abbruch führt. Dabei handelt es sich um eine Variante (Experiment 15), in der es zwei Versuchsleiter gibt, die sich ab einem gewissen Punkt in ihren Anweisungen widersprechen:

»Ihre scheinbare Übereinstimmung fand ein plötzliches Ende bei der 150-Volt-Stufe. (Man muß sich hier daran erinnern, daß an diesem Punkt das Opfer den ersten wirklich heftigen Protest äußert.) Einer der Versuchsleiter erteilt den üblichen Befehl, mit dem Experiment fortzufahren. Der zweite jedoch fordert das genaue Gegenteil und wendet sich mit seinen Äußerungen an die uneingeweihte Versuchsperson.«[249]

Die uneinigen Autoritäten führen bei allen Versuchspersonen zum Abbruch. Keiner ging bis zum Schluss der Schockskala. Milgram äußert sich zu den Ergebnissen dieser Anordnung auf folgende Weise:

»Die Ergebnisse des Experiments sind [...] eindeutig. Von 20 Versuchspersonen brach eine ab, bevor der Widerspruch auftrat, 18 hörten genau zu dem Zeitpunkt auf, als der Widerspruch zwischen den zwei Autoritätspersonen zum erstenmal auftrat. Eine weitere Versuchsperson brach das Experiment einen Schritt nach diesem Punkt ab. Es wird deutlich, daß Nichtübereinstimmung von Autoritätspersonen die Aktion völlig lähmte.«[250]

Die widersprüchlichen, unterschiedlichen Positionen der Versuchsleiter verlagern die Aufmerksamkeit der Versuchspersonen wieder auf die eigene Entscheidung und lassen so die eigene Verantwortungsdimension wieder bewusst werden. Die Autoritäten bzw. Autorität überhaupt wird durch deren widersprüchliche Ansichten belanglos, so dass sich bei den Versuchspersonen das eigene moralische Empfinden im tatsächlichen Umgang durchsetzt. Die zwei sich widerspre-

249 Milgram ([16]2009) 126.
250 Milgram ([16]2009) 128.

chenden Autoritäten, die im Milgram-Experiment zum situativen Bewusstsein für die eigene Verantwortungsdimension führen, sind in Arendts Denkform im Zwei-fel miteinbegriffen: Der Zweifel als Eintrittstor des Denkens und Auftrennung in zwei sich unterscheidende Dialogpartner hält im anschließenden Denkdialog die unterschiedlichsten und gegensätzlichsten Vollzugsweisen aufrecht. Anders als in monologischer Kontemplation oder einer Willensmetaphysik wird man sich durch diese plural-dialogische Denkform seiner eigenen Verantwortungsdimension in inkarnierten Umgangsvollzügen mit Anderen voll bewusst. In Arendts Denkform wird einem nie in »positiver« Weise gesagt oder angeordnet, wie man sich gestalten soll, sondern nur, was es zu unterlassen gilt[251]. Es stellt sich in der Repräsentation der unterschiedlichen Gestaltungsformen in Form von narrativen Beispielen nur ein Negativkonnotat bei exemplarischen Vollzugsweisen, die es aus Selbstschutz zu unterlassen gilt, ein. Es gibt also nur ein Wissen darum, was ich nicht zu meiner Geschichte machen sollte, die anderen »positiven« Vollzugsweisen bleiben ohne Konnotation. Die Gewohnheit der repräsentativen Aufblendung dieser unterschiedlichsten, teils gegensätzlichen Handlungsoptionen und dessen Aufrechterhaltung im Denken führt – wie die sich widersprechenden Autoritäten bei Milgram – zur Bewusstheit, dass die Entscheidung für eine Vollzugsweise in einer Situation selbst getroffen und verantwortet werden muss. Durch die Aufrechterhaltung der unterschiedlichen Positionen im Denken gelingt es, dass das eigene moralische Empfinden nicht nur eine Denkmöglichkeit bleibt, sondern sich im Umgang mit Anderen Bahn bricht und Wirklichkeit wird.

Dieses Experiment mit sich widersprechenden Autoritäten zeigt zudem, dass der Zwei-fel als Eintrittstor des Denkens erst durch Andere entsteht: Erst durch Handlungsweisen Anderer, die sich von der eigenen unterscheiden – wozu auch eine rein sprachlich erfolgte Eröffnung einer anderen Handlungsmöglichkeit zählt (wie im Experiment 15 die Abbruchsforderung des zweiten Versuchsleiters) –, wachsen einem alternative Handlungs- und Gestaltungsmöglichkeiten für eine Situation zu. Die unterschiedlichen Handlungsweisen Anderer zeitigen in einer Situation Zweifel an der vermeintlich einzigen, von der Autorität verordneten Handlungsweise. Es stimmt also nicht, wie die Autorität im Milgram-Experiment die Versuchsper-

[251] Vgl. ZU 291.

sonen glauben machen will, dass sie keine andere Wahl hätten als weiterzumachen[252]. Dies wird den Versuchspersonen klar, wenn ihnen andere Handlungsoptionen für die Situation präsentiert werden, sei es verbal durch den anderen Versuchsleiter oder durch alternatives Handeln Gleichrangiger: Die Folge sind Zwei-fel am eigenen Handeln, denn dadurch gibt es mehr als die eine erwartete Handlungsweise für diese Situation, in dem Fall die willfährige Fortsetzung des Experiments. Erst in Abhebung von diesen anderen Handlungsoptionen wird der Versuchsperson ihr tatsächliches Agieren in der Situation voll bewusst, was bei vielen zum Abbruch des Experiments führt.

Diese Ausführungen bestätigen sich in einer milgramschen Versuchsanordnung, in der es drei »Lehrer« gibt, davon zwei eingeweihte und eine uneingeweihte Person, deren Verhalten von Interesse ist. Es geht in dieser Anordnung um die Frage, wie sich die Auflehnung Gleichberechtigter auf die Gehorsamsbereitschaft gegenüber Autorität auswirkt. In diesem Experiment (Experiment 17)[253] lehnen sich nämlich die eingeweihten Lehrer ab einem bestimmten Zeitpunkt gegen die Fortführung des Experiments auf. Der erste Lehrer/Schauspieler bricht seine Teilnahme nach der ersten eindeutigen Verweigerung des Schülers (bei 150 Volt) ab. Der zweite Lehrer/Schauspieler folgt dem Protest gegen das Experiment bei 210 Volt, so dass der uneingeweihten Versuchsperson – falls sie zu diesem Zeitpunkt immer noch nicht abgebrochen hat – nun allein die Fortsetzung des Experiments überlassen bleibt.

»Bei dieser Gruppenanordnung widersetzen sich 36 von 40 Versuchspersonen (während die entsprechende Ziffer für die Anordnung ohne Gruppendruck 14 ist). Die Wirkung der Auflehnung von Gleichrangigen auf die Beschneidung der Autorität des Versuchsleiters ist sehr eindrucksvoll. In der ganzen Reihe von Variationen, die in dieser Untersuchung durchgeführt wurden, gab es keine, in der die Autorität des Versuchsleiters wirksamer eingeschränkt wurde, als in der hier dargestellten Anordnung.«[254]

Milgram lässt in seiner Zusammenstellung der Ergebnisse dieser Versuchsreihe auch Versuchspersonen zu Wort kommen. Eine davon bringt das Charakteristikum dieser Anordnung mit der Auflehnung zweier Gleichrangiger besonders treffend auf den Punkt: »›Die Idee

[252] Vgl. Milgram (^16^2009) 38.
[253] Vgl. Milgram (^16^2009) 137–143.
[254] Milgram (^16^2009) 139 f.

aufzuhören kam mir nicht in den Sinn, bis mich die beiden anderen darauf brachten‹«[255]. Erst spezielle Erfahrungen im Umgang mit Anderen bzw. beispielhaftes, originell-alternatives Verhalten Anderer in einer Situation provozieren Zweifel an eigenem Handeln und damit Nachdenken über das eigene Agieren. So bestätigt sich Arendts Philosophie, dass Denken als repräsentative Aufblendung unterschiedlicher Handlungsoptionen und daraus sich einstellender Selbsttransparenz aus dem Umgang mit Anderen hervorgeht bzw. sich den unterschiedlichsten Begegnungserfahrungen im Umgangsverhältnis mit Anderen verdankt. Gelebte Beispiele regen das Denken an und können mitunter Autoritätshörigkeit unterbrechen und Widerstand bzw. Befehlsverweigerung hervorrufen. Auch Christopher Browning berichtet in seiner historischen Darstellung des Reservebataillons 101 von einem Leutnant namens Buchmann, der sich offen gegen die Erschießungen aussprach und erklärte, dass er nicht daran teilnehmen würde[256]. Browning schreibt weiter zur »Wirkung« dieses Verhaltens: »Von den Mannschaftsgraden folgten […] einige seinem Beispiel und erklärten dem ›Spieß‹ der Kompanie […], daß ›sie nicht in der Lage und auch nicht gewillt seien, derartige Einsätze weiter mitzumachen‹.«[257] Ebenso beschreibt Browning, dass nach der offerierten Möglichkeit zur Befehlsverweigerung von Major Trapp sich zunächst keiner traute, dem Angebot zu folgen. Erst nachdem einer hervortrat und als erstes ein Beispiel setzte, »[…] traten noch zehn oder zwölf andere Männer vor.«[258] Offensichtlich steigt die Bereitschaft und der Mut anders zu handeln – in dem Fall einen Befehl »von oben« zu verweigern –, wenn man an vorgelebten Beispielen sieht, dass die Konsequenzen des alternativen Agierens nicht so schlimm ausfallen wie zunächst vermutet. Auch Milgram begründet die im Vergleich zum Grundexperiment deutlich gestiegene Widerstandsbereitschaft gegen Autorität im Experiment 17 genau mit dieser Tendenz: »Die uneingeweihte Versuchsperson wird Zeuge von zwei Akten der Gehorsamsverweigerung und beobachtet, daß die Konsequenzen des Ungehorsams gegen den Versuchsleiter minimal sind.«[259] Die Präsentation gelebter Beispiele – egal ob in unmittelbarem Umgang mit An-

---

[255] Milgram ([16]2009) 140.
[256] Vgl. Browning ([6]2011) 142.
[257] Browning ([6]2011) 143.
[258] Browning ([6]2011) 88.
[259] Milgram ([16]2009) 142.

deren oder durch Überlieferung literarischer Zeugnisse – kann Andere zu eben solchem Handeln motivieren: Daher werden Arendt wie Browning nicht müde immer wieder mit historischen Belegen darauf hinzuweisen, dass »[…] niemand auch nur einen einzigen Fall nachweisen könne, wo Deutsche, die sich geweigert hatten, die Ermordung unbewaffneter Zivilisten auszuführen, schreckliche Konsequenzen hätten erleiden müssen.«[260] »[S]ie konnten sagen, ich mache dies nicht mit, und es passierte ihnen gar nichts.«[261] Der Zweifel an eigenem, oft verblendetem Agieren und das Nachdenken über Alternativen verdankt sich zumeist der Präsentation exemplarischen Handelns Anderer, sei es in aller Unmittelbarkeit, sei es durch Überlieferung bzw. Erzählungen jeglicher Art. Denken verdankt sich also beispielhafter Umgangsweisen Anderer, doch welches Beispiel gibt das Denken selbst im Umgang mit Anderen?

Wer sind überhaupt die Denkenden in Arendts Sinne im Milgram-Experiment? Im Gegensatz zur Gedankenlosigkeit müsste Denken ja zu Selbstzuschreibung und Übernahme von Verantwortung führen, was das eigene Handeln begrenzt bzw. in diesem Fall einen Abbruch des Experiments mit sich bringen müsste? Auch von solchen Beispielen berichtet Milgram, etwa vom 32 Jahre alten Betriebsingenieur Jan Rensaleer[262]. Dieser antwortet auf die standardisierte Anordnung des Versuchsleiters, man hätte keine andere Wahl und man solle mit dem Experiment fortfahren, anders als die meisten Versuchspersonen, die diese Aussage ermutigt weiterzumachen, nämlich folgendermaßen:

»Versuchsleiter: Es bleibt ihnen keine andere Wahl.
Versuchsperson [Jan Rensaleer – F. S.]: O doch, es bleibt mir eine andere Wahl. (Ungläubig und empört) Wieso sollte ich nicht die Wahl haben? Ich bin freiwillig hierher gekommen. Ich glaubte, ich könnte bei einem Forschungsprojekt von Nutzen sein. Aber wenn ich dabei jemandem Schmerzen zufügen muß oder auch wenn ich an seiner Stelle säße, dann würde ich einfach nicht dabeibleiben wollen. Ich kann nicht weitermachen. Es tut mir leid. Ich glaube, ich bin bereits jetzt schon zu weit gegangen. Vielleicht.«[263]

Im Unterschied zu den Statements gehorsamer Versuchspersonen fällt bei Jan Rensaleer, der der Autorität den Gehorsam verweigert

---

[260] Browning (⁶2011) 250.
[261] SBW 442.
[262] Vgl. Milgram (¹⁶2009) 67–69.
[263] Milgram (¹⁶2009) 68.

und das Experiment an diesem Punkt abbricht, vor allem dies auf: Er weiß um seine implizite Zustimmung und Entscheidung für das Experiment und antwortet auf die suggestive Aussage des Versuchsleiters, er hätte keine andere Wahl dementsprechend, dass er sehr wohl eine Wahl habe, da er ja freiwillig gekommen sei. Er weiß also um Alternativen zum autoritätskonformen Handeln in dieser Situation. Des Weiteren lässt er sich von der Deutung der Autorität nicht blenden, sondern stellt nüchtern fest, dass er einer Person Schmerzen zufügt, was er selbst auch nicht erdulden wolle. Besonders auffällig im Vergleich zu den zahlreichen Aussagen anderer Versuchspersonen, die gehorchten, ist seine Anmerkung, dass er glaube bereits zu weit gegangen zu sein, womit er ja auch recht hat, da bereits die Überschreitung der ersten Stufe mit 15 Volt moralisch illegitim ist. Jan Rensaleer scheint also im Gegensatz zu den meisten anderen Versuchspersonen um eine Grenze des eigenen Handelns zu wissen, die er nicht überschreiten möchte, egal was das System, die Situation oder welche Autorität auch immer gerade von ihm verlangen. Diese Selbstbegrenzung des eigenen Handelns scheint die Selbstzuschreibung von Verantwortung für jegliches eigene Tun mit sich zu bringen. Auch hierin unterscheidet sich Rensaleer von vielen anderen Versuchspersonen, die versuchten die Verantwortung abzugeben:

> »Befragt, wer für die dem Schüler gegen seinen Willen zugefügten Schocks verantwortlich sei, sagte er: ›Ich würde das ganz und gar mir zuschreiben.‹ Er lehnte es ab, dem Schüler oder dem Versuchsleiter die geringste Verantwortung zuzusprechen.«[264]

Ähnlich wie Jan Rensaleer ist die Versuchsperson Gretchen Brandt, deren Verhalten Milgram ebenso exemplarisch aufführt[265], gewohnt, sich selbst die Verantwortung für all ihr Tun zuzuschreiben, was bei ihr sogar zum ausschlaggebenden Movens wird, das Experiment abzubrechen: »Versuchsleiter: Es bleibt Ihnen keine andere Wahl. Gretchen: Ich glaube, daß wir hier aus freiem Entschluß sind. Ich will nicht dafür verantwortlich sein, wenn der Mann einen Herzfehler hat, wenn ihm irgendwas passiert. Haben Sie bitte dafür Verständnis.«[266] Gretchen Brandt ist eine der wenigen Personen, die mit der sicheren Gewissheit in die Situation des Experiments gehen, dass

[264] Milgram ([16]2009) 68.
[265] Vgl. Milgram ([16]2009) 104 f.
[266] Milgram ([16]2009) 104.

alles Handeln unabhängig vom Befehl der Autoritäten vor sich selbst rechtfertigbar sein muss. Sie verfügt über ein Wissen, das sich sprachlich in der Selbstzuschreibung für jegliches eigene Tun bekundet. Dieses »Wissen« basiert wiederum auf der leiblichen Einsicht, dass man sich alles eigene Tun selbst einverleibt, weil es die eigene Zustimmung beinhaltet und so zur eigenen, selbst zu verantwortenden Geschichte wird. Über diese Einsicht verfügt sie, da sie wie Jan Rensaleer um die Möglichkeit, in einer Situation »Nein« zu sagen, weiß, in der es scheinbar nur eine Handlungsoption gibt. Aus der Gewissheit heraus, dass ein »Ja« bzw. willfähriges Fortfahren sie mit Handlungen belastete, die sie in einen Zustand führten, der ein weiteres harmonisches Zusammenleben mit sich selbst verunmöglichte, verweigert sie ihren Gehorsam und bricht das Experiment ab. Ihr ist einerlei, was die Autorität verlangt und befiehlt, und welche Konsequenzen die Verweigerung hat. Vollkommen klar ist ihr jedoch, dass sie mit den geforderten Handlungen nicht zusammenleben könnte bzw. sie sich diese nicht einverleiben und zu ihrer Geschichte machen könnte. Sie kann das Geforderte nicht übernehmen, weil sie es nicht vor sich Selbst rechtfertigen und daher auch nicht selbst verantworten kann. Ihr Agieren gleicht sehr den Beschreibungen Arendts der

»[…] Wenigen, […] [der – F. S.] sehr Wenigen, die im moralischen Zusammenbruch von Nazi-Deutschland vollkommen heil und schuldlos blieben […]«[267]: »[…] [N]ie haben sie daran gezweifelt, daß Verbrechen auch dann, wenn sie von der Regierung legalisiert waren, Verbrechen blieben, und daß es besser war, sich unter allen Umständen an diesen Verbrechen nicht zu beteiligen. Mit anderen Worten, sie fühlten keine Verpflichtung, sondern handelten im Einklang mit etwas, das für sie selbstverständlich war, auch wenn es für diejenigen um sie herum nicht mehr selbstverständlich war. Ihr Gewissen, wenn es das denn war, hatte keinen zwingenden Charakter; es sagte: ›Das *kann* ich nicht tun‹, anstelle von: ›Das *darf* ich nicht tun.‹ [Hervorhebungen im Original]«[268]

Die Instanz, die einen moralisch integer bleiben lässt – zu Zeiten der Nazi-Herrschaft, wie auch im Milgram-Experiment – ist also das Selbst (›Das *kann* ich nicht tun‹) und nicht externe Gesetze (›Das *darf* ich nicht tun‹). Die Priorität des Selbst bzw. der Selbstübereinstimmung vor jeglicher externen Norm ist denkenden Menschen – laut

[267] ÜdB 51.
[268] ÜdB 52.

Arendt – eine Selbstverständlichkeit, was auch das weitgehend konflikt- und spannungsfreie Agieren dieser Menschen in scheinbar moralisch problematischen Situationen plausibilisiert. Arendt wie Milgram schildern in ihren Ausführungen, dass die Wenigen, die unserem moralischen Empfinden gemäß agierten und sich widersetzten, keinen großen Anspannungszustand erkennen ließen, im Gegensatz zu denjenigen, die gehorchten, auch aus dem Grund, weil bei Ihnen die Prioritäten zwischen Selbst und externen Anforderungen nicht so eindeutig abgesteckt sind:

»Die weitere Aufschlüsselung zeigte, daß gehorsame Versuchspersonen in etwas größerem Ausmaß angaben, gespannt und nervös gewesen zu sein, als die widerspenstigen Versuchspersonen [...]«.[269]

»Jene, die Widerstand leisteten, [...] sagten sehr wenig, und ihr Argument war immer dasselbe. Es gab keinen *Konflikt*, keinen Kampf, das Böse war keine Versuchung. [...] Sie sagten einfach: Ich kann nicht, ich will lieber sterben; denn das Leben wäre nicht mehr lebenswert gewesen, wenn ich das getan hätte. [Hervorhebung im Original]«[270]

Auch oben beschriebene Versuchsperson Gretchen Brandt gibt im anschließenden Interview »[...] zu erkennen, daß sie keineswegs verkrampft oder nervös gewesen sei, und dies entspricht ihrem wohlkontrollierten Verhalten während des ganzen Prozesses.«[271] Derart denkende Menschen haben in Situationen, »[...] in denen alles auf dem Spiel steht [...]«[272], kaum Spannungs- und Konfliktzustände, da ihnen im Vergleich zu gedankenlosen Menschen klar ist, womit sie nicht zusammenleben bzw. was sie sich nicht einverleiben könnten. Geraten sie in derartige Situationen, gehen sie aufs Ganze und riskieren sogar ihr Leben, weil sie wissen, dass es nicht lebenswert wäre, in einem Zustand der Selbstverachtung weiterzuleben. Vor dem Hintergrund dieser sicheren Einsicht heraus, die sich im Denken, wie Arendt es beschreibt, unweigerlich einstellt, wird »[k]einer, der weiß, wie man denkt, [...] je wieder fähig sein, einfach zu gehorchen und sich anzupassen, nicht wegen eines rebellischen Geistes, sondern wegen der Angewohnheit, alles zu untersuchen.«[273]

[269] Milgram (^{16}2009) 57.
[270] ÜdB 153 f.
[271] Milgram (^{16}2009) 104 f.
[272] DuM 155.
[273] ÜdB 155.

§21. Die Auswirkungen des Denkens auf den Umgang mit Anderen

Aufgabe dieser Arbeit ist es, Arendts Umgangsphilosophie mit Hilfe des Denkakts, der ein erlebtes Ereignis zu einer Geschichte aufbereitet, zu rekonstruieren. Dieser Vorgang eignet sich hierfür in besonderer Weise, da er beide Umgangsdimensionen, nämlich den Umgang mit Anderen und den Umgang mit sich selbst umspannt und verbindet: Menschen gehen im Umgang mit Anderen auf; im (narrativen) Umgang mit sich selbst hingegen machen sie sich ihr eigenes, situationsbefangenes Agieren im Umgang mit Anderen transparent. Das sechste Kapitel dieser Arbeit befragt die beiden unterschiedlichen »Verhaltensweisen« (Gedankenlosigkeit versus Denken) zu sich selbst auf ihre Auswirkungen in Bezug auf das Verhältnis zu Anderen. Im ersten Abschnitt dieses Kapitels[274] ging es um die Frage nach den Konsequenzen der Gedankenlosigkeit als eine der möglichen Verhaltensweisen, nämlich als Meidung eines dialogischen Umgangs mit sich selbst auf den Umgang mit Anderen. Die bewusste Unterlassung eines dialogischen Umgangsverhältnisses mit sich lässt Gedankenlose im Umgang mit Anderen befangen bleiben. Durch diese Befangenheit im Umgang mit Anderen und die Unterdrückung des Selbstverhältnisses entsteht ein Mangel an Selbsttransparenz und Einsicht bezüglich der eigenen Umgangsgestaltung. Jemandem, dem es an Selbsteinsicht mangelt, fehlt auch das Bewusstsein für die eigene implizite Zustimmung zu allem Agieren. Dies führt zu dem Glauben Gedankenloser es genüge, wenn Andere dem eigenen Verhalten zustimmen, um von der Eigenverantwortung freigesprochen zu sein. Dieser aus mangelnder Selbsttransparenz heraus resultierende Glaube, Verantwortung an Andere abgeben zu können[275], verdrängt zudem die Frage nach der Selbstübereinstimmung. Gedankenlose Menschen können sich aufgrund der Abblendung des Selbst scheinbar alles zu eigen machen und mit jeglicher Handlung zusammenleben und übereinstimmen, weil sie ja das Zusammenleben mit sich unterbunden haben. Diese Verhaltensweise zu sich bildet demnach die Voraussetzung für die Bereitschaft, ein fremdgegebenes Beispiel fraglos zu repro-

[274] Vgl. hierzu §19 dieser Arbeit.
[275] Vgl. hierzu §19 a).

duzieren[276], was zu einer maßlosen Entgrenzung des eigenen Handelns[277] führen kann.

Im zweiten Abschnitt dieses Kapitels[278] konnten die herausgearbeiteten Umgangsweisen Gedankenloser im Milgram-Experiment bestätigt werden: Menschen, die dort versuchen verbal Verantwortung an Andere abzugeben und damit sprachlich zum Ausdruck bringen, dass sie sich die Einsicht in das eigenverantwortliche »Sich-Einverleiben« aller Handlungen verdecken, reproduzieren willfährig das von der Autorität erwünschte Verhalten, häufig bis zu dem Punkt, an dem eine Steigerung der Schockstärke nicht mehr möglich ist. Allein die Aussage, man hätte mit seinem Verhalten lediglich Anweisungen befolgt, deutet in Arendts Terminologie auf diejenigen hin, die es nicht gewohnt sind mit sich zusammenzuleben, also auf gedankenlose Menschen: Menschen, die sich derart versuchen zu rechtfertigen, fehlt das Bewusstsein dafür, dass sie selbst es sind – auch in einer autoritätsdominierten Situation –, die sich ihr Handeln zu eigen machen und einverleiben, bzw. narrativ gewendet, sie selbst all ihr Tun zu ihrer eigenen Geschichte machen, indem sie implizit zustimmen.

Nun jedoch zur Frage nach dem Denken als der anderen der beiden möglichen Verhaltensweisen zu sich: Der nun folgende Abschnitt[279] geht auf die mitmenschliche Umgangsweise derjenigen ein, die es gewohnt sind in einem Umgangsverhältnis mit sich zu leben. Wie zeigt sich Denken im Umgang mit Anderen bzw. wie wirkt sich die Gewohnheit, ein freundschaftlich-dialogisches Umgangsverhältnis mit sich zu führen, auf den Umgang mit Anderen aus? Denkende Menschen, die ein derartiges Umgangsverhältnis mit sich pflegen, werden daran erkennbar sein, dass sie weniger der Frage, was von ihnen verlangt wird[280] Beachtung schenken, als vielmehr der Frage, was sie vor sich selbst rechtfertigen können. Primat hat die Aufmerksamkeit darauf, ob man mit einer Handlung weiterhin in freundschaftlicher Weise zusammenleben könnte oder nicht. Auch solche Menschen gibt es – wie sich zeigte[281] – als Versuchspersonen beim Milgram-Experiment: Sie zeichnen sich dadurch aus, dass sie es gewohnt sind, selbst die Verantwortung für all ihr Tun zu übernehmen,

[276] Vgl. hierzu §19 c).
[277] Vgl. hierzu §19 b).
[278] Vgl. hierzu §20 dieser Arbeit.
[279] §21 dieser Arbeit.
[280] Vgl. ViD 36; ÜdB 23.
[281] Vgl. hierzu §20 dieser Arbeit.

und aus dieser Einstellung heraus ihrem Handeln autoritätsunabhängig selbst Grenzen setzen. Diese Selbstbegrenzung des eigenen Tuns kann im Umgang mit Anderen dazu führen, dass denkende Menschen zu »lebendigen« Beispielen für Andere werden, auch wenn sie selbst zumeist gar nicht darum wissen und dies auch nicht bewusst intendiert bzw. forciert haben. Durch ihre Art zu agieren, regen sie Andere an, ihre eigene Umgangsweise in inkarnierten Situationen zu hinterfragen. Dass vorgelebte Beispiele eine große Wirkung auf das eigene Verhalten haben bzw. ein hohes Anregungspotential darstellen, um das eigene Agieren zu hinterfragen, belegen Milgrams Experimente sehr eindrücklich durch die hohen Abbruchraten, die sich bei fingierter Selbstbegrenzung bzw. Abbruch des Experiments durch eingeweihte »Lehrerkollegen« einstellen[282]. Die Übernahme eigener Verantwortung[283], die daraus hervorgehende Selbstbegrenzung des Handelns[284] und das mögliche Beispiel Sein für Andere[285] – Umgangsweisen, die im Milgram-Experiment vor allem diejenigen Versuchspersonen zeigten, die das Experiment abbrachen – sollen im Weiteren als Leittermini bei der Herausarbeitung der Auswirkungen des Denkens auf den Umgang mit Anderen fungieren.

a) *Übernahme von Verantwortung*

Was heißt es bei Arendt, Verantwortung zu übernehmen? Die Übernahme von Verantwortung impliziert Verantwortungsbewusstsein: Verantwortungsbewusstsein meint, wie der Begriff selbst schon anzeigt, das Bewusstsein eines Menschen all sein Handeln selbst verantworten zu müssen, das heißt, es vor allem selbst rechtfertigen zu können. Wenn diese Rechtfertigung jedoch nicht nur eine sprachliche Formel bzw. ein »Reden in Klischees«[286] sein soll – und um einen derartigen Verantwortungsbegriff geht es ja Hannah Arendt – dann bedeutet Verantwortungsbewusstsein über die rein sprachliche Rechtfertigungskompetenz hinaus, als Mensch alles eigene Tun vor sich selbst verantworten und rechtfertigen zu können. Über ein der-

---

282 Vgl. Milgram (^{16}2009) 137–143 (Experiment 17).
283 Vgl. §21 a).
284 Vgl. §21 b).
285 Vgl. §21 c).
286 Vgl. LdG 14.

artiges Bewusstsein verfügen aber nur Menschen, die es gewohnt sind zu denken, da nur sie um die leibliche Dimension allen eigenen Handelns wissen. Im Gegensatz zu Gedankenlosen, die meinen durch Abblendung des Verantwortungsbewusstseins auch tatsächlich die Eigenverantwortung für all ihr Tun abgeben zu können, sprich einen Teil von sich abspalten zu können, wissen denkende Menschen, die ein freundschaftliches Zusammenleben mit sich selbst pflegen, darum, dass sie sich all ihr Tun selbst einverleiben, sprich all ihr Tun – dem sie ja selbst zugestimmt haben – zu einem Teil ihrer eigenen Geschichte werden lassen, mit der sie unweigerlich selbst weiter zusammenleben müssen. Daher wird jemand, der zu denken gewohnt ist und aus dieser Gewohnheit heraus um die Dimension der »Einverleibung« bzw. des Zusammenlebens mit seiner Geschichte weiß, zunächst all sein Handeln und Tun vor sich selbst rechtfertigen und überprüfen, ob er selbst die Verantwortung dafür übernehmen kann.

Damit führt Arendt – entgegen aller neuzeitlicher Trennungstendenzen – Denken und Rechenschaft ablegen (λόγον διδόναι) wieder zusammen. Als Vorbild dient ihr hierfür Platon:

»Das kritische Denken […] entstand, als Plato seinen Vorgängern vorwarf, dass sie nicht wüssten, λόγον διδόναι, Rechenschaft zu geben. […] Das Denken verlangt[] […] von sich selbst diese Rechenschaft im Dialog mit sich selbst. Dies auch der Ursprung des Gewissens, wie wir es verstehen. [Unterstreichungen im Original]«[287]

Arendt möchte das dialogische Denken, Rechenschaftablegen bzw. Verantwortungsübernahme wieder wie in der sokratisch-platonischen Tradition als eine Einheit auffassen:

»Kritisches Denken […] setzt […] voraus, daß jeder willens und fähig ist, über das, was er denkt und sagt, Rechenschaft abzulegen. […] ›Logon didonai‹, Rechenschaft ablegen – nicht beweisen, aber sagen können, wie und aus welchen Gründen man zu einer Meinung kam: Das ist es, was Platon von allen seinen Vorgängern trennt. Der Ausdruck selbst ist politischen Ursprungs: Rechenschaft geben ist, was die Athener Bürger von ihren Politikern verlangten, nicht nur in Geld-, sondern auch in politischen Angelegenheiten. Sie konnten verantwortlich gemacht werden.«[288]

Denken, welches gleichursprünglich die Dimension des Rechenschaft Ablegens und der Verantwortungsübernahme miteinschließt, wird

[287] D 754.
[288] U 58 f.

bei Arendt – wie bereits ausgeführt[289] – als einheitlicher und vor allem inkarnierter Existenzvollzug verstanden. Damit verwehrt sie sich gegen eine neuzeitlich dualistische Konzeption, die das denkende Ich als vom Körper getrennt auffasst. Dieses Selbstverständnis bildet mit die Voraussetzung des Glaubens an die (sprachliche) Abgabemöglichkeit von Verantwortung, impliziert es doch eine Abtrennung des Körpers und damit auch des geschichtlichen Eigenleibes vom Denken. Handlungsbegründungen wie »Ich habe zwar mitgemacht, aber eigentlich anders darüber gedacht bzw. anderes gewollt …«, die von gehorsamen Teilnehmern des Milgram-Experiments wie auch von sogenannten »inneren Emigranten« zu hören waren, sind letztlich diesem neuzeitlich-cartesischen Selbstbild geschuldet. Auch hier, bei der Kritik an diesem Selbstbild, schimmert bei Arendt wieder die aristotelische Vorlage durch, wonach sich die Schlechten dadurch auszeichnen, dass sie gespalten seien, ja einen Teil von sich abgespalten haben[290]. Tugendhafte Menschen hingegen übernehmen sich selbst in ganzer Weise, das heißt, sie begehren in Übereinstimmung mit sich selbst und mit ganzer Seele[291].

Gegen jegliche Abtrennungs- und Abspaltungstendenz geht es auch Arendt nicht nur um einen intellektualistischen, sondern um einen existenziellen Begriff von Verantwortung. Verantwortung zu übernehmen als Existenzvollzug heißt demnach, nicht nur eine sprachliche Antwort geben können, was auch auf ein floskelhaftes sich Herausreden hinauslaufen kann, sondern heißt vielmehr eine Antwort sein bzw. seine Antwort sein und damit sich selbst in ganzer Weise mit seiner Geschichte zu übernehmen:

> »Wir können nicht umhin, uns selbst für das verantwortlich zu halten, was wir sind, und nicht nur für das, was wir tun. Im Gegenteil, für das, was wir tun, können wir Hunderte von Entschuldigungen finden – Umstände, Übereifer etc. – und an sie glauben; aber für das, was wir sind, was wir schwerlich ändern können und worüber wir sicher nicht Herr sind, können wir nicht umhin, uns selbst für verantwortlich zu halten. (Psychoanalyse = der Versuch, Umstände zu finden, die erklären und entschuldigen, was wir sind – um diese angeborene Verantwortlichkeit loszuwerden.)«[292]

---

[289] Vgl. hierzu das dritte und vierte Kapitel dieser Arbeit.
[290] Vgl. Aristoteles (2001) *1166b*.
[291] Vgl. Aristoteles (2001) *1166a*.
[292] D 769.

Verantwortung zu übernehmen heißt also bei Arendt, sich mit seiner ganzen Geschichte zu übernehmen, obwohl diese Geschichte bereits begann, bevor es uns in physischer Weise gab und wir darauf Einfluss hätten nehmen können. Es ist das allseits bekannte existentialistische Motiv, das auch bei Arendt in verändertem Gewande auftritt, nämlich sich übernehmen zu müssen, obwohl man sich nicht selbst hervorgebracht hat. Dieser existentielle Begriff von Verantwortungsübernahme als Bewusstsein, aus Anderen hervorzugehen, setzt erst ein existentielles Verantwortungsbewusstsein als Bewusstsein ebenso in Andere einzugehen frei. Der Begriff des Mitwissens als existentiell-geschichtliches Verantwortungsbewusstsein im Umgang mit Anderen bezeichnet das Bewusstsein denkender Menschen, dass man – egal, was man tut bzw. wie man agiert – ein Beispiel setzt für Andere:

> »Jeder Handelnde wünscht, dass man ihm nachfolge. Die Tat ist immer auch ein Beispiel. Politisches Denken und Urteilen ist exemplarisch (Kant), weil Handeln exemplarisch ist. Verantwortung heisst im wesentlichen: wissen, dass man ein Beispiel setzt, dass Andere ›folgen‹ werden; in dieser Weise ändert man die Welt.«[293]

Dieses Bewusstsein, jederzeit ein Beispiel für Andere zu sein, also das Bewusstsein, in Andere eingehen zu können, geht selbst erst aus dem Umgang mit Anderen hervor: Es ist als Mitwissen im Umgang mit Anderen eine Folge des denkenden Umgangs mit sich selbst und Denken als freundschaftliches Selbstverhältnis verdankt sich wiederum dem Umgang mit Anderen, nämlich dem Umgang mit dem tatsächlichen Freund[294]. Ein denkender Mensch weiß sich also gleichermaßen verdankt und verpflichtet: Jemand, der denkt und darum weiß, dass ihm im Denken seine Sinndimension, Selbsttransparenz und alltägliche Orientierungsfunktion durch Andere im freundschaftlichen Umgang zugewachsen ist, sich also selbst verdankt weiß, wird sich ebenso im künftigen Umgang mit Anderen verpflichtet fühlen, auf eine Weise weiterzugeben, die sich auch wiederum für ein derartiges Freundschaftsverhältnis anbietet. Bei der Frage nach dem existentiellen Verantwortungsbewusstsein geht es über die Frage, was weitergegeben werden soll oder nicht, hinaus, um die all diese sachbezogenen Fragen fundierende Frage, wie man sich im Umgang mit Anderen weitergeben soll. Wie kann ich mich im Umgang mit Anderen wei-

---

293 D 644.

294 Vgl. hierzu §10 a) und §11 dieser Arbeit.

tergeben ohne in einen Zustand der Verlassenheit zu geraten, in dem ich weder mit mir noch mit Anderen sein kann[295]?

Das Denken als Umgang mit sich selbst fungiert hierbei nicht nur als Entscheidungsinstanz, sondern ist zugleich als Selbstverhältnis, das es zu erhalten gilt, auch das Entscheidungskriterium. Doch zunächst zum Denken als Entscheidungsinstanz: »[…] [D]as Denken [ist] eine unentbehrliche Vorbereitung für die Entscheidung darüber, was sein soll […]«[296]. Die Entscheidung im Denken darüber, was sein soll oder nicht, was weitergegeben werden soll oder nicht, betrifft in unserem Kontext vor allem die Frage, wie man sich im Umgang mit Anderen weitergeben soll, was hier Dauer und Bestand haben soll und was nicht bzw. was weiterleben soll oder nicht. Das Denken als Einsicht in die eigene Geschichtlichkeit impliziert ein Mitwissen in Form des Bewusstseins im Umgang mit Anderen, dass man sich unweigerlich als Beispiel an Andere weitergibt und dass die eigene Art und Weise der Umgangsgestaltung – mein jeweiliger Handlungs-ἦθος – als Beispiel in den Geschichten meiner Mitmenschen bzw. Anderer fortwirken und weiterleben kann. Wie man denkt, zeigt sich letztlich daran, welches Beispiel man gibt. Im Umgang mit Anderen offenbart sich sozusagen erst »wes Geistes Kind man ist«. Dies kann man im Denken jedoch nicht positiv-»willentlich« beeinflussen, ohne das der Umgangsgestaltung zugrundeliegende Denken auszuschalten bzw. zu einer herstellend-gewaltsamen Kontemplation werden zu lassen. Man kann durch das Denken als Entscheidungsinstanz nur sicher ausschließen, was nicht durch mich zu einer Geschichte für Andere werden soll. Für die »positive« Umgangsgestaltung gibt Arendt lediglich den sokratischen Hinweis[297]:

»›*Sei*, wie du erscheinen möchtest‹, und das heißt: erscheine *immer*, wie du anderen erscheinen möchtest, auch wenn du einmal allein bist und nur dir selbst erscheinst. Wenn man sich dafür entscheidet, so reagiert man nicht bloß auf irgendwelche Eigenschaften, die einem gegeben sind; man entscheidet sich bewußt zwischen den verschiedenen Verhaltensmöglichkeiten, die einem die Welt bietet. Aus solchen Entscheidungen erwächst schließlich das, was wir Charakter oder Persönlichkeit nennen, der Zusammenschluß einer Anzahl wohlbestimmter Eigenschaften zu einem verstehbaren und zuverlässig erkennbaren Ganzen, das sich gewissermaßen einem unver-

[295] Vgl. ÜdB 82 f.
[296] LdG 209.
[297] Vgl. hierzu auch D 443; 521; 801.

änderlichen Material von Begabungen und Schwächen aufprägt, das unserem Seelen- und Körperbau eigentümlich ist. [Hervorhebungen im Original]«[298]

»Positiv« wird einem das Denken also nie sagen, was zu tun ist, sondern nur, was man unterlassen sollte. Hierfür bietet das Denken in Form des Gewissens eine sichere Anzeige, was es zu meiden gilt: Es sind Handlungen, für die man sich verachten müsste, da diese den Zustand des Selbstverlusts herbeiführen. Zu meiden ist also der Zustand, der das Denken selbst bzw. ein Verhältnis mit sich verunmöglicht. Das Denken als Selbstverhältnis, das es zu erhalten gilt, dient demnach auch als Entscheidungskriterium dafür, was im Umgang mit Anderen zu unterlassen ist. Die Unterdrückung und Missachtung des Selbst(-verhältnisses) als Entscheidungsinstanz und -kriterium für die künftige Umgangsgestaltung mit Anderen bildet hingegen die Grundlage für die Missachtung Anderer. Die Selbstlüge, also die Missachtung und Unterdrückung der eigenen Empfindungsdimension im dialogisch verfassten Denkgespräch, geht mit zunehmendem Verlust der Achtung Anderer einher, was im Umgang mit Anderen zu Handlungen führen kann, die ein Zusammensein mit sich in Selbstachtung verunmöglichen. Daher Arendts bereits erwähnter Hinweis auf Dostojewskij[299], um diesen nichtlebenswerten Zustand der Selbstverachtung zu vermeiden: »[…] Sie sollen nicht sich selbst belügen, das ist das Wichtigste. Der sich selbst Belügende […] kommt schließlich so weit, daß er […] in Mißachtung seiner selbst und der anderen verfällt.«[300]

Doch ebenso wie die Missachtung Anderer zumeist auf mangelnder Selbstachtung beruht, beruht ein achtenswerter Umgang mit Anderen vielmehr auf einem achtenswerten Umgangsverhältnis mit sich[301] als auf willentlicher Einwirkung auf Andere. Arendts Mann, Heinrich Blücher, der – wie das Denktagebuch anschaulich belegt – ihr wohl wichtigster Gesprächspartner im gemeinsamen und lebensbegleitenden Denkgespräch war, äußerte sich in einer Vorlesung zum Verhältnis von »Umgang mit sich selbst« und »Umgang mit Anderen« folgendermaßen:

---

[298] LdG 46.
[299] Vgl. WuP 358f.; ÜdB 29.
[300] Dostojewskij (^{2}2010) 73.
[301] Vgl. ÜdB 35.

»Für Sokrates war es evident, daß der Mensch, dieser unheilbare Beziehungen-Hersteller, sich – bevor er versucht, bessere Beziehungen zu den Göttern und bessere Beziehungen zur Natur herzustellen – um die Schaffung humaner zwischenmenschlicher Beziehungen zu kümmern habe. Und dies wiederum kann nach Sokrates nur dadurch erreicht werden, daß der Mensch eine annehmbare und produktive Beziehung zu sich selbst herstellt oder zu seiner Seele.«[302]

Arendt würde auch der Aussage der Dostojewskij-Übersetzerin Swetlana Geier zustimmen, die in erstaunlicher Weise Arendts Auffassung zum Verhältnis von Denken und Handeln wiedergibt und zusammenfasst, was wiederum nur Arendts Standpunkt belegt, dass denkende Menschen zu ähnlichen Ansichten in Bezug auf die Umgangsgestaltung gelangen und daher keine externen Normen und Zwänge brauchen[303]: »Ich glaube, dass jede geistige Erfahrung etwas dazu beiträgt, dass man sich besser behandelt und nicht unbedingt totschlägt.«[304] Das Selbst im Denken wirkt also bei Menschen, die ein freundschaftliches Umgangsverhältnis mit sich pflegen als Entscheidungskriterium und Entscheidungsinstanz »begrenzend« in Bezug auf die Umgangsgestaltung mit Anderen, im Gegensatz zu Gedankenlosen, denen das Selbst als Grenze fehlt, da sie die Selbsttransparenz im Denken unterdrücken und so Gefahr laufen, sich im maßlos entgrenzten Umgang mit Anderen zu verlieren.

b) Selbstbegrenzung des Handelns

»Wenn sie [eine Person – F. S.] ein denkendes Wesen ist, das in seinen Gedanken und Erinnerungen wurzelt und also weiß, daß sie mit sich selbst zu leben hat, wird es Grenzen geben zu dem, was sie sich selbst zu tun erlauben kann, und diese Grenzen werden ihr nicht von außen aufgezwungen, sondern selbst gezogen sein. Diese Grenzen können sich in beachtlicher und unbequemer Weise von Person zu Person, von Land zu Land, von Jahrhundert zu Jahrhundert ändern; doch das grenzenlose, extreme Böse ist nur dort möglich, wo diese selbst-geschlagenen und gewachsenen Wurzeln, die automatisch Möglichkeiten einschränken, ganz und gar fehlen. Sie fehlen dort, wo Menschen nur über die Oberfläche von Ereignissen dahingleiten, wo sie

302 BBW 573.

303 Vgl. ÜdB 67 f.

304 Svetlana Geier in dem Film »Die Frau mit den 5 Elefanten. Swetlana Geier – Dostojewskijs Stimme«.

sich gestatten, davongetragen zu werden, ohne je in irgendeine Tiefe, derer sie fähig sein mögen, einzudringen.«[305]

Die Erinnerungen, von welchen in diesem Arendt-Zitat die Rede ist und die denkenden Personen »wurzelnden« Halt bieten, sind narrativ verfasst: Geschichten, ob eigens erfahrene oder erlesene, sind als Erinnerungen nicht nur ein beliebiges Nebeneinander möglicher Lebensentwürfe, sondern sie bilden durch ihre Empfindungsdimension im Denken eine Anzeige zur ethischen Orientierung. Eine narrative Ethik nach Arendt, die jedem Denken in Geschichten implizit ist, macht also durchaus ethische Vorgaben bezüglich der »Wertigkeit« möglicher Lebensentwürfe, und dies ohne sich auf einen Gott oder andere geoffenbarte Wahrheiten als dessen Voraussetzung beziehen zu müssen. Diese Vorgaben macht eine narrative Ethik gleichsam »automatisch« oder vielmehr »von selbst«, da das Denken in Geschichten bzw. der erinnernd-reflexive Denkvorgang der Aufbereitung einer Erfahrung zu einer Geschichte in einem Selbstverhältnis mit sich stattfindet, und dieses Selbst ist – wie auch in obigem Arendt-Zitat bereits anklang[306] – eine Grenze in zweierlei Hinsicht: Zum einen ist das Selbst eine Grenze im Sinne eines Grenz- bzw. Referenzpunktes der Geschichten bzw. des Verstehens. Irgendjemand ist betroffen von einer Geschichte, so dass er darüber nachdenken, reflektieren muss etc. Allein dieses Phänomen des »Betroffen-Seins« und »Verstehen-Müssens« zeigt, dass es eine »Einheit« bzw. ein »Zentrum« geben muss, das der Vielheit bzw. Vielzahl von Geschichten zugrunde liegt. Doch das Selbst als Grenze meint darüber hinaus auch, dass es als Verstehens- und Reflexionszentrum »begrenzend« ist. Arendt schreibt im Denktagebuch davon, dass das Selbst als Selbstverhältnis »limitierend« wirkt[307], das heißt: Die Grenzen des Selbst sind die Grenzen dessen, was ich tun kann oder nicht[308], und die Anzeige dessen, was ich tun kann oder nicht, bieten die narrativ verfassten Erinnerungen mittels ihrer Empfindungsdimension bzw. -konnotation. Bleibt eine Gewissensreaktion als Empfindung aus, so scheint das angedachte Verhalten die Grenzen des Selbst nicht zu überschreiten und einer Umsetzung im Umgang mit Anderen nichts – zumindest kein Selbstwiderspruch – im Wege zu stehen.

---

305 ÜdB 86.
306 Vgl. ÜdB 86.
307 Vgl. D 128.
308 Vgl. D 781.

Auch an dieser Stelle bezieht sich Arendt zur Plausibilisierung wieder auf Platon:

»Hier läßt Plato Sokrates als den Philosophen sprechen, der entdeckt hat, daß Menschen nicht nur mit ihren Mitmenschen, sondern auch mit sich selbst Umgang pflegen und daß diese letztere Verkehrsform – das Bei-und-mit-mir-selbst-Sein [sic!] – der erstgenannten bestimmte Regeln auferlegt. Dabei handelt es sich um die Vorschriften des Gewissens, und diese sind [...] gänzlich negativer Art. Sie sagen nicht, was man zu tun, sondern was man zu lassen habe. Sie stellen keine Prinzipien für das Handeln auf, sondern markieren Grenzen, die nicht überschritten werden sollten. Sie mahnen: Tue kein Übel, denn sonst mußt du mit einem Übeltäter zusammenleben.«[309]

Die Gewissensreaktion im Denken markiert also die Grenzen eines möglichen freundschaftlichen Umgangs mit sich, sprich die Grenzen des Selbst, und »warnt« aus Selbsterhaltungsinteresse vor einem möglichen Selbstverlust bzw. vor Selbstverachtung: »[...] [D]er springende Punkt aller Gewissensvorschriften [ist] das Interesse am eigenen Selbst. Diese Vorschriften bedeuten dem Menschen: Hüte dich davor, irgend etwas zu tun, mit dem du dann nicht leben kannst.«[310] Arendt führt aus, dass die Selbstbegrenzung bei jedermann in unterschiedlicher Weise ausfällt, was sich insbesondere an einer je unterschiedlichen Gewissensreaktion zeigt: »Womit ich nicht leben kann, das mag das Gewissen eines anderen nicht stören.«[311] Dennoch zeigt sie im weiteren Verlauf ihrer Ausführungen, dass die Selbstachtung der eigenen Grenzen als Achtung vor dem eigenen Gewissen bzw. Angst vor Selbstverlust bei aller »Subjektivität« der jeweiligen Grenzziehung wirksam von moralisch Verwerflichem abhält: »Die Furcht davor, mit sich selbst allein zu sein und vor sich selbst Rechenschaft ablegen zu müssen, kann einen Menschen erfolgreich von einer bösen Tat abhalten [...]«[312].

Aus »Selbsterhaltungsinteresse« bzw. aus Furcht vor Selbstverlust als dem nichtlebenswerten Zustand der Selbstverachtung ist das Selbst handlungsbegrenzend. Anzeige dieser Handlungsgrenzen des Selbst ist das Gewissen, welches sich nur als Negativreaktion in einem denkenden Selbstverhältnis mit sich kundtut. Doch in welcher

[309] ZU 291.
[310] ZU 292.
[311] ZU 292.
[312] ZU 294.

Weise ist das denkende Selbst begrenzend? Wie stellt sich diese Begrenzung im Denken selbst dar? Es gibt ein Zitat von Camus, den Arendt zeitlebens sehr schätzte[313] und auch zitierte[314], das hervorragend diesen selbstbegrenzenden Zustand im Denken bzw. im Denkenden wiedergibt. Bedenkt man zum Beispiel das Thema »Gerechtigkeit«, so kommt das denkende Selbst zu dem Schluss: »[…] [E]s gibt keine Gerechtigkeit, aber es gibt gewisse Grenzen.«[315] Wenn das Selbst im Denken feststellt »Es gibt keine Gerechtigkeit«, so heißt dies vor allem: Es ist nicht eindeutig begrifflich fassbar bzw. definitiv festlegbar, was Gerechtigkeit ist. Diese im Denkvorgang sich einstellende Ergebnislosigkeit heißt aber für einen Menschen, der es zu denken gewohnt ist, noch lange nicht, dass es Gerechtigkeit überhaupt nicht gibt bzw. dass man Gerechtigkeit überhaupt verabschieden sollte und die Suche nach ihr sinnlos ist. Nur weil es im Denken nicht gelingt, etwas wie Gerechtigkeit eindeutig zu erfassen, ist die Aufrechterhaltung der Suche nach ihr im Denken nicht ohne Sinn. Diese falsche Schlussfolgerung ziehen diejenigen, die das Denken zum Nihilismus führte, denn dieser ist – laut Arendt – »[…] eine stets vorhandene Gefahr des Denkens […]«[316], da »[a]lle kritischen Prüfungen ein Stadium durchlaufen [müssen], in dem anerkannte Meinungen und ›Werte‹ zumindest hypothetisch durch Erarbeitung ihrer Implikationen und verborgenen Annahmen negiert werden […]«[317]. Wenn aber »das Denken« bei der reinen Auflösung und Negation des Bestehenden um seiner selbst willen verharrt, dann scheitert es an seinem eigenen Anfang und löst sich selbst in Nihilismus auf. Arendt verdeutlicht diese Fehlhaltung der Verabsolutierung der im Denkvorgang beschlossen liegenden Negation an Sokrates' Schülern Alkibiades und Kritias. Sie ziehen aus dem im Denken sich einstellenden Nichtwissen genau die falsche Schlussfolgerung, hier in Bezug auf das Nachdenken über Frömmigkeit: »Wenn wir nicht definieren können, was Frömmigkeit ist, laßt uns ohne Frömmigkeit sein – was so ziemlich das Gegenteil von dem ist, was Sokrates mit dem Reden über

---

[313] Im Briefwechsel mit ihrem Mann Heinrich Blücher berichtet Arendt Folgendes: »Gestern war ich bei Camus; dies ist zweifellos der beste Mann, den es augenblicklich in Frankreich gibt. Alle sonstigen Intellektuellen höchstens erträglich.« (BBW 256).

[314] Vgl. ZU 292.

[315] Camus (^{22}2003) 186.

[316] DuM 145.

[317] DuM 144f.

die Frömmigkeit zu erreichen gehofft hatte […]«[318], so Arendts Kommentar zu dieser nihilistischen Haltung. Selbstverständlich ließe sich diese Haltung auf unser Eingangsbeispiel der Gerechtigkeit übertragen: »Das Denken sagt uns nicht, was Gerechtigkeit in positiver Weise ist, es liefert keine Resultate. Da uns das Denken keine Auskunft darüber gibt, was genau Gerechtigkeit ist, scheint es diese überhaupt nicht zu geben, also lasst uns Gerechtigkeit ganz verabschieden.« Diese nihilistische Schlussfolgerung ist aber falsch: Nur weil wir denkend nicht eindeutig erfassen können, was etwas wie Gerechtigkeit ist, heißt dies noch nicht, dass etwas wie Gerechtigkeit gar nicht existiert, sondern es verweist uns zunächst lediglich auf die Beschränktheit unseres menschlichen Auffassungsvermögens: Als Menschen sind und bleiben wir Weltanfänger. Insbesondere an diese Einsicht gemahnt uns Sokrates' γνῶθι σαυτόν, dass wir nämlich als Menschen nur menschliche und niemals göttliche Erkenntnis erlangen können[319]. Der Nihilist überschätzt sich als Mensch zunächst, um aus dieser falschen Annahme auch noch die falsche Schlussfolgerung zu ziehen, die dazu führt, dass er alles Menschliche komplett über Bord wirft und aufgibt.

Doch auch der Moralist, der scheinbare Gegenspieler des Nihilisten, der im Gegensatz zum nihilistischen »Es gilt nichts« immer in vermeintlicher Selbstgewissheit seine Moral hochhält, überschätzt sich selbst als Mensch: Er überschätzt die Möglichkeit der menschlichen Moralität und löst diese damit – ebenso wie der Nihilist – komplett auf. Moralisten sind also eigentlich verkappte Nihilisten, da ihre Moral austauschbar ist: Durch ihre Verabsolutierung einer Moralauffassung schalten sie das Selbst bzw. das Gewissen als die Instanz, die Austauschbarkeit verhindern könnte, aus. Dadurch wird ihre Moral beliebig, ja willkürlich: Das moralische Scheinwissen kaschiert, dass ihre Moral austauschbar ist, also eigentlich nichts davon wirklich gilt wie beim Nihilisten. Für Moralisten gibt es wie für Nihilisten im tatsächlichen Umgang mit Anderen keine Grenzen: Für sie gilt nur, was unter ihre jeweilige Moral fällt. Ein Haltmachen im Umgang mit Anderen gibt es nicht, wenn es die geltende Moral erfordert. Letztlich ist auch dem Moralisten wie dem Nihilisten alles erlaubt, solange man ihm die passende Moralvorschrift hierfür liefert.

Vor allem diese Austauschbarkeit der Moral, als sei diese nichts

---

318 DuM 144.

319 Vgl. D 413; vgl. hierzu auch in Platons Apologie die Stelle: Platon (1957) *20d,e*.

anderes als Tischmanieren, die man beliebig ändern könne, rief das Entsetzen Arendts im Hinblick auf ihre Erfahrungen während der Nazi-Zeit in Deutschland hervor, in welcher Menschen gleichsam über Nacht ihre Ansichten austauschten und sich anpassten[320]. Auch das eingangs erwähnte Camus-Zitat geht nicht nur auf das denkende Selbst und dessen Selbstbegrenzung, sondern auch auf diese grenzenlose Austauschbarkeit der Moral bei den Nihilisten und sogenannten Moralisten im zweiten Satz ein:

»Nein, es gibt keine Gerechtigkeit, aber es gibt gewisse Grenzen. Und die einen, die keine Ordnung schaffen wollen [die Nihilisten – F. S.], und die anderen, die alles in eine Ordnung zu pressen versuchen [die Moralisten – F. S.], überschreiten sie gleichermaßen.«[321]

Für beide – Nihilisten wie auch Moralisten – gilt also, dass sie keine Grenzen kennen und daher auch nichts von einer Überschreitung dieser wissen. Es gibt für beide Gruppen keine Grenzen im Umgang mit Anderen, obwohl die einen, nämlich die Moralisten, nie müde werden, lautsprachlich vorzugeben, genau zu wissen, was Moral denn sei und worin diese eigentlich bestehe, auch wenn sie de facto häufig genau das Gegenteil jeglicher Moral und so zum Teil wahre Unmoral in die Welt bringen. Im Gegensatz zu Menschen dieser beiden nihilistischen Gruppen weiß ein Mensch, der zu denken gewohnt ist, kaum etwas in positiver Weise darüber zu sagen, was er bedenkt. Wieder auf das Beispiel »Gerechtigkeit« bezogen, wird er nicht in eindeutig abgrenzbarer, begrifflicher Weise Aussagen darüber treffen können, was denn »Gerechtigkeit« eigentlich sei. Sprachlich also wird er im Gegensatz zu den moralisch Selbstgewissen nur eher bescheiden, wenn nicht gar dürftig sein Nichtwissen bekunden können. Es ist das Phänomen des »Wenig Sagens«[322] in Abhebung von der dröhnenden Lautsprachlichkeit, das Arendt vor allem bei jenen Personen im Dritten Reich beschreibt, »[…] die Widerstand leisteten […]«[323]. Reduziert auf das Eingangsbeispiel »Gerechtigkeit« heißt dies: Wenn sie auch in »positiver« Weise nicht wissen, was Gerechtigkeit ist, und sich diese Unwissenheit bei Ihnen auch sprachlich zeigt, so wissen sie doch, dass es »gewisse Grenzen gibt«[324], die sie nicht überschreiten

320 Vgl. ÜdB 11.
321 Camus (^{22}2003) 186.
322 Vgl. ÜdB 153.
323 ÜdB 153.
324 Vgl. Camus (^{22}2003) 186.

würden, also Gerechtigkeitsvorstellungen, die sicher nicht dazugehören. Diese Vorstellungen, von welchen sie anhand ihrer Empfindung sicher wissen, dass sie nicht unter den Begriff Gerechtigkeit fallen, schließen sie in ihren eigenen Existenzvollzügen aus, weil sie eine Aneignung derselben in Selbstwiderspruch bzw. wahrscheinlich sogar in Selbstverachtung führen würde, also in einen für denkende Menschen nicht lebenswerten Zustand. Sie wissen also durch diesen Ausschluss gewisser Vorstellungen in Form von Unterlassung bestimmter Handlungen, »[…] dass es eine Grenze gibt, wo der Mensch aufhört zu funktionieren.«[325] Trotz des Nichtvorhandenseins einer eindeutig festlegbaren Gerechtigkeitsauffassung bzw. einer festen, objektiv geltenden Moral wissen sie doch, »[…] daß keineswegs ›alles erlaubt‹ […]«[326] ist.

Das Milgram-Experiment kann zur Verdeutlichung dieser Ausführungen dienen, sind doch bestimmte Versuchsanordnungen (z. B. Experiment 15: Zwei Autoritätspersonen, die widersprüchliche Befehle erteilen[327]; oder Experiment 17: Zwei Gleichrangige lehnen sich auf[328]) gewissermaßen »Außenspiegelungen« dessen, was im plural verfassten Denken in einer Person selbst vorgeht: Die beiden sich widersprechenden Versuchsleiter in Experiment 15 oder die neben den Anordnungen der Autorität in Experiment 17 unterschiedlich agierenden Lehrer verkörpern gleichsam die unterschiedlichen Vorstellungen hinsichtlich einer »richtigen« Situationsgestaltung im Falle des Milgram-Experiments, entsprechend den unterschiedlichen, sich teils widersprechenden Gestaltungsmöglichkeiten im Repräsentationsvorgang eines plural-dialogischen Denkens. Übertragen auf das Beispiel des Nachdenkens über »Gerechtigkeit« entsprächen also die äußerlich unterschiedlich agierenden Personen (z. B. die unterschiedlich agierenden Versuchsleiter) der Repräsentation unterschiedlicher Gerechtigkeitsvorstellungen in Form von eigens erfahrenen narrativ verfassten Umgangsvollzügen im geistigen Dialog einer über »Gerechtigkeit« nachdenkenden Person. Dieses denkende Ich müsste wie Camus zu dem Schluss kommen »Es gibt keine Gerechtigkeit«, und zwar in dem Sinne, dass es nicht eine zu verabsolutierende Vorstellung von Gerechtigkeit gibt. Entsprechend gibt es im

325 Fest 50.
326 ViD 32.
327 Vgl. Milgram (^{16}2009) 126–129.
328 Vgl. Milgram (^{16}2009) 137–143.

Milgram-Experiment nicht eine »richtige« Situationsgestaltung, worauf manche erst durch das autoritätskritische Verhalten Gleichrangiger oder die geäußerten Bedenken einer der Versuchsleiter kommen, manch' andere aber, vermutlich durch die Gewohnheit zu denken, bereits ohne Mitmenschen wissen, dass man eine Situation auch anders gestalten kann, als eine vermeintliche Autorität es vorgibt. Das »Es gibt nicht … zumindest nicht eine einzig zu verabsolutierende Vorstellung …« spiegelt den Zustand des Nichtwissens eines denkenden Ichs während des plural-verfassten Dialogs mit sich, der aber wiederum auch dazu führt, dass sich die eigene Empfindung im Umgang mit Anderen durchsetzt.

Was heißt dieses »Sich Durchsetzen« der eigenen Empfindung im Umgang mit Anderen? Wie sieht dies ganz konkret im Umgang mit Anderen aus, zunächst in Bezug auf das Milgram-Experiment? Einige Versuchspersonen, die durch die sich widersprechenden Autoritäten bzw. das Aufbegehren Gleichrangiger irritiert wurden oder selbst von sich aus um die unterschiedlichen Gestaltungsmöglichkeiten einer Situation aufgrund ihrer Denkgewohnheit wissen (wie zum Beispiel Gretchen Brandt[329] oder Jan Rensaleer[330]), wissen nicht in »positiver« Weise, was in dieser Situation zu tun ist, was dazu führt, dass sie einfach das Verhalten ausschließen und unterlassen, von dem sie sicher – aufgrund ihrer Empfindung – wissen, dass es nicht das »richtige« Verhalten in dieser Situation ist, zumindest nicht eines, womit sie zusammenleben könnten. Sie unterlassen es daher einfach, der Autorität Folge zu leisten. Dies sind Camus' »gewisse Grenzen«, die es trotz mangelnden Wissens um eine »richtige« Situationsgestaltung bzw. trotz fehlenden Wissens um Gerechtigkeit gibt. Zwar weiß ein Denker nicht genau in positiver Weise Setzungen zu machen zu der Thematik, die er bedenkt, er weiß aber sicher, welche Vorstellungen als Vollzüge nicht dazugehören, und kann diese durch seine Selbstbegrenzung im Existenzvollzug auch ausschließen.

In Bezug auf das Thema »Gerechtigkeit« heißt dies, dass ein »Denker« – ohne, dass er dies forciert hätte – allein durch die Angewohnheit ein denkendes Selbstverhältnis zu pflegen und dem damit zusammenhängenden Ausschluss unterschiedlicher »Gerechtigkeits«-vorstellungen bzw. ihres »Nicht-Leben-Könnens« im Umgang mit Anderen sich selbst peu à peu als inkarniertes Beispiel für Ge-

329 Vgl. Milgram (^{16}2009) 104 f.
330 Vgl. Milgram (^{16}2009) 67 ff.

rechtigkeit herausschält. Durch ein denkendes Umgangsverhältnis mit sich selbst entscheidet man, was man selbst in die Welt bringen möchte und was nicht, was leben bzw. weiterleben soll oder nicht, und bringt zugleich mit dieser Entscheidung sich selbst als seine inkarnierte Antwort zur Welt. Erst ein inkarniert-handlungsbegleitendes Denken als Umgangsverhältnis mit sich selbst eingebettet in den Umgang mit Anderen bestätigt die Geburt als Existential in vollständiger Weise. Hierzu schreibt Arendt anknüpfend an das Gerechtigkeitsbeispiel und wieder mit Rekurs auf Sokrates: »[…] Das Sokratische: Je mehr ich Gerechtigkeit denke, je weniger weiss ich, was es ist und je gerechter werde ich. [Unterstreichung im Original]«[331] Arendt zeigt also mit ihrer existentialen Thematisierung des Denkens, dass man im lebensbegleitenden Denkvollzug selbst zu einem inkarnierten Beispiel dessen wird, was einem fraglich wurde. Dies bestätigt auch die eingangs erwähnte Aufrechterhaltung der Suche trotz »objektivem« Nichtwissen eines denkenden Menschen: Auch wenn er weiß, dass er das, wonach er sucht, nicht finden wird, zumindest nicht im Denken, und auch wenn er zudem weiß, dass seine fragende Suche im Denken an kein Ende führt im Sinne eines sicheren Wissens bzw. fester Resultate, so werden seine unablässigen Bemühungen doch auf existentieller Ebene bewahrheitet nämlich an ihm Selbst: Er wird vor allem durch den Ausschluss gewisser Vorstellungen im Umgang mit Anderen, die seiner Empfindung nach sicher nicht dazugehören, selbst für Andere zu einem lebendigen Beispiel dessen, was ihm fraglich wurde.

c) Beispiel Sein für Andere

An dieser Stelle der Ausführungen taucht in Arendts Konzeption auch wieder ihre Kantrezeption nämlich in Gestalt der Geniethematik auf. Kant versteht das Genie als »[…] Personifikation der reflektierenden Urteilskraft.«[332] Die Produkte des Genies sind Beispiele[333], so dass dessen Leistung darin besteht »[…] zu einem gegebenen Begriffe Ideen aufzufinden, und andererseits zu diesen den Ausdruck zu treffen […]«[334]. Bei Arendt bezieht sich die reflektierende Urteilskraft

---

331 D 735.
332 Grätzel (2004a) 71.
333 Vgl. Kant (2006) *B200.*
334 Kant (2006) *B198.*

und damit auch das Genie eher auf sozialphilosophische Phänomene, wie etwa »Mut«[335], »Gerechtigkeit«[336] und »Güte«[337] bzw. darauf, was man unter »Einsicht« oder »Weisheit«[338] verstehen könnte. Aber Arendt verlagert Kants reflektierende Urteilskraft nicht nur auf einen anderen »Zuständigkeitsbereich«, sondern zudem verlagert sie durch ihre Konzeption des Denkens die ganze Geniethematik auf das Existentielle: Man wird selbst zum existentiellen Beispiel und damit gewissermaßen zum leiblichen »Ausdruck« dessen, was einem im Denken fraglich wurde. Damit wird die eigene Existenz als gelebtes Beispiel zum »Produkt« des Denkens. Kants »Produktbegriff«[339] ist bei Arendt aber keinesfalls als Herstellungsgegenstand zu verstehen, als könnte man sich selbst hervorbringen wie ein Handwerksprodukt. Es gäbe kaum eine selbstentfremdendere Auffassung für Arendt. »Produkt« bzw. »Ergebnis« des Denkens ist das, was letztlich bleibt von der Aufrechterhaltung dieser niemals endenden Tätigkeit, also durch die Aufrechterhaltung des »Fraglich-Seins« von etwas: Und dies ist nichts weniger als die einzigartige beispielhafte Gestalt in der Existenz, die sich durch das Ausschließen sicher nicht dazugehöriger Existenzvollzüge, was sich als Wissen im Denken einstellt, schrittweise herauskristallisiert.

Sokrates und Jesus sind als Gestalten der Geistesgeschichte Arendts Gewährsmänner für diese Auffassung:

»Und genau wie Sokrates sehr wohl wußte, daß seine Liebe zur Weisheit fest auf der Tatsache gründete, daß kein Mensch weise *sein* kann, so finden wir bei Jesus die feste Überzeugung, daß seine Liebe zur Güte darauf beruhte, daß kein Mensch gut *sein* kann. ›Was heißest du mich gut? Niemand ist gut denn der einige Gott‹ (*Markus* 10, 18). [Hervorhebungen im Original]«[340]

Das Markusevangelium dient Arendt als Quelle ihrer Jesusdarstellung: Hier lässt ihn der Evangelist die für Arendt wesentliche Überzeugung aussprechen, dass niemand je gut sein kann außer Gott[341]. Die Überzeugung, dass kein Mensch reine Güte verkörpern kann und

[335] Vgl. ÜdB 147.
[336] Vgl. D 735.
[337] Vgl. ÜdB 49.
[338] Vgl. ÜdB 147.
[339] Vgl. Kant (2006) *B200*.
[340] ÜdB 108.
[341] Vgl. Die Bibel (2002) *Markus 10, 18*.

die damit verbundene stete Suche bzw. das Streben nach Gottes Güte bei gleichzeitigem Wissen darum, dass diese menschenunmöglich ist, ließ ihn – selbst für Nichtgläubige – zu einer beispielhaften Gestalt für menschliche Güte werden. Ausgerechnet diejenigen also, denen »Gut-Sein« bzw. »Güte« – im Fall von Jesus[342] – oder »Weise-Sein« bzw. »Weisheit« – im Fall von Sokrates[343] – immer fraglich geblieben ist, wurden für die Menschheit zu beispielhaften Gestalten eines guten bzw. eines weisen Menschen schlechthin.

Arendts Bezugspunkt ihrer Ausführungen zu Sokrates und dessen Überzeugung, dass kein Mensch weise sein kann[344], ist der Sokrates der platonischen Apologie. Sokrates weiß, dass er nichts weiß[345]. Daher versucht er, den Spruch des Orakels zu widerlegen, welches leugnete, dass jemand weiser sei als er[346]: Er möchte daraufhin durch die Befragung seiner Mitmenschen das Orakel widerlegen, was ihm aber immer wieder misslingt, da ihn dieses Vorgehen stets zu der Einsicht kommen lässt, dass Andere ebenso wenig wissen wie er selbst, er aber – im Gegensatz zu den Anderen – um dieses Nichtwissen weiß[347]. Weil er weiß, dass er nichts weiß und sich auch nicht wie all die anderen Befragten einbildet, etwas zu wissen und weise zu sein[348], scheint er doch »[…] um dieses wenige […] weiser zu sein […]«[349]. Durch das Wissen um das eigene Nichtwissen ist er um einen Hauch weiser als seine Mitmenschen, was dazu führt, dass er seine Suche und seine Befragung fortsetzen muss, da er das Orakel nicht widerlegen kann. Die Aufrechterhaltung der Suche, fundiert in dem Eingeständnis, als Mensch nicht weise sein zu können, lässt ihn zu einer »[…] gewisse[n] Weisheit […]«[350], die »[…] dem Menschen angemessen ist […]«[351], gelangen, nämlich – im Gegensatz zur Selbstüberschätzung – zu einer »[…] menschliche[n] Weisheit […]«[352].

Die Aufrechterhaltung seiner Überzeugung menschlichen Nichtwissens führt Sokrates im Handeln dazu, dass er nicht in »po-

---

342 Vgl. D 521.
343 Vgl. D 521.
344 Vgl. ÜdB 108.
345 Vgl. Platon (1957) *22c,d.*
346 Platon (1957) *21a.*
347 Platon (1957) *21d.*
348 Vgl. Platon (1957) *21c; 22c.*
349 Platon (1957) *21d.*
350 Platon (1957) *20d.*
351 Platon (1957) *20e.*
352 Platon (1957) *20d.*

sitiver« Weise weiß, was zu tun ist, denn das Daimonion sagt einem nicht, was es zu tun, sondern nur, was es zu unterlassen gilt[353]:

»Mir aber ist dieses von meiner Kindheit an geschehen, eine Stimme nämlich, welche jedesmal, wenn sie sich hören läßt, mir von etwas abredet, was ich tun will, zugeredet aber hat sie mir nie. Das ist es, was sich mir widersetzt, die Staatsgeschäfte zu betreiben.«[354]

Anstatt im Umgang mit Anderen ein fremdgegebenes Beispiel zu reproduzieren, erfordert die Gewohnheit zu denken also den Mut ins Offene hinein zu handeln, da einem das Denken in »positiver« Weise für das Handeln kein Geländer[355] mit an die Hand gibt. Durch den Ausschluss von Nichtlebbarem – bei Sokrates zum Beispiel die Staatsgeschäfte[356] – schälte sich in ihm seine einzigartige Gestalt heraus, so dass er selbst zu einer lebendigen und beispielhaften Verkörperung dessen wurde, was ihm immer fraglich geblieben ist, nämlich das menschliche Wissen bzw. Weisheit. An ihm selbst bestätigt sich also seine Auffassung,

»[…] daß das Reden und Nachdenken über Frömmigkeit, Gerechtigkeit, Mut und ähnliches die Menschen im allgemeinen frömmer, gerechter, mutiger mache, obwohl ihnen weder Definitionen noch ›Werte‹ vorlagen, die ihr künftiges Verhalten hätten leiten können.«[357] »[…] [Es – F. S.] ist in erster Linie der Tatsache geschuldet, daß Sokrates beispielhaft handelte und damit für eine gewisse Weise des Verhaltens und des Entscheidens zwischen Recht und Unrecht zum Beispiel wurde.«[358]

Was bleibt also vom Denken? Nicht umsonst zieht Arendt zur Plausibilisierung der phänomenal originären »Resultate« bzw. Folgen der Denktätigkeit Jesus und Sokrates heran, die ja selbst nie etwas Schriftliches hinterlassen haben: In materieller Hinsicht ist es nämlich äußerst wenig, was vom Denken bleibt. Die Resultate der Gewohnheit zu denken sind zumeist rein negativ: Denken zeigt sich daran, dass man bestimmte Dinge einfach nicht fraglos wie alle Anderen mitmachen kann, was aber wiederum auch dazu führen kann, dass man unter Umständen zu einem lebendigen Beispiel für Andere wird, oder narrativ gewendet, dass man durch seine Umgangsform im

353 Vgl. ÜdB 92.
354 Platon (1957) *31d*.
355 Vgl. Tor 113.
356 Vgl. Platon (1957) *31d*.
357 LdG 171 f.
358 ÜdB 147 f.

Umgang mit Anderen als Geschichte in Geschichten Anderer eingehen kann und diese dadurch sogar anregen kann, den Mut aufzubringen, sich für die eigene Geschichte und die eigene Person zu entscheiden. Damit ist Arendt wieder bei Kants Genieauffassung angelangt, denn die Beispiele, die das Genie hinterlässt, dienen – laut Kant – »[…] nicht der Nachahmung […], sondern der Nachfolge für ein anderes Genie, welches dadurch zum Gefühl seiner eigenen Originalität aufgeweckt wird […]«[359]. Auch bei Arendt soll das unintendierte Beispiel, das ein denkender Mensch im Umgang mit Anderen hinterlässt, nicht einfach nachgeahmt werden, denn dies wäre wieder eine gedankenlose Reproduktion eines fremdgegebenen Beispiels, die sich ihren Neuanfang schuldig bleibt, sondern es soll zur Nachfolge anregen: Das gelebte Beispiel soll primär »[…] andere zum Selbstdenken anregen […]«[360], also zu eigenständigem Fragen anstacheln, was wiederum erst deren unvergleichlich-eigenen Ausdruck und Umgangsstil im Umgang mit Anderen freisetzt.

»Primärresultat« des Denkens ist also ein eigener, unvergleichlicher, ja »charakteristischer« Umgangsstil vor allem in dem Bereich, der einem im Denken fraglich wurde. Durch diesen unvergleichlichen Gestus kann es im Umgang mit Anderen dazu kommen, dass ein zu denken gewohnter Mensch »[…] ein Exempel statuiert […]«[361], das als erinnerte Geschichte in die Lebensgeschichte Anderer eingeht, da es sie anregt, ihren gängigen Umgangsstil in Zweifel zu ziehen und zu hinterfragen. Doch nicht nur in leiblicher Unmittelbarkeit erlebte Geschichten können zum Denken anregen, sondern bereits in Form von Erzählungen vermittelte Umgangserfahrungen können diese »Wirkung« hervorbringen. Derart gelungene, weil nachwirkende Erzählungen, die allerdings erst einer herstellenden Umsetzung bedürfen, sind also auch zu den – wenn auch abgeleiteten – Resultaten der Denktätigkeit zu rechnen. Denken hinterlässt Beispiele und zu diesen Beispielen zählen auch Erzählungen oder andere künstlerische Produkte, die als Beispiele fungieren können. So wie das Denken als stete, lebensbegleitende Geistestätigkeit primär durch die eigene, unvergleichliche Vollzugsweise im Umgang mit Anderen Beispiele hinterlässt, die Andere zum Denken anregen können, so können auch explizite Erzählungen als von den primären Umgangsvollzügen

[359] Kant (2006) *B200;* vgl. hierzu auch WuP 351.

[360] Les 24.

[361] WuP 350.

abgeleitete »Denkresultate« anregenden Beispielcharakter annehmen. Dies können sie aber nur, weil auch sie – selbst wenn sie ersonnen und damit rein fiktional sind – originären Umgangsvollzügen bzw. Lebensgeschichten entsprungen sind und durch eine treffliche Gestaltung in der herstellenden Umsetzung auch darauf angelegt sind, wieder in die Geschichten Anderer einzugehen. Arendt selbst sah einen Großteil ihres Schreibens als ein Hinterlassen schriftlicher Beispiele: Eichmann etwa war für sie ein Beispiel für eine neue Form des Bösen, welches es durch Schreiben als »mahnend«-beispielhaftes Modell für Andere festzuhalten galt[362], um diese zum Nachdenken über ihren eigenen Umgangsstil anzuregen.

Das »Anregungspotential« künstlerischer Produkte ist für Arendt immer auch Gradmesser für die persönliche Integrität des Schöpfers bzw. dessen Fähigkeit zu denken, die ja bekanntlich auch eingebüßt werden kann[363]. Arendt schließt nämlich nicht aus, dass es Erzählungen oder überhaupt »künstlerische« Produkte gibt, welchen kein Denkprozess vorausging. Diese gedankenlosen Produkte sind daran erkennbar, dass sie niemanden anregen bzw. in niemandem weiterwirken:

> »Insofern als Denken eine Tätigkeit ist, kann es in Produkte übertragen werden, in solche Dinge wie Gedichte, Musikstücke oder Gemälde. Alle Dinge dieser Art sind tatsächlich Gedankendinge, genauso wie Möbel und Gegenstände unseres täglichen Gebrauchs mit Recht als Gebrauchsgegenstände bezeichnet werden: Die einen sind durch Denken, die anderen durch Gebrauch, durch bestimmte menschliche Bedürfnisse und Wünsche, zustande gekommen. Die Sache bei diesen hochkultivierten Mördern ist die, daß nicht ein einziger von ihnen ein Gedicht schrieb, das es wert wäre, daß man sich daran erinnerte, oder ein anhörenswertes Musikstück komponierte oder ein Bild malte, bei dem irgend jemand daran gelegen wäre, es an seine Wand zu hängen. Man braucht mehr als Nachdenklichkeit, um ein gutes Gedicht oder Musikstück zu schreiben oder ein Bild zu malen – Sie brauchen dazu besondere Talente. Aber kein Talent wird dem Verlust der Integrität standhalten – der Integrität, die Sie verlieren, wenn Sie diese ganz allgemeine Denk- und Erinnerungsfähigkeit verloren haben.«[364]

Doch zurück von der expliziten Erzählung zu dem originären, zugrundeliegenden Existenzvollzug: Wollte man Arendts narratives

---

[362] Vgl. SBW 444.
[363] Vgl. hierzu vor allem § 18 dieser Arbeit.
[364] ÜdB 79 f.

Denken als vorgängig existential-hermeneutischen Zirkel auffassen, so wäre dieser nun mit diesem Abschnitt »Beispiel Sein für Andere« wieder bei seinem Ausgangspunkt, dem Umgang mit Anderen angelangt, allerdings beim Ausgangspunkt in einer anderen Person, was den Zirkel zu einem intakten, weil nicht in sich kreisenden macht: Denken geht aus dem Umgang mit Anderen bzw. der Begegnung mit einer anderen Person hervor[365], was vor allem heißt, dass durch die Umgangserfahrung ein »Fraglich Werden« einer Sache oder eines ganzen Bereichs angeregt wird. Dies »Fraglich Sein« bzw. Bedenken zeigt sich dann auch allererst in einem veränderten bzw. charakteristischen Umgangsstil mit Anderen, weil nicht mehr alles so mitgemacht werden kann wie bisher. Arendt dient hier das bekannte Nietzsche-Wort zur Plausibilisierung: »›Ich mache mir aus einem Philosophen gerade so viel, als er imstande ist, ein Beispiel zu geben.‹[366]«[367] Ein Denken, das kein Beispiel im originären Existenzvollzug, das heißt im tätigen Umgang mit Anderen gibt, wäre für Arendt kein Denken. Auch wenn das gelebte Beispiel eines denkenden Menschen unter normalen Umständen nicht immer gleich ins Auge sticht und auffällt, so sind es doch diejenigen, die in Krisenzeiten nicht mitmachen und dadurch herausfallen, dass sie ein »[…] Exempel statuier[en] […]«[368], was wiederum Andere zum Zweifel und damit auch zum Denken anregen kann. Hierzu schreibt Arendt im Denktagebuch: »A propos die eigene Möglichkeit in der fremden Wirklichkeit entdecken: Und wie wäre es, wenn diese eigene Möglichkeit erst in uns als Möglichkeit sich in der Begegnung mit dem Anderen produziert?«[369] Die Begegnung bzw. der Umgang mit Anderen ist der Ausgangspunkt des Zirkels, der die Denktätigkeit anregt und so erst – quasi als Zielpunkt des Zirkels – freisetzt, worauf die geburtliche Existenz hinweisen soll bzw. wovon niemand vor ihr und ohne sie gewusst hätte, denn »[…] jeder Mensch […] [enthüllt] ein Sein, das er in dessen Ganzheit zwar nicht ist, auf das seine Existenz aber hinweist und von dem man ohne ihn nichts gewußt hätte.«[370] Durch diese Freisetzung des geburtlichen Anfangs im Existenzvollzug bzw. im Umgang mit Anderen wird der Zielpunkt des Denkens auch wie-

---

365 Vgl. hierzu § 10 a).
366 Vgl. hierzu Nietzsche (1999) 350.
367 WuP 350; D 657.
368 WuP 351.
369 D 720.
370 D 773 f.

der zum Ausgangspunkt für Andere, da der durchs Denken veränderte und unvergleichliche Umgangsstil wiederum im tätigen Umgang mit Anderen ein »[…] Exempel […] statuieren […]«[371] kann und so diese Anderen anregen kann, sich für sich selbst zu entscheiden und zu denken.

Die Grundlage für dieses »Beispiel Sein« im Umgang mit Anderen ist nämlich die Entscheidung für sich selbst[372]. Und diese Entscheidung, selbst zu sein, impliziert den Mut, anders zu sein als Andere[373]. Was jedoch könnte dies heutzutage heißen? In einem Artikel der »Zeit« über zunehmende Ökonomisierung der Medizin[374], die nicht immer zum Heil des Patienten ist, äußert sich ein ehemaliger Chefarzt einer Geburtsstation, der sich ab einem gewissen Punkt offen gegen die vorwiegend ökonomisch orientierte Klinikleitung stellt. Er begründet seinen Bruch mit der Leitung damit, dass er als Chef der Klinikabteilung die Verantwortung für die mögliche Gefährdung seiner Patienten, die durch die Einsparungsmaßnahmen entstanden sind, nicht übernehmen könne. Mit diesem Bruch nimmt er natürlich auch die Gefährdung seiner persönlichen Stellung in Kauf. Er schildert seine Situation folgendermaßen:

»Scheele[375]: Ich war seit 1995 Chefarzt in einem Perinatalzentrum Level 1, also einer Geburtshilfe, die auf höchste Risiken ausgelegt ist. Die Geschäftsleitung wollte offene Schichten mit Honorarärzten besetzen; das sind Ärzte, die keine festen Verträge haben und kurzfristig einspringen. Es wurde dann eine Kollegin engagiert, die noch nie bei uns gearbeitet hat. Sie müssen sich vorstellen: Da kommt eine Ärztin in eine Nachtschicht, die total alleine ist, sich nicht auskennt und die dann in einer Risikogeburtshilfe vor Ort die Entscheiderin sein soll. Daraufhin habe ich protestiert, weil ich der Meinung war, dass ich damit meine Patienten gefährde. Abgesehen davon gibt

---

371 D 665.

372 Vgl. ÜdB 87.

373 Vgl. hierzu den Dialog zwischen Kolja und Aljoscha, in dem von Arendt geschätzten Werk »Die Brüder Karamasow«: Dostojewskij (^{2}2010) 859.

374 Vgl. Faller, Heike; Grefe, Christiane: Geld oder Leben. In: Die Zeit. Ausgabe D. Nr. 39 vom 20.09.2012. S. 31.
Online abrufbar unter: http://www.zeit.de/2012/39/Krankenhaus-Aerzte-Patienten [2013–11–16]
vgl. Faller, Heike; Grefe, Christiane: »Klappe halten und wegsehen«. In: Die Zeit. Ausgabe D. Nr. 39 vom 20.09.2012. S. 32–33.
Online abrufbar unter http://www.zeit.de/2012/39/Krankenhaeuser-Medizinbetrieb-Gespraech [2013–11–16].

375 Der ehemalige Chefarzt heißt Michael Scheele.

es Leitlinien, in denen eindeutig steht, dass ein Chefarzt einen Facharzt nicht einsetzen darf, ohne zu überprüfen, ob dieser Mensch das auch kann. Deshalb habe ich eine zweiwöchige Einarbeitungszeit gefordert. Und da ist das passiert, was Sie nicht für möglich gehalten haben, Herr Wiesing[376]: Der Klinikdirektor hat den Dienstplan angeordnet.
Wiesing: Das ist seine Aufgabe.
Scheele: Ja, aber aus fachlicher Sicht sage ich, der Dienstplan ist so nicht machbar, weil er Patienten gefährdet. Das ist meine Pflicht. Patienten sind wichtiger als Profit. Ich habe dann den Kreißsaal für diese Zeiten von der öffentlichen Notfallversorgung abgemeldet, worüber sich die Behörde bei der Klinikleitung beschwerte. Es kann nicht sein, dass der medizinische Sachverstand des Chefarztes vom Klinikdirektor überstimmt wird. Und wenn das so ist, muss der Chefarzt handeln. Über die Konsequenzen muss er sich allerdings im Klaren sein.«[377]

Arendts Ausführungen zielen letztlich auf ein Handeln, wie Michael Scheele es beschreibt, ab. Derartiges Verhalten im Umgang mit Anderen wäre für Arendt sicheres Anzeichen eines denkenden Menschen, der Verantwortung übernimmt und ein »Exempel statuiert«, um seine Wahrheit zu verifizieren[378], statt im Strom der Gepflogenheiten, die das Patientenwohl riskieren, mitzuschwimmen. Es geht ihr um das Einstehen für seine Wahrheit in und mit seiner ganzen Existenz, nicht um eine Abspaltung einer Idealwelt von der Welt der Realitäten. Ein denkender Mensch sagt also nicht »Das sind zwar meine Ideale, hier ist aber die Realität«, sondern es gibt Situationen und Fälle, in denen er mit Luther sagen muss »›Hier stehe ich, ich kann nicht anders‹ und koste es mich Kopf und Kragen«. Hierfür führt Arendt den Begriff der »Wahrhaftigkeit«[379] ein: Er bezeichnet vor allem das »Ganz selbst Sein« im Gegensatz zur gedankenlosen Weigerung Person zu sein[380], die zur Abspaltung eines wichtigen Teils seiner selbst als Ideal im Geiste führt. Die Wahrhaftigkeit als Entscheidung für sich selbst und als inkarniertes Einstehen für sich als Ganzer impliziert ein »Anders Sein« und kann – wie bei dem Arzt

376 Urban Wiesing, ein anderer Arzt, der sich neben Scheele und anderen an diesem Zeit-Interview beteiligt.
377 Michael Scheele; Urban Wiesing. In: Faller, Heike; Grefe, Christiane: »Klappe halten und wegsehen«. In: Die Zeit. Ausgabe D. Nr. 39 vom 20.09.2012. S. 32. Online abrufbar unter http://www.zeit.de/2012/39/Krankenhaeuser-Medizinbetrieb-Gespraech [2013–11–16].
378 Vgl. WuP 351.
379 Vgl. WuP 351.
380 Vgl. ÜdB 101.

Michael Scheele – dazu führen, dass man gewisse Verhältnisse einfach nicht mitmachen kann. Diese Weigerung, die häufig mit persönlichen Konsequenzen[381] einhergeht, statuiert aber auch ein Exempel, das trotz der weiteren Willfährigkeit der Kollegen offen auf Missstände hinweist und von niemandem beschwichtigt werden kann: So wie – laut Arendt – niemand am Faktum der Geburt und des Lebens also an der Tatsache des »Gewesen Seins« eines Menschen etwas ändern kann bzw. diese rückgängig machen kann[382], so kann auch niemand an dem Faktum des durch die Handlung statuierten Exempels in Form der weiterwirkenden Geschichte[383] etwas ändern oder rückgängig machen. Das im Existenzvollzug gegebene Beispiel als Aktualisierung der Geburt als Existential kann im Weiterwirken Andere ermutigen zu folgen bzw. ebenso daran mitzuwirken, durch gelebte Beispiele die Verhältnisse zu verbessern bzw. Missstände zu beheben.

Der Freund im Selbstverhältnis ist also nicht nur – wie bei Aristoteles[384] – Garant für Wahrheit verstanden als originäre Wahrnehmung bzw. Wirklichkeitsauffassung, sondern im denkenden Selbstverhältnis bei Arendt zudem bzw. sogar zunächst und primär Garant für Wahrhaftigkeit. Erkenntnis(-theorie) ist also – und das gilt für beide, Aristoteles und Arendt – ethisch fundiert. Bei Arendt könnte man dieser Einsicht jedoch vor dem Hintergrund ihrer narrativen Theorie noch die Wendung verleihen, dass Wahrheit im Sinne von »Wahres sagen bzw. erzählen« »Wahr Sein« im Sinne von Wahrhaftigkeit voraussetzt. Eine derartige Wahrhaftigkeit erkennt Arendt in der Aussage bzw. dem Bericht über die eigene Deportation von Zindel Grynszpan vor dem Gericht in Jerusalem während des Eichmann-Prozesses[385]:

»Es dauerte nicht länger als vielleicht zehn Minuten, bis die Geschichte erzählt war, und als sie zu Ende war – die sinnlose, nutzlose Zerstörung

---

[381] Michael Scheele schildert als Folgen seines Bruchs mit der Klinikleitung Feindseligkeiten seiner Mitarbeiter, mangelnde Unterstützung durch andere Chefärzte, stete Zermürbung durchs Kollegium, die ihn dazu führte einer Vertragsauflösung zuzustimmen. Vgl. hierzu Michael Scheele In: Faller, Heike; Grefe, Christiane: »Klappe halten und wegsehen«. In: Die Zeit. Ausgabe D. Nr. 39 vom 20.09.2012. S. 32f. Online abrufbar unter http://www.zeit.de/2012/39/Krankenhaeuser-Medizinbetrieb-Gespraech [2013–11–16].

[382] Vgl. D 175f.

[383] Vgl. D 601.

[384] Vgl. Aristoteles (2001) *1170b;* vgl. hierzu §11 dieser Arbeit.

[385] Vgl. EiJ 341f.

von 27 Jahren in weniger als 24 Stunden –, da dachte man: Jeder, jeder soll seinen Tag vor Gericht haben – ein törichter Gedanke. In den endlosen Sitzungen, die dann folgten, stellte sich heraus, wie schwer es ist, eine Geschichte zu erzählen, daß es hierzu – jedenfalls außerhalb jener Verwandlung, welche der Dichtung eignet – einer Reinheit der Seele, einer ungespiegelten und unreflektierten Unschuld des Herzens und Geistes bedarf, die nur die Gerechten besitzen. Nicht einer, weder vorher noch nachher, konnte es mit der unantastbaren schmucklosen Wahrhaftigkeit des alten Mannes aufnehmen.«[386]

In der Wahrhaftigkeit als Entscheidung für sich selbst[387] sieht Arendt jedoch nicht nur die Voraussetzung für Wahrheit im Sinne der Fähigkeit, eine erlebte Situation in Form einer wahren, authentischen Geschichte wiederzugeben, sondern auch ein überzeitliches und kulturübergreifend geltendes moralisches Fundament, das selbst dann greift, wenn legale Ordnungen versagen. Arendts Grundfrage ihres Spätwerkes besteht ja letztlich in der Suche nach einem moralischen Fundament bzw. einer Ethik in menschlichen Ausnahmesituationen, die selbst dann nicht versagt, wenn alle legalen Ordnungen versagen:

»[…] [W]ie kann ich Recht von Unrecht unterscheiden, wenn die Mehrheit oder meine gesamte Umgebung die Frage schon vorentschieden hat?«[388] »Wie kann man denken, und wie kann man, was in unserem Zusammenhang noch viel wichtiger ist, urteilen, ohne sich an vorgegebene Normen und allgemeine Maßregeln zu halten, welchen man die konkreten Fälle und Beispiele der Erfahrung unterordnen kann?«[389]

Zunächst also legt Arendt dieses ethische Prinzip, das sogar in Ausnahmesituationen nicht versagt, im Denken als Entscheidung für sich selbst im Gegensatz zur gedankenlosen Weigerung selbst bzw. Person zu sein[390], frei.

»Der Wind des Denkens äußert sich nicht in Erkenntnis; er ist die Fähigkeit, recht und unrecht, schön und häßlich zu unterscheiden. Und diese kann – in den seltenen Augenblicken, da die Einsätze gemacht sind – in der Tat Katastrophen verhindern, mindestens für das Selbst.«[391]

---

386 EiJ 343.
387 Vgl. ÜdB 87.
388 ViD 10.
389 ViD 17 f.
390 Vgl. ÜdB 101.
391 LdG 192.

Warum ist das jedoch so? Wie ließe es sich nachvollziehen, dass Denken in Arendts Sinne Katastrophen, wie etwa die fürchterlichen Entgrenzungen des Handelns während des Dritten Reiches hätte verhindern können? Ein Denker – so Arendt – orientiert sein Handeln bzw. seine Umgangsformen primär an eigenen Prinzipien unabhängig von legal gesetzten Normen[392]. Die aus dem Denken hervorgegangenen selbsterbrachten »Wegweiser«[393] – so »subjektiv« und unterschiedlich sie auch von Denker zu Denker sein mögen[394] – lassen einen denkenden Menschen integer bleiben – so ihr Versprechen –, selbst wenn externe Ordnungen versagen, sprich im Extremfall ein »Du sollst nicht töten« gegen ein »Du sollst töten« ausgetauscht wird[395]. Die »[…] eigenen Prinzipien […]«[396] sind das einzige, was »[…] festen Halt […]«[397] bietet, »[…] wenn wir es wagen, uns auf diesen sehr unsicheren moralischen Boden zu begeben.«[398] Und diese Halt bietenden »Prinzipien« bzw. »Wegweiser« sind die beispielhaften Geschichten in der Erinnerung. Sie bieten einen gewissen Anhalt in einem Bereich, in dem »[w]ir […] uns nicht an irgend etwas Allgemeinem festhalten [können], aber an einem bestimmten Besonderen, das zum Beispiel wurde.«[399] So werden Menschen, die zu denken gewohnt sind, allein durch die Gewohnheit, gängige Sachverhalte und Regeln zu hinterfragen, indem man diese in ihre konstitutiven Umgangserfahrungen in der Repräsentation auftrennt, Orientierungsbeispiele in Form von narrativ verfassten, exemplarischen Umgangserfahrungen an der Hand haben. Mit diesen exemplarischen Geschichten in der Repräsentation stehen einem Denker – sozusagen als moralischer »Nebeneffekt«[400] – zugleich Kriterien zur Unterscheidung von Recht und Unrecht zur Verfügung: »Wir urteilen und unterscheiden Recht von Unrecht, indem wir in unserem Kopf eine zeitlich und räumlich abwesende Person oder einen Fall gegenwärtig haben, die zu Beispielen geworden sind.«[401]

---

392 Vgl. ÜdB 81; ViD 18.
393 Vgl. ÜdB 147.
394 Vgl. hierzu ÜdB 99; 120; D 679.
395 Vgl. ÜdB 16; 95.
396 ViD 18.
397 ViD 18.
398 ViD 18.
399 ÜdB 146.
400 Vgl. hierzu LdG 180; DuM 148; 154; D 758.
401 ÜdB 148.

Warum jedoch können die narrativ verfassten Umgangserfahrungen, die als unterschiedliche Beispiele im Denken bzw. als dessen »Resultate« repräsentiert werden, als moralische Entscheidungskriterien fungieren? Es geht ja bei dieser ethischen Entscheidungsfrage – wie bereits dargestellt[402] – um die Frage, mit wem wir zusammenleben wollen oder nicht[403]. Diese Entscheidung treffen wir im Denken anhand von erinnerten Beispielen, da diese uns im Vorgang der Repräsentation »[…] mit einem [empfindungsmäßigen – F. S.] Qualitätsunterschied […] versorgen.«[404] »Die[] Gesellschaft [, mit der wir zusammenleben wollen, – F. S.] wird durch Denken in Beispielen ausgewählt, in Beispielen von toten oder lebenden wirklichen oder fiktiven Personen und in Beispielen von vergangenen oder gegenwärtigen Ereignissen.«[405] Dieses Denken in Beispielen zeigt – wie in einer tatsächlichen Begegnung – durch die Empfindung, die sich nur im Zwischen bzw. einem dialogischen Dual einstellt, eindeutig an, ob man das Gespräch bzw. das Zusammenleben weiterhin fortsetzen könnte oder nicht. Eine negativ im Denken sich einstellende Empfindung gliche einem »Unterbrechen bzw. Gehen Müssen« in der tatsächlichen Begegnung. Stellt sich keine derart negative Empfindung ein, so steht einer Selbstgestaltung entlang des empfindungsmäßig neutralen Beispiels in der Repräsentation nichts im Wege, zumindest kein Selbstverlust. Das συζῆν bzw. das »Zusammenleben Können«, das bei Aristoteles als ein entscheidendes Kriterium für das einzig wahre Freundschaftsverhältnis fungiert[406], wird bei Arendt zum alles entscheidenden moralischen Beurteilungskriterium, vor allem für das Selbst und dessen Umgangsgestaltung.

Warum soll aber ausgerechnet dieses Kriterium des »Zusammenleben Könnens« in menschlichen Katastrophen und bei noch so unterschiedlichen Denkern nicht versagen? Niemand, so Arendts Argument, der gewohnt ist mit sich in Form eines dialogischen Selbstverhältnisses zusammenzutreten und sich diese Dimension auch erhalten will – stellt sie doch unter anderem die eigene Sinndimension[407], die Möglichkeit der Selbsttransparenz[408] und Hand-

[402] Vgl. §16 dieser Arbeit.
[403] Vgl. ÜdB 70; 96f.; 100; 120.
[404] ÜdB 146.
[405] ÜdB 149.
[406] Vgl. Aristoteles (2001) *1169b; 1170a; 1170b; 1172a.*
[407] Vgl. §12 dieser Arbeit.
[408] Vgl. §17 dieser Arbeit.

lungsorientierung[409] dar –, könnte zum Beispiel mit einem Mörder Unschuldiger[410] in einem wahren freundschaftlichen Verhältnis zusammenleben und zu seinem Dialogpartner machen, ohne sich selbst zu belügen. So unterschiedlich und subjektiv das Kriterium des »Zusammenleben Könnens« von Denker zu Denker auch sein mag[411], kein Denker könnte es ertragen, mit jemandem in einem vertrauensvollen Dialog zusammenzuleben, von dem er sich in untrüglicher Selbsttransparenz sicher ist, dass er wahllos Leute umgebracht hat. Jeder Denker – bei aller Unterschiedenheit – weiß, dass derartige Taten mit Sicherheit ein Leben in Selbstverachtung herbeiführten und ein derartiges Leben ohne sich in ein denkerisches Selbstverhältnis mit sich begeben zu können, »[…] ein Leben ohne Sinn […]«[412] und damit »[…] eine Art Tod bei lebendigem Leibe […]«[413] wäre. Darum hätte ein dialogisches Denken – laut Arendt – zumindest Menschheitskatastrophen wie die entsetzlich entgrenzten Gräueltaten des NS-Regimes verhindern können und vor einer derartigen Entgrenzung bewahren können.

Dass diese im narrativen Denken beschlossen liegende Ethik und deren implizites Kriterium des freundschaftlichen Zusammenlebens mit sich kein bloßes philosophisches Konstrukt ist, belegt Arendt eindrucksvoll an biographischen Zeugnissen von Menschen, die im Dritten Reich integer blieben. Arendts Beispiele beziehen sich auf Ausnahmesituationen, die aber im Nachhinein in den Berichten über Menschen, die Widerstand leisteten, eine erstaunliche Ähnlichkeit erkennen lassen. Zu Zeiten totalitärer Herrschaft konnte es – laut Arendt – durchaus geschehen, dass man in eine ähnliche, wie folgt geschilderte Situation geriet: Man wird gezwungen, jemanden zu verraten, auszuliefern oder gar selbst umzubringen, mit der Androhung, bei Befehlsverweigerung selbst umgebracht zu werden. Arendt zitiert an mehreren Stellen[414] Beispiele von Menschen, die auch in diesen Ausnahmesituationen integer blieben. Dabei zeigt sich, dass trotz all der Unterschiedlichkeit dieser Menschen die Aussagen zur Begründung ihrer Befehls- und Gehorsamsverweigerung sich in erstaunlicher Weise gleichen: »[…] [S]ie erklärten einfach […], daß sie die

---

409 Vgl. § 16 und § 18 dieser Arbeit.
410 Vgl. ÜdB 52.
411 Vgl. ÜdB 120.
412 LdG 93.
413 LdG 93.
414 Vgl.ÜdB 29 f.; 51 f.; 81; 153 f.; Fest 49.

Verantwortung für solche Taten nicht hätten übernehmen können.«[415] Viele sagten auch Arendts Berichten zufolge wörtlich: »Bestimmte Dinge kann ich nicht tun, weil ich danach nicht mehr in der Lage sein würde, mit mir selbst zusammenzuleben. [Unterstreichung – F. S.]«[416] »Sie sagten einfach: Ich kann nicht, ich will lieber sterben; denn das Leben wäre nicht mehr lebenswert gewesen, wenn ich das getan hätte.«[417] Auch Browning weiß von solchen Fällen – wie etwa von einem gewissen Arthur Rohrbauch – zu berichten und bestätigt damit Arendts theoretische Plausibilisierung der historisch-lebensweltlichen Vorgänge:

»Im 2. Zug der 3. Kompanie entwickelte sich Leutnant Hoppner zu einem eifrigen ›Judenjäger‹. Er versuchte in seinem Zug schließlich durchzusetzen, daß jeder bei den Erschießungen mitmachte. Einige seiner Männer, die bis dahin noch nie geschossen hatten, töteten so zum erstenmal Juden. […] Doch Arthur Rohrbauch […] konnte einfach nicht auf wehrlose Menschen schießen. ›Dem Leutnant H[… – Ch. B.] war auch bekannt, daß ich das nicht konnte. Schon bei früheren Gelegenheiten hatte er mir gesagt, daß ich noch härter werden müßte. Dem Sinne nach hatte er auch einmal gesagt, daß auch ich noch den Genickschuß lernen würde.‹ Auf einem Streifengang mit Unterführer Heiden […] und fünf anderen Polizisten stieß Rohrbauch im Wald auf vier Juden – drei Frauen und ein Kind. Heiden befahl seinen Leuten, sie zu erschießen, doch Rohrbauch ging einfach weg. Heiden nahm daraufhin sein Gewehr und erschoß die Juden selbst. Rohrbauch meinte, er habe es Trapp zu verdanken, daß sein Verhalten keine negativen Folgen nach sich zog: ›Wegen des alten Mannes habe ich meines Wissens keine Schwierigkeiten gehabt.‹ […]«[418]

Dieses Phänomen des sich selbst im Zusammenleben »sauber« Haltens, das sogar den Tod in Kauf nimmt, anstatt »befleckt« mit einer derartigen Tat auf dem Rücken mit sich weiterleben zu müssen, ging – laut Arendt – quer durch alle Bildungsschichten hindurch[419]: Für Arendt ist dies ein Beleg dafür, dass jeder denken kann, auch unabhängig von seinen intellektuellen Möglichkeiten. Die Gewohnheit, seine Erfahrungen für sich zu bedenken, geht mit der Gewohnheit einher, sein Handeln und seine Umgangsformen vor sich selbst zu rechtfertigen und nicht sich selbst zu belügen. Jemand, der denkt,

---

[415] ÜdB 30.
[416] ÜdB 81.
[417] ÜdB 154.
[418] Browning (^{6}2011) 175 f.
[419] Vgl. hierzu EiJ 192; ÜdB 50; 76 f.; 153.

wird – wollte man das Leben, wie Arendt, als eine Geschichte verstehen[420] – seiner Geschichte treu bleiben[421] und nicht sich legalen Normen unterwerfen. Er wird sich allererst fragen: »Womit kann ich selbst zusammenleben?«[422] und nicht »Was wird von mir verlangt?«[423]

Arendts Beispiel hierfür ist der Feldwebel Anton Schmidt, dessen Geschichte während des Eichmann-Prozesses als leuchtendes Gegenbeispiel und alternative Verhaltensweise zum fraglosen Gehorsam der meisten Menschen während des Dritten Reiches erzählt wurde:

»Anton Schmidt befehligte einen Streifendienst in Polen, der verstreute und von ihrer Einheit abgeschnittene deutsche Soldaten aufsammelte. Im Verlauf dieser Tätigkeit war er auf Mitglieder der jüdischen Untergrundbewegung gestoßen, darunter auf Herrn Kovner[424], ein prominentes Mitglied, und er hatte den jüdischen Partisanen mit gefälschten Papieren und Wehrmachtsfahrzeugen geholfen. Vor allem aber: ›Er nahm kein Geld dafür.‹ Das währte fünf Monate lang, vom Oktober 1941 bis zum März 1942. Dann wurde Anton Schmidt verhaftet und hingerichtet.«[425]

In einem Zeit-Artikel jüngeren Datums wird Schmidts Wirken folgendermaßen beschrieben:

»[…] [D]em Feldwebel Anton Schmid[426] aus Wien […] [war] es gelungen, während des Krieges in Litauen Hunderte jüdische Menschen zu retten. Wie Oskar Schindler hatte auch Schmid die Gejagten für vermeintlich dringende Arbeiten requiriert, ihnen zum Teil falsche Papiere verschafft und sie so vor dem sicheren Tod bewahrt. Er hatte es sogar riskiert, Internierte mit falschen Marschbefehlen aus dem Wilnaer Ghetto herauszuholen – ein tollkühner Streich, für den Schmid mit dem Leben bezahlte. Er flog auf, wurde vor ein Kriegsgericht gestellt und im April 1942 ermordet.«[427]

---

[420] Vgl. LdG 165.
[421] Vgl. ID 115; Dinesen (1956) 59.
[422] Vgl. ViD 35.
[423] Vgl. ViD 36; ÜdB 23.
[424] Kovner tritt während des Eichmann-Prozesses als Zeuge auf und erzählt bei dieser Gelegenheit die Geschichte von Anton Schmidt.
[425] EiJ 343 f.
[426] Gelegentlich wird der von Arendt mit Anton *Schmidt* zitierte Mann auch Anton *Schmid* geschrieben. Es handelt sich dabei um ein und denselben Mann, da neben der inhaltlichen Übereinstimmung in diesem Zusammenhang auch häufig das Eichmann-Buch von Arendt genannt wird.
[427] Wette, Wolfram: Entsorgte Erinnerung. In: Die Zeit. Ausgabe D. Nr. 16 vom 12.04.2012. S. 19.

Die Atmosphäre im Eichmann-Prozess während des Berichts über Anton Schmidt beschreibt Arendt mit folgenden Worten:

»Während der wenigen Minuten, die Kovner brauchte, um über die Hilfe eines deutschen Feldwebels zu erzählen, lag Stille über dem Gerichtssaal; es war, als habe die Menge spontan beschlossen, die üblichen zwei Minuten des Schweigens zu Ehren des Mannes Anton Schmidt einzuhalten. Und in diesen zwei Minuten, die wie ein plötzlicher Lichtstrahl inmitten dichter, undurchdringlicher Finsternis waren, zeichnete ein einziger Gedanke sich ab, klar, unwiderlegbar, unbezweifelbar: wie vollkommen anders alles heute wäre, in diesem Gerichtssaal, in Israel, in Deutschland, in ganz Europa, vielleicht in allen Ländern der Welt, wenn es mehr solcher Geschichten zu erzählen gäbe.«[428]

Es gleicht überhaupt einem Wunder, dass Schmidts Geschichte nicht in Vergessenheit geriet[429]. Für Arendt ist dieses Fortwirken der Geschichte Schmidts vor allem ein Beleg dafür, dass die Bemühungen der Nazis, alle Handlungsspuren eines Menschen auszulöschen, nie vollständig gelingen werden und letztlich vergebens sind. Ein Hoffnungsfunke wie Schmidt belegt, dass eine menschliche Handlung und ihre Spuren nie gänzlich auslöschbar sind, zumindest in der Erinnerung werden sie bleiben und es wird immer einen geben, der davon kündet:

»Aber genauso wie die fieberhaften Versuche der Nazis von Juni 1942 an, alle Spuren der Massaker zu beseitigen – durch Kremierung, durch Verbrennung in offenen Gruben, durch Sprengungen, Flammenwerfer und Knochenmahlmaschinen –, zum Scheitern verurteilt waren, so waren auch alle Anstrengungen, ihre Gegner ›in stummer Anonymität verschwinden‹ zu lassen, vergebens. So tief ist keine Versenkung, daß alle Spuren vernichtet werden könnten, nichts Menschliches ist so vollkommen; dazu gibt es zu viele Menschen in der Welt, um Vergessen endgültig zu machen. Einer wird

---

Online abrufbar unter: http://www.zeit.de/2012/16/Anton-Schmid [2013–11–16].

428 EiJ 345.

429 Detaillierte Ausführungen zu Anton Schmidts Geschichte finden sich in dem Zeitartikel von Staas, Christian: Tollkühn aus Nächstenliebe. In: Die Zeit. Ausgabe D. Nr. 27 vom 27.06.2013. S. 47.
Online abrufbar unter: http://www.zeit.de/2013/27/wolfram-wette-feldwebel-anton-schmid [2013–11–16]
Dieser Artikel fasst neuere Forschungsergebnisse über den Feldwebel Anton Schmidt zusammen und bezieht sich dabei vor allem auf das 2013 erschienene Werk von Wolfram Wette: »Feldwebel Anton Schmid. Ein Held der Humanität«. Vgl. hierzu Wette (2013).

immer bleiben, um die Geschichte zu erzählen. Deshalb kann auch nichts jemals ›praktisch nutzlos‹ sein, jedenfalls nicht auf die Dauer.«[430]

Auch Arendts Lichtmetaphorik zur Beschreibung der Situation während der Erzählung von Schmidts Geschichte vor Gericht in Zusammenhang mit der Wahl des Titels eines ihrer Werke »Menschen in finsteren Zeiten«[431] erweist sich im Nachhinein unter Einbezug neuerer Quellen von Anton Schmidt als treffend und gelungen, denn Schmidt gibt als einziges Handlungs-»movens« für seine mutigen Taten die Menschlichkeit an: »Im Abschiedsbrief an seine Frau hatte er geschrieben: ›Ich habe doch nur als Mensch gehandelt.‹[432]«[433] Anton Schmidt wollte »nur« Mensch bleiben in einer Ausnahmesituation und hat durch diese Aufrechterhaltung seiner Menschlichkeit anderen Menschen das Leben gerettet und so in einer scheinbar ausweglosen Situation Handlungsräume eröffnet. Die Helle des Lichts der Öffentlichkeit, mit der Arendt den Handlungsraum der Vita activa und dessen Erschließung beschreibt[434], wirkte durch die Erzählung der Geschichte von Anton Schmidt noch im Gerichtssaal fort und zeigt »[…] welche Handlungsspielräume auch ein einfacher Soldat hatte, ein Jedermann, der Augen und Herz nicht verschloss, während andere mitmachten […]«[435], allein durch den Vorsatz, sich seine Menschlichkeit zu erhalten, möchte man ergänzen.

Das Beispiel von Anton Schmidt steht in schroffem Gegensatz zum blinden Gehorsam der Kriegsverbrecher – vornehmlich eines Eichmann –, die ihr gedankenloses Mitmachen damit rechtfertigten, dass sie keine andere Handlungsmöglichkeit gehabt hätten als Befehlen Folge zu leisten und zu gehorchen[436]. Ihnen hält Arendt entgegen, dass »[k]ein Mensch […] das Recht zu gehorchen [hat].«[437] Kein

---

430 EiJ 346.
431 Vgl. Arendt (1989).
432 Vgl. Wette (2013) 235.
433 Wette, Wolfram: Entsorgte Erinnerung. In: Die Zeit. Ausgabe D. Nr. 16 vom 12.04.2012. S. 19.
Online abrufbar unter: http://www.zeit.de/2012/16/Anton-Schmid [2013–11–16].
434 Vgl. zu dieser Lichtmetaphorik vor allem das Vorwort von »Menschen in finsteren Zeiten«. Vgl. Arendt (1989) 13–16.
435 Staas, Christian: Tollkühn aus Nächstenliebe. In: Die Zeit. Ausgabe D. Nr. 27 vom 27.06.2013. S. 47.
Online abrufbar unter: http://www.zeit.de/2013/27/wolfram-wette-feldwebel-anton-schmid [2013–11–16].
436 Vgl. ÜdB 101.
437 Fest 44; vgl. hierzu auch ÜdB 36; 155.

Mensch hat damit auch das Recht, Verantwortung an Andere abzugeben, da jeder Mensch sich fragen kann, womit er selbst zusammenleben könnte oder nicht, und was er selbst zu seiner Geschichte machen könnte oder nicht. Und niemand kann einen Mörder Unschuldiger als seinen Dialogpartner für das Zusammenleben wählen wollen, ohne sich selbst zu belügen. Diese Fähigkeit, sich nach einem möglichen Zusammenleben zu fragen, über die jeder Mensch verfügt und die auch zugleich seine Menschlichkeit erhält, nennt Hannah Arendt Denken. Und jeder, der denkt und das Zusammenleben in freundschaftlichem Dialog mit sich gewohnt ist, müsste bei derartigen Handlungen wie der Ermordung Unschuldiger[438] zu dem Schluss kommen: »[…] [M]it jemandem, der dies getan hat, will ich nicht zusammenleben.«[439]

Warum hat also keiner das Recht zu gehorchen bzw. sich auf Befehlsgehorsam als Handlungsrechtfertigung zu berufen? Weil letztlich jede Handlungssituation Handlungsalternativen bietet. Selbst bei Befehlen unter Strafandrohung gibt es – laut Arendt – alternative Handlungsoptionen, so dass selbst in diesen Situationen die Willfährigkeit in voller Weise selbst verantwortet werden muss, und die Eigenverantwortung nicht auf die möglichen Konsequenzen einer Befehlsverweigerung abgeschoben werden kann. Es gibt also einen Extremfall dieser Philosophie, der in der Ausnahmesituation besteht, dass jemandem eine Waffe auf die Brust gesetzt wird mit dem Befehl, jemand Anderen umzubringen, mit der Androhung, bei Befehlsverweigerung selbst umgebracht zu werden. Arendt selbst geht auf diesen Extremfall ein, indem sie eine Passage aus Mary McCarthys Verteidigungsschrift ihres Eichmannbuches zitiert[440]. Im Original lautet diese Passage von Mary McCarthy:

»Zum Schluß möchte ich noch auf einige Argumente eingehen, die immer wieder vorgebracht worden sind. Von seinem moralischen Niveau mag der folgende Satz Abels eine Vorstellung geben: ›Wenn jemand einem anderen die Pistole auf die Brust setzt und ihn zwingt, seinen Freund zu erschießen, ist der Mann mit dem Revolver ästhetisch gesehen weniger häßlich als derjenige, der aus Todesangst seinen Freund tötet und vielleicht nicht einmal das eigene Leben rettet.‹ Ihn zwingt, den Freund zu töten? Niemand mit der Waffe in der Hand kann einen Menschen zwingen, einen anderen zu töten;

[438] Vgl. ÜdB 52.
[439] Fest 52.
[440] Vgl. ViD 9.

er selbst fällt die Entscheidung, ob er töten will oder selbst sterben. Wenn jemand auf dich zielt und sagt: ›Töte deinen Freund oder ich töte dich‹, so versucht er dich, deinen Freund zu töten. Mehr nicht.«[441]

Arendt nimmt dieses Beispiel in ihrem Vortrag über die persönliche Verantwortung in der Diktatur folgendermaßen auf: »[…] Mary McCarthy sagt […]: ›Wenn jemand ein Gewehr auf dich richtet und sagt: bring Deinen Freund um oder ich töte Dich, dann führt er Dich in Versuchung, das ist alles.‹«[442] Warum ist es aber »nicht mehr« als in einer derartigen Situation in Versuchung geführt zu sein?

Arendts Antwort darauf lautet, dass es in jeder noch so scheinbar ausweglosen Situation Räume der Menschlichkeit in Form von alternativen Handlungsmöglichkeiten gibt, und um diese wissen vor allem zu denken gewohnte Menschen. Man konnte beispielsweise – auch bei Strafandrohung – Befehle verweigern, und dass dies eine reale Handlungsmöglichkeit war und ist, belegt Arendt mit historischen Fakten zum Beispiel im Briefwechsel mit Gershom Scholem:

»Es gab da immer noch einen Raum des freien Entschlusses und des freien Handelns. Genau so, wie es bei den SS-Mördern, wie wir heute wissen, einen begrenzten Raum der Freiheit gab: sie konnten sagen, ich mache dies nicht mit, und es passierte ihnen gar nichts.«[443]

Auch Brownings historische Studien bestätigen im Nachhinein Arendts Ausführungen, wonach bei Befehlsverweigerung in den meisten Fällen bei Weitem nicht die angedrohten Konsequenzen folgten:

»Am häufigsten erklären die Täter ihr Verhalten natürlich wie üblich damit, daß sie lediglich Befehle ausgeführt haben. […] Eine Befehlsverweigerung hätte mit Sicherheit die Einweisung ins Konzentrationslager nach sich gezogen, wenn nicht sogar die augenblickliche Exekution, und dies möglicherweise auch für die nächsten Angehörigen des Betreffenden. Die Täter hätten sich in einer unerträglichen Zwangslage befunden und könnten daher nicht für ihre Taten verantwortlich gemacht werden. So wurde nach dem Krieg immer wieder von Angeklagten in deutschen Gerichtsprozessen argumentiert.

Bei dieser Argumentationsweise existiert allerdings ein generelles Problem. In den vergangenen fünfundvierzig Jahren ist in Hunderten von Gerichtsverfahren schlicht und einfach noch kein Angeklagter oder Vertei-

---

441 McCarthy (2011) 141 f.

442 ViD 9.

443 SBW 442.

diger in der Lage gewesen, auch nur in einem einzigen Fall zu belegen, daß auf die Weigerung, unbewaffnete Zivilisten zu töten, jene gnadenlose Bestrafung gefolgt wäre, die angeblich zwangsläufig damit verbunden war. [...] Die Strafe oder der Verweis, zu dem ein solcher Akt des Ungehorsams gelegentlich führte, war niemals mit der Schwere der Verbrechen zu vergleichen, die von den Männern verlangt wurden.«[444] »Und es waren der deutsche Historiker Herbert Jäger [...] und die deutschen Staatsanwälte der sechziger Jahre, die mit Nachdruck feststellten, daß niemand auch nur einen einzigen Fall nachweisen könne, wo Deutsche, die sich geweigert hatten, die Ermordung unbewaffneter Zivilisten auszuführen, schreckliche Konsequenzen erleiden hätten müssen.«[445]

Das Wissen darum, dass die angedrohten Konsequenzen häufig nicht folgten, ist natürlich nicht die moralische »Motivation« für jemanden, der integer handelt. Er handelt vielmehr aus reiner Selbstübereinstimmung unabhängig von Konsequenzen. Dennoch sollen die Resultate historischer Forschungen hier genannt werden, da sie – neben der historischen Bestätigung der arendtschen Ausführungen – auch dazu dienen, quasi »ex negativo« ein Beispiel zu geben für andere Handlungsoptionen in einer derartigen Situation, und so unter Umständen zum Nachdenken über die eigene mögliche Umgangsgestaltung anregen, was auch schriftliche Quellen, nicht nur originär erlebte Umgangssituationen – wie bereits ausgeführt – können.

Doch nicht nur der Hinweis auf mögliche alternative Handlungsoptionen wie etwa die Befehlsverweigerung und das häufige Ausbleiben von angedrohten Konsequenzen bei dieser Befehlsverweigerung legitimiert Arendts und McCarthys Diktum es sei »nicht mehr«, als in einer derartigen Situation in Versuchung geführt worden zu sein. Ein wesentliches Argument in Arendts Philosophie in Bezug auf diesen Extremfall ist es zu sagen, dass selbst bei sicherem Wissen um das Eintreten der schlimmstmöglichen angedrohten Konsequenzen eine Befehlsverweigerung möglich ist und sogar vorzuziehen ist, denn in manchen Situationen ist es besser selbst zu sterben, als sich selbst mit Handlungen zu belasten, die nur ein Weiterleben wie ein Toter zulassen würden[446]. Insbesondere Menschen, die es gewohnt sind in Selbstübereinstimmung mit sich zusammenzuleben, also zu denken gewohnte Menschen wissen um diese Möglichkeiten

---

444 Browning (^{6}2011) 222 f.
445 Browning (^{6}2011) 250.
446 Vgl. LdG 93.

des Selbstverlusts und um die Lebensunwürdigkeit dieses Zustandes[447]:

»Sie stellten sich die Frage, inwieweit sie mit sich selbst in Frieden leben könnten, wenn sie bestimmte Taten begangen hätten; und sie zogen es vor, nichts zu tun. Nicht weil dadurch die Welt sich zum Besseren verändern würde, sondern weil sie nur unter dieser Bedingung als sie selbst weiterleben konnten. Folglich wählten sie auch den Tod, wenn sie zum Mitmachen gezwungen wurden.«[448]

Dadurch dass manche Menschen in derartigen Ausnahmesituationen sogar den Tod wählten und in Kauf nahmen, überlebte ihr Selbst als herausragendes lebendiges Beispiel in Anderen, weil sie durch ihre offene Weigerung ein Beispiel im Handeln setzten und so nicht in dem anonymen Mainstream der Mitläufer untergingen. Auch wenn diese Menschen, die selbst in einer derartigen Extremsituation nicht mitmachten, und so auf diese Weise integer blieben und sich nicht »befleckten«, dies mit dem Tod bezahlten und dafür sterben mussten, lebt ihr Selbst als lebendiges Beispiel weiter, wofür allein Arendts zahlreiche Beispiele dieser Menschen, die sie nennt, Beleg genug sind. Im Gegensatz zu denjenigen also, die ihr Leben durch Anpassung und Mitmachen zu retten versuchten und gerade dadurch ihr Selbst verloren, weil sie sich mit Taten belasteten, die das Weiterleben zu einem Tod bei lebendigem Leibe machte[449], haben diese Menschen ihr Leben gewagt und aufs Spiel gesetzt und so ihr Selbst bzw. sich selbst gerettet: »Der Tote […] verschwindet von der Erde, nicht aus der Geschichte, sofern er nämlich sich selbst hinterlassen hat. [Unterstreichungen im Original]«[450] Ist es nicht dieses unintendierte, dem steten Denkgespräch geschuldete »Sich selbst als Beispiel Hinterlassen«, was nicht immer unbedingt mit dem Leben bezahlt werden muss, aber doch über den Tod hinaus wirken kann, »[…] was ein Herz dem anderen in einem wortlosen Gruß sagen kann […]«[451]?

---

447 Vgl. Les 40.

448 ViD 34.

449 Vgl. LdG 93.

450 D 601.

451 Wladimir Sergejewitsch Solowjew (1892). Übersetzt von Swetlana Geier. In: Booklet zu dem Film »Die Frau mit den 5 Elefanten. Swetlana Geier – Dostojewskijs Stimme«. S. 5 (vgl. hierzu Solowjew (1977) 230f.).

Schlussbetrachtung

Am Ende all dieser Ausführungen steht noch eine kritische Stellungnahme zu Arendts Spätwerk insbesondere zu der hier dargestellten Umgangsphilosophie bzw. ihrer Narrativitätskonzeption aus[1]. Diese Arbeit bemüht sich aber darum, nicht mit reiner Kritik an Arendts Position zu enden, sondern die Wertschätzung und das Anregungspotential des arendtschen Spätwerkes soll zum einen dadurch zum Ausdruck kommen, dass am Ende des Kritik-Abschnittes[2] ein Ausblick auf eine möglicherweise daran sich anknüpfende Fragestellung geboten wird. Zum anderen soll die Berechtigung und hohe Relevanz, die der Spätphilosophie Hannah Arendts in Bezug auf die praktische Philosophie – bei aller Kritik – zukommt, in dieser Schlussbetrachtung dadurch hervorgehoben werden, dass diese Arbeit mit einer Anwendung der hier erarbeiteten Thesen und Begrifflichkeiten auf Interviews von Menschen, die sich am Genozid in Ruanda beteiligten, abschließt[3]. Dieses Anwendungsbeispiel der arendtschen Umgangsphilosophie kann neben der hohen Aktualität und Kompatibilität dieser philosophischen Konzeption auf eine andere Lebenswirklichkeit auch und vor allem deren Tragfähigkeit verdeutlichen, die darin besteht, dass die Termini, die diese Philosophie anbietet, dazu in der Lage sind, die in diesen Aussagen beschlossen liegenden ethischen Problemstellungen und deren Implikationen auf differenzierte Weise transparent zu machen.

[1] Vgl. hierzu § 22 dieser Arbeit.
[2] Vgl. hierzu das Ende von § 22.
[3] Vgl. hierzu § 23 dieser Arbeit.

§22. Interne und externe Kritik an Arendts Konzeption

In dem nun folgenden Abschnitt wird die in dieser Arbeit dargestellte Philosophie Hannah Arendts einer kritischen Betrachtung unterzogen. Hierfür werden zunächst interne Widersprüchlichkeiten bzw. Unstimmigkeiten innerhalb Arendts Werk herausgearbeitet, um dann auf mögliche kritische Einwände von unterschiedlichen externen Standpunkten aus einzugehen.

Die wohl augenscheinlichste, werkimmanente Kritik an Arendts Spätwerk betrifft die von ihr selbst eingeführte Trennung der Geistestätigkeiten »Denken«, »Wollen« und »Urteilen«, die sich aber nicht durchhalten lässt. Die Geistestätigkeiten »Denken«, »Wollen« und »Urteilen« sind – laut Arendt – nicht aufeinander rückführbar[4], sind jedoch über die Einbildungskraft miteinander verbunden[5]. Die Einbildungskraft als unser menschliches »Entsinnlichungsvermögen«[6] bildet gewissermaßen die unabdingbare Voraussetzung aller Geistestätigkeiten[7]. Widersprüchlich bzw. unstimmig erscheint an dieser Konzeption, dass Arendt selbst – trotz der behaupteten Trennung bzw. »Nicht-Rückführbarkeit« der drei Geistestätigkeiten – auf die unterschiedlichen Verbindungen dieser hinweist: So hängen etwa Denken und Urteilen miteinander zusammen[8]: »Mit mir selbst zu sein und selbst zu urteilen wird in den Prozessen des Denkens artikuliert und aktualisiert […]«[9]. Ein Teil von Arendts Verhältnisbestimmung von Denken und Urteilen lautet, dass »[…] die Urteilskraft […] das Denken [realisiert], es in der Erscheinungswelt zur Geltung [bringt] […]«[10]. Denken, das selbst nicht erscheint, tritt also etwa in explizit geäußerten Urteilen in Erscheinung. Explizites Urteilen beinhaltet also einen Denkvorgang bzw. setzt diesen voraus. Es gilt aber auch Umgekehrtes, und dies ist der andere Teil von Arendts Verhältnisbestimmung zwischen Denken und Urteilen, denn jeder Denkvorgang impliziert auch einen Urteilsvorgang: Denken als Umgang mit sich selbst wird irgendwann unterbrochen und geht unweigerlich wieder in den Umgang mit Anderen ein. Dies beinhaltet aber eine

4 Vgl. LdG 82.
5 Vgl. LdG 82 f.
6 Vgl. LdG 90 f.
7 Vgl. LdG 83.
8 Vgl. DuM 155.
9 ÜdB 81.
10 LdG 192.

Entscheidung für eine bestimmte Gestaltung des Umgangs mit Anderen, also eine Entscheidung für eine bestimmte Urteilsgemeinschaft bzw. eine Gemeinschaft des Zusammenlebens[11]. Denken impliziert also ein Urteil in Form einer Entscheidung für eines der Beispiele, die im exemplarischen Denken repräsentiert werden[12]. Dieser Auswahlakt – wenn auch nicht explizit ausgesprochen – ist ein Urteilsvorgang[13]. Und dieser geistige Auswahlvorgang, dem ja eine wichtige Funktion bei der »Selbst- und Persönlichkeitsgestaltung« zukommt, verbindet auch das Urteilen mit dem Wollen: »Denn diese letztere Funktion ist tatsächlich dasselbe wie die des Urteilens; der Wille wird aufgefordert, zwischen verschiedenen und gegensätzlichen Vorschlägen zu urteilen […]«[14]. Das Wollen wiederum – um die Sache nun gänzlich zu verkomplizieren – ermöglicht erst das Denken, denn Denken, aber auch Gedankenlosigkeit, setzen bei Arendt einen Willensakt in Form einer Entscheidung für oder gegen ein dialogisches Umgangsverhältnis mit sich voraus: So spricht Arendt bei der Gedankenlosigkeit der Nazi-Verbrecher von einem willentlichen Verzicht[15] »[…] auf alle persönlichen Eigenschaften […]«[16] bzw. beim Denken als Pflege des persönlichen Selbstverhältnisses von einer Entscheidung[17] »[…] selbst zu sein […]«[18], und diese Entscheidung ist nichts anderes als eine voluntative. Schlussendlich erscheint nach all diesen Beispielen die Feststellung gerechtfertigt zu sein, dass Arendt ihre zunächst rigide eingeführte Trennung der Geistestätigkeiten selbst nicht einhalten kann. Zudem fehlt eine genauere Klärung des Zusammenhangs der Geistestätigkeiten, vor allem ihrer gegenseitigen Voraussetzungs- und Fundierungsverhältnisse, erscheint doch bei diesem Zustand der Quellenlage die gegenseitige Abhängigkeit der Geistestätigkeiten – wie beschrieben – einen Zirkel zu ergeben. Man muss aber Arendt diese eben erwähnte Quellenlage zugutehalten, da große Teile ihres Spätwerkes erst posthum und nicht aus ihrer letztprüfenden Hand publiziert wurden, sprich im Zustand einer fragmentarischen Vorform. In der nie erschienenen Endfassung von

---

[11] Vgl. LdG 209.
[12] Vgl. ÜdB 148.
[13] Vgl. ÜdB 149.
[14] ÜdB 129.
[15] Vgl. ÜdB 101.
[16] ÜdB 101.
[17] Vgl. ÜdB 87.
[18] ÜdB 87.

»Vom Leben des Geistes« mit dem noch ausstehenden dritten Teil über das Urteilen, wären diese Zusammenhänge vermutlich genauer aufgezeigt worden und diverse Widersprüchlichkeiten, die sich jetzt noch im Nachlassfragment finden, ausgeräumt worden.

Ebenso hätte sie in einer Endfassung zusammen mit dem nie erschienenen letzten Teil über das »Urteilen« vermutlich ihre schillernden Begriffe des Gemeinsinns und des sensus communis genauer definiert und voneinander abgegrenzt. Schillernd sind die Begriffe deswegen, weil in dem Werk »Vom Leben des Geistes« der Gemeinsinnbegriff einmal mit dem lateinischen Begriff »sensus communis« gleichgesetzt wird und damit das Phänomen der Sinnesintegration in der originären Welt- und Wirklichkeitsauffassung bezeichnet wird[19]. Ein anderes Mal in dem Werk »Das Urteilen« wird zunächst der Begriff »Gemeinsinn« verständlicherweise vom sensus communis als dem gemeinschaftlichen Sinn unterschieden, da dieser sensus communis – anders als der Gemeinsinn – ein Reflexionsvermögen, vornehmlich die sogenannte erweiterte Denkungsart bezeichnet[20], um dann dieses Reflexionsvermögen, das ja als Phänomenbestand deutlich von dem Phänomen der Sinnesintegration zu unterscheiden ist, wieder – noch auf derselben Seite – mit dem Begriff Gemeinsinn zu bezeichnen und damit gewissermaßen gleichzusetzen[21].

Diese Begriffsverwirrung lässt sich aber schrittweise auflösen; zunächst zu Arendts Begriffsverwendung in »Vom Leben des Geistes«: Hier bezeichnet Gemeinsinn also das Phänomen der Sinnesintegration in der originären, das heißt nicht-reflektierten Welt- und Wirklichkeitsauffassung. Bis zu diesem Punkt ist nichts problematisch, schließlich entspricht dies der üblichen Begriffsverwendung des Terminus »Gemeinsinn« bei Arendt. Problematisch wird es ab dem Punkt der Ausführungen, an dem sie sich auf Thomas von Aquin bezieht, der ähnlich wie sie das Phänomen der Sinnesintegration beschreibt, dieses aber mit dem lateinischen Terminus sensus communis bezeichnet[22]. In einem weiteren Schritt führt sie dann von den Phänomenbeschreibungen her ganz folgerichtig aus, dass Denken und Gemeinsinn einander ausschließen: Man muss den Ablauf des Gemeinsinns als Sinnesintegration unterbrechen, um geistig tätig

[19] Vgl. LdG 55–62.
[20] Vgl. U 96.
[21] Vgl. U 96.
[22] Vgl. LdG 59f.

sein bzw. im Speziellen denken zu können. Der in seinem Ablauf unterbrochene Gemeinsinn begründet auch die charakteristische »Geistesabwesenheit« des Denkers[23].

In dem Nachlasswerk »Das Urteilen« hingegen verwendet Arendt den lateinischen Begriff »sensus communis« in Anschluss an Kant und nicht – wie in »Vom Leben des Geistes« – mit Thomas von Aquin. Sensus communis bezeichnet in diesem Werk eine Reflexionsform[24]. Für diese Reflexionsform des sensus communis, die sich im Speziellen auf die sogenannte erweiterte Denkungsart bezieht, verwendet Arendt in Kants Gefolge den deutschen Begriff »gemeinschaftlicher Sinn«[25]. Diesen Terminus »gemeinschaftlicher Sinn« unterscheidet sie – wiederum in dieser kantschen Terminologie ganz folgerichtig – von »[…] dem, was üblicherweise Gemeinsinn genannt wird […]«[26]. Mit diesem »üblichen« Gemeinsinnbegriff kann nur das Phänomen der Sinnesintegration in der Originärwahrnehmung gemeint sein. Bis zu diesem Punkt ist innerhalb dieses Werkes die Argumentation einwandfrei, wenn man sich immer dessen bewusst bleibt, dass Arendt in diesem Werk Kants Begrifflichkeiten und nicht den sensus communis-Begriff von Thomas von Aquin verwendet: Im Werk »Das Urteilen« bezeichnet also der Begriff »sensus communis« in Anschluss an Kant eine Reflexionsform, also einen Denkvorgang im Gegensatz zum Werk »Vom Leben des Geistes«, in dem »sensus communis« im Anschluss an Thomas von Aquin mit dem Gemeinsinn gleichgesetzt wird und das Phänomen der basalen Sinnesintegration bezeichnet. Das große Problem, das nun aber spätestens am Beginn der dreizehnten Stunde in der Vorlesungsnachschrift »Das Urteilen«[27] auftritt, besteht darin, dass sie diese begriffliche Unterscheidung auflöst und den Gemeinsinnbegriff – unverständlicherweise, aber ihren Angaben nach in Kants Gefolge – ungebührlich ausweitet, indem sie plötzlich mit Gemeinsinn auch den gemeinschaftlichen Sinn, also den sensus communis als Reflexionsform bezeichnet:

> »Wir beenden jetzt unsere Erörterung des Gemeinsinns in seiner so spezifisch Kantischen Bedeutung, wonach der Gemeinsinn dem gemeinschaft-

---

[23] Vgl. LdG 62.
[24] Vgl. LdG 96.
[25] Vgl. U 95 f.
[26] U 96.
[27] Vgl. U 96.

lichen Sinn, sensus communis, gleichzusetzen und vom sensus privatus zu unterscheiden ist.«[28]

Diese Gleichsetzung von sensus communis und Gemeinsinn ist auch vom Phänomenbestand her streng von der Gleichsetzung der Begriffe sensus communis und Gemeinsinn im Werk »Vom Leben des Geistes« zu unterscheiden. Im Werk »Das Urteilen« bezeichnen spätestens[29] ab Stunde 13 beide Begriffe einen Denkvorgang bzw. einen Reflexionsakt, im »Leben des Geistes« bezeichnen beide Begriffe durchgehend die Integration der Sinne im alltäglichen, nicht-reflexiven Bewusstseinsleben.

In der vorliegenden Arbeit wurde das Problem dadurch gelöst, dass der deutsche Begriff des Gemeinsinns allein der Sinnesintegration vorbehalten bleibt, für die auch allein der Begriff des »common sense« Verwendung findet. In Abgrenzung davon wird der lateinische Begriff »sensus communis« durchgehend mit »gemeinschaftlicher Sinn« übersetzt und bezeichnet immer einen Denk- bzw. Reflexionsvorgang, vornehmlich die sogenannte erweiterte Denkungsart, und ist daher streng vom Phänomenbestand des Gemeinsinns als Sinnesintegration zu unterscheiden. Um eine Verwirrung zu vermeiden, wird eine Übergeneralisierung des Gemeinsinnbegriffs wie bei Kant unterlassen, das heißt: An keiner Stelle dieser Arbeit bezeichnet der Begriff »Gemeinsinn« die Reflexionsform des sensus communis! Ebenso gibt es aber auch keine Stelle in dieser Arbeit, an der das Phänomen der Sinnesintegration mit Thomas von Aquins Begriff des sensus communis bezeichnet wird!

Von einem externen, begegnungsphilosophischen Standpunkt aus könnte man einwenden, dass vor allem Arendts Spätwerk – bei aller Berücksichtigung der Konstitutionsbedingungen des Denkens aus Umgangsverhältnissen – doch ein sehr »denkzentrierter« Ansatz ist, der kaum auf die unmittelbare Begegnung selbst, ihre möglichen Dimensionen und deren Unterscheidungsmomente eingeht. Auch wenn sie in Ihrem Spätwerk immer wieder auf das in »Vita activa« entfaltete Existential der Geburt und des Anfangs zurückkommt, und damit vor allem auf den Widerfahrnis-, Unvordenklichkeits- und Ereig-

---

[28] U 96.

[29] Denn auch schon beispielsweise auf Seite 86 bezeichnet »Gemeinsinn« die Reflexionsform.

nischarakter des Auftretens eines jeden Menschen hinweist[30], und sie dieses Existential im Spätwerk durch die Darstellung der Geistestätigkeiten sogar gewissermaßen vollendet, so bleibt doch ihr Fokus bei diesem Abschluss ihrer Philosophie auf der Geistestätigkeit selbst, insbesondere auf dem Denken. In Bezug auf die Veranschaulichung dieses Denkens als Denkgespräch zitiert sie sogar Bubers »Ich und Du«[31]. Bubers Begegnungswirklichkeit zwischen Ich und Du wird aber in diesem Kontext nahezu nur als Denkgespräch verstanden. Arendt möchte nämlich mit Aristoteles, aber auch mit Buber aufzeigen, dass sich das Denkgespräch nicht nur

> »[…] in einem Zwiegespräch des Menschen mit sich selbst vollzieh[en] […]«[32] kann: »Unter besonders günstigen Umständen […] kann dieses Zwiegespräch [auch – F. S.] einen anderen einschließen […]«[33].

Diese Passagen äußert sie in einem Textkontext, in dem sie kritisch darauf eingeht, dass sich das Denkgespräch nicht auf die politische Sphäre übertragen lasse bzw. umgekehrt die politische Sphäre nicht allein am Denkgespräch genesen könne[34]. Als Vertreter dieser von ihr kritisierten Ansicht nennt sie in diesem Kontext Aristoteles, Jaspers und auch Buber. Damit reduziert sie aber Bubers Ansatz, vor allem seine Hinweise auf die unmittelbare Begegnungswirklichkeit zwischen Ich und Du, auf das Denkgespräch. Es geht ihr also nicht in erster Linie um die Begegnung zwischen Ich und Du, sondern ihr Fokus liegt auf dem Denken. Diese »Denkzentrierung« und die damit verbundene Unterschlagung einer möglichen Thematisierung unterschiedlicher Begegnungsmodi mit ihren jeweiligen Dimensionen, wie etwa Löwith dies mit seiner Unterscheidung der Begegnungsweisen des Anderen als anonymen »Mitmensch in der Bedeutung von meinesgleichen […]«[35], als Person in einer Rolle[36] oder als »Du«[37] tut, lässt bei Arendts Ansatz den Eindruck entstehen, man »brauche« den Anderen lediglich, damit Denken überhaupt möglich ist.

Des Weiteren fehlt in Arendts Umgangsphilosophie bzw. in ihrer

---

[30] Vgl. hierzu vor allem VA 215 f.
[31] Vgl. Buber ([10]2006); vgl. hierzu LdG 426 f.
[32] LdG 426 f.
[33] LdG 427.
[34] Vgl. LdG 427.
[35] Löwith (2013) 138.
[36] Löwith (2013) 141.
[37] Löwith (2013) 144.

philosophischen Konzeption des Selbst die Darstellung einer »originären« Naturauffassung. Der Umgang mit Natur wird – wie in vielen anderen abendländischen Philosophien auch – immer nur vom Umgang mit Anderen her verstanden. Man könnte hierauf einwenden, dass Arendt aber mit ihrem Arbeitsbegriff in Vita activa eine Tätigkeitsform beschreibt, die als Existenzvollzug auf die Bedingung der Natur und des Lebens eingeht[38]. Jedoch müsste man auf diesen möglichen Einwand entgegnen, dass es sich dabei um die Aktualisierung und Versorgung der eigenen menschlichen Natur bzw. des eigenen Körpers handelt. Allein unter diesem Versorgungsaspekt bzw. -zweck wird Natur im arendtschen Arbeiten erschlossen. Es handelt sich also dabei auch um einen von menschlichen Zwecken vermittelten Naturumgang. Gibt es aber – so könnte man kritisch anfragen – neben dem Umgang mit Anderen nicht auch noch den Umgang mit Natur, und zwar als Umgangsform, die weitgehend unabhängig ist vom Umgang mit Anderen bzw. weitgehend unabhängig von mitmenschlicher Vermittlung und frei von einer verzweckten Sicht auf die Natur? Ein derartiger Naturbezug wird in Arendts Konzeption zwar angedacht, aber – ähnlich wie bei ihrem Lehrer Heidegger – nicht weiter terminologisch ausgeführt.

Zunächst kurz zu Heideggers Naturauffassung: Heidegger hat mit seiner Zeuganalytik[39] zwar das »Zunächst und Zumeist« der Dingauffassung also das originär-vorgängige Sein der alltäglichen Dingwelt erschlossen, bestimmt und beschrieben, aber es fehlt in diesem Konzept ein »Zunächst und Zumeist« der nichtdinglichen Naturauffassung. Worin besteht das originär-vorgängige Sein der Natur? Leider muss man feststellen, dass Heidegger eine originäre Naturerschlossenheit des Daseins ausspart: Er kritisiert einerseits eine rein verzweckte und vom mitmenschlichen Umgang her bestimmte Erschließung der Natur in Sein und Zeit – »[d]er Wald ist Forst, der Berg Steinbruch, der Fluß Wasserkraft, der Wind ist Wind ›in den Segeln‹ […]«[40] –, belässt es aber andererseits auch dabei, da er außer lyrischen Floskeln dieser Sichtweise nichts entgegenzusetzen hat:

»Diesem Naturentdecken bleibt aber auch die Natur als das, was ›webt und strebt‹, uns überfällt, als Landschaft gefangen nimmt, verborgen. Die Pflan-

[38] Vgl. VA 16.
[39] Vgl. Heidegger ([18]2001) 66 ff.
[40] Heidegger ([18]2001) 70.

zen des Botanikers sind nicht Blumen am Rain, das geographisch fixierte ›Entspringen‹ eines Flusses ist nicht die ›Quelle im Grund‹.«[41]

Bei Heidegger bleibt es also bei einem Hinweis auf eine andere, nichtverzweckte Naturauffassung, terminologisch lässt er diese aber unbestimmt.

Ähnlich verhält es sich bei Arendt: Im Zusammenhang des begrifflichen Nachvollzugs des Verfalls der Vita activa führt sie aus, dass die »Theoria« als Schau des Wahren, worunter auch die Betrachtung des Kosmos und im engeren Sinne die Betrachtung der Natur fallen, in der Neuzeit durch das Handeln ersetzt wurde[42]: »Was völlig aus dem Gesichtskreis neuzeitlicher Denkungsart verschwand, war […] das Anschauen oder Betrachten eines Wahren.«[43] Wie Heidegger stellt sie zwar den Verlust dieses möglichen Naturbezugs fest und weist damit sogar auf die Existenz einer anderen, nichtverzwecklichten Umgangsform mit Natur hin, unterlässt aber ebenso eine begriffliche Freilegung und Darstellung dieses Phänomenfeldes. Dieser Kritikpunkt wurde so ausführlich – auch mit einem Seitenblick auf Heidegger – behandelt, weil ein weitgehend vom Umgang mit Anderen unabhängiger Umgang mit Natur ein allgemein festzustellendes Desiderat in den Selbstkonzeptionen vornehmlich abendländischer Philosophien ist.

Doch zurück zur Kritik an Arendts Umgangsphilosophie, insbesondere ihrer Narrativitätskonzeption: Es fehlt in ihrem Konzept eine grundlegende Klärung der Frage, warum überhaupt die Geschichte bzw. in einem engeren Sinn die explizite Erzählung von ihrer Struktur her besonders geeignet ist, unser existentielles, inkarniertes Erleben wiederzugeben? Warum ist die Geschichte als Medium die Art und Weise, in der wir über unser inkarniertes Erleben nachdenken? Und warum bergen Geschichten in diesem Zusammenhang die Möglichkeit, unser Erleben neu zu beschreiben? Bei Arendt läuft die Argumentation als Antwort auf diese Fragen über Kants Einbildungskraft: Die Einbildungskraft ist in all unseren originären Sinneswahrnehmungen, also unserem Erleben, mitenthalten, Einbildungskraft ist die Voraussetzung jeglicher Reflexions- und Denkform, aber auch jeder erzählerische Ausdruck ist auf einen Akt produktiver Einbil-

[41] Heidegger ([18]2001) 70.
[42] Vgl. VA 413; NuG 75.
[43] VA 370.

dungskraft bei Arendt gegründet. Die kantsche Einbildungskraft als unser menschliches Repräsentationsvermögen dient Arendt in ihrer Konzeption als allen drei Dimensionen inhärentes und verbindendes Glied zwischen Erleben, Erzählung als Ausdruck und Denken bzw. Reflexion des Erlebens, als Bemühung zu verstehen.

Eine genauere Antwort als Hannah Arendt auf die Fragestellung nach dem existentiellen Zusammenhang von Erleben, expliziter Erzählung bzw. Ausdruck und Verstehen bietet Paul Ricoeur: Ricoeurs Antwort auf diesen Zusammenhang besteht in der These, dass bereits unser Erleben gewissermaßen geschichtlich vorverfasst bzw. in Ricoeurs Terminologie »präfiguriert« ist[44]. Bei aller Unterschiedenheit zwischen Zeiterleben und expliziter Erzählung gibt es doch eine Strukturentsprechung beider Ebenen, etwa das Moment der Erwartung in der expliziten Erzählung[45] wie auch im originären Daseinsvollzug[46]. Um das Erwartungsmoment im Daseinsvollzug bzw. im Originärerleben zu plausibilisieren, stützt Ricoeur sich auf Heidegger, mit dessen Philosophie sich aufzeigen lässt, dass aus der Entwurfshaftigkeit der Daseinsstruktur[47] das Erleben unausweichlich in einer inhaltlich wechselnden Erwartungshaltung befindlich ist, aus der heraus sich Bedeutsamkeiten ergeben[48]. Ebenso baut eine Erzählung erlebensanalog eine Erwartung auf, und im Verstehen gilt es – laut Ricoeur – im Mitvollzug »[…] unter der Anleitung einer Erwartung voranzuschreiten […]«[49]: In der Konfiguration einer Erzählung werden Erwartungen in Form von Handlungssträngen aufgebaut, die sich bewahrheiten oder auch nicht; manche Erzählungen arbeiten mit mehreren Erzählsträngen und spielen damit gewisse Erwartungen an, entfalten also eine Hauptlinie, die den Leser in eine ganz bestimmte Erwartungshaltung bringt, die sich dann aber doch nicht erfüllt, sondern etwas anderes tritt statt dessen ein, das am Anfang in einem der Erzählstränge nur angedeutet wurde, dann in den Hintergrund trat, um sich scheinbar nicht zu erfüllen etc., etc. Ricoeurs Argument in Bezug auf den Zusammenhang zwischen Erleben, Ausdruck und Verstehen besteht demnach in dem Aufweis einer Strukturanalogizität dieser drei Ebenen. Doch es ist nicht nur die Erwartungsstruktur

---

[44] Vgl. Ricoeur ([2]2007) [1988] 89.
[45] Vgl. Ricoeur ([2]2007) [1988] 108.
[46] Vgl. Ricoeur ([2]2007) [1988] 100.
[47] Vgl. Heidegger ([18]2001) *§31*.
[48] Vgl. Heidegger ([18]2001) *§18*.
[49] Ricoeur ([2]2007) [1988] 108.

allein, die allen drei Ebenen analog ist, sondern Ricoeur weitet die These auf eine allgemeine Strukturentsprechung bzw. -kompatibilität der Ebenen aus: Wir können unser Erleben überhaupt nur deshalb erzählen bzw. erzählerisch gestalten und ausdrücken (»konfigurieren«[50]), weil es bereits vor aller expliziten Erzählung geschichtlich bzw. erzählerisch vorgestaltet (»präfiguriert«) ist, d.h. von seiner Struktur her schon »[...] darauf angelegt ist, erzählt werden zu können.«[51] Ebenso können wir Erzählungen nur deshalb verstehen, weil explizite Erzählungen darauf angelegt sind wieder ins Erleben einzugehen und diese Ebene neuzugestalten bzw. zu »refigurieren«[52]. Je »größer« bzw. gelungener diese Strukturentsprechung zwischen der Erzählung mit ihrer Gestaltung und der jeweiligen Erlebensstruktur des Rezipienten ist, umso besser kann dieser Rezipient eine Erzählung verstehen bzw. umso mehr kann eine Erzählung in ihm seine Bedeutsamkeit entfalten. Verstehen nach Ricoeur heißt also eine Ausdrucksgestalt in sein Erleben einbinden und daraus resultierend sich als Existenz neu bzw. verändert zu gestalten. Erzählungen sind also in der Lage, unser Erleben neu zu beschreiben, und hierin gründet – laut Ricoeur – auch die reinigend-kathartische Wirkung, die eine Erzählung in der Rezeption entfalten kann[53]. Erzählungen gehen also aus dem Erleben hervor und sind darauf angelegt, wieder ins Erleben einzugehen. Sie können dies, weil Zeiterleben und Erzählung sich in ihrer Struktur entsprechen. Paul Ricoeurs berühmter Satz, der diesen Zusammenhang in einem hermeneutischen Zirkel zwischen Zeit und Erzählung zusammenfasst, lautet: »[D]ie Zeit wird in dem Maße zur menschlichen, wie sie narrativ artikuliert wird; umgekehrt ist die Erzählung in dem Maße bedeutungsvoll, wie sie die Züge der Zeiterfahrung trägt.«[54]

Auch wenn Ricoeurs Begriff der »Figuration« in ihren drei Formen eigentlich auf die leibliche Dimension abzielt, so bleibt sein hermeneutischer Zirkel doch letztlich mit der expliziten Erzählung befasst und daher in einer Art »Erzählhermeneutik« befangen. Sein dargestellter und herausgearbeiteter Zirkel zwischen Zeit und Erzählung ist damit ein bereits abgeleiteter und nachgeordneter Zirkel

---

[50] Vgl. Ricoeur (^{2}2007) [1988] 107.
[51] Grätzel (2005a) 74f.
[52] Vgl. Ricoeur (^{2}2007) [1988] 114.
[53] Vgl. Ricoeur (^{2}2007) [1991] 396.
[54] Ricoeur (^{2}2007) [1988] 13.

eines wesentlich grundlegenderen hermeneutischen Zirkels bzw. Existenzvollzuges, nämlich zwischen Leib und Geschichte, da zeitliches Erleben ein leiblich-inkarnierter Vollzug und die explizite Erzählung in der Geschichte fundiert ist. Diesen Ausblick auf einen dem erzählhermeneutischen Zirkel zugrundeliegenden leiblich-narrativen Zirkel hat Arendt mit ihrem Spätwerk bzw. insbesondere mit ihrer darin beschlossen liegenden Umgangsphilosophie eröffnet und angeregt. Durch ihre in dieser Arbeit dargestellten Ausführungen zum Umgang, wonach Denken in Geschichten als Umgang, mit sich selbst mit dem hermeneutischen Ziel zu verstehen, aus dem leiblich-inkarnierten Umgang mit Anderen als Quelle hervorgeht und sich verdankt, um wiederum in veränderter Weise in den leiblichen Umgang mit Anderen als Umsetzung einzugehen und so gleichsam unter Umständen zu einer neuen, möglichen Quelle für Andere zu werden, legt Arendt die Grundstruktur eines leiblich-narrativen Zirkels im existentiellen Miteinander frei, der nicht notwendigerweise einer expliziten Erzählung bedarf. Von der Freilegung dieses Zirkels könnte ein vertiefteres und begrifflich noch differenzierteres Fragen zum Zusammenhang von Leiblichkeit und Geschichtlichkeit ausgehen, da diese »Themenblöcke« in der philosophischen Literatur häufig noch unverbunden nebeneinander stehen, ohne im philosophischen Herangehen deren gegenseitiges Bedingungsgefüge zu sehen und in konstitutiver Weise miteinzubegreifen. Arendts narrative Umgangsphilosophie könnte in diesem Kontext eine wichtige, fundierende Stellung für eine an diese Arbeit sich anschließende Fragestellung zum Zusammenhang von Leib/Leiblichkeit, Geschichte(n)/Geschichtlichkeit und Verstehen einnehmen.

§ 23. Anwendung der Thesen auf das historische Beispiel des Genozids in Ruanda

Bei aller auch berechtigten Kritik an Arendts Konzeption geht es nun um die Tragfähigkeit und Stärke der arendtschen Philosophie. Eines der Hauptanliegen dieser Arbeit ist es, auf die hohe Relevanz des arendtschen Spätwerkes in Bezug auf die heutige praktische Philosophie hinzuweisen. Die Arbeit soll daher auch mit einer Anwendung der hier erarbeiteten Thesen auf die eingangs zitierten Interviews von Beteiligten am Genozid in Ruanda schließen, da sich hieran in besonderer Weise die Stärke und Berechtigung der arendtschen Philosophie demonstrieren lässt, die – wie jede andere praktische Philosophie auch – sich vor allem daran zeigt, in welchem Maße sie dazu in der Lage ist, lebensweltliche Phänomene zu erhellen und zu verdeutlichen. Hierbei werden jedoch historische Hintergründe des Völkermords in Ruanda weitgehend ausgespart[55]. Diese Perspektive entspricht aber durchaus Arendts Auffassung, denn Geschichte geht ihrer Ansicht nach nicht aus einer ominösen konstruierten Notwendigkeit hervor[56], die wie etwa Adam Smith' unsichtbare Hand durch die Menschen hindurch wirkt[57], sondern entsteht erst auf elementarer zwischenmenschlicher Ebene im originären Umgang mit Anderen. Diese zunächst genannte, fatalistische Tendenz ist – laut Arendt – dem Versuch gewisser Philosophen geschuldet,

»[…] das Es-hätte-auch-anders-kommen-Können, das allen Tatsachen inhärent ist, dadurch zu eliminieren, daß man eine ›höhere‹ Notwendigkeit konstruierte, die jenseits des rein Tatsächlichen die Ereignisabfolge lenkt und ihr Sinn verleiht: Kants ›verborgener Plan der Natur‹, der ein sonst planloses Aggregat menschlicher Handlungen als ›ein System‹ begreift, Adam Smith' ›unsichtbare Hand‹, Hegels ›List der Vernunft‹ oder Marx' Dialektik der materiellen Verhältnisse. […] Führt man diesen Begriff der Notwendigkeit in den Bereich menschlicher Angelegenheiten ein, so ist man zwar anscheinend mit dem ›trostlosen Ungefähr‹ fertig geworden, aber man hat auch in eins damit die menschliche Freiheit liquidiert, die ohne das Es-hätte-auch-anders-kommen-Können undenkbar ist.«[58]

Mit einer derartigen Eliminierung der Freiheit durch diese philosophische Thematisierungsweise des mitmenschlichen Bereichs hat man aber auch die Ebene aus dem Blick der Aufmerksamkeit gerückt, auf der tatsächlich historische Ereignisse stattfinden und entstehen, und damit Tätern ein Argument in die Hand gespielt, um ihre Verantwortung an die »geschichtliche Situation« abzugeben. Um dieser Tendenz entgegenzuwirken, betont Arendt mit Vico, dass »[…] Geschichte von Menschen gemacht [wird] […]«[59]. Auf diese Ebene elementarer mitmenschlicher Ereignisse als Keimzelle jeglicher Historie möchte sie mit ihrer Philosophie wieder das Augenmerk richten[60].

---

55 Eine hilfreiche erste Einführung bietet der Film »Vergeben und Vergessen?«, dem die Interviews entnommen sind.
56 Vgl. WuP 344.
57 Vgl. GuP 107.
58 WuP 344.
59 PE 219.
60 Vgl. PE 219; vgl. hierzu auch Heuer (2007) 197f.

Arendts Spätphilosophie ist also durchaus – in Bezug auf das Dritte Reich und darüber hinaus – auf Leute anwendbar, die sich direkt an Ermordungen beteiligten, und zielt nicht nur auf sogenannte »Schreibtischtäter« ab, wie fälschlicherweise gewisse Standardwerke der Geschichtsschreibung immer noch behaupten[61]. Gerade diese »einzelnen Menschen«, die in einer spezifischen Situation derartige Gräueltaten begehen, hat Arendt mit ihrer Spätphilosophie, insbesondere mit ihrem darin entfalteten Verantwortungsbegriff im Blick. Sie würde daher gewiss Christopher Browning zustimmen, wenn er schreibt:

> »Der Holocaust hat sich letzten Endes deshalb ereignet, weil auf einfachster Ebene gesehen einzelne Menschen über einen längeren Zeitraum hinweg andere Menschen zu Abertausenden umgebracht haben. [Unterstreichung – F. S.]«[62]

Diese »einzelnen Menschen« in ihrer jeweiligen Situation sind es also, die letztlich »Geschichte machen« bzw. aus deren Taten Historie eigentlich erst hervorgeht. Um ihre Wirklichkeit zu erfassen, müssen wir – laut Arendt – lernen darauf zu hören, was sie mitzuteilen bzw. zu »erzählen« haben[63], zumeist auf die Fragmente und Splitter dessen, was sie selbst nicht mehr einordnen können. Arendts Begrifflichkeiten und Termini gehen schlussendlich alle aus dem Versuch hervor, diese elementare menschliche Wirklichkeit im Umgang mit Anderen zu verstehen. Als Medium, diese elementare Wirklichkeit transparent zu machen, dient ihr die Geschichte, auf die es allererst zu hören gilt, wenn wir verstehen wollen[64]. Vor dem Hintergrund dieser Ausführungen erhalten die Ruanda-Interviews als »Geschichten« ihre Berechtigung in diesem Kontext.

Wirkte das von Arendt und McCarthy genannte Beispiel des Tötungsbefehls, unter Androhung, bei Verweigerung selbst getötet zu werden[65], in den begrifflichen Ausführungen unter Umständen noch etwas »konstruiert«, so können uns die Ruandainterviews dieses Beispiel näherbringen und es dadurch in einem anderen Licht erscheinen lassen. Arendts und McCarthys Beispiel ist keineswegs »konstruiert«, sondern es ist originärer lebensweltlicher Erfahrung entsprun-

[61] Vgl. exemplarisch hierzu Gebhardt (2001) 344.
[62] Browning (⁶2011) 13.
[63] Vgl. PE 221.
[64] Vgl. PE 221.
[65] Vgl. ViD 9; vgl. McCarthy (2011) 141 f.

gen, die nicht abgeschlossen und vergangen ist: Es beschreibt eine Lebenswirklichkeit, die es leider so auch bis in die jüngste Vergangenheit hinein bzw. bis zum heutigen Tage noch gibt, was mit den Ruandainterviews belegt und verdeutlicht werden soll. Zum ersten Interview:

»[Eine Frau – F. S.]: Es war Mord. Ja, wir haben Menschen getötet. Wir haben unsere Nachbarn getötet, mit denen wir gut zusammengelebt haben. Eigentlich hatten wir keine Probleme mit diesen Leuten. Es war unsere schlechte Regierung, die uns dazu angestiftet hat. Es war Nachmittag gegen 16 Uhr, wir hörten Schreie. Gemeinsam mit unserer Nachbarin bin ich dorthin gelaufen, um nachzusehen, was los ist. Wir sahen einen Mann, der einem anderen Mann mit einer Machete ins Genick schlug. Dieser fiel verletzt zu Boden, aber der andere hat immer weiter auf ihn eingeschlagen. Wir wurden von dem Schläger und den umstehenden Männern entdeckt, weil wir vor Schreck laut aufschrien. ›Diese Frauen werden uns verraten!‹ sagten sie, drückten uns Holzknüppel in die Hand und befahlen uns den Mann so lange zu schlagen, bis er tot ist. Sie wollten, dass wir uns an den Verbrechen beteiligen, damit wir sie später nicht verraten können. Ich habe ihn nicht alleine erschlagen, aber ich habe zugeschlagen. Ich bin mit schuld. Wir alle tragen Schuld an seinem Tod. Ich habe das Auge meines Nachbarn zertrümmert, sein Ohr, seine Zähne. Ich habe seinen ganzen Körper vernichtet, deswegen sollte auch ich völlig vernichtet werden.«[66]

Dieses Interview kann veranschaulichen, wie das von Arendt und McCarthy eingeführte Beispiel in der konkreten Lebenswirklichkeit zu einer kettenreaktionsartigen Entgrenzung führen kann, die sich im Falle von Ruanda im Jahre 1994 zu einem derartigen Ausmaß steigerte, dass man heute von einem Genozid bzw. Völkermord der Hutu an den Tutsi spricht. Wie konnte es überhaupt zu einer derartigen Kettenreaktion im Morden kommen? Die Frau in dem oben zitierten Interview berichtet, dass sie mehr oder weniger zufällig eine Gruppe von Männern bei den Massakern entdeckte. Diese zogen die Frau, als sie bemerkten, dass sie von ihr beobachtet wurden, gewissermaßen mit System in die Gräueltaten hinein, indem sie ihr befahlen, sich selbst an den Morden zu beteiligen. Durch diese systematische Verstrickung nahmen sie der Frau die Möglichkeit, sie zu verraten. Im Kontext des Films wird auch klar, dass sie im Falle einer Befehlsverweigerung selbst den Massakern zum Opfer fallen würde.

---

[66] Interviewausschnitt aus dem Film »Vergeben und Vergessen?«; alle nun folgenden Interviewausschnitte sind diesem Film entnommen und werden daher auch nicht mehr extra belegt.

Der Bericht der Frau zeigt, dass es eine theoretische und neutrale Betrachterperspektive de facto nicht gibt. Nichtinvolviertes bzw. nicht in Situationen verstricktes Betrachten aus neutraler Position, gleichsam aus dem All, so wie es die Naturwissenschaften suggerieren, ist eine Konstruktion. Wir sind immer unausweichlich in Umgangskonstellationen mit Anderen involviert und können diese plural verfasste Existenzsituation nie verlassen bzw. darin eine neutrale Position einnehmen. Wir handeln immer als in diese Situationen »Verstrickte« und nie als überblickten wir die Situation aus einer quasi allwissenden Vogelperspektive, aus der heraus dann nur noch die besterscheinendste Handlungsoption in die Tat umgesetzt zu werden braucht. Bezogen auf die geschilderte Situation der Frau heißt dies, dass ihr Beobachten der Gräueltaten natürlich nicht neutral ist, sondern ihrer Position kommt eine wichtige Bedeutung für die Gesamtsituation zu: Sie könnte die Täter hinhängen, weil sie selbst noch unschuldig ist. Also muss sie sich – aus der Perspektive der Mörder – auch beteiligen, damit ihr ein Verrat unmöglich wird. Andernfalls wird sie selbst zum Opfer der Massaker, um auf diese Weise einen möglichen Verrat auszuschließen. Viele – wie auch die Frau – wählten in dieser Situation den Mord, anstatt selbst zum Opfer zu werden. Dadurch potenzierten und entgrenzten sich diese Verbrechen binnen kürzester Zeit, denn immer mehr Menschen, die auch zufällig dabeistanden und zusahen, wurden hineinverstrickt und so zu Mördern Unschuldiger. Aus derartigen Existenzsituationen gehen also Beispiele hervor, wie Arendt und McCarthy sie in ihren Ausführungen schildern. Die Realität derartiger Lebenssituationen bis auf den heutigen Tag plausibilisiert die Berechtigung und sogar die Notwendigkeit, auf den Gegensatz zwischen situationsgebundenem Bewusstsein und theoretischer Einstellung hinzuweisen, wie Arendt dies immer wieder in ihren Ausführungen unter anderem mit ihrem Hinweis auf die metaphysischen Trugschlüsse der Geistestätigkeit tut. Aus der Einsicht heraus, dass wir in einer tatsächlichen Handlungssituation nie so agieren, wie wir es in einer theoretischen Einstellung tun würden, bereitet Arendt in ihrem Spätwerk ein Denken vor, das sich über das eigene situationsinvolvierte Agieren in Form der Selbsttransparenz bewusst wird, und einen aus dieser Denkform hervorgehenden Bewusstseinsbegriff, der im inkarnierten Umgang mit Anderen sich seiner selbst in Form des sogenannten Mitwissens gewahr bleibt. Das fehlende Bewusstsein der Menschen dafür, dass wir in Situationen anders handeln als in kontemplativer Theorie, trägt auch dazu bei, dass derartige Verbrechen wie in Ruanda selbst heute noch geschehen. Arendt möchte mit ihrer Philosophie die Entwicklung einer Sensibilität für diese Diskrepanz anregen. Zudem möchte sie auf Handlungsmöglichkeiten hinweisen, die es sogar in diesen scheinbar ausweglosen Situationen gibt. Damit trägt sie ihren Teil dazu bei, dass Derartiges zukünftig nicht mehr geschieht. An dieser Stelle sei die Bemerkung erlaubt, dass Philosophien, die in ihrer Thematisierungsweise des Handelns diese unumgängliche Involviertheit in eine mitmenschliche Existenzsituation einfach ausblenden und der Einfachheit halber umgehen, dieses oben genannte weithin festgestellte Desiderat im Bewusstsein des Menschen auch noch verstärken, statt – wie Arendt es tut – dieser Lücke durch ihre Ausführungen entgegenzuarbeiten.

Doch nicht nur ein fehlendes situationsgebundenes Bewusstsein hat eine derartige Entgrenzung des Handelns in Ruanda möglich gemacht, sondern auch die von Arendt beschriebene Motivlosigkeit der Täter: Die Frau äußert in dem Interview, dass sie eigentlich gar keine Probleme im Zusammenleben mit den Leuten hatte, die sie später dann wahllos umbrachte. Erst diese Motivlosigkeit als »Ausschaltung« des Selbst und seiner Grenzen macht es möglich, dass Menschen plötzlich – wie Arendt sagt – Andere töten »[…] als ob es Fliegen sind.«[67] Abgabe bzw. Abspaltung von Verantwortung auf »[…] die schlechte Regierung […]« oder durch »Kollektivierung« bzw. Verallgemeinerung der Schuld[68] (»Wir alle tragen Schuld an seinem Tod […] [Hervorhebung – F. S.]«) zählen – laut Arendt – zu den gängigen Rechtfertigungsstrategien derartigen Handelns, denen sie in aller arendtschen Härte entgegensetzt: »Die Teilverantwortung war natürlich noch nie ein Grund für geteilte Schuld.«[69]

Diese Aufteilung und Aufspaltung des Selbst in Externes (»… die Regierung …«; »… die Anderen, die dies und jenes von mir verlangten …«) zeitigt im Falle derartiger Taten eine dauerhafte Spaltung, ja Zersplitterung des Selbst. Klang in Arendts Ausführungen der Begriff »Selbstverlust« als dauerhafter Zustand der Selbstverachtung gewissermaßen »unvorstellbar«, so wird an den beiden Menschen in diesen Interviews mehr und mehr deutlich, worauf Arendt hinweisen will. Dieser Zustand der Selbstverachtung führt zu Aussagen wie »[…] auch ich [sollte] völlig vernichtet werden […]« bzw.

---

[67] Fest 55.
[68] Vgl. Fest 51.
[69] Fest 55.

»[…] es wäre die einzige richtige Strafe auch mich zu töten.« Vor allem der Mann artikuliert in dem Interview, was Arendt vermutlich meinte, wenn sie vom Zustand des Selbstverlusts bzw. der Selbstverachtung als einer »[…] Art Tod bei lebendigem Leibe […]«[70] spricht. Der Mann beschreibt eine Verständnisgrenze, die er mit seinen Taten überschritten hat und hinter die er auch nicht mehr zurückkehren kann: »[…] [M]ir wurde vergeben, aber Verständnis für einen Mörder? Für einen, der ganze Familien ausgelöscht hat? Nein, das kann es nicht geben.« Er sagt, ihm wurde vergeben, der Film zeigt aber auch, dass es keine echte Vergebung seiner Taten war: Die Mutter, deren Kinder er umgebracht hat und die er häufig aufsucht, um sie um Vergebung zu bitten, spricht ihm zwar eine Vergebung aus, sie tut dies aber nur, weil sie ihn loswerden will und seine ständigen Besuche sie belasten. Wirklich Vergeben hat sie ihm nicht und er spürt dies, wenn er im gleichen Atemzug sagt: »[…] [M]ir wurde vergeben, aber Verständnis für einen Mörder? […] Nein, das kann es nicht geben.« Die Mutter der Kinder will ihn loswerden, kann nicht in seiner Nähe sein, ein Zusammenleben mit ihm nicht ertragen, wie auch er, der sich immer wieder an seine schrecklichen Taten erinnert, nicht mehr ertragen kann, mit sich und diesen Taten zu sein. Er versteht sich selbst nicht mehr, wie auch Andere ihn und seine Taten nicht verstehen können. Wie die Frau im ersten Interview äußert auch er, dass er lieber sterben wollte, weil ihm ein Zusammenleben mit sich unerträglich wurde – Arendts »[…] Tod bei lebendigem Leibe […]«[71]. Er wirkt getrieben, kehrt immer wieder zur Mutter seiner Opfer zurück, als hätte er dort etwas verloren, was nie mehr wiedererlangt werden kann. Diese Getriebenheit[72], die mit dem Zustand der Selbstverachtung einhergeht, beruht also bei Arendt nicht bloß auf Shakespeare bzw. rein literarischen Quellen, sondern mit Richard III.[73] möchte sie eine ganz reale Erfahrung plausibilisieren: Es gibt Leute, die nicht mehr mit sich sein können, die sich selbst verachten und derart getrieben umherirren, unfähig, mit sich oder mit Anderen zu sein. Arendt charakterisiert diesen Zustand mit dem Modus der dauerhaften Verlassenheit, verlassen von der Gesellschaft mit sich und mit Anderen[74].

---

[70] LdG 93.
[71] LdG 93.
[72] Vgl. D 768.
[73] Vgl. Shakespeare (o.J.) *Akt V Szene 3;* vgl. hierzu DuM 151 f., LdG 188.
[74] Vgl. ÜdB 83.

Dieser getriebene Zustand lässt den Mann jedoch nicht nur immer wieder an den Ort seiner Gräueltaten und seines damit einhergehenden Selbstverlusts zurückkehren, sondern dieser Zustand lässt zudem in ihm permanent und unwillkürlich das Ereignis, das diesen Verlust ausgelöst hat, in Form von Bildern wiederkehren:

»Die Kinder waren schon tot. Wir haben sie dann in die frisch ausgehobene Sickergrube hinter den Toiletten geworfen. Was mich verfolgt, ist das immer wiederkehrende Bild eines der getöteten Kinder, wie es die ganze Zeit um Gnade bettelte. Diese schreckliche Erinnerung kommt ständig hoch, und man findet keinen anderen Ausweg als darüber zu sprechen und letztlich um Vergebung zu bitten. Das Kind weinte und bat um Verzeihung. Es glaubte, dass es vielleicht einen Fehler gemacht hat und deswegen bestraft werden sollte.«

Die unwillkürliche und permanente Wiederkehr der Bilder bei dem Mann zeigt die Leiblichkeit der menschlichen Erinnerung und damit auch die Unmöglichkeit, leiblich Verantwortung abzugeben bzw. Eigenverantwortung an Andere abzuspalten. Alles, was man selbst tut, verleibt man sich gewissermaßen auch selbst ein, und dieses Einverleiben hat immer auch die Dimension des »Einbildens«, sprich man macht sich damit ein »Bild« zu eigen, das einen umbildet, und zu dem man mit der einverleibten Tat auf dem Rücken selbst wird. In irgendeiner Weise muss man also alles, was man selbst tut, »ertragen« können, im Sinne eines »Übernehmen-Könnens« der einverleibten Taten und eines möglichen »Zusammenleben-Könnens« mit diesen Handlungen. Arendt macht auf Grenzen dieser Erträglichkeit bzw. Übernahmemöglichkeit aufmerksam, Grenzen, die bei gewissen Taten für alle Menschen, so unterschiedlich sie auch sein mögen, gelten.

Die Entgrenzung der Handlungen entsteht hingegen durch den Versuch der Abspaltung der eigenen Taten von sich selbst; ein Versuch, der zum Scheitern verurteilt ist und durch das untrügliche Leibbewusstsein mit seinen ihm eingeschriebenen Grenzen widerlegt wird, was die Aussagen des Mannes auch deutlich vor Augen führen:

»Das Morden war keine normale Arbeit, aber mit der Zeit wurde es zu etwas Alltäglichem, eine Arbeit, die man einfach erledigte. Uns wurde gesagt, dass wir unsere Feldarbeit nicht weiterführen dürften, bevor nicht alle tot sind. Ob wir nun wollten oder nicht, es wurde zu einer Aufgabe, die wir hinter uns bringen wollten. Wir haben gedacht, dass wir nach dem Morden wieder in unseren Alltag zurückkehren können. Wir glaubten, dass wir, nachdem wir alle getötet hatten, wieder unser Ackerland bestellen, normal leben und arbeiten würden. Aber wir hatten ja keine Ahnung … Nach all den schrecklichen Dingen, die ich getan habe, sollte ich eigentlich nie mehr nach Hause kommen dürfen.«

Der Abspaltungsversuch des Mannes bestand darin, das Morden als reine Arbeitstätigkeit aufzufassen, die man erledigt, um dann wieder in den Alltag zurückzukehren. Neben dem unsagbaren Leid der Opfer, das seine Tat hervorgebracht hat, hat sein Trauma, ja Stupor sein »Denken« an ihm selbst widerlegt. Dieses Beispiel verdeutlicht überhaupt das Scheitern allen Zweck-Mittel-»Denkens« im mitmenschlichen Bereich. Kann der Zweck des eigenen ruhigen Weiterlebens die dafür in die Welt gesetzten Taten, nämlich die Ermordung unschuldiger Kinder, als Mittel legitimieren? Arendt spricht von der Zweckrationalität als einem

»[…] illusionären Vorhaben, und zwar deshalb, weil ja das unmittelbare, greifbare Handeln sofort da ist, so dass sich die Welt prinzipiell geändert hat, bevor der Zweck erreicht ist, und zwar so geändert, dass der Zweck unter Umständen gar nicht mehr sinnvoll ist. [Unterstreichung im Original]«[75]

Die Mittel treten also sofort als Taten in Erscheinung und verändern dadurch nicht nur das ganze Bezugsfeld, sondern – bezogen auf die Aussagen des Mannes – ihn als Ausführenden dieser Taten und damit auch die ursprünglichen Zwecke. Der ursprünglich angenommene Zweck des Mannes, nämlich eines Heimkehrens und ruhigen Weiterlebens, ist mit seinen Taten hinfällig und unmöglich geworden. Er deutet an, dass es ihm nicht gelungen ist, nach Hause zurückzukehren und an seinen Alltag vor seinen Taten wieder anzuknüpfen. Er ist getrieben, hat versucht, die Taten abzuspalten, aber die Taten haben gewissermaßen ihn selbst gespalten, da er sie nicht mehr an sein bisheriges Leben anbinden kann. Er kann nicht mehr hinter diese Handlungen zurück, er kann sie nicht re-flektieren.

Dieses Beispiel macht auch deutlich, dass man vielleicht alles in irgendeiner Weise theoretisch begründen können mag, etwa mit Hilfe von Zweck-Mittel-Kategorien (»Um mein eigenes Leben zu schützen, habe ich mich an den Morden beteiligt …«) etc., es aber nichtsdestotrotz Grenzen gibt. Diese Grenzen sind nicht begründbar, sondern lediglich einer leiblichen Empfindungsdimension zugäng-

---

[75] D 47.

lich, also nur »empfindbar«. »[…] [E]ine böse Tat für einen guten Zweck fügt der Welt Bosheit zu […]«[76], schreibt Hannah Arendt im Denktagebuch. Diese »böse Tat«, selbst wenn sie für einen vermeintlich »guten« Zweck ist – etwa die Rettung des eigenen Lebens –, ist sofort da[77] und tritt ganz sicher unmittelbar in Erscheinung, wie jedes andere Handeln auch. Daher legitimiert kein noch so wohlbegründeter Zweck – auch wenn es sich um die vermeintliche Rettung des eigenen Lebens handelt – ein moralisch illegitimes Mittel. In Bezug auf die in den Ruandabeispielen geschilderten Situationen bedeutet dies, dass die Folgen einer möglichen Befehlsverweigerung nicht mit der Sicherheit eintreten wie die Durchführung des angeordneten Mordes und der daraus resultierende Selbstverlust. Daher sollte man Arendt zu Folge in derartigen Situationen – so hart das angesichts der geschilderten Handlungssituationen auch klingen mag – nur das tun, was man auch sicher in seiner eigenen Hand hat, in dem Falle hieße dies sich »sauber« zu halten und nichts Übles durch sich selbst weiterzugeben. Allein ein derartiges Verhalten könnte die Entgrenzung beenden, wenn auch nur an einer kleinen Stelle, nämlich an einem selbst. Dies kann aber wiederum eine große Wirkung entfachen, indem das gelebte Beispiel Andere zum Mitmachen anspornt und – ganz konkret auf den Völkermord bezogen – Andere ebenso zur Befehlsverweigerung ermutigt. Arendt wurde häufig vorgeworfen, sie würde zu hart urteilen, ihr würde es an Mitmenschlichkeit und Verständnis für diejenigen ermangeln, die einen Fehler begangen haben, und überhaupt hätte sie einen zu harten und rigiden Verantwortungsbegriff[78]. Gewiss – vor dem Hintergrund dieser Interviews mutet Arendts Verantwortungsbegriff nicht unverständlicherweise hart an. Dennoch sei die Gegenfrage erlaubt, ob es nicht einzig und allein dieses ethische Bewusstsein ist, das Arendt mit ihrer Philosophie vorzubereiten versucht, nämlich das Verantwortungsbewusstsein, dass man auch unter Zwang für all sein Handeln selbst und voll verantwortlich ist, das die Entgrenzung etwa dieser Menschheitskatastrophe in Ruanda ohne externe gewaltsame Eingriffe verhindern hätte können. Hätten nicht Einzelne durch ein derartiges Verantwortungsbewusstsein schon im Vorfeld die Entgrenzung dieser Menschheitskatastrophe eindämmen können? Hätte nicht ein Bewusstsein dafür,

---

[76] D 81.
[77] Vgl. D 47.
[78] Vgl. ÜdB 23–25.

dass man mit diesen Taten nicht weiter mit sich selbst zusammenleben könnte und lieber selbst sterben wollte als mit derartigen Taten auf dem Rücken weiter sein Leben fristen zu müssen, zum Widerstand gegen Tötungsbefehle geführt, was wiederum ein unauslöschbares Exempel statuiert und Andere ebenso zu Verweigerung angeregt und ermutigt hätte? Vor dem Hintergrund dieser Interviews von Beteiligten am Genozid in Ruanda wird also zum einen die Härte, aber auch die Berechtigung der arendtschen Forderung, selbst die volle Verantwortung für all sein Tun zu übernehmen, deutlich. Diese Forderung veranlasst Arendt zu der Aussage, die dieser Arbeit den Titel gibt, weil sie den Kernsatz ihrer im Spätwerk entfalteten Ethik darstellt: »Kein Mensch hat [...] das Recht zu gehorchen.«[79]

[79] Fest 44.

Literaturverzeichnis

Arendt, Hannah: Sören Kierkegaard. In: Frankfurter Zeitung 76 (1932–01–29) 75–76. S. 2.
–: Was ist Existenz-Philosophie? (1948[1]). Frankfurt/Main 1990.
–: Elemente und Ursprünge totaler Herrschaft. Antisemitismus, Imperialismus, totale Herrschaft (1955). München [13]2009.
–: The Human Condition (1958). Chicago 1998.
–: Vita activa oder Vom tätigen Leben (1960). München [4]2006.
–: Eichmann in Jerusalem. Ein Bericht von der Banalität des Bösen (1964). München [3]2008.
–: Die verborgene Tradition. Acht Essays. Frankfurt/Main 1976.
–: The Life of the Mind. New York 1978.
–: Vom Leben des Geistes. Das Denken. Das Wollen (1979). München [4]2008.
–: Besuch in Deutschland (1982). Übers. v. Eike Geisel. Berlin 1993.
–: Das Urteilen. Texte zu Kants Politischer Philosophie. München 1985.
– / Jaspers, Karl: Briefwechsel 1926–1969 (1985). München [3]1993.
–: Menschen in finsteren Zeiten. München 1989.
–: Israel, Palästina und der Antisemitismus. Berlin 1991.
–: Philosophie und Politik. In: Deutsche Zeitschrift für Philosophie. 41 (1993) 2. S. 381–400.
–: Was ist Politik? (1993). München [3]2007.
–: Zwischen Vergangenheit und Zukunft. Übungen im politischen Denken I (1994). München [2]2000.
– / McCarthy, Mary: Im Vertrauen. Briefwechsel 1949–1975 (1995). München 1997.
– / Blücher, Heinrich: Briefe 1936–1968 (1996). München 1999.
–: Ich will verstehen. Selbstauskünfte zu Leben und Werk (1996). München [2]2006.
–: Über den Totalitarismus. Texte Hannah Arendts aus den Jahren 1951 und 1953. Dresden 1998.
– / Heidegger, Martin: Briefe 1925 bis 1975 (1998). Frankfurt/Main [3]2002.
–: In der Gegenwart. Übungen im politischen Denken II. München 2000.
–: Denktagebuch 1950 bis 1973 (2002). München [2]2003.
–: Responsibility and Judgment. New York 2003.

[1] (wenn nicht anders vermerkt, bezeichnet die eingeklammerte Zahl hinter einem deutschsprachigen Titel das Jahr der deutschen Erstveröffentlichung).

–: Die Sonning-Preis-Rede. Kopenhagen 1975. In: text + kritik. Zeitschrift für Literatur. 166/167 (2005) IX. S. 3–12.
–: Über das Böse. Eine Vorlesung zu Fragen der Ethik (2006). München 2007.
–: Politische Erfahrungen im 20. Jahrhundert. Seminarnotizen 1955 und 1968. In: Dichterisch denken. Hannah Arendt und die Künste. Hg. v. Wolfgang Heuer und Irmela von der Lühe. Göttingen 2007. S. 213–223.
– / Scholem, Gershom: Der Briefwechsel. Berlin 2010.
– / Fest, Joachim: Eichmann war von empörender Dummheit. Gespräche und Briefe. Hg. v. Ursula Ludz, Thomas Wild. München 2011.
Aristoteles: Die Nikomachische Ethik. Übers. v. Olof Gigon. Hg. v. Rainer Nickel. Düsseldorf 2001.
–: Poetik. Übers. u. Hg. v. Manfred Fuhrmann. Stuttgart 2008.
Augustinus, Aurelius: Vom Gottesstaat (De civitate Dei). Übers. u. Hg. v. Wilhelm Thimme. Zürich 1955.
–: Was ist Zeit? (Confessiones XI / Bekenntnisse 11). Übers. u. Hg. v. Norbert Fischer. Hamburg 2000.
Beiner, Ronald: Hannah Arendt über das Urteilen. In: Hannah Arendt. Das Urteilen. Texte zu Kants Politischer Philosophie. Hg. v. Ronald Beiner. München 1985. S. 113–197.
Browning, Christopher: Ganz normale Männer. Das Reserve-Polizeibataillon 101 und die »Endlösung« in Polen (1993). Hamburg [6]2011.
Buber, Martin: Ich und Du (1923). In: Das dialogische Prinzip. Ders. Gütersloh [10]2006. S. 5–136.
Camus, Albert: Der Belagerungszustand (1950). In: Albert Camus. Dramen. Übers. u. Hg. v. Guido G. Meister. Hamburg [22]2003. S. 117–186.
Cicero, Marcus Tullius: Der Staat. Übers. u. Hg. v. Karl Büchner. München [5]1993.
–: Tusculanae disputationes. Gespräche in Tusculum. Lateinisch/Deutsch. Übers. u. Hg. v. Ernst Alfred Kirfel. Stuttgart. 2008.
Danner, Helmut: Methoden geisteswissenschaftlicher Pädagogik. Einführung in Hermeneutik, Phänomenologie und Dialektik (1979). München [5]2006.
Die Bibel. Altes und Neues Testament. Einheitsübersetzung. Freiburg 2002.
Dilthey, Wilhelm: Der Aufbau der geschichtlichen Welt in den Geisteswissenschaften (1910). Frankfurt/Main [7]2006.
Dinesen, Isak: Albondocani. Ein geplanter Roman. In: The Paris Review. Autumn 1956. S. 59.
Diogenes Laertius: Leben und Meinungen berühmter Philosophen. Übers. v. Otto Apelt. Hg. v. Klaus Reich. Hamburg [3]1990.
Dostojewskij, Fjodor: Die Brüder Karamasow (rus. 1880). Übers. v. Swetlana Geier. Frankfurt/Main [2]2010.
Faller, Heike; Grefe, Christiane: Geld oder Leben. In: Die Zeit. Ausgabe D. Nr. 39 vom 20. 09. 2012. S. 31.
–: »Klappe halten und wegsehen«. In: Die Zeit. Ausgabe D. Nr. 39 vom 20. 09. 2012. S. 32–33.
Figueiredo, Lídia: O Abismo da Liberdade: Arendt vs. Kierkegaard e Sartre. In: Revista Portuguesa de Filosofia 64 (2008). S. 417–430.

Foot, Philippa: Die Wirklichkeit des Guten. Moralphilosophische Aufsätze. Frankfurt/Main 1997.
Gadamer, Hans-Georg: Wahrheit und Methode. Grundzüge einer philosophischen Hermeneutik (1960). Tübingen [6]1990.
Gebhardt. Handbuch der deutschen Geschichte. Die Bundesrepublik Deutschland 1949–1990. Zehnte, völlig neu bearbeitete Auflage. Band 23. Hg. v. Edgar Wolfrum. Stuttgart 2001.
Gilson, Etienne: Dante und die Philosophie. Freiburg 1953.
Grätzel, Stephan: Kunst ohne Ende. Vorlesungen zu einer »Philosophie der Kunst«. London 2004a.
–: Über die Grenzen des Lebens. Vorlesungen zur Philosophischen Anthropologie. London 2004b.
–: Die Masken des Dionysos. Vorlesung zu »Philosophie und Mythologie«. London 2005a.
–: Die Wahrheit der Fiktion. Vorlesungen zur Hermeneutik. London 2005b.
–: System der Ethik. Existenzielle Fragestellungen der Praktischen Philosophie. London 2006.
Grimm, Brüder: Kinder- und Hausmärchen. Hg. v. Heinz Rölleke. Band 2. Stuttgart 2010.
Großmann, Andreas: Das (sich) verdunkelnde Licht der Öffentlichkeit. Von Heidegger zu Hannah Arendt. In: Siebzig Jahre *Sein und Zeit*. Wiener Tagung zur Phänomenologie 1997. Reihe der Österreichischen Gesellschaft für Phänomenologie Band 3. Hg. v. Helmuth Vetter. Frankfurt/Main 1999. S. 85–107.
Hegel, Georg W. F.: Phänomenologie des Geistes (1807). Hg. v. Hans-Friedrich Wessels und Heinrich Clairmont. Hamburg 1988.
Heidegger, Martin: Sein und Zeit (1927). Tübingen [18]2001.
–: Holzwege (1950). Frankfurt/Main [8]2003.
–: Einführung in die Metaphysik (1953). Gesamtausgabe Band 40. Frankfurt/Main 1983.
–: Was heisst denken? (1954). Tübingen [5]1997.
–: Vorträge und Aufsätze (1954). Stuttgart [11]2009.
Hemmen, Sarah-Christin: Auswahlbibliographie Hannah Arendt. In: text + kritik. Zeitschrift für Literatur. Heft 166/167 (2005) IX. S. 183–195.
Herrmann, Friedrich Wilhelm von: Die Edition der Vorlesungen Heideggers in seiner Gesamtausgabe letzter Hand. In: Freiburger Universitätsblätter. 21 (1982) 78. S. 85–102.
Herzog, Werner: Eroberung des Nutzlosen (2004). Frankfurt/Main [2]2010.
Heuer, Wolfgang: Verstehen als Sichtbarmachen von Erfahrung. In: Dichterisch denken. Hannah Arendt und die Künste. Hg. v. Wolfgang Heuer und Irmela von der Lühe. Göttingen 2007. S. 197–212.
Homer: Die Ilias. Übers. v. Wolfgang Schadewaldt. Düsseldorf [4]2007.
–: Die Odyssee. Übers. v. Wolfgang Schadewaldt. Düsseldorf [3]2007.
Jaspers, Karl: Psychologie der Weltanschauungen (1919). Berlin [4]1954.
–: Philosophie I. Philosophische Weltorientierung (1931). Berlin [4]1973.
–: Philosophie II. Existenzerhellung (1931). Berlin [4]1973.
–: Die Schuldfrage. Heidelberg 1946.
–: Die großen Philosophen. Erster Band. München 1957.

Joisten, Karen (Hg.): Narrative Ethik. Das Gute und das Böse erzählen. Berlin 2007.

Jünger, Ernst: Die totale Mobilmachung (1930). Berlin [2]1934.

Kant, Immanuel: Kritik der reinen Vernunft (1781/1787). Hg. v. Jens Timmermann. Hamburg 1998.

–: Grundlegung der Metaphysik der Sitten (1785). Hg. v. Bernd Kraft; Dieter Schönecker. Hamburg 1999.

–: Kritik der praktischen Vernunft (1788). Hg. v. Horst D. Brandt; Heiner F. Klemme. Hamburg 2003.

–: Kritik der Urteilskraft (1790). Hg. v. Heiner F. Klemme. Hamburg 2006.

–: Die Religion innerhalb der Grenzen der bloßen Vernunft (1793). In: Immanuel Kant. Die Metaphysik der Sitten. Werkausgabe Band VIII. Hg. v. Wilhelm Weischedel. Frankfurt/Main [15]2009. S. 645–879.

–: Der Streit der Fakultäten (1798). In: Immanuel Kant. Schriften zur Anthropologie, Geschichtsphilosophie, Politik und Pädagogik 1. Werkausgabe Band - XI. Hg. v. Wilhelm Weischedel. Frankfurt/Main [13]2004. S. 261–393.

–: Anthropologie in pragmatischer Hinsicht (1798). In: Immanuel Kant. Schriften zur Anthropologie, Geschichtsphilosophie, Politik und Pädagogik 2. Werkausgabe Band XII. Hg. v. Wilhelm Weischedel. Frankfurt/Main [11]2004. S. 395–690.

–: Kant's handschriftlicher Nachlaß. Band V. In: Kant's gesammelte Schriften. Band 18. Hg. v. Preußischen Akademie der Wissenschaften. Berlin 1928.

Kierkegaard, Sören: Der Begriff der Angst (dän. 1844). Hamburg 1984.

–: Die Krankheit zum Tode (dän. 1849). Stuttgart 2009.

–: Abschließende unwissenschaftliche Nachschrift zu den Philosophischen Brocken. Zweiter Teil. Hg. v. Emanuel Hirsch, Hayo Gerdes, Hans Martin Junghans. Gesammelte Werke. 16. Abteilung. Gütersloh [2]1989.

Kohn, Jerome: Urteilen und eine gemeinsame Welt. In: Dichterisch denken. Hannah Arendt und die Künste. Hg. v. Wolfgang Heuer und Irmela von der Lühe. Göttingen 2007. S. 136–161.

Loidolt, Sophie: Sich ein Bild machen. Das ästhetische Urteilen als politisches Urteilen in der Kant-Lektüre von Hannah Arendt. In: Urteil und Fehlurteil. Hg. v. Sandra Lehmann und Sophie Loidolt. Wien 2011. S. 231–246.

Löwith, Karl: Das Individuum in der Rolle des Mitmenschen. Ein Beitrag zur anthropologischen Grundlegung der ethischen Probleme (1928). Freiburg 2013.

Lüdemann, Susanne: Vom Unterscheiden. Zur Kritik der politischen Urteilskraft bei Hannah Arendt und Giorgio Agamben. In: HannahArendt.net. Zeitschrift für politisches Denken. Journal for Political Thinking. 6 (2011) 1/2. S. 1–13.

Mansfeld, Jaap; Primavesi, Oliver (Hg.): Die Vorsokratiker. Stuttgart 2011.

McCarthy, Mary: Ein Dokument ethischer Verantwortung: Zu Hannah Arendts Bericht »Eichmann in Jerusalem« (1964). In: Hannah Arendt. Joachim Fest. Eichmann war von empörender Dummheit. Gespräche und Briefe. Hg. v. Ursula Ludz, Thomas Wild. München 2011. S. 127–145.

Meints, Waltraud: Partei ergreifen im Interesse der Welt. Eine Studie zur politischen Urteilskraft im Denken Hannah Arendts. Bielefeld 2011.

Milgram, Stanley: Behavioral Study of Obedience. In: Journal of Abnormal and Social Psychology. 67 (1963) 4. S. 371–378.
–: Das Milgram-Experiment. Zur Gehorsamsbereitschaft gegenüber Autorität (1982). Hamburg [16]2009.
Montaigne, Michel de: Essais (1753/54). Übers. v. Hans Stilett. Frankfurt/Main [8]2011.
Nietzsche, Friedrich: Unzeitgemäße Betrachtungen. Drittes Stück: Schopenhauer als Erzieher (1874). In: Friedrich Nietzsche. Die Geburt der Tragödie. Unzeitgemäße Betrachtungen. Kritische Studienausgabe Band 1. Hg. v. Giorgio Colli, Mazzino Montinari. München 1999. S. 335–427.
Opstaele, Dag Javier: Politik, Geist und Kritik. Eine hermeneutische Rekonstruktion von Hannah Arendts Philosophiebegriff. Würzburg 1999.
Ottmann, Henning: Geschichte des politischen Denkens. Band 4: Das 20. Jahrhundert. Teilband 1: Der Totalitarismus und seine Überwindung. Stuttgart 2010.
Ovid: Metamorphosen. Übers. u. Hg. v. Gerhard Fink. Düsseldorf [2]2007.
Platon: Sämtliche Werke 1. Apologie, Kriton, Protagoras, Ion, Hippias II, Charmides, Laches, Euthyphron, Gorgias, Briefe. In der Übersetzung von Friedrich Schleiermacher. Hg. v. Walter F. Otto, Ernesto Grassi, Gert Plamböck. Hamburg 1957.
–: Sämtliche Werke 2. Menon, Hippias I, Euthydemos, Menexenos, Kratylos, Lysis, Symposion. In der Übersetzung von Friedrich Schleiermacher. Hg. v. Walter F. Otto, Ernesto Grassi, Gert Plamböck. Hamburg 1957.
–: Sämtliche Werke 3. Phaidon, Politeia. In der Übersetzung von Friedrich Schleiermacher. Hg. v. Walter F. Otto, Ernesto Grassi, Gert Plamböck. Hamburg 1958.
–: Sämtliche Werke 4. Phaidros, Parmenides, Theaitetos, Sophistes. In der Übersetzung von Friedrich Schleiermacher. Hg. v. Walter F. Otto, Ernesto Grassi, Gert Plamböck. Hamburg 1958.
Plessner, Helmuth: Die Stufen des Organischen und der Mensch. Einleitung in die Philosophische Anthropologie (1928). Hg. v. Günter Dux; Odo Marquard; Elisabeth Ströker. Gesammelte Schriften IV. Frankfurt/Main 2003.
Prinz, Alois: Hannah Arendt oder die Liebe zur Welt (1998). Berlin [6]2013.
Proust, Marcel: Auf der Suche nach der verlorenen Zeit. In Swans Welt 1. Übers. v. Eva Rechel-Mertens. Frankfurt/Main 1964.
Ricoeur, Paul: Zeit und Erzählung. Band I: Zeit und historische Erzählung (1988). München [2]2007.
–: Zeit und Erzählung. Band II: Zeit und literarische Erzählung (1989). München [2]2007.
–: Zeit und Erzählung. Band III: Die erzählte Zeit (1991). München [2]2007.
–: Gedächtnis, Geschichte, Vergessen. München 2004.
–: Vom Text zur Person. Hermeneutische Aufsätze (1970–1999). Hamburg 2005.
Rosenstock-Huessy, Eugen: Im Kreuz der Wirklichkeit. Eine nach-goethische Soziologie. Band 1: Die Übermacht der Räume. Hg. v. Michael Gormann-Thelen; Ruth Mautner; Lise van der Molen. Mössingen-Talheim: 2008/2009.

Saavedra, Marco Estrada: Eine Hermeneutik des Präzedenzlosen. Die Urteilskraft und die historische Imagination. In: »The Angel of History is looking back«. Hannah Arendts Werk unter politischem, ästhetischem und historischem Aspekt. Texte des Trondheimer Arendt-Symposions vom Herbst 2000. Hg. v. Bernd Neumann, Helgard Mahrdt, Frank Martin. Würzburg 2001. S. 45–74.

Sartre, Jean-Paul: Drei Essays (1960). West-Berlin 1966.

–: Drei Dramen. Hamburg 1968.

Schapp, Wilhelm: In Geschichten verstrickt. Zum Sein von Mensch und Ding (1953). Frankfurt/Main ^{4}2004.

Scheler, Max: Der Formalismus in der Ethik und die materiale Wertethik. Neuer Versuch einer Grundlegung eines ethischen Personalismus (1913/16). Hg. v. Maria Scheler. Gesammelte Werke Band 2. Bern ^{4}1954.

Schleiermacher, Friedrich: Hermeneutik und Kritik (1838). Frankfurt/Main ^{8}2004.

Schopenhauer, Arthur: Die Welt als Wille und Vorstellung. Zweiter Band (1859). Hg. v. Ludger Lütkehaus. Werke in fünf Bänden, Bd. 2. Zürich 1988.

Sextus Empiricus: Grundriß der pyrrhonischen Skepsis. Übers. v. Malte Hossenfelder. Frankfurt/Main ^{4}2002.

Shakespeare, William: Richard III. (eng. 1593). In: Shakespeare. Sämtliche Werke. Zweiter Band. Historien. Übers. v. August Wilhelm von Schlegel und Ludwig Tieck. Heidelberg o. J., S. 677–775.

Sinn, Ulrich: Athen. Geschichte und Archäologie. München 2004.

Solowjew, Wladimir: Deutsche Gesamtausgabe. Ergänzungsband. Solowjews Leben in Briefen und Gedichten. Hg. v. Ludolf Müller; Irmgard Wille. München 1977.

Sophokles: König Ödipus. In: Sophokles. Tragödien. Übers. v. Wolfgang Schadewaldt. Hg. v. Bernhard Zimmermann. Düsseldorf 2002. S. 191–259.

Spaemann, Robert: Personen. Versuche über den Unterschied zwischen ›etwas‹ und ›jemand‹. Stuttgart 1996.

Staas, Christian: Tollkühn aus Nächstenliebe. In: Die Zeit. Ausgabe D. Nr. 27 vom 27.06.2013. S. 47.

Stangneth, Bettina: Eichmann vor Jerusalem. Das unbehelligte Leben eines Massenmörders. Zürich ^{2}2011.

Vollrath, Ernst: Hannah Arendt. In: Politische Philosophie des 20. Jahrhunderts. Hg. v. Karl Graf Ballestrem, Henning Ottmann. München 1990. S. 13–32.

Weil, Simone: La source grecque. Paris 1953.

Wette, Wolfram: Entsorgte Erinnerung. In: Die Zeit. Ausgabe D. Nr. 16 vom 12.04.2012. S. 19.

–: Feldwebel Anton Schmid. Ein Held der Humanität. Frankfurt/Main 2013.

Wohlleben, Doren: Narrative (–) Initiative. Das »Rätsel des Anfangs« als ethisches und poetologisches Konzept in Hannah Arendts *Denktagebuch* und ihrer Vorlesung *Über das Böse*. In: Narration und Ethik. Hg. v. Claudia Öhlschläger. München 2009. S. 53–63.

Young-Bruehl, Elisabeth: Hannah Arendt als Geschichtenerzählerin. In: Hannah Arendt. Materialien zu ihrem Werk. Hg. v. Adalbert Reif. Wien 1979. S. 319–325.

Zimmermann, Christian: Kulturphilosophie und Öffentlichkeit. Eine kulturphilosophische Untersuchung der Öffentlichkeit der Politischen Philosophie. Würzburg 2004.

Internetquellen

Internetplattform Hannah Arendt.net. Zeitschrift für politisches Denken:
http://www.hannaharendt.net [2012–04–13]

Hannah Arendt Collection des Bard College:
http://www.bard.edu/arendtcollection [2012–04–13]

Hannah-Arendt-Institut für Totalitarismusforschung e. V. an der TU Dresden:
http://www.hait.tu-dresden.de [2012–04–13]

Hannah Arendt Papers in der Library of Congress:
http://www.memory.loc.gov/ammem/arendthtml/arendthome.html [2012–04–13]

Hannah Arendt-Zentrum der Universität Oldenburg:
http://www.arendt-zentrum.uni-oldenburg.de [2012–04–13]

Ausschnitte aus dem Eichmannprozess:
http://www.60xdeutschland.de/1961-jahresschau/ [2012–03–10]

Ausschnitt aus dem Film »I wie Ikarus«, in dem das Milgram-Experiment dargestellt wird:
http://www.youtube.com/watch?v=c_VxZskde4k [2013–09–28]
http://www.youtube.com/watch?v=AGjouLyDiv8 [2013–09–28]

Hans-Peter Dürr über Hannah Arendt:
http://www.youtube.com/watch?v=SdSt4wxDuRY [2013–07–21]

Interview mit Günter Gaus:
http://www.youtube.com/watch?v=Ts4IQ2gQ4TQ [2012–04–13]
http://www.youtube.com/watch?v=1xSbvnMMjZE&feature=endscreen&NR=1 [2012–04–13]
http://www.youtube.com/watch?NR=1&feature=endscreen&v=Qn3deYMRllk [2012–04–13]
http://www.youtube.com/watch?NR=1&feature=endscreen&v=Lqj_LdNQKNE [2012–04–13]
http://www.youtube.com/watch?NR=1&feature=endscreen&v=AJoqXcwS72I [2012–04–13]

Interview mit Roger Errera:
http://www.youtube.com/watch?v=MC4xrhxNJC0 [2012–04–13]
http://www.youtube.com/watch?v=AB4qHQIy1GM [2012–04–13]
http://www.youtube.com/watch?v=vKkfsr4lKTE [2012–04–13]

Zeitartikel zu Anton Schmidt:
http://www.zeit.de/2012/16/Anton-Schmid [2013–11–16]
http://www.zeit.de/2013/27/wolfram-wette-feldwebel-anton-schmid [2013–11–16]

Zeitartikel zur zunehmenden Ökonomisierung der Medizin:
http://www.zeit.de/2012/39/Krankenhaus-Aerzte-Patienten [2013–11–16]
http://www.zeit.de/2012/39/Krankenhaeuser-Medizinbetrieb-Gespraech [2013–11–16]

Filme

»Abraham – Ein Versuch«. Ein Film von Hans Lechleitner, David Marc Mantell und Paul Matussek. BR, Bundesrepublik Deutschland 1970.

»Burden of Dreams. Die Last der Träume«. Ein Film von Les Blank. Arthaus.

»Die Frau mit den 5 Elefanten. Swetlana Geier – Dostojewskijs Stimme«. Ein Film von Vadim Jendreyko. Mira Film.

»Fitzcarraldo«. Ein Film von Werner Herzog. Arthaus.

»Günter Gaus. Die klassischen Interviews. Set B: Politik & Kultur 1963–1969«. Herausgegeben von Manfred Bissinger. SWR rbb ZDF.

»I wie Ikarus« Ein Film von Henri Verneuil. Kinowelt.

»Vergeben und Vergessen?« Ein Film von Florian Berger und Peter Kullmann. ORF Kreuz & Quer. Gesendet am 29. 03. 2011.

Personenregister

Abel 380
Achilles 201, 259 f.
Agamben, Giorgio 49
Alkibiades 357
Anselm von Canterbury 203
Anytos 283
Aristoteles 20, 23, 53, 61, 105, 131, 160–165, 176, 184–188, 196, 201, 269, 278 f., 350, 371, 374, 390
Auden, Wystan 16, 200
Augustinus, Aurelius 33–35, 41, 93, 98

Beiner, Ronald 43, 50
Benjamin, Walter 15, 127
Bissinger, Manfred 44
Blaubart 258
Blücher, Heinrich 15, 46 f., 353, 357
Brandt, Gretchen 343, 345, 361
Browning, Christopher 295, 297 f., 300, 302, 306, 311, 319, 321, 341 f., 376, 381 f., 397
Buber, Martin 148, 390
Buchmann, Heinz 341

Camus, Albert 357, 359–361
Cato, Marcus Porcius 70, 132
Cicero, Marcus Tullius 70, 132 f., 139, 265

Danner, Helmut 32, 35 f.
Dante, Alighieri 218 f.
Descartes, René 112, 350
Dike 73
Dilthey, Wilhelm 36
Dinesen, Isak (Blixen, Tania) 15, 45, 60, 287, 377
Diogenes Laertius 242
Dostojewskij, Fjodor 8, 169, 284–287, 353 f., 369, 383
Duncan 259
Dürr, Hans-Peter 263 f.

Eichmann, Adolf 15, 17 f., 30–32, 35, 42–45, 70, 143, 145 f., 179, 199, 289, 292 f., 295–298, 304–310, 317 f., 320 f., 367, 371, 377–380
Errera, Roger 15, 44
Eurydike 154 f., 158
Faller, Heike 369–371
Fest, Joachim 32, 44, 294
Figueiredo, Lídia 51 f.
Fitzcarraldo 282
Foot, Philippa 29
Franziskus 259

Gadamer, Hans-Georg 36 f., 42
Galilei, Galileo 112
Gaus, Günter 15, 44, 53, 99, 320
Geier, Swetlana 8, 354, 383
Gilson, Etienne 218
Globke, Hans 309
Gogh, Vincent van 79
Gorgias 261, 277
Goya, Francisco de 30
Grätzel, Stephan 18, 23, 42, 225, 273 f., 362, 394
Grefe, Christiane 369–371
Grimm, Brüder 258
Großmann, Andreas 22
Grynszpan, Zindel 371

Hegel, Georg W.F. 54–56, 67, 69, 396
Heidegger, Martin 11, 15, 21, 41, 46, 51, 53, 71–88, 91–93, 98, 107 f., 155, 157, 170, 193, 197, 251, 268, 391–393
Heiden (Offizier) 376
Heinrich IV 259
Hemmen, Sarah-Christin 46
Herrmann, Friedrich Wilhelm von 80
Herzog, Werner 282 f., 287
Heuer, Wolfgang 44, 48, 396
Hitler, Adolf 24, 39, 309
Hoffer, Eric 167, 195, 238
Homer 128, 157, 201
Hoppner, Walter 376
Husserl, Edmund 76

Jäger, Herbert 382
Jakobus 286
Jaspers, Karl 11, 15 f., 41, 53, 64–72, 86, 92, 166, 170, 225, 281, 390
Jesus Christus 259, 285, 363–365
Joisten, Karen 329
Jünger, Ernst 295

Kafka, Franz 15, 47
Kant, Immanuel 25, 27, 32, 35, 39, 43, 50, 53 f., 129, 145, 149 f., 207 f., 210–214, 216, 224–226, 228 f., 231, 234–239, 242, 247, 285, 304, 320, 330 f., 351, 362 f., 366, 388 f., 392, 396
Karamasow, Aljoscha 369
Karamasow, Iwan 169
Kierkegaard, Sören 11, 15, 20 f., 41, 51–63, 67, 69, 91, 168–170, 290
Kohn, Jerome 47 f.
Kovner, Abba 377 f.
Krassotkin, Kolja 369
Kritias 357

Laios 128
Lazarus 58
Lear 259
Lessing, Gotthold Ephraim 16, 45, 189 f., 200
Loidolt, Sophie 225, 242
Löwith, Karl 390
Lüdemann, Susanne 48 f.
Lukas (Evangelist) 285
Luther, Martin 370

Macbeth 259
Mansfeld, Jaap 73
Markus (Evangelist) 363
Marx, Karl 117, 396
McCarthy, Mary 16, 124, 126, 159, 180, 380–382, 397–399
Meints, Waltraud 51
Meister Eckhart 173
Menon 152
Milgram, Stanley 12, 30, 322–345, 347 f., 350, 360 f.
Montaigne, Michel de 81
Montesquieu, Charles de Secondat 105
Nietzsche, Friedrich 368

Ödipus 125, 128
Odysseus 128, 201
Opstaele, Dag Javier 50
Orpheus 154
Ottmann, Henning 23, 25
Ovid 154

Parmenides 73
Phaidon 81
Platon 73, 76, 81, 98, 100, 102, 150, 152, 156, 182, 207, 211, 255, 261 f., 265, 277 f., 283, 287, 349, 356, 358, 364 f.
Plessner, Helmuth 254
Pozi, Fred 326
Primavesi, Oliver 73
Prinz, Alois 310
Protagoras 147
Proust, Marcel 222
Pythagoras 242, 265

Reif, Adalbert 47
Rensaleer, Jan 342–344, 361
Richard III. (Herzog von Gloster) 30, 276 f., 401

Ricoeur, Paul 26–29, 50, 393 f.
Rohrbauch, Arthur 376
Rosenstock-Huessy, Eugen 148
Rousseau, Jean-Jacques 201

Saavedra, Marco Estrada 50
Sartre, Jean-Paul 52, 57, 62, 130
Schapp, Wilhelm 26, 28, 121
Scheele, Michael 369–371
Scheler, Max 269 f.
Schindler, Oskar 377
Schleiermacher, Friedrich 36
Schmidt, Anton 377–379
Scholem, Gershom 16, 302 f., 381
Schopenhauer, Arthur 40
Sextus Empiricus 147
Shakespeare, William 30, 60, 276 f., 401
Siger von Brabant 218
Simenon, George 124
Sinn, Ulrich 131
Smith, Adam 396
Sokrates 38, 110, 141, 152, 175, 182, 184, 207, 218 f., 255, 272, 283 f., 287, 349, 352, 354, 356–358, 362–365
Solon 260
Solowjew, Wladimir 8, 383
Sophokles 125, 128
Sossima, Starez 284–286
Spaemann, Robert 273
Staas, Christian 378 f.
Stalin, Josef 24, 89, 123
Stangneth, Bettina 317 f.
Stuckart, Hans 309

Theaitetos 207
Thomas von Aquin 218, 387–389
Titania 60
Trapp, Wilhelm 295, 300, 311, 321, 341, 376

Vico, Giambattista 396
Vollrath, Ernst 146

Weil, Simone 257
Werther 27
Wette, Wolfram 377–379
Wiesing, Urban 370
Wohlleben, Doren 49

Xenophon 219

Young-Bruehl, Elisabeth 46–48

Zimmermann, Christian 22

Danksagung

»Die Anderen sind und bleiben die Quelle, welcher sich das Selbst verdankt«, so endet der Teil der methodischen Klärung dieser hier vorgelegten Dissertationsschrift. »Methodik« heißt in dieser Arbeit vor allem Selbstklärung, zu der in besonderer Weise das Bewusstsein des eigenen Verdankt-Seins gehört.

Diese Arbeit hätte nicht entstehen können, hätte es nicht einige Menschen gegeben, die Fragestellungen angeregt, das Fragen geduldig begleitet und unterstützt haben, und die mich – trotz aller Schwierigkeiten – ihr Vertrauen und ihren Glauben in den von mir eingeschlagenen Weg spüren ließen. Ich hoffe, dass ich diesen Menschen zumindest einen Teil meiner tiefen Dankbarkeit ihnen gegenüber in Form dieser Arbeit zurückgeben kann.

Ich möchte meinen Freunden und Bekannten vor allem für zahlreiche Gespräche, inspirierende Anstöße, Beistand und Begleitung in schwierigen Phasen der Promotionszeit, aber vor allem für eine erfüllte gemeinsame Zeit danken. Persönlich bedanken möchte ich mich hier vor allem bei Stefan Birkel, Michael Faulhaber, Dagmar Fügmann, Kristina Jeromin, Juliane Keusch, Josef Kopp, Isis Marschall, Paola Ravasio, Elaine Roser, Lioba Sternberg, Giovanni Tidona, Kai Torres und Andreas Vizethum.

Für ihr Vertrauen in mich und meine Arbeit möchte ich mich bei meinem ehemaligen Chef, Herrn Willy Baumgartner, und bei Herrn Burkhard Hose, Herrn Manuel Ganser und Frau Daniela Pscheida bedanken, die sich für meine Aufnahme in das Cusanuswerk engagierten und mir damit ideellen und finanziellen Rückhalt für die Fertigstellung dieser Arbeit boten. Diesen eben genannten, für die Promotion überaus wichtigen »ideellen Rückhalt« boten mir in meiner Promotionszeit vor allem meine Mitstudierenden der Würzburger und Mainzer Doktorandenkolloquien und der Graduiertentagungen des Cusanuswerkes. Danken möchte ich hier vor allem für die allzeit einberaumte Möglichkeit die Thesen und Vorstudien dieser hier vorliegenden Arbeit in ihren jeweiligen und unterschiedlichen Stadien präsentieren zu dürfen, für das rege Interesse an diesen Präsentationen, für all die anschließenden kritischen Auseinandersetzungen und Diskussionen, aber auch für all die Ermutigungen in Bezug auf das Projekt.

Großer Dank gebührt meinen beiden Doktorvätern Herrn Stephan Grätzel und Herrn Georg Stenger. Herrn Stenger möchte ich danken, dass er mit dazu beitrug mein philosophisches Fragen zu entfachen und dieses von Anfang an bis heute stets interessiert zu begleiten und zu fördern. Herrn Grätzel ist meine Fokussierung auf Fragen der Sozialphilosophie vor dem Hintergrund der Geschichtlichkeit des Menschen zu verdanken. Seine Thematisierungsweise der menschlichen Schuld bei einem Vortrag in Essen im Herbst 2008, die daran anknüpfende Lektüre seiner Texte und mein daraufhin folgender Uni-Wechsel nach Mainz, an seinen Lehrstuhl, trugen entscheidend zur Themenfindung und Spezialisierung meines philosophischen Interesses bei. Ihm und seinen Mitarbeiterinnen am Lehrstuhl für praktische Philosophie sei herzlich gedankt für die freundliche Aufnahme in ihren Doktorandenkreis.

Besonders danken möchte ich meiner Familie, meinem Bruder Stefan, seiner Frau Johanna und ihren Kindern Niklas und Lisa. Aus Dank dafür, dass wir alle nicht wären, was wir sind, sei diese Arbeit unseren Eltern Mariele und Franz Salzberger gewidmet in Liebe.